텝스는 시작이 중요해
「시원스쿨 텝스 Basic」

텝스 수강생들로부터 종종 이런 질문을 받습니다. "선생님, 전 아직 영어를 쓸 일이 없는데 이렇게까지 공부 해야 할까요?" 그때마다 저는 이렇게 말해줍니다. "영어를 쓸 일이 없는 건 잘하지 못하기 때문이에요." 영어 뿐만 아니라 축구, 피아노, 게임 등 뭔가 남보다 잘하는 기술이 있다면 그것을 쓸 일이 꼭 생기게 됩니다. 하지만, 피아노를 칠 줄 모르는 사람에게 피아노를 칠 일이 생기지는 않죠.

한국의 대다수 영어 학습자들은 높은 시험 점수만 원할 뿐, 좋은 영어 실력을 갖추려고 노력하지는 않는 것 같습니다. 특히, 텝스는 얄팍한 요령이 통하지 않고 정말 영어를 잘 해야 좋은 점수가 나오는 시험이기 때문에, 기본기를 제대로 갖추고 실력을 길러야만 고득점을 할 수 있습니다.

텝스는 청해와 독해 영역의 배점이 어휘·문법에 비해 월등히 높기 때문에, 정확히 듣고 이해하는 청해 능력과 빨리 읽고 이해하는 독해 능력을 기르는 것이 무엇보다 중요합니다. 물론, 이 능력이 금방 생기는 것은 아니지만, 효과적인 방법을 배우고 올바른 방향으로 공부한다면 단 한 달만 해도 성적이 가파르게 오른다는 것을 많은 텝스 학습자들이 보여주고 있습니다.

저는 텝스 원년(1999년)부터 텝스를 연구하고 강의해 온 경험을 바탕으로 가장 올바른 텝스 학습 방법을 이 책에 구현하였습니다. 그것은 바로 중요한 문장들을 꾸준히 암기하고, 청해 음원을 반복해서 들으며, 독해 지문을 반복해서 읽는 것입니다. 이를 위해, 텝스 학습자들이 반드시 공부해야 할 주요 문장과 독해 지문을 엄선하였으며, 그 문장과 지문의 해설을 통해 텝스에 대한 올바른 안목을 길러주고자 하였습니다. 제 해설을 듣고 지름길로 가는 것과 혼자 오랫동안 씨름하는 것의 차이는 매우 큽니다.

저를 만나기 전의 텝스 학습자들은 무엇이 중요한 지를 파악하고 그것부터 훈련하는 것이 아니라, 무작정 단어와 문법 사항들을 달달 외우느라 정작 중요한 "글의 흐름에 대한 이해"를 놓치는 경우가 많습니다. 단어나 문법이 중요하지 않다는 얘기는 결코 아닙니다. 한정된 시간에 정해진 목표를 달성하려면 중요도에 따른 학습 우선 순위가 중요합니다. 이 책은 지나치게 세세한 문법에 신경을 쓰다가 "글의 흐름"이라는 큰 줄기를 놓치는 일이 없도록 고안되었습니다. 무엇이 작고 큰 것인지는 저의 설명을 들으면 바로 아실 수 있습니다. 특히, 입문-기초 학습자의 경우, 중요한 것부터 공부하는 것이 무엇보다 시급합니다. 아무쪼록 시험 범위가 없어 막막한 텝스를 올바른 방법으로 학습하여 단기간에 기본기를 확실히 다지고, 텝스 성적도 올리면서 즐거운 영어 인생을 살아가시기를 바랍니다.

끝으로, 이 책이 나오기까지 오랜 시간 고생해주신 시원스쿨어학연구소 여러분께 심심한 감사를 드립니다.

조국현

목차

청해

어휘

문법

독해

시원스쿨 텝스 Basic 실전 모의고사

TEPS 최빈출 필수 어휘 [미니북]

정답 및 해설 [별책]

부가 학습 자료 [온라인] lab.siwonschool.com

- 본서 음원(MP3)
- 본서 어휘 섹션 [STEP 1 필수 암기 어휘] 음원(MP3)
- 실전 모의고사 음원(MP3) ㅣ 해설 ㅣ 해설강의
- [미니북] TEPS 최빈출 필수 어휘 음원(MP3)
- QR 특강 자료

왜 「시원스쿨 텝스 Basic」인가?

① [청해 + 어휘 + 문법 + 독해] 한 권으로 끝내는 텝스 기본기

▸ 텝스는 청해, 어휘, 문법, 독해의 네 개 영역으로 이루어져 있는데, 대부분의 교재들이 이 영역들을 각 권의 책으로 따로 다루고 있습니다. 영역별로 교재가 분리되면 텝스를 처음 접하는 입문자들이 시험을 한눈에 파악하기가 어렵기 때문에, 「시원스쿨 텝스 Basic」는 텝스의 네 개 영역에서 필수적인 핵심 내용만 선별하여 한 권에 담았습니다.

▸ 텝스를 처음 시작하는 학습자들이 이 책 한 권으로 텝스 시험의 특징과 유형을 한눈에 파악하고, 기본기를 빠르게 다질 수 있어 경제적이고 효율적입니다.

② QR코드로 부르는 나만의 선생님

▸ 교재 학습 도중 좀 더 자세한 설명이 필요할 때, QR코드를 찍어 선생님의 도움을 받을 수 있습니다. 교재 내 QR 코드 이미지를 스캔하면 시원스쿨랩의 텝스 전문 명강사인 조국현 선생님이 영상을 통해 해당 부분이 머리에 쏙 들어오도록 직접 설명해 줍니다.

▸ QR 특강은 교재에서 학습하는 분량에 만족하지 못하는 분들, 좀 더 깊이 있는 공부를 하고 싶은 분들이 주어진 핵심 사항을 완벽히 이해할 수 있도록 구성하였습니다. 교재와 강의를 넘나드는 입체적 학습을 통해 핵심 내용을 명확히 이해하고 보다 재미있게 학습을 이어갈 수 있습니다.

③ 뉴텝스 2회 만점 하승연 강사의 초밀착 코칭 족집게 강의

▸ 뉴텝스 2회 만점, 제1회 전국 TEPS 영어교수법 경연대회 대상을 수상한 국내 최고의 텝스 강사 하승연선생님이 꿀팁 및 Check Point를 통해 반드시 알아야 할 포인트뿐만 아니라 실전에서 적용할 수 있는 유용한 팁까지 자세히 알려줍니다.

▸ 속 시원한 시원스쿨랩 인강! 초단기에 목표 점수를 달성하고, 중고급 레벨로 빠르게 도약할 수 있도록 텝스의 영역별 핵심 사항을 콕콕 짚어 줍니다. 또한, 기초 학습자들이 특히 약한 부분을 시원하게 긁어주며, 가장 효율적인 학습법을 안내합니다.

④ 실제 시험 성우 100% 녹음

▸ 실제 정기 텝스 시험의 남녀 성우들이 100% 녹음하여 최고의 학습 효과를 볼 수 있습니다.

▸ 텝스 청해는 문제지에 나오는 내용 없이 100% 듣기로만 이루어지기 때문에, 실제 시험에서 나오는 똑같은 목소리, 똑같은 스피드의 음원으로 연습하는 것이 무엇보다 중요합니다.

▸ 본서 어휘 섹션의 [STEP 1 필수 암기 어휘] 리스트를 녹음한 MP3 음원을 제공하여, 발음도 함께 완벽하게 익힐 수 있도록 했습니다.

⑤ 시험에 꼭 나오는 [TEPS 최빈출 필수 어휘] 미니북 & 오디오북

▷ 기출 빅데이터로 추출한 정답 어휘 중에서도 출제 빈도가 높은 어휘들만 골라 휴대가 간편한 미니북 형태로 제작 하였습니다. 언제 어디서나 자주 꺼내서 암기할 수 있어 편리합니다.

▷ [TEPS 최빈출 필수 어휘] 리스트 및 예문을 실제 텝스 시험 성우의 발음으로 녹음한 오디오북을 무료로 제공합 니다.

⑥ 따라 하기 쉬운 초스피드 학습 플랜

▷ 텝스 각 영역에서 가장 기본이 되는 필수 학습 내용만을 선별하여 <출제 포인트 → 문제 풀이 요령 → 실전 문제> 의 단순하고 빠른 구성으로 제시하였고, 분량이 많지 않아 빠르게 진도를 나갈 수 있습니다.

▷ 총 40개 Unit으로 구성되어 있으며, 각 Unit은 부담 없는 분량으로 되어 있어, 20일 또는 30일 안에 [청해 + 어휘 + 문법 + 독해]로 이루어진 한 권을 거뜬히 끝낼 수 있습니다. 또한 누구나 따라 하기 쉽도록 단순하고 명료한 학습 플랜을 제시합니다.

▷ 인강을 수강할 경우 더욱 쉽고 빠릅니다. 각 차시의 강의 시간이 30분 내외이기 때문에, 하루에 2시간 정도 텝스 공부에 시간을 할애할 수만 있다면, 단 20일 안에 본 교재 한 권을 끝낼 수 있습니다.

⑦ 뉴텝스 최신 경향 실전 모의고사

▷ 최신 텝스 시험과 난이도 및 유형 면에서 거의 유사한 실전 모의고사 1회분을 제공합니다.

▷ 시원스쿨랩 홈페이지(lab.siwonschool.com)에서 모의고사의 음원, 스크립트, 상세한 해설까지 모두 무료로 제공합니다.

▷ 도서 내 쿠폰을 이용하여 텝스 전문 명강사 조국현 선생님의 동영상 해설강의도 무료로 수강할 수 있습니다.

이 책의 구성과 특징

출제 포인트 익히기

뉴텝스에서 가장 자주 출제된 포인트들을 수록하였으며, 각 기출 변형 예문마다 정답과 혼동보기를 대비하여 출제자의 사고를 꿰뚫어 볼 수 있는 초고속 정답 찾기 훈련을 합니다.

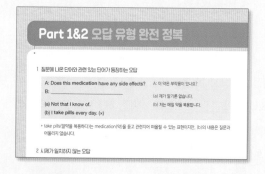

문제 풀이 요령

텝스 문제를 푸는 가장 효과적인 방법과 순서를 설명한 코너입니다. 여기에 안내된 대로 해야 듣거나 읽은 내용을 놓치지 않고 오답에 속지 않습니다. 차근차근 읽어보고 단서가 정답이 되는 과정을 보면서 올바른 문제 접근법을 체득할 수 있습니다.

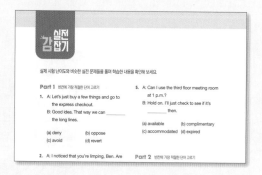

오답 유형 완전 정복

텝스에서는 문제를 정확히 파악해도 헷갈리게 구성된 오답들에 속기 쉽기 때문에 오답에 대한 학습을 확실히 해두어야 합니다. 텝스 오답의 특징을 알기 쉽게 설명하여 헷갈리는 선택지를 정확히 소거할 수 있는 안목을 길러 줍니다.

실전 감 잡기

해당 UNIT의 학습이 끝나면 실제 시험과 똑같은 난이도의 기출 변형 실전 문제를 풀면서 학습이 잘 되었는지 점검합니다. 채점 후 맞은 개수를 기록하고, 틀린 문제는 반드시 복습해서 취약한 부분을 완벽히 보충하고 넘어가야 합니다.

이렇게 풀어요!

① 맨 마지막 문장에 빈칸이 있으므로, 빈칸 앞 문장들을 통해 지문의 주제를 나타내는 키워드들을 찾아야 하는데, 첫 문장에 주제를 나타내는 키워드인 The tragic musical이 있음을 확인합니다.

② 또한 뮤지컬 주인공의 이름 Alen Howard와 주인공을 설명하는 주제어 ultimately loses everything due to his naivety and carelessness(결국 순진함과 부주의로 모든 것을 잃게 된다)를 확인합니다.

③ 빈칸이 마지막 문장이므로 주제의 부연 설명이을 염두에 두고 키워드를 매칭시킵니다.
Alen Howard → Alen
ultimately → ends with

④ 이제 주인공을 설명하는 loses everything due to his naivety and carelessness(순진함과 부주의 탓에 모든 것을 잃게 된다)와 의미가 통하는 키워드를 선택지에서 찾아보면 regret the consequences of his decisions(자신이 내린 결정의 결과를 후회하다)가 가장 적절한 것을 알 수 있습니다.

⑤ 첫 문장에서 tragic이라는 키워드를 통해 (c)가 정답임을 재확인할 수 있습니다.

Check Point

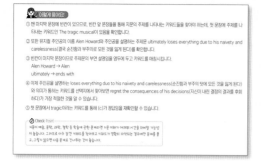

이렇게 풀어요!

텝스 독해는 지문의 일부만 노리고 읽으면 오답을 고를 확률이 높고, 한 문장씩 독해를 하면 시간이 부족합니다. 이러한 딜레마를 해결하기 위해 다년간 수많은 텝스 문제를 풀어보면서 이상적인 접근법을 터득하고 이를 현장 강의를 통해 검증한 텝스 전문가가 문제풀이 시뮬레이션을 통해 출제자의 의도를 꿰뚫고 초고속으로 정답을 찾는 비법을 안내합니다.

해설   빈칸 바로 뒤에 위치한 전치사구 for the past 6 hours는 과거에서 현재까지 이어지는 기간을 나타냅니다. 이렇게 과거에서 현재까지 이어지는 기간을 나타내는 전치사구는 현재완료시제와 어울리므로 (d) have studied가 정답입니다.

오답   (a) are studying: 현재진행시제이므로 과거에서 현재까지 이어지는 기간을 나타내는 for 전치사구와 어울리지 않습니다.
(b) will study: 미래시제이므로 과거에서 현재까지 이어지는 기간을 나타내는 for 전치사구와 어울리지 않습니다.
(c) had studied: 과거완료시제는 과거의 특정 시점의 일보다 더 이전 시점에 발생한 일을 나타내므로 오답입니다.

어휘   take a break from ~하는 것을 잠깐 쉬다 past 지난 without -ing ~하지 않고

정답   (d)

오답인 이유까지 해설

기초 학습자들이 문제 풀이 시 가장 필요로 하는 오답 해설을 실었습니다. 각 선택지가 왜 오답인지까지 조목조목 설명해 줌으로써 출제자가 의도한 함정에 빠지지 않는 텝스 센스와 문제 응용력을 기르도록 해줍니다.

Part I   Questions 1~10
Choose the best option that best completes each sentence.

1. A: You seem distressed, Kevin.
B: I have a(n) _____ bruise on my knee.
(a) tired
(b) upset
(c) rapid
(d) painful

2. A: Dana, you're looking slimmer!
B: Thanks. I _____ half a kilogram in just a week.
(a) reduced
(b) lost
(c) placed
(d) limited

6. A: This soup tastes too salty.
B: Why don't you _____ it with some water then?
(a) dilute
(b) resume
(c) equip
(d) slice

7. A: Let's do something together this evening.
B: I have plans. Steven said he'd _____ me to a movie.
(a) treat
(b) view
(c) arrange
(d) pay

뉴텝스 최신 경향 실전 모의고사

뉴텝스 최근 시험 경향을 반영하여 실제 시험과 난이도 및 유형 면에서 거의 유사한 실전 모의고사를 제공합니다. 도서 날개에 있는 쿠폰을 이용하여 해설강의를 무료로 수강할 수 있습니다.

DAY 01   주거, 가족, 일상

★★★
afford
v. (경제적·시간적) 여유가 있다
ⓐ affordable a. 가격 등이 알맞은

Jerry can afford a luxury condominium.
Jerry는 고급 아파트를 살 여유가 있다.

★
alimony
n. (이혼 시의) 위자료

Jack paid his wife alimony after the divorce.
Jack은 이혼 후 아내에게 위자료를 지불했다.

★★★
annoyed
a. 짜증이 난

My singing made my brother annoyed.
내 노래는 동생을 짜증나게 했다.

TEPS 최빈출 필수 어휘

한 손에 쏙 들어오는 가볍고 핸디한 미니북 형태로 제작하여 <주제별 예문을 통해 외우기>, <비슷한 의미끼리 모아 외우기> 코너를 통해 텝스의 최빈출 필수 어휘를 암기할 수 있도록 했습니다. 실제 시험 성우가 녹음한 MP3 음원도 함께 제공합니다.

TEPS 완벽 가이드

TEPS는 어떤 시험이에요?

TEPS(Test of English Proficiency developed by Seoul National University)는 서울대학교 언어교육원에서 개발하고, TEPS 관리위원회에서 주관하는 국가 공인 영어 시험입니다. 국가공무원 선발 및 국가 자격시험에서 영어 과목을 대체하고, 대학(원) (편)입학 및 졸업 기준으로 쓰이는 등 다양한 용도로 활용되고 있습니다.

영역	문제 유형	문항 수	제한시간	점수범위
청해	**Part 1** 문장을 듣고 이어질 대화로 가장 적절한 답 고르기 (문장 1회 청취 후 선택지 1회 청취)	10	40분	0~240점
	Part 2 짧은 대화를 듣고 이어질 대화로 가장 적절한 답 고르기 (대화 1회 청취 후 선택지 1회 청취)	10		
	Part 3 긴 대화를 듣고 질문에 가장 적절한 답 고르기 (대화 및 질문 1회 청취 후 선택지 1회 청취)	10		
	Part 4 담화를 듣고 질문에 가장 적절한 답 고르기 (1지문 1문항) (담화 및 질문 2회 청취 후 선택지 1회 청취)	6		
	NEW 신유형 **Part 5** 담화를 듣고 질문에 가장 적절한 답 고르기 (1지문 2문항) (담화 및 질문 2회 청취 후 선택지 1회 청취)	4 (2지문)		
어휘	**Part 1** 대화문의 빈칸에 가장 적절한 어휘 고르기	10	NEW 통합 25분	0~60점
	Part 2 단문의 빈칸에 가장 적절한 어휘 고르기	20		
문법	**Part 1** 대화문의 빈칸에 가장 적절한 답 고르기	10		0~60점
	Part 2 단문의 빈칸에 가장 적절한 답 고르기	15		
	Part 3 대화 및 문단에서 문법상 틀리거나 어색한 부분 고르기	5		
독해	**Part 1** 지문을 읽고 빈칸에 가장 적절한 답 고르기	10	40분	0~240점
	Part 2 지문을 읽고 문맥상 어색한 내용 고르기	2		
	Part 3 지문을 읽고 질문에 가장 적절한 답 고르기 (1지문 1문항)	13		
	NEW 신유형 **Part 4** 지문을 읽고 질문에 가장 적절한 답 고르기 (1지문 2문항)	10 (5지문)		
합계	14개 Parts	135	105분	0~600점

▶ 출처: https://www.teps.or.kr/Info/Teps#

TEPS는 어떻게 접수하나요?

▹ 서울대텝스관리위원회(www.teps.or.kr)에서 접수 일정을 확인하고 접수합니다.

▹ 접수 시 최근 6개월 이내 촬영한 jpg 형식의 사진이 필요하므로 미리 준비합니다.

▹ 텝스 응시료는 (2024년 2월 기준) 정기 접수 시 46,000원, 특별 추가 접수 시 49,000원입니다.

시험 당일엔 뭘 챙겨야 하나요?

▷ 식사를 적당히 챙겨 먹습니다. 빈속은 집중력 저하의 주범이고 과식은 졸음을 유발합니다.

▷ 시험 준비물을 챙깁니다.

– 신분증 (주민등록증, 운전면허증, 기간만료 전 여권, 공무원증만 인정. 학생증 안됨. 단, 중고등학생은 학생증 인정-이름/사진/학교명 식별 가능해야 함.) 초등학생은 기간만료 전의 여권이나 청소년증(발급신청확인서)
– 컴퓨터용 사인펜과 화이트 (잉크나 화이트 심이 충분히 있는지 확인)
– 아날로그 시계 (전자시계는 안됨)
– 수험표 (필수 준비물은 아님. 수험번호만 적어가면 됨. 수험번호는 핸드폰 문자 메시지로도 전송됨.)

▷ 고사장을 반드시 확인합니다.

시험은 몇 시에 끝나나요?

오전 시험	오후 시험	시간	내용
9:30 – 9:40	2:30 – 2:40	10분	답안지 작성 오리엔테이션 (1차 신분 확인)
9:40 – 9:45	2:40 – 2:45	5분	수험자 휴식시간
9:45 – 9:55	2:45 – 2:55	10분	신분 확인 및 휴대폰 수거 (2차 신분 확인)
9:55 – 10:00	2:55 – 3:00	5분	최종 방송 테스트 / 문제지 배부
10:00 – 10:40	3:00 – 3:40	40분	청해 시험
10:40 – 11:05	3:40 – 4:05	25분	어휘/문법 시험
11:05 – 11:45	4:05 – 4:45	40분	독해 시험

성적 확인은 언제 어떻게 하나요?

▷ 시험일 이후 2주차 화요일 오후 5시에 텝스 홈페이지를 통해 발표됩니다.

▷ 성적 확인을 위해서는 성적 확인 비밀번호를 입력해야 하는데, 성적 확인 비밀번호는 가장 최근에 응시한 텝스 정기시험 답안지에 기재한 4자리 비밀번호입니다. 비밀번호를 분실한 경우 성적 확인 비밀번호 찾기를 통해 확인할 수 있습니다.

TEPS 영역별 문제 엿보기

LISTENING 청해

Part 1

▷ 총 10문항[1번-10번]으로, 문제지에 인쇄되어 나오는 내용 없이 100% 듣기로만 풀어야 합니다.

▷ 생활 영어 표현으로 구성되어 있으며, 다양한 주제나 상황에 대해 나옵니다.

▷ 음원 속도가 상당히 빠르고, 딱 한 번만 들려줍니다.

문제 번호는 남자 성우가 Number one과 같이 읽는다.

A-B에서 A의 말이 끝나고 선택지 (a)가 나오기까지 간격은 약 1.6초이며 (a), (b), (c), (d) 선택지 사이의 간격은 약 1초이다.

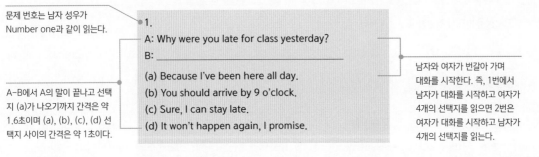

1.
A: Why were you late for class yesterday?
B: _____

(a) Because I've been here all day.
(b) You should arrive by 9 o'clock.
(c) Sure, I can stay late.
(d) It won't happen again, I promise.

남자와 여자가 번갈아 가며 대화를 시작한다. 즉, 1번에서 남자가 대화를 시작하고 여자가 4개의 선택지를 읽으면 2번은 여자가 대화를 시작하고 남자가 4개의 선택지를 읽는다.

정답 1. (d)

Part 2

▷ Part 1과 마찬가지로 총 10문항[11번-20번]에, 100% 듣기 평가이며, 일상 생활에서 일어나는 대화가 나옵니다.

▷ 마지막 화자의 말만 듣고 정답을 고르면 십중팔구 실패하도록 교묘한 오답을 배치하기 때문에 첫 문장부터 맥락과 논리를 제대로 따라가야 합니다.

문제 번호는 남자 성우가 Number eleven과 같이 읽는다.

A-B-A-B에서 두 번째 A의 말이 끝나고 보기 (a)가 나오기까지 간격은 약 1.6초이며 (a), (b), (c), (d) 선택지 사이의 간격은 약 1초이다.

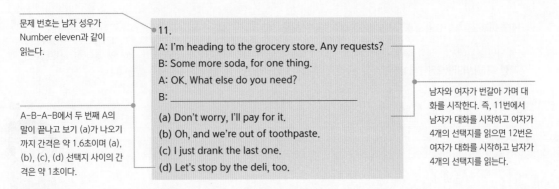

11.
A: I'm heading to the grocery store. Any requests?
B: Some more soda, for one thing.
A: OK. What else do you need?
B: _____

(a) Don't worry, I'll pay for it.
(b) Oh, and we're out of toothpaste.
(c) I just drank the last one.
(d) Let's stop by the deli, too.

남자와 여자가 번갈아 가며 대화를 시작한다. 즉, 11번에서 남자가 대화를 시작하고 여자가 4개의 선택지를 읽으면 12번은 여자가 대화를 시작하고 남자가 4개의 선택지를 읽는다.

정답 11. (b)

▷ 남녀가 주고받는 대화를 듣고 질문에 적절한 답을 찾는 형식이며, 역시 100% 듣기로만 진행됩니다.

▷ [주제 문제 3문항 - 세부사항 문제 5문항 - 추론문제 2문항]의 순서로 총 10문항[21번-30번]이 출제됩니다. 이를 미리 숙지하고 있으면 각 문제 유형에 맞는 전략을 적용해 대화를 들을 수 있어 유리합니다.

▷ 일상생활에서 만날 수 있는 다양한 주제에 대한 대화가 나오며, 녹음 속도가 매우 빠르지만 딱 한 번만 들려주기 때문에 집중력을 발휘해야 합니다.

문제 번호는 남자 성우가 Number twenty one과 같이 읽는다.

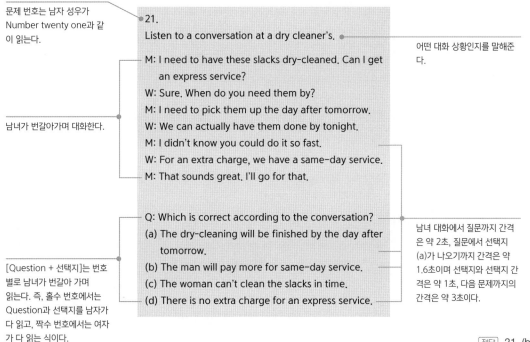

21.
Listen to a conversation at a dry cleaner's.

어떤 대화 상황인지를 말해준다.

M: I need to have these slacks dry-cleaned. Can I get an express service?
W: Sure. When do you need them by?
M: I need to pick them up the day after tomorrow.
W: We can actually have them done by tonight.
M: I didn't know you could do it so fast.
W: For an extra charge, we have a same-day service.
M: That sounds great. I'll go for that.

남녀가 번갈아가며 대화한다.

Q: Which is correct according to the conversation?
(a) The dry-cleaning will be finished by the day after tomorrow.
(b) The man will pay more for same-day service.
(c) The woman can't clean the slacks in time.
(d) There is no extra charge for an express service.

[Question + 선택지]는 번호별로 남녀가 번갈아 가며 읽는다. 즉, 홀수 번호에서는 Question과 선택지를 남자가 다 읽고, 짝수 번호에서는 여자가 다 읽는 식이다.

남녀 대화에서 질문까지 간격은 약 2초, 질문에서 선택지 (a)가 나오기까지 간격은 약 1.6초이며 선택지와 선택지 간격은 약 1초, 다음 문제까지의 간격은 약 3초이다.

정답 21. (b)

TEPS 영역별 문제 엿보기

Part 4

▷ 4~6 문장 정도 길이의 담화를 듣고 질문에 적절한 답을 찾는 형식으로 담화와 질문은 두 번, 선택지는 한 번만 들려줍니다.

▷ [주제 문제 2문항 - 세부사항 문제 3문항 - 추론문제 1문항]의 순서로 총 6문항[31번-36번]이 출제됩니다.

▷ 주제는 역사, 문화, 건강, 의학, 유래, 언어, 환경, 과학, 사회, 경제, 문학, 예술, 교육 등 전 분야에 걸쳐 골고루 출제되고 있으며, 일부 담화들은 상당히 어려운 수준입니다.

문제 번호는 남자 성우가 Number thirty four와 같이 읽는다.

방송은 두 번 들려주며 처음에는 담화와 질문만, 두 번째에는 다시 한번 담화와 질문을 들려준 후 선택지를 들려준다.

[Question + 선택지]는 번호별로 남녀가 번갈아 가며 읽는다.

34.
Horror fans are over the moon this week for the upcoming release of Michael Mark's latest book. If you enjoy blood-chilling mysteries with unpredictable twists, then this collection will surely be to your taste. Don't go into it expecting to be impressed by skillful prose or sharp dialogue, as the writing itself has never been Mark's strong point. But, if you want a few good frights and a reason to keep the lights on at night, then look no further.

Q: Which is correct about Michael Mark's book according to the review?
(a) It is likely to be enjoyed by enthusiasts of the genre.
(b) It is written in an elaborate and skillful manner.
(c) It has been delayed indefinitely by the publisher.
(d) It is not as scary as the author's previous releases.

같은 담화를 남자와 여자가 각각 한 번씩 읽는다.

담화에서 질문까지 간격은 약 2초, 질문에서 선택지 (a)가 나오기까지 간격도 약 2초이다. 문제와 문제 사이, 즉 정답을 고르는 시간은 약 4초가 주어진다.

정답 34. (a)

Part 5

▹ Part 4보다 1.8배 정도 길어진 담화가 2개 나오며, 담화 1개당 2문항씩 총 4문항[37번- 40번]이 출제됩니다.

▹ 담화 두 개 중 하나는 학술 강연, 다른 하나는 기타 실용 담화(주로 공지)가 나옵니다.

▹ 문제는 [주제 문제], [세부사항 문제], [추론 문제] 세 개의 카테고리 중에서 2문제씩 조합되어 나옵니다.

남자 성우가 Numbers thirty seven and thirty eight이라고 읽는다.

방송은 두 번 들려주는데, 처음에는 담화와 37, 38번의 질문만, 두 번째에는 다시 한번 담화를 들려주고 나서 37, 38번의 질문과 선택지들을 들려준다.

Question과 선택지는 번호별로 남녀가 번갈아 가며 읽는다. 즉, 홀수 번호에서는 Question과 선택지를 남자가 다 읽고, 짝수 번호에서는 여자가 다 읽는 식이다.

같은 담화를 남자와 여자가 각각 한 번씩 읽는다.

담화에서 질문까지 간격은 약 2초, 질문에서 선택지 (a)가 나오기까지 간격도 약 2초이다. 문제와 문제 사이, 즉 정답을 고르는 시간은 약 4초가 주어진다.

37-38

As part of our modern American literature conference, the English Department will be hosting Professor Robert DeMott, a leading scholar in the field. His keynote lecture will be next Thursday evening at 7 p.m. in the Walter Rotunda. In his talk, Professor DeMott will discuss Ernest Hemingway's idealistic depiction of Spain and its culture. Even if you're not familiar with Hemingway's novels set in the country, the topic is fascinating. Professor DeMott will speak at length about the Spanish Civil War and the writer's involvement in it, and he'll also examine the cultural symbolism of bullfighting and how it differs today from how Hemingway wrote about it. I highly encourage you all to attend. You can also bring your friend. Walter Rotunda has a maximum capacity of 300, but additional standing room will be available.

37. What is mainly being announced about Professor DeMott?
(a) He will teach a new class on American literature.
(b) He will be giving a lecture that anyone may attend.
(c) His latest book on Modernism is available for purchase.
(d) He was recently promoted to the head of the English Department.

38. What will be the central focus of Professor DeMott's lecture?
(a) Hemingway's travels in Europe
(b) The lasting effects of the Spanish Civil War
(c) The influence of bullfighting in literature
(d) Hemingway's ideas about Spain

정답 37. (b) 38. (d)

15

TEPS 영역별 문제 엿보기

VOCABULARY 어휘

Part 1

▷ 일상생활에서 많이 쓰이는 구어체 대화문을 읽고 빈칸에 가장 적절한 어휘를 선택하는 유형으로, 일상생활과 관련된 주제들이 등장합니다. [1번-10번] 문제가 이 유형에 속합니다.

▷ 기본 동사를 묻는 문제의 비중이 가장 높고, 이어서 명사, 형용사, 부사 등의 순서로 출제되고 있습니다.

1. A: My father is not at all happy about my choice of friends.
   B: Well, I think he's a little worried about the people you _____ with.

   (a) accord
   (b) reconcile
   (c) associate
   (d) entertain

   정답 1. (c)

Part 2

▷ 다양한 주제의 문어체 단문이 제시되며, 빈칸에 적절한 어휘를 고르는 문제 유형입니다. [11번-30번] 문제가 이 유형에 속합니다.

▷ Part 1, 2의 30문제를 모두 12분안에 풀어야 하기 때문에 광범위한 분야의 어휘 실력이 있어야 합니다.

▷ 시사잡지나 뉴스, 학술논문 등에서 사용되는 최고난도 어휘까지 모두 다루는 등, 출제되는 어휘의 난이도 폭이 매우 넓습니다.

11. By mixing cement with water and allowing it to harden, it can _____ sand into a solid substance.

    (a) compound
    (b) bind
    (c) resolve
    (d) unite

    정답 11. (b)

GRAMMAR 문법

Part 1

- 일상생활에서 많이 쓰이는 구어체 대화문을 읽고 빈칸에 가장 적절한 답을 선택하는 유형입니다. [1번-10번] 문제가 이 유형에 속합니다.
- 주로 구어체 관용 표현, 품사, 시제, 인칭, 어순 문제가 나옵니다.
- Part 2, Part 3로 갈수록 난이도가 높아지기 때문에 Part 1을 가능한 한 신속하게 풀어서 후반부의 고난도 문제를 풀 시간을 확보하는 것이 좋습니다.

1. A: I heard Alex has two new housemates. Are they getting on well?
   B: I'm sure they are. He's used to _____ with other people.

   (a) live
   (b) living
   (c) being lived
   (d) be lived

   정답 1. (b)

Part 2

- 다양한 주제의 문어체 단문이 제시되며 이 문장의 빈칸에 적절한 답을 고르는 문제 유형입니다. [11번-25번] 문제가 이 유형에 속합니다.
- 일상 생활 뿐만 아니라 시사, 학술 관련 내용까지 다양한 주제의 문장이 나오며, 여러 가지 문법 사항을 동시에 고려해서 답을 골라야 하는 문제, 문장의 구조와 어순을 묻는 문제가 나오기 때문에 Part 1보다 어렵습니다.

11. St. Joseph Cathedral _____ by tourists to be the most impressive site in the city.

    (a) has always been considered
    (b) has been always considering
    (c) always has been considering
    (d) has been considered always

    정답 11. (a)

TEPS 영역별 문제 엿보기

> ▷ A-B-A-B의 순서로 이루어진 대화문에서 어법상 틀리거나 문맥상 어색한 부분이 있는 문장을 고르는 대화형 문제가 2문항 [26번-27번], 짧은 지문을 읽고 그중 문법적으로 틀리거나 어색한 문장을 고르는 지문형 문제가 3문항[28번-30번] 출제됩니다.
>
> ▷ 얼핏 보면 틀린 곳이 없어 보이기 때문에 동사의 시제, 태, 수 일치에 유의하여 매의 눈으로 읽어야 하며, Part 1, 2에 비해 읽어야 할 내용이 많기 때문에 속독 능력이 요구됩니다.

26. (a) A: Mike! When is the deadline for finishing the project?
    (b) B: We've only got couple of weeks.
    (c) A: Really? We have very little time left.
    (d) B: Yeah, we have to get the job done as soon as possible.

정답 26. (b)

28. (a) Tinnitus is a symptom of various conditions and refers to the perception of a ringing or buzzing sound that others cannot hear. (b) Approximately one in five people will suffer from tinnitus during their lifetime, and no effective cure is known. (c) Many sufferers who do not seek treatment are driven to depression by the constantly and annoying noise. (d) Fortunately, some medications exist that can provide temporary relief from the symptoms.

정답 28. (c)

READING 독해

- 단일 지문을 읽고 빈칸에 들어갈 적절한 선택지를 고르는 문제입니다.
- [1번-10번] 문제가 이 유형에 속합니다. 이 중에 2문항(9번-10번)은 문장과 문장 사이를 이어주는 연결어를 찾는 문제입니다.
- 글의 대의를 파악하면서 빈칸이 있는 부분까지 빨리 읽고, 빈칸이 들어 있는 문장과 앞뒤 문장을 정확히 읽어서 전체의 대의 안에서 부분의 논리를 완성하는 방법으로 접근하는 것이 좋습니다.

1. Rotheram City Council is pleased to inform local residents that Walton Road will undergo major improvements next month! Serving as a busy commuter route through the city center, the 2-lane road is used by thousands of motorists every day. Many residents feared frequent traffic jams on the road once the new National History Museum opens early next year, so we decided to take action to alleviate such concerns. Plans are underway to widen the road to accommodate four lanes of vehicles. We hope that this pleases local residents who _____.

(a) were concerned about increased traffic congestion
(b) were upset about the lack of parking space
(c) wanted the council to attract more tourists to the city
(d) felt that the condition of the road surface had worsened

정답 1. (a)

▸ 5개의 문장으로 구성된 단일 지문을 읽고 글의 흐름상 어색한 문장을 찾는 유형 문제입니다.

▸ [11번-12번] 문제가 이 유형에 속합니다. 지문 맨 앞의 도입 문장은 물론 각 문장 간의 전후 맥락을 종합적으로 고려할 수 있어야 합니다.

11. A recent decision by the Indonesian government could potentially have negative consequences on indigenous animals in the region of Western Java. (a) Last week, government officials announced that it would open up the entire Ujung Kulon National Park to visitors for the first time. (b) The park, most of which was previously inaccessible, is the last known refuge for several species such as the Javan rhinoceros. (c) Efforts to boost tourism in the region have largely focused on the area's picturesque coastal beaches and mountains. (d) Environmentalists are concerned that the inevitable increase in visitors will have a catastrophic impact on many endangered species in the park.

정답 11. (c)

▸ 1개의 단락으로 이루어진 지문을 읽고 주어진 질문에 대해 가장 적절한 답을 고르는 문제입니다.

▸ [13번-25번] 문제가 이 유형에 속합니다. 질문을 먼저 읽고 질문의 유형에 따라 지문에 접근하는 전략이 효과적입니다.

▸ 세부사항을 묻는 문제의 경우 전체를 다 읽지 말고 문제에서 요구하는 부분을 빠르게 찾아내어 읽어야 시간을 절약할 수 있습니다.

13. When my son was nearing the end of high school, he began to express doubts and confusion about his future career. So, I decided to buy tickets for both of us for a seminar hosted by director Steven Spielberg, thinking it might provide motivation for him. Mr. Spielberg spoke about his own doubts as a student, and described the importance of pursuing a career in a subject that makes you feel truly happy. Attending the talk turned out to be a really eye-opening experience, not only for my son, but also for me.

Q: What can be inferred about the writer from the passage?
(a) His son did not find Mr. Spielberg's advice very useful.
(b) His son encouraged him to sign up for a seminar.
(c) He hoped that attending a talk would be inspirational.
(d) He had attended a lot of seminars while he was a student.

정답 13. (c)

- 2단락 이상으로 구성된 160~200단어 내외의 단일 지문을 읽고 빈칸에 들어갈 적절한 선택지를 고르는 문제가 2개씩 출제되는 1지문 2문항 유형으로, [26번-35번] 문제가 이 유형에 속합니다.
- 질문을 먼저 읽고 질문의 유형에 따라 지문에 접근하는 전략을 사용해야 합니다.
- 주제 문제는 나중에 푸는 것이 효과적입니다. 세부내용 파악 및 추론 문제를 먼저 풀면서 선택지와 지문의 내용을 확인하는 과정에서 지문의 내용이 자연스럽게 파악되기 때문입니다.

Questions 26-27

Liam Boyle – August 16

Dear Councilmen,

I was happy that you highlighted the issue of people letting their dogs run freely around Maple Park at all hours of the day at the council meeting. This practice is becoming increasingly common, even though there are signs at each park entrance clearly stipulating the off-leash hours. Dog owners are permitted to let their dogs off the leash from 5 a.m. to 9 a.m., and from 9 p.m. until the park closes at midnight. However, it is common to see unleashed dogs in the park in the middle of the day.

This poses many dangers to other people who enjoy the park throughout the day. First and foremost, dogs should not be running around the children's play areas, where they could easily knock children over and injure them. Secondly, many people enjoy jogging, roller skating, biking, and skateboarding on the paths that run through the park. Dogs can easily cause these people to fall down. Lastly, I have also noticed an increase in dog excrement in the park, making it a generally less pleasant place to visit. I truly hope the city council takes more steps to enforce its policies more firmly within the park.

26. Q: Which of the following is correct according to the letter?
    (a) People have been ignoring the park's off-leash hours.
    (b) Maple Park has opened a designated area for dogs.
    (c) Dog owners have complained about park facilities.
    (d) Maple Park is open to visitors 24 hours a day.

27. Q: What is the main purpose of the letter?
    (a) To suggest penalties for those who disobey park rules
    (b) To applaud the council's efforts to improve the park
    (c) To urge the council to take care of potential risks of unaccompanied dogs
    (d) To call for improvements to children's play areas

정답 26. (a) 27. (c)

21

초단기 완성 학습 플랜

- 다음의 학습 진도를 참조하여 매일 학습합니다.
- 해당일의 학습을 하지 못했더라도 이전으로 돌아가지 말고 오늘에 해당하는 학습을 하세요. 그래야 끝까지 완주할 수 있답니다.
- 교재의 학습을 모두 마치면 텝스 최신 경향이 반영된 실전 모의고사를 꼭 풀어보고 조국현 강사의 명쾌한 해설강의를 들어보세요.
- 교재를 끝까지 한 번 보고 나면 2회 학습에 도전합니다. 두 번째 볼 때는 훨씬 빠르게 끝낼 수 있어요. 텝스는 천천히 1회 보는 것보다 빠르게 2회, 3회 보는 것이 훨씬 효과가 좋습니다.

20일 완성 학습 플랜

1일	2일	3일	4일	5일
[청해] UNIT 1, 2, 3 완료 ☐	[어휘] UNIT 1, 2 완료 ☐	[문법] UNIT 1, 2 완료 ☐	[문법] UNIT 3, 4 완료 ☐	[독해] UNIT 1, 2 완료 ☐
6일	**7일**	**8일**	**9일**	**10일**
[청해] UNIT 4, 5, 6 완료 ☐	[어휘] UNIT 3, 4 완료 ☐	[문법] UNIT 5, 6 완료 ☐	[문법] UNIT 7, 8 완료 ☐	[독해] UNIT 3, 4 완료 ☐
11일	**12일**	**13일**	**14일**	**15일**
[청해] UNIT 7, 8 완료 ☐	[어휘] UNIT 5, 6 완료 ☐	[문법] UNIT 9, 10 완료 ☐	[문법] UNIT 11, 12 완료 ☐	[독해] UNIT 5, 6 완료 ☐
16일	**17일**	**18일**	**19일**	**20일**
[청해] UNIT 9, 10 완료 ☐	[어휘] UNIT 7, 8 완료 ☐	[문법] UNIT 13, 14 완료 ☐	[청해] UNIT 11, 12 완료 ☐	실전 모의고사 완료 ☐

30일 완성 학습 플랜

1일	2일	3일	4일	5일
청해	어휘	문법	문법	독해
UNIT 1, 2	UNIT 1, 2	UNIT 1	UNIT 2	UNIT 1
완료 □	완료 □	완료 □	완료 □	완료 □

6일	7일	8일	9일	10일
청해	어휘	문법	문법	독해
UNIT 3, 4	UNIT 3, 4	UNIT 3	UNIT 4	UNIT 2
완료 □	완료 □	완료 □	완료 □	완료 □

11일	12일	13일	14일	15일
청해	어휘	문법	문법	독해
UNIT 5, 6	UNIT 5, 6	UNIT 5	UNIT 6	UNIT 3
완료 □	완료 □	완료 □	완료 □	완료 □

16일	17일	18일	19일	20일
청해	어휘	문법	문법	독해
UNIT 7, 8	UNIT 7, 8	UNIT 7	UNIT 8, 9	UNIT 4
완료 □	완료 □	완료 □	완료 □	완료 □

21일	22일	23일	24일	25일
청해	문법	문법	독해	청해
UNIT 9, 10	UNIT 10, 11	UNIT 12	UNIT 5	UNIT 11, 12
완료 □	완료 □	완료 □	완료 □	완료 □

26일	27일	28일	29일	30일
문법	문법	독해		
UNIT 13	UNIT 14	UNIT 6	총복습	실전 모의고사
완료 □	완료 □	완료 □	완료 □	완료 □

시원스쿨 텝스 Basic

LISTENING
청해

전화 대화 문제는 매월 출제되며, **전화를 걸고 받으면서 사용하는 일상적 표현들**을 많이 알고 있으면 쉽게 풀 수 있습니다. 다음에 정리한 전화 대화 관련 기본적인 표현들을 익혀 두면 좋습니다. 전화를 걸 때, 통화 연결을 요청할 때, 다음에 전화하겠다고 할 때 등의 표현들을 익혀두세요.

 **STEP 1** | 필수 암기 표현

제시된 대화를 여러 차례 소리 내어 읽으면서 완벽히 익히세요. 표현을 제대로 알고 있어야 스치듯 들어도 내용을 이해할 수 있습니다.

비즈니스 🎧 01-1.mp3

M: Hello. May I speak to Ms. Brown?	남: 여보세요. 브라운 씨 좀 바꿔주시겠어요?
W: - This is she speaking. / Speaking.	여: - 접니다.
- **Who's calling?** ❶	- 누구시죠?
- I'm sorry. You have the wrong number.	- 죄송합니다만, 전화를 잘못 거셨습니다.
- There's no one here by that name.	- 여기 그런 분은 안 계시는데요.
- I'll get her.	- 바꿔 드릴게요.
- I'll **put** you **through to** her. ❷	- 그분에게 연결해 드리겠습니다.
- The line is **busy**. ❸	- 통화 중이십니다.
- She's **on another line**. ❹	- 다른 전화를 받고 계십니다.
- Can I **put** you **on hold**? ❺	- 잠시 기다리시겠습니까?
- **Hold on** a minute, please. ❻	- 잠시 기다려주세요.
- Who shall I say is calling?	- 누구시라고 말씀드릴까요?

❶ Who's calling?: (전화 대화에서) 누구시죠?
  cf. 간단하게 Who's this?라고 물을 수도 있고, May I ask who's calling, please?라고 물으면 보다 정중한 표현이 됩니다.

❷ put A through (to B): (전화상에서) A를 (B에게) 연결하다

❸ busy: (전화가) 통화 중인

❹ be on another line: 다른 전화를 받다

❺ put A on hold: A의 전화를 보류시키다

❻ hold on: (전화를 끊지 않고) 기다리다

가족 · 친구　🎧 01-2.mp3

M: Are you free to talk?	남: 지금 통화 가능해?
W: - Well, **you caught me at a bad time. ❶**	여: – 지금 전화받기 어려운데.
- **I'm tied up at the moment. ❷ ❸**	– 지금 많이 바빠.
- Let me call you back later, OK?	– 이따 내가 전화 다시 할게, 알았지?
- Sorry, I'm working on something now. I'll **get back to** you soon. ❹	– 미안, 내가 지금 뭘 좀 하고 있어서. 곧 다시 전화할게.
M: Hello.	남: 여보세요.
W: This is Jenny. **Put Mom on the phone. ❺**	여: 나 제니야. 엄마 좀 바꿔줘.

❶ You caught me at a bad time.: 직역하면 '안 좋은 시간에 나를 잡았다'지만, '지금은 통화가 곤란하다.'라는 의미로 기억하는 것이 좋습니다.

❷ be tied up: 꽉 매여 있다, 무척 바쁘다

❸ at the moment: 현재, 지금

❹ get back to A: A에게 답신 전화를 하다, A에게 다시 전화하다

❺ put A on the phone: (전화상에서) A를 바꿔주다

특강 01
기타 유용한
전화 대화 표현

구매 전화　🎧 01-3.mp3

M: **I'm calling about** the apartment you **advertised** in the paper. ❶ ❷	남: 신문에 광고 내신 아파트 때문에 전화드렸습니다.
W: Yeah. That's a lovely apartment **with a view of** the Hudson River. ❸	여: 네. 허드슨강이 보이는 아름다운 아파트입니다.
M: I'm calling about the television you advertised. Is it still **available**? ❹	남: 광고 내신 텔레비전 때문에 전화드렸습니다. 아직 구매 가능한가요?
W: Yes. Actually you're the first to call.	여: 예. 사실 제일 먼저 전화하셨네요.

❶ I'm calling about ~: ~ 때문에 전화드렸습니다

❷ advertise: ~을 광고하다

❸ with a view of A: A가 보이는 전망[경치]를 가진

❹ available: (물건을) 구할 수 있는, (사람이) 자리에 있는

Part 1 🎧 01-4.mp3

W: Hello. May I speak to Mr. Smith?

(a) Of course, I will take a message.
(b) He will see you shortly.
(c) There's no one here by that name.
(d) Hang in there. Let me help you in a moment.

여: 여보세요. 스미스 씨 좀 바꿔주시겠습니까?

(a) 물론이죠, 메시지를 남겨 드리겠습니다.
(b) 곧 당신을 만나실 겁니다.
(c) 여기 그런 분은 안 계시는데요.
(d) 참아보세요. 곧 도와드리겠습니다.

 이렇게 풀어요!

Q. May I speak to ~?는 전화 대화에서 쓰는 표현으로, '~을 바꿔주세요'라는 뜻입니다.

(a) '물론이죠'는 전화를 바꿔주겠다는 말인데 이어서 메시지를 남겨주겠다고 하는 것과 어울리지 않습니다. ⓧ

(b) 전화로 스미스 씨를 바꿔달라고 하는데 곧 전화 건 사람을 만날 것이라고 답하는 것은 어색합니다. ⓧ

(c) 그런 이름의 사람이 없다고 하므로 자연스럽게 연결됩니다. ◎

(d) Hang in there는 '참아 봐, 견뎌 봐'라는 뜻의 관용표현으로, 전화를 바꿔달라는 요청의 답변으로 어울리지 않죠. ⓧ

Part 2 🎧 01-5.mp3

M: Hello. I'm calling about the car you advertised.
W: Oh, yeah. It's a great car. I looked after it.
M: Is it still available?

(a) When are you planning to go there?
(b) It's available in various colors.
(c) The car is in good condition.
(d) Actually, someone else is going to come later.

남: 여보세요. 광고에 내신 차 때문에 전화드렸습니다.
여: 네, 그렇군요. 정말 괜찮은 차입니다. 제가 잘 관리 했거든요.
남: 아직 살 수 있나요?

(a) 언제 거기 가실 계획이세요?
(b) 다양한 색상이 있습니다.
(c) 차 상태는 좋아요.
(d) 사실, 다른 분이 이따 오실 예정이에요.

이렇게 풀어요!

Q. I'm calling about ~은 '~ 때문에 전화드렸습니다'라는 뜻입니다.

(a) 아직 구매 가능한지 묻는 질문에 대한 답변으로 그곳에 언제 갈 것인지 묻는 (a)는 어색합니다. ⓧ

(b) 제시문의 available이 재등장했습니다. 제시문에 나온 단어가 보기에 재등장하면 대부분 오답이죠. ⓧ

(c) 구매가 가능한지 물었는데 차의 상태가 좋다고 답하므로 어색해요. ⓧ

(d) 다른 사람이 오기로 했다는 것은 살 사람이 정해졌기 때문에 available하지 않다는 뜻이에요. 질문에 대한 Yes/No의 반응이 아니기 때문에 오답으로 착각하기 쉬우니 조심해야 해요. ◎

실전 감 잡기

정답 및 해설 p. 2

L ISTENING

실제 시험 난이도와 비슷한 실전 문제들을 풀며 학습한 내용을 확인해 보세요. 🎧 01-6.mp3

Part 1 연결될 수 있는 가장 적절한 응답 고르기

1. (a) (b) (c) (d)

2. (a) (b) (c) (d)

3. (a) (b) (c) (d)

4. (a) (b) (c) (d)

5. (a) (b) (c) (d)

Part 2 연결될 수 있는 가장 적절한 응답 고르기

6. (a) (b) (c) (d)

7. (a) (b) (c) (d)

8. (a) (b) (c) (d)

9. (a) (b) (c) (d)

10. (a) (b) (c) (d)

UNIT 02 Part 1&2
요청·제안 / 길 묻기

무엇을 요청하거나 제안하고 이에 대해 상대가 수락하거나 거절하는 대화가 자주 출제됩니다. 대체로 쉬운 문제들이지만, 가끔 의외의 대답이 정답이 되는 경우가 있으므로, 다음에 정리해 놓은 **요청·제안/길 묻기 상황에서의 빈출 문장들**을 익혀보세요.

 **STEP 1** 필수 암기 표현

제시된 대화를 여러 차례 소리 내어 읽으면서 완벽히 익히세요. 표현을 제대로 알고 있어야 스치듯 들어도 내용을 이해할 수 있습니다.

요청·제안 🎧 02-1.mp3

W: Can you help me with the dishes? M: OK. Just let me **get** this **done**. ❶	여: 설거지 좀 도와줄래? 남: 알았어. 이것만 끝내고.
M: Would you take my calls **while I'm out**? ❷ W: Sure.	남: 제가 자리를 비우는 동안 전화 좀 받아줄래요? 여: 물론이죠.
W: Excuse me, but **would you mind if I borrowed** your newspaper? ❸ M: Of course not. Go ahead.	여: 실례지만, 신문 좀 빌려도 될까요? 남: 당연하죠. 가져가세요.
M: **Do you mind handing** me that book over there? ❹ ❺ W: No. Here it is.	남: 그쪽에 있는 책 좀 건네줄래요? 여: 그럼요. 여기 있습니다.
W: We're going to see a movie tonight. Why don't you join us? M: I wish I could, but I already **have plans**. ❻	여: 우린 오늘 밤에 영화를 보러 갈 거야. 같이 가는 게 어때? 남: 그러면 좋겠는데, 이미 선약이 있어.

❶ get A done: A를 끝내다

❷ while I'm out: 자리를 비운 동안

❸ Would you mind if 주어 + 과거동사?: 주어가 ~하면 신경 쓰겠는가?, ~해도 괜찮겠는가?

❹ mind -ing: ~하기를 꺼려하다

❺ hand A B: A에게 B를 건네주다, 넘겨주다

❻ have plans: 계획[선약]이 있다

특강 02
다양한 수락 및
거절 표현

길 묻기 🎧 02-2.mp3

W: Excuse me, but where is the nearest convenience store?	여: 실례합니다만, 가장 가까운 편의점이 어디에 있나요?
M: It's **just around the corner.** ❶	남: 모퉁이를 돌면 바로 있습니다.
M: Excuse me, but would you **show** me **the way to** Gangnam Station? ❷	남: 실례합니다만, 강남역으로 가는 길을 알려주시겠어요?
W: Certainly. Go straight and turn left at the traffic light.	여: 물론이죠. 똑바로 가셔서 신호등에서 왼쪽으로 꺾으세요.
W: Excuse me. **Where can I find** Wilson Company in this building? ❸	여: 실례합니다. 이 건물에 윌슨 컴퍼니는 어디에 있나요?
M: It's on the fifth floor. Take the elevator.	남: 5층입니다. 엘리베이터를 타고 가세요.
M: Is this the right way to the Maple Mart Store?	남: 이 길이 메이플 마트 매장으로 가는 길 맞나요?
W: I'm a **stranger** here myself. ❹ Sorry.	여: 저도 여기 처음입니다. 죄송합니다.
W: **Sorry to bother you**, but could you tell me how to **get to** Trump Tower? ❺ ❻	여: 죄송한데요, 트럼프 타워까지 어떻게 가나요?
M: **Make a right** at the corner. ❼	남: 저 모퉁이에서 오른쪽으로 가세요.
M: I beg your pardon, but which way is Myeongdong?	남: 실례합니다만, 명동은 어느 쪽으로 가면 됩니까?
W: It's far from here. **You might want to** take a taxi. ❽	여: 여기서 멀어요. 택시를 타시는 게 좋겠어요.
M: Excuse me. How can I get to City Hall?	남: 실례합니다. 시청까지 어떻게 가나요?
W: The subway is **your best bet.** ❾	여: 지하철 타시는 것이 가장 좋습니다.

❶ just around the corner: 모퉁이를 돈 곳에

❷ show A the way to ~: A에게 ~로 가는 길을 알려주다

❸ Where can I find ~?: ~이 어디에 있나요?

❹ stranger: (어떤 곳에) 처음 온 사람

❺ Sorry to bother you: 실례합니다, 죄송하지만

❻ get to + 장소: ~에 이르다, 도착하다

❼ make a right: 우회전하다 (= turn right)

❽ You might want to ~: ~하는 것이 좋겠어요

❾ one's best bet: 가장 안전하고 확실한 방법

🍯꿀팁 You'd better take the subway.라고 할 수도 있어요.

Part 1 🎧 02-3.mp3

M: Could you show me the way to Wall Street?	남: 월스트리트로 가는 길을 알려주시겠어요?
(a) No, this is Main Street.	(a) 아뇨, 여긴 메인 스트리트예요.
(b) Please help yourself.	(b) 마음껏 드세요.
(c) I'm not going to Wall Street.	(c) 저는 월스트리트에 가지 않습니다.
(d) Sorry. I'm a stranger here myself.	(d) 죄송합니다. 저도 이곳에 처음입니다.

이렇게 풀어요!

Q. show A the way to B는 길을 물을 때 쓰는 표현으로, 'A에게 B로 가는 길을 알려주다'라는 뜻입니다. 따라서 월스트리트의 위치를 묻는 질문에 대한 답을 골라야 합니다.

(a) 화자가 있는 곳이 월스트리트인지 물었을 때 어울릴 만한 대답입니다. ⓧ

(b) help oneself는 '마음껏 먹다'라는 뜻의 관용어구입니다. 길을 묻는 질문에 대한 응답으로 어울리지 않죠. ⓧ

(c) 제시문의 고유명사 Wall Street이 재등장했으므로 오답일 확률이 높습니다. ⓧ

(d) I'm a stranger here myself는 '저도 여기가 처음입니다'라는 뜻으로, 길을 묻는 질문에 대한 대답으로 자주 출제되니 외워 두세요. ◎

Part 2 🎧 02-4.mp3

W: Excuse me, but I'm looking for the women's clothing department.	여: 실례합니다만, 제가 여성복 매장을 찾고 있는데요.
M: You should take the elevator to the fourth floor.	남: 엘리베이터를 타고 4층으로 가시면 됩니다.
W: Where is the elevator, sir?	여: 엘리베이터는 어디에 있나요?
(a) It's easy to use.	(a) 이용하기 쉬워요.
(b) It's to your right.	(b) 계신 곳에서 우측에 있습니다.
(c) Sure, let me check it for you.	(c) 물론이죠, 제가 확인해 드리겠습니다.
(d) The elevator will take you there.	(d) 엘리베이터를 타시면 그곳에 가실 겁니다.

이렇게 풀어요!

Q. I'm looking for을 통해 여자가 길을 묻는 상황임을 파악합니다.

(a) 엘리베이터의 위치를 묻는 질문에 대한 답변으로 엘리베이터를 이용하기 쉽다고 대답하는 (a)는 어색합니다. ⓧ

(b) 엘리베이터의 위치를 묻는 질문에 오른쪽에 있다고 알려주고 있으므로 정답입니다. ◎

(c) Wh- 의문문에는 Yes/No로 답하면 오답입니다. Sure는 Yes의 의미로, 강한 긍정을 나타냅니다. ⓧ

(d) 제시문에 나왔던 elevator가 재등장했는데, 이는 대표적인 오답 함정입니다. ⓧ

감 실전 잡기

정답 및 해설 p. 5

실제 시험 난이도와 비슷한 실전 문제들을 풀며 학습한 내용을 확인해 보세요. 🎧 02-5.mp3

Part 1 연결될 수 있는 가장 적절한 응답 고르기

1. (a) (b) (c) (d)

2. (a) (b) (c) (d)

3. (a) (b) (c) (d)

4. (a) (b) (c) (d)

5. (a) (b) (c) (d)

Part 2 연결될 수 있는 가장 적절한 응답 고르기

6. (a) (b) (c) (d)

7. (a) (b) (c) (d)

8. (a) (b) (c) (d)

9. (a) (b) (c) (d)

10. (a) (b) (c) (d)

가족, 친구에 관한 내용은 가장 일상적인 내용이기 때문에 매월 출제됩니다. 대체로 쉬운 문제들이 출제되지만, 기본적인 문장들에 익숙하지 않으면 막상 들었을 때 **생소해서 쉬운 문제도 놓치게 되므로**, 아래에 정리한 대화를 충분히 익혀 두세요.

STEP1　필수 암기 표현

제시된 대화를 여러 차례 소리 내어 읽으면서 완벽히 익히세요. 제대로 알고 있어야 스치듯 들어도 내용을 이해할 수 있습니다.

가족 간의 대화 　🎧 03-1.mp3

M: Do you want to **eat out** or **order in**? ❶	남: 외식할까, 아니면 배달시켜 먹을까?
W: Let's have Chinese food delivered.	여: 중국 음식 시켜 먹자.
W: Dad, **how come** you are home so early? ❷	여: 아빠, 웬일로 이렇게 집에 일찍 들어오셨어요?
M: I think I'm **coming down with a cold**. ❸	남: 감기 기운이 있는 것 같아서.
W: **What if** Mom finds out you went to the mall? ❹	여: 엄마가 너 쇼핑몰에 간 것 아시면 어쩌려고?
M: You are not going to tell Mom about this, are you?	남: 엄마한테 이거 안 이를 거지, 그렇지?
W: What if she asks me where you are?	여: 너 어디 있냐고 물으시면 어쩌지?
M: Just **make something up**. ❺	남: 그냥 대충 둘러대.
M: Janice, **I have a bone to pick with you.** ❻	남: 제니스, 너한테 따질 게 있어.
W: **What gives?** ❼	여: 무슨 일인데?
M: Why didn't you tell me you ate my pizza?	남: 내 피자 먹었다고 왜 안 말했어?
W: Was it yours? I didn't realize. Sorry.	여: 그거 네 것이었어? 정말 몰랐어. 미안해.

❶ eat out: 외식하다 / order in: 배달시켜 먹다

❷ how come: 어째서, 웬일로

❸ come down with a cold: 감기에 걸리다

❹ What if + 주어 + 동사?: 만일 ~라면 어떻게 하지?

❺ make something up: 지어내다, 둘러대다

❻ I have a bone to pick with A.: A에게 따질 일이 있다.

❼ What gives?: 무슨 일이야?

친구와의 대화 🎧 03-2.mp3

W: Thanks for your help.
M: **What are friends for?** ❶

여: 도와줘서 고맙다.
남: 친구 좋다는 게 뭐니?

M: Hurry up. We'll be late for the movie.
W: Don't worry. We'll **make it in time.** ❷

남: 서둘러. 영화 시간에 늦겠다.
여: 걱정 마. 우린 늦지 않게 갈 거야.

W: I wish I hadn't said such a thing to Jane.
M: **Don't let it get to you.** ❸

여: 제인한테 괜히 그런 말을 했네.
남: 신경 쓰지 마.

M: I can't believe Betty likes a man like Mark.
W: **Tell me about it.** ❹ She could do a lot better.

남: 베티가 마크 같은 남자를 좋아하다니 말도 안 돼.
여: 내 말이 그 말이야. 훨씬 더 나은 남자를 만날 수도 있을 텐데.

W: How was your date last night?
M: **Couldn't have been better!** ❺

여: 어젯밤 데이트는 어땠니?
남: 최고였어!

M: Did you **pass** my message **on to** Ted? ❻
W: Oh no, I'm really sorry. It totally **slipped my mind.** ❼

남: 테드에게 내 메시지 전했어?
여: 아니, 정말 미안해. 깜빡 잊었어.

M: Is Psychology 101 a **prerequisite** for Economics 201? ❽
W: I highly doubt it.

남: 경제학 201을 들으려면 심리학 101부터 들어야 하나?
여: 그렇지 않을 거야.

W: It's absurd for tuition to be raised **for two consecutive years!** ❾
M: **You've got that right.** ❿

여: 2년 연속 수업료가 인상되는 건 말도 안 돼.
남: 네 말이 맞아.

❶ What are friends for?: 친구 좋다는 게 뭐니?

❷ make it: (어떤 장소에) 가다, 이르다, 도착하다 / in time: 제시간에, 늦지 않게

❸ Don't let it get to you.: 신경 쓰지 마.
cf. 「get to + 사람」은 구어로 '~를 괴롭히다, 못살게 굴다'라는 뜻입니다.

❹ Tell me about it.: 내 말이 그 말이야.

❺ Couldn't have been better!: 더없이 좋았어!

❻ pass A on to B: A를 B에게 전하다

❼ slip one's mind: 깜빡 잊다

❽ prerequisite: 선행 조건, 미리 들어야 하는 과목

❾ for two consecutive years: 2년 연속

❿ You've got that right.: 네 말이 맞아.

Part 1 🎧 03-3.mp3

M: We'd better get going if we want to make it to the train station on time.

(a) Do you want to stay longer?
(b) I don't feel like it's going to rain.
(c) I'm ready when you are, Mark.
(d) We caught the early morning train.

남: 기차역에 시간 맞춰 도착하려면 지금 출발하는 것이 좋겠어.

(a) 좀 더 있고 싶어?
(b) 비가 올 것 같지 않은데.
(c) 너만 준비되면 돼, 마크.
(d) 우린 아침 일찍 기차를 탔지.

이렇게 풀어요!

Q. We'd better get going만 이해해도 문제를 풀 수 있습니다. 이렇게 앞부분 혹은 뒷부분만 잘 들어도 풀 수 있는 문제들도 있으니 끝까지 집중력을 놓지 않아야 해요.

(a) 기차를 타러 가기 위해 서두르자는 말과 반대되는 상황의 답변으로 오답입니다. ⓧ

(b) 제시문에 나온 train과 비슷하게 들리는 to rain을 이용한 오답입니다. ⓧ

(c) I'm ready when you are는 are 뒤에 ready가 생략된 표현으로, '너만 준비되면 나도 돼'와 같은 뜻이에요. 이렇게 생략된 표현에 익숙해야 오답 함정에 빠지지 않아요. ◎

(d) 제시문의 train이 재등장했으므로 오답일 확률이 높습니다. ⓧ

Part 2 🎧 03-4.mp3

W: Hi, Tom. Where are you off to?
M: I'm on my way to school.
W: Can you give me a ride to the library, then?

(a) That shouldn't be a problem. Let's try it.
(b) Thanks, that would be helpful.
(c) No problem. I'm going there myself.
(d) I gave you five dollars yesterday. Wasn't that enough?

여: 안녕, 톰. 어디 가는 길이야?
남: 학교 가는 길이야.
여: 그럼 도서관까지 나 좀 태워다 줄 수 있어?

(a) 문제없을 것 같아. 한번 해보자.
(b) 고마워, 그렇게 해주면 도움이 될 거야.
(c) 그럼. 나도 거기 가는 중이거든.
(d) 어제 네게 5달러를 주었는데. 충분하지 않았어?

이렇게 풀어요!

Q. 제시문의 Can you give me a ride to ~?는 '~까지 태워다 줄 수 있어?'라는 뜻입니다.

(a) 일부만 대화 내용과 어울리고 나머지는 틀린 내용으로, Let's try it(한번 해보자)은 상황에 맞지 않습니다. ⓧ

(b) 남자가 아니라 여자가 할 말로 적당합니다. 대화 상황과 관련하여 그럴듯하게 들리는 오답에 속지 않도록 주의하세요. ⓧ

(c) 태워다 줄 수 있는지 묻는 질문에 대해 No problem(그럼)이라고 답하며 흔쾌히 승낙하는 (c)가 정답입니다. ◎

(d) 제시문에 나왔던 give가 과거형으로 재등장했는데, 이는 대표적인 오답 함정입니다. ⓧ

정답 및 해설 p. 8

LISTENING

실제 시험 난이도와 비슷한 실전 문제들을 풀며 학습한 내용을 확인해 보세요. 🎧 03-5.mp3

Part 1 연결될 수 있는 가장 적절한 응답 고르기

1. (a) (b) (c) (d)

2. (a) (b) (c) (d)

3. (a) (b) (c) (d)

4. (a) (b) (c) (d)

5. (a) (b) (c) (d)

Part 2 연결될 수 있는 가장 적절한 응답 고르기

6. (a) (b) (c) (d)

7. (a) (b) (c) (d)

8. (a) (b) (c) (d)

9. (a) (b) (c) (d)

10. (a) (b) (c) (d)

평가 / 칭찬·감사 / 격려

어떤 대상에 대해 자신의 생각을 말하는 유형은 Part 1과 2 모두에서 자주 출제되는데, **예상하지 못한 선택지가 정답으로 나오는 경우가 종종 있기 때문에** 청해 영역 중 다소 난이도가 있는 유형입니다. 이를 대비해 다음에 정리된 평가 관련 기본적인 표현들을 익히면서 **다양한 응답을 경험해 보아야 합니다.**

STEP 1 필수 암기 표현

제시된 대화를 여러 차례 소리 내어 읽으면서 완벽히 익히세요. 제대로 알고 있어야 스치듯 들어도 내용을 이해할 수 있습니다.

평가 🎧 04-1.mp3

M: **What did you think of** the movie? ❶	남: 그 영화 어땠어?
W: - **I'd say** it was boring. ❷	여: - 난 지루했어.
- It was better than I expected.	- 기대했던 것보다 괜찮았어.
W: **How do you like** my new dress? ❸	여: 내 새 원피스 어때?
M: Hmm, do you want me to be frank?	남: 음, 솔직히 말해줘?
W: Don't you like it?	여: 마음에 안 들어?
M: It's not that **attention-grabbing**. ❹	남: 그다지 시선을 끌지는 않아.
M: Don't you think Mr. Sadler is the best manager here?	남: 새들러 씨가 여기서 최고의 매니저인 것 같지 않니?
W: I **can't think of anyone better**. ❺	여: 최고지.
W: I **was** really **impressed with** the new concert hall. ❻	여: 새 콘서트 홀이 정말 인상적이었어.
M: Me, too. The renovations looked great.	남: 나도. 개조 공사가 정말 멋지게 된 것 같아.

❶ What do you think of A?: A에 대해 어떻게 생각해?

❷ I'd say ~: 내 생각에[내 의견으론] ~인 것 같아

❸ How do you like ~?: ~은 어때?

❹ attention-grabbing: 관심을 붙잡는[끄는]

❺ can't think of anyone better: 직역하면 '더 나은 사람을 생각할 수 없다'라는 뜻으로 '최고'라는 의미입니다.

❻ be impressed with: ~에 감명을 받다

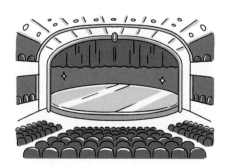

칭찬 · 감사 🎧 04-2.mp3

M: Your English is very good. I'm impressed.	남: 영어 참 잘 하시네요. 대단해요.
W: Thanks, but I still **have a long way to go. ❶**	여: 고맙습니다. 하지만 여전히 갈 길이 멀어요.
W: You were such a help organizing the conference.	여: 컨퍼런스 주최에 당신이 많은 도움이 되었어요.
M: Oh, **it was my pleasure. ❷**	남: 오, 도움이 되어 기뻤어요.
M: **I can't thank you enough** for letting me use your car, Nicole. ❸	남: 니콜, 네 차를 쓰게 해줘서 뭐라고 감사의 인사를 해야 할지.
W: I'm happy to do it.	여: 그렇게 할 수 있어서 기뻐.

❶ have a long way to go: 갈 길이 멀다

❷ It is my pleasure.: 도움이 되어 기쁩니다. (= The pleasure is mine.)

❸ I can't thank you enough: 직역하면 '충분히 감사를 못 하겠다'는 뜻으로 '매우 감사하다'라는 의미를 나타냅니다.

격려 🎧 04-3.mp3

M: I'm moving this weekend.	남: 저 이번 주말에 이사해요.
W: You are? Where to?	여: 그래요? 어디로요?
M: An apartment near my office.	남: 사무실 근처 아파트로요.
W: **Good for you. ❶**	여: 잘 됐네요.
M: **I bet** you will get into that Ph.D. program. ❷	남: 너는 그 박사 과정에 꼭 들어가게 될 거야.
W: I appreciate your support.	여: 지지해줘서 고마워.
W: Jack, you **are all dressed up. ❸ What's the occasion? ❹**	여: 잭, 완전 차려입었네. 무슨 일이야?
M: I've got a job interview.	남: 취업 면접이 있어.
W: You do? I'll **keep my fingers crossed** for you. ❺	여: 그래? 행운을 빌어.
M: Thanks.	남: 고마워.

❶ Good for you.: 잘 됐다.

❷ I bet ~: ~라고 확신하다

❸ be (all) dressed up: 옷을 잘 차려입다

❹ What's the occasion?: 무슨 일인가요?

❺ keep one's fingers crossed: 행운을 빌다

Part 1 🎧 04-4.mp3

W: What do you think of these shoes? Should I buy them?	여: 이 신발 어떻게 생각해? 사야 할까?
	(a) 신발은 패션 감각이 있는 사람처럼 보이게 해주지.
(a) Shoes can make you look fashionable.	(b) 앞부분이 너무 뾰족해 보이는데.
(b) The toes look a bit too pointed.	(c) 좋은 조건으로 샀어?
(c) Did you get a good deal?	(d) 왜냐하면 내가 생각한 가격대를 훨씬 초과해.
(d) Because it's way out of my price range.	

 이렇게 풀어요!

Q. What do you think of ~?는 의견을 묻는 표현으로, '~을 어떻게 생각해?'라는 뜻입니다.

(a) 제시문에 나온 shoes를 재등장시켜 오답 확률이 높으며 문맥상으로도 어색합니다. ⓧ

(b) 신발이 어떠한지 묻는 질문에 너무 뾰족해 보인다고 의견을 말하는 (b)가 정답입니다. ◎

(c) 아직 신발을 사지 않았으므로 이미 신발을 산 후의 상황을 말하는 (c)는 오답입니다. ⓧ

(d) 상대방과 관련이 없는 자신의 상황을 말하고 있으므로 대화 상황에 맞지 않습니다. ⓧ

Part 2 🎧 04-5.mp3

M: Hi, Rose. I haven't seen you around for a while.	남: 안녕, 로즈. 한동안 못 봤네.
W: Hi, Bob. Wow, it looks like you've lost some weight. You look great.	여: 안녕, 밥. 와, 너 살 좀 빠진 것 같다. 좋아 보여.
M: Thanks. I'm working out a lot and watching what I eat.	남: 고마워. 운동을 많이 하고 음식도 조절 중이야.
	(a) 안 하는 것보다는 늦게라도 하는 게 낫지.
(a) Better late than never.	(b) 너 음식 조절 좀 해야 해.
(b) You should watch what you eat.	(c) 하지만 튀김 요리는 못 끊겠어.
(c) But I can't resist fried foods.	(d) 농담 아냐. 지금 정말 보기 좋아.
(d) No kidding. You're in great shape now.	

 이렇게 풀어요!

Q. 체중 감량으로 보기 좋아 보인다는 칭찬을 들은 남자가 운동을 많이 하고 음식을 조절하고 있다고 대답하고 있습니다.

(a) 이 표현은 이미 많이 늦은 상황을 위로하는 말이므로 이 대화 상황에는 어울리지 않습니다. ⓧ

(b) 제시문의 watch what I eat을 재등장시켜 착각을 유도하는 오답 보기입니다. ⓧ

(c) 이 말은 음식 조절을 하고 있는 남자가 할 말로 적절합니다. 이렇게 행위자와 대상자를 뒤섞어 오답을 만들기도 하니 주의하세요. ⓧ

(d) 음식도 조절 중이라는 말에 대해 지금 딱 보기 좋다며 자신의 생각을 말하는 (d)가 자연스럽게 연결됩니다. ◎

o─ 정답 및 해설 p. 12

실제 시험 난이도와 비슷한 실전 문제들을 풀며 학습한 내용을 확인해 보세요. 🎧 04-6.mp3

Part 1 연결될 수 있는 가장 적절한 응답 고르기

1. (a) (b) (c) (d)

2. (a) (b) (c) (d)

3. (a) (b) (c) (d)

4. (a) (b) (c) (d)

5. (a) (b) (c) (d)

Part 2 연결될 수 있는 가장 적절한 응답 고르기

6. (a) (b) (c) (d)

7. (a) (b) (c) (d)

8. (a) (b) (c) (d)

9. (a) (b) (c) (d)

10. (a) (b) (c) (d)

미국인들은 안부 묻기를 좋아하고, 파티나 저녁 식사 등에 지인들을 자주 초대하며, 모임에서 인간 관계를 맺는 것을 좋아합니다. 때문에 텝스 청해에서 인간 관계를 주제로 하는 문제들이 자주 출제되는 편입니다. **안부를 묻거나 모임의 상황에서 자주 쓰이는 표현들**을 익혀봅시다.

STEP 1 | 필수 암기 표현

제시된 대화를 여러 차례 소리 내어 읽으면서 완벽히 익히세요. 제대로 알고 있어야 스치듯 들어도 내용을 이해할 수 있습니다.

안부 · 사과 🎧 05-1.mp3

W: Is everything okay? You look a little **under the weather. ❶** M: I'm not feeling quite myself today.	여: 괜찮니? 너 몸이 좀 안 좋아 보여. 남: 오늘 상태가 좋지 않아.
M: Natalie? **What brings you to** New York? ❷ W: I just arrived on business.	남: 나탈리? 뉴욕에는 웬일이에요? 여: 업무차 이제 막 도착했어요.
W: Thanks for **dropping by. ❸** It's been great **catching up. ❹** M: I enjoyed talking to you, too.	여: 들러줘서 고마워. 밀린 얘기해서 정말 좋았어. 남: 나도 너랑 얘기하는 게 정말 즐거웠어.
M: **I feel terrible about** spilling my drink on you. ❺ How can I **make it up to** you? ❻ W: Don't worry. These things happen.	남: 너에게 내 음료를 쏟아서 정말 미안해. 어떻게 보상하지? 여: 걱정 마. 있을 수 있는 일이야.

❶ under the weather: 몸이 안 좋은

❷ What brings you to + 장소?: ~에는 웬일이야? 무슨 일로 왔어?

❸ drop by: 들르다 (= stop by)

❹ catch up: '따라 잡다'라는 뜻이지만 회화에서는 '밀린 얘기를 나누다'라는 의미로 잘 쓰여요.

❺ I feel terrible about ~: ~에 대해 매우 미안하다
　　cf. feel terrible은 '굉장히 마음이 좋지 않다'라는 뜻으로 매우 미안한 마음을 전달할 때 씁니다.

❻ make it up to A: A에게 (손해를) 보상하다

I'm under the weather.

파티·모임 🎧 05-2.mp3

M: Thanks for inviting us to your party. We'll be sure to **make it**. ❶

W: My husband and I will prepare everything. **Just bring yourselves**. ❷

남: 저희를 파티에 초대해 주셔서 감사해요. 저희 꼭 갈게요.

여: 저희 부부가 다 준비할 거예요. 몸만 오세요.

M: I'm thinking of **throwing a** big Christmas **party**. ❸

W: Great idea.

남: 아주 성대한 크리스마스 파티를 열까 해.

여: 좋은 생각이야.

W: Do you think we should get going now, or do you want to stay longer?

M: I've got to go. I **seldom, if ever**, stay out late at night. ❹

여: 지금 출발할까, 아니면 좀 더 있다 갈까?

남: 난 가야할 것 같아. 웬만하면 밤늦게 밖에 있지 않거든.

M: Why didn't you **show up** last night? Everybody missed you. ❺

W: Not as much as I missed being there.

남: 어젯밤에 왜 안 왔어? 다들 아쉬워했어.

여: 못 가서 내가 아쉬웠던 만큼은 아니지.

W: We missed you a lot last night.

M: I'm sorry I couldn't make it to the party.

W: Was there any problem?

M: I got **tied up** at work. ❻

여: 어젯밤 너 안 와서 다들 아쉬워했어.

남: 파티에 못 가서 미안해.

여: 무슨 문제 있었어?

남: 회사에서 꼼짝 못했거든.

---

❶ make it: (모임 등에) 가다, 참석하다

❷ Just bring yourself.: 몸만 와.

❸ throw a party: 파티를 열다
　cf. 동사 throw의 기본 뜻은 '~을 던지다'이지만 회화에서는 '파티를 열다'라는 표현으로 잘 쓰입니다.

❹ seldom, if ever: 설령 ~하는 일이 있다 하더라도 거의 없다

❺ show up: 나타나다

❻ tied up: (~에) 매여 있는, 너무 바쁜

Part 1 🎧 05-3.mp3

W: I've really enjoyed your company. I'm sorry to see you go.	여: 함께 지내면서 정말 즐거웠어요. 떠나보내려니 섭섭하네요.
(a) I can't go to the company picnic, either.	(a) 저도 회사 야유회에 못 가요.
(b) Me, too. I wish I could stay longer.	(b) 저도 그래요. 더 있을 수 있으면 좋을텐데요.
(c) You've put a lot of effort into it.	(c) 당신은 그 일에 많은 노력을 기울였죠.
(d) I appreciate the offer.	(d) 제안해 주셔서 정말 고맙습니다.

 이렇게 풀어요!

Q. 제시문에서 company는 '교제, 친교, 동행'이라는 뜻입니다. 함께 있어 즐거웠는데 떠나게 되어 아쉽다는 말입니다.

(a) 여기서 company(회사)는 제시문에 쓰인 의미와는 완전히 다르죠. ⓧ

(b) 떠나게 되는 상황에 자신도 아쉽다며 더 있을 수 있다면 좋겠다고 말하므로 자연스럽게 연결됩니다. ◎

(c) it이 가리키는 것이 불분명하고, 제시문의 내용과도 어울리지 않습니다. ⓧ

(d) 여자가 offer를 한 정황이 없고 헤어짐을 아쉬워하는 대화가 이뤄지는 상황에 맞지 않습니다. ⓧ

Part 2 🎧 05-4.mp3

M: Thank you so much for coming to my birthday party.	남: 내 생일 파티에 와줘서 고마워.
W: I'm sorry I didn't even bring you a gift though.	여: 선물을 가져오지 않아서 미안해.
M: No worries. I'm just happy you could make it.	남: 괜찮아. 난 그저 네가 오게 되어 기뻐.
(a) Well, I wouldn't miss it for anything.	(a) 음, 무슨 일이 있어도 네 생일은 놓치지 않을 거야.
(b) I'm sure I can make it on time.	(b) 분명 제시간에 갈 수 있어.
(c) Let's throw a party for her.	(c) 그녀에게 파티를 열어주자.
(d) It won't be the same without you.	(d) 네가 없으면 절대 같지 않을 거야.

 이렇게 풀어요!

Q. 남자는 여자가 자신의 생일 파티에 와준 것에 대해 고마워하고 기뻐하고 있습니다.

(a) 생일 파티에 와줘서 기뻐하는 남자에게 '네 생일 파티라면 꼭 와야지'라고 말하므로 정답입니다. ◎

(b) 생일을 기념해 열리는 파티에 이미 도착했는데 제시간에 갈 수 있다고 말하는 것은 어울리지 않습니다. ⓧ

(c) 남자의 생일 파티에 온 상황에서 어울리지 않는 응답입니다. ⓧ

(d) 초대를 받은 사람이 하는 말로 어울리지 않습니다. ⓧ

LISTENING

실제 시험 난이도와 비슷한 실전 문제들을 풀며 학습한 내용을 확인해 보세요. 🎧 05-5.mp3

Part 1 연결될 수 있는 가장 적절한 응답 고르기

1. (a) (b) (c) (d)

2. (a) (b) (c) (d)

3. (a) (b) (c) (d)

4. (a) (b) (c) (d)

5. (a) (b) (c) (d)

Part 2 연결될 수 있는 가장 적절한 응답 고르기

6. (a) (b) (c) (d)

7. (a) (b) (c) (d)

8. (a) (b) (c) (d)

9. (a) (b) (c) (d)

10. (a) (b) (c) (d)

여행, 쇼핑, 외식 관련 대화는 Part 1과 2에서 자주 등장합니다. **항공편 예약 등을 묻는 여행 관련 문제와 음식 또는 물건 주문 등을 다루는 외식/쇼핑 관련 문제**에서 자주 볼 수 있는 표현을 익혀봅시다.

STEP1 필수 암기 표현

제시된 대화를 여러 차례 소리 내어 읽으면서 완벽히 익히세요. 제대로 알고 있어야 스치듯 들어도 내용을 이해할 수 있습니다.

여행 🎧 06-1.mp3

M: Hello. I'd like to **book** a vacation. ❶	남: 안녕하세요. 휴가 여행을 예약하고 싶은데요.
W: Sure. We are offering an **all-inclusive** package to Italy. ❷	여: 네. 저희는 모든 것이 포함된 이탈리아 패키지 여행을 제공하고 있습니다.
W: Seoul Airlines. How may I help you today?	여: 서울 항공입니다. 무엇을 도와드릴까요?
M: I'd like to book a flight to New York for July 4.	남: 7월 4일 뉴욕행 항공편을 예약하고 싶습니다.
W: **One-way**, or **round-trip**? ❸	여: 편도인가요, 왕복인가요?
M: Would round-trip be a lot cheaper?	남: 왕복으로 하면 훨씬 더 저렴할까요?
M: Do you have luggage to **check in**? ❹	남: 부치실 짐 있나요?
W: No, I'm just taking my **carry-on**. ❺	여: 아뇨. 그냥 들고 탈 짐밖에 없습니다.
W: I wish I had a **window seat**. I get **airsick** when I sit in an **aisle seat**. ❻	여: 내가 창가 쪽에 앉으면 좋겠어. 통로 쪽에 앉으면 비행기 멀미하거든.
M: I wouldn't mind changing seats.	남: 난 자리 바꿔도 상관없어.

❶ book: '예약하다'라는 뜻으로, book a room(객실을 예약하다), book a flight(항공편을 예약하다)처럼 다양한 예약 상황에 쓰입니다.

❷ all-inclusive: 모두 포함된

❸ one-way: 편도 / round-trip: 왕복

❹ check in: (공항에서 짐을) 부치다, (호텔에) 체크인하다

❺ carry-on (bag): 기내 휴대용 가방

❻ window seat: 창가 좌석 / airsick: 비행기 멀미를 하는 / aisle seat: 통로 좌석

쇼핑 🎧 06-2.mp3

W: I'm looking for a shirt that will **go with** these pants. ❶

M: OK, what size do you wear?

여: 이 바지와 어울릴 만한 셔츠를 찾고 있습니다.

남: 네, 몇 사이즈 입으세요?

M: I'm looking to buy a gift for my mom.

W: What **price range** do you have in mind? ❷

남: 어머니 선물을 사려고 합니다.

여: 생각하고 계신 가격대가 어떻게 되나요?

W: **Your total comes to** 112 dollars. ❸

M: Oh, I don't have cash. Do you take credit cards?

여: 총액은 112 달러입니다.

남: 아, 저 현금이 없네요. 신용카드도 받나요?

❶ go with: '~와 잘 어울리다'라는 뜻으로, match와 바꿔 쓸 수 있어요.

❷ price range: '가격대'라는 뜻이에요. 이와 관련해 budget(예산)이라는 단어도 함께 알아두면 좋아요.

❸ Your total comes to + 가격: '총액은 ~입니다'라는 뜻이에요. 이 표현이 나오면 물건값을 계산하는 상황이라는 것을 알 수 있죠.

외식 🎧 06-3.mp3

W: Hello, could I book a table for tonight?

M: How many are in your **party**? ❶

여: 여보세요, 오늘 저녁 테이블 하나 예약 될까요?

남: 일행이 몇 분이시죠?

M: May I take your order, ma'am?

W: Yes, I'd like the steak special.

M: **How would you like** your steak? ❷

W: I'd like it medium rare.

남: 주문하시겠습니까, 손님?

여: 네, 스테이크 스페셜로 할게요.

남: 스테이크는 어떻게 해드릴까요?

여: 미디엄 레어요.

W: Can I get you something to drink?

M: **I could use** an iced coffee. ❸

여: 마실 것 좀 가져다 드릴까요?

남: 아이스 커피 한 잔이면 좋겠네요.

❶ party: '일행'이라는 뜻입니다. 이 뜻을 모르면 '파티'와 관련된 내용으로 답하는 오답에 속기 쉽습니다.

❷ How would you like ~?: '~은 어떻게 해드릴까요?'라고 묻는 표현입니다. 요리나 음료를 주문했을 때 이렇게 묻는 경우가 많습니다.

❸ I could use ~: 회화에서 '~이 필요하다, ~을 원하다' 라는 의미로 쓰입니다.

특강 03
음식 값 지불
관련 기출 표현

Part 1 🎧 06-4.mp3

M: May I take your order, ma'am?

(a) How much longer will my order take?
(b) My stomach's grumbling.
(c) Actually, I've already been served.
(d) Yes, you can take these away.

남: 주문하시겠습니까, 손님?

(a) 주문한 게 나오려면 얼마나 더 있어야 하죠?
(b) 배에서 꼬르륵 소리가 납니다.
(c) 사실, (다른 직원에게) 이미 주문했습니다.
(d) 네, 이거 치우셔도 돼요.

 이렇게 풀어요!

Q. May I take your order를 통해 식당에서 주문을 받는 상황임을 파악합니다.

(a) 이미 음식을 주문한 상황에서 음식이 아직 나오지 않았을 때 할 수 있는 말이므로 오답입니다. Ⓧ

(b) grumble(우르릉거리다)라는 어휘를 몰라도 My stomach만으로도 오답임을 알 수 있습니다. Ⓧ

(c) '이미 서빙을 받았다'라는 뜻이에요. 이미 주문을 했다는 의미이므로 정답입니다. ◎

(d) 주문하겠냐고 묻는데 '그렇다(주문하겠다)'고 한 뒤 '(접시를) 치워도 된다'고 하는 것은 어울리지 않습니다. 전혀 상황에 맞지 않는데 서빙 직원과 주고받는 말로 그럴듯해서 텝스에서 속기 쉬운 오답입니다. Ⓧ

Part 2 🎧 06-5.mp3

W: Hey, are you only leaving one dollar for a tip?
M: This restaurant charges too much.
W: Still, you are being too cheap.

(a) The desserts are quite affordable.
(b) It's my treat this time.
(c) I'm not. The service was poor, too.
(d) Of course. Running a restaurant is not easy.

여: 야, 팁으로 달랑 1달러 두고 가니?
남: 이 식당 너무 바가지야.
여: 그래도, 너무 짜게 구는 것 같아.

(a) 디저트 가격이 꽤 저렴해.
(b) 이번에는 내가 사는 거야.
(c) 아냐. 서비스도 형편없었어.
(d) 물론이지. 식당 운영이 쉽지는 않아.

 이렇게 풀어요!

Q. 식당 이용 후 팁을 놓고 나오는 상황으로, 남자가 팁을 너무 짜게 준다고 여자가 나무라고 있습니다.

(a) 제시문에 나온 cheap은 '(값이) 싼'이라는 의미가 아닌 '인색한'이라는 뜻으로 쓰였습니다. affordable(가격이 저렴한)의 뜻을 통해 정답으로 착각하기 쉽습니다. Ⓧ

(b) my treat은 '내가 사겠다'는 의미이므로 대화 상황에 어울리지 않습니다. Ⓧ

(c) I'm not 다음에는 being too cheap이 생략되어 있습니다. 청해 문제에서는 '생략'을 사용한 선택지가 정답이 될 확률이 매우 높습니다. 서비스도 형편없었기 때문에 팁을 짜게 주는 것이 아니라는 의미로, 여자의 말과 자연스럽게 연결됩니다. ◎

(d) 식당을 이용한 손님 입장에서 하는 말로 어울리지 않으므로 오답입니다. Ⓧ

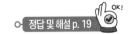
실제 시험 난이도와 비슷한 실전 문제들을 풀며 학습한 내용을 확인해 보세요. 🎧 06-6.mp3

Part 1 연결될 수 있는 가장 적절한 응답 고르기

1. (a) (b) (c) (d)

2. (a) (b) (c) (d)

3. (a) (b) (c) (d)

4. (a) (b) (c) (d)

5. (a) (b) (c) (d)

Part 2 연결될 수 있는 가장 적절한 응답 고르기

6. (a) (b) (c) (d)

7. (a) (b) (c) (d)

8. (a) (b) (c) (d)

9. (a) (b) (c) (d)

10. (a) (b) (c) (d)

UNIT 07

Part 1&2

직장 생활

직장에서 영어로 대화하는 상황은 한국에서 실제로 경험하기가 쉽지 않습니다. 하지만, 미국 드라마 혹은 영화에서 쉽게 접할 수 있는 상황이기 때문에, 평소 미국 드라마나 영화를 볼 때 직장에서 대화하는 장면이 나오면 대사에 주목해 들어보는 것도 도움이 됩니다.

STEP 1 필수 암기 표현

제시된 대화를 여러 차례 소리 내어 읽으면서 완벽히 익히세요. 제대로 알고 있어야 스치듯 들어도 내용을 이해할 수 있습니다.

직장 전반 🎧 07-1.mp3

W: Hi. I'm Ann Landers, your new partner.	여: 안녕하세요. 당신의 새 파트너 앤 랜더스입니다.
M: Nice to meet you, Ann.	남: 만나서 반가워요, 앤.
W: How shall I **address** you? ❶	여: 당신을 어떻게 호칭하면 좋을까요?
M: **I go by** Kenny around here. ❷	남: 전 여기서 케니로 통합니다.
M: Helen, who has the **minutes** of the last meeting? ❸	남: 헬렌, 지난번 회의록 누가 갖고 있죠?
W: I saw Tom reading them about an hour ago.	여: 한 시간 전쯤 탐이 읽고 있는 것을 보았어요.
W: Peter **missed the deadline**. ❹	여: 피터가 마감 시간을 넘겼어요.
M: Again? **What's the matter with** him? ❺	남: 또? 도대체 그 사람 뭐가 문제죠?
W: I think he's got a domestic situation.	여: 집에 문제가 있는 것 같아요.
W: Cathy has **made a real breakthrough**. ❻	여: 캐시가 정말 많이 발전했어요.
M: I know. She is not **the person she used to be**. ❼	남: 맞아요. 예전의 그녀가 아니에요.

❶ address: 호칭을 쓰다, 호칭으로 부르다

❷ go by + 이름: ~라는 이름으로 통하다

❸ minutes: 회의록, 의사록

❹ miss the deadline: 마감 시한을 넘기다
  cf. meet the deadline: 마감 시한을 맞추다
    extend the deadline: 마감 시한을 연장하다

❺ What's the matter with ~?: ~은 뭐가 문제야?

❻ make a breakthrough: 비약적인 발전을 하다

❼ the person she used to be: 예전의 그녀

불만 🎧 07-2.mp3

M: My boss is always **giving** me **a hard time.** ❶

W: Why don't you confront him?

M: Looks like you did**n't sleep a wink.** ❷

W: Actually I stayed up late last night.

M: **What kept you awake** so late? ❸

W: I'm far behind schedule. I got an **earful** from the boss for that. ❹

남: 직장 상사가 날 항상 힘들게 해.

여: 직접 얘기해보는 게 어때?

남: 한숨도 못 잔 얼굴이네요.

여: 사실 어젯밤 늦도록 잠을 안 잤어요.

남: 왜 그렇게 늦도록 잠을 안 잤어요?

여: 할 일이 많이 밀렸어요. 그 때문에 상사한테 잔소리를 들었고요.

❶ give A a hard time: A를 힘들게 하다, 고생시키다

❷ not sleep a wink: 한숨도 못 자다

❸ What kept you awake?: '뭐 때문에 깨어 있었어?'라는 뜻으로, 직역하면 '뭐가 너를 깨어 있게 했니?'와 같죠. 이와 같이 의문사 What으로 이유를 묻는 표현을 알아 두세요.
   cf. What brought you here?: 여기 뭐 때문에 왔어?

❹ earful: 잔소리

면접 🎧 07-3.mp3

M: I'm very nervous about the interview.

W: Everybody is nervous. Just **be yourself.** ❶

W: Why the **long face,** Kevin? ❷

M: I had a job interview today, and I **blew it.** ❸

W: Why? What happened?

M: I woke up too late and I missed the interview.

M: What department do you want to **be assigned to?** ❹

W: I'd prefer the International Trading Department.

남: 면접 정말 떨리네요.

여: 다들 떨려요. 그냥 평소대로 해요.

여: 케빈, 왜 그렇게 시무룩해?

남: 오늘 취업 면접이 있었는데 날려버렸어.

여: 왜? 무슨 일인데?

남: 너무 늦게 일어나서 면접을 못 갔어.

남: 무슨 부서로 배치받고 싶으세요?

여: 국제 무역 부서요.

❶ be oneself: 평소대로 하다

❷ long face: 시무룩한 얼굴

❸ blow it: (기회를) 날리다

❹ assign A to B: (A를 B에) 배치하다

Part 1 🎧 07-4.mp3

W: What time do you get off work today?

(a) It's almost 7 o'clock.

(b) It depends.

(c) Let me get off here.

(d) It was another hectic day.

여: 오늘 몇 시에 퇴근해?

(a) 지금 거의 7시야.

(b) 상황을 봐야 돼.

(c) 여기서 내릴게요.

(d) 또 다른 바쁜 하루였어.

 이렇게 풀어요!

Q. 몇 시에 퇴근하는지(get off work) 묻는 질문입니다.

(a) 제시문의 What time을 듣고 (a)를 정답으로 고르기 쉽습니다. It's almost 7 o'clock은 '지금 7시가 거의 됐다'라는 의미이므로 퇴근 시각을 묻는 질문에 적절하지 않죠. ⓧ

(b) '상황에 따라 다르다'라는 표현인데, 확신이 안 선다면 △ 표시를 해두고 다른 선택지를 다 듣고 판단합니다. ◎

(c) 제시문의 get off가 재등장했으므로 오답일 확률이 높습니다. ⓧ

(d) 과거시제를 사용해, 하루의 일과를 다 끝낸 상황에서 할 법한 말이므로 퇴근 시간을 묻는 질문에 어울리지 않습니다. ⓧ

Part 2 🎧 07-5.mp3

M: I was late because my phone's battery was dead this morning.

W: And I'm afraid your work is far behind schedule.

M: Yeah. The boss really got mad at me.

(a) I think I'll console him.

(b) At least your work is all done.

(c) Maybe I should stay away from him today.

(d) I'd better charge my battery now.

남: 오늘 아침에 휴대폰 배터리가 방전돼서 지각했어요.

여: 당신 작업 일정도 한참 뒤처졌잖아요.

남: 네. 팀장님이 저 때문에 정말 화나셨어요.

(a) 제가 그를 위로해 줘야겠어요.

(b) 적어도 당신 일은 다 끝냈잖아요.

(c) 오늘은 팀장님 근처에 얼씬도 하지 말아야겠군요.

(d) 지금 배터리를 충전해야겠어요.

이렇게 풀어요!

Q. 자신이 지각해서 상사가 화났다고 푸념하는 내용입니다.

(a) console은 '~을 위로하다'라는 뜻이므로, 여자가 남자의 상사를 위로한다는 것은 상황에 맞지 않습니다. ⓧ

(b) 마지막 부분만 들으면 자연스러운 것 같지만 그 전에 한 말(작업 일정이 한참 뒤처져 있다)과 반대의 상황이므로 오답입니다. ⓧ

(c) 상사가 화난 상황임을 전해 듣고 상사 근처에 가지 말아야겠다고 하는 것은 자연스럽게 어울리므로 정답입니다. ◎

(d) 대화에 언급된 battery를 재사용한 오답 함정입니다. 팀장님이 화난 상황에 대한 반응으로 어울리지 않습니다. ⓧ

감 실전잡기

○─ 정답 및 해설 p. 22

실제 시험 난이도와 비슷한 실전 문제들을 풀며 학습한 내용을 확인해 보세요. 🎧 07-6.mp3

Part 1 연결될 수 있는 가장 적절한 응답 고르기

1. (a) (b) (c) (d)

2. (a) (b) (c) (d)

3. (a) (b) (c) (d)

4. (a) (b) (c) (d)

5. (a) (b) (c) (d)

Part 2 연결될 수 있는 가장 적절한 응답 고르기

6. (a) (b) (c) (d)

7. (a) (b) (c) (d)

8. (a) (b) (c) (d)

9. (a) (b) (c) (d)

10. (a) (b) (c) (d)

날씨와 교통에 관련된 대화 또한 출제 빈도가 높은 편입니다. 일상 생활에서도 자주 쓰이므로, 다음에 정리해 놓은 날씨/교통 관련 필수 암기 표현들을 익혀두면, 일상 생활에서도 많이 사용하여 영어 학습의 효과를 더욱 높일 수 있습니다.

STEP 1　필수 암기 표현

제시된 대화를 여러 차례 소리 내어 읽으면서 완벽히 익히세요. 제대로 알고 있어야 스치듯 들어도 내용을 이해할 수 있습니다.

날씨　🎧 08-1.mp3

M: **What's the weather like** outside? ❶	남: 바깥 날씨 어때요?
W: Don't even think about going out. It's very sweaty.	여: 나갈 생각 하지도 말아요. 땀범벅을 만드는 날씨예요.
W: What will the weather be like tomorrow?	여: 내일 날씨는 어떨까?
M: **It's supposed to rain.** ❷	남: 비가 올 거래.
M: Wow, **it's raining really hard** outside. ❸	남: 우와, 밖에 비가 정말 많이 오네요.
W: It certainly is a **downpour.** ❹	여: 정말 폭우네요.
M: What's the weather forecast today?	남: 오늘 일기예보에서 뭐래?
W: **We're expecting** temperatures in the nineties. ❺	여: 90도대가 될 거래.
M: **Are** we **still on** for the picnic this afternoon? ❻	남: 오늘 오후 소풍 아직 유효해?
W: I think we'll have to postpone it.	여: 연기해야 할 것 같아.

❶ What's the weather like?: 날씨가 어때?

❷ be supposed to do: '~하기로 되어 있다'라는 뜻으로 (예보에 의해 거의 확실시되는) 날씨를 말할 때 쓰입니다.

❸ It's raining hard.: '비가 거세게 오고 있다'라고 해석합니다. 종종 쓰이는 관용구 중에 It's raining cats and dogs.도 같은 의미입니다.

❹ downpour: 폭우 (= heavy rain)
　　cf. It's pouring.(비가 쏟아지고 있어.)에서 쓰인 동사 pour도 함께 알아두세요. pour가 자동사로 쓰이면 '(비가) 마구 쏟아지다'라는 뜻입니다.

❺ We're expecting ~: 예상되는 날씨를 말할 때 쓰이는 표현입니다. expecting 다음에 날씨 정보가 와서, '(날씨가) ~일 것으로 예상됩니다'라고 해석합니다.

❻ be still on: 아직 유효하다

W: I **got a ticket** for **running a red light** on my way to work. ❶ ❷

M: **One of those days**, huh? I hope the fine is not that high. ❸

여: 출근하다가 신호위반 딱지 끊었어.

남: 일이 잘 안 풀리는 날이네. 그렇지? 벌금이라도 비싸지 않아야 할 텐데.

M: Sorry I'm late, but **traffic was backed up**. ❹

W: That's okay. I was late myself.

남: 늦어서 미안해. 하지만 차가 너무 밀렸어.

여: 괜찮아. 나도 늦었어.

W: Isn't it too early to leave for the train station?

M: We need to **allow for** traffic. ❺

여: 기차역으로 출발하기엔 너무 이르지 않아?

남: 교통 상황을 고려해야 해.

M: You are late again.

W: I **got stuck in traffic**. ❻ I **couldn't help it**. ❼

남: 또 지각했네요.

여: 차가 막혀서 꼼짝 못했어요. 어쩔 수 없었어요.

W: Can I borrow your car this weekend?

M: I don't think it is a good idea. My car insurance doesn't **cover** anyone but me. ❽

W: But I need a car to pick up my sister at the airport.

M: If you want, I'll **give** you **a ride**. ❾

여: 이번 주말에 차 좀 빌릴 수 있을까?

남: 별로 좋은 생각 같지 않아. 내 자동차 보험은 나에게만 적용되거든.

여: 하지만 언니를 공항에서 데려올 차가 필요해.

남: 괜찮다면, 내가 태워다 줄게.

M: We better **get going** or we'll **miss our flight**. ❿ ⓫

W: Don't worry. We'll **get to** the airport on time. ⓬

남: 서두르지 않으면 비행기를 놓칠 거야.

여: 걱정 마. 우리는 제시간에 공항에 도착할 거야.

---

❶ get a ticket: (교통 위반) 딱지를 끊다

❷ run a red light: 교통 신호를 위반하다

❸ one of those days: 일이 잘 안 풀리는 날

❹ traffic is backed up: 차가 막히다
　　cf. bumper to bumper: 차가 꼬리를 문, 교통이 정체된

❺ allow for: ~을 고려하다

❻ get[be] stuck in traffic: 차가 막히다, 교통 체증에 걸리다

❼ couldn't help it: 어쩔 수 없었다

❽ cover: 보상하다, 보장하다

❾ give A a ride[lift]: 차로 A를 태워다주다

❿ get going: 서두르다, 이만 가보다

⓫ miss one's flight: ~의 비행기를 놓치다

⓬ get to + 장소: ~에 도착하다

I'm stuck in traffic.

Part 1 🎧 08-3.mp3

M: Do you think it's going to be sunny this afternoon?

(a) It's a sunny day, isn't it?
(b) It's supposed to rain.
(c) Okay, we can go there this afternoon.
(d) I don't think so. It will clear up.

남: 오늘 오후에 화창할 것 같아?

(a) 화창한 날씨네, 그렇지?
(b) 비 온대.
(c) 좋아, 오늘 오후에 거기 갈 수 있어.
(d) 그럴 것 같지 않아. 날씨가 갤 거야.

 이렇게 풀어요!

Q. 날씨가 화창할 것 같은지 묻는 의문문입니다.

(a) sunny라는 단어를 재등장시켜 오답을 유도하고 있습니다. ⊗

(b) 비가 올 것이라는 뜻이므로 정답입니다. 이 문장은 일상생활에서 자주 쓰이니 문장 자체를 암기해두는 것이 좋습니다. ◎

(c) 제시문의 마지막에 강하게 들린 this afternoon이 재등장해 정답으로 착각하기 쉬운 선택지입니다. ⊗

(d) I don't think so만 들으면 정답인 것 같지만, 뒤에 이어지는 It will clear up이 어울리지 않기 때문에 오답입니다. ⊗

Part 2 🎧 08-4.mp3

W: Does the shuttle bus for the Miracle Hotel stop here?
M: Yes, but I'm afraid you just missed it.
W: That's a shame. Is there a faster way to get there?

(a) Yes, it should arrive soon.
(b) It depends on your destination.
(c) No, it's best to wait for the next bus.
(d) You could try a local motel.

여: 미라클 호텔로 가는 셔틀버스가 여기에 서나요?
남: 네, 하지만 방금 놓치신 것 같군요.
여: 안타깝네요. 그곳으로 가는 더 빠른 방법이 있을까요?

(a) 네, 곧 도착할 겁니다.
(b) 당신의 목적지에 따라 다릅니다.
(c) 아뇨, 다음 버스를 기다리는 것이 가장 좋은 방법이에요.
(d) 지역 모텔을 이용해보세요.

 이렇게 풀어요!

Q. 호텔로 가는 셔틀버스를 놓친 여자가 (셔틀버스 이용보다) 더 빨리 가는 방법은 없는지 묻고 있습니다.

(a) Yes라고 답한다면 그 다음에는 해당 방법에 대한 내용이 나와야겠죠. 그런데 셔틀버스가 곧 온다고 말하고 있어 어색해요. ⊗

(b) 여자가 처음부터 목적지를 확실히 밝혔기(Miracle Hotel) 때문에 목적지에 따라 다르다는 말은 어울리지 않아요. ⊗

(c) No라고 답한 것은 셔틀버스보다 빠른 방법은 없다는 뜻이며, 다음 셔틀버스를 기다리라고 하므로 어울리는 답변입니다. ◎

(d) 대화에 언급된 hotel과 연관성 있게 들리는 motel을 이용한 오답 함정이에요. ⊗

실전 감 실전 잡기

정답 및 해설 p. 25 OK!

실제 시험 난이도와 비슷한 실전 문제들을 풀며 학습한 내용을 확인해 보세요. 🎧 08-5.mp3

Part 1 연결될 수 있는 가장 적절한 응답 고르기

1. (a) (b) (c) (d)

2. (a) (b) (c) (d)

3. (a) (b) (c) (d)

4. (a) (b) (c) (d)

5. (a) (b) (c) (d)

Part 2 연결될 수 있는 가장 적절한 응답 고르기

6. (a) (b) (c) (d)

7. (a) (b) (c) (d)

8. (a) (b) (c) (d)

9. (a) (b) (c) (d)

10. (a) (b) (c) (d)

Part 1&2 오답 유형 완전 정복

1 질문에 나온 단어와 관련 있는 단어가 등장하는 오답

A: Does this **medication** have any side effects?

B: _____

(a) Not that I know of.

(b) I **take pills** every day. (×)

A: 이 약은 부작용이 있나요?

(a) 제가 알기론 없습니다.

(b) 저는 매일 약을 복용합니다.

▶ take pills(알약을 복용하다)는 medication(약)을 듣고 관련지어 떠올릴 수 있는 표현이지만, (b)의 내용은 질문과 어울리지 않습니다.

2 시제가 일치하지 않는 오답

A: Hey, Chris. You **look** so fit and healthy.

B: _____

(a) Yeah, I will do some exercise. (×)

(b) I've been working out lately.

A: 안녕, 크리스. 아주 건강하고 좋아 보이는데.

(a) 어. 운동 좀 하려고.

(b) 요즘 운동을 하고 있어.

▶ (a)는 내용상 그럴듯하지만, 지금 날씬하고 건강해 보인다는 말은 이전에 이미 운동을 시작했다는 것을 의미하므로 미래를 나타내는 시제는 적절하지 않습니다.

3 앞부분만 질문과 어울리는 오답

A: I was really impressed by your piano solo at the jazz concert.

B: _____

(a) Thank you. I'll be sure to let him know. (×)

(b) It was my best performance yet.

A: 재즈 콘서트에서 당신의 피아노 솔로 연주에 아주 감동받았어요.

(a) 고맙습니다. 그에게 꼭 알려주겠습니다.

(b) 지금까지 한 가장 최고의 연주였어요.

▶ '피아노 연주에 감동받았다'는 칭찬에 대해 (a) Thank you와 같이 감사의 인사를 하는 것이 자연스럽지만, 이 말만 듣고 성급히 (a)를 답으로 고르면 안 됩니다. 다음에 '그에게 꼭 알려주겠다'와 같이 질문과 어울리지 않는 말이 이어지고 있기 때문이죠.

4 주어가 일치하지 않는 오답

A: Sarah, **you** were too mean to Mike.

B: _____

(a) Well, I guess I was.

(b) **He** thought I deserved it. (×)

A: 세라. 너 마이크한테 너무 심했어.

(a) 그러게. 그랬던 것 같네.

(b) 그는 내가 당해도 싸다고 생각했어.

▶ 마이크에게 너무 심하게 대했다는 말에 대해 적절한 응답을 골라야 하는데, (b)는 주어가 He로 바뀌었습니다. I thought he deserved it. (나는 그가 당해도 싸다고 생각했어)가 되어야 맞습니다.

5 바로 앞 순서의 화자가 해야 할 말이 오답 선택지인 경우 [Part 2]

A: Kate, these fried mushrooms are incredible!

B: Don't you think I used too much salt?

A: No, it really **brings out the natural flavor.**

B: _____

(a) I'm glad you're enjoying them.

(b) Well, I **think they're delicious.** (×)

A: 케이트, 이 튀긴 버섯이 정말 끝내주네요!

B: 소금을 너무 많이 쓴 것 같지 않아요?

A: 아니요, 정말 천연의 맛이 나는데요.

(a) 맛있어 하시니 다행이에요.

(b) 음, 맛있는 것 같아요.

▶ '맛있는 것 같다'라는 말은 천연의 맛을 낸다고 말한 A의 의견으로 적절하지, A의 생각에 대한 B의 응답이 될 수 없습니다.

6 마지막 문장과는 뜻이 통하지만 전체 흐름과 어울리지 않는 오답 [Part 2]

A: Hey, I see you bought a new coat.

B: Yes, but I think it's a bit old-fashioned.

A: Actually, **that style is very trendy** these days.

B: _____

(a) That's **the reason I bought it.** (×)

(b) Oh, I wasn't aware of that.

A: 안녕, 코트 새로 샀나봐.

B: 응, 그런데 좀 옛날 분위기인것 같아.

A: 사실, 그 스타일이 요즘 유행이야.

(a) 그래서 내가 그걸 샀지.

(b) 오, 그건 몰랐네.

▶ '그 스타일이 요즘 유행이다'라는 마지막 말만 들으면 (a)도 답이 될 수 있습니다. 하지만 B는 앞서 '좀 옛날 패션의 느낌이다'와 같이 불만을 나타냈으므로 '그래서 샀다'는 말은 어울리지 않습니다. 이 유형은 대화의 전체 흐름을 파악해야 하는 고난도 오답 유형이에요.

UNIT 09

Part 3&4
주제 문제

텝스 청해 영역의 주제 문제는 **대화나 담화 전체를 관통하는 중심된 이야기**가 무엇인지 묻습니다. 대화나 담화의 앞부분을 잘 들으면서 키워드만 잘 찾으면 풀 수 있는 비교적 쉬운 문제들이 대부분이지만, 간혹 뒷부분에서 반전이 일어나는 경우도 있으므로 끝까지 신중하게 들어야 합니다.

STEP1 주제 문제 감 잡기

문제에 mainly, main, best 등의 단어가 들어가며, 주로 다음과 같은 형태로 나옵니다. Part 3, 4의 첫 2~3문제는 다음과 같은 주제 문제가 나올 것을 예상하고 전체적인 흐름을 들으려고 노력해야 합니다.

문제 유형 🎧 09-1.mp3

파트 및 번호	문제 유형
Part 3 21~23번	**What is the conversation mainly about?** 대화는 주로 무엇에 관한 것인가? **What is the main topic[idea] of the conversation?** 대화의 주제는 무엇인가? **What is the man[woman] mainly doing?** 남자[여자]는 주로 무엇을 하고 있는가? **What is mainly happening[taking place] in the conversation?** 대화에서 주로 어떤 일이 일어나고 있는가?
Part 4 31~32번	**What is the talk mainly about?** 담화는 주로 무엇에 관한 것인가? **What is the best title of the talk?** 이 담화의 가장 적절한 제목은 무엇인가? **What is the main idea of the talk?** 담화의 주제는 무엇인가? **What is the main topic of the announcement?** 공지의 주제는 무엇인가? **What is mainly being advertised about the new product?** 신상품에 대해 주로 무엇이 광고되고 있는가?

🍯꿀팁 이러한 유형의 질문에서는 남자에 대해 묻는지 여자에 대해 묻는지를 꼭 기억해두어야 합니다.

문제 풀이 전략

▪ Part 3 전략

① Part 3에서는 대화가 나오기에 앞서, 화자들 간의 관계를 알려주는 코멘트가 등장합니다. 이를 바탕으로 대화자 간의 관계를 파악해 두면 대화를 좀 더 쉽게 이해할 수 있습니다.

ex. Listen to a conversation between two friends.

② Part 3의 21~23번은 대화의 주제나 상황을 묻는 문제이므로 이 번호에 해당하는 문제를 들을 때에는 전체적인 분위기와 이야기의 흐름을 파악해야 합니다.

③ 첫 문장 혹은 둘째 문장에서 키워드를 파악해, 이를 메모합니다. 키워드를 중심으로 대화의 흐름을 따라가면 더 잘 들리고, 어려운 단어가 나와도 그 의미를 유추하기 쉽습니다.

④ 구체적인 숫자 정보, 시간 같은 세부 사항이나 어려운 전문 용어는 주제 문제의 정답과 관련 없는 경우가 대부분이므로 굳이 메모하지 않아도 됩니다.

⑤ 선택지에 키워드가 있더라도 전체 대화 내용을 포괄할 수 없으면 오답입니다.

 감잡기 QUIZ　　　　　　　　　　　　　　　　　　　　　　　　정답 및 해설 p. 29

Part 3 전략을 활용해 다음 대화를 듣고 문제를 풀어보세요.　🎧 **09-2.mp3**

Listen to a conversation between **two friends**.

W: You look nice in that sweater.

M: Thank you. It only cost 20 dollars **online**.

W: Really? Which **Web site** is it from?

M: It's called OutletMall.com. They have a variety of clothes at reduced prices.

W: How nice! Can you **help me order** some things? I need to buy new clothes for school.

M: Sure. Why don't we get them tonight?

MEMO

sweater

online

Web site

help me order

Q. What is the **main topic** of the conversation?

(a) Shopping at an online store
　온라인 매장에서 쇼핑하기

(b) The cost of the man's sweater
　남자의 스웨터 가격

⏱ Check Point
대화에서 sweater의 가격이 언급되긴 하지만, 이것이 대화 전체를 포괄할 수는 없으므로 대화 주제가 될 수 없습니다.

정답 **(a)**

 **이 단어만은 꼭!**

---

cost v. ~의 값[비용]이 들다 n. 가격, 비용　**a variety of** 다양한　**at reduced prices** 할인가에, 할인된 가격에　**help A do**: A가 ~하는 것을 돕다
order ~을 주문하다　**Why don't we + 동사원형?** ~하는 게 어때요?

■ Part 4 전략

① Part 4의 31~32번, 간혹 33번까지도 주제를 묻는 문제일 때가 있습니다. 초중급자들에게 어려운 Part 4이지만 주제 문제의 경우 키워드만 잘 찾아내면 정답을 고를 가능성이 높기 때문에 포기하지 말고 꼭 맞히도록 노력해 보세요.

② 담화를 들려줄 때 첫 문장 혹은 둘째 문장에서 키워드를 파악해서 메모합니다. 키워드는 첫 문장의 마지막 부분에 있을 가능성이 가장 높습니다.

③ Part 3와 달리, 담화를 들려주고 문제를 읽어준 뒤(이때 선택지는 읽어주지 X), 다시 한번 담화를 들려주므로, 두 번째 들려줄 때는 첫 번째 듣기에서 놓쳤던 부분을 보충하거나, 헷갈렸던 부분을 듣는 데 집중하세요.

④ 어려운 단어와 관용구(Idioms)는 정답과 관련 없는 경우가 대부분이므로 크게 신경 쓸 필요가 없으며, 쉬운 단어를 놓치지 않고 알아듣는 실력을 길러야 합니다.

⑤ 선택지를 들을 때, 키워드 혹은 키워드와 관련 있는 단어가 들어있지 않은 선택지는 일단 소거하는 것이 좋습니다.

감잡기QUIZ

정답 및 해설 p. 29

Part 4 전략을 활용해 다음 담화를 듣고 문제를 풀어보세요. 🎧 09-3.mp3

At one point or another, every person will be faced with the task of **public speaking**. It is a **crucial skill** in academic and professional life, especially when persuading others to see the strength of an academic argument or the potential of a sales strategy. A talented public speaker can also give memorable speeches during important social events such as weddings and graduations.

MEMO

every person

public speaking

crucial skill — academic/

professional

speech — social events

Q. What is the talk **mainly about**?

(a) Persuading others about your opinion
　　자신의 의견에 관해 다른 사람들을 설득하기

(b) The importance of talking to an audience
　　청중에게 말하는 것의 중요성

🔎 **Check Point**
자신의 의견에 관해 다른 사람들을 설득하는 것은 사람들 앞에서 말하는 사례의 하나로 제시된 것이지, 담화 전체의 주제는 아닙니다. 담화의 전체적인 내용은 '여러 사람 앞에서 말하기'입니다.

정답 (b)

 이 단어만은 꼭!

be faced with ~에 직면하다 task 일, 과업, 과제 public speaking 여러 사람 앞에서 말하기 crucial 필수적인, 중대한 academic 학업의 professional 직업의 especially 특히 persuade A to do: A가 ~하도록 설득하다 strength 힘, 강점, 장점 argument 주장 potential n. 잠재력 strategy 전략 talented 재능 있는, 뛰어난 memorable 기억에 남는 speech 연설 social event 사회적인 행사 wedding 결혼식 graduation 졸업식 opinion 의견 importance 중요성 audience 청중

STEP 2 문제 풀이 요령

Part 3, 4는 문제 풀이 순서가 매우 중요합니다. 반드시 다음과 같은 순서로 문제를 풀도록 하세요.

Part 3 🎧 09-4.mp3

---

❶ 대화 듣기

① 21~23번은 주제 문제임을 미리 염두에 두고 듣기

② 대화 시작 전에 등장하는, 화자들의 관계를 알려주는 코멘트를 잘 듣고 대화의 분위기 감 잡기

③ 첫 대사 혹은 둘째 대사에서 키워드를 듣고 메모한 후, 키워드와 관련해 전체적인 흐름을 파악하기

> **MEMO**
>
> movie
>
> loved exciting
>
> didn't like disappointed story confusing
>
> satisfied story

❷ 질문과 선택지 듣기

- mainly talking about을 듣고 주제 문제임을 확인

❸ 오답 소거하기

(a) 키워드인 movie와 관련된 표현이 없으므로 ⓧ

(b) 대화자 모두 영화를 지루하게 느낀 것이 아니므로 ⓧ

(c) 영화의 등장인물에 관한 언급은 전혀 없으므로 ⓧ

(d) 키워드인 movie가 film으로 패러프레이징되었으며, 두 사람이 모두 본 영화에 대해 얘기하고 있으므로 ◎

❹ 정답 확정하기

전체 대화 내용을 포괄하는 (d)를 정답으로 선택

Listen to a conversation between two acquaintances.

M: Did you watch the movie *Remains Between Us* last night?

W: Yes. I loved it. It was exciting.

M: Really? I didn't like it. I was disappointed actually. The story was so confusing that I couldn't understand it.

W: Well, I was very satisfied with the story. I liked the surprising ending.

M: Not me. The story made me tired. By the end of the movie, I was exhausted.

Q. What are the man and woman mainly talking about?

(a) What the speakers did last night

(b) How boring a movie was

(c) The characters of a movie

(d) A film they both watched

ⓐ ⓑ ⓒ **ⓓ**

❶ 담화 1차 듣기

① 31~32번은 주제 문제임을 미리 염두에 두고 듣기

② 첫째 혹은 둘째 문장에서 키워드를 듣고 메모. 첫 부분에서 키워드를 못 찾았을 경우, 자꾸 반복 언급되는 단어가 키워드

MEMO

UN Human Rights Commission

dedicated

protecting rights

equal value

opportunities freedoms happy lives

Regardless of an individual's financial or societal status, the UN Human Rights Commission is dedicated to protecting that person's inalienable rights as a human being. The commission aims to lift up our global society, and it places equal value on the worth of every single person. Thanks to its efforts, millions of people around the world have been given opportunities and freedoms that allow them to lead happy lives.

❷ 질문 듣기

- main topic을 듣고 주제 문제임을 확인

Q. What is the main topic of the talk?

❸ 담화 2차 듣기

- 1차 듣기 때 놓쳤거나 헷갈렸던 부분을 중점적으로 듣기

❹ 오답 소거하기

(a) 국제 기구 형성 과정은 언급된 바 없으므로 ⓧ

(b) UN 회원이 되기 위한 조건은 언급된 바 없으므로 ⓧ

(c) 현대 사회에서 사람들이 마주하는 장애물은 언급된 바 없으므로 ⓧ

(d) 인권을 보호하는 UN 인권위원회의 역할에 관한 내용이므로 ⓞ

🍯꿀팁 담화 내용을 완벽히 이해하지 못해도 키워드로 잡아 메모한 것을 토대로 충분히 답을 고를 수 있습니다.

(a) The formation of an international organization

(b) The requirements of becoming a member of the UN

(c) The obstacles facing people in modern society

(d) The role of the UN Human Rights Commission

❺ 정답 확정하기

키워드와 관련이 있는 (d)를 정답으로 선택

ⓐ ⓑ ⓒ **ⓓ**

실제 시험 난이도와 비슷한 문제들을 풀며 학습한 내용을 확인하세요. 🎧 09-6.mp3

Part 3 대화를 듣고 질문에 가장 적절한 답 고르기

1. (a) (b) (c) (d)

2. (a) (b) (c) (d)

3. (a) (b) (c) (d)

4. (a) (b) (c) (d)

5. (a) (b) (c) (d)

Part 4 담화를 듣고 질문에 가장 적절한 답 고르기

6. (a) (b) (c) (d)

7. (a) (b) (c) (d)

8. (a) (b) (c) (d)

9. (a) (b) (c) (d)

10. (a) (b) (c) (d)

세부사항 문제

세부사항 문제는 대화나 담화에 나오는 구체적인 내용을 듣고 제대로 이해할 수 있는지를 묻는 문제 유형입니다. 대화나 담화의 전체 흐름 보다는 **세부정보를 낱낱이 기억해 두어야** 하기 때문에 숫자, 사람 이름, 장소뿐만 아니라 행동의 이유나 결과, 계획 등 들리는 내용을 최대한 많이 메모해 두어야 합니다. 특히, Part 3에서는 남자와 여자가 말하는 내용을 구분해서 메모해야 합니다.

STEP 1 세부사항 문제 감 잡기

2~3개의 주제 문제를 풀고 나면 이어서 약 5개의 세부사항 문제가 나옵니다. 세부사항 문제에는 correct 또는 correct about이 언급되거나, What/When/Where/Why/How와 같은 의문사가 쓰입니다.

문제 유형 🎧 10-1.mp3

파트 및 번호	문제 유형
Part 3 24~28번	**Which is correct** according to the conversation? ○─● 꿀팁 대화 전체에 걸친 정보를 묻는 문제이기 때문에 가장 어려운 문제 유형입니다. 대화에 따르면, 다음 중 옳은 것은 무엇인가? **Which is correct about the man** according to the conversation? 대화에 따르면, 남자에 대해 다음 중 옳은 것은 무엇인가? **When** is the **man** going to **travel abroad** according to the conversation? 대화에 따르면, 남자는 언제 해외여행을 갈 예정인가? **Where** have the **man and woman met** before? 남자와 여자는 예전에 어디에서 만났었는가? **Why** does the **woman** want to **study abroad**? 여자는 왜 해외에서 공부하고 싶은가?
Part 4 33~35번	**Which is correct** according to the talk? ○─● 꿀팁 담화 전체에 걸친 정보를 묻는 문제이기 때문에 가장 어려운 문제 유형입니다. 강연에 따르면, 다음 중 옳은 것은? **What is the benefit of** tap water according to the news report? 뉴스 보도에 따르면, 수돗물의 이점은 무엇인가? **How** has the **tax law changed**? 세법은 어떻게 개정되었는가?

문제 풀이 전략

■ Part 3 전략

① 대화가 나오기에 앞서 화자들 간의 관계를 알려주는 코멘트를 듣고 마음의 준비를 합니다.

② Part 3의 24~28번은 대화에 언급된 세부사항을 묻는 문제들입니다. 주제 문제가 아니더라도, 첫 문장 혹은 둘째 문장에서 키워드를 파악하는 것은 매우 중요합니다. 키워드를 중심으로 대화의 흐름을 따라가면 더 잘 들리고, 어려운 단어가 나와도 그 의미를 유추하기 쉽습니다.

③ 누가, 언제, 어디서, 무엇을, 어떻게 했는지 등 육하원칙에 따른 정보가 중요합니다. 숫자, 장소 정보 및 사람 이름 등을 메모하며 듣도록 합니다.

④ 남자와 여자 중 특정 인물을 콕 집어서 묻는 문제가 나오기도 합니다. 이때 오답 선택지에서 남자와 여자가 말한 내용이 뒤바뀌는 경우가 종종 있으므로, 남녀 각각이 하는 말을 잘 구분해서 메모해야 합니다.

⑤ 어려운 단어가 들어간 선택지가 정답인지 오답인지 헷갈린다면 일단 선택을 보류하고 △ 표시를 해 둔 뒤, 다른 선택지들을 듣고 정답을 고르도록 하세요.

 감 잡기 QUIZ

정답 및 해설 p. 36

Part 3 전략을 활용해 다음 대화를 듣고 문제를 풀어보세요. 🎧 **10-2.mp3**

Listen to a conversation between **two friends**.

M: **My brother** is coming to visit me this Friday.

W: That's nice. Is he coming from **his home in New York**?

M: I think he's coming from Chicago. He's traveling around the States.

W: Oh, it sounds like **he enjoys traveling**.

M: Yeah, he's always traveling somewhere.

W: I've barely left my hometown.

MEMO

M brother coming

W his home NY?

M Chicago

W he enjoy travel?

M Yes

🍯 **꿀팁** '메모를 꼭 이렇게 해야 한다'는 법칙은 없고 본인이 편한 대로 하면 됩니다. 우리말을 써도 좋고 기호를 이용해도 좋습니다. 메모를 보고 문제를 푸는 게 아니라 기억 보조 장치일 뿐이므로 자신만의 스타일을 만들어 보세요.

Q. Which is **correct** according to the conversation?

(a) The woman enjoys traveling.
여자는 여행을 좋아한다.

(b) The man's brother lives in New York.
남자의 형은 뉴욕에 산다.

🕐 **Check Point**
여자가 아니라 남자의 형이 여행을 좋아한다는 내용이었죠. 여자가 이 말을 했다고 해서 여자가 여행을 좋아하는 것으로 착각하면 안 됩니다. 또한, 대화 중에 뉴욕 외에 시카고도 언급되기 때문에 제대로 알아듣고 메모하지 않으면 (b)를 듣고 '집이 시카고였던가?'하고 헷갈릴 수 있어요.

정답 (b)

 **이 단어만은 꼭!**

---

visit ~을 방문하다 **it sounds like** ~인 것 같다, ~처럼 들리다 **enjoy -ing** ~하는 것을 즐기다, ~하기를 좋아하다 **barely** 거의 ~하지 않다 **leave one's hometown** 고향을 떠나다

▪ Part 4 전략

① Part 4의 33~35번은 대부분 세부사항을 묻는 문제이므로, 숫자, 시간, 사람 이름, 지명 등을 잘 기억해야 합니다.

② 첫 문장 혹은 둘째 문장에서 키워드를 파악해야 합니다. 키워드를 중심으로 대화의 흐름을 예측하면 더 잘 들리고, 어려운 단어가 나와도 그 의미를 유추하기 쉽습니다.

③ 너무 생소하고 어려운 단어들은 크게 신경 쓰지 않아도 됩니다. Part 3와 마찬가지로 누가, 언제, 어디서, 무엇을, 어떻게 등과 같은 세부 정보를 잘 듣고 메모합니다.

④ 처음 들을 때는 전체적인 흐름을 파악하며 듣고, 질문을 들은 뒤 담화를 다시 한번 들려줄 때 메모 내용을 보충하며 듣습니다. 질문이 진위 확인 유형(Correct)이 아닌 When, Where, How, Why 등의 구체적인 질문이라면 두 번째 들을 때는 해당 질문의 요지에 초점을 맞춰 듣습니다.

⑤ 주제 문제와 달리 정답과 관련된 힌트는 제시문의 중간 이후에 있을 가능성이 높습니다. 따라서, 첫 부분을 잘 못 들었더라도 너무 걱정하지 말고 끝까지 집중력을 놓치지 마세요.

 감 잡기 QUIZ

정답 및 해설 p. 36

Part 4 전략을 활용해 다음 담화를 듣고 문제를 풀어보세요. 🎧 10-3.mp3

I'm Lee Travers and I'm here with your weather forecast. As you can see, this evening's forecast calls for rain. What you can't see by looking out the window is that **a winter storm is headed our way and should be here by morning.** Temperatures will drop from their current 10 degrees Celsius to 8 below, with the rain turning to snow by around 7 o'clock in our area. We'll bring you updates as they become available.

MEMO

weather forecast

evening rain

winter storm morning

temp 10 → 8 ↓

rain → snow 7시

Q. Which is correct according to the weather forecast?

(a) A storm is expected in the morning.
아침에 폭풍이 예상된다.

(b) The temperature will drop to 10 degrees Celsius.
기온이 섭씨 10도로 떨어질 것이다.

🔎 **Check Point**
첫 문장에서 weather forecast를 듣자마자 일기예보임을 알고 날씨 표현, 시간, 기온 등의 숫자 정보에 집중하여 메모합니다. (b)와 같은 오답은 너무도 치사하지만 텝스에 자주 나오는 유형이므로 듣고 메모하기를 훈련해두면 정답을 맞힐 수 있습니다.

정답 (a)

 이 단어만은 꼭!

weather forecast 일기예보 call for (일기예보가) ~을 예상하다 look out ~을 내다보다 storm 폭풍 be headed our way 우리 쪽으로 오고 있다 temperature 기온, 온도 drop 떨어지다 current 현재의 degree 온도 Celsius 섭씨 cf. 화씨는 Fahrenheit below ~ 아래 turn to ~로 바뀌다, 변하다 update 최신 소식

Part 3, 4는 문제 풀이 순서가 매우 중요합니다. 반드시 다음과 같은 순서로 문제를 풀도록 하세요.

Part 3 🎧 10-4.mp3

❶ 대화 듣기

① 24~28번은 세부사항 문제임을 미리 염두에 두고 듣기

② 대화 시작 전에 등장하는, 화자들의 관계를 알려주는 코멘트를 잘 듣고 대화 상황에 대한 마음의 준비하기

③ 세부사항을 메모하며 듣기

Listen to a conversation between a landlord and a tenant.

W: Hi, James. It's Ms. Howell, your landlord.

M: Oh, hi, Ms. Howell. Is anything the matter?

W: I need this month's rent by tomorrow morning.

M: Sorry, but my paycheck will be delayed until the end of the month.

W: I understand, but I also have bills to pay.

M: I'll give you the rent as soon as I have it.

MEMO

W need this month rent tomorrow

M paycheck delayed end of month

W bills to pay

M as soon as

❷ 질문과 선택지 듣기

- correct를 듣고 세부사항(진위 확인) 문제임을 확인

Q. Which is correct according to the conversation?

❸ 오답 소거하기

(a) 여자는 집주인이므로 ⓧ

(b) 남자가 지불하지 않은 것은 월세이며, 공과금을 납입했는지는 알 수 없으므로 ⓧ

(c) 남자의 급여가 늦어져서 월말에나 받는다고 했으므로 ◎

(d) 여자가 집을 팔 것이라는 내용은 없으므로 ⓧ

(a) The woman is searching for an apartment.

(b) The man hasn't paid his utility bills.

(c) The man will be paid late at work.

(d) The woman is planning to sell her house.

❹ 정답 확정하기

(c)를 정답으로 선택

ⓐ ⓑ ⓒ ⓓ

❶ 담화 1차 듣기

① 33~35번은 세부사항 문제임을 미리 염두에 두고 듣기

② 담화 시작 부분에서 키워드를 찾으려고 노력하기

③ 세부사항을 메모하며 듣기

MEMO

Cusco 초콜릿

best cacao beans

unique choco bar unlike any other

Andes

bold taste

exotic flavor

❷ 질문 듣기

- correct를 듣고 세부사항(진위 확인) 문제임을 확인

❸ 담화 2차 듣기

- 1차 듣기 때 놓쳤거나 헷갈렸던 부분을 중점적으로 듣기

❹ 오답 소거하기

(a) 쿠스코 초콜릿은 100년이 넘게 이어져 온 제품이므로 ⓧ

(b) 쿠스코 초콜릿에 대해 독특하고 이국적인 맛이라고 하므로 ◎

(c) 쿠스코 빈을 매장에서 구매할 수 있다는 언급은 없으므로 ⓧ

(d) 수출에 의존한다는 내용은 없으므로 ⓧ

❺ 정답 확정하기

(b)를 정답으로 선택

Treat yourself to the wonderful taste and creamy texture of Cusco Chocolate. For over a hundred years, Cusco has used the world's best cacao beans to create a unique chocolate bar that is unlike any other. Grown organically on the slopes of the Andes, our cacao beans capture the beauty of the landscape in their bold taste. We promise that you will enjoy this exotic flavor in every bite of Cusco Chocolate.

Q. Which is correct according to the advertisement?

(a) Cusco is a new brand of chocolate bar.

(b) Cusco chocolate boasts special flavors.

(c) Cusco beans are available to buy in stores.

(d) Cusco relies mainly on exports.

ⓐ ⓫ ⓒ ⓓ

실전 감 잡기

정답 및 해설 p. 36

실제 시험 난이도와 비슷한 문제들을 풀며 학습한 내용을 확인하세요.  10-6.mp3

Part 3 대화를 듣고 질문에 가장 적절한 답 고르기

1. (a) (b) (c) (d)

2. (a) (b) (c) (d)

3. (a) (b) (c) (d)

4. (a) (b) (c) (d)

5. (a) (b) (c) (d)

Part 4 담화를 듣고 질문에 가장 적절한 답 고르기

6. (a) (b) (c) (d)

7. (a) (b) (c) (d)

8. (a) (b) (c) (d)

9. (a) (b) (c) (d)

10. (a) (b) (c) (d)

추론 문제

추론 문제는 대화와 담화에 주어진 정보를 바탕으로 한 번 더 생각하는 '추론'의 과정을 거쳐야 풀 수 있는 문제입니다. 하지만 정답의 단서가 대화/담화에 분명하게 드러나므로 제대로 듣고, 텝스식 추론에 익숙해지기만 한다면 충분히 풀 수 있는 문제들입니다. 문제를 푸는 가장 좋은 방법은 정답을 단번에 찾으려고 하기보다는 선택지를 들으며 오답을 지워가는 것입니다.

STEP 1 추론 문제 감 잡기

문제에 inferred, most likely 등의 단어가 들어가며, 주로 다음과 같은 형태로 나옵니다.

문제 유형 🎧 11-1.mp3

파트 및 번호	문제 유형
Part 3 29~30번	What can be **inferred from** the conversation? 대화에서 추론할 수 있는 것은 무엇인가? What can be **inferred about** the man? 남자에 대해 추론할 수 있는 것은 무엇인가? What will the man and woman **most likely do next**? 남자와 여자는 다음에 무엇을 할 것 같은가?
Part 4 36번	What can be **inferred from** the announcement? 공지에서 추론할 수 있는 것은 무엇인가? What will the speaker **most likely do next**? 화자는 다음에 무엇을 할 것 같은가? What can be **inferred about** the new law? 새 법률에 대해 추론할 수 있는 것은 무엇인가? **Which statement** would the **speaker most likely agree** with? 화자는 어떤 진술에 동의할 것 같은가?

어서오세요. 뭘 드릴까요?

평소 먹는 걸로요.

추론: 여자는 식당의 단골손님이다.

문제 풀이 전략

■ Part 3 전략

① 대화가 나오기에 앞서 화자들 간의 관계를 알려주는 코멘트를 듣고 마음의 준비를 합니다.

② Part 3의 29~30번은 대화의 내용을 바탕으로 추론할 수 있는 것이 무엇인지 묻는 문제들입니다.

③ 추론 문제는 세부정보를 바탕으로 유추를 해야 하기 때문에 세부정보 문제를 풀 때처럼 누가, 언제, 어디서, 무엇을, 어떻게 했는지 등 육하원칙에 따른 구체적인 정보를 메모하며 들어야 합니다. 특히, 남녀 화자의 말을 구분해서 메모해야 하는데, 나중에 선택지를 들을 때 남녀 중 누구에 대한 내용이었는지 헷갈리는 경우가 많기 때문입니다.

④ 추론 문제 정답의 근거는 대화 속에 확실히 언급됩니다. 상황만 대충 이해해서 마음대로 추론하면 바로 함정에 빠지도록 오답 선택지가 구성되는 경우가 많습니다.

⑤ 대화에 언급된 단어나 표현이 그대로 들리는 선택지는 오답일 확률이 높습니다.

⑥ 단번에 정답을 찾으려 하기보다는 오답을 지워나가며 문제를 푸는 것이 유리합니다.

  정답 및 해설 p. 43

Part 3 전략을 활용해 다음 대화를 듣고 문제를 풀어보세요.　🎧 11-2.mp3

Listen to a conversation between a supervisor and an employee.

W: Good morning, Mike. You've come to work early.

M: I try to get an early start every day.

W: I'm glad to hear that. **I wish I had more employees like you.**

M: I'll take that as a compliment.

W: It sure is. I mean it.

M: Thanks. I appreciate it.

MEMO

W Mike come work early

M early start

W wish more empl like you

M Thanks

Q. What can be **inferred** from the conversation?

(a) The woman is trying to hire more employees.
　여자는 더 많은 직원을 채용하려는 중이다.

(b) The woman is not satisfied with some employees.
　여자는 일부 직원들이 만족스럽지 않다.

⏱ **Check Point**

대화 중에 언급된 try, more employees가 그대로 사용된 (a)와 같은 선택지는 오답일 확률이 높습니다.
'당신과 같은 직원들이 더 있었으면 좋겠어요'라는 말은 현재 직원들에게 마음에 안 드는 부분이 있다는 뜻이겠죠.

정답 (b)

 이 단어만은 꼭!

come to work 출근하다　**get a start** 시작하다　**I wish I had** ~가 있으면 좋겠다　**compliment** 칭찬　**I mean it** 정말이에요, 진심으로 하는 말이에요　**appreciate** ~에 대해 감사하다　**hire** ~을 채용하다　**be satisfied with** ~에 만족하다

▪ Part 4 전략

① Part 4의 마지막 36번 문제는 추론 문제일 가능성이 높습니다. 하지만 간혹 세부사항 문제가 33번부터 36번까지 이어지는 경우도 있습니다.

② 세부사항 문제를 풀 때와 마찬가지로 메모하며 듣도록 합니다.

③ 추론 문제는 주제 문제나 세부사항 문제보다 어려운 편이지만, 질문을 들려준 뒤 담화를 한 번 더 들려주는 기회를 잘 활용하면 수월하게 풀 수 있습니다. 예를 들어, 첫 번째로 질문을 들려줄 때 「What can be inferred ~?」 유형이면 두 번째 들을 때 담화의 전체적인 흐름 파악에 특히 유의하고, 「What can be inferred about + 대상?」 유형이면 about 다음에 나오는 특정 대상 위주로 듣는 것입니다.

④ 절대로 상식으로 풀면 안됩니다. 선택지의 내용이 그럴듯하고 상식적으로 맞는 것 같더라도 담화에서 언급된 내용이 아니라면 정답이 될 수 없습니다.

⑤ 지나치게 넘겨 짚은 선택지는 오답입니다. 반드시 담화에서 추론의 근거를 찾아야 합니다.

⑥ 추론 문제의 선택지들을 들을 때, 세부사항 문제의 경우처럼 듣자마자 명쾌하게 판단하기 어려운 경우가 많기 때문에, 바로 정답을 찾으려고 하기보다는 O / X / △를 활용하여 오답을 지우는 방식으로 푸는 것이 좋습니다.

 감 잡기 QUIZ

정답 및 해설 p. 43

Part 4 전략을 활용해 다음 담화를 듣고 문제를 풀어보세요. 🎧 11-3.mp3

As restaurants become more successful, they will likely require a walk-in cooler that can store much more than typical refrigerators. However, **installation costs can be a burden for a growing business.** McNulty Cooling provides top-of-the-line walk-in refrigerators that can be installed quickly and simply for a reasonable price. Installing our units avoids complicated and costly electrical work since they only require a single outlet to function.

MEMO
restaurant successful
require walk-in cooler
install cost burden
McNulty Cooling
install quick simple
reasonable price

Q. What can be **inferred** from the advertisement?

(a) McNulty Cooling refrigerators are difficult to install.
맥널티 쿨링 냉장고는 설치하기 어렵다.

(b) Installing walk-in coolers can be very expensive.
대형 냉장고를 설치하는 것은 꽤 비싸다.

⏱ **Check Point**
성장해 가는 식당 업체들에게 walk-in refrigerator units 설치비가 부담이 될 수 있다는 내용에서 설치에 드는 비용이 비싸다는 것을 알 수 있죠. (a)는 광고 내용과 반대되는 내용이에요. 이와 같이 담화 내용과 반대로 추론한 오답이 자주 등장합니다.

정답 (b)

 이 단어만은 꼭!

require ~을 필요로 하다   **walk-in cooler** 대형 냉장고, 냉장실   **store** ~을 저장하다   **typical** 전형적인   **refrigerator** 냉장고   **installation** 설치 cf. install ~을 설치하다   **cost** 비용   **burden** 부담   **growing** 성장하는   **provide** ~을 제공하다   **top-of-the-line** 최신식의, 최고급품의   **reasonable** 합리적인   **unit** 장치   **avoid** ~을 피하다   **complicated** 복잡한   **costly** 비싼, 많은 비용이 드는   **electrical work** 전기 작업   **outlet** 콘센트   **function** v. 기능하다, 작동하다   **expensive** 비싼, 돈이 많이 드는

STEP 2 문제 풀이 요령

정답 및 해설 p. 43

Part 3, 4는 문제 풀이 순서가 매우 중요합니다. 반드시 다음과 같은 순서로 문제를 풀도록 하세요.

Part 3 🎧 11-4.mp3

❶ 대화 듣기

① 29~30번은 추론 문제임을 미리 염두에 두고 듣기

② 대화 시작 전에 등장하는, 화자들의 관계를 알려주는 코멘트를 잘 듣고 대화 상황에 대한 마음의 준비하기

③ 세부사항을 메모하며 듣기

MEMO

W Sam, money for pizza

M soda?

W don't like you soda

M whole month soda X

W OK

❷ 질문과 선택지 듣기

- inferred를 듣고 추론 문제임을 확인

❸ 오답 소거하기

(a) 샘이 톰과 함께 외식을 한다는 언급은 없었으므로 Ⓧ

(b) 자주 피자를 시켜주었다는 언급은 없었으므로 Ⓧ

(c) 엄마는 외출한다고 했으므로 Ⓧ

(d) 엄마는 아이들이 탄산음료 마시는 것을 좋아하지 않고, 아이들도 한 달 내내 탄산음료를 마시지 않았다고 하므로 ◎

❹ 정답 확정하기

내용상 추론할 수 있는 (d)를 정답으로 선택

Listen to a conversation between a mother and her child.

W: Sam, I have to go out. I put money on the table for the pizza.

M: Did you already order it, Mom?

W: No, you order it when you all want to eat.

M: Can we order soda to have with it?

W: You know I don't like you having soda.

M: But Mom, Tom and I didn't drink any soda for the whole month.

W: All right. Only one time in a month shouldn't be a problem.

Q. What can be inferred from the conversation?

(a) Sam is planning to eat out with Tom.

(b) The mother lets her children order a pizza often.

(c) Sam and his mother will eat a pizza with soda.

(d) The mother usually keeps her children from drinking soda.

ⓐ ⓑ ⓒ ●

❶ 담화 1차 듣기

① 36번은 추론 문제임을 미리 염두에 두고 듣기

② 담화 시작 부분에서 키워드를 찾으려고 노력하기

③ 세부사항을 메모하며 듣기

MEMO

Dr. Ferber's theory infant sleep

infants sleep by themselves

for years many parents follow his advice

recent studies — separation hinder

development

❷ 질문 듣기

- inferred를 듣고 추론 문제임을 확인

❸ 담화 2차 듣기

- 1차 듣기 때 놓쳤거나 헷갈렸던 부분을 중점적으로 듣기

❹ 오답 소거하기

(a) 많은 부모들이 수년간 박사의 조언을 따라왔다는 것은 박사의 이론이 부모들에게 큰 영향을 끼쳐 왔다는 뜻이므로 ◎

(b) 5세부터는 부모와 자면 안 된다는 내용을 유추할 수 있는 근거가 없으므로 ⓧ

(c) 엄마들이 아이들을 늘 지켜봐야 한다는 내용을 유추할 근거가 언급된 바 없으므로 ⓧ

(d) 박사가 현재의 이론을 받아들였는지 여부는 알 수 없으므로 ⓧ

❺ 정답 확정하기

내용상 추론할 수 있는 (a)를 정답으로 선택

For today's lecture, we'll be discussing Dr. Richard Ferber and his theory on infant sleep. Dr. Ferber, a leading expert on this topic, argues that infants must sleep by themselves – that is, away from their parents – in order to progress toward successfully sleeping through the night. For years now, many parents have followed his advice and not slept with their babies. However, recent studies suggest the opposite, that this separation actually hinders the infant's development.

Q. What can be inferred from the lecture?

(a) Dr. Ferber's theory has had a significant influence on parents.

(b) Children should not sleep with their parents when they reach 5.

(c) Mothers should watch their children at all times.

(d) Dr. Ferber accepted the current theories on infant sleep.

ⓐ ⓑ ⓒ ⓓ

감 실전 잡기

정답 및 해설 p. 43

실제 시험 난이도와 비슷한 문제들을 풀며 학습한 내용을 확인하세요. 🎧 11-6.mp3

Part 3 대화를 듣고 질문에 가장 적절한 답 고르기

1. (a) (b) (c) (d)

2. (a) (b) (c) (d)

3. (a) (b) (c) (d)

4. (a) (b) (c) (d)

5. (a) (b) (c) (d)

Part 4 담화를 듣고 질문에 가장 적절한 답 고르기

6. (a) (b) (c) (d)

7. (a) (b) (c) (d)

8. (a) (b) (c) (d)

9. (a) (b) (c) (d)

10. (a) (b) (c) (d)

UNIT 12 — Part 5

1지문 2문항 문제

Part 5에서는 총 2개의 담화가 나오며, 담화 하나당 2문제씩 출제됩니다. 이 파트를 많은 학습자들이 부담스러워 하는데, 담화의 길이가 길어서 그렇지 의외로 어렵지 않은 경우도 많으므로 포기하지 말고 지금까지 배운 전략들을 총동원해 풀어 보세요. 오히려 Part 4의 고난도 문제보다 쉬운 경우도 많습니다. 1개 담화에 속한 2문제 중 첫 번째 문제는 주로 주제 문제인데, 이것만은 맞히겠다는 각오로 담화 전체를 관통하는 주제를 찾는다면 높은 점수를 받을 수 있습니다.

STEP1 1지문 2문항 문제 감 잡기

1지문 2문항 문제들은 주제 문제, 세부사항 문제, 추론 문제 이 세 가지 유형 중 두 개의 조합으로 나옵니다. 즉, [주제 + 세부사항] 문제 또는 [세부사항 + 추론] 문제, [주제 + 추론] 문제의 구성으로 나오는 것이죠.

문제 유형 🎧 12-1.mp3

파트 및 번호	문제 유형
Part 5 37~40번	**What is the speaker's main point?** 화자의 요점은 무엇인가? **Which is correct about** John Glenn? 존 글렌 씨에 대해 다음 중 옳은 것은? **What can be inferred from** the news report? 뉴스 보도에서 추론할 수 있는 것은 무엇인가?

문제 풀이 전략

▪ Part 5 전략

① Part 5의 37-38번, 39-40번의 4문제로 구성됩니다. 대개, 첫 문제인 37번은 주제 문제, 둘째 및 셋째 문제는 세부사항 문제, 그리고 마지막 40번 문제는 추론 문제로 출제됩니다.

② 주제 문제인 37번은 첫 문장 혹은 둘째 문장에서 키워드를 찾아내면 정답을 맞힐 가능성이 높으니, 담화의 앞부분을 특히 집중해서 들어야 합니다.

③ 키워드를 중심으로 담화를 들으면 흐름을 쉽게 예측할 수 있고, 내용을 좀 더 잘 기억할 수 있습니다.

④ 세부사항 문제를 풀기 위해 숫자, 시간, 장소, 사람 이름 등 세부적인 내용이 나오면 메모해 두어야 합니다.

⑤ 주로 마지막 40번으로 나오는 추론 문제는 난이도가 매우 높아서 영어 고수들도 헷갈리는 경우가 많으니, 아직 초중급자라면 맞히려고 너무 애쓰지 않아도 됩니다.

Part 5 전략을 활용해 다음 담화를 듣고 문제를 풀어보세요. 🎧 **12-2.mp3**

정답 및 해설 p. 50

Born in 1921 in Cambridge, Ohio, **John Glenn** was the first American to orbit the Earth. In February 1962, he **orbited Earth three times** in *Friendship* 7, which took almost 5 hours.

After his historic flight, US President John F. Kennedy said Glenn was so valuable to the nation as an iconic figure that he would not risk putting Glenn back in space.

After leaving NASA, Glenn ran for the US Senate and **became Ohio's senator** from 1974 to 1999. However, Glenn did **return to space** in 1998 aboard the space shuttle *Discovery*, making him **the oldest person in space**. Glenn passed away in December 2016.

MEMO

John Glenn

1st American orbit Earth

3 times / 5h

JFK valuable

After NASA senator

1998 return to space

Q1. What is the **main topic** of the talk?

(a) A successful mission to the moon
달에 가는 성공적인 임무

(b) A pioneering American astronaut
개척적인 미국의 우주비행사

⊘ **Check Point**
처음으로 지구 궤도를 돈 미국의 우주비행사 John Glenn에 대한 내용이에요. NASA를 떠나 정치인이 되었는데 다시 우주선을 타고 우주로 나갔던 사람이니 개척 정신이 강한 사람인 것 같죠?

Q2. Which of the following is **correct about** John Glenn?

(a) He was interested in politics as a teenager.
그는 10대 시절 정치에 관심이 있었다.

(b) He traveled to space again at an old age.
그는 고령에 다시 우주여행을 했다.

⊘ **Check Point**
John Glenn은 우주 비행을 그만두고 오랫동안 정치인이었다가 다시 우주로 돌아갔던 최고령 우주인이라고 했죠. 그의 10대 시절에 대한 이야기는 언급되지 않았어요.

정답 1. (b) 2. (b)

orbit n. 궤도 v. 궤도를 돌다 take + 시간: ~의 시간이 걸리다 historic 역사적인 valuable 소중한, 귀중한 iconic 상징적인, 우상의 figure 인물 risk -ing (위험할지도 모르는 행동을) 감히 ~하다 put A back in space: A를 우주로 돌려보내다 run for ~에 출마하다 senator 상원의원 return to ~로 돌아가다 pass away 별세하다, 운명하다

Part 5 역시 문제 풀이 순서가 매우 중요합니다. 반드시 다음과 같은 순서로 문제를 풀도록 하세요.

Part 5 🎧 12-3.mp3

❶ 담화 1차 듣기

① 37~40번은 1지문 2문항 문제임을 미리 염두에 두고 듣기

② 첫 문제만은 무조건 맞히겠다는 마음으로 담화 시작 부분에서 키워드를 찾으려고 노력하기

③ 알아들을 수 있는 숫자, 시간, 고유명사 등의 세부사항을 메모하며 듣기

```
                    MEMO
   wiser give up?
   ----------------------------------------
   researcher
   ----------------------------------------
   link persistence & health
   ----------------------------------------
   teens not persist: CRP ↓
   ----------------------------------------
   body inflammation
   ----------------------------------------
   tenacious teens → illness
   ----------------------------------------
```

Are there times when it is wiser to simply give up? Researchers have been exploring this question, particularly a possible link between persistence and health. It may be true that hanging tough should increase the odds that you'll succeed. But what if the goal is extremely unlikely?

According to some psychologists who followed teenagers for a full year, teens who did not persist to reach difficult goals had much lower levels of a protein called CRP, an indicator of bodily inflammation. Inflammation has been recently linked to several serious diseases, including diabetes and heart disease, suggesting that healthy but overly tenacious teens may already be on the road toward chronic illness later in life.

❷ 질문 듣기

- Q1. main point를 듣고 주제 문제임을 확인

- Q2. inferred를 듣고 추론 문제임을 확인

Q1. What is the speaker's main point?

Q2. What can be inferred from the talk?

❸ 담화 2차 듣기

첫 번째 문제인 주제 문제를 맞히기가 더 쉬우므로 담화 초반부에서 키워드를 잡고 전반적인 흐름을 파악하기

❹ 오답 소거하기

Q1

(a) 인내심을 높이 평가하기보다는 지나친 인내심이 건강을 해칠 수도 있다는 내용이므로 ⓧ

(b) 목표 달성 실패와 관련한 우울증은 언급되지 않았으므로 ⓧ

(c) 고집스럽게 노력하지 않은 청소년들은 염증 반응 지표가 낮게 나왔다고 하는데, 이는 포기하는 것이 건강에 좋을 수도 있다는 뜻이므로 ⓞ

(d) 이 담화의 논점과 반대되므로 ⓧ

Q2

(a) CRP 단백질이 염증 반응 지표이고 이 수준이 낮다는 것은 염증이 없어 건강이 좋다는 뜻이므로 ⓧ

(b) 지나치게 끈기 있는 청소년들의 경우 인생 후반에 있을 만성 질환에 들어설 수 있다고 하므로 ⓞ

(c) 어려운 목표가 청소년들을 더욱 야심차게 만든다는 내용은 없으므로 ⓧ

(d) 염증과 당뇨 및 심장병의 관계는 최근에서야(recently) 관련 있다고 밝혀졌으므로 ⓧ

Q1. What is the speaker's main point?

(a) Traits such as perseverance are admirable.

(b) Failure to achieve goals may lead to depression.

(c) Quitting may be good for one's health.

(d) Success is only possible through persistence.

Q2. What can be inferred from the talk?

(a) Low levels of CRP protein indicate bad health.

(b) Teens who are very persistent are more likely to develop certain diseases.

(c) Having an impossible goal can make teenagers more ambitious.

(d) Inflammation has long been linked to diabetes and heart disease.

❺ 정답 확정하기

Q1. 전체 담화 내용을 포괄하는 (c)를 정답으로 선택   ⓐ ⓑ ⓒ ⓓ

Q2. 내용상 추론할 수 있는 (b)를 정답으로 선택   ⓐ ⓑ ⓒ ⓓ

특강 04
TEPS에 잘 나오는 '인내심', '고집' 어휘

실전 감 잡기

 정답 및 해설 p. 50

실제 시험 난이도와 비슷한 문제들을 풀며 학습한 내용을 확인하세요. 🎧 12-4.mp3

Part 5 담화를 듣고 질문에 가장 적절한 답 고르기

1. (a) (b) (c) (d)

2. (a) (b) (c) (d)

3. (a) (b) (c) (d)

4. (a) (b) (c) (d)

청해 발음 특강

 12-5.mp3

1 서로 같거나 비슷한 자음 [d]-[th], [d]-[t], [v]-[f] 끼리 만나면, 앞의 음은 뒤의 음에 동화되어 소리가 나지 않습니다.

read this 뤼 디쓰	**supposed to** 써포우즈 투
of food 어 후-(ㄷ)	**have finished** 해 휘니쉬(ㅌ)
closed today 클로우즈 터데이	**leave for** 리- 훠ㄹ

2 「-ld, -lt, -nd, -nt + 자음」으로 이루어진 세 자음의 연결에서는 매끄럽게 발음하기 위해 가운데 자음 d 와 t의 발음이 약화되거나 생략되는 현상이 일어납니다. 또한 「-st/-xt + 자음」에서도 중간 자음인 t는 발 음이 약화 또는 생략됩니다.

told me 토울 미	**old laptop** 오울 랩탑
difficult problem 디피컬 프라블럼	**second floor** 쎄컨 플러-ㄹ
must be 머스 비	**East Coast** 이스 코우스ㅌ

3 접속사 and와 or는 강조할 때를 제외하고는 모음이 약하게 발음되어 and는 '언' 또는 '은'으로, or는 'ㄹ' 정도로 발음되는 경우가 많습니다.

bottles and dishes 바를즌 디쉬즈	**cups or paper** 컵서ㄹ 페이퍼ㄹ
lemon and sugar 레먼은 슈거ㄹ	**cash or credit** 캐셔ㄹ 크레딧
folded up and put 포울디럽쁜 풋	**suits and ties** 수-츤 타이즈

4 영어에서는 단어의 철자 구성과 강세에 따라 어떤 음이 소리가 거의 나지 않거나 제소리로 발음되지 않 는 경우가 있는데, 이는 발음의 편리를 위해 변화된 것입니다. 우리말 'ㅍ'에 해당하는 영어의 p는 m과 s 사이 또는 m과 t 사이에 위치할 경우 소리가 거의 나지 않습니다.

campsite 캠싸이ㅌ	**prompt** 프람ㅌ
empty 엠티	**symptom** 씸텀

5 알파벳 t는 보통 우리말의 'ㅌ', k는 'ㅋ'에 해당하는 소리가 나지만, 항상 그런 것은 아닙니다. 주위 발음 과 어떻게 결합하느냐에 따라 소리가 터지지 않고 t는 '웃', k는 '윽'에 가까운 막히는 발음(촉음화 현상)이 나기도 합니다.

important 임포-ㄹ(웃)은	**desks** 데-슥ㅅ
partner 파-ㄹ(웃)너ㄹ	**risks** 뤼-슥ㅅ

6 t 또는 d로 끝나는 단어가 전치사 of와 함께 발음되면 t와 d는 [r]로 약화되거나 묵음이 되는 경우도 있 습니다. 이때 of의 f도 약하게 발음되거나, 빨리 발음할 경우 소리가 거의 나지 않아 of 앞의 단어가 쉬운 어휘임에도 불구하고, 함께 발음될 때의 소리에 익숙하지 않은 사람은 알아듣기가 어렵죠.

out of 아우러(ㅂ)	**ahead of** 어헤러(ㅂ)
part of 파러(ㅂ)	**amount of** 어마우너(ㅂ)

VOCABULARY
어휘

UNIT 01 TEPS 빈출 일상 어휘

▸ 텝스에 나오는 어휘는 크게 일상 어휘와 시사 어휘, 그리고 학술 어휘로 나뉩니다.

▸ 일상에서 쓰이는 단어들은 텝스의 모든 섹션에 자주 등장하기 때문에 꼭 익혀 두어야 합니다.

▸ 효율적인 단어 암기를 위해, 자주 함께 쓰이는 단어들이 서로 연상되게 배열하였습니다.

▸ 청해에서도 자주 등장하는 어휘들이므로 반드시 음원을 통해 발음을 익혀 두세요.

 STEP1 필수 암기 어휘 🎧 V-01.mp3

▪ 건강

☐ 식욕: appetite

☐ 탄수화물: carbohydrate

☐ 단백질: protein

☐ 지방: fat

☐ 운동 부족: physical inactivity

☐ 살찌다, 체중이 늘다: gain weight

☐ 비만: obesity
  cf. 비만인 obese

☐ 당뇨병: diabetes

☐ 고혈압: high blood pressure

☐ 운동하다: work out

☐ 유산소 운동: aerobic activity

☐ 식단에 신경 쓰다: watch what I eat

☐ 살 빠지다, 체중이 줄다: lose weight

☐ 날렵한: nimble, agile

☐ 결핍: deficiency

☐ 충혈된 눈: bloodshot eyes

☐ 긴장을 풀어주다: relieve tension

☐ 심장마비를 예방하다: prevent heart attack

▪ 부동산

☐ 세입자: tenant

☐ 집주인, 건물주: landlord, property owner

☐ 부동산: property, real estate

☐ 월세: rent

☐ 임대 기간이 끝나다: lease runs out

☐ 월세를 올리다: put up the rent

☐ 이의를 제기하다: file a complaint

☐ (건물에서) 쫓아내다, 퇴거시키다: evict

☐ 허름한, 다 낡은: shabby

☐ 넓은, 널찍한: spacious

☐ 쓸다, 청소하다: sweep

☐ 유지, 유지비: upkeep

☐ 가구가 비치된: furnished

☐ (수치를) 측정하다, 재다: measure

▪ 재정

☐ 예금하다: deposit

☐ 출금하다: withdraw

☐ 생명보험을 들다: buy life insurance

☐ 자금을 마련하다, 돈을 융통하다: finance

☐ 거래, 매매: transaction

☐ 파산한, 지급 불능의: insolvent, bankrupt

☐ 대출금, 융자금: mortgage

☐ (계좌의) 잔고: balance

■ 음식

□ 요리, 음식: dish, cuisine

□ 조리법: recipe

□ 출장 뷔페: catering (service)

□ 요리 재료: ingredient

□ (테이블 등을) 사용 중인: occupied

□ 맛있는: delectable

□ 맛이 자극적이지 않은, 싱거운: bland

□ 간단히 먹다: grab a bite

□ 희석하다: dilute

□ 맛, 풍미: flavor

□ 먹어 치우다: devour

■ 학업

□ (학교, 프로그램에) 등록하다: enroll, register

□ 출석 확인: roll call

□ 교수진: faculty

□ 청강하다: audit

□ 학기: semester

□ 수업료: tuition

□ 졸업장: diploma

□ 대학원생: graduate student

□ 논문: paper, thesis

□ 학사 학위: bachelor's degree

□ 석사 학위: master's degree

□ 박사 학위: doctor's degree

□ 표절: plagiarism
   cf. 표절하다: plagiarize

□ 근본적인: fundamental

□ 집중하는, 주의를 기울이는: attentive

■ 일, 업무

□ (회사에) 지원하다: apply

□ 지원자: applicant, candidate

□ 추천서: reference

□ 합격자: successful applicant

□ 고용[채용]하다: hire, employ, recruit

□ 사임하다: resign

□ 출퇴근하다: commute

□ 재택근무하다: telecommute

□ 최저 임금: minimum wage

□ 주 노동시간: workweek

□ 직원: employee, staff

□ 동료: colleague, coworker

□ 감독자: supervisor

□ 이사: director

□ 임원: executive

□ 최고경영자: CEO, Chief Executive (Officer)

□ 본사[본점, 본부]: headquarters

□ 지사[지점]: branch

□ (~로) 발령 나다: be transferred (to ~)

□ 임명하다: appoint

□ 빈자리, 공석: opening

□ 증명서, 자격증: certificate

□ 유능한: competent (↔ incompetent 무능한)

□ 수익성이 있는: profitable

□ 장려책, 혜택: incentive

□ 초보자: novice

□ 봉급, 급여: paycheck (= wage)

□ 회의 의제: agenda

□ 교대 근무: shift

□ 업무 성과: job performance

□ 정신없이 바쁜: hectic

■ 쇼핑

□ 정가: net price

□ 유통기한: sell by date

□ 할부금: monthly installment

□ 소매점: retail store

□ 도매점: wholesale store

□ 선반: shelf

□ 대리주차: valet parking

□ 배달시키다: have it delivered

□ ~을 살 여유가 있다: afford

□ 의류, 의복: garment

□ 둘러보다, 훑어보다: browse

□ 무료의: complimentary

□ 상품권, 할인권: voucher

□ 환불: refund, moneyback

□ 보장하다: guarantee

□ (가격이) 터무니없는: exorbitant

□ (가격이) 합리적인: reasonable

□ 맞춤 제작해 주다: customize

■ 교통

□ 교통체증: traffic jam[congestion]

□ 자동차 배기가스: car exhaust

□ 소음공해: noise pollution

□ 우회로를 타다: take a detour

□ 지름길: shortcut

□ 교차로, 사거리: crossroads, intersection

□ 교통사고: traffic accident

□ 충돌: collision

□ 견적서: estimate

□ 보행자: pedestrian

□ 주행 거리, 연비: mileage

□ 백미러: rear-view mirror

□ 자동차 앞 유리: windshield

■ 질병

□ 전염병: infectious disease, epidemic

□ ~에 면역이 있는: immune to
  cf. 면역(성): immunity

□ 치료, 치료하다: cure, treat

□ 감염: infection

□ 증세: symptom

□ 만성의: chronic (↔ acute 급성의)

□ 악성의: vicious (= malignant)

□ (부상 등을) 당하기 쉬운: prone

□ 아픈: sore, painful

□ 공중 보건 당국: public health authorities

□ 바이러스 검사를 받다: be checked for the virus

□ 진단하다: diagnose

□ 양성반응을 보이다: test positive

□ 확진 환자: confirmed patient

□ 전염: transmission

□ 격리(하다): quarantine

□ 환자의 동선을 추적하다: trace the patient's steps

□ 완치되다: make a full recovery

□ 격리 해제되다: be discharged from quarantine

Part 1

A: Why is Sam so upset?

B: His _____ doubled the rent.
　　　　　　　　　　　　　● 월세를 두 배 올렸다

(a) owner　　　　　　　(b) tenant

(c) farmer　　　　　　　(d) landlord

A: 샘이 왜 저리 속상해하는 거야?

B: 집주인이 월세를 두 배로 올렸거든.

어휘 rent 월세　owner 주인, 소유주　tenant 세입자　landlord 집주인, 건물주

이렇게 풀어요!

① 대화에서 정답 단서를 찾아야 합니다. 단서는 doubled the rent(월세를 두 배 올렸다)입니다.

② 월세를 올리는 것과 가장 관련이 있는 사람은 landlord(집주인)이므로 정답은 (d)입니다.

오답 STUDY

(a) owner(주인, 소유주)는 함정이에요. owner가 빈칸에 들어가면 His owner(그의 주인)가 되어 의미가 이상해집니다.

(b) tenant는 세입자이므로 월세를 올릴 수 있는 사람이 아닙니다.

Part 2

As _____, we should find ways to improve
our teaching so as to encourage creativity in every
student.
　　　　● 우리의 교수법

(a) applicants　　　　　(b) faculty

(c) graduates　　　　　(d) colleagues

교수진으로서, 우리는 모든 학생의 창의성을 촉진하기 위해 우리의 교수법을 향상시킬 방법을 찾아야 한다.

어휘 so as to do (= in order to do) ~하기 위해
encourage (발달 등을) 촉진하다, 용기를 주다
faculty 교수진

이렇게 풀어요!

① 문장에서 정답 단서를 찾아야 합니다. 단서는 our teaching(우리의 교수법)입니다.

② 교수법과 가장 관련이 있는 사람은 faculty(교수진)이므로 정답은 (b)입니다.

오답 STUDY

(a) applicants와 (d) colleagues는 각각 '지원자'와 '동료'라는 의미로 직장 또는 회사와 관련된 사람들입니다.

(c) graduates는 대학원생이므로 교수법을 향상시킬 수 있는 사람이 아닙니다.

실제 시험 난이도와 비슷한 실전 문제들을 풀며 학습한 내용을 확인해 보세요.

Part 1 빈칸에 가장 적절한 단어 고르기

1. A: My _____ runs out next week.
   B: Have you found another place to live yet?

   (a) car   (b) lease
   (c) house   (d) rent

2. A: Did you see Andrew? He looks great.
   B: Yeah. Despite his big _____, he manages to stay thin.

   (a) taste   (b) portion
   (c) diet   (d) appetite

3. A: Excuse me, but we are having a meeting in here.
   B: Oh, I apologize! I didn't realize that this room was _____.

   (a) locked   (b) gathered
   (c) occupied   (d) assured

4. A: Did you receive a prize for winning the art contest?
   B: Yes, a _____ for a free meal at Indigo Restaurant.

   (a) menu   (b) contract
   (c) voucher   (d) review

5. A: I was really disappointed with the attitude of the building manager.
   B: If I were you, I'd _____ an official complaint.

   (a) enable   (b) file
   (c) mention   (d) take

Part 2 빈칸에 가장 적절한 단어 고르기

6. Take these pills before and during your trip in order to stay _____ to malaria and other tropical diseases.

   (a) symptomatic (b) prone
   (c) immune   (d) healthy

7. The registered documents for the _____ proved it was owned by the Thompsons.

   (a) rent   (b) renovation
   (c) foundation   (d) property

8. Applicants must submit their résumé and two recent _____.

   (a) colleagues   (b) positions
   (c) references   (d) promotions

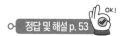

9. Nicolas's $8,000 _____ at university this year will be paid for with scholarships.

(a) tuition   (b) check
(c) bonus   (d) profit

10. At 33, Mr. Poole _____ in a glass-making degree course at London's Royal College of Art.

(a) enrolled   (b) finalized
(c) attained   (d) graduated

11. A good chef can cook up a delicious meal from the most basic and common _____.

(a) eateries   (b) cutlery
(c) beverages   (d) ingredients

12. KP Printing can _____ your business card with your preferred fonts and designs.

(a) continue   (b) pretend
(c) customize   (d) encourage

13. A _____ is something that most students strive to attain, but some drop out before they graduate.

(a) diploma   (b) curriculum
(c) business   (d) university

14. Our interns complained about their monthly _____, claiming that the amount of money is lower than what they were offered during their interviews.

(a) meetings   (b) duties
(c) wages   (d) locations

15. Many teenagers become _____ due to a high consumption of fatty foods and a lack of exercise.

(a) nimble   (b) obese
(c) chronic   (d) severe

VOCABULARY

UNIT 02

TEPS 빈출 시사 어휘

▷ 시사 어휘는 특히, 청해 Part 4, 5와 독해 영역에서 자주 출제되므로 꼭 익혀 두어야 합니다.

▷ 효율적인 단어 암기를 위해, 자주 함께 쓰이는 단어들이 서로 연상되게 배열하였습니다.

STEP 1 필수 암기 어휘 ⊙ V-02.mp3

◼ 범죄

☐ 범죄: crime
   cf. 범죄자: criminal

☐ 학대, 남용: abuse
   cf. 아동 학대: child abuse
      약물 남용: drug abuse

☐ 수사하다: investigate

☐ 영장: warrant
   cf. 수색 영장: search warrant
      구속 영장: arrest warrant

☐ 감금하다, 투옥하다: imprison, incarcerate

☐ 용의자: suspect

☐ 범인: culprit

☐ 체포하다: apprehend, arrest

☐ 가정 폭력: domestic violence

☐ 흉악범죄를 예방하다: prevent heinous crimes

☐ 풀어주다, 석방하다: release

☐ 위반하다: violate

☐ (재판 전의) 유치, 구류: custody

◼ 법

☐ 재판: trial

☐ 평결: verdict

☐ 무기징역[종신형]: life in prison

☐ 사형: death penalty, capital punishment

☐ 사형 선고: death sentence

☐ 사형제를 폐지하다: abolish the death penalty

☐ 공정성, 정당성: justice

☐ 판사: judge

☐ 검사: prosecutor

☐ 법을 시행하다: enforce a law

☐ 법적 책임: liability

☐ 변호사: lawyer
   cf. 변호사, 법률대리인, (지역) 검사: attorney

☐ 혐의, 기소: charge

☐ 주장된: alleged

☐ 유죄 판결하다: convict, find guilty of

☐ 무죄의: innocent

☐ 압수하다, 몰수하다: confiscate

☐ 인권: human rights

☐ (법률을) 폐지하다: repeal

☐ 증언하다: testify

☐ 목격하다, 목격자: witness

☐ 희생자, 피해자: victim

☐ 사면: amnesty

☐ 헌법: constitution

□ 헌법재판소: Constitutional Court

□ 위헌적인: unconstitutional

▪ 외교

□ 정책: policy

□ 전략: strategy

□ 전술: tactic

□ 음모: conspiracy

□ (교묘히) 조종하다, 조작하다: manipulate

□ 위기: crisis

□ 외교적인: diplomatic
  cf. 외교: diplomacy

□ 정상 회담: summit talks

□ 비난하다: accuse, condemn

□ 양보: concession

□ 타협: compromise

□ 평화 조약: peace treaty

□ 난민, 망명자: refugee

□ 대치, 대립: confrontation

▪ 정치, 선거

□ 정부: government

□ 행정부: administration

□ 입법부: legislature

□ 사법부: judiciary

□ 의회, 국회: National Assembly (한국), Congress (미국), Parliament (영국)

□ 국회의원: representative, legislator, lawmaker

□ 대변인: spokesperson

□ 대법원: Supreme Court

□ 장관: minister

□ 민주주의: democracy

□ 정당: political party

□ 여당: the ruling party

□ 야당: an opposition party

□ 군주제: monarchy

□ 독재: dictatorship
  cf. 독재자: dictator

□ 정치: politics
  cf. 정치인: politician

□ 보수적인: conservative

□ 진보적인: liberal

□ 온건한: moderate

□ 과격한: radical

□ 열렬한, 열정적인: ardent

□ 지지하다, 지지자: advocate

□ 찬성파, 지지자들: proponents

□ 반대파, 반대자들: opponents

□ 여론조사: (public opinion) poll

□ (대통령 등에 대한) 지지율: approval rating

□ (국민의) 명령: mandate
  cf. (사령관의) 명령: order

□ 선거: election

□ 후보: candidate

□ 출마하다, 입후보하다: run for

□ 투표하다: vote

□ (대)다수, 과반수: majority

□ 소수: minority

□ 당선되다: be elected

□ 전임자: predecessor

□ 후임자: successor

□ 탄핵: impeachment

□ 부패: corruption

□ ~에 반대하여 시위하다: demonstrate against

□ 쿠데타: coup (d'état)
  cf. 텝스에서는 대부분 coup(쿠)라고 줄여서 나옴

□ 혁명: revolution

□ 역효과를 낳다: backfire

□ 대치(상태): standoff

□ 일촉즉발의, 긴장된: tense

□ (좋지 못한 상황을) 악화시키다: aggravate

□ (권력의 자리에서) 끌어내리다: topple

□ 처형하다: execute

□ 추방하다, 축출하다: oust

■ 경제

□ 연금: pension

□ 주주: shareholder

□ 대출받다: take out a loan

□ 주택 담보 대출: mortgage loan

□ 불경기: recession, stagnation

□ 파산: bankruptcy

□ 경매: auction

□ 조항, 조건: stipulation

□ 종자돈: seed money

□ 투자하다: invest
  cf. 투자: investment

□ 주식: stock

□ 채권: bond

□ 급등하다: soar, surge, skyrocket

□ 급락하다: plunge, plummet

□ 통화, 화폐: currency

□ 환율: exchange rate

□ 변동을 거듭하다: fluctuate

□ 수입, 소득: income

□ 지출: expenditure

□ 자산: asset

□ 자본: capital

□ 부채: debt

🍯꿀팁 자산(asset) = 자본(capital) + 부채(debt)

□ 수출: export

□ 수입: import

□ 흑자, 잉여: surplus

□ 적자, 부족: deficit

94   시원스쿨 텝스 Basic

Part 1

주식

A: I'm not sure whether I should _____ in **stocks** or **buy some gold**. 금을 좀 사다

B: I wish I could say so. I only live from hand to mouth.

(a) get   (b) purchase

(c) select   (d) invest

A: 주식에 투자해야 할지 금을 좀 사야 할지 잘 모르겠네.

B: 나도 그런 말 할 수 있으면 좋겠다. 난 하루 벌어 하루 먹고 살 뿐인데.

어휘 invest in ~에 투자하다 stock 주식 live from hand to mouth 하루 벌어 하루 살다 purchase ~을 구입하다 select ~을 선택하다

이렇게 풀어요!

① 대화에서 정답 단서를 찾아야 합니다. 단서는 stocks(주식)와 buy some gold(금을 좀 사다)입니다.

② 금을 사는 것과 같은 성격의 것으로, 주식을 대상으로 할 수 있는 행위는 투자하는 것이므로 (d) invest가 정답입니다. 이때 빈칸 뒤에 전치사 in이 있는 것에 유의해야 합니다. 이와 같이 단서를 제대로 찾기만 하면 B의 대사를 읽지 않고도 정답을 고를 수 있기 때문에 문제 푸는 시간을 크게 단축할 수 있습니다.

오답 STUDY

(b) purchase(구입하다)는 함정이에요. 의미상 가능하지만, 빈칸 뒤에 전치사 in이 있기 때문에 정답이 될 수 없습니다.

Part 2

Every year, the majority of local residents turn out to **vote** in _____ of **government officials**.
투표하다   정부 관리들

(a) duties   (b) elections

(c) committees   (d) panels

매년, 지역 주민들의 대다수가 정부 관리들의 선거에서 투표하는 것으로 나타난다.

어휘 majority (대)다수, 과반수 turn out 모습을 드러내다 vote 투표하다 election 선거 committee 위원회 panel 패널, 위원단

이렇게 풀어요!

① 문장에서 정답 단서를 찾아야 합니다. 단서는 vote(투표하다)와 government officials(정부 관리들)입니다.

② 지역 주민들이 투표를 하는 것, 정부 관리들을 대상으로 하는 행위와 가장 관련이 있는 것은 '선거'이므로 (b) elections가 정답입니다.

오답 STUDY

(a) duties와 (c) committees, 그리고 (d) panels는 정부 관리들을 대상으로 투표를 행사할 수 있는 대상이 아닙니다.

감 실전 잡기

실제 시험 난이도와 비슷한 실전 문제들을 풀며 학습한 내용을 확인해 보세요.

Part 1 빈칸에 가장 적절한 단어 고르기

1. A: What do you think of the judge's _____?
B: I think that it was perfectly just.

(a) cause (b) alibi
(c) verdict (d) effect

2. A: I believe the death penalty should be _____.
B: Well, I don't think so. I think some people deserve it.

(a) punished (b) abolished
(c) incarcerated (d) sentenced

3. A: I heard that a huge tree fell onto the road where you live.
B: That's right. I saw it on TV, but I didn't _____ it in person.

(a) witness (b) imagine
(c) meet (d) picture

4. A: Mike thinks he's in charge of the entire neighborhood.
B: I know. He is acting like he's _____ for mayor.

(a) calling (b) seeing
(c) coming (d) running

5. A: Why did the police _____ the suspect from custody?
B: They found evidence that he was innocent of the crime.

(a) release (b) arrest
(c) execute (d) violate

Part 2 빈칸에 가장 적절한 단어 고르기

6. The opposition party demanded that the scandal be _____ thoroughly.

(a) extended (b) alleviated
(c) eliminated (d) investigated

7. Gareth Edwards, a car park attendant, was required to _____ against the alleged vandal during the trial.

(a) criticize (b) justify
(c) testify (d) magnify

8. The significant decrease in consumer spending resulted in numerous retail stores having a stock _____ at the end of the year.

(a) benefit (b) adversity
(c) surplus (d) production

VOCABULARY

9. Many American people _____ against police brutality on the streets of the nation's largest cities.

(a) supported   (b) backfired
(c) conflicted   (d) demonstrated

10. Some media companies _____ the words of politicians and celebrities in order to change their meaning.

(a) manipulate   (b) aggravate
(c) circumvent   (d) revert

11. Despite initial concerns that the coup would be ineffective, it _____ the dictator from his position.

(a) accused   (b) killed
(c) toppled   (d) expired

12. Many believe there probably was a _____ to kill President Kennedy in 1963.

(a) merger   (b) policy
(c) generosity   (d) conspiracy

13. The administration has contemplated various options to alleviate the effects of the financial _____ in South Asia.

(a) crisis   (b) tantrum
(c) outbreak   (d) symptom

14. Individuals applying for their first _____ should read *The First-time Homebuyer's Guide*, written by J.T. Mitchum.

(a) warranty   (b) mortgage
(c) allowance   (d) stipulation

15. He remained as the prime minister of the country for 29 years until he was _____ from the position during a military uprising.

(a) halted   (b) declined
(c) ousted   (d) ceased

TEPS 빈출 학술 어휘

▸ 텝스에는 일상 생활, 시사 문제 외에 과학, 인문 등 학술 관련 내용도 종종 출제됩니다.

▸ 청해 영역에서 학술 관련 주제는 줄어드는 추세지만, 독해에서는 여전히 많이 출제되며, 난이도가 높은 만큼 배점도 높기 때문에 아래에 정리된 기본 어휘들은 모두 알고 있어야 합니다.

▸ 어휘 영역에서 주어진 문제가 학술 관련일 때 그 내용을 이해할 수 있어야 정답 단서를 찾아낼 수 있으므로 학술 어휘도 꼼꼼히 학습해야 합니다.

 STEP 1 필수 암기 어휘   V-03.mp3

▪ 자연, 환경

□ 재난, 재앙: disaster, catastrophe, calamity

□ 지진: earthquake

□ 지진학자: seismologist

□ 진도: magnitude

□ 사상자 수: casualties

□ 사망자 수: death toll, fatalities

□ 화산: volcano

□ (화산) 폭발, 분화: eruption

□ 화산 활동: volcanic activity

□ 용암: lava

□ 활화산: active volcano

□ 휴화산: dormant volcano

□ 사화산: extinct volcano

□ 퇴적[침전]시키다, 퇴적물: deposit

□ 녹다, 용해되다: dissolve

□ 층, 막, 겹: layer

□ 부식, 침식: erosion

□ 침전물, 퇴적물: sediment

□ 지진해일: tsunami

□ 해수면 상승: the rise of sea level

□ 고도, 해발: altitude

□ 가뭄: drought

□ 홍수: flood

□ 빙하: glacier

□ 북극: the Arctic (= north pole)

□ 남극: the Antarctic (= south pole)

□ 적도: equator

□ 사막: desert

□ 매우 건조한: arid

□ 화학물질: chemical

□ 배출하다, 방출하다: discharge

□ 독성의: toxic

□ (유독) 가스, 매연: fumes

□ 이산화탄소: carbon dioxide

□ 온실가스 배출: greenhouse gas emissions

□ 대기 오염: air pollution

□ 수질 오염: water contamination

□ 지구 온난화: global warming

□ 폭염: heat wave

□ 낮 최고기온: daytime high

■ 생태, 물리

□ 진화론: the theory of evolution

□ 종의 기원: The Origin of Species
 cf. 진화론을 주장한 찰스 다윈의 저서

□ 생존투쟁: struggle for existence

□ 적자생존: the survival of the fittest

□ 자연도태: natural selection

□ 존재하다: exist

□ ~와 조화를 이루다: blend in with

□ 종: species

□ 유기체, 생물: organism

□ 이동하다, 이주하다: migrate

□ 겨울잠을 자다: hibernate

□ 먹이: prey

□ 포식자, 포식 동물: predator

□ 먹이 사슬: food chain

□ 천적: natural enemy

□ 번식: reproduction

□ 서식지: habitat
 cf. 번식지: breeding site

□ 서식하다: inhabit

□ 번성하다: flourish

□ 상대성 이론: the theory of relativity

□ 가정하다, 상정하다: postulate

□ (수학) 공식: formula

□ 중력: gravity

□ 타당한 것 같은, 그럴듯한: plausible
 (↔ implausible 타당해 보이지 않는)

□ 찰스 다윈: Charles Darwin (종의 기원 저자)

□ 알비트 아인슈타인: Albert Einstein
 (상대성 이론 완성)

□ 아이작 뉴튼: Isaac Newton (만유인력의 법칙 발견)

■ 인문

□ 고고학: archaeology

□ 인류학: anthropology

□ 탐구[탐험, 탐사]하다: explore
 cf. 탐험: exploration, expedition

□ 발굴하다: unearth, excavate

□ 고대의: ancient

□ 화석: fossil

□ 유물: remains, artifact(인공 유물)

□ 해골: skeleton

□ 두개골: skull

□ 지능: intelligence

■ 천문

□ 목성: Jupiter

□ 화성: Mars

□ 수성: Mercury

□ 금성: Venus

□ 명왕성: Pluto

□ 해왕성: Neptune

□ 형성: formation

□ 행성: planet

□ 소행성: asteroid

□ 태양계: solar system

□ (천체, 인공위성의) 궤도, 궤도를 돌다: orbit

□ 회전하다, 자전하다: rotate

□ 중력, 인력: gravitational force

□ 타원형의: elliptical

□ 자기장: magnetic field

□ (자석의) 극: magnetic pole

□ 위성: satellite

□ 우주선: spacecraft

□ 분화구: crater

□ 축: axis

■ 심리

□ 심리학: psychology

□ 정신 의학: psychiatry

□ 정신 분석: psychoanalysis

□ 잠재의식, 무의식: subconscious(ness)

□ 인지: cognition

□ 지각: perception

□ 자각: awareness

□ 편견: prejudice

□ 공포증: phobia

□ 적응: adjustment

□ 내성적인 사람: introvert

□ 외향적인 사람: extrovert

□ 자존감, 자존심: self-esteem

□ 자신감: confidence

□ 열등감: inferiority complex

□ 정신 건강: mental health

□ 충격: shock

□ 부정: denial

□ 우울: depression

□ 충동: impulse

□ 심리치료: psychotherapy

□ 주저하다: hesitate

■ 실험, 연구

□ 실험: experiment

□ 연구: research, study

□ 가설: hypothesis

□ 피실험자: subject

□ 대조군: control group

□ 실험군: experimental group

□ 변수: variable

□ 설문조사: survey

□ 응답자, 조사 참가자: respondent, survey participant

□ 증명하다: prove, demonstrate

□ 결함이 있는: flawed

□ 실험 결과: findings

□ 이론: theory

□ 논문: thesis

□ 정보기술: information technology (= IT)

□ 인공지능: artificial intelligence (= AI)

□ (상세한 내용을) 기록하다: document

■ 예술

□ 문학: literature

□ (그림, 조각 등) 순수 예술: fine art

□ (음악, 무용, 연극 등) 행위 예술: performing art

□ 산문: prose

□ 운문, 시: verse

□ 동화: fairy tale

□ 풍자: satire

□ 노래 가사, 서정시: lyric

□ 걸작, 대표작: masterpiece

□ 작가: author

□ 원고: manuscript

□ 주인공: protagonist, main character

□ 줄거리: plot

□ 비평가: critic
  cf. 비평하는: critical

□ 은유, 비유: metaphor

□ 전기: biography

□ 자서전: autobiography

□ 다작의: prolific

□ 초상화: portrait
  cf. 자화상: self-portrait

□ 조각: sculpture
  cf. 조각가: sculptor

□ 건축: architecture
  cf. 건축가: architect

VOCABULARY

Part 1

A: Are you done with your _____?

B: I wish I were. I might have to **ask Professor Cho for an extension.**
● 조 교수님께 기한 연장을 요청하다

(a) thesis (b) assertion

(c) lecture (d) semester

A: 너 논문 끝냈어?

B: 그랬으면 좋겠네. 조 교수님께 기한 연장을 요청해야 할 것 같아.

어휘 **ask A for B:** A에게 B를 요청하다, 요구하다
extension 기한 연장 **thesis** 논문 **assertion** 주장

이렇게 풀어요!

① 대화에서 정답 단서를 찾아야 합니다. 단서는 ask Professor Cho for an extension(조 교수님께 기한 연장을 요청하다)입니다.

② 교수님께 마감 기한 연장을 요청할 수 있는 것은 '논문'이므로 (a) thesis가 정답입니다.

오답 STUDY

(c) lecture와 (d) semester은 학생인 A와 B가 교수에게 연장해 달라고 요청할 수 있는 것으로 어울리지 않습니다.

Part 2

Most geese _____ north **to their breeding sites** in late spring or early summer.
● 번식지를 향해

(a) form (b) pursue

(c) migrate (d) grow

대부분의 거위들은 늦봄 또는 초여름에 번식지를 향해 북쪽으로 이동한다.

어휘 **breeding site** 번식지 **form** 형성하다
pursue 추구하다 **migrate** 이동하다, 이주하다

이렇게 풀어요!

① 문장에서 정답 단서를 찾아야 합니다. 단서는 to their breeding sites(번식지를 향해)입니다.

② 특정 계절에 거위들이 북쪽에 있는 번식지를 향해 취하는 행위와 가장 관련이 있는 것은 이동하는 것이므로 (c) migrate이 정답입니다.

오답 STUDY

(a) form과 (b) pursue는 north(북쪽으로)라는 방향과 어울리지 않습니다.

(d) grow가 빈칸에 들어가면 Most geese grow north(대부분의 거위들은 북쪽으로 자란다)가 되어 의미가 이상해집니다.

실제 시험 난이도와 비슷한 실전 문제들을 풀며 학습한 내용을 확인해 보세요.

Part 1 빈칸에 가장 적절한 단어 고르기

1. A: Dr. Stevenson was so _____ of my thesis proposal.
   B: I know. He always finds fault with everything.

   (a) intelligent   (b) extrovert
   (c) critical   (d) natural

2. A: We're fortunate that major earthquakes are not common in this country.
   B: I agree. Just thinking of such _____ gives me goosebumps.

   (a) extinctions   (b) errors
   (c) disasters   (d) malfunctions

3. A: I heard that sales of _____ are plummeting.
   B: That's a shame, because I believe we can relax by reading books.

   (a) art   (b) labor
   (c) business   (d) literature

4. A: Have you ever traveled through a _____ region?
   B: No, and I'd rather not. I bet the sand would get in my eyes.

   (a) marine   (b) polar
   (c) desert   (d) forest

5. A: Do you still think the existence of extraterrestrial life is _____?
   B: Yes, I really doubt we'll ever find evidence of aliens.

   (a) implausible   (b) perceptible
   (c) astronomical   (d) ironical

Part 2 빈칸에 가장 적절한 단어 고르기

6. While there is no completely reliable way to predict _____, the coast guard service can issue a warning approximately 20 minutes before the wave hits the shore.

   (a) eruptions   (b) tsunamis
   (c) streams   (d) hurricanes

7. More than 6 million people visit London's National Gallery each year to see _____ by artists such as Rembrandt, da Vinci, and Botticelli.

   (a) masterpieces   (b) performances
   (c) lectures   (d) investments

8. Fumes from burning buildings can be highly _____, so firefighters must wear appropriate breathing equipment.

   (a) dark   (b) fragrant
   (c) toxic   (d) gaseous

9. Seismologists believe that Mount Baekdu is a _____, not extinct, volcano and they expect it to erupt at some point in the future.

   (a) dormant   (b) blatant
   (c) vicious   (d) ardent

10. Fossilized dinosaur remains were _____ in Malaysia last week during an expedition led by a leading archaeologist, Michael Sheen.

    (a) renewed   (b) covered
    (c) unearthed   (d) inhabited

11. Scientists attribute the panda's seemingly low level of _____ to its poor diet and its relatively small brain.

    (a) environment   (b) experience
    (c) intelligence   (d) application

12. A large number of individuals in the science community believe that dinosaurs were wiped out by an asteroid impact, but others find this _____ flawed.

    (a) presentation   (b) regulation
    (c) hypothesis   (d) criteria

13. Organisms have had to evolve in several remarkable ways in order to _____ at the bottom of the ocean.

    (a) exist   (b) contact
    (c) establish   (d) concede

14. Charles Darwin argued that successful _____ adapted in order to survive, such as the way in which some animals learned how to blend in with their surroundings.

    (a) factors   (b) habitats
    (c) species   (d) variables

15. Mounting evidence indicates that some police officers show _____ against black and Hispanic citizens.

    (a) prejudice   (b) response
    (c) discernment (d) liability

여러 의미를 가진 TEPS 빈출 어휘

▸ 텝스 어휘 영역에서는 기본 단어의 다양한 의미를 이용한 문제들이 자주 출제됩니다.

▸ 특히, 청해와 독해에서 단어들의 의미 변화를 순식간에 파악할 수 있는 능력이 중요하므로, 아래 정리한 어휘들을 완벽히 익혀 두세요.

 **STEP 1** 필수 암기 어휘   V-04.mp3

□ **abuse** 1 남용 2 학대

· resign due to his abuse of power
  권력 남용으로 인해 사임하다

· prevent the abuse of animals
  동물 학대를 예방하다

□ **address** 1 연설하다 2 다루다

· address the audience
  청중에게 연설하다

· address several concerns
  몇 가지 문제를 다루다

□ **apply** 1 (for) ~을 신청하다 2 쓰다, 적용하다 3 (크림 등을) 바르다

· apply for an internship program
  인턴십 프로그램을 신청하다

· apply economic sanctions
  경제적 제재를 가하다

· apply sunscreen
  선크림을 바르다

□ **apprehend** 1 체포하다 2 이해하다 3 염려하다

· apprehend the thief
  도둑을 체포하다

· apprehend the meaning of the poem
  시의 의미를 이해하다

· apprehend violent protests after the election
  선거 후 격렬한 항의를 염려하다

□ **balance** 1 균형, 조화 2 잔액, 잔고

· a balance of mind and body
  정신과 육체의 조화

· pay the balance plus a $15 late fee
  잔액 외 15달러의 연체료를 지불하다

· bank balances 은행 잔고

□ **certain** 1 확신하는 2 특정의

· I am certain our team will win.
  저는 우리 팀이 이길 것이라고 확신해요.

· a certain type of protein
  특정한 유형의 단백질

□ **chance** 1 기회 2 가능성

· a good chance to meet new people
  새로운 사람들을 만날 수 있는 좋은 기회

· a high chance of rain 비가 올 높은 가능성

□ **character** 1 특징, 성격 2 등장인물

· That's just his character.
  그건 그냥 그의 성격이에요.

· the main character in the book
  책 속의 주요 등장인물

□ **charge** 1 담당, 책임 2 요금 3 고발, 혐의 4 충전

· be in charge of hiring 채용을 담당하다

· an extra charge 추가 요금

· appear in court to face several charges
  몇몇 혐의를 받기 위해 법정에 나타나다

- last for 12 hours on a single charge
  단 한 번의 충전으로 12시간 동안 지속되다

□ **critical** 1 비판적인 2 중요한

- be critical of the new plan
  새 계획에 비판적이다

- make critical decisions
  중요한 결정들을 내리다

□ **demand** 1 요구하다 2 수요

- demand that Main Street be repaired
  메인 스트리트를 보수할 것을 요구하다

- the high demand for tickets
  높은 티켓 수요

□ **dwell** 1 거주하다 2 (on) 곱씹다 3 (on) 강조하다

- dwell in a city
  도시에 거주하다

- Don't dwell on your mistakes.
  실수를 곱씹지 마.

- dwell on trivia 사소한 일을 강조하다

□ **fine** 1 좋은 2 (알갱이가) 고운 3 벌금, 벌금을 부과하다

- a fine view 좋은 경관

- a beach with fine sand 고운 모래가 있는 해변

- impose a fine 벌금을 부과하다

- be fined for dangerous driving
  위험한 운전으로 벌금이 부과되다

□ **issue** 1 문제, 사안 2 (잡지, 책 등의) 호, 권 3 ~을 발행하다

- discuss an important issue
  중요한 사안을 논의하다

- next issue of the magazine
  잡지의 다음 호

- issue a refund check
  환불 수표를 발행하다

□ **mark** 1 표시하다 2 (중요한 날을) 기념하다

- marked with white lines 흰색 선들로 표시된

- mark the first anniversary
  1주년을 기념하다

□ **mean** 1 의미하다 2 못된, 심술궂은
  cf. means 수단, 방법

- That means a lot of overtime work.
  그건 많은 초과 근무를 의미합니다.

- Don't be so mean to your sister.
  언니에게 그렇게 못되게 굴지 마.

- wonderful means of transport 훌륭한 이동 수단

□ **observe** 1 관찰하다 2 (규칙을) 준수하다

- observe all food preparation procedures
  모든 음식 준비 과정을 관찰하다

- observe the speed limit
  속도 제한을 준수하다

□ **party** 1 파티 2 일행 3 (계약 등의) 당사자 4 정당

- have a party to celebrate the New Year
  새해를 축하하기 파티를 열다

- book a table for a party of eight
  일행 8명의 테이블을 예약하다

- must be signed by both parties
  당사자 모두 서명해야 합니다

- the Republican Party 공화당

□ **property** 1 재산, 자산 2 건물, 건물 구내 3 속성, 특성

- the company's intellectual property
  회사의 지적 재산

- residential property owners
  주거용 건물 소유주

- physical properties of the substance
  물질의 물리적 특성

□ **pose** 1 자세를 취하다 2 (문제 등을) 제기하다

- pose for a photograph
  사진을 찍기 위해 자세를 취하다

- pose a question about the product's safety
  제품의 안정성에 대한 문제를 제기하다

□ **positive** 1 긍정적인 2 양성반응의

- have a positive effect on the community
  공동체에서 긍정적인 영향을 끼치다

- Oliver tested positive for type 2 diabetes.
  올리버는 2형 당뇨병에 양성반응을 보였다.

□ **promote** 1 승진시키다 2 촉진하다 3 홍보하다

- be promoted to branch manager
  지사장으로 승진되다

- promote diversity in the workplace
  직장에서 다양성을 촉진하다

- promote the newly published book
  새로 출간된 책을 홍보하다

꿀팁 명사형인 promotion은 텝스에서 '승진', 또는 '홍보'의 의미로
자주 출제됩니다.

□ **rate** 1 비율 2 요금 3 속도

- the rate of population growth
  인구 증가율

- The room rates at the Oak Hotel
  오크 호텔의 숙박 요금

- at a rapid rate 빠른 속도로

□ **reference** 1 참고 2 언급 3 추천서

- for your reference
  당신의 참고를 위해

- make a few references to his charity work
  그의 자선 활동에 대해 몇 가지 언급하다

- submit two references from previous
  employers
  이전 고용주로부터 받은 두 건의 추천서를 제출하다

□ **stage** 1 무대 2 단계

- perform on the stage in Davis Park
  데이비스 파크 무대에서 공연하다

- the final stage of the experiment
  실험의 최종 단계

□ **subject** 1 주제 2 피실험자

- avoid discussing subjects that might offend
  people
  사람들의 기분을 상하게 할 수 있는 주제를 토론하는 것을 피하다

- some test subjects 몇 명의 시험 피실험자

□ **term** 1 용어 2 기간 3 조건

- contain too many confusing terms
  너무 많은 혼란스러운 용어를 포함하다

- during the term of the sale
  할인 기간동안

- the terms of the employment contract
  고용 계약 조건

□ **upset** 1 상심한 2 뒤집다 3 이변

- be upset about the missed deadline
  마감 시한을 넘긴 것에 대해 상심하다

- upset our production schedule
  생산 일정을 뒤집다

- cause an upset by beating the champions
  3-0
  대회 우승자를 3-0으로 이기는 이변을 야기하다

□ **word** 1 단어 2 소식, 기별 3 약속, 보장

- change a few words in the song
  그 노래의 단어 몇 개를 바꾸다

- I got word that Tom got promoted.
  톰이 승진했다는 소식을 들었어요.

- You have my word. 약속할게.

□ **work** 1 일하다 2 작동하다 3 효과가 있다

- work for a law firm
  법률 회사에서 일하다

- The laptop doesn't work.
  노트북이 작동하지 않아요.

- Replacing the battery will work.
  배터리를 교체하는 것이 효과가 있을 거예요.

Part 1

A: I heard you got the _____ you wanted.
   Good for you!
B: Yes, and **I was given a pay raise, too!**

 급여도 올랐어

(a) commitment
(b) promotion
(c) installment
(d) application

A: 원하던 승진을 했다고 들었어. 잘 됐다!
B: 응, 그리고 급여도 올랐어!

[어휘] **pay raise** 급여 인상 **commitment** 헌신, 공헌 **promotion** 승진 **installment** 할부금 **application** 지원, 신청

이렇게 풀어요!

① 대화에서 정답 단서를 찾아야 합니다. 정답 단서는 I was given a pay raise, too(급여도 올랐어)입니다.

② B가 받은 급여 인상과 관련 있는 것은 '승진'일 것이므로 (b) promotion이 정답입니다. promotion에는 '승진' 외에 '촉진, 홍보'의 뜻도 있기 때문에 대화 내용에 따라 알맞은 의미를 신속히 떠올릴 수 있어야 합니다.

오답 STUDY

(d) application은 '지원, 신청'이라는 뜻으로, pay raise에서 연상될 수 있는 오답 함정입니다. 하지만 대화 내용을 제대로 파악하면 승진을 한 B가 받았을 만한 것으로 pay raise와 동급인 유형을 골라야 한다는 것을 알 수 있으므로 오답으로 소거해야 합니다.

Part 2

The owner of the apartment building will _____ any **issues that tenants wish to discuss** at tomorrow's meeting.

세입자들이 논의하고 싶어하는 문제들

(a) respond
(b) inform
(c) suggest
(d) address

아파트 건물 주인은 내일 회의에서 세입자들이 논의하고 싶어하는 문제들을 다룰 것입니다.

[어휘] **owner** 주인, 소유주 **issue** 사안, 문제 **tenant** 세입자 **respond (to)** (~에) 대응하다 **inform** ~에게 알리다 **suggest** ~을 제안하다 **address** ~을 다루다, 처리하다

이렇게 풀어요!

① 문장에서 정답 단서를 찾아야 합니다. 단서는 issues that tenants wish to discuss(세입자들이 논의하고 싶어하는 문제들)입니다.

② 아파트 건물 주인이 회의에서 세입자들이 논의하고 싶어하는 문제들을 대상으로 무엇을 할 지 생각해보면 그러한 문제들을 '다루다', 처리하다'라는 의미의 동사가 들어가는 것이 적절하므로 (d) address가 정답입니다. 동사 address에는 '~에 주소를 쓰다, 연설하다, ~에게 말을 걸다, ~을 부르다, (문제를) 다루다'와 같이 다양한 의미가 있는데, 텝스에서는 '(문제를) 다루다'라는 의미로 자주 출제됩니다.

오답 STUDY

(a) respond는 '대응하다'라는 뜻으로 의미상 빈칸에 어울리는 것 같지만, respond는 자동사이기 때문에 뒤에 명사 issues가 오기 위해서는 전치사 to가 반드시 함께 쓰여야 합니다. 어휘 공부를 할 때는 이렇게 단어의 용법까지 확실히 학습해 두도록 하세요.

실제 시험 난이도와 비슷한 문제들을 풀며 학습한 내용을 확인하세요.

Part 1 빈칸에 가장 적절한 단어 고르기

1. A: What will you do over the summer holiday?
   B: Well, I _____ for a restaurant vacancy. I need to make some money.

   (a) applied   (b) hesitated
   (c) proposed   (d) reserved

2. A: I'd like to rent a car at the discounted price in your ads.
   B: To qualify for that _____, you'll need to join our membership program.

   (a) refund   (b) rate
   (c) total   (d) charge

3. A: Hi. This is Joan Smith. I'm calling to check my bank _____.
   B: No problem. But first, I need to verify your identity.

   (a) balance   (b) action
   (c) term   (d) relation

4. A: I hope you reminded Peter to keep my promotion a secret.
   B: Of course. He gave me his _____ that he wouldn't mention it.

   (a) symbol   (b) truth
   (c) word   (d) reliability

5. A: The protagonist in the movie was someone I found easy to relate to.
   B: Yes, and her distinctive haircut and clothing made her a memorable _____.

   (a) narrative   (b) director
   (c) character   (d) picture

Part 2 빈칸에 가장 적절한 단어 고르기

6. The young writer Eric Griffin wants to make a TV appearance in order to _____ his new book.

   (a) emerge   (b) disturb
   (c) promote   (d) pose

7. According to this morning's news update, a number of illegal aliens were _____ at the border.

   (a) outlawed   (b) attained
   (c) suspended   (d) apprehended

8. There is a growing _____ for a new surgical procedure that helps people lose weight, but the procedure carries many major risks.

(a) size   (b) scale

(c) number   (d) demand

9. Anyone interested in *Global Sports Magazine* can sign up for a trial subscription and receive three _____ absolutely free.

(a) issues   (b) affairs

(c) matters   (d) episodes

10. Next Friday, Mr. Sherman will be honored at a banquet _____ his thirty years of service to the company.

(a) thanking   (b) affirming

(c) labeling   (d) marking

11. Every person must complete a _____ number of sales in order for the store to reach its monthly target.

(a) smart   (b) vague

(c) certain   (d) ready

12. To keep the park clean for our community, anyone caught littering will be _____.

(a) fined   (b) fixed

(c) picked   (d) discarded

13. It was one of the biggest _____ in world football when England lost to the US in 1950.

(a) upsets   (b) honors

(c) predictions   (d) opponents

14. Many circuses are no longer permitted to operate as a result of inhumane conditions and practices, including the _____ of animals.

(a) applause   (b) offense

(c) abuse   (d) characteristic

15. While having no real medical _____, a placebo can often alleviate various symptoms in a patient.

(a) locations   (b) properties

(c) performances (d) experiments

함께 외우면 좋은 TEPS 빈출 어휘

▸ 형태가 비슷하지만 의미가 완전히 다르거나, 비슷한 의미이지만 용법이나 세부적인 의미가 다른 어휘들은 모아서 암기하는 것이 효과가 좋습니다. 텝스에서 이런 어휘들은 매력적인 오답으로 자주 사용됩니다.

▸ 아래에 정리된 빈출 어휘를 먼저 암기하고, 청해 및 독해 등의 학습을 통해 어휘 학습을 확장해 나가면 영어 공부를 더욱 재밌게 할 수 있습니다.

 STEP 1 필수 암기 어휘　　　　　🎧 V-05.mp3

■ 형태가 비슷해서 헷갈리는 어휘

☐ anonymously 익명으로
☐ unanimously 만장일치로

☐ accelerate 가속화하다
☐ accentuate 강조하다

☐ accompany 동행하다
☐ accommodate 수용하다

☐ adapt 적응시키다; 각색하다
☐ adopt 채택하다; 입양하다

☐ affect ~에 영향을 미치다
☐ effect 영향; 효과; 결과

☐ boost 밀어올리다, 북돋우다
☐ boast 자랑하다, 떠벌리다

☐ come down with (병에) 걸리다
☐ come up with ~을 생각해내다

☐ complement 보충(하다)
☐ compliment 칭찬(하다)

☐ conceive (감정을) 가지다, (아이디어를) 구상하다
☐ perceive 감지하다, 인지하다

☐ comprehensive 포괄적인
☐ comprehensible 이해할 수 있는

☐ coherent 일관성이 있는, 통일성이 있는
☐ inherent 타고난, 고유의, 본래의

☐ confident 자신 있는
☐ confidential 기밀의, 은밀한

☐ comfortable 느낌이 편안한
☐ convenient (용도·목적에) 알맞은, 편리한

☐ considerable 상당한
☐ considerate 사려 깊은

☐ credible 신뢰할 수 있는
☐ credulous 쉽게 속는

☐ deficient 부족한
☐ defective 결함이 있는

□ **eminent** 우수한, 저명한, 탁월한

□ **imminent** (위험 등이) 당장이라도 닥칠 듯한, 임박한

□ **eject** 추방하다, 쫓아내다

□ **inject** 주사하다, 주입하다

□ **reject** 거절하다, 거부하다

□ **evolve** 발전하다, 진화하다

□ **involve** 포함하다

□ **revolve** 회전하다

□ **impossible** 불가능한

□ **impassable** 통행할 수 없는, 폐쇄된

□ **loyalty** 충성, 의리

□ **royalty** 왕실; 특허[저작]권 사용료

□ **morale** (조직의) 사기(士氣), 의욕

□ **moral** 도덕의

□ **observance** 준수; 축하, 의식

□ **observation** 관찰

□ **passenger** 승객

□ **passerby** 행인

□ **proceed** 계속하다, 나아가다

□ **precede** 앞서다, 선행하다

□ **perspective** 관점, 시점, 투시, 원근법

□ **prospective** 전망

□ **rigorous** 엄격한

□ **vigorous** 활기찬, 건강한

□ **respectful** 존경하는, 경의를 표하는

□ **respective** 각각의

□ **successful** 성공의 (n. success)

□ **successive** 연속적인 (n. succession)

□ **release** 풀어놓다, 놓아주다, 발표하다

□ **relieve** 경감하다, 덜다, 안도하게 하다

□ **simultaneous** 동시의

□ **spontaneous** 자발적인

□ **sensible** 분별 있는, 현명한

□ **sensitive** 민감한, 예민한

□ **transfer** (딴 데로) 옮기다, 갈아타다, 전근가다

□ **transmit** 전달하다, 송신하다

□ **transport** 수송하다

□ **transform** 변형시키다

□ **zealous** 열심인, 열성적인

□ **jealous** 질투하는

■ 의미상 연관된 어휘

□ **ability** (무언가를 행할 수 있는) 능력

□ **capability** (수용할 수 있는) 능력

□ **divide** 나누다, 분할하다

□ **distribute** 나누어주다, 배부하다

□ **deliberate** 신중한; 고의적인

□ **delicate** 섬세한; 까다로운, 미묘한

□ **hesitant** 주저하는, 머뭇거리는

□ **reluctant** 내키지 않는, 꺼려하는

□ **interfere with** ~에 간섭하다, 참견하다

□ **intervene in** ~에 개입하다

□ **borrow** 빌리다

□ **lend** 빌려주다

□ **loan** (특히 돈을) 빌려주다

□ **rent** (부동산·서비스를) 대여하다

□ **realize** (문득 어떤 사실이나 의미를) 깨닫다

□ **recognize** (듣거나 본적이 있어) 알아차리다, (사람을) 알아보다

□ **damage** (사물·명예 등에) 손상을 입히다

□ **harm** (사람·평판·사물 등을) 일부러 해치다, 훼손하다

□ **hurt** (신체 일부·감정 등을) 다치게 하다

□ **appointment** (시간과 장소를 정하는) 약속

□ **promise** (무엇을 하겠다는) 약속

□ **engagement** (모임 등의) 약속; 약혼

□ **reservation** 예약

□ **charge** (서비스에 대해 지불하는) 비용

□ **cost** (재화나 서비스를 사고 파는데 발생한) 비용, 원가

□ **fare** 교통요금, 차비, 운송료

□ **fee** 각종 수수료, 수임료, 학비

□ **price** 실제 가격, 거래가

□ **rate** (단위 당 매긴) 요금, 공공요금

■ 유의어

□ 개념: concept, conception, notion

□ 고객, 손님: customer, client, patron(단골 고객)

□ 곤경, 진퇴양난: dilemma, predicament, plight

□ 복수, 보복, 앙갚음: reprisal, retaliation, revenge

□ 옷, 의복: clothing, costume, garment, apparel

□ 음모, 계략: conspiracy, plot, intrigue

□ 특징, 특성: feature, character, characteristic, trait, properties

□ 우연히 마주치다: run into, come across, bump into

□ 깜짝 놀라게 하다: surprise, astonish, stun, startle

□ (문제 등을) 다루다: deal with, address, tackle

□ 비난하다: accuse, criticize, condemn, denounce

□ 거대한, 엄청난: huge, enormous, tremendous

□ 모호한, 애매한: obscure, vague, ambiguous, equivocal

□ 상당한, 현저한: considerable, significant, substantial

□ 영원한: permanent, perpetual, perennial

□ 분명한: apparent, definite, obvious, explicit

VOCABULARY

Part 1

A: Hi, I **booked a table** for three, under Larry
Bryant. ·········● 테이블을 예약했다
B: Yes, I see your _____ right here.

(a) promise   (b) reservation
(c) charge   (d) engagement

A: 안녕하세요, 제가 세 명이 앉을 테이블을 예약했는
데요, 래리 브라이언트라는 이름으로요.
B: 네, 바로 여기 귀하의 예약사항이 보이네요.

어휘 book a table 테이블을 예약하다 promise
약속 reservation 예약 charge 책임, 요금
engagement (공적인) 약속

이렇게 풀어요!

① 대화에서 정답 단서를 찾아야 합니다. 단서는 booked a table(테이블을 예약했다)입니다.

② 상대의 말을 듣고 테이블의 예약사항을 확인해주고 있으므로 '예약'이라는 의미의 (b) reservation이 정답입니다.

오답 STUDY

(a) promise는 '무엇을 하겠다는 약속'을 뜻하므로 어울리지 않습니다.

(d) engagement는 '업무상 또는 공적인 약속, 계약'을 뜻하므로 어울리지 않습니다.

Part 2

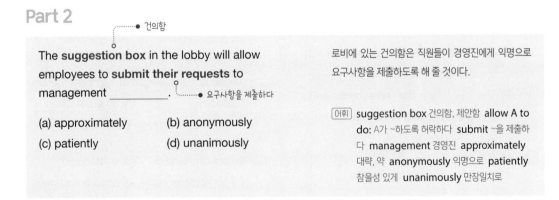

● 건의함

The **suggestion box** in the lobby will allow
employees to **submit their requests** to
management _____. ········● 요구사항을 제출하다

(a) approximately   (b) anonymously
(c) patiently   (d) unanimously

로비에 있는 건의함은 직원들이 경영진에게 익명으로
요구사항을 제출하도록 해 줄 것이다.

어휘 suggestion box 건의함, 제안함 allow A to
do: A가 ~하도록 허락하다 submit ~을 제출하
다 management 경영진 approximately
대략, 약 anonymously 익명으로 patiently
참을성 있게 unanimously 만장일치로

이렇게 풀어요!

① 문장에서 정답 단서를 찾아야 합니다. 단서는 suggestion box(건의함), submit their requests(요구사항을 제출하다)입니다.

② 건의함의 속성상, 직원들이 경영진에게 요구사항을 어떤 식으로 제출할 수 있게 해주는지 생각해보면 '익명으로'라는 의미의 부사가
들어가는 것이 적절하므로 (b) anonymously가 정답입니다.

오답 STUDY

(d) unanimously는 '만장일치로'라는 뜻이므로 직원들이 건의함을 통해 요구사항을 제출하는 방식을 나타내기에 적절하지 않습니다.
anonymously와 형태가 비슷해서 오답 선택지로 자주 등장합니다. 참고로, unanimous(ly)가 정답일 때는 anonymous(ly)가 오답
으로 등장합니다.

실제 시험 난이도와 비슷한 실전 문제들을 풀며 학습한 내용을 확인해 보세요.

Part 1 빈칸에 가장 적절한 단어 고르기

1. A: You work at the Telford branch, right?

B: I did for three years, but I recently _____ to the Renfrew branch.

(a) employed   (b) approached

(c) transferred   (d) conveyed

2. A: I wish Maria would stop pestering me to come to her church.

B: I know. She can be overly _____ about her religion.

(a) zealous   (b) withdrawn

(c) accomplished   (d) impressive

3. A: How much will I have to pay to reach the baseball stadium?

B: The _____ for the subway is $2, and the bus costs about the same.

(a) time   (b) fare

(c) worth   (d) change

4. A: How could we boost the _____ of our employees?

B: I think some financial incentives would make them all feel happier.

(a) knowledge   (b) moral

(c) morale   (d) security

5. A: I need to refer to my employee handbook, but I've lost it.

B: Don't worry. I will _____ you mine.

(a) check   (b) lend

(c) share   (d) borrow

Part 2 빈칸에 가장 적절한 단어 고르기

6. The _____ was choking on a lump of food during the in-flight meal, but the flight attendant saved him.

(a) spectator   (b) passerby

(c) passenger   (d) presenter

7. Those under a height of 120 centimeters must be _____ by an adult when riding the Dreamland Roller Coaster.

(a) accompanied   (b) considered

(c) complemented   (d) accommodated

8. As the demand for online news grew, newspaper companies had to _____ rapidly in order to remain profitable.

(a) renovate   (b) issue

(c) adapt   (d) subscribe

정답 및 해설 p. 62

9. Despite being almost 80 years old, Mr. Dalton is still very active and _____.

   (a) strenuous   (b) vigorous
   (c) nutritious   (d) erroneous

10. The company will revise its privacy policy in order to make sure that _____ client information is handled properly.

    (a) sensible   (b) sensitive
    (c) affordable   (d) competitive

11. Smoking and drinking _____ with your body's ability to process oxygen.

    (a) develop   (b) promote
    (c) interfere   (d) enhance

12. Economic theory and economic history _____ each other well in the planning and implementation of economic policies.

    (a) parallel   (b) coexist
    (c) suffocate   (d) complement

13. After seeing the damage that plastic waste causes to the environment, Ms. Kim changed her _____ on reusable straws and shopping bags.

    (a) utilization   (b) ambition
    (c) imagination   (d) perspective

14. The author had no interest in turning his novel into a movie and so _____ all adaptation proposals.

    (a) rejected   (b) displaced
    (c) ejected   (d) failed

15. Staff rushed to cover the tennis court surface as quickly as possible as the rain shower was _____.

    (a) occasional   (b) fleeting
    (c) adjacent   (d) imminent

TEPS 빈출 관용어·숙어 / 콜로케이션

▹ 영어는 관용어(Idioms)가 크게 발달한 언어입니다. 관용어란 특정 단어들의 조합이 단어 그대로의 해석과는 다른 속뜻을 갖는 표현을 말합니다. 예를 들어, We're in the same boat(우리는 같은 배 위에 있어)는 실제로 같은 배를 타고 있다는 뜻이 아니라, 같은 처지 또는 같은 입장에 있다는 뜻입니다. 이와 같이 관용어는 단어들의 해석만으로 정확한 의미를 알 수 없는 경우가 많기 때문에 새로운 단어처럼 암기해야 합니다.

▹ 아래에 정리된 관용어와 숙어들은 모두 텝스 시험에 자주 등장하는 것들이므로 시험 전에 반드시 익혀두어야 합니다.

▹ 콜로케이션(연어, Collocation)이란 특정 단어와 어울려 쓰이는 어휘들의 결합된 형태를 말합니다. 예를 들어, 영어로 '전화를 받다'라는 표현은 receive the phone이 아니라 answer the phone이라고 하는 것이 정확합니다. 이런 어휘의 짝꿍 표현들을 알아두면 청해, 독해는 물론, 회화와 작문에도 큰 도움이 됩니다.

 STEP 1 필수 암기 어휘 V-06.mp3

■ 빈출 관용어·숙어

☐ **at odds with** ~와 다투는, 상충되는

☐ **at a loss** 어쩔 줄을 모르는

☐ **bad apple** 남에게 악영향을 미치는 사람[것]

☐ **behind the wheel** 운전 중에

☐ **be better off** ~ing ~하는 것이 낫다

☐ **beat around the bush** (핵심을 얘기하지 않고) 빙빙 돌려 말하다

☐ **break the ice** 서먹한 분위기를 깨다

☐ **be on speaking terms with** ~와 사이가 좋다

☐ **call it a day** (수업 등을) 그만하기로 하다, 끝내다

☐ **cloud nine** 행복의 절정

☐ **down the drain** 수포로 돌아간, 허비된

☐ **feel out of place** 위화감을 느끼다

☐ **get on one's nerves** 신경에 거슬리다

☐ **get the hang of** ~의 요령을 터득하다

☐ **have a long face** 우울한 얼굴을 하다

☐ **have the nerve[guts] to do** ~할 배짱이 있다

☐ **hit the ceiling** 몹시 화를 내다

☐ **in one's shoes** ~의 처지에서[상황에서]

☐ **in the same boat** 같은 처지에[상황에]

☐ **keep one's fingers crossed** 행운을 빌다

☐ **make ends meet** 수지를 맞추다, 빚 안 지고 살아가다

☐ **out of line** 일치하지 않는; 도를 넘어선

☐ **out of the blue** 갑자기, 난데없이

☐ **out of pocket** 자금이 없는

☐ **on the tip of one's tongue** 생각이 날 듯 말 듯 한

□ over the top 과장된, 지나친

□ play it by ear 상황을 봐 가며 행동하다

□ pull strings 연줄[인맥]을 이용하다

□ rock the boat 평지풍파를 일으키다

□ slip one's mind 깜빡 잊다, 잊어버리다

□ start from scratch 처음부터 시작하다

□ sit on the fence
결정을 내리지 못하다, 중립적인 태도를 취하다

□ spill the beans 비밀을 털어놓다

□ take a rain check 다음으로 미루다, 다음 기회를 갖다

□ take one's breath away
(좋아서, 충격으로) 깜짝 놀라게 하다

□ take it out on ~에게 화풀이를 하다

□ take sides 편을 들다, 한쪽을 지지하다

□ take a back seat
(다른 사람에게 더 중요한 위치를 주고) 뒷자리에 서다

□ the bottom line 최종 결과

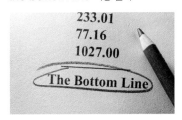

□ tighten one's belt 돈을 아껴 쓰다, 절약하다

□ tie up loose ends 결말을 짓다, 끝마무리하다

□ turn a blind eye to ~을 못 본 체하다

□ turn a deaf ear to ~을 귀담아 듣지 않다

□ under the weather 몸이 안 좋은

□ up in the air 결정되지 않은, (계획이) 미정인

□ account for 설명하다; 차지하다

□ adhere to (원칙 등을) 고수하다

□ be associated with ~와 관련되다

□ be bound to do ~할 수밖에 없다

□ be composed of ~로 구성되다
cf. consist of ~로 구성되다

□ be eligible for ~을 가질 자격이 되다
cf. be eligible to do: ~을 할 자격이 되다

□ be engaged in (어떤 일을) 벌이다, ~에 종사하다

□ be liable to do (자칫) ~하기 쉽다

□ be likely to do ~할 가능성이 있다

□ be subject to + 명사
~의 지배를 받다, ~에 종속되다

□ be supposed to do ~하기로 되어 있다

□ be unwilling to do ~하기를 내켜 하지 않다
(= be reluctant to do, be hesitant to do)
(↔ be willing to do 기꺼이 ~하다)

□ be aware of ~을 알다

□ bring about ~을 야기하다, 초래하다

□ call for ~을 요구하다

□ call in sick 병가를 내다

□ call off ~을 취소하다

□ call on A to do A에게 ~하도록 요구하다

□ comply with (요구, 조건에) 응하다, 따르다

□ come up with (아이디어 등) ~을 생각해내다

⊘ Check Point
~ up with 빈출 표현 정리
• make up with ~와 화해하다
• keep up with ~와 보조를 맞추다, ~에 뒤떨어지지 않다
• catch up with ~와 밀린 얘기를 나누다
• put up with ~을 참다, 견디다
• meet up with ~와 만나다
• team up with ~와 팀을 이루다
• break up with ~와 헤어지다 (남녀관계)

□ come down with (병에) 걸리다

□ compared with[to] ~와 비교해서

□ cope with (어려움에) 대처하다, 견디다

□ date back to (시기가) ~까지 거슬러 올라가다

□ do away with ~을 제거하다

□ drop out 중퇴하다, 낙오하다, 탈락하다

□ end up ~ing 결국 ~하게 되다

□ figure out (해결책 등을) 생각해내다, 이해하다

□ find out 알아내다

□ fill in for ~을 대신[대리]하다

□ get down to ~을 시작하다, 본격적으로 ~을 하다

□ hang out with ~와 어울려 다니다

□ make it up to ~에게 (진 빚을) 만회하다, 보답하다

□ pay off 성공하다, 성과를 올리다

□ stick to (원칙 등을) 고수하다

□ take A into account A를 고려하다

□ take advantage of ~을 이용하다

□ resort to ~에 의지하다, ~에 호소하다

□ regardless of ~와 상관없이

□ when it comes to ~에 관한 한

□ wrap up (일, 회의 등을) 끝내다, 마치다

□ work out 운동하다; (문제 등을) 해결하다

□ would rather A than B B하기보다는 차라리 A하다

■ 빈출 콜로케이션

□ a prior commitment[engagement] 선약

□ beyond one's budget 예산을 초과하는

□ break the record 기록을 깨다

□ call a meeting 회의를 소집하다

□ cast doubts on ~을 의심하다

□ cast a ballot[vote] 투표하다

□ commit a crime 범죄를 저지르다

□ deliver a speech 연설하다

□ do A a favor A의 부탁을 들어주다

□ due to inclement weather 악천후 때문에

□ earn a doctoral degree 박사학위를 받다

□ exercise one's right 권리를 행사하다

□ expect a baby 출산 예정이다

□ fill the prescription 처방전대로 약을 지어주다

□ file a lawsuit against ~을 상대로 소송을 제기하다

□ get a flat tire 타이어가 펑크 나다

□ go bankrupt 파산하다

□ record sales 기록적인 매출

□ raise[pose] a question 의문을 제기하다

□ plead guilty 유죄를 인정하다

□ practice law 변호사 개업을 하다

□ run one's own business
자신의 사업체를 운영하다

□ run short of ~이 다 떨어지다, 모자라다

□ take measures 조치를 취하다

□ take responsibility 책임을 지다

Part 1

● 연설

A: Martina is so good at **public speaking**.

B: Yes, so I've already **asked her to** _____ a **speech** at our grand opening ceremony next month.

● 연설을 해 달라고 부탁했다

(a) deliver   (b) bring

(c) receive   (d) ship

A: 마티나는 연설에 능숙한 것 같아.

B: 맞아, 그래서 난 이미 마티나에게 다음 달 개장식에서 연설을 해달라고 부탁했어.

어휘 be good at ~에 능숙하다, ~을 잘하다 public speaking 연설 deliver a speech 연설하다 opening ceremony 개장식 bring ~을 가져오다 receive ~을 받다 ship ~을 수송하다

이렇게 풀어요!

① 대화에서 정답 단서를 찾아야 합니다. 단서는 public speaking(연설)과 asked her(그녀에게 부탁했다), a speech(연설)입니다.

② 마티나가 연설에 능숙하기 때문에 그녀에게 연설을 해달라고 부탁했다는 내용이 되어야 자연스럽겠죠. speech를 목적어로 하여 '연설하다'의 의미가 되기 위해서는 빈칸에 동사 (a) deliver가 와야 합니다. deliver a speech는 콜로케이션이므로 덩어리 째 외워두세요.

오답 STUDY

(b) bring은 '가져오다'라는 뜻이기 때문에 의미상 가능할 것 같지만, '연설하다'라고 표현할 때 speech와 결합해 쓰이지 않습니다.

Part 2

● 비행편이 취소된

Customers **whose flights are canceled** unexpectedly are _____ **for a full refund** of the ticket cost.

● 전액 환불에 대해

(a) sufficient   (b) mandatory

(c) suitable   (d) eligible

예상치 못하게 비행이 취소된 고객들께서는 티켓 가격의 전액 환불에 대한 자격이 있습니다.

어휘 flight 비행편 cancel ~을 취소하다 unexpectedly 뜻밖에, 예상외로, 갑자기 be eligible for + 명사: ~에 대한 자격이 되다 refund 환불(금) cost 비용 sufficient 충분한 mandatory 의무적인 suitable 적절한

이렇게 풀어요!

① 문장에서 정답 단서를 찾아야 합니다. 단서는 whose flights are canceled(비행편이 취소된)와 for a full refund(전액 환불에 대해)입니다.

② 갑자기 비행이 취소된 상황에서 고객들과 환불에 대한 상황을 떠올려보면 '환불을 받을 자격이 된다, 받을 수 있다'라는 뜻이 되는 것이 자연스럽습니다. be eligible for를 숙어로 외우고 있다면 빈칸 앞뒤의 be동사와 전치사 for를 보고 빠르게 정답을 고를 수 있습니다.

오답 STUDY

(a) sufficient와 (c) suitable은 모두 전치사 for와 자주 쓰이는 형용사들이지만, 각각 '~에 충분한', '~에 알맞은'을 의미하므로 문장의 흐름에 어울리지 않습니다.

실제 시험 난이도와 비슷한 실전 문제들을 풀며 학습한 내용을 확인해 보세요.

Part 1 빈칸에 가장 적절한 단어 고르기

1. A: I'm a little _____ today.
    B: I hope you feel better soon.

    (a) out of the blue   (b) up in the air
    (c) down the drain   (d) under the weather

2. A: I thought you said you would go to see
       a baseball game.
    B: It was _____ because of the rain.

    (a) paid off   (b) taken off
    (c) called off   (d) brought off

3. A: Why has the hiking trip to Grey
       Mountain been postponed?
    B: We're expecting some _____
       weather this weekend.

    (a) residual   (b) inclement
    (c) faulty   (d) temporal

4. A: I bet George's friendship with the
       mayor had something to do with the
       charges being dropped.
    B: Yeah, I'm sure that he _____ to
       get out of trouble.

    (a) took a rain check
    (b) made ends meet
    (c) pulled a few strings
    (d) tied up loose ends

5. A: What did the CEO say about the
       annual figures?
    B: Well, the _____ is that we need to
       boost sales.

    (a) cloud nine   (b) bottom line
    (c) bad apple   (d) piece of cake

6. A: Why don't you join us for a baseball
       game on Saturday?
    B: Sorry, but I have a prior _____.

    (a) commitment   (b) experience
    (c) dedication   (d) scenario

7. A: I don't feel that the theme song for our
       TV show is recognizable enough.
    B: I agree. Maybe we should _____
       a catchier melody.

    (a) get in touch with (b) live up to
    (c) make up for   (d) come up with

8. A: Will you be joining us at the staff picnic
       on Sunday?
    B: Actually, I'm still _____ about
       whether to come or not.

    (a) out of line   (b) on the fence
    (c) over the top   (d) in the same boat

정답 및 해설 p. 64

9. A: Did any of the fence you were building survive through yesterday's tornado?

B: No, all of it was ruined, so I have to _____.

(a) walk a fine line

(b) start from scratch

(c) tighten my belt

(d) keep my fingers crossed

10. A: Amy, do you really find Todd funny?

B: Not at all. I just _____ listening to his jokes because he's my boss.

(a) check up on   (b) talk it over

(c) put up with   (d) look up to

Part 2 빈칸에 가장 적절한 단어 고르기

11. For your own safety, you should always keep yourself alert _____.

(a) out of the blue   (b) behind the wheel

(c) on the horizon   (d) outside the box

12. NASA is still actively _____ many projects that aim to explore space.

(a) engaged in   (b) consisted of

(c) composed of   (d) taken care of

13. The defendant's inability to prove his whereabouts on the night of the crime _____ doubt on his initial alibi.

(a) marked   (b) cast

(c) flew   (d) treated

14. The mayor was initially _____ to postpone the festival, but safety experts persuaded him it was in everyone's best interests.

(a) impatient   (b) unwilling

(c) ambivalent   (d) disregarded

15. Magellan Electronics reported _____ sales last year, thanks to the company's globally successful range of mobile phones.

(a) pricy   (b) poor

(c) record   (d) durable

TEPS 초급 필수 어휘

▷ 본 교재의 UNIT 01-06에서 소개한 텝스 빈출 어휘 이외에 문제를 풀기 위해 꼭 알고 있어야 하는 필수 어휘들을 정리하였습니다.

▷ 효율적인 학습을 위해 간단한 구 형태의 예문으로 제시하여 기억하기 쉽도록 구성하였으니 여러 차례 소리 내어 읽고 암기하도록 하세요.

 STEP 1 필수 암기 어휘 V-07.mp3

■ 동사

□ arrange books on a shelf
선반 위의 책들을 정리하다[배열하다]

□ afford a new car
새 차를 살만 한 경제적 여유가 있다

□ aim to help the poor
가난한 사람들을 돕는 것을 목적으로 하다

> 꿀팁 aim은 명사로도 자주 출제되는데, 이때는 '목표, 목적'이라는 뜻입니다.

□ anticipate revenue increases
수익 증가를 기대하다[예상하다]

□ avoid the traffic jam 교통 체증을 피하다

□ must be accompanied by an adult
어른이 동행해야 한다

□ achieve a goal 목표를 달성하다

□ affect negotiations 협상에 영향을 주다

□ It belongs to me. 내 것이다[내 소유이다.]

□ betray one's colleague 동료를 배신하다

□ celebrate the new year 새해를 기념하다

□ commute to work 직장으로 통근하다

□ aggressively compete with
적극적으로 ~와 경쟁하다

□ conceal the truth 진실을 감추다

□ contain important information
중요한 정보를 포함하다

□ contaminate the water 물을 오염시키다

□ demonstrate a product 제품을 시연하다

□ deserve praise 칭찬받을 만하다

□ My license expires next month.
내 면허증이 다음 달에 만료된다.

□ express an interest 관심을 표현하다

□ be elected mayor 시장으로 선출되다

□ escape from the burning car
불타는 차에서 탈출하다

□ exaggerate returns 수익을 과장하다

□ explore space 우주를 탐사하다

□ facilitate recovery after surgery
수술 후 회복을 용이하게 하다

□ forecast[foretell] the future 미래를 예측하다

□ generate profit 수익을 창출하다

□ greet the guests 손님을 맞이하다

🍯꿀팁 greet가 자동사로 쓰인다면 '인사하다'라는 뜻입니다.

□ implement a new policy 새 정책을 시행하다

□ manufacture nuclear weapons
핵무기를 제조하다

□ measure the width 너비를 재다

□ miss a flight 비행편을 놓치다

□ modify the terms of the contract
계약 조건을 변경하다

□ notify the police 경찰에 통보하다

□ persuade[convince] opponents
반대자들을 설득하다

□ prove his innocence 그의 무죄를 입증하다

□ pursue an ideal 이상을 추구하다

□ react promptly 신속하게 대응하다

□ relocate overseas 해외로 전근 가다

□ represent the organization 조직을 대표하다

□ secure a contract 계약을 따내다[확보하다]

□ share data 자료를 공유하다

□ suit A well A에게 잘 어울리다

□ sound strange 이상하게 들리다

□ vary hour by hour 시시각각 다르다

□ urge cooperation 협력을 촉구하다

■ 명사

□ tourist attraction 관광 명소

□ a monthly budget 월 예산

□ a major concern 주요 관심사

□ an essential component
필수 구성요소[성분, 부품]

□ an economic crisis 경제 위기

□ individual characteristics 개성, 개인별 특징

□ a vitamin deficiency 비타민 결핍

□ natural disaster 자연 재해

□ final destination 최종 목적지

□ a monetary donation 금전적인 기부

□ exposure to sunlight 햇빛에 대한 노출

□ have a great impact[influence] on
~에 큰 영향을 끼치다

□ pay an installment 할부금을 납부하다

□ immigrant workers 이주[이민] 노동자

□ the legends of ancient Greece
고대 그리스의 전설

🍯꿀팁 legend는 '전설적인 인물'이라는 뜻으로도 잘 쓰입니다.
ex. a jazz legend 재즈계의 전설(적인 인물)

□ the minutes of the board meeting
이사회 회의록

□ pedestrian areas 보행자 구역

□ aging process 노화 과정

□ an illegal practice 불법적인 관행

□ social phenomena 사회 현상

🍯꿀팁 phenomena는 phenomenon의 복수형입니다.

□ safety precautions 안전 예방조치

□ economic recession 경기 침체

□ new movie releases 신작 영화 개봉[출시]

□ reach a settlement 합의에 도달하다

□ supply and demand 수요와 공급

□ the structure of the building 건물의 구조

□ the central theme 핵심 주제

□ victims of a tsunami 지진해일 희생자

■ 형용사/부사

□ ancient Greece 고대 그리스

□ see if he's available 그가 시간이 되는지 알아보다

⏱ Check Point

형용사 available이 사람에 대해 쓰이는 경우는 '시간이 되는, 시간이 나는'이라는 뜻이고, 사물에 대해서는 '이용할 수 있는, 구매할 수 있는'이라는 뜻입니다.

He'll be available in the afternoon. 그는 오후에 시간이 될 겁니다.
The room is not available right now. 그 방은 지금 이용할 수 없습니다.

□ a capable manager 능력 있는 관리자

□ constant media coverage 지속적인 언론 보도

□ diverse cultures 다양한 문화

□ hazardous substances 위험한 물질

□ initial stages 초기 단계

□ for a limited time 한정된 기간 동안

□ minor injuries 경미한 부상

□ take an optional course 선택 과목을 듣다

□ outstanding students 뛰어난 학생들

□ a painful toothache 아픈 치통

□ the principal reason 주요한 이유

□ reliable sources 믿을 만한 정보

□ remain stable 안정적인 상태를 유지하다

□ a valid driver's license 유효한 운전면허증

□ be vital for survival 생존하는데 필수적이다

□ be absolutely crucial 절대적으로 중요하다

□ fill out the form completely
서식을 완전히 기입하다

□ say directly 직접적으로 말하다

□ criticize A harshly A를 혹독하게 비난하다

□ treat A fairly A를 공정하게 다루다

□ drink water frequently 물을 자주 마시다

□ examine regularly 정기적으로 검사하다

□ go to the boarding gate swiftly
탑승 게이트로 신속하게 가다

Part 1

● 모리스 박사님과 약속을 잡다

A: Can I **make an appointment with Dr. Morris** for a check-up tomorrow?

B: I'm afraid he's not _____ then.

(a) available   (b) possible

(c) valid   (d) empty

A: 내일 모리스 박사님과 진료 예약을 잡을 수 있을까요?

B: 그때 박사님은 시간이 안 나세요.

어휘 **make an appointment** 진료 예약을 하다, 약속을 잡다 **check-up** 검진 **I'm afraid** (유감스러운 내용을 말할 때 쓰임) ~할 것 같다 **available** 시간이 나는 **possible** 가능한 **valid** 유효한 **empty** 텅 빈

이렇게 풀어요!

① 대화에서 정답 단서를 찾아야 합니다. 단서는 make an appointment with Dr. Morris(모리스 박사님과 약속을 잡다)입니다.

② 모리스 박사와 (진료) 약속을 잡을 수 있는지 묻는 질문에 대한 대답으로는 그가 시간이 되는지 여부를 말해주는 것이 가장 적절합니다. 따라서 사람에 대해 '(만날) 시간이 나는'이라는 뜻으로 쓰이는 형용사 (a) available이 정답입니다.

오답 STUDY

(b) possible은 '(어떠한 일이 발생할 수 있는) 가능성이 있는'이라는 뜻으로, 사람 주어를 사용할 수 없습니다.

(c) valid는 '(법적·공식적으로) 유효한, 정당한'이라는 뜻이므로 주체인 사람이 시간이 난다고 할 때 쓰이지 않습니다.

Part 2

● 뒷받침하지 않았다

The _____ findings **did not support** the hypothesis that the vaccine is effective, **but the later results** did.

하지만 나중의 결과 ●

(a) optional   (b) before

(c) initial   (d) stable

초기 연구 결과들은 백신이 효과가 있다는 가설을 뒷받침해주지 못했지만, 나중에 나온 결과들은 뒷받침해주었다.

어휘 **finding** (연구·조사 등의) 결과 **support** ~을 뒷받침하다 **hypothesis** 가설 **vaccine** 백신 **effective** 효과 있는 **later** 나중의 **result** 결과 **optional** 선택의 **initial** 초기의 **stable** 안정된

이렇게 풀어요!

① 문장에서 정답 단서를 찾아야 합니다. 단서는 did not support(뒷받침하지 않았다)와, 뒤에 상반된 내용이 이어질 것임을 알려주는 접속사 but(하지만), 그리고 the later results(나중의 결과)입니다.

② 빈칸과 findings가 the later results와 상반되는 내용이 되기 위해서는 later(나중의)와 대비되는 '초기의, 처음의'라는 의미인 (c) initial이 오는 것이 맞습니다.

오답 STUDY

(b) before는 '전에'라는 뜻으로 의미상 later와 대비되는 것은 맞지만, 접속사/전치사/부사로만 쓰이므로 이 문장에서는 명사인 findings를 수식할 수 없습니다.

VOCABULARY

감실전잡기

실제 시험 난이도와 비슷한 실전 문제들을 풀며 학습한 내용을 확인해 보세요.

Part 1 빈칸에 가장 적절한 단어 고르기

1. A: Let's just buy a few things and go to the express checkout.
B: Good idea. That way we can _____ the long lines.

(a) deny   (b) oppose
(c) avoid   (d) revert

2. A: I noticed that you're limping, Ben. Are you okay?
B: No, I have a _____ ankle sprain.

(a) toxic   (b) hurtful
(c) vulnerable   (d) painful

3. A: How tall is our bedroom doorframe?
B: I'm not sure. Let's _____ it to check.

(a) outline   (b) elongate
(c) measure   (d) restore

4. A: Eve had no idea her jewelry would sell so quickly.
B: She clearly didn't _____ such high demand.

(a) appropriate   (b) achieve
(c) allocate   (d) anticipate

5. A: Can I use the third floor meeting room at 1 p.m.?
B: Hold on. I'll just check to see if it's _____ then.

(a) available   (b) complimentary
(c) accommodated   (d) expired

Part 2 빈칸에 가장 적절한 단어 고르기

6. The president expressed major _____ that Antarctica could be used as a nuclear testing ground.

(a) concern   (b) conflict
(c) consideration   (d) contemplation

7. Residents of Amsterdam take advantage of the city's extensive cycle path network to _____ to their workplaces by bicycle.

(a) approach   (b) locate
(c) commute   (d) transport

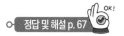

8. Above all else, the health inspector's _____ duty is to ensure that all hygiene and safety standards are being met.

   (a) former   (b) principal
   (c) tenuous   (d) superior

9. An oil spill has created _____ swimming conditions, so Byer's Beach will remain closed for the foreseeable future.

   (a) shabby   (b) hazardous
   (c) abandoned   (d) diverse

10. Foreign language apps can _____ learning by allowing users to focus on specific aspects.

    (a) facilitate   (b) distribute
    (c) recommend   (d) alleviate

11. These days, many dentists advise against the common _____ of rinsing after brushing one's teeth.

    (a) disposition   (b) practice
    (c) outcome   (d) belief

12. To avoid the spread of misinformation, our Web site only features articles from _____ sources.

    (a) flexible   (b) amendable
    (c) subtle   (d) reliable

13. Parking permits for the hospital's south lot are only _____ until 8 p.m.

    (a) qualified   (b) correct
    (c) valid   (d) dated

14. One effective way to _____ a reasonable level of fitness is to take at least 10,000 steps per day.

    (a) achieve   (b) resume
    (c) succeed   (d) compete

15. Plants provide us with a wide variety of fruits and vegetables, so they are a(n) _____ link in our food chain.

    (a) vital   (b) urgent
    (c) tentative   (d) abrupt

UNIT 08 TEPS 중급 필수 어휘

▸ 본 교재의 UNIT 01-07에서 소개한 빈출 어휘 이외에 문제를 풀기 위해 꼭 알고 있어야 하는 필수 어휘들을 정리하였습니다.

▸ 효율적인 학습을 위해 간단한 구 형태의 예문으로 제시하여 기억하기 쉽도록 구성하였으니 여러 차례 소리 내어 읽고 암기하도록 하세요.

STEP 1 필수 암기 어휘

🎧 V-08.mp3

■ 동사

- acknowledge the need for
  ~의 필요성을 인식하다

- alleviate the pain 통증을 완화하다

- amass great riches 어마어마한 부를 축적하다

- strictly ban 엄격하게 금지하다

- brag about one's success
  자신의 성공을 자랑하다

- brainwash people 사람들을 세뇌시키다

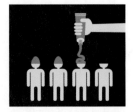

- be highly acclaimed by critics
  평론가들로부터 매우 호평받다

- the service will be suspended
  서비스가 중단될 것이다

- boost employee morale 직원 사기를 북돋다

- condemn one's error ~의 과실을 책망하다

- contemplate one's options
  선택사항들을 고려하다, 숙고하다

- contradict a rumor 소문을 반박하다

- curb climate change 기후 변화를 억제하다

- digest all information 모든 정보를 이해하다

- dilute the coffee with water
  커피를 물로 희석하다

- disclose information 정보를 누설하다

- denounce the government 정부를 비난하다

- enact a special law 특별법을 제정하다

- exceed the capacity limit 수용 한계를 초과하다

- forge a passport 여권을 위조하다

- impeach the governor 주지사를 탄핵하다

- impose a new rule
  새로운 규칙을 도입하다[시행하다]

- instigate a coup 쿠데타를 선동하다

- mediate conflicts 갈등을 중재하다

- outdo a big company 대기업을 능가하다

- pinpoint the location 위치를 콕 짚다

- rebel against parents 부모에게 반항하다

- redeem a loan 대출을 상환하다

- reinforce national defense 국방을 강화하다

- release the suspect 용의자를 석방하다

□ render assistance 도움을 제공하다

□ reprimand an employee 직원을 질책하다

□ restore the historic building
역사적인 건물을 복원하다

□ revoke a driver's license
운전면허를 취소하다

□ socialize with colleagues 동료들과 교제하다

□ solicit aid 도움을 요청하다

□ brutally suppress 잔인하게 진압하다

□ testify for the defense 피고측을 위해 증언하다

□ trigger a violent protest 격렬한 항의를 유발하다

□ violate international law 국제법을 위반하다

■ 명사

□ the aftermath of war 전쟁의 여파

□ a state of chaos 혼돈 상태

□ a conflict between two cultures
두 문화 간의 갈등[충돌]

꿀팁 a conflict in schedule은 '일정상의 충돌'이라는 뜻으로
일상 회화에서 많이 쓰여요.

□ receive compensation 배상금을 받다

□ statistical discrepancy 통계상의 불일치(모순)

□ flu epidemic 독감 유행

□ gist of the story 이야기의 요점(요지)

□ serious hygiene issues 심각한 위생 문제

□ appreciate the hospitality 환대에 감사하다

□ the inhabitants of Seoul 서울 주민들

□ copyright infringement 저작권 침해

□ an injection of insulin 인슐린 주사

□ chemical insecticides 화학 살충제

□ a big nuisance 큰 골치거리

□ business objective 경영 목표

□ a petition against deforestation
삼림 벌채에 반대하는 청원

□ the pinnacle of power 권력의 정점

□ a chance of precipitation 강수 확률

□ top priority 최우선 사항

□ qualms of conscience 양심의 가책

□ during the reign of Louis XIV
루이 14세 통치 동안

□ feel no remorse 후회하지 않다, 가책을 느끼지 않다

□ press speculation 언론의 추측(억측)

□ not tolerate tardiness 지각을 허용하지 않다

□ because of poor visibility
좋지 않은 가시거리 때문에

■ 형용사/부사

□ an approximate figure 대략적인 수치

□ bilateral trade agreement 양자간의 무역 협정

□ confidential document 기밀 서류

□ study the demographic trends
인구 통계학적 추세를 조사하다

□ a devoted parent 헌신적인 부모

□ drastic measures 극단적인 조치

□ extremely fatigued 무척 피곤한

□ a lightweight, durable suitcase
　가볍고 튼튼한 여행 가방

□ elaborate designs 정교한 디자인

꿀팁 elaborate는 동사로도 자주 나오는데, 이때는 '자세히 말하다', '공들여 만들다'라는 뜻입니다.
ex. elaborate one's reasons의 이유에 대해 자세히 말하다

□ fierce competition 치열한 경쟁

□ make a futile attempt 헛된 시도를 하다

□ a hilarious story 아주 재미있는 이야기

□ be hostile toward the government
　정부에 적대적이다

□ invaluable data 귀중한 자료

□ have keen eyesight
　예리한 시력을 갖고 있다

□ feel lethargic
　무기력한 기분을 느끼다

□ mandatory military service
　의무적인 군 복무

□ do moderate exercise
　적당한 운동을 하다

□ mutual agreement[consent]
　상호간의 합의

□ a notorious company
　악명 높은 회사

□ be still pending 아직 계류중이다

□ one of the prominent figures
　저명한 인물들 중 한 명

□ be reticent about one's personal life
　개인의 생활에 대해 말을 아끼다

□ a rudimentary knowledge 기초적인 지식

□ a significant breakthrough 중대한 돌파구

□ highly sophisticated computer system
　매우 정교한 컴퓨터 시스템

□ sporadic protests 산발적인 시위

□ stringent regulations 엄격한 규정

□ trivial matters 사소한 문제들

□ a viable[feasible] solution
　실행 가능한 해결책

□ inadvertently pressed the wrong button
　부주의하게[무심코] 잘못된 버튼을 누르다

□ spend lavishly on a trip
　여행에 흥청망청 소비하다

□ become famous posthumously
　사후에 유명해지다

□ temporarily allow 일시적으로 허용하다

□ be specifically designed for children
　아이들을 위해 특별히 고안되다

Part 1

우리 화단을 지저분하게 만들다 ●········

A: The weeds are growing so fast! They **mess up** our flower garden.

B: Yeah, they're such a _____. We have to find a way to **eradicate them.**
● 그것들을 뿌리뽑다

(a) crisis
(b) predicament
(c) nuisance
(d) dilemma

A: 잡초가 정말 빨리 자라고 있어! 잡초가 우리 화단을 지저분하게 만들어.

B: 그러게, 그것들은 정말 골칫거리야. 그것들을 완전히 뿌리뽑을 방법을 찾아야 해.

[어휘] weed 잡초 mess up ~을 지저분하게 만들다 eradicate ~을 뿌리뽑다, 근절하다 crisis 위기 predicament 곤경 nuisance 골칫거리 dilemma 딜레마

이렇게 풀어요!

① 대화에서 정답 단서를 찾아야 합니다. 단서는 mess up our flower garden(우리 화단을 지저분하게 만들다)과 eradicate them(그것들을 뿌리뽑다)입니다.

② 잡초가 화단을 망치고 있기 때문에 이를 근절해야 한다는 것으로 보아, 잡초는 화단에서 없어져야 하는 문제임을 알 수 있습니다. 따라서 '골칫거리, 속썩이는 문제'라는 의미의 (c) nuisance가 정답입니다.

오답 STUDY

(a) crisis(위기), (b) predicament(곤경, 궁지)는 화단에 잡초가 나는 상황을 묘사하는 어휘로는 어울리지 않습니다.

(d) dilemma는 무엇을 선택해야 할지 모르는 어려운 상황을 가리키는 말이므로 역시 잡초가 자라는 상황에 어울리지 않습니다.

Part 2

Owls have extremely _____ eyesight that allows them to **spot their prey even in dim light.**
● 희미한 불빛에서도 먹이를 찾아내다

(a) keen
(b) swift
(c) brisk
(d) alert

올빼미는 희미한 불빛에서도 먹이를 찾을 수 있게 해주는 매우 예리한 시력을 갖고 있다.

[어휘] owl 올빼미 extremely 매우, 극도로 eyesight 시력 allow A to do: A가 ~할 수 있게 하다 spot ~을 발견하다 prey 먹이 even 심지어 dim 희미한

이렇게 풀어요!

① 문장에서 정답 단서를 찾아야 합니다. 단서는 spot their prey even in dim light(희미한 불빛에서도 먹이를 찾아내다)입니다.

② 빈칸에는 eyesight(시력)를 수식할 형용사가 와야 하는데, 희미한 불빛에서도 먹이를 찾아낼 수 있다는 것은 시력이 예리한 경우이겠죠. 따라서 '감각 등이 예민한'이라는 의미를 나타내는 (a) keen이 정답입니다.

오답 STUDY

(b) swift는 '움직임이 빠른, 날랜'이라는 뜻으로, '시력'을 수식하기에 어색합니다.

(d) alert는 '위험 등을 경계하는, 민첩한'이라는 뜻으로, 역시 시력과 어울리는 형용사가 아닙니다.

실제 시험 난이도와 비슷한 실전 문제들을 풀며 학습한 내용을 확인해 보세요.

Part 1 빈칸에 가장 적절한 단어 고르기

1. A: Don't you know how to find our hotel?
   B: Kind of, but I cannot _____ its exact location.

   (a) acknowledge   (b) extract
   (c) pinpoint   (d) scrutinize

2. A: I really need to improve my presentations.
   B: You should use more graphics to _____ your talking points.

   (a) presume   (b) steady
   (c) appease   (d) reinforce

3. A: Maybe lowering our prices will attract more customers.
   B: That seems like a _____ idea. Let's test it out.

   (a) viable   (b) tranquil
   (c) limited   (d) primitive

4. A: This soup is a little thick and salty.
   B: Hmm... I'll _____ it with some more water then.

   (a) defer   (b) decline
   (c) distract   (d) dilute

5. A: How come Fiona rarely joins us for lunch?
   B: She's not really keen on _____ with others.

   (a) collecting   (b) asserting
   (c) socializing   (d) traversing

Part 2 빈칸에 가장 적절한 단어 고르기

6. New guidelines to prevent the spread of viruses will be _____ on restaurants by the government this week.

   (a) reserved   (b) outlined
   (c) imposed   (d) portrayed

7. Mr. Snyder was arrested for _____ several amendments to business agreements with other companies.

   (a) alerting   (b) forging
   (c) glancing   (d) assaulting

8. Since it was founded ten years ago, Urban Cosmetics has considered employee satisfaction to be a top _____.

   (a) range   (b) priority
   (c) experience   (d) importance

9. According to Ms. Weston, it was _____ to try to persuade Mr. Henderson to stay at the company, as he had already submitted his resignation letter.

   (a) mutual   (b) willful
   (c) futile   (d) capable

10. Poets use literary devices, such as similes and metaphors, to stimulate our feelings and _____ responses.

    (a) forge   (b) trigger
    (c) outnumber   (d) undermine

11. Floriography, a method of communicating messages through flower arrangements, reached the height of its popularity during the _____ of Queen Victoria in England.

    (a) reign   (b) province
    (c) management   (d) victory

12. Residents of Mapleford submitted a(n) _____ of more than ten thousand signatures in opposition to the housing development proposal.

    (a) approval   (b) petition
    (c) motive   (d) illustration

13. All Web site user data we gather is completely _____ and will not be shared with any third parties.

    (a) amicable   (b) elusive
    (c) identifiable   (d) confidential

14. A _____ carry-on bag is a necessary item for someone who travels frequently for business.

    (a) rigorous   (b) comparable
    (c) durable   (d) vigorous

15. Please practice your acceptance speech thoroughly prior to the awards ceremony to ensure that it does not _____ the time limit.

    (a) exceed   (b) exit
    (c) elevate   (d) eject

GRAMMAR
문법

수 일치

▷ 주어가 단수 또는 복수인지에 따라 동사의 형태가 변화되는 것을 수 일치라고 합니다.

- 복수 주어 + 복수 동사(동사원형)
- 단수 주어 + 단수 동사(동사원형 + -(e)s)

▷ 주요 출제 유형

- 수량 표현을 동반한 주어와 동사의 수 일치 파악하기
- 복수 형태의 단수 주어와 단수 동사의 수 일치 파악하기
- 수식어구를 동반한 구조가 복합해진 주어와 동사의 수 일치 파악하기

STEP 1 출제 포인트 익히기

수량 표현을 동반한 주어와 동사의 수 일치

■ 수량 형용사 + 단수 주어 + 단수 동사

「Each + 단수 주어」는 3인칭 단수 동사(동사원형 + -(e)s)와 수를 일치시킵니다.

> **Each computer** in the technology department (**runs** / run) on slightly different software.
> 기술부에 있는 각 컴퓨터는 약간 다른 소프트웨어들로 작동된다.

단수 명사를 수식하는 수량 형용사

another 또 하나의	each 각각의	every 모든	one 하나의
either 둘 중 하나의	neither 둘 모두 아닌		

■ 수량 형용사 + 복수 주어 + 복수 동사

「many + 복수 주어」는 복수 동사(동사원형)와 수를 일치시킵니다.

> Nowadays, **many jobs** (**require** / requires) job candidates to have an advanced degree.
> 요즘, 많은 직업들이 구직자들에게 고급 학위를 가지고 있도록 요구한다.

복수 명사를 수식하는 수량 형용사

a few 몇몇의	few 거의 없는	both 둘 모두의	several 몇몇의
many[numerous] 많은	various[a variety of] 다양한		

■ 「수량 대명사 + of + 명사」와 동사의 수 일치

① of 뒤의 명사에 따라 동사를 수 일치하는 경우

수량 대명사 Most가 주어일 때는 of 뒤에 쓰인 명사에 따라 동사의 수를 일치시킵니다. 명사가 단수이면 단수 동사, 명사가 복수이면 복수 동사를 사용합니다.

> **Most** of Ernest Hemingway's **work** (**is** / are) difficult to understand.
> 어니스트 헤밍웨이의 작품 대부분은 이해하기 어렵다.

주어가 분수(one third, two thirds 등)일 경우에도, of 뒤에 쓰인 명사에 따라 동사의 수를 일치시킵니다.

> Currently, **one third** of **youths** in New York (**are struggling** / is struggling) to find a job.
> 현재, 뉴욕에 있는 젊은이들 중 3분의 1이 일자리를 찾으려고 애쓰고 있다.

of 뒤의 명사에 따라 동사를 수 일치하는 수량 대명사

all 전체	half 절반	most 대부분	majority 대다수
part 일부	rest 나머지	some 몇몇	one third 1/3 (분수)

② 수량 대명사에 따라 동사를 수 일치하는 경우

수를 나타내는 대명사 many는 복수 동사와 수 일치하는 수량 대명사입니다.

> **Many** of the **residents** of Los Angeles (**are** / is) Hispanic or Latino.
> 많은 로스앤젤레스 주민들은 스페인계 또는 중남미계 사람들이다.

복수 동사와 수 일치하는 「수량 대명사 + of」

a few of (긍정) ~의 소수	few of (부정) ~의 소수	both of ~의 둘 다	several of ~의 몇몇
many of ~의 다수			

양을 나타내는 대명사 much는 단수 동사와 수 일치하는 수량 대명사입니다.

> **Much** of the **book** (**was written** / were written) during the author's trip to Australia.
> 그 책의 대부분이 호주로 가는 작가의 여행 중에 쓰여졌다.

단수 동사와 수 일치하는 「수량 대명사 + of」

a little of (긍정) ~의 조금	little of (부정) ~의 조금	each of ~의 각각	much of ~의 대부분
either of ~중 하나	neither of ~둘 다 아닌	one of ~중 하나	

▪ A number of와 The number of의 수 일치

① A number of + 복수 명사 + 복수 동사

a number of는 '많은'을 뜻하는 수량 표현으로, 복수 명사를 앞에서 수식하는 일종의 수식어구입니다. 따라서 「A number of + 복수 명사」가 문장의 주어 자리에 있을 때 주어는 복수 명사이므로 복수 동사와 수를 일치시킵니다.

> **A number of students** at Glory University (**find** / finds) a job through the career service center.
> 글로리 대학교의 많은 학생들은 취업 서비스 센터를 통해서 일자리를 찾는다.

A number of의 수식을 받는 복수 명사 students가 문장의 주어이므로 복수 주어와 수 일치하는 복수 동사가 정답입니다.
참고로, a number of 뒤에는 복수 명사만 사용됩니다.

② The number of + 복수 명사 + 단수 동사

the number of는 '~의 수'를 뜻하는 표현입니다. 「The number of + 복수 명사」가 주어 자리에 오면, of 뒤에 오는 명사의 수에 상관없이 단수 형태인 The number가 문장의 주어이므로 동사의 수는 단수가 되어야 합니다.

> **The number** of students per class (**is decreasing** / are decreasing) rapidly.
> 학급당 학생들의 수가 급속히 감소하고 있다.

동사 앞에 위치한 The number of students에서 단수 명사인 The number가 주어이므로 단수 주어와 수 일치하는 단수 동사가 정답입니다.

복수 형태의 단수 주어와 단수 동사의 수 일치

▪ -ics로 끝나는 복수 형태의 학문명

economics 경제학	ethics 윤리학	linguistics 언어학	mathematics 수학
physics 물리학	politics 정치학	statistics 통계학	

Linguistics (**deals** / deal) with the structure and development of language.
언어학은 언어의 구조와 발달을 다룬다.

▪ 기타 복수 형태의 명사(국가, 단체, 질병, 경기 종목 등)

the Philippines 필리핀	the United States 미국	the Netherlands 네덜란드	Laos 라오스
the United Nations 유엔	diabetes 당뇨병	measles 홍역	aerobics 에어로빅
billiards 당구	gymnastics 체조	martial arts 무술	

Aerobics (**helps** / help) people reduce their chances of having a stroke.
에어로빅은 사람들이 뇌졸중에 걸릴 가능성을 줄이도록 돕는다.

▪ 단위 명사

금액, 시간, 거리, 무게 등을 나타내는 단위 명사가 단일 개념의 주어로 사용될 경우 복수 형태라도 단수 취급하므로 단수 동사와 수를 일치시킵니다.

단수로 사용되는 단위 명사

dollars 달러	euros 유로	hours 시간	years 연
miles 마일	kilometers 킬로미터	kilograms 킬로그램	pounds 파운드

Fifty kilograms (**is** / are) equivalent to about 110 pounds.
50킬로그램은 약 110파운드와 맞먹는다.

단, 기간을 나타내는 복수 형태의 단위 명사가 시간의 추이를 나타내는 완료시제 동사의 주어로 사용될 때에는 과거 특정 시점 이후의 기간을 셈한 결과값을 나타내므로 복수 동사 have p.p.가 사용됩니다.

Ten years (**have passed** / has passed) since we first met.
우리가 처음 만난 지 10년이 흘렀다.

Part 1

A: I am happy that all of the bank information
_____ accessible online!

B: Right? It is so convenient!

(a) am   (b) are

(c) is   (d) being

A: 온라인에서 모든 은행 정보를 이용할 수 있어서
기뻐!

B: 그렇지? 너무 편리해!

[어휘] accessible 이용 가능한, 접근 가능한
convenient 편리한

이렇게 풀어요!

① 선택지가 단/복수 동사들로 구성되어 있는 것을 보고 동사의 수 일치 문제임을 파악합니다.

② 빈칸 앞의 주어 all of the bank information에서 all은 of 뒤에 온 명사에 따라 동사의 수를 일치시키는 수량 대명사입니다.

③ of 뒤에 쓰인 명사 information은 셀 수 없는 명사입니다.

④ 셀 수 없는 명사와 수가 일치하려면 3인칭 단수 동사가 쓰여야 하므로 (c) is가 정답입니다.

오답 STUDY

(b) are: 빈칸 앞에 위치한 주어를 확인할 때 all만 보고 바로 복수 동사를 고르지 않도록 주의합니다.

Part 2

Diabetes _____ when blood sugar is too
high.

(a) occurs   (b) occur

(c) occurred   (d) has occurred

당뇨병은 혈당이 너무 높을 때 발생한다.

[어휘] diabetes 당뇨병 blood sugar 혈당
too 너무 ~한 occur 발생하다

이렇게 풀어요!

① 선택지를 보고 동사의 수 일치와 시제를 모두 확인해야 하는 복합 형태의 문제임을 파악합니다.

② 빈칸 앞의 명사 Diabetes(당뇨병)는 병명을 나타내는 명사로, 복수 형태이지만 단수 취급합니다.

③ 일반적인 사실을 나타낼 때는 현재시제를 사용합니다.

④ 단수 취급하는 명사와 수가 일치하면서 현재시제인 (a) occurs가 정답입니다.

오답 STUDY

(b) occur: s가 붙어 있는 Diabetes를 복수 주어로 생각하여 복수 동사를 선택하지 않도록 주의합니다.

실제 시험 난이도와 비슷한 실전 문제들을 풀며 학습한 내용을 확인해 보세요.

Part 1 빈칸에 가장 적절한 답 고르기

1. A: I think it is a good deal. This air conditioner is 30 percent off. Let's get it.

   B: Four hundred dollars _____ still too much.

   (a) is
   (b) was
   (c) are
   (d) were

2. A: Why do you want to go to that live music bar?

   B: One of my relatives _____ there nowadays.

   (a) perform
   (b) performs
   (c) was performing
   (d) were performing

Part 2 빈칸에 가장 적절한 답 고르기

3. Pilates _____ good for increasing muscle tone and flexibility.

   (a) is
   (b) are
   (c) was
   (d) were

4. The new policy ensures that almost a fifth of our employees _____ a pay raise every year.

   (a) get
   (b) gets
   (c) got
   (d) was getting

Part 3 문법 오류가 있는 문장 고르기

5. (a) A: Hey, Julie! Are you done with class registration?

   (b) B: I am! I will take mathematics as a full-time course.

   (c) A: Oh, I thought mathematics are only offered as a part-time course.

   (d) B: No, they recently changed it.

6. (a) When looking at a cross-section of a tree trunk, we see many growth rings.
   (b) The number of rings are indicative of a tree's age, revealing information about its growth cycle. (c) A light ring is formed at the start of a growth season, and a darker ring is formed at the end of the season.
   (d) The width of these rings indicates how much growth occurred during each year of a tree's lifespan.

시제

▸ 동사의 형태 변화를 통해 주어의 상태나 행위의 발생 시점을 나타내는 것을 시제라고 합니다.

▸ 텝스 문법 영역에서 가장 많이 출제되는 중요한 영역입니다.

▸ 주요 출제 유형

• 시간 표현 단서를 활용해 알맞은 시제 고르기

• 시제 표현이나 시간 표현 단서 없이 문맥상 알맞은 시제 고르기

 STEP 1 출제 포인트 익히기

시간 표현 단서를 활용해 알맞은 시제 고르기

▪ 현재시제

문장에 nowadays 또는 「every + 시간 명사」 등 현재 시점을 나타내는 시간 표현이 있으면 동사의 시제는 현재시제가 됩니다.

Nowadays, the HR department (**holds** / held) a weekly meeting **every Friday morning**.
요즘 인사부는 금요일 아침마다 주간 회의를 연다.

현재시제와 함께 쓰이는 시간 표현

commonly 흔히	nowadays 요즘	regularly 정기적으로	typically 일반적으로
usually 대개	every + 시간 명사: ~마다		

▪ 과거시제

문장에 yesterday 또는 「last + 시간 명사」 등 과거 시점을 나타내는 시간 표현이 있으면 동사의 시제는 과거시제가 됩니다.

Many street vendors (**sold** / will sell) food at the music festival **last weekend**.
많은 노점상들이 지난 주말에 음악 축제에서 음식을 팔았다.

과거시제와 함께 쓰이는 시간 표현

ago ~전에	already 이미	recently 최근에	yesterday 어제
last + 시간 명사: 지난 ~에			

■ 미래시제

문장에 tomorrow 또는 「by the end of next + 시간 명사」 등 미래 시점을 나타내는 시간 표현이 있으면 동사의 시제는 미래시제가 됩니다.

> Mr. Watson (**will find** / found) a new investor for his business **by the end of next month.**
> 왓슨 씨는 다음 달 말까지 그의 사업을 위한 새로운 투자자를 찾을 것이다.

미래시제와 함께 쓰이는 시간 표현

soon[shortly] 곧   tomorrow 내일   next + 시간 명사: 다음 ~에
until[by] the end of next[this] + 시간 명사: 다음[이번] ~까지

■ 현재진행시제

문장에 currently, now 등 지금 당장의 시점을 나타내는 시간 표현이 있으면 동사의 시제는 현재진행시제가 됩니다.

> **Currently**, Zenith Inc. (**is building** / built) its new manufacturing plant in China.
> 현재, 제니스 사는 중국에 새로운 제조 공장을 짓고 있는 중이다.

현재진행시제와 함께 쓰이는 시간 표현

currently[presently, at the(this) moment] 현재   (right) now (바로) 지금

■ 현재완료시제

문장에 기간을 나타내는 「for[over, in] + the last[past] + 기간 명사」 표현이 있으면 동사의 시제는 현재완료시제가 됩니다.

> The rumor about the new president (**has spread** / spread) quickly **over the last week.**
> 지난 한 주 동안에 걸쳐 신임 회장에 대한 소문이 빠르게 퍼졌다.

현재완료시제와 함께 쓰이는 시간 표현

for some time now 당분간   just 막   lately[recently] 최근에
so far 지금까지   all + 기간: ~내내   for[over, in] + the + last[past] + 기간 명사: 지난 ~동안
since + 과거 시점 명사[주어 + 과거시제 동사]: ~이래로[~했던 이래로]

현재진행시제의 특수 용법

■ 일시적인 상태를 나타낼 때

주어의 일반적인 상태나 습관은 단순 현재시제로 나타내지만, 아주 일시적인 상태나 습관을 나타낼 때는 현재진행시제를 사용합니다. 그 단서로는 현재 시간 표현이나 현재의 일시적인 상황이 제시됩니다.

Christina (**is not being** / is not) careful with orders **today**, so she **is making** lots of mistakes.
오늘 크리스티나는 주문에 주의하지 않고 있어서 많은 실수를 하고 있다.

늘 주문 받는 태도를 나타낼 때는 현재시제를 사용하지만, '오늘'이라는 시점에 국한해서 일시적인 주문 받는 태도를 나타낼 때는 현재진행시제를 사용합니다.

■ 가까운 미래에 일어날 일을 나타낼 때

앞으로 발생할 일을 나타낼 때 will 또는 be going to 등 미래시제를 사용하는 것이 일반적이지만, 곧 발생하기로 예정된 일을 나타낼 때는 현재진행시제를 사용할 수 있습니다.

A: Have you chosen the food for next month's luncheon?
B: No, but I (**am meeting** / will have met) a chef **tomorrow morning** to discuss details.
A: 다음 달 오찬용 음식을 결정했나요?
B: 아뇨, 그런데 세부 사항들을 논의하기 위해서 내일 아침 요리사와 만날 겁니다.

시제의 특수 용법

요구, 명령, 제안, 주장 등 당위성의 의미를 갖는 동사, 형용사, 또는 명사 다음에 오는 that절에는 시제와 인칭에 관계없이 동사원형을 사용합니다.

The CEO **suggested** that Allan (**go** / goes) to the airport to welcome the foreign investors.
대표이사는 해외 투자자들을 환영하기 위해 앨런이 공항에 가는 것을 제안했다.

요구, 명령, 제안, 주장을 나타내는 동사

ask[request, require, demand] 요구하다   command[order] 명령하다

suggest[recommend, advise, propose] 제안하다   insist 주장하다

당위성을 나타내는 형용사

essential[imperative, vital] 필수적인   important 중요한   necessary 필요한

시간/조건 접속사를 활용해 알맞은 시제 고르기

■ 시간/조건 부사절의 시제 원칙

시간/조건 부사절에서는 미래에 일어날 일을 나타낼 때, 미래시제 대신 현재시제를 사용합니다.

> **When** the CEO at AZ Inc. (**retires** / will retire) **next year**, Thomas **will take over** her position.
> AZ 사의 대표이사가 내년에 퇴직하면, 토마스가 그녀의 자리를 물려받을 것이다.

시간/조건 부사절을 이끄는 접속사

after ~후에	before ~전에	by the time ~할 무렵에
once[as soon as] ~하자마자	when ~할 때	if[provided, providing] ~라면

GRAMMAR

■ 특정 시간 부사절의 시제 일치 공식

- ⊘ After + 주어 + 과거완료시제 동사(had p.p.), 주어 + 과거시제 동사
- ⊘ Before + 주어 + 과거시제 동사, 주어 + 과거완료시제 동사(had p.p.)
- ⊘ By the time + 주어 + 현재시제 동사, 주어 + 미래완료시제 동사(will + have p.p.)
- ⊘ By the time + 주어 + 과거시제 동사, 주어 + 과거완료시제 동사(had p.p.)
- ⊘ Since + 주어 + 과거시제 동사, 주어 + 현재완료시제 동사(have p.p.)
- ⊘ When + 주어 + 과거시제 동사, 주어 + 과거진행시제 동사(was[were] + doing)

by the time절이 있는 문장에서 주절의 동사 시제는 by the time절에 쓰인 동사의 시제에 따라 미래완료 또는 과거완료로 달라지므로, 함께 쓰이는 by the time절의 동사 시제를 구분해서 알아 두어야 합니다.

> **By the time** we **arrived** there, the musical (**had started** / will have started) already.
> 우리가 거기에 도착했을 무렵에, 뮤지컬은 이미 시작했었다.

since절은 주로 과거 행위가 발생하기 시작한 시점을 나타내며, 주절은 그 시작 시점부터 현재까지 진행된 일을 나타내므로 주절의 동사로 현재완료시제가 사용되어야 합니다.

> **Since** James **graduated** from university, he (**has worked** / worked) as a salesperson.
> 제임스는 대학을 졸업한 이후로, 판매원으로 일해왔다.

Part 1

A: I think you _____ too hasty with this business decision.

B: Perhaps, but just try to trust me.

(a) would have been   (b) had been

(c) will be   (d) are being

A: 이 사업 결정에 관해서는 필요 이상으로 성급하신 것 같군요.

B: 그런 걸 수도 있겠지만, 절 좀 믿어 보세요.

[어휘] hasty 성급한 decision 결정 perhaps 아마도 try to ~하려고 노력하다 trust 믿다

이렇게 풀어요!

① 선택지를 보고 동사의 시제 문제임을 파악합니다.

② with this business decision이라는 표현을 통해 현 사업 결정에 국한하는 일시적인 상황임을 인지합니다.

③ 그러므로 일시적 상태를 나타낼 수 있는 현재진행시제 (d) are being이 정답입니다.

오답 STUDY

(b) had been: 과거보다 더 앞선 시점에 성급했던 것 같다는 의미를 나타내며, 현재의 일시적인 상황을 나타내는 this business decision과 시간상 어울리지 않으므로 오답입니다.

Part 2

Marvin _____ in England for ten months for the certificate program last year.

(a) has studied   (b) studied

(c) has been studying   (d) studies

마빈은 자격증 취득 프로그램을 수강하기 위해 작년에 10개월간 영국에서 공부했다.

[어휘] certificate 자격증

이렇게 풀어요!

① 선택지를 보고 동사의 시제 문제임을 파악합니다.

② 문장 끝의 last year라는 과거 시점 표현을 통해 과거시제 동사가 필요함을 인지합니다.

③ 그러므로 선택지 중에서 과거시제로 쓰인 (b) studied가 정답입니다.

오답 STUDY

(a) has studied: for ten months를 보고 현재완료시제를 고르지 않도록 주의합니다. 10개월이라는 기간은 과거 시점인 last year 안에 포함되어 있는 기간이므로, 과거 시점 명사인 last year에 초점을 두어 과거시제를 선택해야 합니다.

실제 시험 난이도와 비슷한 실전 문제들을 풀며 학습한 내용을 확인해 보세요.

Part 1 빈칸에 가장 적절한 답 고르기

1. A: Did you ask Manny about the seminar?
   B: Not yet, but if I _____ him tomorrow, I will ask.

   (a) will meet
   (b) met
   (c) meet
   (d) have met

2. A: Maybe I should take a break from these textbooks.
   B: Great idea. You _____ for the past 6 hours without eating anything.

   (a) are studying
   (b) will study
   (c) had studied
   (d) have studied

Part 2 빈칸에 가장 적절한 답 고르기

3. Before Jenny traveled to Asia, she _____ many travel books.

   (a) has read
   (b) had read
   (c) is reading
   (d) will have read

4. The number of people without health insurance _____ by twenty percent last year.

   (a) increased
   (b) is increasing
   (c) has increased
   (d) will increase

Part 3 문법 오류가 있는 문장 고르기

5. (a) A: Do you think it will rain soon?
   (b) B: No, but maybe after lunch. Why?
   (c) A: I was going surfing with Cindy this afternoon.
   (d) B: You should probably choose an indoor activity instead.

6. (a) In 2007, stock markets crashed as a result of excessive risk-taking by banks. (b) Economists predict that the crashes could signal the beginning of a global recession. (c) What occurred over the next two years was considered the most severe recession since the Great Depression of the 1930s. (d) In the end, governments had to provide massive bailouts and stimulus packages in order to restore financial stability.

UNIT 03 태

▹ 문장의 주어가 동사의 행위 주체인지 아니면 대상인지를 나타내는 관계를 태라고 합니다.

- 능동태: 한 문장에서 주어가 동사의 행위를 하는 주체인 구조
- 수동태: 한 문장에서 주어가 동사의 행위를 당하는 대상인 구조

▹ 주요 출제 유형

- 문장의 형식에 따른 능동태와 수동태 구별하기
- 수동태가 불가능한 동사를 이용한 능동태와 수동태 구별하기

 STEP1 출제 포인트 익히기

능동태와 수동태의 구별

■ 능동태와 수동태의 특징

구분	능동태	수동태
개념	주어가 동작을 직접 하는 주체	주어가 동작을 당하는 대상
형태	1) 주어 + 자동사 2) 주어 + 타동사 + 목적어	주어 + be동사 + p.p. + (by + 행위자)
해석	주어가 ~하다	주어가 (~에 의해) …하게 되다/…해지다
목적어 유무	타동사 뒤에만 목적어 존재	4형식 타동사 외에 동사 뒤에는 목적어 없음
특징	어떤 문장 형식도 능동태 가능	1형식 및 2형식 자동사와 소유나 상태를 나타내는 타동사는 수동태 불가능

■ 능동태 문장의 수동태 문장으로의 전환

수동태 문장을 만들기 위해 능동태 문장의 목적어가 주어 자리로 이동하면 동사가 「be동사 + p.p.」로 바뀌는데, 이때 be동사는 능동태의 시제를 그대로 유지합니다. 능동태의 주어는 수동태 문장 끝에서 「by + 명사[목적격대명사]」의 형태로 쓰이는 것이 원칙이지만, 꼭 필요한 경우가 아니면 생략하는 것이 일반적입니다.

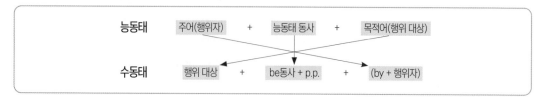

문장 형식에 따른 수동태

■ 3형식 문장의 수동태

3형식 동사는 하나의 목적어를 가지므로, 능동태의 명사 목적어가 주어 자리로 이동하면 동사 자리 뒤에 명사가 남지 않으므로 빈칸 뒤에 명사가 없으면 수동태 동사가 정답입니다. 이때, 빈칸 뒤에 위치한 행위자를 나타낼 때 쓰이는 전치사 by도 함께 수동태 동사의 정답 근거가 될 때도 있습니다.

The information sharing meeting (was postponed / postponed) by the HR manager.
정보 공유 회의는 인사부장에 의해 연기되었다.

한 개의 명사를 목적어로 취하는 텝스 빈출 3형식 타동사			
access 접근하다	**affect** 영향을 미치다	**answer** 대답하다	**cancel** 취소하다
complete 끝마치다	**discuss** 논의하다	**exclude** 배제하다	**include** 포함하다
identify 확인하다	**postpone** 연기하다	**reach** 도달하다	**satisfy** 만족시키다

■ 4형식 문장의 수동태

4형식 동사는 사람을 나타내는 간접목적어와 사물을 나타내는 직접목적어인 두 개의 목적어를 가지므로 두 가지 형태의 수동태 문장을 만들 수 있습니다.

① 간접목적어가 주어 자리로 이동한 수동태

빈칸 뒤에 명사가 없는 3형식 동사의 수동태와 달리, 4형식 동사로 이루어진 능동태 문장의 간접목적어가 주어 자리로 이동하면 동사 자리 뒤에 직접목적어가 남으므로 빈칸 뒤에 직접목적어 하나만 있으면 수동태 동사가 정답입니다.

All customers (will be awarded / will award) a free movie ticket if they fill out the survey.
모든 고객들은 설문지를 작성하면 무료 영화 티켓을 받을 것이다.

② 직접목적어가 주어 자리로 이동한 수동태

빈칸 뒤에 명사가 없는 3형식 동사의 수동태와 달리, 4형식 동사로 이루어진 능동태 문장의 직접목적어가 주어 자리로 이동하면 동사 자리 뒤에 간접목적어가 남으므로 빈칸 뒤에 간접목적어 하나만 있으면 수동태 동사가 정답입니다.

Professional advice (was given / gave) to the new recruits during the seminar.
세미나 동안 전문적인 조언이 신입 직원들에게 주어졌다.

두 개의 목적어를 취하는 텝스 빈출 4형식 타동사			
award 수여하다	**assign** 할당하다	**give** 주다	**lend** 빌려주다
offer 제공[제의]하다	**send** 보내주다	**show** 보여주다	**tell** 말해주다

▪ 5형식 문장의 수동태

5형식 타동사는 목적어와 목적격보어를 하나씩 가지며, 목적어를 주어 자리로 이동시켜 수동태를 만들 수 있습니다. 이때, 능동태의 목적격보어 자리에 있는 명사, 형용사, 또는 to부정사는 이동하지 않습니다.

① 명사를 목적격보어로 취하는 5형식 동사의 수동태

명사를 목적격보어로 취하는 5형식 동사들의 경우 목적어가 주어 자리로 이동하면 동사 자리 뒤에 목적격보어인 명사가 남으므로 빈칸 뒤에 명사가 하나만 있면 수동태 동사가 정답입니다.

Mr. Brown (was appointed / appointed) **Head of Life Sciences** at Albertay University.
브라운 씨는 알버테이대학교의 생명과학 학과장으로 임명되었다.

🐝**꿀팁** 동사의 태를 선택하는 문제에서 선택지에 5형식 동사의 능동 형태와 수동 형태가 모두 있으면, 빈칸 뒤에 명사 목적어가 있는지 여부를 먼저 확인합니다. 빈칸 뒤에 명사 목적어가 있으면 능동태 동사를 선택하고, 없으면 수동태 동사를 선택합니다.

명사를 목적격보어로 취하는 텝스 빈출 5형식 동사
appoint 임명하다　　　　　　　　**name** 임명하다, 이름을 짓다　　　　　　**call** 부르다

5형식 동사는 종종 3형식 동사로 사용되기도 하므로 빈칸 뒤의 명사가 행위의 대상을 나타내는 목적어인지 아니면 목적어를 보충 설명하는 목적격보어인지 확인할 필요가 있습니다. 이 명사가 문장에서 목적어 역할을 하면 능동 형태의 3형식 동사를, 목적격보어 역할을 하면 수동 형태의 5형식 동사를 정답으로 선택합니다.

Jerry (called / was called) **customer service** to complain about the late delivery.
제리는 늦은 배송에 대해 항의하기 위해 고객 서비스에 전화를 걸었다.

② 형용사를 목적격보어로 취하는 5형식 동사의 수동태

형용사를 목적격보어로 취하는 5형식 동사들의 경우 목적어가 주어 자리로 이동하면 동사 뒤에 목적격보어인 형용사가 남으므로 빈칸 뒤에 형용사가 있으면 수동태 동사가 정답입니다.

> Every employee should know that **corporate documents** should (**be kept** / keep) **secure**.
> 전 직원은 회사 문서가 안전하게 보관되어야 한다는 것을 알아야 한다.

형용사를 목적격보어로 취하는 텝스 빈출 5형식 동사

consider 간주하다   find 생각하다   keep 유지시키다

5형식 동사 consider와 의미가 비슷하고 목적어와 목적격보어를 가지는 등 구조도 비슷하여 헷갈리는 동사 regard는 「regard A as B(A를 B라고 여기다)」라는 구조를 가지는 동사입니다. 그렇기 때문에 수동태가 되었을 때도 목적격보어 앞에 반드시 as가 쓰여야 합니다. 목적어가 주어 자리로 이동하면 동사 자리 뒤에 「as + 목적격보어」 형태가 남으므로 빈칸 뒤에 「as + 목적격보어」가 있으면 수동태 동사가 정답입니다.

> Last week's orientation (**was regarded** / regarded) **as an informative session** by most of the
> new employees.
> 지난 주의 오리엔테이션은 대부분의 신입사원들에게 유익한 시간으로 여겨졌다.

③ to부정사를 목적격보어로 취하는 5형식 동사의 수동태

목적어에게 어떤 행위를 하도록 하는 5형식 동사들은 명사 목적어의 목적격보어로 to부정사를 사용할 수 있습니다. 이 동사들은 수동태로 바뀔 때 목적어가 주어 자리로 이동해도 to부정사가 동사 뒤에 남습니다. 그러므로 5형식 동사의 태를 선택하는 문제에서 빈칸 뒤에 to부정사가 있으면 수동태 동사가 정답입니다.

> Vickie (**was told** / told) **to organize** the company outing next week.
> 빅키는 다음 주에 회사 야유회를 준비하라고 지시를 받았다.

---

to부정사를 목적격보어로 취하는 텝스 빈출 5형식 동사

ask[require] 요구하다   allow[permit] 허락하다   enable 가능하게 하다   expect 기대하다
remind 상기시키다   tell 말하다

수동태로 사용될 수 없는 동사

목적어를 가지지 않는 1, 2형식 자동사, 그리고 목적어를 가지지만 행위가 아니라 소유 또는 상태를 나타내는 타동사는 수동태로 사용될 수 없습니다.

▪ 자동사

자동사는 목적어를 가지지 않으므로 목적어가 주어 자리로 이동한 수동태로 사용될 수 없습니다. 그러므로 자동사가 선택지에 있으면 능동태를 정답으로 선택해야 합니다.

> My train (**arrived** / was arrived) late yesterday, so I could not attend the meeting.
> 어제 내 기차가 늦게 도착하는 바람에, 회의에 참석할 수 없었다.

텝스 빈출 자동사

amount to ~에 이르다	appear 나타나다	arise 발생하다	arrive 도착하다
become ~이 되다	consist of ~로 구성되다	disappear 사라지다	exist 존재하다
expire 만료되다	happen 발생하다	last 지속되다	occur 발생하다
rely on ~에 의존하다	remain 남다	serve as ~의 역할을 하다	

▪ 소유 또는 상태를 나타내는 타동사

타동사의 수동태는 일회성 행위를 하는 주체와 행위를 당하는 대상 사이의 관계를 나타냅니다. 그런데 타동사 중에는 이런 일회성 행위가 아닌, 소유 관계 또는 지속적인 상태를 나타내는 동사들이 있습니다. 이 타동사들은 목적어를 가지더라도 이 목적어를 주어 자리에 쓰는 수동태로 사용될 수 없습니다. 그러므로 이런 동사가 선택지에 있으면 능동태를 정답으로 선택해야 합니다.

> The security guard (**lacked** / was lacked) evidence to accuse his coworker of stealing.
> 그 경비원은 동료를 절도죄로 고발할 증거가 없었다.

소유 또는 상태를 나타내는 텝스 빈출 타동사

cost ~의 비용이 들다	fit ~에 어울리다	have 가지다	lack ~이 없다, 부족하다
possess 소유하다, 지니다	resemble 닮다	suit ~에 어울리다	

수동태 숙어 표현

▪ 「수동태 + 전치사」

「수동태 + 전치사」로 이루어진 수동태 숙어 표현은 암기만 하면 문장 해석 없이 정답을 쉽게 고를 수 있으므로 함께 쓰이는 전치사를 구분하여 꼭 암기해 두도록 합니다.

be accustomed to ~에 익숙하다	be indulged[absorbed] in ~에 몰입하다
be based on ~에 근거를 두다	be interested in ~에 관심이 있다
be composed[made up] of ~로 구성되다	be[get] involved in[with] ~에 관련되다
be concerned[worried] about ~에 대해 걱정하다	be known to ~에게 알려지다
be devoted to ~에 헌신하다	be located in[on] ~에 위치하다
be disappointed at[with] ~에 실망하다	be made of[from] ~로 만들어지다
be engaged in ~에 종사하다	be married to ~와 결혼하다
be exposed to ~에 노출되다	be pleased[delighted] with ~에 기뻐하다
be faced with ~에 직면하다	be satisfied with ~에 만족하다
be fed up with ~에 싫증나다	be surprised[alarmed] at ~에 놀라다
be filled with ~로 가득 차다	be tired[bored] of ~에 싫증나다

> Many of Lauren's writings (**are based** / are basing) **on** her childhood experiences.
> 로렌의 많은 글들이 자신의 어린 시절 경험에 근거를 두고 있다.

▪ 「get + 목적어 + 과거분사」

동사 get은 목적어 뒤에 목적격보어를 가지는 5형식 동사입니다. 목적격보어 자리에 이 목적어를 행위의 대상으로 가지는 타동사가 오면, 이 동사는 수동의 의미인 과거분사 형태로 사용됩니다.

- ⊘ get + 목적어 + done: ~을 끝내다
- ⊘ get + 목적어 + repaired: ~을 수리 받다
- ⊘ get + 목적어 + inspected: ~을 검사 받다

> Olivia (**gets her car inspected** / gets her car inspecting) every four months.
> 올리비아는 4개월마다 자신의 차를 검사 받는다.

Part 1

A: It is really hot nowadays.
B: Indeed! People _____ weary because of the heat.

(a) become   (b) becomes
(c) is become   (d) are become

A: 요즘 정말 덥네요.
B: 정말이에요! 더위 때문에 사람들이 지쳐가고 있어요.

[어휘] nowadays 요즘 indeed 정말로 weary 지친 because of ~때문에 heat 더위

이렇게 풀어요!

① 선택지를 보고 태와 수 일치를 모두 확인해야 하는 복합 형태의 문제임을 파악합니다.

② become은 2형식 자동사로서 수동태로 쓰일 수 없으므로 수 일치로 정답을 결정해야 합니다.

③ 그런데 주어가 복수 명사인 People이기 때문에 복수 형태인 (a) become이 정답입니다.

오답 STUDY

(d) are become: 복수 명사 주어와 수는 일치하지만 태가 잘못되었습니다. 2형식 자동사 become은 수동태로 사용될 수 없다는 것을 꼭 알아 두도록 합니다.

Part 2

Potential side effects of this medicine _____ tomorrow.

(a) discuss   (b) are discussed
(c) will discuss   (d) will be discussed

이 약의 잠재적인 부작용이 내일 논의될 것이다.

[어휘] potential 잠재적인 side effect 부작용 medicine 약 discuss 논의하다

이렇게 풀어요!

① 선택지를 보고 태와 시제를 모두 확인해야 하는 복합 형태의 문제임을 파악합니다.

② 한 개의 목적어를 갖는 3형식 타동사 discuss가 들어갈 빈칸 뒤에 목적어가 없다는 것은 이 문장이 수동태라는 뜻입니다.

③ 그런데 선택지 (b)와 (d) 모두 수동태이므로 시제를 통해 정답을 가려야 합니다.

④ 미래 시점 부사 tomorrow가 빈칸 뒤에 있으므로 미래시제 동사 (d) will be discussed가 정답입니다.

오답 STUDY

(c) will discuss: 시제에만 집중해 will이 들어간 (c)를 고를 수도 있는데, discuss는 목적어가 필요한 3형식 타동사입니다.

정답 및 해설 p. 74

실제 시험 난이도와 비슷한 실전 문제들을 풀며 학습한 내용을 확인해 보세요.

Part 1 빈칸에 가장 적절한 답 고르기

1. A: Will you not help Eric and Amy reconcile?

B: I don't want to _____ in another couple's personal matters.

(a) involve
(b) be involved
(c) be involving
(d) will be involved

2. A: What's the company getting you for your birthday?

B: I assume I _____ a birthday cake and bonus, like every other year.

(a) give
(b) will give
(c) am given
(d) will be given

Part 2 빈칸에 가장 적절한 답 고르기

3. Only people with fifteen years of experience in marketing _____ qualified.

(a) is considering
(b) is considered
(c) are considering
(d) are considered

4. Several causes of obesity _____ but most of them can be avoided simply by eating healthily.

(a) have identified
(b) has identified
(c) have been identified
(d) has been identified

Part 3 문법 오류가 있는 문장 고르기

5. (a) A: Hey Jamie, I couldn't get hold of you last night. I needed your help.

(b) B: I dropped my phone and it's at a repair shop now. Was something happened?

(c) A: Yeah, my Wi-Fi kept disconnecting last night, but I finally fixed it.

(d) B: Oh, good. If you cannot reach me next time, just call my landline.

6. (a) The dodo was a flightless bird that became extinct during the mid-17th century. (b) The species thrived in the wooded coastal areas of Mauritius. (c) According to old records, dodos were possessed several unique characteristics. (d) They were often described as having short, fat bodies and crooked beaks.

▸ 조동사는 동사의 시제를 결정하며, 주동사를 도와 화자의 감정과 의도를 나타냅니다.

▸ 조동사 뒤에 오는 주동사는 항상 동사원형의 형태로 쓰입니다.

▸ 주요 출제 유형

  • 조동사의 의미 구별하기

  • 조동사의 시제 구별하기

 STEP1 출제 포인트 익히기

조동사의 종류

▪ can, could

① 능력

조동사 can[could]는 어떤 일을 할 정신적, 물질적, 육체적 능력이 있음을 나타내며, 그 반대의 의미를 나타낼 때는 cannot[could not]이나 can't[couldn't]를 사용합니다.

╴╴╴╴╴╴╴● 의무의 의미

Andrea (**can** / must) **afford to buy a house** in Paris **because she makes good money**.

안드레아는 돈을 많이 벌기 때문에 파리에 있는 집을 살 수 있다.

② 가능성

어떤 일에 대한 가능성을 나타낼 때 can[could]를 사용하며, 그 반대의 의미를 나타낼 때는 cannot[could not]이나 can't[couldn't]를 사용합니다.

╴╴╴╴╴╴╴● 의무의 의미

Amy (**could** / must) **have her baby** one or two weeks earlier than the due date.

에이미가 예정일보다 한두 주 일찍 아이를 낳을 수도 있다.

③ 요청

can은 의문문에서 요청의 의미를 가질 수 있으며, 격식을 갖출 때는 과거형 could를 사용합니다.

╴╴╴╴╴╴╴● 가능성/허락/상대방에게 허락해달라고 하는 요청의 의미

This piece of furniture is too heavy. (**Can** / May) **you help me** move it to our bedroom?

이 가구 너무 무겁네. 이걸 침실로 옮기는 것 좀 도와줄 수 있어?

④ 허락

어떤 일을 해도 좋다고 허락할 때 can[could]를 사용할 수 있으며, 불허를 나타낼 때는 cannot[could not]이나 can't[couldn't]를 사용합니다.

미래/의지의 의미

You (**can** / will) **borrow** my old cell phone **while your phone is being repaired**.
네 폰이 수리되고 있는 동안 내 예전 폰을 사용해도 좋다.

■ may, might

① 가능성

어떤 일이 사실이거나 발생할 가능성이 있음을 나타낼 때 may[might]을 사용하며, 가능성이 낮은 경우에는 might를 사용합니다.

의무/충고 또는 예상의 의미

I **have never been to that restaurant** and it (**might** / should) not have desserts.
나는 저 식당에 가본적이 없고, 그곳에는 후식이 없을 지도 모른다.

② 허락

어떤 일을 해도 좋다고 허락하는 경우에 조동사 may를 사용하며, can보다 더 일반적으로 사용됩니다.

미래/의지의 의미

My teacher told me that I (**may** / will) **go home** if I am done with my assignment.
선생님께서는 내가 과제를 다 끝내면 집에 가도 좋다고 하셨다.

■ must

① 의무

조동사 must는 반드시 해야 하는 의무의 의미를 나타내며, 주로 법, 규정 또는 관습상의 의무를 나타낼 때 사용합니다.

가능성/허락의 의미

The traffic law states that drivers (**must** / may) slow down in school zones.
교통 법규에 따르면, 운전자들은 어린이 보호 구역에서 천천히 운행해야 한다.

② 확신에 찬 추측

확신에 찬 추측의 의미를 나타낼 때는 '~임에 틀림없다'라고 해석되며, 대체로 그 근거를 나타내는 문장을 동반합니다.

확신이 없는 막연한 가능성의 의미

Bill **hiked for ten hours** yesterday, so he (**must** / can) **be worn out** by now.
빌은 어제 10시간 동안 등산을 했었기 때문에 지금쯤 분명 매우 지쳐 있을 것이다.

▪ will, would

① 미래의 will

미래시제와 함께 쓰이는 시간 표현은 미래 시제를 나타내는 조동사 will의 중요한 단서입니다.

● 과거의 습관/주장 또는 의지/고집의 의미

All employees at Core Books (**will** / would) attend the Frankfurt Book Fair **next year**.
코어 북스의 전 직원이 내년에 프랑크푸르트 도서 박람회에 참석할 것이다.

② 과거의 습관의 would

조동사 would는 과거에 반복적으로 했던 습관의 의미를 나타낼 때 사용할 수 있습니다.

● 가능성/허락의 의미

My parents and I (**would** / may) set up a Christmas tree in our
house and decorate it **when I was young**.
부모님과 나는 내가 어렸을 때 우리 집에 크리스마스 트리를 설치하고 장식하곤 했다.

특강 01
조동사 would의
기타 용법

③ 과거의 주장/의지/고집의 would

조동사 would는 과거의 주장, 고집, 의지의 의미를 나타낼 수 있으며, 고집과 의지의 의미를 나타낼 때는 조동사 will도 사용할 수 있습니다. 고집의 의미를 나타내는 경우에는 부정 형태인 would not으로 자주 사용됩니다.

● 의무/충고 또는 예상의 의미

Temperatures were so low **yesterday** that my car (**would not** / should not) start.
오늘 아침에 기온이 너무 낮아서, 내 차가 시동이 걸리지 않았다.

▪ should

① 의무/충고

조동사 should는 shall의 과거형으로 쓰이는 경우가 드물며, 습관, 규정 등에 따라 해야만 하는 의무 또는 충고의 의미를 나타냅니다.

● 과거의 습관/주장 또는 의지/고집의 의미

We (**should** / would) **set the table before our guests arrive for dinner**.
손님들이 저녁 식사를 하러 도착하기 전에, 우리는 식탁을 차려야 한다.

② 예상

조동사 should는 어떤 일이 사실이며 실제로 발생할 것이라고 예상하는 의미를 나타낼 때 사용할 수 있습니다.

● 의무/확신에 찬 추측의 의미

If we **work** on the project **over the weekend**, we (**should** / must) get it **finished on time**.
우리가 주말에 걸쳐 프로젝트 작업을 하면, 우리는 그것을 제 시간에 끝낼 수 있을 것이다.

조동사의 특수 용법

■ 조동사 + have p.p.

이 부분에서는 문맥상 알맞은 시제나 조동사를 선택하는 문제가 출제됩니다. 문맥상 알맞은 시제를 선택하는 문제를 풀 때는, 앞뒤 문장에 과거 시점을 나타내는 단서를 이용하여 과거 상황을 나타낼 수 있는 「조동사 + have p.p.」를 정답으로 선택합니다. 문맥상 알맞은 조동사를 선택하는 문제를 풀 때는, 앞뒤 문장에 주어진 내용과 조동사와 함께 쓰여야 하는 동사의 의미를 파악하여 문맥상 알맞은 조동사를 포함한 선택지를 선택하면 됩니다.

① 과거 시점 단서를 이용하여 문맥상 알맞은 시제를 선택하는 유형

A: How was the concert last night?
B: It **was** great. You (should / **should have**) come.

A: 어제 콘서트 어땠어?
B: 정말 굉장했어. 너도 왔었어야 했는데.

② 문맥상 알맞은 조동사를 선택하는 유형

A: **Never mind**. It's **not your fault** that I **messed up my assignment**.
B: I (**could have helped** / must have helped) you when we met.

A: 신경 쓰지 마. 내가 과제를 망친 게 네 탓은 아니잖아.
B: 우리가 만났을 때 (네가 부탁했더라면) 널 도와줄 수 있었을 텐데.

위 대화에서 A가 과제를 망친 것에 대해 B가 느끼는 감정을 알아야 could have p.p.(할 수 있었지만 하지 않았던 것)와 must have p.p.(분명히 그렇게 했었을 것) 사이에서 정답을 선택할 수 있습니다. 그런데, A가 Never mind(신경 쓰지 마), not your fault(네 탓이 아니야)라는 말을 하는 것에서 B가 자신이 할 수도 있었는데 하지 않은 것에 대해 신경이 쓰인다는 것을 알 수 있습니다. 그러므로 이런 감정을 나타내는 could have p.p.를 정답으로 고르면 됩니다. must have p.p.는 과거의 행위에 대해 단정적으로 추측할 때 사용하기 때문에 이 상황에 맞지 않으므로 오답입니다.

「조동사 + have p.p.」 표현

⊘ could have p.p. ~했을 수도 있다 (과거에 할 수 있었지만 하지 않았던 일을 나타낼 때 사용)

⊘ must have p.p. ~했음에 틀림없다 (과거 사실에 기반한 강한 긍정의 추측을 나타낼 때 사용)

⊘ may[might] have p.p. ~했을 수도 있다 (과거의 일에 대한 막연한 긍정의 추측을 나타낼 때 사용)

⊘ should have p.p. ~했었어야 했다 (과거에 해야 할 일을 하지 않았던 것에 대한 원망이나 후회를 나타낼 때 사용)

 **STEP 2** 문제 풀이 요령

Part 1

A: How do you like living in Korea?
B: It's a lot more fascinating than I thought it
_____ be.

(a) should   (b) can
(c) must   (d) would

A: 한국에서 사는 거 어때요?
B: 제가 생각했던 것보다 훨씬 더 흥미로워요.

[어휘] a lot 훨씬 fascinating 아주 흥미로운

이렇게 풀어요!

① 선택지를 보고 문맥상 적절한 의미의 조동사를 고르는 문제임을 파악합니다.

② I thought 다음에는 모르는 것에 대해 앞으로 그럴 것이라고 과거 시점에서 추측하여 가능성의 의미를 나타낼 수 있는 조동사가 필요합니다.

③ 그러므로 과거 시점에서 생각한 가능성의 의미를 가지는 (d) would가 정답입니다.

오답STUDY

(c) must: 나름대로 근거를 가지고 확신에 찬 추측을 하는 것을 나타내는데, 한국에서 직접 살아 보기 전에는 한국 생활이 어떨지 알수 없으므로 문맥상 맞지 않는 오답입니다.

Part 2

Lewissa _____ busy yesterday because
she forgot to call us.

(a) should be   (b) may be
(c) should have been   (d) may have been

우리에게 전화하는 것을 잊어버렸기 때문에 루이사는 어제 바빴을 지도 모른다.

[어휘] forget to do ~하는 것을 잊다

이렇게 풀어요!

① 선택지를 보고 적절한 의미와 시제를 나타내는 조동사를 고르는 문제임을 파악합니다.

② 일단 시점이 어제이므로 현재의 일에 대해 추정하는 (a)와 (b)는 소거합니다.

③ (c)와 (d)의 조동사만 비교해 보면, 문맥상 원망이나 후회를 나타내는 should가 아닌 가능성을 나타내는 may가 적절합니다.

④ 그러므로 과거의 일에 대한 막연한 긍정의 추측을 나타내는 (d) may have been이 정답입니다.

오답STUDY

(c) should have been: '바빴었어야 했다'는 의미로 과거의 상황에 대한 원망이나 후회를 나타내는 표현입니다. 이는 루이사가 전화하는 것을 잊었던 상황을 근거로 추측할 수 있는 상황이 아니므로 문맥상 맞지 않은 오답입니다.

정답 및 해설 p. 76

실제 시험 난이도와 비슷한 실전 문제들을 풀며 학습한 내용을 확인해 보세요.

Part 1 빈칸에 가장 적절한 답 고르기

1. A: Why is it so cold here? Did the heater stop working?

B: I don't think so. Someone _____ it off.

(a) might turn
(b) should turn
(c) might have turned
(d) should have turned

2. A: Did you tell your brother not to pick up your phone?

B: Of course, but he _____ not listen to me.

(a) could
(b) would
(c) should
(d) must

Part 2 빈칸에 가장 적절한 답 고르기

3. Carter must be addicted to food because he eats as much as he _____.

(a) will
(b) can
(c) may
(d) would

4. The kitchen staff _____ adhere to the safety regulations at all times.

(a) can
(b) might
(c) must
(d) could

Part 3 문법 오류가 있는 문장 고르기

5. (a) A: How did the fundraising event go?
(b) B: It was boring. The organizer must have included some engaging activities.
(c) A: Oh, that's a shame. Were there many people?
(d) B: Yeah, but they were disappointed because they felt it was so dull.

6. (a) Most people are well aware of methods for reducing the transmission of viruses. (b) Health professionals advise members of the public to wash their hands regularly. (c) They have also said that individuals might wear face coverings in public spaces. (d) Lastly, people are advised to maintain a distance of at least 2 meters between one another.

UNIT
05
to부정사와 동명사

▷ to부정사는 동사를 「to + 동사원형」의 형태로 변형한 것으로 명사, 형용사, 또는 부사로 사용될 수 있습니다.

▷ 동명사는 동사를 「동사원형 + -ing」의 형태로 변형한 것으로 명사(주어, 목적어, 보어)로 사용될 수 있습니다.

▷ to부정사와 동명사 모두 동사가 변형된 형태이므로 동사처럼 뒤에 목적어나 수식어구를 동반할 수는 있지만, 동사를 대체할 수는 없습니다.

▷ 주요 출제 유형
  • to부정사와 동명사 구별하기
  • to부정사와 동명사의 부정 형태의 어순 파악하기

 STEP 1 출제 포인트 익히기

to부정사의 주요 용법

■ 명사적 용법

① 주어

to부정사는 주어 자리에 올 수 있으며, 주어 자리에 온 to부정사의 부정 형태의 어순을 묻는 문제를 풀 때는 「부정어 + to부정사」의 어순으로 쓰인 것을 정답으로 선택합니다.

> **(Not to panic** / To panic not) in an emergency requires a lot of control.
> 응급 상황에서 공황 상태에 빠지지 않는 것은 상당한 자제력을 필요로 한다.

② 목적어

to부정사가 목적어로 사용될 경우, to부정사를 목적어로 취하는 특정 동사와 연결됩니다.

> The Korean government **decided (to give** / giving) stimulus money to small business owners.
> 한국 정부는 소상공인들에게 경기부양 지원금을 지급하기로 결정했다.

---

to부정사를 목적어로 취하는 3형식 동사

afford 여유가 되다	agree 동의하다	arrange 준비하다	decide 결정하다
expect 기대하다	fail 실패하다	hesitate 망설이다	hope[wish] 바라다
intend 의도하다	need 필요로 하다	plan 계획하다	want 원하다

---

③ 보어

to부정사는 미래지향적 의미를 가지므로, goal(목표)과 같은 미래지향적 명사의 주격보어로 사용됩니다.

> Our business **goal** is (**to increase** / increasing) profits by 20 percent next month.
> 우리의 사업 목표는 다음 달에 이익을 20퍼센트 증가시키는 것이다.

to부정사를 주격보어로 취하는 명사

decision 결정	determination 결심	hope 희망	plan 계획
object[purpose] 목적	objective[aim, goal] 목표	resolution 결의	wish 소망

to부정사는 allow, encourage 등 5형식 동사들의 목적격보어로도 사용됩니다. 이때 선택지에 함께 등장하는 동명사는 오답입니다.

> Parents should not **allow their children** (**to watch** / watching) violent TV programs.
> 부모들은 자녀들이 폭력적인 TV 프로그램을 시청하도록 허락해서는 안 된다.

to부정사를 목적격보어로 취하는 5형식 동사

ask[require] 요구하다	allow[permit] 허락하다	enable 가능하게 하다	encourage 권하다
expect 기대하다	forbid 금지하다	force 강요하다	order 명령하다
remind 상기시키다	persuade 설득하다	tell 말하다	warn 경고하다

■ 형용사적 용법

명사를 뒤에서 수식하는 자리에 to부정사와 분사가 모두 있으면, 일반적으로 앞으로 발생할 일을 나타낼 때는 to부정사를 사용하고 이미 이루어진 일을 나타낼 때는 과거분사(타동사) 또는 현재분사(자동사)를 사용합니다.

●········ 미래 시점을 나타내는 시간 표현

> Galaxy Publishing has many books (**to publish** / published) **over the next five years**.
> 갤럭시 출판사는 향후 5년에 걸쳐 출간할 책들이 많이 있다.

■ 부사적 용법

주어, 동사, 그리고 목적어 또는 보어 등 문장의 필수 요소를 모두 갖춘 완전한 절에서 동사가 연결되는 방법은 주로 두 가지로, 목적을 나타내는 to부정사와 분사를 이용한 분사구문이 있습니다. 문장의 주동사와 선택지에 있는 동사의 의미 관계를 파악했을 때 목적을 나타내면 to부정사가 정답입니다.

●········ 커피를 마시는 목적

> Jack usually **drinks** a lot of **coffee** in the morning (**to keep** / keeping) **awake**.
> 잭은 정신을 차리기 위해 보통 아침에 커피를 많이 마신다.

to부정사의 의미상 주어

to부정사의 행위 주체를 to부정사의 의미상 주어라고 합니다. 문장의 주어와 to부정사의 주어가 같으면 의미상 주어를 생략하지만, 다른 경우에는 to부정사 앞에 「전치사 of[for] + 명사」의 형태로 의미상 주어를 표시합니다.

▪ of + 의미상 주어

사람의 성격을 나타내는 형용사 뒤에 위치한 to부정사의 의미상 주어 앞에는 전치사 of를 사용합니다.

········● 사람의 성격을 나타내는 형용사

It was **careless (of** / for) **him not to check** for errors before sending the report to the CEO.
대표이사에게 보고서를 보내기 전에 그가 오류를 확인하지 않은 것은 부주의한 일이었다.

뒤에 「of + 의미상 주어」를 쓰는 성격 형용사

brave 용감한	careful 주의 깊은	careless 부주의한	considerate[thoughtful] 사려 깊은
clever 영리한	generous 관대한	kind[nice] 친절한	wise 현명한

▪ for + 의미상 주어

사람의 성격을 나타내는 형용사 뒤에 위치한 to부정사 외에는 의미상 주어로 「전치사 for + 명사」가 사용됩니다.

········● 앞에 사람의 성격을 나타내는 형용사를 찾을 수 없으므로 오답

Kathy arranged (**for** / of) **the sales representatives to meet** with potential investors.
캐시는 영업 사원들이 잠재적인 투자자들을 만날 수 있도록 준비했다.

to부정사의 관용표현

■ too + 형용사[부사] + to부정사

「too + 형용사[부사] + to do」는 '너무 ~해서 …할 수 없는'이라는 의미를 가집니다.

> Many people still think that children under sixteen are **too young** (**to work** / working).
> 많은 사람들은 여전히 16세 미만의 아이들이 너무 어려서 일을 할 수 없다고 생각한다.

■ 형용사[부사] + enough + to부정사

「형용사[부사] + enough to do」는 '~할 만큼 충분히 …한'이라는 뜻을 가지는 to부정사 관용표현입니다. 이 관용표현에서처럼 enough가 형용사[부사]를 수식하는 부사로 사용되면 형용사[부사] 뒤에 위치합니다.

> Chris seems to be fluent **enough** (**to understand** / understanding) Korean humor.
> 크리스는 한국어 유머를 이해할 만큼 충분히 유창한 것처럼 보인다.

■ be동사 + 형용사[과거분사] + to부정사

특정 형용사[과거분사]들은 뒤에 to부정사를 취하는데, 이 형용사[과거분사]들을 미리 암기해 두면 문장을 해석할 필요 없이 바로 to 부정사를 정답으로 고를 수 있습니다.

be allowed to do ~하도록 허락받다	be happy to do ~하게 되어 기쁘다
be anxious to do ~하는 것을 갈망하다	be hesitant[reluctant] to do ~하기를 망설이다
be apt[prone] to do ~하는 경향이 있다	be likely[liable] to do ~할 것 같다
be bound to do 반드시 ~하다	be pleased[delighted] to do ~하게 되어 기쁘다
be certain[sure] to do 틀림없이 ~하다	be ready to do ~할 준비가 되어있다
be difficult[hard] to do ~하기 어렵다	be required to do ~하는 것이 요구되다
be eager to do 매우 ~하고 싶어하다	be scheduled to do ~하기로 예정되어 있다
be easy to do ~하기 쉽다	be supposed to do ~하기로 되어 있다
be eligible to do ~할 자격이 있다	be welcome to do 얼마든지 ~해도 좋다
be expected to do ~할 거라고 예상되다	be willing[glad] to do 기꺼이 ~하다

> Ann **was hesitant** (**to invite** / inviting) her friends to her house because it was messy.
> 앤은 친구들을 자신의 집에 초대하는 것을 망설였는데, 집이 지저분했기 때문이다.

> Vera Tech **is pleased** (**to announce** / announcing) the launch of its new wireless charger.
> 베라 테크 사는 자사의 새로운 무선 충전기 출시를 발표하게 되어 기쁘다.

동명사의 주요 용법

■ 주어

to부정사 주어가 추상적이거나 관념적인 일을 나타내는 것에 반해, 동명사 주어는 일상적이거나 현실적인 일을 나타낼 때 쓰입니다. 텝스 문법에서는 둘 중에 하나를 선택하는 문제가 출제되지는 않지만, 만약 출제된다면 행위가 추상적인가 아니면 일상적인가를 판단하여 정답을 선택하면 됩니다.

(**Exercising** / To exercise) regularly is a vital part of maintaining a healthy lifestyle.
규칙적으로 운동을 하는 것은 건강한 생활 방식을 유지하는 데 필수적인 부분이다.

■ 타동사의 목적어

특정 3형식 동사는 목적어로 동명사를 취하는데, 이 동사들을 잘 암기해두면 혼동없이 쉽게 동명사를 정답으로 고를 수 있습니다.

My doctor **suggested** (**taking** / to take) vitamin C for maintaining healthy skin.
내 담당의사는 건강한 피부를 유지하기 위해서 비타민 C를 섭취할 것을 제안했다.

동명사를 목적어로 취하는 3형식 동사			
admit 인정하다	allow[permit] 허락하다	appreciate 감사하다	avoid 피하다
consider 고려하다	contemplate 생각하다	enjoy 즐기다	finish 끝내다
forbid 금지하다	include[involve] 포함하다	quit 그만두다	suggest 제안하다

■ 전치사의 목적어

동명사와 to부정사의 큰 차이 중 하나는 동명사만 전치사의 목적어로 사용될 수 있다는 것입니다.

Joanna shares tips **about** (**taking** / to take) a perfect selfie through her YouTube channel.
조앤나는 자신의 유튜브 채널을 통해서 완벽한 셀카 찍기에 관한 팁들을 공유한다.

■ 보어

동명사는 2형식 동사의 주격보어로도 사용될 수 있는데, 이때 부정 형태의 어순에 유의해야 합니다. 동명사의 부정 형태는 not이 먼저 오고 동명사가 그 뒤에 옵니다.

One way to become a better communicator is (**not being** / being not) vague and verbose.
더 나은 의사 전달자가 되는 한 가지 방법은 모호하고 장황하지 않는 것이다.

동명사의 의미상 주어

문장에 동명사의 의미상 주어가 없으면 일반적으로 동명사의 주어가 문장의 주어와 같다고 인식합니다. 그런데 동명사의 의미상 주어가 문장의 주어와 다른 경우에는 동명사 앞에 의미상 주어로 소유격대명사를 사용합니다. 이때, 구어체에서는 목적격대명사를 사용하기도 하는데, 중요한 것은 두 경우 모두 전치사가 필요하지 않다는 것입니다.

Karin was upset about (**his** / for him) **falling** asleep during the lecture.
캐린은 강의 동안에 그가 잠든 것에 대해 화가 났다.

My parents were happy with (**us** / for our) **getting** married this fall.
부모님은 우리가 이번 가을에 결혼한다는 사실에 기뻐했다.

동명사의 관용표현

▪ 전치사 to + 동명사

일부 「be동사 + 형용사[분사]」나 「동사 + (부사)」 표현은 뒤에 전치사 to를 사용합니다. 이때 전치사 to를 to부정사의 to와 혼동하여 뒤에 동사원형을 고르는 실수를 하기 쉬우므로 주의해야 합니다.

William **is opposed to** (**discriminating** / discriminate) against women.
윌리엄은 여성들을 차별하는 데 반대한다.

be opposed to + -ing ~하는 데 반대하다	contribute to + -ing ~하는 데 기여하다
be subject to + -ing ~하기 쉽다	look forward to + -ing ~하기를 기대하다
be used to + -ing ~하는 데 익숙하다	object to + -ing ~하는 데 반대하다

▪ 동사 + 명사 + (전치사) + 동명사

특정 명사 뒤에 「전치사 + 동명사」가 오는 관용표현이 종종 출제됩니다. 이때 전치사가 생략되기도 하므로 정답을 선택할 때 주의해야 합니다.

Jill **makes a point of** (**meditating** / to meditate) every morning with her husband.
질은 매일 아침 남편과 꼭 명상을 한다.

make a point of + -ing 반드시[꼭] ~하다	there is no point (in) + -ing ~해봐야 소용없다
spend 시간[돈] (on) + -ing ~하는 데 시간[돈]을 쓰다	have difficulty (in) + -ing ~하는 데 어려움이 있다

Part 1

A: I am planning _____ my parents to celebrate my dad's birthday together.
B: Nice! They will be happy to see you.

(a) to visit   (b) visited
(c) visiting   (d) visits

A: 아빠 생신을 함께 축하하려고 부모님 집을 방문할 계획이야.
B: 좋겠다! 그분들이 널 보면 행복해하실 거야.

[어휘] plan 계획하다 celebrate 축하하다 be happy to do ~하게 되어 기쁘다 visit 방문하다

이렇게 풀어요!

① 동사 plan의 목적어 자리에 올 수 있으며 목적어로 my parents를 가질 수 있는 알맞은 동사 형태를 고르는 문제임을 파악합니다.
② plan은 to부정사를 목적어로 취하는 동사입니다.
③ 그러므로 to부정사인 (a) to visit이 정답입니다.

오답 STUDY

(c) visiting: 동명사는 to부정사를 목적으로 취하는 동사 plan의 목적어로 사용될 수 없습니다.

Part 2

Frank did not have difficulty in _____ in English, so he could answer his client's questions easily.

(a) communicates   (b) communicated
(c) communicating   (d) to communicate

프랭크는 영어로 소통하는 데 어려움이 없어서 고객의 질문에 쉽게 대답할 수 있었다.

[어휘] have difficulty (in) + -ing ~하는 데 어려움이 있다 client 고객 easily 쉽게

이렇게 풀어요!

① 전치사 in 뒤에 빈칸이 있으므로 전치사의 목적어 자리에 들어갈 알맞은 동사 형태를 고르는 문제임을 파악합니다.
② 동사가 전치사의 목적어로 사용되려면 동명사 형태가 되어야 합니다.
③ 그러므로 동명사인 (c) communicating이 정답입니다.

오답 STUDY

(d) to communicate: to부정사가 명사의 기능을 할 수 있기는 하지만, 전치사의 목적어로는 사용될 수 없으므로 오답입니다.

정답 및 해설 p. 77

실제 시험 난이도와 비슷한 실전 문제들을 풀며 학습한 내용을 확인해 보세요.

Part 1 빈칸에 가장 적절한 답 고르기

1. A: Can you make a few copies of these presentation materials for me?

B: I would be happy _____ it for you.

(a) to do
(b) doing
(c) do
(d) does

2. A: Did you fix the leak in the faucet?

B: No, I think there's no point _____ it. We should replace it.

(a) repair
(b) repaired
(c) to repair
(d) repairing

Part 2 빈칸에 가장 적절한 답 고르기

3. John was concerned about _____ well in his algebra course.

(a) his to do
(b) of him to do
(c) his not doing
(d) for him not doing

4. One good way _____ stress is to reduce caffeine intake because it helps decrease anxiety.

(a) relieve
(b) to relieve
(c) relieved
(d) relieving

Part 3 문법 오류가 있는 문장 고르기

5. (a) A: When is your final paper due?

(b) B: At first, it was due tomorrow, but my professor changed his mind and told us doing it by next Friday.

(c) A: So, will you have time to go shopping with me tomorrow?

(d) B: Yes! I will be available.

6. (a) Internet addiction can have negative effects on people's social and work lives. (b) Studies show that many people spend between 5 and 8 hours per day online. (c) This impacts their relationships with friends and coworkers and is detrimental to their health. (d) These people should quit to browse the Internet and instead focus on outdoor activities.

UNIT 06 분사와 분사구문

▶ 동사의 변형된 형태인 분사는 현재분사(동사원형 + -ing)와 과거분사(동사원형 + -(e)d)로 나뉘며, 앞뒤에서 명사를 수식하는 형용사 역할을 할 수 있습니다.

▶ 분사의 주요 출제 유형
  • 명사를 앞 또는 뒤에서 수식하는 현재분사와 과거분사 구별하기 및 명사를 앞에서 수식하는 감정동사의 현재분사와 과거분사 구별하기
  • 보어 자리에 오는 현재분사와 과거분사 구별하기

▶ 분사구문은 부사절에 있는 주어를 생략한 뒤 동사의 형태를 분사로 변형하여 만든 간결한 형태의 부사구이며, 이유, 조건 등 다양한 의미를 가지며 문장 전체를 수식합니다.

▶ 분사구문의 주요 출제 유형
  • 능동의 현재분사구문과 수동의 과거분사구문 구별하기 및 단순분사구문과 완료분사구문의 시제 구별하기

 STEP 1 출제 포인트 익히기

분사의 역할

■ 명사를 수식하는 형용사

수식을 받는 명사가 분사의 행위를 유발하는 주체로 분사와 능동 관계에 있으면 현재분사를, 분사의 행위를 당하는 대상으로 분사와 수동 관계에 있으면 과거분사를 사용합니다. 의미 관계를 따지지 않고 타동사의 분사 형태가 들어갈 자리 뒤에 목적어가 있으면 현재분사를, 목적어가 없으면 과거분사를 사용하기도 합니다. 이때, 자동사의 분사 형태가 들어갈 자리에는 현재분사가 쓰여야 합니다.

Because of an (**approaching** / approached) **deadline**, Mr. Sion is stressed out.
다가오는 마감 기한 때문에, 시온 씨는 스트레스를 받는다.　　　　　　　　● 분사의 행위 주체

　　　　　● 분사의 행위 대상
All **interviews** (**scheduled** / scheduling) to take place today were postponed until Friday.
오늘 하기로 예정되어 있었던 모든 인터뷰들이 금요일까지 연기되었다.

■ 주어 또는 목적어를 보충 설명하는 보어

분사는 2형식 동사 뒤에서 주격보어로 사용될 수 있으며, 5형식 동사의 목적어 뒤에서 목적격보어로도 사용될 수 있습니다.

Creative Futures is (**designing** / designed) the homepage for ED Laboratories.
크리에이티브 퓨쳐스 사는 ED 연구소를 위한 홈페이지를 디자인하는 중이다.
　　　　　● 분사의 행위 주체　　　　　　　● 분사의 행위 대상
The HR department keeps all **employees** (**informed** / informing) of their rights at work.
인사부는 모든 직원들이 직장에서 자신들의 권리에 대해 잘 알고 있도록 한다.

특수한 분사

■ 감정동사의 분사

일반적으로 감정을 유발하는 주체인 사물 명사를 수식할 때는 현재분사를, 감정을 느끼는 사람 명사에는 과거분사를 사용합니다.

The manufacturer hopes to find a (**satisfying** / satisfied) **solution** to the delivery problem.
제조사는 배송 문제에 대해 만족스러운 해결책을 찾기를 바라고 있다. ● 만족을 주는 주체인 사물 명사

Sympathizing is one way to handle (**disappointed** / disappointing) **clients**.
공감은 실망한 고객들을 다루는 한 방법이다. ● 실망감을 느끼는 대상인 사람 명사

■ 자동사의 분사

자동사는 수동태로 사용될 수 없는 동사이기 때문에 현재분사 형태로만 사용되는데, looking, smelling, tasting 등 2형식 자동사의 현재분사는 앞에 형용사를 동반하여 「형용사 + 현재분사」의 형태로 사용됩니다.

The group works hard to save (**disappearing** / disappeared) **habitats** around the world.
그 그룹은 전 세계에서 사라지고 있는 생물 서식지들을 구하기 위해 애쓴다. ● 사라지는 주체

Apple pie is a very (**sweet-tasting** / sweet-tasted) **dessert** enjoyed all over the US.
애플파이는 미국 전역에서 즐기는 맛이 달콤한 후식이다.

■ 형용사로 굳어진 현재분사

challenging 어려운	demanding 까다로운	inspiring 고무하는
lasting 지속적인	leading 선도적인	missing 사라진

특강 02
분사형 접속사 및
전치사

Kyle had a rough day at work because of many (**demanding** / demanded) **customers**.
카일은 많은 까다로운 고객들 때문에 직장에서 힘든 날을 보냈다.

■ 형용사로 굳어진 과거분사

attached 첨부된	complicated 복잡한	dedicated 헌신적인	detailed 상세한
established 자리를 잡은	experienced 능숙한	informed 잘 알고 있는	skilled 숙련된

To be registered for the class, students should fill out the (**attached** / attaching) **form**.
수업에 등록하려면, 학생들은 첨부된 양식을 작성해야 한다.

분사구문의 변형 과정

▪ 접속사가 포함된 분사구문의 변형 과정

> **부사절**　When I visited my hometown, I ran into my old classmate.
>
>
>
> 1단계: when절에서 반복되는 주어 생략
> 2단계: 동사를 분사로 변형
>
>
>
> **분사구문**　When visiting my hometown, I ran into my old classmate.
> 내 고향을 방문했을 때, 나는 우연히 옛 학급 친구를 만났다.

▪ 접속사가 생략된 분사구문의 변형 과정

> **부사절**　When I visited my hometown, I ran into my old classmate.
>
>
>
> 1단계: when절에서 반복되는 주어 생략
> 2단계: 동사를 분사로 변형
>
>
>
> **분사구문**　When visiting my hometown, I ran into my old classmate.
>
>
>
> 3단계: 부사절 접속사 when 생략
>
>
>
> **접속사 생략**　Visiting my hometown, I ran into my old classmate.

분사구문의 종류

■ 단순 분사구문

주절과 부사절의 시제가 같을 경우에, 단순시제로 구성된 분사구문을 사용합니다.

······● 부사절과 같은 시제임을 알려주는 단서

When (**missing** / having missed) class, students **should send** an email to the professor.
수업에 빠질 때, 학생들은 교수에게 이메일을 보내야 한다.

수동태로 이루어진 단순 분사구문에서는 분사인 being이 생략되는 것이 일반적입니다.

······● 주절과 같은 시제임을 알려주는 단서

(**Built** / Building) **sixty years ago**, Century Museum **was** the first museum in the city.
60년 전에 지어졌을 때, 센추리 박물관은 그 도시에 세워진 최초의 박물관이었다.

■ 완료 분사구문

부사절이 주절보다 앞선 시제일 경우에는 완료시제로 구성된 완료 분사구문을 사용합니다. 아래 문장의 경우, 일반적으로 방문한 경험을 바탕으로 호텔을 추천해 줄 수 있기 때문에 방문한 시점이 추천한 시점보다 앞서야 하므로 완료 분사구문이 사용되어야 합니다.

(**Having visited** / Visiting) Tokyo several times, Sam **could recommend** some hotels to you.
도쿄를 몇 번 방문했었기 때문에, 샘은 당신에게 몇몇 호텔들을 추천해줄 수 있었습니다.

완료 분사구문은 태와 복합적으로 출제되기도 하므로 주의해야 합니다. 이 경우 주어와 분사의 능동-수동 관계를 파악해야 하는데, 주어가 분사의 행위를 유발하는 주체로 분사와 능동 관계에 있으면 능동 형태의 분사를, 분사의 행위를 당하는 대상으로 분사와 수동 관계에 있으면 수동 형태의 분사를 사용해야 합니다.

······● 주어인 the letter가 행위를 당하는 대상이므로 수동태 분사 사용

(**Having been written** / Having written) in haste, **the letter** was hard to read.
서둘러 쓰여졌기 때문에, 그 편지는 읽기가 어려웠다.

특강 03
분사구문 관용표현

 STEP 2 문제 풀이 요령

Part 1

A: Sir, would you like to get this product
_____ to your home?
B: Yeah, that'll be great.

(a) delivering   (b) delivered

(c) deliver   (d) delivers

A: 고객님, 이 제품이 자택으로 배달되게 해드릴까요?
B: 네, 그러면 좋을 것 같아요.

[어휘] get A p.p. A를 ~되게 하다 deliver 배달하다

이렇게 풀어요!

① 빈칸 앞의 「get + 명사(this product)」 구조와 빈칸 뒤의 도착지를 나타내는 전치사구(to your home)를 보고 목적격보어 자리에 들어갈 알맞은 동사 형태를 고르는 문제임을 파악합니다.

② 동사가 목적격보어 자리에 올 때는 명사(목적어)가 분사의 행위를 유발하는 주체인지(현재분사), 분사의 행위를 당하는 대상인지(과거분사)를 파악합니다.

③ 명사 this product는 deliver의 행위를 당하는 대상, 즉 배달이 되는 대상이므로 과거분사인 (b) delivered가 정답입니다.

오답STUDY

(a) delivering: this product가 deliver의 행위를 당하는 대상으로 분사와 수동 관계에 있으므로 현재분사는 사용될 수 없습니다.

Part 2

When _____ by difficult words,
readers can guess the meaning with
contextual clues.

(a) confuse   (b) confuses

(c) confusing   (d) confused

어려운 단어들로 혼란스러울 때, 독자들은 문맥상의
단서로 의미를 추측할 수 있다.

[어휘] meaning 의미 contextual 문맥상의 clue
단서 confuse 혼란스럽게 하다

이렇게 풀어요!

① 부사절 접속사(When)와 빈칸 사이에 주어가 없는 것을 보고 분사구문 문제임을 파악합니다.

② 분사의 생략된 주어는 주절의 주어 readers이며 독자들은 confuse의 행위를 당하는 대상, 즉 혼란스럽게 되는 대상이므로 분사와 수동 관계에 있으며, 이는 빈칸 뒤의 전치사 by를 보고도 알 수 있습니다.

③ 따라서 수동 관계를 나타내는 과거분사 (d) confused가 정답입니다.

오답STUDY

(c) confusing: 현재분사는 수식 받는 명사가 동사의 행위 주체일 때 사용하므로 적절하지 않습니다.

실제 시험 난이도와 비슷한 실전 문제들을 풀며 학습한 내용을 확인해 보세요.

Part 1 빈칸에 가장 적절한 답 고르기

1. A: How was the food at the new Mexican restaurant?
   B: It was a very _____ meal. They didn't take out the cilantro as I requested.

   (a) disappoint
   (b) disappoints
   (c) disappointed
   (d) disappointing

2. A: Did you book us a room at the Casa Hotel in Madrid?
   B: Yeah. _____ at that hotel before, I know that it will be perfect for us.

   (a) To stay
   (b) Stayed
   (c) Staying
   (d) Having stayed

Part 2 빈칸에 가장 적절한 답 고르기

3. The project proposal _____ by Mr. Cooper finally got approval from his boss.

   (a) suggest
   (b) suggests
   (c) suggested
   (d) suggesting

4. _____ brightly, the actor accepted his award from the presenter.

   (a) Smiling
   (b) Smiled
   (c) To smile
   (d) Having smiled

Part 3 문법 오류가 있는 문장 고르기

5. (a) A: Excuse me. What was that announcement about?
   (b) B: PK Airline just made an announcement for the departed passengers to Missouri.
   (c) A: Can you be more specific?
   (d) B: They said those passengers should go to Gate 20, not 10.

6. (a) The Bedouin people are notable not only for their nomadic lifestyle, but for their unique cuisine. (b) Many Bedouin dishes involve the cooking of meat in underground earth ovens. (c) Seasoning with salt, lemon, and garlic, the meat cooks over hot coals in the deep pit. (d) It is typically barbecued for 2 hours and then served with various vegetables.

UNIT 07 전치사와 접속사

▸ 전치사는 명사 앞에 위치하여 전치사구를 구성하는데, 이 전치사구는 형용사구 또는 부사구의 역할을 합니다.

▸ 전치사의 주요 출제 유형

　• 시간, 장소 등을 나타내는 전치사의 의미와 용법 구별하기 및 특정 동사/명사와 쓰이는 숙어형 전치사 또는 문맥상 알맞은 전치사 고르기

▸ 접속사는 단어와 단어, 구와 구, 절과 절을 연결하는 역할을 합니다.

▸ 접속사의 주요 출제 유형

　• 절의 형태나 의미를 보고 각 접속사의 의미와 용법 구별하기 및 전치사와 접속사의 용법 구별하기

 STEP 1 출제 포인트 익히기

전치사의 종류

▪ 시간/시점/기간 전치사

① 시간/시점 전치사

- ⊘ at + 정확한 시간, 한 시점, 정오(noon), 밤(night)
- ⊘ in + 아침(the morning), 오후(the afternoon), 저녁(the evening), 월, 연도, 계절, 세기
- ⊘ on + 요일, 날짜, 특정일
- ⊘ from + 시간 명사: 시작 시점을 나타내며 단순 시제와 함께 사용
- ⊘ since + 시간 명사[일반 명사]: 시작 시점을 나타내며 완료시제와 함께 사용
- ⊘ by + 시점 명사: apply, complete, finish, leave, submit 등의 동사와 행위의 완료 시점을 나타냄
- ⊘ until + 시점 명사: continue, last, postpone, remain 등의 동사와 계속되던 행위의 종료 시점을 나타냄

It is dangerous for kids under ten to go out (**at** / in) **night** without their parents.
10세 미만의 아이들이 밤에 부모와 동행하지 않고 외출하는 것은 위험하다.

② 기간 전치사

- ⊘ during + (시작 시점과 끝나는 시점을 가진) 기간 명사
- ⊘ for + 숫자를 포함한 기간 명사(구)
- ⊘ over + (시작 시점과 끝나는 시점을 가진) 긴 기간 명사

(**During** / At) **the trip**, Jaxon lost his passport and all of his money.
여행 동안, 잭슨은 여권과 모든 돈을 잃어버렸다.

■ 장소/위치/방향 전치사

① 장소 전치사

> ⊘ at + (개방된) 장소(건물, 공원 등), 주소, 위치, (행위가 일어나는) 장소(파티 등)
> ⊘ in + 막힌 공간(방, 차량), 큰 지역(도시)
> ⊘ on + (윗면을 이용하는) 장소(거리, 해변, 강), 탈 것(버스, 배, 기차 등)

● 개조 공사라는 행위가 발생하는 장소

The renovation will take place (**at** / on) **the main office** of HY Motors in Michigan.
미시간 주에 있는 HY 모터스 사의 본사에서 개조 공사가 시행될 것이다.

② 위치 전치사

> ⊘ next to[beside] + 사물[사람] 명사: ~옆에
> ⊘ on + 사물 명사: ~위에
> ⊘ over[above] + 사물 명사: (표면에서 떨어져서) ~위에
> ⊘ under[below] + 평면을 경계로 지닌 명사: ~아래에
> ⊘ within + 경계를 지닌 장소 명사: ~안에
> ⊘ throughout[around] + 넓은 지역: ~곳곳에

● 넓은 지역

There are many award-winning traditional restaurants (**throughout** / toward) **the city**.
도시 전역에 상을 받은 전통 식당들이 많이 있다.

You're really lucky. I found your lost purse (**under** / within) **the table**.
당신은 정말 운이 좋아요. 내가 당신의 잃어버린 지갑을 탁자 밑에서 찾았어요.

③ 방향 전치사

> ⊘ along + 길게 뻗어 있는 장소(도로, 강 등): ~을 따라
> ⊘ for + 행선지: ~을 향해
> ⊘ from + 일반 장소: ~로부터, ~에서
> ⊘ out of + 막힌 장소: ~밖으로
> ⊘ to + 전달 대상, 도착지: ~에게, ~로
> ⊘ toward + 이동 방향: ~쪽으로
> ⊘ through + 경유지, 거쳐가는 곳: ~을 통과하여(이동)

Interested applicants should **send** their completed forms (**to** / from) **the HR department**.
관심있는 지원자들은 작성 완료한 양식들을 인사부로 보내야 한다.

▪ 문맥을 확인해야 하는 전치사

고난도 전치사 용법으로, 주절과 전치사가 이끄는 명사(구) 사이의 문맥 관계를 확인해서 푸는 문제가 출제됩니다.

① 이유/인과: 주절의 내용이 발생된 이유나 원인을 나타냄

> because of[due to, for, on account of, owing to] ~때문에   as a result of ~의 결과로

● 폭풍과 야유회 연기 사이의 이유 관계를 나타냄

(Due to / During) the impending storm, Brooks Inc. **postponed** its company **outing**.
곧 닥칠 폭풍 때문에, 브룩스 사는 회사 야유회를 연기했다.

● 칼로리 증가와 다이어트 실패 원인 사이의 인과 관계를 나타냄

Diets mostly fail (as a result of / in spite of) an increase in calories from all sources.
다이어트는 다양한 원인에 의한 칼로리 증가의 결과로 대개 실패한다.

② 양보: 주절의 내용에서 기대된 것과 상반된 사실을 나타냄

> despite[in spite of, for all, notwithstanding, regardless of] ~에도 불구하고

● 안 좋은 서비스와 음식을 즐기는 것 사이의 양보 관계를 나타냄

(Despite / Until) the bad service at Thai Bistro, many customers **enjoy its tasty food**.
타이 비스트로의 안 좋은 서비스에도 불구하고, 많은 고객들은 그곳의 맛있는 음식을 즐긴다.

● 높은 가격과 아주 인기가 있는 것 사이의 양보 관계를 나타냄

The latest model is **so popular (in spite of / owing to) the higher price** because of its superior speed.
최신 모델은 더 높은 가격에도 불구하고, 더 뛰어난 속도 때문에 아주 인기가 있다.

③ 목적: 주절의 내용의 목적을 나타냄

> for[on] ~을 위해, ~차

● 비즈니스와 여행 사이의 목적 관계를 나타냄

Mike **travels** to Rome **(on / at) business** at least three times a year.
마이크는 적어도 일 년에 세 번은 사업차 로마로 여행을 간다.

● 정보와 사이트 방문 사이의 목적 관계를 나타냄

(For / as) more information, please **visit our Website** at www.siwonschool.com.
더 많은 정보를 얻으시려면, 저희 웹사이트 www.siwonschool.com을 방문하시기 바랍니다.

다양한 의미를 가진 전치사 for

▪ 기간: ~동안

전치사 for가 기간을 나타낼 때는 뒤에 숫자를 포함한 기간 명사가 옵니다.

●‥‥‥ 완료시제와 함께 쓰이는 시점 전치사

Blake has worked in the software development field (**for** / since) the past **20 years**.
블레이크는 지난 20년 동안 소프트웨어 개발 분야에서 일해 왔다.

▪ 목적/용도/대상: ~을 위해서

목적어로 행위 명사가 올 수도 있고 행위의 대상인 사람 명사가 올 수도 있습니다.

뒤에 온 명사와 함께 식당 문을 닫는 목적을 나타냄 ●‥‥‥

Sizzlers **is closed** between 2 p.m. and 5 p.m. on weekdays (**for** / within) **meal preparation**.
시즐러스는 식사 준비를 위해서 주중에 오후 2시와 5시 사이에 문을 닫는다.

▪ 행위의 이유/원인: ~의 이유로, ~때문에

●‥‥‥ 뒤에 온 명사와 함께 외출 금지를 당한 이유를 나타냄

Paige **was grounded** (**for** / until) **missing curfew and coming home late**.
페이지는 귀가 시간을 어기고 집에 늦게 돌아왔다는 이유로 외출 금지를 당했다.

▪ 찬성: ~에 찬성하여

Are you (**for** / above) **or against** lowering the drinking age to eighteen?
당신은 음주 허용 연령을 18살로 낮추는 것에 대해 찬성합니까, 아니면 반대합니까?

▪ 목적지: ~을 향해

●‥‥‥ 뒤에 온 명사와 함께 비행기가 향하는 목적지를 나타냄

To deliver a speech on e-learning, Cia is boarding a plane **bound** (**for** / in) **New York**.
온라인 학습에 관한 연설을 하기 위해, 시아는 뉴욕으로 향하는 비행기에 타고 있다.

접속사의 종류

■ 등위접속사

등위접속사는 문법적으로 대등한 단어, 구, 절을 연결하는 접속사입니다.

> ⊘ A and B: A 그리고 B (두 개의 단어, 구 또는 절을 추가, 인과, 나열 관계로 연결)
> ⊘ A but[yet] B: A 하지만 B (두 개의 단어, 구 또는 절을 상반 관계로 연결)
> ⊘ A for B: A 왜냐하면 B (두 절을 이유 관계로 연결)
> ⊘ A so B: A 그래서 B (두 절을 인과 관계로 연결)
> ⊘ A or B: A 또는 B 가운데 하나 (한 개가 선택되어야 하는 두 개의 단어, 구 또는 절을 연결)
> ⊘ A nor B: A도 B도 아닌 (두 개의 단어, 구 또는 절을 연결하며 둘 다 부정)

● 한 개가 선택되어야 하는 두 개의 명사를 연결

Which movie genre do you like more, **fantasy (or** / and) **action**?
판타지 또는 액션 중에 어떤 영화 장르를 더 좋아하니?

● 두 절을 상반 관계로 연결

We thought **our new product** would be **a great success**, (**yet** / so) **it failed** to attract interest.
우리는 우리의 신제품이 대단히 성공할 것이라고 생각했지만, 그것은 관심을 끄는 데 실패했다.

■ 상관접속사

상관접속사는 「A + 등위접속사 + B」 구조 앞에 연결 관계를 강조하는 부사를 추가한 「부사 + A + 등위접속사 + B」 구조를 말합니다. 시험에서는 등위접속사를 보고 알맞은 부사를 선택하거나 부사를 보고 알맞은 등위접속사를 선택하는 형태로 출제되므로, 다음의 빈출 상관접속사 구조를 암기하기만 하면 문장 해석 없이 쉽게 정답을 고를 수 있습니다.

> ⊘ both A and B: A와 B 둘 다 (A와 B 모두 포함)
> ⊘ not A but B: A가 아니라 B이다 (A를 제외)
> ⊘ either A or B: A 또는 B 둘 중의 하나 (A와 B 둘 중 하나만 선택)
> ⊘ neither A nor B: A와 B 둘 다 아닌 (A와 B 모두 부정)
> ⊘ not only A but also B[B as well as A]: A 뿐만 아니라 B도 (A에서는 당연한 것을, B에서는 덤으로 추가된 것을 나타내며 강조)

Doing squats regularly helps strengthen (**both** / either) the lungs **and** the muscles around the knees.
스쿼트를 정기적으로 하면 폐와 무릎 주변의 근육 둘 다 강화하는 데 도움이 된다.

You can (**either** / neither) walk **or** take the subway to go to the Seoul Sports Complex.
서울종합운동장에 가시려면 걸어가시거나 전철을 타시면 됩니다.

■ 종속접속사

종속접속사는 주절과 홀로 쓰일 수 없는 종속절을 연결하는 역할을 하는데, 종속접속사에는 부사절 접속사와 명사절 접속사가 있으며 둘 모두 뒤에 완전한 절을 이끕니다. 부사절 접속사는 하나의 절이 주절을 수식하는 부사 역할을 하도록 해주는 접속사이며, 명사절 접속사는 하나의 절이 주절의 일부를 구성하며 명사 역할을 하도록 해주는 접속사입니다.

① 부사절 접속사

▪ 시간 접속사

as[when] ~할 때	after ~후에	before ~전에	by the time ~할 무렵에
once[as soon as] ~하자 마자	since ~이래로	until ~까지	while ~하는 동안

● 주절에 미래완료시제 동사가 왔을 때 사용 가능하므로 오답

(**Until** / By the time) Kate finds a full-time job, her parents will continue supporting her.
케이트가 정규직 일자리를 구할 때까지, 부모님은 그녀를 계속 지원할 것이다.

▪ 조건 접속사

if ~한다면	as if[though] 마치 ~인 것처럼	given (that) ~임을 고려하면
unless ~가 아니라면	in case[the event] (that) ~할 경우에 대비해	provided[providing] (that) ~라면

People should **have flashlights** at home (**in case** / as if) **the power goes out**.
사람들은 전력이 꺼질 경우에 대비해서 집에 손전등을 가지고 있어야 한다. ● 마치 ~처럼

▪ 양보 접속사

although 비록 ~이지만	though 비록 ~이지만	even though 비록 ~이지만
even if 설사 ~라 하더라도	while ~인 반면	whereas ~인 반면

● 전치사는 절과 절을 연결해야 하는 접속사 자리에 올 수 없으므로 오답

(**Although** / Despite) **Tucker visited many stores**, he couldn't find what he wanted.
터커가 많은 상점들을 방문했지만, 그는 자신이 원했던 것을 찾을 수 없었다.

▪ 이유 접속사

because[since, as] ~때문에	now (that) 이제 ~이므로	in that ~라는 점에서

● 전치사는 절과 절을 연결해야 하는 접속사 자리에 올 수 없으므로 오답

(**Now that** / Because of) **Jeffery's son has moved out**, there is an extra room to rent.
이제 제프리의 아들이 이사를 나갔으므로, 세 놓을 여분의 방이 있다.

▪ 목적 접속사

so that ~ can[will, may] ~가 …할 수 있도록	in order that ~ can ~가 …할 수 있도록

Hillary suggested **meeting** today (**so that** / as though) **we can plan our vacation.**
힐러리는 우리가 휴가를 계획할 수 있도록 오늘 만나는 것을 제안했다.
                                                   ● 조건 접속사이므로 오답

② 명사절 접속사

that ~라는 사실	whether ~ (or not) ~인지 아닌지	if ~인지	who 누가
what 무슨	which 어떤	when 언제	where 어디에
why 왜	how 어떻게		

▪ 명사절 접속사 that
인지, 가능성, 확신, 감정을 나타내는 형용사 뒤의 접속사 자리에는 그 내용을 나타내는 절을 이끌 수 있는 명사절 접속사 that이 쓰여야 합니다.

                             ● 뒤에 불확실한 내용이 왔을 때 사용 가능하므로 오답

Students should be **aware** (**that** / if) **copying other students' work is unacceptable.**
학생들은 다른 학생들의 과제를 베끼는 것이 용납될 수 없는 것이라는 것을 알아야 한다.

뒤에 that절을 취하는 인지, 가능성, 확신, 감정을 나타내는 형용사			
aware 알고 있는	apparent 명백한	clear 명백한	evident 명백한
likely ~할 것 같은	afraid 걱정하는	concerned 걱정하는	worried 걱정하는
certain 확신하는	confident 확신하는	positive 확신하는	sure 확신하는

명사절 접속사 that이 확신을 나타내는 형용사 apparent, clear, evident, certain이나 가능성을 나타내는 likely와 함께 쓰이면 「It + be동사 + apparent[clear, evident, certain, likely] + that절」의 형태로 쓰입니다. 이때 주어 자리에 온 It을 가주어, that절을 진주어라고 합니다.

                    ● certain의 내용을 이끄는 접속사가 아니므로 오답

It is **certain** (**that** / when) any late assignment will not be accepted.
늦게 제출된 어떤 과제도 받아들여지지 않을 것이 명백하다.

■ 명사절 접속사 whether와 if

명사절 접속사 whether와 if 모두 불확실한 내용을 나타낼 때 쓰이며 뒤에 완전한 절을 이끈다는 공통점이 있습니다. 하지만, 아래에서 보는 것처럼 whether와 if의 용법에는 명백한 차이가 있습니다.

구분	whether	if
문장 속 위치	모든 명사 자리	타동사의 목적어 자리, 불확실성 형용사의 목적어 자리
to부정사와의 결합	O	X
뒤에 or not 사용	O	X
앞에 전치사 사용	O	X

● 바로 뒤에 절의 축약 형태의 to부정사를 사용할 수 없으므로 오답

Nate has not decided (**whether** / if) **to renew** his contract with East Publishing yet.
네이트는 이스트 출판사와의 계약을 갱신할지 아직 결정하지 않았다.

● 뒤에 or not을 사용할 수 없으므로 오답

Grace is not sure (**whether** / if) she can take maternity leave for a year **or not**.
그레이스는 1년 동안 출산 휴가를 가질 수 있을지 아니면 없을지 잘 모른다.

■ 명사절을 이끄는 의문대명사 who, what, which

명사절에서 대명사 역할을 하는 문장의 필수 구성 요소가 앞으로 이동했기 때문에 뒤에는 불완전한 절이 옵니다.

● 바로 뒤에 불완전한 절이 있을 때 사용할 수 없으므로 오답

(**What** / That) **we will discuss at this week's meeting** is how to expand our customer base.
우리가 이번 주 회의에서 논의하려는 것은 우리 고객층을 늘릴 수 있는 방법입니다.

■ 명사절을 이끄는 의문부사 when, where, why, how

명사절에서 부사 역할을 하는 문장에 없어도 되는 부가적인 요소가 앞으로 이동했기 때문에 뒤에는 완전한 절이 옵니다.

● what은 불완전한 구조를 이끄는 의문대명사이므로 오답

David called Hill Resort to ask about (**when** / what) **the rooms will be available**.
데이비드는 언제 방들이 이용 가능할지를 문의하기 위해 힐 리조트에 전화했다.

Part 1

A: Ariana shouldn't have criticized her intern so harshly in front of everyone.

B: I agree. It was not professional, _____ he deserved it.

(a) even if

(b) as though

(c) so that

(d) now that

A: 아리아나는 모든 사람들 앞에서 인턴을 너무 가혹하게 비난하지 말았어야 했어.

B: 동의해. 그가 비난을 받아 마땅했다고 해도 아리아나의 행동은 전문가답지 않았어.

어휘 criticize 비난하다 harshly 가혹하게 professional 전문적인 deserve 받아 마땅하다

이렇게 풀어요!

① 선택지를 보고 부사절 접속사의 의미를 구별하는 문제임을 파악합니다.

② 비난하는 행위가 전문가답지 않은 것과 상대가 비난을 받아 마땅하다는 것은 상반된 의미입니다.

③ 그러므로 상반된 관계를 연결할 수 있는 양보 접속사 (a) even if가 정답입니다.

오답 STUDY

(b) as though: 접속사에 though라는 단어가 있다고 해서 양보 접속사로 간주하여 답으로 고르지 않도록 주의해야 합니다. as though는 '마치 ~인 것처럼'이라고 해석되는 조건 접속사입니다.

Part 2

During the town fair, many cars were parked _____ both sides of Main Street.

(a) over

(b) to

(c) of

(d) along

마을 축제 동안, 많은 차들이 메인 스트리트 양쪽 도로변을 따라 주차되었다.

어휘 during ~동안 fair 축제 side 쪽

이렇게 풀어요!

① 선택지를 보고 전치사의 의미를 구별하는 문제임을 파악합니다.

② 빈칸 다음에 길게 뻗어 있는 장소인 도로명(Main Street)이 나온 것을 확인합니다.

③ 그러므로 도로처럼 길게 뻗어 있는 장소 명사 앞에 쓰이며 '~을 따라'라는 의미를 가지는 (d) along이 정답입니다.

오답 STUDY

(a) over: '~위에'라는 의미를 가지는 위치 전치사이므로 '도로'를 나타내는 명사 앞에 쓰일 것 같지만, over는 표면에서 떨어진 위를 나타내기 때문에 도로면에 붙어서 이루어지는 동사 park(주차하다)와 어울리지 않습니다. 이때 전치사 on은 사용 가능합니다.

실제 시험 난이도와 비슷한 실전 문제들을 풀며 학습한 내용을 확인해 보세요.

Part 1 빈칸에 가장 적절한 답 고르기

1. A: Can we hang out _____
   Saturday instead of Sunday?
   B: Yeah, that works out better for me.

   (a) at
   (b) in
   (c) on
   (d) over

2. A: Why are we throwing away those
   books?
   B: They're out of print _____ we
   need more space for the new books.

   (a) or
   (b) yet
   (c) and
   (d) also

Part 2 빈칸에 가장 적절한 답 고르기

3. Breathing at the summit of Mount Everest
   is difficult _____ the atmosphere
   at the peak is very thin.

   (a) though
   (b) if
   (c) due to
   (d) because

4. _____ its benefits and advances,
   science cannot answer some of life's more
   complicated moral questions.

   (a) For all
   (b) Because of
   (c) Provided that
   (d) Even though

Part 3 문법 오류가 있는 문장 고르기

5. (a) A: Lilian, do you have a minute?
   (b) B: Yeah, what's up?
   (c) A: I was wondering that you'd have
       time to babysit my son this Sunday.
   (d) B: I'm afraid not. My parents will be
       visiting me all weekend.

6. (a) Public speaking is an important skill
   that is necessary in many professional
   fields. (b) In addition to using your voice,
   you should use your body to help convey
   your message. (c) For example, hand
   gestures and facial expressions are
   very effective in building a rapport with
   listeners. (d) It is also important to make
   regular eye contact with individuals during
   you address an audience.

UNIT 08 관계사

▷ 관계사는 하나의 절을 다른 절의 명사인 선행사에 연결하는 접속사 역할을 하며, 관계사에는 관계대명사와 관계부사가 있습니다.

▷ 관계대명사는 뒤에 주어, 목적어 등 문장 필수 요소 중 하나가 빠진 불완전한 절을, 관계부사는 완전한 절을 이끕니다.

▷ 주요 출제 유형

• 선행사와 관계대명사의 종류/격 일치 파악하기 및 관계대명사와 접속사 구별하기

• 문맥상 알맞은 관계부사 고르기

 STEP 1 출제 포인트 익히기

관계대명사의 일반 용법

▪ 관계대명사의 종류와 격

주격 관계대명사는 관계대명사절에서 주어 역할을 하며, 목적어 역할을 하는 목적격 관계대명사는 생략이 가능합니다. 소유격 관계대명사는 「소유격 관계대명사 + 명사」 형태로 사용하며 관계대명사절에서 주어나 목적어 역할을 합니다.

선행사의 종류	주격	목적격	소유격
사람	who	whom	whose
사물, 동물, 추상	which	which	whose[of which]
사람, 사물, 동물, 추상	that	that	X

① 주격

┈┈● 동사 앞은 주격 자리

The Web designer (**who** / whose) **resigned** for financial reasons started his own business.
재정적인 이유로 사직했던 웹 디자이너는 자신의 사업을 시작했다.

② 목적격

┈┈● 선행사가 사물이므로 사물 관계대명사 필요

There are several international **seminars** (**which** / whom) Sophia always wants to **attend**.
소피아가 늘 참석하고 싶어하는 몇몇 국제 세미나가 있다.

③ 소유격

┈┈● 명사 앞은 소유격 자리

The Gold Award will be given to people (**whose** / that) **leadership** is exemplary to others.
골드 상은 리더십이 타의 모범이 되는 사람들에게 주어질 것이다.

관계대명사의 특수 용법

▪ which

관계대명사 which는 앞 문장 전체를 선행사로 취할 수 있으며, 이때 반드시 which 앞에 콤마(,)가 있어야 합니다. 그러므로 문맥상 관계대명사가 앞 문장 전체를 받아야 하고, 선택지 앞에 콤마가 있으면 which를 정답으로 선택합니다. 참고로, 관계대명사 that은 바로 앞에 콤마가 있을 때 사용할 수 없습니다.

> **Charles windsurfs every summer**, (**which** / that) seems like a fun hobby.
> 찰스는 매 여름마다 윈드서핑을 하는데, 그것은 재미있는 취미인 것처럼 보인다.

▪ whose

소유격 관계대명사 whose는 소유격대명사와 쓰임이 비슷합니다. 그러므로 선택지에 관계대명사들이 있고 빈칸 뒤에 관사 없이 명사만 있으면 소유격 관계대명사가 정답입니다. 참고로, 관계대명사 whose는 사물 명사 그리고 사람 명사 모두와 사용될 수 있습니다.

> The man (**whose** / whom) **car** is parked out front is the regional manager.
> 차를 입구 쪽에 주차해 놓은 그 남자는 지역 책임자이다.

> My office is in the building (**whose** / which) **entrance** is painted in red and yellow.
> 내 사무실은 입구가 빨간색과 노란색으로 칠해진 건물에 있습니다.

▪ of which

사물 명사의 소유격 관계대명사로 of which가 사용되기도 하는데, 주로 「수량 대명사[일반 명사] + of which」의 어순으로 사용되므로 문제를 풀 때 이 어순에 유의해야 합니다.

> Our tour package includes visits to **old palaces**, **some** (**of which** / whose) **are hundreds of years old**.
> 우리의 여행 상품 패키지는 고궁 방문이 포함되어 있는데, 고궁들 중 일부는 수백 년이 되었다.

> The writer used to live in an **old warehouse**, **the attic** (**of which** / whose) **had piles of books**.
> 그 작가는 예전에 낡은 창고에서 살았었는데, 그곳의 다락방에는 책들이 층층이 쌓여 있었다.

관계대명사와 전치사

연결하려는 절의 명사와 전치사구(전치사 + 명사)에 쓰인 명사가 같으면 이 명사가 관계대명사가 되어 앞으로 이동하고 뒤에 전치사만 남게 됩니다. 이때 명사 없이 홀로 남은 전치사를 명사와 함께 관계대명사 앞으로 가져오는 것이 일반적입니다. 그러므로 선택지에 전치사만 다르게 구성된 관계대명사들이 있으면, 선행사와 가장 잘 어울리는 전치사를 선택하면 됩니다. 또한, 전치사 뒤의 관계대명사는 목적격 형태로 쓰여야 하므로 선행사에 따라 which나 whom이 사용되어야 합니다.

● age와 어울리는 전치사

The age (**at which** / in which) adulthood begins is still disputable.
성인기가 시작되는 나이는 여전히 논쟁의 여지가 있다.

● reason과 어울리는 전치사

There is a rise in child flu cases, **the reasons** (**for which** / which) are not fully explained.
어린이 독감 발병 사례가 증가하고 있는데, 그 이유는 충분히 설명되지 않고 있다.

that

관계대명사 that은 전치사 뒤에서 사용될 수 없습니다. 그러므로 선택지에 전치사를 포함한 관계대명사 that과 which가 모두 있으면 전치사와 함께 쓰일 수 있는 관계대명사 which가 정답입니다.

● 관계대명사 that은 전치사 뒤에서 사용 불가,
in that은 이유 접속사(~라는 점에서)

Glory Depot sent me a product catalog (**in which** / in that) its popular products are listed.
글로리 디포는 자사의 유명 제품들이 목록화되어 있는 제품 카탈로그를 나에게 보내줬다.

또한, 관계대명사 that은 콤마(,) 뒤에서도 쓰일 수 없기 때문에 빈칸 앞에 콤마가 있으면 콤마와 함께 쓰일 수 있는 관계대명사 which나 who(m)이 정답입니다.

● 관계대명사 that은 콤마 뒤에서 사용 불가

The Regalia Hotel, (**which** / that) is known for its first-rate amenities, has a fancy wine bar.
일류 편의 시설로 유명한 레갈리아 호텔에는 근사한 와인 바가 있다.

what

관계대명사 what은 앞에 명사(선행사)가 오지 않으므로 앞에 명사가 있으면 사용할 수 없습니다. 또한 관계대명사절에서 주어, 목적어 등의 역할을 하기 때문에 what 뒤에는 이 요소들 중 하나가 빠진 불완전한 절이 옵니다.

● 관계대명사 which는 앞에 선행사가 없을 때 사용 불가

Will is in the school library, going through (**what** / which) he learned during math class.
윌은 학교 도서관에 있으며, 수학 시간에 배웠던 것을 복습하고 있다.

관계부사의 용법

선행사가 관계사절에서 부사 역할을 할 때 관계부사라고 하며, 관계대명사와 달리 관계부사는 뒤에 문장의 필수 구성 요소를 모두 갖춘 완전한 절을 이끕니다. 이 부분에서는 문맥상 알맞은 관계부사를 고르는 문제가 출제됩니다.

■ 선행사의 종류에 따른 관계부사의 분류

① 시간 관계부사 when(= at[on, in] which)

빈칸 앞에 시간 명사가 선행사로 와 있고 뒤에 완전한 절이 있으면 시간 관계부사 when이 정답입니다.

= on which 그 날에

Tom cooks breakfast on the weekends (**when** / which) **his wife sleeps in**.
톰은 부인이 늦잠을 자는 주말마다 아침 식사를 요리한다.

② 장소 관계부사 where(= at[on, in] which)

빈칸 앞에 장소 명사가 선행사로 와 있고 뒤에 완전한 절이 있으면 장소 관계부사 where가 정답입니다.

= on which 그곳에서

Kelly had a wedding on **the beach** (**where** / when) she enjoyed stunning scenery.
켈리는 놀라운 풍경을 만끽한 해변에서 결혼식을 올렸다.

③ 이유 관계부사 why(= for which)

빈칸 앞에 이유 명사가 선행사로 와 있고 뒤에 완전한 절이 있으면 이유 관계부사 why가 정답입니다. 구어체에서는 선행사 the reason과 관계부사 why 둘 중에 하나를 생략해서 사용하기도 합니다.

= for which 그 이유로

Harry shared **the reason** (**why** / when) he cannot make it in time to Walter's wedding.
해리는 월터의 결혼식에 제시간에 도착하지 못하는 이유를 공유했다.

④ 방법 관계부사 how

방법 관계부사 how는 수식 기능을 하는 시간, 장소, 이유 관계부사와 달리 관계대명사 what처럼 명사절 기능을 합니다. 그렇기 때문에 what처럼 how 앞에도 명사(선행사)가 올 수 없으며, 주로 be동사의 보어로 사용됩니다.

= the way (that)   뒤에 주어나 목적어가 있는 완전한 절이 왔을때 사용 불가

Printing documents on both sides **is** (**how** / what) **we reduce our paper consumption**.
문서를 양면으로 인쇄하는 것이 우리가 종이 소비를 줄이는 방법이다.

STEP 2 문제 풀이 요령

Part 1

A: Who is the math teacher in your school
_____ explains difficult problems
the most clearly?
B: Oh, that would be Ms. Clemmons.

(a) that　　　　　(b) which
(c) whose　　　　(d) what

A: 너희 학교에서 어려운 문제들을 가장 명확하게
설명하는 수학 선생님은 누구니?
B: 아, 그분은 클레먼스 선생님일 거야.

어휘 explain 설명하다　clearly 명확하게

이렇게 풀어요!

① 선택지를 보고 알맞은 관계대명사를 고르는 문제임을 파악합니다.

② 빈칸 앞의 수식어구 in your school의 앞을 보면 선행사가 the math teacher임을 알 수 있습니다. 또한, 빈칸 뒤에 동사 (explains)가 있는 것을 보고 주격 자리임을 확인합니다.

③ 그러므로 사람 선행사와 함께 쓰일 수 있는 주격 관계대명사 (a) that이 정답입니다.

오답 STUDY

(b) which: 빈칸 바로 앞의 your school을 선행사로 착각하여 which를 정답으로 고르지 않도록 주의합니다. in your school은 선행사 the math teacher를 찾는 데 혼동을 주기 위해 삽입된 수식어구입니다.

Part 2

Korea, _____ lies between China and
Japan, was invaded by both of them during its
long history.

(a) that　　　　　(b) which
(c) whose　　　　(d) where

중국과 일본 사이에 위치한 한국은 오랜 역사 동안 두 나라 모두로부터 침략을 받았다.

어휘 lie 위치하다　between A and B A와 B 사이에
invade 침략하다　during ~동안

이렇게 풀어요!

① 선택지를 보고 알맞은 관계대명사를 고르는 문제임을 파악합니다.

② 빈칸 앞의 사물 선행사(South Korea)와 빈칸 바로 뒤의 동사(lies)를 보고 빈칸이 주격 관계대명사 자리라는 것을 인지합니다. 또한, 빈칸 앞에 콤마가 있다는 것도 확인합니다.

③ 주격 관계대명사로 쓰일 수 있는 (a)와 (b) 중에서 콤마 뒤에 사용할 수 있는 (b) which가 정답입니다.

오답 STUDY

(a) that: 관계대명사 that은 콤마 뒤에서 사용할 수 없으므로 오답입니다.

실제 시험 난이도와 비슷한 실전 문제들을 풀며 학습한 내용을 확인해 보세요.

Part 1 빈칸에 가장 적절한 답 고르기

1. A: Why do you think your interview didn't go well?
   B: The interviewer asked about my knowledge of the company's products, _____ I had no reply.

   (a) that
   (b) which
   (c) to that
   (d) to which

2. A: Do you know the player _____ goal was disallowed?
   B: Yeah, he was recently signed from the New York Stars.

   (a) who
   (b) whose
   (c) of whom
   (d) of whose

Part 2 빈칸에 가장 적절한 답 고르기

3. It is necessary to change _____ most people treat the homeless.

   (a) how
   (b) that
   (c) what
   (d) which

4. Romantic comedy movies are _____ Jane prefers to watch.

   (a) that
   (b) what
   (c) which
   (d) where

Part 3 문법 오류가 있는 문장 고르기

5. (a) A: What kind of dessert do you like the most?
   (b) B: Um… That's a difficult question for people like me whom have a sweet tooth.
   (c) A: Just pick one that you cannot go without.
   (d) B: Oh! Then, that will be cheesecake.

6. (a) During her career, Marie Curie worked with many renowned scientists. (b) One of these was her husband Pierre, with that she shared the Nobel Prize in Physics. (c) As science was a male-dominated field, her name was initially omitted from the nomination. (d) Pierre insisted that her name be added, making her the first woman to win a Nobel Prize.

UNIT 09 동격

▹ 동격은 앞에 나온 명사를 부연 설명하는 한 방법으로, 콤마(,) 뒤에서 부연 설명하는 명사(구)를 연결합니다.

▹ 동격은 어순과 문장 구조 파악을 위해 꼭 알아 두어야 하는 중요한 문법 포인트입니다.

 STEP 1　출제 포인트 익히기

명사와 명사가 연결되는 동격 구조

■ 앞에 나온 단어와 동일한 대상을 나타내는 경우

앞에 나온 단어와 동일한 대상인 명사가 뒤에 바로 연결되는 동격 구조에서, 선택지에 정관사와 결합한 명사와 부정관사와 결합한 명사가 모두 등장하는 경우가 종종 있습니다. 이때 동격구를 구성하는 명사가 다수 중 하나이거나 불특정한 것을 나타내는 경우에는 부정관사가 포함된 선택지를, 동격구를 구성하는 명사 뒤에 이 명사를 유일하거나 특정한 것으로 한정하는 전치사구나 관계대명사절 등의 수식어구가 있는 경우에는 정관사가 포함된 선택지를 정답으로 선택합니다.

> ● 형용사(fourth)와 전치사구(in the solar system)가
> 　어떤 행성인지 구체적으로 설명

Mars, (the fourth planet in the solar system / a fourth planet in the solar system), is uninhabitable due to extreme cold.
태양계의 4번째 행성인 화성은 극도의 추위 때문에 생물이 살기에 부적합하다.

> ● 관계대명사절이 어떤 화가인지 구체적으로 설명

I met **Mr. Lane,** (the artist / an artist) **who painted this picture**, at an exhibition last month.
나는 이 그림을 그린 화가인 레인 씨를 지난달에 전시회에서 만났다.

■ 앞에 사용된 명사를 다시 반복하여 강조하는 경우

일반적으로 동격 명사는 콤마(,) 앞의 명사를 이것과 다른 명사를 이용하여 부연 설명합니다. 하지만, 앞의 명사를 더 자세히 설명하고자 하는 경우에 콤마 앞의 명사와 같은 명사를 반복한 후, 전치사구, 관계대명사절 등의 수식어구를 뒤에 붙여 동격구를 구성할 수도 있습니다. 이때, 앞에 나온 명사를 반복해서 사용하여 동격 명사가 가리키는 대상이 무엇인지 알 수 있으므로, 앞에 특정하거나 알려진 것을 나타낼 때 사용하는 정관사 the가 사용됩니다.

> We will replace our **AX5 color printer,** (the printer / a printer) **beside the reception desk**.
> 우리는 AX5 컬러 프린터를 교체할 것인데, 바로 접수처 옆에 있는 프린터입니다.

명사와 접속사 that이 연결되는 구조

■ 동격 명사절 접속사 that

사실, 의견, 소식 등 전달하는 내용을 가지는 명사 뒤에서 전달 내용을 나타내는 that절을 동격절이라고 합니다. 그러므로 이런 종류의 명사 뒤에 접속사가 들어가야 하면 명사절 접속사 that을 정답으로 선택합니다. 이때 명사(선행사) 뒤에 올 수 있는 관계대명사와 혼동할 수도 있는데, 명사절 접속사 that 뒤에는 문장의 필수 구성 요소가 모두 갖춰진 완전한 절이 오므로, 빈칸 뒤에 완전한 절이 있으면 동격 접속사 that이 정답입니다.

GRAMMAR

We came to the **conclusion** (**that** / which) the Maple Hotel is the ideal venue for the event.
우리는 메이플 호텔이 행사에 최적의 장소라는 결론을 내렸다.

Shawna told me the **news** (**that** / which) Janelle is expecting her fourth child next month.
쇼나는 자넬이 다음 달에 넷째 아이를 출산할 예정이라는 소식을 내게 말해 주었다.

뒤에 동격의 that 명사절을 취하는 명사

certainty that ~라는 확실성	chance that ~라는 기회	conclusion that ~라는 결론
doubt that ~라는 의구심	evidence[proof] that ~라는 증거	fact[truth] that ~라는 사실
hope that ~라는 소망	idea[thought] that ~라는 생각	news that ~라는 소식
opinion that ~라는 의견	possibility that ~라는 가능성	question that ~라는 문제
report that ~라는 보도	rumor that ~라는 소문	

명사와 전치사 of가 연결되는 구조

앞에 나온 명사를 부연 설명하기 위해 동격구로 「전치사 of + 동명사」 형태가 명사 바로 뒤에 연결되는 경우도 있습니다. 이때, 올바른 어순을 고르는 문제에서 of의 위치에 주의해야 합니다.

Alvin wants **his fear** (**of speaking in public** / speaking of in public) to be cured.
앨빈은 대중 앞에서 말하는 것에 대한 자신의 두려움이 치유되기를 원한다.

Hazel gave up **her dream** (**of becoming a famous star** / becoming of a famous star).
헤이즐은 유명한 스타가 되겠다는 자신의 꿈을 포기했다.

STEP 2 문제 풀이 요령

Part 1

A: The manager's feedback has really upset me.
B: Well, it's not just about you. It's about us, _____.

(a) team
(b) a team
(c) the team
(d) teams

A: 부장님의 피드백이 저를 정말 속상하게 만들었어요.
B: 저, 그것은 당신에게만 준 게 아니에요. 팀인 우리에게 준 것이에요.

어휘 upset 속상하게 만들다

이렇게 풀어요!

① 콤마와 빈칸을 보고 us를 부연 설명하는 적절한 동격의 명사구를 고르는 문제임을 파악합니다.

② 콤마 앞에 나온 us를 부연 설명하는 말인 선택지의 team은 us와 동일한 대상이라는 것을 인지합니다.

③ 그러므로 특정한 것을 가리키는 정관사 the를 사용한 (c) the team이 정답입니다.

오답 STUDY

(b) a team: 부정관사 a는 특정하지 않은 임의의 사람이나 사물을 나타낼 때 쓰이므로 오답입니다.

Part 2

Many children, particularly _____ in developing countries, are exploited in child labor.

(a) they
(b) their
(c) them
(d) those

많은 아이들, 특히 개발 도상국에 있는 아이들이 아동 노동으로 착취를 당한다.

어휘 particularly 특히 developing country 개발 도상국 exploit 착취하다 child labor 아동 노동

이렇게 풀어요!

① 콤마, 빈칸, 그리고 선택지를 보고 children을 부연 설명하는 동격의 명사구 안에 쓰일 알맞은 대명사를 고르는 문제임을 파악합니다.

② 선택지에서 앞에 나온 children과 동격 관계를 형성할 수 있는 대명사를 찾아야 한다는 것을 인지합니다.

③ 앞서 언급된 children을 지칭하여 동격 관계를 형성할 수 있는 지시대명사 (d) those가 정답입니다.

오답 STUDY

(a) they: 콤마로 삽입된 동격의 명사구는 주어인 Children을 부연 설명하는 말이기 때문에 주격대명사를 사용할 수 없습니다.

실제 시험 난이도와 비슷한 실전 문제들을 풀며 학습한 내용을 확인해 보세요.

Part 1 빈칸에 가장 적절한 답 고르기

1. A: Do you remember Robert Johnson, _____ who designed our house?

B: How can I forget him? He was very talented.

(a) guy
(b) guys
(c) a guy
(d) the guy

2. A: Are you going to buy that laptop?

B: No. It is too expensive, so I gave up on the idea _____ it this year.

(a) to buy
(b) to buying
(c) of buy
(d) of buying

Part 2 빈칸에 가장 적절한 답 고르기

3. Erin went to the orientation early to take advantage of the chance _____ she might be able to network.

(a) that
(b) whether
(c) what
(d) when

4. Davis University, _____, won The University of the Year award this year.

(a) a university that we first met
(b) a university that we first met at
(c) the university that we first met
(d) the university that we first met at

Part 3 문법 오류가 있는 문장 고르기

5. (a) A: Lucas, I think your Spanish has improved a lot!

(b) B: Thanks! I just hope I can pass the SPT, test of Spanish proficiency.

(c) A: I need to learn Spanish for my business. Do you have any advice?

(d) B: Use a language exchange app. That's what I have been doing.

6. (a) In 2009, Bernie Madoff was sentenced to 150 years in prison. (b) He confessed that his asset management firm was the world's largest Ponzi scheme. (c) Madoff convinced many investors to hand over their money, it is money that Madoff spent on his lavish lifestyle. (d) He defrauded more than 35,000 people over 17 years before finally being caught.

후치 수식

▸ 후치 수식은 단어, 구, 또는 절이 명사를 뒤에서 수식하는 구조를 말합니다.

▸ 주요 출제 유형

- 명사를 뒤에서 수식하는 현재분사와 과거분사 구별하기
- 뒤에서 수식어구의 수식을 받는 주어와 동사의 수 일치 파악하기
- 명사를 뒤에서 수식하는 여러 단어의 올바른 어순 파악하기
- 명사를 뒤에서 수식하는 to부정사 고르기

 STEP 1 출제 포인트 익히기

다양한 후치 수식 구조

■ 명사 + 현재분사

명사를 뒤에서 수식하는 분사의 올바른 형태를 묻는 문제에서, 선택지가 타동사의 현재분사와 과거분사로 구성되어 있으면 빈칸 뒤에 명사가 있을 경우에만 현재분사 형태를 정답으로 선택합니다. 만약 선택지가 자동사의 현재분사와 과거분사로 구성되어 있으면 현재분사 형태가 정답입니다.

We provide various rental services for **families** (**spending** / spent) **their summer holidays** at Richmond Beach.
우리는 리치몬드 해변에서 여름휴가를 보내는 가족들에게 다양한 임대 서비스를 제공한다.

●┄┄ 자동사는 현재분사만 사용 가능
A global recession has made this year the worst time for **people** (**looking** / looked) for a job.
세계적 경기 침체는 구직자들에게 올해를 최악의 시기로 만들었다.

🐝꿀팁 위 문장의 look과 같이 자동사의 현재분사와 과거분사가 선택지에 모두 제시되는 경우에 자동사는 목적어를 취할 수 없기 때문에 수동태로 쓰일 수 없으며 과거분사 형태로 명사를 수식할 수도 없으므로 정답이 될 수 없습니다. 그러므로 자주 출제되는 자동사들을 미리 암기해두면 해석 없이 빠르게 정답을 고를 수 있습니다.

텝스 빈출 「자동사 + 전치사」 표현

account for ~을 설명하다	add to ~에 더하다	agree with[upon] ~에 동의하다
deal with ~을 다루다	laugh at ~을 비웃다	look at ~을 보다
look for ~을 찾다	refer to ~을 언급하다	run over (차로) ~을 치다
send for ~을 부르다	speak of ~에 대해 말하다	

▪ 명사 + 과거분사

분사가 명사를 뒤에서 수식해야 하는 자리에서 선택지의 동사가 4/5형식 타동사를 제외한 타동사의 분사 형태로 구성되어 있을 때, 분사 자리 뒤에 명사가 없으면 과거분사를 정답으로 선택합니다.

●······ 3형식 타동사: ~을 선호하다

Super-lightweight **laptops (favored** / favoring) **by** students are replacing desktop PCs.
학생들이 선호하는 초경량 노트북 컴퓨터가 데스크톱 컴퓨터를 대체하고 있다.

위 문장에서는 주동사(are replacing)가 존재하므로 또 다른 동사 favor는 명사 laptops를 수식하는 분사 형태가 되어야 합니다. 그런데 빈칸 뒤에 타동사 favor의 목적어가 없고 전치사 by가 있으므로 빈칸에는 수동태를 나타내는 과거분사가 와야 합니다.

▪ 명사 + [전치사 + 명사] + 동사

명사 뒤에 위치한 「전치사 + 명사」 형태는 앞의 명사를 설명하는 수식어구입니다. 따라서 주어 자리에 온 명사 뒤에 「전치사 + 명사」 형태의 수식어구가 붙어 있으면, 이 수식어구의 수식을 받는 앞의 명사가 주어이므로 이 명사와 수 일치하는 동사 형태를 정답으로 선택합니다.

People with a marketing degree (**are** / is) encouraged to apply for the job.
마케팅 학위를 가지고 있는 사람들이 그 직무에 지원하도록 권장된다.

🔎꿀팁 후치 수식어구가 붙어있는 주어와 동사의 수 일치 문제를 풀 때는, 주어와 동사 사이에 위치한 수식어구를 괄호로 묶으면 주어가 명확히 보이기 때문에 더 쉽고 빠르게 문제를 풀 수 있습니다.

좀 더 복잡한 구조의 문장으로, 주어 자리에 온 명사를 수식하는 전치사구 뒤에 이 명사를 관계대명사 등의 수식어구로 한 번 더 수식하는 이중 수식 구조가 오기도 합니다. 이때, 관계대명사절의 동사와 수 일치하는 명사는 바로 앞에 온 명사가 아니라 문장의 주어이므로 헷갈리지 않도록 주의해야 합니다.

The speakers from Martin College that (**are** / is) presenting tomorrow are knowledgeable.
내일 발표를 하는 마틴대학교 출신의 강연자들은 박식하다.

▪ 명사 + 「of + 동명사」

동명사가 전치사 of로 연결되는 명사구에서 「of + 동명사」는 앞에 온 명사를 후치 수식하는 수식어구입니다. 어순 문제에서 앞에 온 명사와의 연결 관계를 잊고 뒤에 온 명사와 of가 연결되는 것으로 착각할 수 있으므로 조심해야 합니다. 또한, 명사와 명사가 연결될 때 그 사이에 접속사, 전치사 또는 동격의 콤마(,)가 필요하다는 것을 꼭 기억해야 합니다.

●······ 전치사 of를 뒤에 오는 money와 연결되는 구조로 착각하기 쉬움

One way (of saving / saving of) **money** is to spend money based on an expenditure budget.
돈을 절약하는 한 가지 방법은 지출 예산을 바탕으로 돈을 소비하는 것이다.

■ 명사 + 형용사[분사]

일반적으로 형용사[분사]는 명사를 앞에서 수식하지만, 명사 뒤에서 후치 수식하는 경우도 있습니다.

① 형용사[분사]가 대명사를 뒤에서 수식하는 경우

형용사[분사]가 -thing, -body, -one으로 끝나는 대명사를 수식할 때는 대명사 뒤에 위치합니다. 이는 명사 앞에 위치하는 형용사의 일반적인 어순과 다르므로 어순 문제 풀이를 위해 꼭 알아 두어야 합니다.

> Betty is planning (**something fun** / fun something) for her 30th birthday.
> 베티는 자신의 30번째 생일을 위해 재미있는 무언가를 계획 중이다.

🍯꿀팁 -thing, -body, -one으로 끝나는 대명사와 이를 수식하는 형용사[분사]의 어순 문제를 풀 때는, 형용사[분사]가 반드시 대명사 뒤에 위치한다는 점에 유념하여 문제를 풀도록 합니다.

-thing, -body, -one으로 끝나는 대명사

something 어떤 것	somebody 누군가	someone 누군가
everything 모든 것	everybody 모든 사람	everyone 모든 사람
anything 어느 것이든	anybody 누구든	anyone 누구든
nothing 아무 것도 아닌 것	nobody 아무도 아닌 사람	

---

② 형용사가 명사를 뒤에서 수식하는 경우

a-로 시작하는 일부 형용사는 명사 앞에 올 수 없으며 항상 명사를 뒤에서 수식합니다. 명사 앞에 위치하는 형용사의 일반적인 어순과 다르므로 어순 문제 풀이를 위해 꼭 알아 두어야 합니다.

> Todd looked at the meteor with (**his mouth agape** / his agape mouth).
> 토드는 입을 떡 벌린 채 별똥별을 봤다.

위 예문에 있는 형용사 agape는 명사를 뒤에서만 수식하므로 「명사 + 형용사」의 어순으로 구성된 his mouth agape가 정답입니다.

명사를 후치 수식하는 a-로 시작하는 형용사

abloom 꽃이 핀	ablush 얼굴이 붉어진	aflame[afire] 불타는
afloat 떠 있는	agape 입을 떡 벌리고 있는	ajar 문이 조금 열린
akimbo 손을 허리에 대고 있는	alive 살아 있는	asunder 뿔뿔이 흩어진

▪ 명사 + to부정사

명사를 후치 수식하는 단어를 선택하는 문제에서, 선택지에 타동사의 to부정사와 과거시제 형태가 함께 있으면, 문장의 주동사와 충돌하지 않는 준동사 형태인 to부정사가 정답입니다.

> Chris Wood was the oldest **actor** (**to win** / won) **an Academy Award.**
> 크리스 우드는 아카데미상을 받은 최고령 배우였다.

▪ 명사 + 형용사[분사] + enough + to부정사

● 부사 enough가 to부정사와 결합하면 형용사를 뒤에서 수식

> Heather bought **a suitcase** (**big enough to carry** / enough big to carry) all her belongings.
> 헤더는 소지품을 모두 넣어 다닐 만큼 충분히 큰 여행 가방을 구매했다.

▪ 명사 + that절

명사 뒤에 온 빈칸 다음에 이 명사의 내용을 설명하는 완전한 절이 있으면, 동격 명사절 접속사 that이 정답입니다.

● 필수 문장 요소를 다 갖춘 완전한 절

> The **fact** (**that** / what) **Velcro was invented** from annoying burdock seeds is interesting.
> 벨크로가 성가신 우엉 씨앗으로부터 발명되었다는 사실이 흥미롭다.

Part 1

A: Tim, how are your students this semester?

B: Many of the students _____ to my class are very motivated.

(a) assign   (b) assigned

(c) assigning   (d) are assigned

A: 팀, 이번 학기에 당신 학생들은 어때요?

B: 제 수업에 배정된 학생들 다수가 꽤 의욕적이에요.

[어휘] semester 학기　motivated 의욕적인
assign A to B A를 B에 배정하다

이렇게 풀어요!

① 선택지의 동사 assign의 여러 형태를 보고 assign의 올바른 형태를 넣는 문제임을 파악합니다.

② 문장에 이미 동사(are)가 있으므로 또 다른 동사 assign은 빈칸 앞에 위치한 주어 Many of the students를 뒤에서 수식하는 분사가 되어야 하는데, assign은 목적어를 필요로 하는 타동사입니다.

③ 빈칸 뒤에 목적어가 없으므로 과거분사인 (b) assigned가 정답입니다.

오답 STUDY

(c) assigning: 타동사의 현재분사는 뒤에 목적어를 동반해야 하므로 오답입니다.

Part 2

The CEO issued a statement _____ the recent drop in sales.

(a) accounts   (b) accounting

(c) accounting for   (d) accounted for

대표이사가 최근의 매출 감소를 해명하는 입장문을 발표했다.

[어휘] issue 발표하다　statement 입장문, 성명(서)
recent 최근의　drop in ~의 감소, 하락
account for 설명하다

이렇게 풀어요!

① 선택지의 동사 account의 여러 형태를 보고 account의 올바른 형태를 넣는 문제임을 파악합니다.

② 문장에 이미 동사(issued)가 있으므로, 또 다른 동사 account는 빈칸 앞에 위치한 명사 a statement를 뒤에서 수식하는 분사가 되어야 하는데, account는 자동사이므로 현재분사 형태가 되어야 합니다.

③ 또한, 자동사는 목적어를 취할 수 없는데 빈칸 뒤에 명사 drop이 있으므로 자동사와 명사를 연결해줄 전치사가 필요합니다. 그러므로 (c) accounting for가 정답입니다.

오답 STUDY

(d) accounted for: 자동사는 목적어를 취할 수 없기 때문에 수동태로 쓰일 수 없고, 또한 과거분사 형태로 명사를 수식할 수도 없으므로 오답입니다.

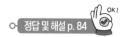

실제 시험 난이도와 비슷한 실전 문제들을 풀며 학습한 내용을 확인해 보세요.

Part 1 빈칸에 가장 적절한 답 고르기

1. A: What are you looking at?
B: Look at that couple _____ over there.

(a) argued
(b) arguing
(c) have argued
(d) having argued

2. A: What did you want to tell me earlier?
B: Oh, I saw an event at Heaven Resort _____ on social media.

(a) advertises
(b) advertised
(c) advertising
(d) has advertised

Part 2 빈칸에 가장 적절한 답 고르기

3. Mooncake is not a traditional food _____ but a special dish enjoyed only during certain festivals.

(a) eating every day
(b) was eaten every day
(c) which eaten every day
(d) to be eaten every day

4. The store's entire stock of wooden desks _____ ruined when the pipe burst.

(a) is
(b) are
(c) was
(d) were

Part 3 문법 오류가 있는 문장 고르기

5. (a) A: Hey, did you find anyone for the marketing assistant position?
(b) B: No. I posted an online advertisement to look for qualified someone, but it is not easy.
(c) A: Why don't you ask your friends? They might know someone.
(d) B: Sounds like a great idea. Thank you!

6. (a) Oil companies regularly employ new recruits willing to work in dangerous conditions. (b) These recruits are typically hired as laborers on oil rigs stationed far out at sea. (c) Their duties involve general maintenance work and assistance with drilling activities. (d) Despite the dangers involved, many people apply for such positions due to the salaries enough generous to support their family.

-ing의 문법적 성격

▷ -ing로 끝나는 단어들은 동명사, 현재분사, 형용사, 전치사 등 다양한 용법으로 사용됩니다.

▷ 텝스 문법 영역에서는 -ing의 여러 문법적 성격을 이용하여 혼동을 유발하는 문법 요소와 쓰임을 구별하는 문제가 출제되며, 매회 평균 3~4문제 정도가 출제될 만큼 중요하므로 본 UNIT에서 상기 용법들을 총정리하도록 합니다.

 STEP 1 출제 포인트 익히기

-ing로 끝나는 단어들의 다양한 쓰임새

▪ 동명사

① 주어 자리

동명사 주어는 현실적/일상적 행위를, to부정사 주어는 추상적/관념적 행위나 아직 발생하지 않은 일을 나타낼 때 쓰입니다.

> **(Eating / To eat) sugary foods can easily lead to tooth decay.**
> 단 음식을 섭취하는 것은 쉽게 충치로 이어질 수 있다.

② 동사의 목적어 자리

3형식 동사 consider, contemplate, finish, avoid 뒤에 빈칸이 있고 선택지에 동명사와 to부정사가 있으면 동명사가 정답입니다.

> **Mia is considering (living / to live) in Thailand for several months.**
> 미아는 몇 달 동안 태국에서 살아보는 것을 고려 중이다.

③ 전치사의 목적어 자리

전치사의 목적어 자리에 의미상 주어와 함께 오는 동명사 부정 형태의 어순은 「의미상 주어 + 부정어(not) + 동명사」입니다.

> **After meeting Phil many times, Eve got used to (his not arriving / his arriving not) on time.**
> 필을 여러 번 만난 후에, 이브는 그가 제시간에 도착하지 않는 것에 익숙해졌다.

④ 보어 자리

주격보어 자리에 오는 동명사 부정 형태의 어순은 「부정어(not) + 동명사」입니다.

> **A good way to stay safe from a virus is (not having / having not) close contact with others.**
> 바이러스로부터 안전할 수 있는 좋은 방법은 다른 사람들과 밀접한 접촉을 하지 않는 것이다.

■ 전치사

~을 제외하고

The ferry can safely hold **450 people** (**excluding** / excluded) **the crew**.
그 선박은 선원을 제외하고 450명의 승객을 아무 문제없이 수용할 수 있다.

■ 현재분사

① 명사를 앞에서 수식하는 현재분사

명사를 앞에서 수식하는 자리에 자동사의 현재분사와 과거분사 형태가 모두 있으면 현재분사 형태가 정답입니다.

Due to the (**rising** / risen) **demand**, we have decided to hire more workers temporarily.
증가하는 수요 때문에, 우리는 일시적으로 더 많은 직원을 채용하기로 결정했습니다.

② 명사를 뒤에서 수식하는 현재분사

명사를 뒤에서 수식하는 자리에 타동사의 분사 형태가 와야 하면, 빈칸 뒤의 목적어 유무를 먼저 파악합니다. 목적어가 있으면 현재분사가 정답이고, 목적어가 없으면 과거분사가 정답입니다.

On top of the mountain, Joe found **the scenery** (**surrounding** / surrounded) **him** spectacular.
산의 정상에서, 조는 자신을 둘러싼 풍경이 장관이라고 느꼈다.

③ 목적격보어 자리의 현재분사

빈칸이 목적격보어 자리이고 선택지에 현재분사와 과거분사가 모두 있으면, 분사와 목적어와의 의미 관계를 따져서 정답을 찾습니다. 목적어가 분사의 행위를 유발하는 주체일 때는 현재분사를, 분사의 행위를 당하는 대상일 때는 과거분사를 정답으로 선택합니다.

Aaron changed his job recently, and he finds **his new job** (**interesting** / interested).
애런은 최근에 직업을 바꿨으며, 자신의 새 직업이 흥미롭다고 생각한다.

④ 형용사로 굳어진 현재분사

빈칸이 명사를 수식하는 자리이고 형용사로 굳어진 현재분사가 선택지에 있으면, 수식받는 명사와의 관계를 따지기 보다는 형용사의 의미를 따져서 정답을 선택하는 것이 좋습니다.

자동사는 현재분사만 사용 가능

Advertisements with catchy phrases often make a (**lasting** / lasted) **impression** on people.
멋진 문구를 가지고 있는 광고는 종종 사람들에게 지속적인 인상을 남긴다.

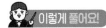

Part 1

A: Did you see the singing competition on TV last night?

B: I did. I found the final singer _____!

(a) amaze   (b) to amaze

(c) amazing   (d) amazed

A: 어젯밤에 TV에 나온 노래 경연 프로그램 봤어?

B: 봤지. 난 마지막 가수가 놀랍다고 생각했어.

[어휘] competition 경연 find A B: A가 B하다고 생각하다 amaze 놀라게 하다

이렇게 풀어요!

① 빈칸 앞에 동사 find의 과거형 found와 목적어 the final singer가 있는 것을 보고 「find + 목적어 + 목적격보어」의 동사 구조에서 목적격보어 자리에 들어갈 단어를 고르는 문제임을 파악합니다.

② 선택지에 현재분사와 과거분사가 모두 있으므로, 분사와 목적어와의 의미 관계를 따져서 목적어가 분사의 행위를 유발하는 주체인지(현재분사), 분사의 행위를 당하는 대상인지(과거분사)를 확인합니다.

③ the final singer가 놀라움을 유발하는 주체이므로 현재분사인 (c) amazing이 정답입니다.

오답 STUDY

(d) amazed: 과거분사는 목적어가 분사의 행위를 당하는 대상일 때 사용하므로 오답입니다.

Part 2

Even _____ lectures many times in public couldn't make Rob feel confident about it.

(a) having delivered   (b) having been delivered

(c) to deliver   (d) delivered

대중 앞에서 여러 번 강연을 하는 것도 롭이 대중 강연에 대한 자신감을 가지게 하지는 못했다.

[어휘] even ~도 in public 대중 앞에서 confident 자신감 있는 deliver (강연, 연설 등을) 전달하다

이렇게 풀어요!

① 조동사 couldn't 뒤에 있는 「동사원형 + 목적어」의 구조를 보고, 명사 lectures를 목적어로 취할 수 있으면서 주어 역할을 할 수 있는 단어를 고르는 문제임을 파악합니다.

② 주어 역할이 가능한 동명사와 to부정사 중에서, 대중 앞에서 강연을 하는 등의 일상적인 일을 나타낼 때 사용할 수 있는 것은 동명사임을 인지합니다.

③ 빈칸 뒤에 목적어 lectures가 있기 때문에 타동사 deliver가 능동태 형태로 쓰여야 하므로, 동명사 형태 (a)와 (b) 중에서 (a) having delivered가 정답입니다.

오답 STUDY

(b) having been delivered: 빈칸 뒤에 목적어 lectures가 있기 때문에 수동태 형태인 (b)는 오답입니다.

정답 및 해설 p. 86

실제 시험 난이도와 비슷한 실전 문제들을 풀며 학습한 내용을 확인해 보세요.

Part 1 빈칸에 가장 적절한 답 고르기

1. A: Do you know how Oliver ended up in the publishing field?

B: Well, his experience of _____ his thesis led to an interest in publishing books.

(a) writes
(b) written
(c) writing
(d) to write

2. A: Do you have any plans this Saturday?

B: I was contemplating _____.

(a) to get repaired my bike
(b) on getting my bike repaired
(c) my bike getting it repaired
(d) getting my bike repaired

Part 2 빈칸에 가장 적절한 답 고르기

3. Global Logistics is increasing its overall profits by _____ much on operating expenditures.

(a) spending not
(b) not spending
(c) not to spend
(d) to not spend

4. Ruby did a great job in handling the customer's complaints _____ her lack of experience.

(a) considers
(b) considered
(c) considering
(d) to consider

Part 3 문법 오류가 있는 문장 고르기

5. (a) A: Did you see the email from Ray?

(b) B: No, I didn't have time to check it yet. What was it about?

(c) A: Due to the risen popularity of our new product, he suggested that we enhance our marketing strategies.

(d) B: Oh, ok. Let's discuss it at this afternoon's meeting.

6. (a) The eruption of Mount Vesuvius buried the town of Pompeii under a blanket of ash. (b) Prior to the eruption, the streets of Pompeii were filled with merchants sold goods. (c) Most residents died due to the heat and toxic gases. (d) Today, Pompeii is a ruin, and a reminder of the deadly power of nature.

▹ 가정법은 실제 발생하지 않았거나 발생하지 않을, 또는 사실이 아닌 일을 가정하여 말하는 화법입니다.

▹ 발생하지 않은, 또는 사실이 아닌 일을 나타내므로 가정법의 동사는 사실을 나타내는 직설법의 동사와 다른 형태를 사용합니다.

▹ 가정법은 일반적으로 부사절 접속사 if가 포함된 조건절과 주절로 구성되지만, if가 없는 조건절로도 나타낼 수 있습니다.

▹ 주요 출제 유형

• if절의 동사 시제 형태에 맞는 주절의 동사 시제 형태 고르기

• 주절의 동사 시제 형태에 맞는 if절의 동사 시제 형태 고르기

 STEP 1 출제 포인트 익히기

If가 있는 일반 가정법의 종류

▪ 가정법 과거

현재 사실에 반대되는 일이나 발생 가능성이 희박한 일을 가정할 때 사용합니다. 가정법의 해석이 까다롭기는 하지만, 시험에서는 의미는 생각하지 말고 동사의 형태만 잘 알면 됩니다.

> ⊘ If + 주어 + **과거시제[또는 were]**, 주어 + would[could, might] + **동사원형**.

If it **happened** again, I (**would waive** / would have waived) my salary.
그런 일이 또 다시 발생한다면, 제 급여를 반납하겠습니다. (다시는 그런 일이 없겠지만)

▪ 가정법 과거완료

과거 사실에 반대되는 일이나 상황을 가정할 때 사용합니다.

> ⊘ If + 주어 + **과거완료시제**, 주어 + would[could, might, should] + have p.p.

If we (**had had** / have had) more resources, we **would have finished** our project on time.
우리가 더 많은 자원을 가지고 있었더라면, 제시간에 프로젝트를 끝마쳤을 텐데.

If you **had told** me earlier, I (**might have bought** / might buy) you a birthday present.
네가 좀 더 일찍 말해줬더라면, 네 생일 선물을 샀을 수도 있었을 텐데.

■ 가정법 미래

① 미래에 발생할 일에 대해 의구심을 나타내는 경우

일반 가정법에서는 일반적으로 if절에 조동사를 사용하지 않지만, 가정법 미래 문장에서는 if절에 「should + 동사원형」 형태를 사용합니다. 이때, 주절의 동사 형태로 「will[can, may, could, might, should] + 동사원형」이나 명령문의 동사원형 형태가 사용됩니다.

> ⊘ If + 주어 + **should + 동사원형**, 주어 + will[can, may, could, might, should] + 동사원형.
> ⊘ If + 주어 + **should + 동사원형**, (please) **명령문**.

If you (**should have** / had) any problem with our service, please **contact** our Customer Service Center.
혹시 저희 서비스에 대해 문제가 있으면, 저희 고객서비스센터로 연락하시기 바랍니다. (그럴 일이 별로 없겠지만)

② 미래에 실현될 가능성이 없는 일을 나타내는 경우

if절의 내용이 미래에 실현될 가능성이 없는 일을 나타낼 때에는 if절의 동사 형태로 「were to + 동사원형」을 사용합니다.

> ⊘ If + 주어 + **were to + 동사원형**, 주어 + would[could, might] + 동사원형.

If money (**were to grow** / was to grow) on trees, no one **would work** hard.
만약 나무에 돈이 열린다면, 아무도 열심히 일하지 않을 것이다. (그럴 일은 불가능하지만)

■ 혼합 가정법

혼합 가정법은 가정법 과거완료의 if절과 가정법 과거의 주절이 합쳐진 구조입니다. 그렇기 때문에 if절에서는 과거의 사실에 반대되는 일이나 상황을 가정하여 나타내며, 주절에서는 그 결과가 미치는 현재와 반대되는 상황을 가정하여 나타냅니다. 복잡한 것 같지만, 주절에 주어지는 현재 시점을 나타내는 시간 부사(now, today 등)를 활용하여 조동사 뒤에 완료시제(have p.p.)가 아닌 동사원형으로 구성된 선택지를 정답으로 선택하면 됩니다.

> ⊘ If + 주어 + **과거완료시제**, 주어 + would[could, might] + 동사원형.

If I **had not worked** late last night, I (**might not feel** / might not have felt) tired **now**.
어젯밤에 늦게까지 일하지 않았더라면, 나는 지금 피곤함을 느끼지 않을 텐데.

If가 없는 기타 가정법

▪ I wish + 가정법

I wish는 소망을 나타내는 표현으로 '~라면 좋을 텐데'라고 해석하며, 이때 I wish 다음에 오는 접속사 that은 생략하는 경우가 많습니다. 텝스 문법 영역에서는 I wish라는 표현을 통해 현재나 과거 사실에 반대되는 소망을 나타내는 경우가 출제됩니다.

① 현재 사실에 반대되는 소망을 나타내는 경우

가정법에서 현재 사실에 반대되는 소양을 나타낼 때는 하나 앞선 시제인 과거시제를 사용합니다.

> ⊘ I wish + (that) + 주어 + **과거시제[또는 were]**.

Eduardo seems so lonely. **I wish** he (**had** / had had) a girlfriend.
에두아르도가 너무 외로운 것 같아. 그가 여자친구가 있다면 좋을 텐데.

② 과거 사실에 반대되는 소망을 나타내는 경우

가정법에서 과거 사실에 반대되는 소망을 나타낼 때는 하나 앞선 시제인 과거완료시제를 사용합니다.

> ⊘ I wish + (that) + 주어 + **과거완료시제**.

I wish I (**had not left** / did not leave) Canada **after** I **graduated** from university there.
캐나다에서 대학을 졸업한 후에 내가 그곳을 떠나지 않았더라면 좋았을 텐데.

▪ It is time + (that) + 주어 + 과거시제[(should) + 동사원형]

지금 해야 할 일의 당위성을 강조하며 '이제는 ~할 때다'라는 의미를 나타낼 때 사용합니다. It is time 뒤에 위치하는 that은 생략할 수 있으며 강조의 의미를 나타내기 위해 high를 추가해 「It is high time ~」과 같이 사용하기도 합니다.

> ⊘ It is time + (that) + 주어 + **과거시제[또는 (should) + 동사원형]**.

It is time that Mike (**started** / will start) exercising for his health.
마이크가 자신의 건강을 위해 운동을 시작할 때가 되었다.

가정의 의미를 나타내는 전치사 및 가정법 관용표현

▪ 가정의 의미를 나타내는 전치사

이 전치사들은 주로 뒤에 명사[동명사]가 오기 때문에 행위의 시점을 정확히 알기 어렵습니다. 그러므로 문맥을 통해 시점에 관한 정보를 파악해야 주절에 들어갈 시제를 선택할 수 있습니다.

---

but for + 명사[동명사]: ~이 없다면

except for + 명사[동명사]: ~을 제외하면

given + 명사: ~을 고려하면

in case of + 명사[동명사]: ~의[~한] 경우에 대비해

in the event of + 명사[동명사]: ~의[~한] 경우에 대비해

without + 명사[동명사]: ~이 없다면, ~하지 않는다면

A: Hey, I **heard** you **got** the job! Congratulations!
B: Thank you. **Without your help**, I (**would not have been** / had not been) hired.
A: 야, 너 취직했다고 들었어! 축하해!
B: 고마워. 네 도움이 없었다면, 난 취업할 수 없었을 거야.

위 대화에서 「without + 명사」 표현만으로는 취업 시점을 알기 어렵습니다. 하지만 heard, got 등의 과거시제 단서를 통해 help의 시점도 과거 시점임을 알 수 있습니다. without 구문이 과거 사실에 반대되는 상황을 가정하는 가정법 과거완료의 if절과 같은 시점이기 때문에, 주절의 시제는 가정법 과거완료의 주절과 같은 시제 형태인 would not have been이 쓰여야 합니다.

▪ 가정법 과거 및 과거완료 관용표현

① 가정법 과거 관용표현

⊘ If it **were not for** + 명사, 주어 + would[could, might] + 동사원형.

If it **were not for** Mt. Agung's inconvenient location, it (**would receive** / would have received) many more tourists per year.
아궁산의 불편한 위치만 아니라면, 그 산은 매년 더욱 많은 여행객들을 받을 텐데.

② 가정법 과거완료 관용표현

⊘ If it **had not been for** + 명사, 주어 + would[could, might, should] + have p.p.

If it (**had not been for** / were not for) your map, I **would have lost** my way to the hotel.
당신의 약도가 없었더라면, 아마도 나는 호텔로 가는 도중에 길을 잃었을 것입니다.

Part 1

A: Ben lost his cellphone again.

B: Not again! If he _____ it in his locker, it wouldn't have happened.

(a) puts

(b) was putting

(c) has put

(d) had put

A: 벤이 또 휴대전화를 잃어버렸어.

B: 또야! 그걸 사물함에 넣어뒀더라면, 그런 일이 일어나지 않았을 텐데.

[어휘] lose 잃어버리다 cellphone 휴대전화 locker 사물함 happen 일어나다

이렇게 풀어요!

① if절의 주어 자리 뒤에 있는 빈칸을 보고 if절의 알맞은 동사 시제 형태를 고르는 문제임을 파악합니다.

② 짝을 이루는 주절의 동사 시제 형태가 wouldn't have happened이므로 가정법 과거완료 문장입니다.

③ 가정법 과거완료에서 if절의 동사 시제 형태는 과거완료이므로 (d) had put이 정답입니다.

오답 STUDY

(c) has put: 현재완료시제는 가정법 과거완료 문장의 if절에 쓰이는 동사 시제 형태가 아니므로 오답입니다.

Part 2

If Natasha knew George was under a lot of stress, she _____ him more work.

(a) will not give

(b) had not given

(c) would not give

(d) would not have given

조지가 많은 스트레스를 받고 있었다는 것을 나타샤가 안다면, 그에게 더 많은 일을 주지 않을 텐데.

[어휘] be under stress 스트레스를 받다 more 더 많은

이렇게 풀어요!

① 주절의 동사 자리에 있는 빈칸을 보고 주절의 알맞은 동사 시제 형태를 고르는 문제임을 파악합니다.

② 짝을 이루는 if절의 동사 형태가 과거형인 knew이므로 가정법 과거 문장입니다.

③ 가정법 과거에서 주절의 동사 시제 형태는 「would + 동사원형」이므로 (c) would not give가 정답입니다.

오답 STUDY

(d) would not have given: 「would + have p.p.」는 가정법 과거완료 문장의 주절에 쓰이는 동사 시제 형태이므로 오답입니다.

실제 시험 난이도와 비슷한 실전 문제들을 풀며 학습한 내용을 확인해 보세요.

Part 1 빈칸에 가장 적절한 답 고르기

1. A: If I had not found this apartment, I'd probably _____ to Los Angeles.
   B: Well, I'm glad you stayed in Seattle.

   (a) move
   (b) moved
   (c) had moved
   (d) have moved

2. A: Did you buy groceries for next week?
   B: No, I was busy cleaning the garden. I wish I _____ it though.

   (a) did
   (b) were done
   (c) had done
   (d) was doing

Part 2 빈칸에 가장 적절한 답 고르기

3. Lauren thought if she had listened to her parents, she _____ a lot of money in her savings account now.

   (a) will have
   (b) had had
   (c) would have
   (d) would have had

4. If I were to go back in time, I _____ what I was like when I was young.

   (a) will see
   (b) have seen
   (c) could see
   (d) could have seen

Part 3 문법 오류가 있는 문장 고르기

5. (a) A: What do you think about her?
   (b) B: I really like her songs and usually listen to them on the way to work!
   (c) A: I'm her biggest fan, but I haven't seen her on TV for a while.
   (d) B: Right? It's high time she will unveil her new songs.

6. (a) The Civil Rights Act was signed by President Lyndon Johnson on July 2, 1964. (b) The act prohibited discrimination based on race, gender, religion, and nationality. (c) This brought an end to an era of racial segregation within the US. (d) If it had not been for the Civil Rights Act, segregation would continue for years or possibly decades.

UNIT
13 도치

▹ 도치는 문장 내 특정 내용을 강조하기 위해 이를 문장 맨 앞으로 이동시켰을 때 주어와 동사의 위치가 바뀌는 것을 말합니다.

▹ be동사나 조동사가 사용된 문장은 도치가 발생할 때 be동사나 조동사가 주어 앞에 위치하며, 일반동사가 사용된 문장은 조동사 do가 주어 앞에 추가됩니다.

▹ 주요 출제 유형

　• 부정어구가 문장/절 맨 앞에 위치할 때 올바른 어순 고르기

　• only, 전치사구, so, such 등의 강조 어구가 문장/절 맨 앞에 위치할 때 올바른 어순 고르기

　• 부사절 접속사 if가 생략된 가정법 과거, 과거완료, 미래를 나타내는 문장에 있는 if절의 올바른 어순 고르기

 **STEP 1** 출제 포인트 익히기

도치만 발생하는 경우

■ 부정어(구) 도치

부정문을 강조하기 위해 부정어(구)가 문장이나 절의 맨 앞으로 이동하면 주어와 동사의 위치가 바뀌는 도치가 발생합니다. 이렇게 도치를 발생시키는 부정어에는 never와 같은 명백한 부정어 외에, 희소성을 나타내는 little도 있습니다.

(Little did I know / Did I know little) that it would take so long to make pho broth at home.
나는 집에서 베트남 쌀국수 육수를 만드는 데 그렇게 시간이 오래 걸릴지 거의 알지 못했다.

(Never has a student given / Has never a student given) Ms. Hale such a poor excuse before.
헤일 씨에게 그렇게 궁색한 변명을 했던 학생은 전에 단 한 명도 없었다.

No sooner (had I turned left / I had turned left) than a car almost hit me.
내가 좌회전을 하자마자, 차량 한 대가 거의 나를 칠 뻔했다.

문장/절 맨 앞에 위치해 도치를 발생시키는 부정어(구)

⊘ never 결코 ~않다

⊘ Barely[Hardly, Rarely, Scarcely, Seldom, Little] 거의 ~않다

⊘ No sooner + 동사 + 주어 + than + 주어 + 동사: ~하자마자 …하다

⊘ Not only + 동사 + 주어, but (also) + 주어 + 동사: ~할 뿐만 아니라 …하다

⊘ Not until + 시간 명사[주어+ 동사] + 동사 + 주어: ~할 때까지 …않다[~한 후에야 비로소 …하다]

▪ Only 도치

Only 표현이 강조를 위해 문장이나 절 맨 앞으로 이동을 하면 주어와 동사의 위치가 바뀌는 도치가 발생합니다. 그러므로 Only 표현이 문장이나 절 맨 앞에 와 있고 그 뒤 자리가 비어 있으면 「동사 + 주어」의 어순으로 구성된 선택지를 정답으로 선택합니다.

Only seldom (does Nicole ever actually / Nicole does ever actually) see her CEO.
니콜은 자신의 대표이사를 사실 거의 못 본다.

Only after Kai retires (will he finally have / he will finally have) time to travel in East Asia.
카이는 은퇴를 한 후에야, 비로소 동아시아를 여행할 시간을 가질 수 있을 것이다.

문장/절 맨 앞에 위치해 도치를 발생시키는 Only 표현

- ⊘ Only later 나중에서야
- ⊘ Only rarely[seldom] 아주 드물게
- ⊘ Only recently 최근에서야
- ⊘ Only after[before] + 명사[동명사] + 동사 + 주어: ~후에야[~전에야] 비로소 …하다
- ⊘ Only after[before] + 주어 + 동사 + 동사 + 주어: ~한 후에야[~하기 전에야] 비로소 …하다
- ⊘ Only if[when] + 주어 + 동사 + 동사 + 주어: ~할 때만 …하다

▪ 전치사구 도치

① 일반 전치사구 + 동사 + 주어

문장에 있는 일반 전치사구를 강조하기 위해 문장 맨 앞으로 이동시키는 경우에도 주어와 동사의 위치가 바뀌는 도치가 발생합니다. 하지만, 이런 전치사구 뒤에 콤마가 오면 도치가 발생하지 않으므로 주의해야 합니다.

At the airport (were many people waiting / were waiting many people) to see the actor.
공항에서 그 배우를 보기 위해 많은 사람들이 기다리고 있었다.

② 특정 전치사구 + 동사 + 주어

문장에 있는 특정 전치사구를 강조하기 위해 문장이나 절 맨 앞으로 이동시키는 경우에도 주어와 동사의 위치가 바뀌는 도치가 발생합니다. 그런데, 아래 예문처럼 두 개의 절로 구성된 문장에서 뒤 절에 있던 특정 전치사구를 강조하기 위해 이것을 앞으로 이동시킬 때는 문장의 맨 앞이 아닌 뒤 절의 맨 앞에 위치한다는 것에 주의해야 하며, 이때도 도치가 발생합니다.

I made several calls to the mayor, but **in no way (could I reach** / I could reach) him.
나는 시장에게 몇 차례 전화를 했지만, 결코 연락이 닿을 수 없었다.

문장/절 맨 앞에 위치해 도치를 발생시키는 특정 전치사구

- ⊘ In no way 결코 ~않다
- ⊘ Under no circumstances 어떤 상황에서도 ~하지 말아야 한다

■ 주격보어 도치

be동사의 주격보어인 형용사 또는 분사가 강조를 위해 문장이나 절 맨 앞으로 이동할 때도 주어와 동사의 위치가 바뀌는 도치가 발생합니다.

Attached (is the outline / the outline is) for the research paper.
연구 논문에 관한 개요를 첨부합니다.

Enclosed with this letter (is a sample for your reference / a sample is for your reference).
이 편지에 참고용 샘플을 동봉합니다.

Below (are the names / the names are) of new employees and their addresses.
아래에 신입사원들의 이름과 주소가 있습니다.

■ so ~ that 구문의 도치

「so ~ that」 강조 구문에서 「so + 형용사[분사, 부사]」가 강조를 위해 문장이나 절 맨 앞으로 이동하면 주어와 동사의 위치가 바뀌는 도치가 발생합니다.

(So impressed was the audience / So impressed the audience was) **that** they gave the singer a standing ovation.
너무도 감명을 받아서 관객들은 그 가수에게 기립박수를 보냈다.

■ such ~ that 구문의 도치

「such ~ that」 강조 구문에서 「such + 관사 + (형용사) + 명사」가 강조를 위해 문장이나 절 맨 앞으로 이동할 때에도 주어와 동사의 위치가 바뀌는 도치가 발생합니다.

(Such a famous place is Yosemite National Park / Such a famous place Yosemite National Park is) **that** there are always many visitors.
요세미티 국립공원은 너무 유명한 곳이어서 항상 많은 방문객들이 있다.

생략과 도치가 모두 발생하는 경우

■ 가정법 문장에서 접속사 if가 생략된 경우

① 가정법 과거

> ⊘ Were + 주어, 주어 + would[could, might] + 동사원형.
> ⊘ Were it not for + 명사, 주어 + would[could, might] + 동사원형.

> Aria said that (**were she in my shoes** / she were in my shoes), she **would act** differently.
> 아리아는 자신이 내 상황에 처한다면, 다르게 행동을 할 것이라고 말했다.

위 예문에서, 「would + 동사원형(would act)」으로 구성된 주절의 동사 시제 형태를 보고 가정법 과거 문장이라는 것을 알 수 있습니다. 또한, 문장 전체에 부사절 접속사 if가 없으므로 were가 포함된 선택지는 if가 생략되고 주어와 be동사가 위치를 바꾼 도치 구문이 되어야 합니다.

② 가정법 과거완료

> ⊘ Had + 주어 + p.p., 주어 + would[could, might, should] + have p.p.
> ⊘ Had it not been for + 명사, 주어 + would[could, might, should] + have p.p.

> (**Had there been** / There had been) a vacancy, we **would have hired** Van.
> 공석이 있었다면, 우리가 밴 씨를 고용했을 텐데.

위 예문에서, 「would + have p.p.(would have hired)」로 구성된 주절의 동사 시제 형태를 보고 가정법 과거완료 문장이라는 것을 알 수 있습니다. 그런데, 문장 전체에 부사절 접속사 if가 없으므로 had been이 포함된 선택지는 if가 생략되고 주어와 조동사 had가 자리를 바꾼 도치 구문이 되어야 합니다.

③ 가정법 미래

> ⊘ Should + 주어 + 동사원형, 주어 + will[can, may, could, might, should] + 동사원형.
> ⊘ Should + 주어 + 동사원형, (please) 명령문.
> ⊘ Were + 주어 + to + 동사원형, 주어 + would [could, might] + 동사원형.

> (**Were my husband to win** / My husband were to win) the lottery, we **would buy** a plane.
> 남편이 복권에 당첨된다면, 우리는 비행기를 살 것입니다.

가정법 미래의 특징은 if절의 동사 시제 형태로 should 또는 「were to + 동사원형」이 사용되며, 이때 if가 생략되면 should 또는 were가 문장 맨 앞으로 이동하고 그 뒤에 주어가 오는 도치 구문을 형성합니다.

Part 1

A: I heard your uncle visited your house yesterday.

B: _____ visit, but he stayed the night.

(a) He only did not   (b) He did only not

(c) Not only he did   (d) Not only did he

A: 어제 네 삼촌이 너희 집을 방문하셨다는 얘기를 들었어.

B: 방문하셨을 뿐만 아니라, 잠도 주무시고 가셨어.

[어휘] visit 방문하다 not only A but also B: A뿐만 아니라 B도 stay the night 자고 가다

 **이렇게 풀어요!**

① 문장 시작 부분의 빈칸과 여러 어순으로 구성된 선택지를 보고 어순 문제임을 파악합니다.

② 빈칸 뒤의 but과 짝을 이루는 부정어구 not only가 선택지에 있음을 확인합니다.

③ 부정어구 not only가 문장 맨 앞에 위치하면, 일반동사로 구성된 문장은 조동사 do가 주어 앞에 추가되어 「조동사 do + 주어」의 어순으로 도치되므로 (d) Not only did he가 정답입니다.

오답 STUDY

(c) Not only he did: 부정어구가 문장 맨 앞에 오면 「동사 + 주어」의 어순으로 도치되어야 하므로 오답입니다.

Part 2

_____ about the workshop, she would have registered for it.

(a) Tess heard   (b) Did Tess hear

(c) Tess had heard   (d) Had Tess heard

테스가 그 워크숍에 관해 들었다면, 그것에 등록했을 것이다.

[어휘] register for ~에 등록하다

 **이렇게 풀어요!**

① 문장 시작 부분의 빈칸과 여러 어순으로 구성된 선택지를 보고 어순 문제임을 파악합니다.

② 주절의 동사 would have registered가 가정법 과거완료 문장의 주절에 쓰이는 형태이지만, 접속사 if가 없으므로 if가 생략된 가정법 문장임을 알 수 있습니다.

③ 가정법 과거완료의 if절의 동사 시제 형태는 had p.p.인데, if가 생략되면 주어와 조동사 had가 도치되어 「Had + 주어 + p.p.」의 어순이 되므로 (d) Had Tess heard가 정답입니다.

오답 STUDY

(c) Tess had heard: If가 생략된 구조에서는 「동사 + 주어」의 어순으로 도치되어야 하므로 오답입니다.

실제 시험 난이도와 비슷한 실전 문제들을 풀며 학습한 내용을 확인해 보세요.

Part 1 빈칸에 가장 적절한 답 고르기

1. A: How is the pasta you ordered?
   B: It has a weird flavor. In no way
      _____ again.

   (a) do I want this
   (b) I do want this
   (c) do this I want
   (d) this I do want

2. A: I think the ancient ruins of Machu
      Picchu were the best part of our trip.
   B: I am with you. _____ such a
      grand place.

   (a) Have I never seen
   (b) I have seen never
   (c) Never I have seen
   (d) Never have I seen

Part 2 빈칸에 가장 적절한 답 고르기

3. _____ action swiftly, one million
   lives around the world could have been
   saved from the deadly virus.

   (a) Taken governments had
   (b) Governments had taken
   (c) Had taken governments
   (d) Had governments taken

4. _____ stop worrying about her.

   (a) Beth did not until called me
   (b) Not until called me did Beth
   (c) Beth called me not until did I
   (d) Not until Beth called me did I

Part 3 문법 오류가 있는 문장 고르기

5. (a) A: Hey, what's wrong?
   (b) B: How often do you talk with your
         children?
   (c) A: Only rarely my daughters and I call
         each other. Why do you ask?
   (d) B: Well, my kids are too busy these
         days, so I was wondering how you
         are with your children.

6. (a) One of the most influential music
   groups of all time is The Beatles.
   (b) Formed in Liverpool, England, the
   group rapidly gained worldwide acclaim
   and celebrity status. (c) So popular The
   Beatles were that they were swarmed by
   fans wherever they went. (d) They remain
   the best-selling band in history, with more
   than 600 million albums sold.

UNIT 14 대용 및 생략

▷ 대용은 앞서 언급된 단어, 구, 절을 다른 말로 대신하는 것을 말합니다.

▷ 생략은 앞서 언급된 단어나 구의 반복을 피하기 위해 해당 단어나 구를 사용하지 않는 것을 말합니다.

▷ 주요 출제 유형

• 수와 격에 맞는 인칭대명사 및 문맥상 알맞은 부정대명사 고르기

• 일반동사로 구성된 동사구가 반복될 때 이를 대신하는 대동사 do 고르기

• be동사/조동사로 구성된 반복되는 동사구를 생략하고 남는 be동사/조동사 고르기

• 앞에 나온 일반동사/be동사와 중복되는 부분을 to부정사의 형태로 받아야 할 때 올바른 to부정사 형태 고르기

 STEP 1 출제 포인트 익히기

대명사

■ 인칭대명사와 재귀대명사

인칭대명사의 주격은 주어 자리, 소유격은 명사 앞, 목적격은 타동사나 전치사 뒤의 목적어 자리에 쓰입니다. 「소유격 + 명사」를 나타내는 소유대명사는 주어나 목적어 자리에 올 수 있습니다. 재귀대명사는 주어와 목적어가 동일 대상일 때 목적어 자리에 쓰이며, 이때는 문장 필수 요소이기 때문에 생략이 불가능합니다. 반면, 재귀대명사가 주어나 목적어를 강조하며 부사처럼 쓰일 때는 생략 가능합니다.

수	인칭	주격	소유격	목적격	소유대명사	재귀대명사
단수	1인칭	I	my	me	mine	myself
	2인칭	you	your	you	yours	yourself
	3인칭	he	his	him	his	himself
		she	her	her	hers	herself
		it	its	it	X	itself
복수	1인칭	we	our	us	ours	ourselves
	2인칭	you	your	you	yours	yourselves
	3인칭	they	their	them	theirs	themselves

I was surprised to see **May** at the party because I **consider** (her / hers) an introvert.
나는 파티에서 메이를 보고 놀랐는데, 그녀가 내성적인 사람이라고 생각하기 때문이다.

Jack, can I use **your cellphone** for a moment? (Mine / My) is out of battery.
잭, 네 휴대폰 좀 잠시 쓸 수 있을까? 내 것은 배터리가 다 떨어졌어.

▪ 지시대명사 that, those

일반적으로 앞서 언급된 명사의 반복을 피할 때 쓰입니다. 단수 명사는 that, 복수 명사는 those로 대신하며, 전치사구나 관계대명사의 수식을 받을 수 있습니다.

● 앞의 복수 명사 instructions를 대신함

Instructions from Ms. Slone are much clearer than (**those** / that) from Mr. Parker.
슬로운 씨로부터 받은 지시사항이 파커 씨에게서 받은 것보다 훨씬 더 명확하다.

those는 막연한 다수의 사람들을 가리킬 때도 사용되며, 이때 주로 뒤에 관계대명사절 또는 with 전치사구가 함께 사용됩니다.

● = people

This speaking course is for (**those** / that) with a basic understanding of English.
이 말하기 강좌는 영어에 대한 기본 이해를 갖춘 분들을 대상으로 합니다.

▪ 부정대명사

부정대명사는 가리키는 것이 명확히 정해지지 않은 경우에 사용합니다.

① one

앞에 언급된 명사와 같은 종류의 하나를 나타내며, 막연한 사람을 지칭하기도 합니다.

리아가 산 것과 같은 종류의 새 노트북 컴퓨터 ●┄┄   ┄┄● 리아가 산 그 노트북 컴퓨터

Lia bought **a new laptop** yesterday, and I want to buy (**one** / it), too.
리아가 어제 새 노트북 컴퓨터를 구입했는데, 나도 하나 사고 싶다.

② another, the other, others, the others

- ⊘ another: 다른 하나 (앞에 제시된 명사와 같은 종류의 다른 하나를 가리킬 때 사용)
- ⊘ the other: 나머지 하나 (둘 중에서 하나를 제외한 나머지 하나를 가리킬 때 사용)
- ⊘ others: 다른 것들 (범위가 정해져 있지 않은 다수 중에서 일부를 제외한 불특정 다수를 가리킬 때 사용)
- ⊘ the others: 나머지들 (범위가 정해져 있는 다수 중에서 특정 일부를 제외한 나머지 전부를 가리킬 때 사용)

Evan exchanged the faulty **rice cooker** for (**another** / the other).
에반은 결함이 있는 밥솥을 다른 것으로 교환했다.   ┄┄● 같은 종류의 다른 밥솥 하나

Ivy went to see **two apartments**. **One** had two rooms and (**the other** / another) had three.
아이비는 두 개의 아파트를 보러 갔다. 하나는 방이 2개 있었고, 다른 하나는 방이 3개 있었다.

전체 중에서 둘을 제외한 나머지 전부 ●┄┄   ┄┄● 둘 중 나머지 하나를
가리킬 때 사용

Two of the board members agreed to my proposal and (**the others** / the other) said no.
두 명의 이사들이 내 제안에 동의했고, 나머지는 거부 의사를 밝혔다.

③ either, neither

either는 둘 중 하나를 가리킬 때, 그리고 neither는 둘 모두를 부정할 때 사용합니다.

● 둘 중 어느 것이든

A: How should I pay, with **cash or credit**?
B: Oh, (**either** / none) is fine.

A: 어떻게 지불해야 하나요, 현금으로 할까요, 아니면 신용카드로 할까요?
B: 아, 어느 것이든 좋습니다.

● 둘 중 어느 것도 ~아니다

Dale went to **two banks** to get a loan, but (**neither** / either) would help him.

데일은 대출을 받으러 두 곳의 은행에 갔지만, 어느 곳도 그를 도와주려 하지 않았다.

대용의 종류

▪ 일반동사로 이루어진 동사구의 대용

문장에서 일반동사로 이루어진 동사구가 반복되는 경우에, 이를 do[does, did]나 do[does, did] so로 대신할 수 있습니다.

● = came back to his home team

A: I think Luis should **come back to his home team**, the Falcons.
B: Actually he almost (**did so** / does so) but his current team **offered** him a huge deal.

A: 나는 루이스가 홈팀인 팔콘스로 돌아와야 한다고 생각해.
B: 실제로 그가 그렇게 할 뻔했는데, 현재 속해 있는 팀에서 그에게 엄청난 거래를 제안했어.

● = costs

In most cases, taking a taxi **costs** more money than driving one's own car (**does** / does it).

대부분의 경우에, 택시를 타는 것이 자가용을 모는 것보다 돈이 더 든다.

● = does not remove the virus from our hands after killing it

Soap **removes the virus from our hands after killing it**, but alcohol (**doesn't** / can't do).

비누는 바이러스를 죽인 후에 그것들을 우리 손에서 제거하지만, 알코올은 그렇게 하지 않는다.

▪ 절의 대용

앞에 이미 나온 that절을 대신 받을 때, 반복을 피하기 위해 이 절의 내용에 대해 긍정하는 경우에는 so를, 부정하는 경우에는 not을 사용합니다.

① that절의 내용을 긍정하는 경우에 쓰는 so

앞에 나온 that절의 내용에 '그렇다'라고 수긍할 때, 반복을 피하기 위해 앞에 나온 that절 전체를 대명사 so로 받을 수 있습니다.

that절의 내용을 긍정: 신형 휴대전화가 저렴할 것이다 ●┄┄┄┄

Kyle didn't think **that the new cell phone would be affordable**, but it appears (**so** / to).
카일은 신형 휴대전화가 저렴할 것이라고 생각하지 않았는데, 지금 보니 그런 것 같다.

② that절의 내용을 부정하는 경우에 쓰는 not

앞에 나온 that절의 내용에 '그렇지 않다'라고 부정할 때, 반복을 피하기 위해 앞에 나온 that절 전체를 부정어 not으로 받을 수 있습니다.

A: Do you think **that our team will lose this match**?
B: I am not sure, but I (**hope not** / hope it not).
A: 우리 팀이 이번 경기에서 질 거라고 생각해?   ┄┄┄┄┄┄● *that절의 내용을 부정: 우리 팀이 지지 않을 것이다*
B: 잘 모르겠지만, 그렇지 않길 바라.

대용과 도치가 모두 발생하는 경우

▪ 긍정문에 대한 동의

긍정문으로 쓰인 상대방의 말에 동의할 때, 동의하는 내용은 so와 동사로 받으며 이때 일반동사는 조동사 do, be동사는 be동사, 조동사는 조동사로 받습니다. 이 경우에 so 뒤에서 「do[be동사, 조동사] + 주어」의 어순으로 도치가 이뤄집니다.

A: I **try to travel at least three times a year**.
B: So (**do I** / am I). I will go to Singapore for my next trip.
A: 저는 일 년에 적어도 세 번은 여행을 가려고 노력해요.
B: 저도 그래요. 다음 여행으로 싱가포르에 갈 거예요.

▪ 부정문에 대한 동의

부정문으로 쓰인 상대방의 말에 동의할 때, 동의하는 내용은 neither와 동사로 받으며 이때 일반동사는 조동사 do, be동사는 be동사, 조동사는 조동사로 받습니다. 이 경우에 neither 뒤에서 「do[be동사, 조동사] + 주어」의 어순으로 도치가 이뤄집니다.

I **have never liked spicy food** and (**neither has Ashley** / Ashley has neither).
나는 매운 음식을 좋아한 적이 한 번도 없었는데, 애슐리도 그랬다.

생략이 발생하는 위치

▪ be동사 뒤

be동사로 시작되는 질문에 중복 부분을 생략하여 대답할 때는 be동사까지만 말하고 중복되는 부분은 모두 생략 가능합니다. 이때, 일반동사나 조동사 do[does, did]로 구성된 선택지를 정답으로 선택하지 않도록 주의합니다.

A: I don't think I saw you at Jake's retirement party. **Were** you there?
B: Yes, I (**was** / did), but I didn't stay there long.
A: 제이크 씨 퇴임 파티에서 당신을 보지 못한 것 같아요. 거기 계셨나요?
B: 네, 있기는 했지만, 오래 머물지는 않았어요.

▪ 조동사 뒤

조동사로 이루어진 문장에서 중복되는 부분을 생략할 때는 중복되는 부분의 조동사까지만 남기고 나머지 중복되는 부분은 모두 생략 가능합니다.

● 동사를 남기고 싶으면 your car repaired today까지 써야 하므로 오답

A: Do you think I **can** get my car repaired today?
B: I'm pretty sure you (**can** / can get).
A: 오늘 제가 제 차를 수리 받을 수 있을까요?
B: 분명히 그러실 수 있다고 꽤 확신합니다.

조동사 have로 구성된 현재완료시제 질문에 대해 중복 부분을 생략하여 대답할 때는 조동사 have만 사용합니다.

A: **Have** you been to South Africa?
B: Yes, I (**have** / have been). The safari tour I joined there was unforgettable.
A: 남아프리카공화국에 가본 적 있어?
B: 응, 있어. 거기서 참여했던 사파리 투어를 잊을 수 없었어.

▪ 의문사 뒤

간접의문문에서 반복되는 부분을 생략할 때는 의문사만 남기고 나머지를 모두 생략하거나, 「의문사 + 주어 + be동사[조동사]」까지만 남기고 나머지를 모두 생략합니다.

● 조동사를 남기고 싶으면 could까지만 사용해야 하므로 오답

Chloe wanted to console Nicholas, but she had no idea (**how** / how she could console).
클로이는 니콜라스를 위로해주고 싶었지만, 그 방법을 알지 못했다.

▪ to부정사의 to 뒤

앞에 나온 동사와 중복되는 부분을 to부정사의 형태로 받을 때, 동사의 종류에 따라 아래의 두 가지 방식을 사용합니다.

① to만 사용하는 경우

일반동사로 구성된 동사(구)를 to부정사의 형태로 대신 받는 경우에는 대신받는 단어들을 동사원형에서부터 모두 생략하고 to만 씁니다.

> Calvin **cleaned the storage room** although he did not (**want to** / want to do).
> 비록 하고 싶었던 것은 아니지만, 켈빈은 창고를 청소했다.

일반동사로 구성된 동사(구)를 목적격보어 자리에서 to부정사의 형태로 대신하는 경우에도 to만 사용합니다. 이때, 부정 형태의 to부정사로 대신하는 경우에 부정어의 위치에 주의해야 합니다.

> Whitney **quit her job** even though her friends (**urged her not to** / urged her to not).
> 친구들이 그러지 말라고 설득했지만, 휘트니는 직장을 그만두었다.

② to be를 사용하는 경우

be동사로 구성된 동사(구)를 to부정사의 형태로 대신 받는 경우에는 나머지 중복되는 분사나 보어는 생략하고 to be까지만 씁니다.

> Many celebrities **are too sensitive to criticism**, but they have no reason (**to be** / to).
> 많은 유명인들이 비판에 지나치게 민감한데, 그들은 그럴 이유가 없다.

이때, 대신 받는 동사(구)에 있는 be동사의 시제가 과거형이라도, 이 과거시제가 to부정사 앞에 있는 주동사에 반영되기 때문에 원형인 to be를 씁니다.

⌐······● 기대를 받는 대상인 신약을 나타내는 목적어 필요

> A: A lot of medical experts doubted that the new medicine **was a magic cure**.
> B: But, now it is more effective than we (**expected it to be** / expected to).
> A: 많은 의료 전문가들이 그 신약이 마법의 치료약이라는 걸 의심했었지.   ⌐·····● be동사까지 남겨야 하므로 오답
> B: 그런데, 지금은 우리가 기대했던 것보다 더 효과가 있잖아.

Part 1

A: How do you know Amelia Murphy?
B: She is a former professor of _____.

(a) my　　　　　　(b) me
(c) mine　　　　　(d) myself

A: 아멜리아 머피 씨를 어떻게 아세요?
B: 그분은 전에 제 교수님이셨어요.

어휘 former 이전의 professor 교수

이렇게 풀어요!

① 선택지에 인칭대명사의 다양한 격이 있으므로 인칭대명사의 알맞은 격을 고르는 문제임을 파악합니다.

② 전치사 of 뒤에 빈칸이 있으므로 전치사의 목적어 역할이 가능한 목적격대명사인 (b), 소유대명사인 (c), 그리고 재귀대명사인 (d) 중에서 하나를 선택해야 합니다.

③ of 뒤에는 의미상 '나의 이전 교수님'이라는 뜻이 되어야 하므로 「소유격 + 명사」 형태인 소유대명사 (c) mine이 정답입니다.

오답 STUDY

(b) me: 목적격대명사는 행위의 대상을 나타낼 때 쓰이며, 전치사 of 뒤에서 소유의 주체가 되지 못하므로 오답입니다.

Part 2

Joe tried breaking up with Margaret several times, but he never _____.

(a) did　　　　　　(b) broke
(c) had broken　　(d) broke up with

조는 마가렛과 헤어지려고 몇 번 시도했지만, 결코 헤어지지 않았다.

어휘 try -ing ~하는 것을 시도하다 break up with ~와 헤어지다 several 몇몇의

이렇게 풀어요!

① 선택지에 대동사로 쓰일 수 있는 did와 여러 형태의 생략된 동사(구)들이 있으므로 대용이나 생략과 관련된 문제임을 파악합니다.

② but절에 never가 쓰여 있어 '한 번도 ~하지 않았다'는 의미가 되어야 하므로, 빈칸에는 이미 언급된 내용인 break up with Margaret이 모두 들어가거나, 반복되는 동사구(break up with Margaret)를 대동사 do(so)를 이용하여 대신해야 한다는 것을 인지합니다.

③ 동사구가 생략없이 모두 제시된 선택지가 없으므로 대동사 do의 올바른 형태가 빈칸에 들어가야 합니다. 그런데 문장의 시제가 과거(tried)이기 때문에 빈칸에도 과거시제가 들어가야 하므로 (a) did가 정답입니다.

오답 STUDY

(d) broke up with: 앞에 나온 동사를 그대로 사용할 때는 동사의 목적어까지 완전한 형태를 갖추어서 사용해야 하는데 Margaret을 받는 대명사 her가 없으므로 오답입니다.

실제 시험 난이도와 비슷한 실전 문제들을 풀며 학습한 내용을 확인해 보세요.

Part 1 빈칸에 가장 적절한 답 고르기

1. A: Do you know whether Paula has transferred to the new branch downtown yet?

B: I can't say for sure, but _____.

(a) she may do so
(b) so she may do
(c) she may have done so
(d) so she may have done

2. A: Honey, I didn't have time to announce our wedding to my colleagues yet.

B: _____. Everyone is busy with the current construction project.

(a) I did neither
(b) I neither did
(c) Did neither I
(d) Neither did I

Part 2 빈칸에 가장 적절한 답 고르기

3. Many experienced electricians receive salaries higher than _____ of most university graduates.

(a) that
(b) them
(c) theirs
(d) those

4. Niki sometimes wears flip-flops at work even though her boss _____.

(a) told not
(b) told to not
(c) told her not
(d) told her not to

Part 3 문법 오류가 있는 문장 고르기

5. (a) A: Are you going to have a charity bazaar to raise money for refugees next month?

(b) B: Of course I do. I've already gathered many used items to sell.

(c) A: Great! How can I help?

(d) B: Please donate any old clothing you don't wear anymore. Thanks!

6. (a) Scientists have often pondered what makes bees choose a particular flower over other. (b) A new study indicates that the answer is simpler than people might have thought. (c) Researchers found that bees observe which types of flowers are popular with other bees. (d) They then use simple logic to conclude that those types of flowers must be rich in nectar.

시원스쿨 텝스 Basic

READING
독해

빈칸 채우기

▸ 빈칸이 지문 전반부에 있는 문제: 지문의 전체 내용을 포괄하는 주제를 나타내는 키워드를 찾습니다.

▸ 빈칸이 지문 후반부에 있는 문제: 지문 전반부에 나온 주제를 부연 설명하거나 결론을 이끄는 키워드를 찾습니다.

▸ 연결어 넣기 문제: 빈칸 앞뒤 문장을 핵심어 위주로 파악하여 연결 논리에 맞는 연결어를 찾습니다.

STEP1 키워드로 지문 파악하기 정답 및 해설 p. 92

빈칸이 지문 전반부에 있는 경우

글의 주제를 찾아야 하므로 빈칸 이하를 빠르게 읽으면서 주제를 나타내는 키워드를 찾아냅니다.

Sean Goodwill's latest film **is touted as** _____. The year is 2070. Jack Kim, the main character, creates a female android. Jack Kim sends the android back to the past to prevent an incident that caused him to lose his leg. However, the younger Jack falls in love with the android. Despite several violent scenes that are unsuitable for younger viewers, most science fiction fans will **enjoy the film's high-tech thrills and revolutionary special effects.**

(a) another typical romantic comedy of modern film-making

(b) the apex of computer graphics and animation techniques

---

① 주제: 최신 영화가 _____로 극찬을 받는다.

　▸ is touted as

② 칭찬에 부합하는 긍정적인 키워드

　▸ enjoy

③ 긍정적인 키워드와 연결되는 대상

　▸ high-tech thrills

　▸ revolutionary special effects

④ 결론: 주제를 잘 반영하는 선택지의 키워드

　▸ computer graphics

　▸ animation techniques

정답 (b) 컴퓨터 그래픽과 애니메이션 기술의 정점

오답 STUDY

(a) another typical romantic comedy of modern film-making 또 하나의 전형적인 로맨틱 코미디 영화의 현대적인 제작

　◉ 여기서 형용사 typical은 '뻔한, 틀에 박힌'이라는 부정적인 키워드이므로 긍정을 나타내는 동사 is touted as(~로 극찬을 받는다)와 어울리지 않습니다.

빈칸이 지문 후반부에 있는 경우

빈칸 앞쪽을 빠르게 읽으면서 지문의 주제를 나타내는 키워드를 찾아냅니다.

You may believe if **a mother is overweight, her child** is likely to **become overweight**. According to researchers at the University of Chicago, the phenomenon is **more common in poorer families** who can't afford healthy diets. **However, it's not clear** whether the cause is related to genetic factors or to the mother's eating habits. **Either way,** the children _____.

(a) need to overcome weight-related issues
(b) may benefit from their mother's balanced diet

① 주제: 엄마가 비만 → 자녀도 비만
  ▸ a mother, overweight
  ▸ her child, become overweight

② 주장: 저소득층에서 더 일반적이다
  ▸ more common in poorer families

③ 반전: 하지만 이유가 분명하지 않다
  ▸ However, it's not clear

④ 결론: 원인이 어떻든 주제를 지지한다
  ▸ Either way _____

[정답] (a) 체중 관련 문제를 극복해야 한다

[오답STUDY]

(b) may benefit from their mother's balanced diet 엄마의 균형 잡힌 식사로부터 이득을 볼지도 모른다
  ◐ 엄마의 식습관과 연관성이 있는지 불분명하다고 하므로 mother's balanced diet는 주제에서 벗어난 오답입니다.

연결어 넣기

빈칸 앞뒤 문장의 키워드들만 가지고 간략히 내용을 비교하여 연결 관계를 파악합니다.

We hope that common sense prevails, but what many regard as **common sense** is often just **factually wrong**. _____, it is believed to be common sense to **wear white in summer** because the color **reflects the sun's rays,** but it also **reflects body heat back to the body.**

(a) For example
(b) On the other hand

① 빈칸 앞 문장: 상식이 사실과 다르다
  ▸ common sense
  ▸ factually wrong

② 빈칸 뒤 문장: 흰옷이 체열을 몸 안으로 돌려 보낸다
  ▸ wear white in summer
  ▸ reflects the sun's rays
  ▸ reflects body heat back to the body

③ 연결 관계: 잘못된 상식의 예시

[정답] (a) 예를 들면

[오답STUDY]

(b) On the other hand 반면에
  ◐ 빈칸 뒤 문장에서는 시원할 걸로 알고 있는 흰옷이 햇빛을 반사하여 체열을 몸으로 돌려보내기 때문에 더울 수 있다고 하는 잘못된 상식이 예시로 제시되므로 상반된 관계를 나타내는 On the other hand는 오답입니다.

READING

빈칸이 지문 전반부에 있는 경우

There are **certain elements of James Bond films** that
_____. James Bond, a British spy originally conceived
by the author Ian Fleming, has been the main character in scores of feature
films. **Many of his catchphrases and mannerisms are instantly recognizable
to people all over the world.** The way he takes his martini "shaken, not
stirred" is often copied or parodied by both the general public and members
of the entertainment industry. **Regardless of where you are in the world, it is
likely that someone will be familiar with "Agent 007".**

(a) have translated poorly to global audiences
(b) were derived from several other characters
(c) are highly praised for their technical proficiency
(d) have been firmly ingrained in pop culture

이렇게 풀어요!

① 첫 문장에 빈칸이 있으므로, 영화의 특정 요소를 설명할 수 있는 주제를 나타내는 키워드들을 찾아야 합니다.

② 먼저 빈칸이 속한 관계대명사절의 선행사 certain elements of James Bond films(제임스 본드 영화의 특정 요소들)가 가리키는 키워드를 파악해야 합니다.

③ 제임스 본드 영화의 요소는 영화 속 제임스 본드의 특징이라고 할 수 있으므로 Many of his catchphrases and mannerisms(수많은 그의 명대사와 버릇들) 뒤의 내용을 해석합니다.

④ are instantly recognizable to people all over the world(전 세계 사람들이 즉시 알아볼 수 있다)라는 내용과 맥락이 통하는 키워드를 선택지에서 고릅니다.

⑤ 세상 사람들이 즉시 알아차린다는 것은 대중문화로 자리잡았다는 의미로 볼 수 있으므로 키워드 pop culture(대중문화)가 포함된 (d)가 정답입니다.

⑥ 마지막 문장에서 "세계 어디에서든지, 아마도 누군가는 007요원을 알아볼 것 같다"라고 다시 한번 부연 설명하는 것에서 pop culture라는 정답 키워드를 재확인할 수 있습니다.

> **Check Point**
> ingrained(각인된, 새겨진)이라는 단어가 어렵지만, 시간 싸움인 텝스 독해에서는 recognizable to people all over the world → someone will be familiar with "Agent 007" → pop culture라는 키워드의 흐름을 믿고 과감하게 정답을 선택하는 용기가 필요합니다.

주제

① 제임스 본드 영화에는 **대중문화 속에 굳게 각인되어** 있는 특정 요소들이 있다.

주제의 예시

② 원래 작가 이안 플레밍이 창조해낸 영국 스파이 제임스 본드는 수십 편의 주요 작품에 주인공으로 등장했다.

③ 그의 명대사와 버릇들은 전 세계 사람들이 즉시 알아볼 수 있다.

④ 그가 마티니 칵테일을 젓지 않고 흔들어 마시는 방법은 일반 대중 또는 연예계 모두에서 자주 따라하거나 풍자되고 있다.

⑤ 세계 어디에서든지, 아마도 누군가는 "007요원"을 알아볼 것 같다.

정답

(d) 대중문화 속에 굳게 각인되어 있는

(**오답**STUDY)

(a) 전 세계 관객들에게 형편없이 번역된

　◐ 번역에 대한 키워드는 등장하지 않습니다.

(b) 몇몇 다른 인물들로부터 가져온

　◐ originally conceived를 보면 007요원은 작가의 창작 인물로, 지문에 나오는 단어 character를 그대로 사용한 오답입니다.

(c) 기술적 우수성으로 높은 찬사를 받고 있는

　◐ 기술에 대한 키워드는 등장하지 않습니다.

이 단어만은 꼭!

certain 특정한　element 요소　spy 첩보원　originally 원래　conceive 만들다　author 작가　main character 주인공　scores of 수십 개의　catchphrase 명대사, 유행어　mannerism 버릇　instantly 즉시　recognizable to ~가 알아차리는　all over the world 전 세계에서　the way ~하는 방식　take 먹다, 마시다　shake 흔들다　stir 젓다　often 종종　copy 따라하다　parody 재밌게 흉내내다　general public 일반 대중　entertainment industry 연예계　regardless of ~와 상관없이　it is likely that ~일 것 같다　be familiar with ~을 알아보다　agent 요원

빈칸이 지문 후반부에 있는 경우

The tragic musical *His Dance* **is about a Broadway star, Alen Howard, who ultimately loses everything due to his naivety and carelessness.** In the musical, he is struggling to find acting work, and no producers are offering him roles. When Howard's fiancée, Glenda, introduces him to Guido, a gangster from Chicago, Alen sees an opportunity to borrow money and open his own theater, The Pacifico. This turns out unfavorably for Alen, as he becomes embroiled in a war between rival gangs. After attempting to double-cross Guido, a gunfight ensues that results in his fiancée losing her life and The Pacifico burning to the ground. **The musical ends with Alen** _____ .

(a) marrying Glenda during a lavish ceremony
(b) preparing to stage a new play at his theater
(c) left to regret the consequences of his decisions
(d) relieved to have narrowly avoided a catastrophe

이렇게 풀어요!

① 맨 마지막 문장에 빈칸이 있으므로, 빈칸 앞 문장들을 통해 지문의 주제를 나타내는 키워드들을 찾아야 하는데, 첫 문장에 주제를 나타내는 키워드인 The tragic musical이 있음을 확인합니다.

② 또한 뮤지컬 주인공의 이름 Alen Howard와 주인공을 설명하는 주제문 ultimately loses everything due to his naivety and carelessness(결국 자신의 순진함과 부주의로 모든 것을 잃게 된다)를 확인합니다.

③ 빈칸이 마지막 문장이므로 주제문의 부연 설명임을 염두에 두고 키워드를 매칭시킵니다.
　 Alen Howard ◑ Alen
　 ultimately ◑ ends with

④ 이제 주인공을 설명하는 loses everything due to his naivety and carelessness(자신의 순진함과 부주의로 모든 것을 잃게 된다)라는 부정적인 내용과 의미가 통하는 키워드를 선택지에서 찾아보면 regret the consequences of his decisions(자신이 내린 결정의 결과를 후회하다)가 가장 적절한 것을 알 수 있습니다.

⑤ 첫 문장에서 tragic이라는 키워드를 통해 (c)가 정답임을 재확인할 수 있습니다.

> **Check Point**
> 지문이 예술, 문학, 과학, 철학 등 학술에 관한 문제라면 지문 이해가 어려워 시간을 허비할 가능성이 높습니다.
> 그러므로 아주 잠깐 키워드를 찾아보고 키워드가 명확히 파악되는 경우에만 문제를 풀고, 그렇지 않으면 다음
> 문제로 건너뛰는 것도 좋습니다.

 지문 구조 분석

주제

① 비극적 뮤지컬 <His Dance>는 브로드웨이 스타 알렌 하워드에 관한 것으로, 그는 결국 자신의 순진함과 부주의로 모든 것을 잃게 된다.

추가 정보

② 극중에서, 그는 연기 일자리를 따내려고 애쓰지만, 어떤 제작자도 그에게 배역을 제안하지 않는다.

③ 알렌의 약혼녀 글렌다가 그를 시카고 출신의 조폭인 귀도에게 소개해 주자, 알렌은 이를 돈을 빌려 자신의 극장인 The Pacifico를 설립할 기회로 삼는다.

④ 이 시도는 알렌이 경쟁 갱단들 사이에서의 전쟁에 휘말리면서 그에게 불리한 상황으로 전개된다.

⑤ 알렌이 귀도를 배신하려고 시도한 후, 총격전이 뒤따르고 이는 그의 약혼녀가 목숨을 잃고 The Pacifico가 전소되는 결과를 낳는다.

⑥ 뮤지컬은 알렌이 **자신이 내린 결정의 결과를 후회하게 되는** 것으로 결말을 맺는다.

정답

(c) 자신이 내린 결정의 결과를 후회하게 되는

(오답 STUDY)

(a) 호화로운 의식이 치러지는 가운데 글렌다와 결혼하는

   ◎ 주제의 키워드 tragic과 어울리지 않습니다.

(b) 자신의 극장에서 새 연극 작품을 올리기 위해 준비하는

   ◎ 앞 문장에서 극장이 완전히 불타버렸다고 나오므로 오답입니다.

(d) 간신히 파국을 모면하여 안심하는

   ◎ 주제의 키워드 tragic과 어울리지 않습니다.

 이 단어만은 꼭!

tragic 비극적인 ultimately 결국 due to ~탓에 naivety 순진함 carelessness 부주의 struggle to do ~하려고 몹시 애쓰다 acting 연기 producer 제작자 offer 제공하다 role 배역 fiancée 약혼녀 introduce A to B: A를 B에게 소개하다 gangster 조폭 see an opportunity to do ~하는 기회로 삼다 borrow 빌리다 open 설립하다 turn out ~로 드러나다 unfavorably for ~에게 불리한 embroiled in ~에 휘말린 rival 경쟁하는 attempt to do ~하려고 시도하다 double-cross 배신하다 gunfight 총격전 ensue 뒤따르다 result in ~의 결과를 낳다 burn to the ground 전소되다 end with ~로 결말을 맺다 lavish 호화로운 ceremony 의식 stage 작품을 올리다 play 연극 left to do ~하도록 남겨진 regret 후회하다 consequence 결과 decision 결정 relieved to do ~하여 안심한 narrowly 간신히 avoid ~을 피하다 catastrophe 파국

READING

연결어 넣기

Cynics might claim that laws are meant to be broken, but I would strongly disagree. Laws are written to be obeyed, because when they are obeyed, society runs smoothly. **Some laws are not literally written down**, such as how to treat others. _____, **written down or not, we all know what the laws are**. If everyone abides by the laws, there are fewer problems and quality of life improves for everyone.

(a) Still
(b) Then
(c) Above all
(d) On the contrary

이렇게 풀어요!

① 연결어 문제는 전체 문장을 읽지 않고 빈칸 앞 문장과 뒤 문장만 읽어보고 연결 논리를 파악하면 됩니다.

② 빈칸 앞 문장의 내용은 '어떤 법들은 글로 쓰여 있지 않다(Some laws are not literally written down)'는 것입니다.

③ 빈칸 다음의 문장은 '글로 쓰여 있든 그렇지 않든(written down or not)'이라는 양보를 나타내는 말로 시작하므로 상반된 내용이 나올 것을 짐작할 수 있습니다.

④ '글로 쓰여 있지 않은 법들이 있다'는 내용과 빈칸 다음의 '우리는 그 법들이 어떤 내용인지 잘 알고 있다(we all know what the laws are)'라는 내용의 연결 관계는 상반 관계입니다.

⑤ 그러므로 선택지에서 상반 관계를 나타내는 연결어를 찾아야 하는데, 양보적 의미로 사용될 수 있는 (a) Still(그럼에도 불구하고, 그렇다고 해도)이 정답입니다.

⑥ still이 부사로 사용될 때는 '아직, 여전히' 또는 '조용히'의 뜻이 있으며, 비교급을 강조할 때는 '더욱 더'라는 의미로 사용됩니다. still이 연결어로 사용될 때 '그럼에도 불구하고, 그렇다고 해도'처럼 양보의 의미로 사용된다는 것을 알지 못하면 이 문제를 풀 수 없습니다. 이처럼 텝스 독해에서는 어휘력이 매우 중요합니다.

⊘ Check Point
연결어 문제에서는 지문 전체를 읽으며 시간을 낭비할 필요가 없습니다. 빈칸 앞 문장과 빈칸 다음 문장을 먼저 해석하여 두 문장의 연결 논리를 파악한 뒤, 이 연결 논리에 알맞은 연결어를 고르면 됩니다.

주제

① 냉소적인 사람들은 법이란 원래 위반하라고 만들어진 것이라고 주장할지도 모릅니다. 하지만, 저는 그런 주장에 강력하게 반대할 것입니다.

② 법은 준수하도록 만들어진 것인데, 왜냐하면 법이 지켜질 때 사회가 원활하게 돌아가기 때문입니다.

빈칸 앞 문장

③ 어떤 법들, 예를 들면 타인을 대하는 방법들은 글로 쓰여 있지 않습니다.

빈칸 문장

④ **그럼에도 불구하고**, 글로 쓰여 있든 아니든, 우리 모두는 그 법들이 어떤 내용인지 잘 알고 있습니다.

⑤ 만약 모두가 법을 잘 준수한다면, 문제들이 더 적어질 것이고, 모두에게서 삶의 질이 향상될 것입니다.

정답

(a) 그럼에도 불구하고

오답 STUDY

(b) 그 다음에 ◐ 앞의 내용에 이어서 순차적으로 발생할 일이 연결됨을 나타냅니다.

(c) 무엇보다도 ◐ 앞의 내용에 대한 예시 중 가장 중요한 것을 나타냅니다.

(d) 반대로 ◐ 앞의 내용과 상반되는 내용이 이어짐을 나타냅니다.

특강 01
키워드로 연결
논리 파악

텝스 빈출 연결어

유형	연결 관계	예시
역접	상반된 내용을 제시	however, yet, still, alternatively, rather, conversely, nevertheless, even so
인과	앞 내용의 요약/결론	thus, therefore, as a result, consequently, hence, briefly, in sum, in short
추가	유사한 내용을 추가	also, moreover, in addition, furthermore, likewise, equally, similarly
열거	순서나 과정을 나열	first, second, then, finally, to begin with, subsequently
예시	주제와 관련된 사례	for example, for instance

 이 단어만은 꼭!

cynic 냉소주의자 claim 주장하다 be meant to do ~하게 되어 있다 be broken 위반되다 strongly 강력히 disagree 반대하다
obey 준수하다 society 사회 run smoothly 잘 돌아가다 literally 글로 such as 예를 들면 how to do ~하는 방법 treat 대하다
written down or not 쓰여 있든 아니든 abide by ~을 준수하다 fewer 더 적은 problem 문제 quality 질 improve 향상되다

실제 시험 난이도와 비슷한 문제들을 풀며 학습한 내용을 확인해 보세요.

1. About 50 percent of around 1,200 professors from 840 of the top academic institutes in the US who took part in a recent study _____. And the survey creators expect this percentage to increase further. "Many schools have come under fire for hiring educators who push their own political beliefs and refuse to acknowledge any opposing views of students," said one of the researchers who carried out the survey. "The alarming thing is that only one side seems to be represented in most schools." Indeed, of the remaining professors who participated in the survey, only 7 percent expressed conservative or right wing political leanings.

(a) showed a clear liberal or left wing bias in their teaching

(b) stated that they feel increasingly unsafe in the classroom

(c) expressed dissatisfaction with the lack of support from local government

(d) noted that graduation rates are likely to continue falling nationwide

2.

> Dear Ms. Robards,
>
> We are delighted to inform you that your artwork submission has been selected as the mascot for this year's Digital Empire E-sports Tournament, which will be held in Los Angeles on October 5th. As noted in the terms and conditions of the artwork contest, we may wish to slightly modify the mascot you designed. However, in order to preserve your original artistic concept as much as possible, we would like to invite you to collaborate on this process with our graphic design and marketing teams here in LA on June 14th. We will cover all of your travel and accommodation expenses. Please let me know if you have any questions. We look forward to _____.
>
> Regards,
> Jay Vasquez

(a) receiving your artwork submission

(b) supporting you at the upcoming tournament

(c) showing you our latest range of products

(d) working with you to finalize the design

3. The gentrification of traditionally working-class areas _____
_____. As more money flows into a neighborhood, the area experiences economic growth, and many everyday aspects of living change for the better. Buildings and parks are renovated, crime rates decrease, and more job opportunities open up due to an influx of commercial businesses and a rise in construction. What people fail to appreciate, though, is the toll this takes on the original long-time residents. Studies have shown that these lower-income residents are socially and economically marginalized, and this is increasingly leading to racial and class tensions in many gentrified neighborhoods throughout the United States.

(a) is crucial in promoting long-term racial harmony

(b) is based on the fulfillment of several requirements

(c) does little to improve employment rates

(d) may be doing more harm than good

4. Up until now, efforts to combat habitat loss have largely concentrated on the direct human causes, such as urbanization and the clearing of habitat for agricultural purposes or resource harvesting. According to several leading scientists, while these human-related causes remain important, it is also necessary to find ways to tackle causes of habitat loss that are not directly related to human activity, such as ecosystem nutrient depletion, climate change, and the adverse effects of invasive species. If we hope to successfully address and tackle the issue of habitat destruction on a global scale, we must _____
_____.

(a) seek viable environmentally-friendly alternatives to fossil fuels

(b) figure out how to significantly slow down the rate of urbanization

(c) broaden our focus to include equally damaging indirect factors

(d) help animal species to successfully adapt to their new environments

READING

5. There is much debate centered around whether true altruism exists in human psychology. Altruism can be broadly defined as an unselfish regard for the welfare and happiness of other human beings. In other words, an altruistic act is one that is entirely selfless and performed only to benefit the recipient, with no perceivable reward for the individual who performs the act. According to the theory of psychological egoism, however, no act of helping or sharing can be considered truly altruistic, as the actor receives an intrinsic reward in the form of personal gratification. Unfortunately, due to the complexities of human psychology, this is impossible to prove or disprove in a clinical setting. As such, true altruism _____.

(a) enhances the welfare of the entire human race
(b) occurs only in the presence of intrinsic rewards
(c) remains an enigma that is unlikely to be solved
(d) exists in a dormant state within each individual

6.

Dear Mr. Ferrie,

It has recently come to our attention that _____.
According to our database, you borrowed one DVD and two books on April 27th and returned these on time on April 30th. We expect all library members to take great care with our items so that they remain in perfect condition for the next borrower to enjoy. However, after closer inspection, it appears that the DVD you recently brought back is badly scratched and unwatchable. As per library policy, no action will be taken on this occasion, as we understand that accidents will occasionally happen. Please take care in the future so that we can continue to maintain an extensive collection for our community. We value you as a library member and hope to see you again soon.

Kind regards,
Donald Lanegan

(a) you have yet to return an overdue item
(b) an item you borrowed was returned damaged
(c) your library membership will be expiring soon
(d) a DVD you reserved is ready for collection

7. In June 2020, Japan's Fugaku surpassed the American-made Summit as the world's most powerful supercomputer, a title that Summit had held for around two years. At the biannual TOP 500 supercomputer speed ranking, Fugaku achieved a result of 415.5 petaflops, almost three times faster than Summit. Yet despite the common association between advanced technology and Japan, this is only the second time in two decades that the country has held the top spot in the TOP 500 rankings. _____, American-made and Chinese-made systems have dominated the rankings for several years and jointly account for 340 of the systems on the current TOP 500 list, compared with only 30 Japanese-made systems.

   (a) Likewise
   (b) Therefore
   (c) In fact
   (d) However

8. A rapidly growing number of people have reported bird-flu symptoms toward the beginning of the new semester. _____, the Department of Education has recently issued an order shutting down all schools and colleges for one month in order to wait for the epidemic to die down. By doing this, they will also earn some time to obtain enough vaccines for all students before they swarm into schools and colleges around the nation. Even though this is a particularly stressful period for students, they should refrain from visiting crowded places and always wear masks outside, avoiding the further spread of the contagious disease among their peers.

   (a) For instance
   (b) Consequently
   (c) However
   (d) In addition

▸ 문법적으로 잘못된 문장을 고르는 것이 아니라 내용 흐름상 어색한 것을 골라야 합니다.

▸ 첫 문장에서 글의 주제가 드러나는 경우가 많으므로 여기에서 주제 관련 키워드를 꼭 찾아야 합니다.

▸ 글의 주제에서 벗어나는 내용의 문장을 고르면 되므로, 문장의 정확한 해석이 아니라 문장의 요지를 알려주는 키워드만 빠르게 파악하여 풀이합니다.

 STEP 1 주제를 나타내는 키워드로 내용 흐름 파악하기　　정답 및 해설 p. 96

주제어를 지니고 있지만 전체 흐름에서 벗어나는 경우

정답 문장도 주제와 관련된 키워드를 지니고 있지만, 글의 주제와는 먼 내용을 담고 있는 경우입니다.

The purpose of study groups is to give students an opportunity to **work intensely** in one or a few **particular areas** of the course. (a) The study groups are **good because** they are **student-directed**. (b) All participants are encouraged to **ask questions to each other and discuss materials**. (c) **That way**, the students are likely to **learn** different study skills and **sharpen** their own. **(d) The study groups have no effect on the grades of the students involved because they are completely voluntary.**

① 주제: 스터디 그룹의 목적
　▸ work intensely 집중 학습
　▸ particular areas 특정 분야

② 문맥 흐름
　(a) 스터디 그룹의 장점
　▸ good because ~라서 좋음
　▸ student-directed 학생 주도적인

　(b) 장점의 예시
　▸ ask questions to each other and discuss materials 서로 질문하고 자료에 대해 논의함

　(c) 스터디 그룹의 효과
　▸ That way: 그런 식으로 (앞 문장과의 연결어)
　▸ learn 배우고
　▸ sharpen 갈고 닦는다

　(d) 부정적 정보: 긍정적 정보의 흐름에서 벗어남
　▸ have no effect on the grades 성적과 무관

정답 (d) 스터디 그룹은 완전히 자율적이므로, 참가 학생들의 성적에 어떤 영향도 주지 않는다.

오답 STUDY

(b) All participants are encouraged to ask questions to each other and discuss materials.
　모든 참가자들이 서로 질문을 하고 학습 자료를 논의하도록 권장된다.
　❂ 문장 속에 주제와 관련된 단어들이 포함되지 않아 이질감이 들도록 유도한 문장입니다. 하지만, 스터디 그룹은 학생들이 하는 것이라고 했으니 「participants = students」 관계임을 쉽게 알 수 있습니다.

주제와 무관한 정보를 담고 있는 경우

주로 근거 또는 예시를 드는 경우에, 그 중의 하나가 주제와 상관이 없는 엉뚱한 내용으로 제시되는 경우입니다. 이 유형이 어려운 것은 문맥상의 오류가 글의 커다란 흐름에 있는 것이 아니라 세부적인 근거 또는 예시 등 지엽적인 것에 숨어 있어 제시된 여러 개의 근거 또는 예시들을 서로 비교해야 돼서 시간이 많이 소요되기 때문입니다.

하지만 텝스 독해 풀이의 핵심은 모든 단어를 다 읽는 것이 아니라 핵심 키워드만으로 문장의 요지를 파악하는 것이므로 몇 개의 키워드만 이용해서 주어진 지문을 요약하는 연습을 꾸준히 하는 것이 좋습니다.

Currently, many economists are arguing that there are **some good reasons to raise the taxes on alcoholic beverages.** (a) One of them is because it would **provide more revenue for the government** to improve alcohol addiction rehabilitation services. (b) But the most persuasive argument has to do with **higher fatality rates in traffic accidents.** (c) Several professors **are critical of** the large profits auto companies are making. (d) According to the fatalities data from the National Traffic Safety Board, the prime suspect seems to be **the booze in the vehicle,** so raising taxes on alcohol would discourage people from **carrying alcoholic beverages in their car.**

① 주제: 주세 인상의 근거가 충분
  ▸ some good reasons to raise the taxes on alcoholic beverages

② 문맥 흐름

  (a) 근거 1
  ▸ provide more revenue for the government 정부 세입 증가

  (b) 근거 2: 주된 요인
  ▸ higher fatality rates in traffic accidents 높은 교통사고 사망률

  (c) 근거 2의 잘못된 지지문: 교통사고와 무관
  ▸ Several professors: economists와 유사 단어로 연관성 높이려는 함정
  ▸ the large profits auto companies are making 자동차 회사들의 막대한 수익

  (d) 근거 2의 올바른 예시
  ▸ the booze in the vehicle 차내의 술
  ▸ carrying alcoholic beverages in their car 술을 가지고 차에 탑승

  정답 (c) 몇몇 교수들은 자동차 회사들이 거두고 있는 막대한 수익에 대해 비판적이다.

(오답STUDY)

(a) One of them is because it would provide more revenue for the government to improve alcohol addiction rehabilitation services.

그 이유들 중 하나는 정부가 알코올 중독 재활 서비스들을 개선하도록 더 많은 재원을 제공할 것이기 때문이다.

❍ 'traffic accidents(교통사고)'라는 키워드를 보고 revenue for the government(정부 세입)가 주제와 어긋나는 근거라고 착각하기가 쉽습니다. some good reasons 충분한(근거들) → One of them (근거 1) → But the most persuasive argument (근거 2)라는 문맥 흐름을 놓치면 이 오답을 선택하기 쉽습니다.

주제어를 지니고 있지만 전체 흐름에서 벗어나는 경우

Alzheimer's disease is the most common form of dementia and **attacks parts of the brain** that control thought, memory and language. (a) There's **no cure** for the disease, which most often **begins after the age of 65** and eventually leads to death. (b) Recently, Prof. Bengt Winblad, one of the world's top experts on the disease, said that research into Alzheimer's disease has **made "giant leaps" in the treatment of the disease**. (c) He said that **factors other than age can lead to Alzheimer's disease** including stress, high blood pressure and cholesterol. **(d) The disease was first described by German psychiatrist Alois Alzheimer in 1906 and was named after him.**

이렇게 풀어요!

① 첫 문장에서 Alzheimer's disease라는 단어를 보고 알츠하이머병이 주제임을 알 수 있습니다. 그런데 문맥 파악 유형에서는 주제가 좀 더 구체적입니다. 그 뒤의 attacks parts of the brain을 보고 알츠하이머병에 대한 이해를 돕기 위한 구체적인 내용을 다루는 글임을 알 수 있습니다. 이런 문제에는 나머지 선택지와 주제는 같지만 내용이 이질적인 내용의 선택지가 하나 숨어 있는데, 이 이질적인 내용을 다룬 선택지가 바로 정답입니다.

② (a)는 치료제가 없다(no cure)는 구체적인 내용입니다.

③ (b)는 이 병의 치료에 있어서 거대한 도약을 이루었다(made "giant leaps" in the treatment of the disease)는 내용입니다.

④ (c)는 연령과 관계된(begins after the age of 65) 이 병에 대해 새로운 발병 요인들이 있을 수 있다(factors other than age can lead to Alzheimer's disease)는 내용입니다.

⑤ (d)는 이 병의 발견자와 명칭의 유래를 밝히고 있습니다.

⑥ (a), (b), (c)는 모두 알츠하이머병에 대한 이해를 돕기 위한 구체적인 내용을 담고 있지만, (d)는 이 병의 역사에 대한 내용을 담고 있습니다. 그러므로 나머지 선택지와 내용이 이질적인 (d)가 정답입니다.

> **⏱ Check Point**
> 첫 문장에서 주제를 파악하고 선택지 네 개가 주제와 일치하는지 확인하려면 시간이 꽤 소요될 것 같지만, 네 개의 선택지 중에서 문장 분위기만 파악하여 이질적인 내용을 고르면 빠르게 정답을 찾을 수 있습니다.

주제

① 알츠하이머병은 치매의 가장 일반적인 형태이며 사고, 기억, 그리고 언어를 제어하는 뇌 조직의 여러 부분들을 공격한다.

알츠하이머병에 대한 이해를 돕기 위한 추가 정보

② (a) 이 질병은 치료제가 없으며, 대체로 65세 이후에 발병하며, 결국 사망으로 이어진다.

③ (b) 최근에, 이 질병에 대한 세계 최고 권위자 중 한 사람인 벵트 윈블래드 교수는 알츠하이머병에 대한 연구가 이 병의 치료에 있어서 "거대한 도약"을 이루었다고 말했다.

④ (c) 그는 스트레스, 고혈압, 그리고 콜레스테롤을 포함한 연령 이외의 요인들이 알츠하이머병으로 이를 수 있다고 말했다.

알츠하이머병의 역사

⑤ (d) 이 질환은 독일의 정신과 의사인 알로이스 알츠하이머에 의해 1906년에 최초로 설명되었고, 후에 그의 이름을 따서 명명되었다.

정답

(d) 이 질환은 독일의 정신과 의사인 알로이스 알츠하이머에 의해 1906년에 최초로 설명되었고, 후에 그의 이름을 따서 명명되었다.

오답 STUDY

(c) 그는 스트레스, 고혈압, 그리고 콜레스테롤을 포함한 연령 이외의 요인들이 알츠하이머병으로 이를 수 있다고 말했다.

　　⊙ (a)의 cure(치료제) 그리고 (b)의 treatment(치료)를 보고 이 글의 핵심 키워드가 '치료'라고 생각하여, factors(요인), 즉 원인을 언급하는 (c)가 나머지와 다르다고 생각할 수도 있습니다.

이 단어만은 꼭!

Alzheimer's disease 알츠하이머병 common 일반적인 dementia 치매 attack 공격하다 brain 뇌 control 제어하다 thought 사고 language 언어 cure 치료제 most often 대체로, 거의 age 연령 eventually 결국, 마침내 lead to ~로 이르다 recently 최근에 world's top 세계 최고의   expert 권위자, 전문가 research into ~에 대한 연구 make a giant leap 거대한 도약을 이루다 treatment 치료 factor 요인 other than ~외에 including ~을 포함하여 stress 스트레스 high blood pressure 고혈압 cholesterol 콜레스테롤 first 최초로 be described by ~에 의해 설명되다 psychiatrist 정신과 의사 be named after ~의 이름을 따서 명명되다

주제와 무관한 정보를 담고 있는 경우

Canada, the world's second largest country, has a variety of tourism attractions, and **its tourism industry** is experiencing an exceptional **boom**. (a) **Tourist visits to Canada have been up** more than 40% over the past two quarters this year. **(b) So, Canada is planning to innovate its major tourist attractions and increase advertising for potential tourist destinations.** (c) Due to an improving economy, the weak Canadian dollar has been **attracting an increasing number of tourists from around the world**, who otherwise would spend their vacation in the US. (d) Likewise, **a lot of Americans** are finding that the weak Canadian dollar makes visiting their Northern neighbor a bargain and **are traveling to Canada in record numbers.**

이렇게 풀어요!

① 첫 문장에서 its tourism industry(관광산업)와 boom(호황)을 보고 이 글의 주제가 캐나다 관광산업의 호황임을 알 수 있습니다. 그렇기 때문에 다음에 온 문장들의 키워드만 빨리 비교해서 캐나다 관광산업의 호황과 연관성이 가장 적은 선택지를 고르면 됩니다.

② (a) Tourist visits to Canada(캐나다로의 여행객 방문) 그리고 have been up(증가했다)만 봐도 이 문장이 주제와 관련성이 있다는 것을 알 수 있습니다. 몇 %로 증가했는지는 중요하지 않습니다.

③ (b)의 innovate its major attractions (주요 관광 명소들을 혁신하다)와 increase advertising(광고를 늘리다)을 읽고 언뜻 감이 잡히지 않을 경우에는 너무 고민하지 말고 다음 문장으로 넘어갑니다.

④ (c)의 키워드인 attracting(끌어들이는)과 increasing number of tourists from around the world(전 세계에서 점점 더 많은 관광객들)만 봐도 관광객들이 늘었다는 주제와 관련성이 있다는 것을 알 수 있습니다.

⑤ (d)에서는 Likewise라는 연결어를 보고 앞 문장과 비슷한 내용이라는 것을 짐작할 수 있지만, 함정일 수도 있으므로 키워드를 빨리 확인해 봐야 합니다. 주어인 a lot of Americans(수많은 미국인들)와 are traveling to Canada in record numbers(기록적인 규모로 캐나다로 여행을 가고 있다)가 캐나다 관광산업이 호황이라는 주제와 관련성이 있음을 알 수 있습니다.

⑥ 이 글은 캐나다 관광이 늘어난 현상과 그 원인을 밝히는 문장들로 구성되어 있습니다. 그런데 관광 명소들을 혁신하고 광고를 늘리는 것은 관광 경기가 좋지 않을 때 하는 일이므로 (b)가 주제에서 벗어난 정답입니다.

Check Point
TEPS 시험은 정답과 오답의 경계가 매우 모호한 경우가 많으므로, 선택지를 모두 확인하려고 하지 말고 다른 분위기를 풍기는 선택지를 찾았다면 바로 정답으로 골라야 합니다.

주제

① 세계에서 두 번째로 영토가 큰 나라인 캐나다는 아주 다양한 관광 명소들을 보유하고 있는데, 현재 이곳의 관광산업이 유례없는 호황을 맞고 있다.

근거 정보

② (a) 올해 첫 두 분기에 걸쳐 캐나다로의 여행객 방문이 40% 이상 증가했다.

③ (b) 따라서, 캐나다는 주요 관광 명소들을 혁신하고 유력한 관광지들에 대한 광고를 늘릴 계획을 세우고 있다.

④ (c) 경기 호전으로 인한 캐나다 달러의 약세가 전 세계에서 점점 더 많은 관광객들을 끌어들이고 있는데, 이들은 그렇지 않다면 미국에서 휴가를 보냈을 것이다.

⑤ (d) 마찬가지로, 수많은 미국인들이 캐나다 달러 약세가 헐값으로 북쪽 이웃나라를 방문할 수 있게 만들었다는 사실을 알게 되면서, 기록적인 규모로 캐나다로 여행을 가고 있다.

정답

(b) 따라서, 캐나다는 주요 관광 명소들을 혁신하고 유력한 관광지들에 대한 광고를 늘릴 계획을 세우고 있다.

(**오답** STUDY)

(c) 경기 호전으로 인한 캐나다 달러의 약세가 전세계에서 점점 더 많은 관광객들을 끌어들이고 있는데, 이들은 그렇지 않다면 미국에서 휴가를 보냈을 것이다.

🔾 otherwise(그렇지 않다면)를 놓치면, 캐나다 관광산업의 호황과 미국에서 휴가를 보낸다는 내용이 어울리지 않는다고 착각하여 (c)를 정답으로 고를 수도 있습니다.

이 단어만은 꼭!

the world's second largest 세계에서 두 번째로 큰 a variety of 아주 다양한 tourist attraction 관광 명소 tourism industry 관광산업 experience 겪다 exceptional 유례없는, 엄청난 boom 호황 tourist 관광객 visit to ~로의 방문 up 상승한, 증가한 more than ~이상 over (기간) ~에 걸쳐 past 지난 quarter 분기 so 따라서 plan to do ~할 계획이다 innovate 혁신하다 major 주요한 increase 증가시키다 advertising 광고 potential 유력한, 잠재적인 tourist destination 관광지 due to ~때문에 improving 호전하는 weak 약한, 열세인 attract 끌어들이다 an increasing number of 점점 더 많은 from around the world 전 세계로부터 otherwise 그렇지 않다면 spend 소비하다 vacation 휴가 likewise 마찬가지로 a lot of 수많은 find that ~라는 것을 알게 되다 make A a bargain: A를 헐값으로 만들다 neighbor 이웃 travel to ~로 여행하다 in record numbers 기록적인 규모로

실제 시험 난이도와 비슷한 문제들을 풀며 학습한 내용을 확인해 보세요.

1. In the Netherlands, more than one-third of the population list cycling as their most frequent mode of transport. (a) Amsterdam is particularly bicycle-friendly, with nearly 40 percent of all commutes in the city being made by bicycle. (b) In smaller cities like Zwolle, winner of the Best Bicycle City award in 2014, almost half of the local residents frequently travel by bicycle. (c) This high frequency of bicycle travel is made possible due to extensive cycling infrastructure such as cycle paths and protected intersections. (d) The number of road accidents involving cyclists in the Netherlands has seen a gradual increase over the past decade.

2. Meteorologists are forecasting a period of extreme weather in Roscoe County. (a) Starting on Monday, a tropical storm will hit the county, bringing an unprecedented amount of rainfall. (b) Winds of more than 140 kilometers per hour are also predicted, so local residents are urged to stay indoors until the storm passes. (c) Coastal regions are typically more vulnerable to tropical storms compared with inland areas. (d) Tuesday should see a decrease in rainfall and wind strength, but people should still take care when venturing outside.

3. These days, technology entrepreneur Bill Gates is known as much for his philanthropy as he is for his business endeavors. (a) In 2000, Bill and his wife Melinda set up a foundation with the goal of enhancing healthcare and reducing poverty on a global scale. (b) Bill rose to prominence after he cofounded Microsoft, the world's largest software developer. (c) Additionally, the foundation seeks to expand access to educational opportunities and information technology throughout the United States. (d) As of now, Bill and Melinda Gates have donated around $35 million to the foundation, making them the second most generous philanthropists in the world.

4. Most people can quickly recognize the familiar Swoosh logo of the American sportswear designer Nike, but few are aware of what it represents. (a) According to recent figures, Nike dominates the sports brand market, with an annual turnover in excess of $37 billion. (b) The Swoosh was designed by graphic design student Carolyn Davidson, at the request of Phil Knight, one of the founders of Nike. (c) Knight stipulated that the logo should be simplistic in its design, but convey a sense of motion and accomplishment. (d) The resulting design depicts half of a running track and also symbolizes a wing of the Greek goddess of victory, Nike.

주제 찾기

▸ 질문에 main idea, topic, subject, title 등의 단어가 들어간다면 주제 문제입니다.

▸ 주제 찾기 유형은 대부분 첫 문장에 등장하는 키워드를 파악하여 해결할 수 있습니다.

▸ 두 번째 문장이 부연 설명에 관한 것이라면, 바로 선택지에서 첫 문장의 내용과 일치하는 것을 고릅니다.

▸ 두 번째 문장이 but, however 등 반전을 나타내는 연결어로 시작하면, 둘째 문장이 주제문입니다.

▸ 선택지를 읽고 나서도 정답을 찾을 수 없을 때는 주제의 키워드를 다시 확인합니다.

 STEP 1 키워드로 주제 파악하기 　　　　정답 및 해설 p. 98

첫 문장이 주제문인 경우

첫 문장에 글의 주제가 있는 경우 두 번째 문장에서는 부연설명이 이어집니다.

Research shows that similar to the way a drink or two a day prevents heart attacks, **moderate alcohol consumption also wards off strokes.** The study has also found that **that is the case regardless of the type or combination** of alcohol consumed - beer, wine or liquor. The protective effect of moderate drinking against heart attacks is well established, but **the data has been conflicting about alcohol and strokes**. The new study **helps settle the question.**

Q: What is the main idea of the passage?

(a) Small amounts of alcohol reduce stroke risk.

(b) Alcohol consumption should be balanced with exercise.

---

① 주제: 적당한 알코올 섭취가 뇌졸중도 막는다
  ▸ moderate alcohol consumption
    적당한 알코올 섭취
  ▸ also wards off strokes 뇌졸중도 막는다

② 부연설명 1: 그것이 사실이다
  ▸ that is the case 적당한 알코올 섭취
  ▸ regardless of the type or combination
    종류나 조합과 상관없이

③ 부연설명 2: 이전까지의 상황
  ▸ the data has been conflicting about
    alcohol and strokes 알코올과 뇌졸중 관계에
    대한 자료 충돌

④ 결론: 주제를 정리
  ▸ helps settle the question 논란을 종식한다

Q: 이 글의 주제는 무엇인가?

정답 (a) 소량의 알코올이 뇌졸중 위험을 낮춘다.

오답 STUDY

(b) Alcohol consumption should be balanced with exercise. 알코올 섭취는 운동과 균형을 이루어야 한다.
  ➡ 키워드인 alcohol consumption을 그대로 반복했지만, 지문에 exercise(운동)에 대한 언급이 없으므로 오답입니다.

반전 연결어가 포함된 두 번째 문장이 주제문인 경우

두 번째 문장이 반전 연결어로 시작하는 경우 두 번째 문장이 주제문입니다.

Long-term or **excessive exposure to sunlight** has been linked to **skin aging** and **the development of skin cancer. However,** moderate sunshine can **bestow numerous benefits on humans, helping us both physiologically and psychologically.** The ultraviolet radiation in sunlight is a principal source of vitamin D3, which is important in **the strengthening of bones** and can **potentially inhibit the growth of some cancers.** It also **reduces the risk of seasonal affective disorder,** a mood disorder associated with depressive symptoms and heightened anxiety.

Q: What is the main topic of the passage?

(a) Excessive exposure to sunlight will cause harm to our skin.

(b) Sunshine can be an important help for our body and mind.

① 첫 문장: 햇빛은 건강에 해롭다
  ▸ excessive exposure to sunlight
    햇빛에 대한 과도한 노출
  ▸ skin aging 피부 노화
  ▸ the development of skin cancer 피부암 발생

② 반전 키워드: 첫 문장과 반대 내용의 주제를 제시
  ▸ However 그러나

③ 주제: 건강에 이로울 수도 있다
  ▸ bestow numerous benefits on humans
    사람에게 많은 이로움을 준다
  ▸ helping us both physiologically and psychologically
    생리학적 그리고 정신적으로 도움이 된다

④ 예시 1: 자외선의 기능
  ▸ the strengthening of bones 뼈를 강화
  ▸ potentially inhibit the growth of some cancers 종양의 성장을 저지

⑤ 예시 2: 자외선의 기능
  ▸ reduces the risk of seasonal affective disorder 계절성 정서 장애의 위험을 감소시킴

Q: 이 글의 주제는 무엇인가?

정답 (b) 햇빛은 우리 몸과 마음에 중요한 도움이 될 수 있다.

(오답 STUDY)

(a) Excessive exposure to sunlight will cause harm to our skin. 과도한 햇빛 노출은 우리 피부에 해를 끼칠 수 있다.
  ❖ 지문 첫 문장에서 Excessive exposure to sunlight를 그대로 사용하여 혼동을 노렸지만, 그 뒤의 반전 연결어 However에 의해 주제의 초점이 정반대로 달라졌으므로, 첫 문장은 주제문이 아닙니다.

첫 문장이 주제문인 경우

The chemical analysis of a rock on Mars suggests **the dusty world may have had abundant water at the time it formed** - a vital requirement if the red planet was to develop life as Earth did. **Geologists already know that water once existed on Mars. The latest evidence hints that** water may have existed there more than 4 billion years ago, the same era when life began on Earth. "It completely changes most people's views on Mars," said Allan Boldwin, a planetary scientist at the Lunar and Planetary Institute in Houston. According to him, **Mars once had water** that was very active on the planet.

Q: What is the main topic of the passage?

(a) Historical changes in Mars' atmosphere

(b) The distribution of rocks on Mars' surface

(c) The discovery of new lifeforms on Mars

(d) New signs that Mars once held water

이렇게 풀어요!

① 첫 문장은 먼지로 뒤덮인 화성이 생성 당시에는 물이 풍부했을 것이라는 화학적 분석 결과를 전하고 있습니다. 이때 다음 문장이 첫 문장을 지지하는 내용이면 첫 문장이 주제문입니다.

② 그런데 두 번째 문장을 보니, 한때 화성에 물이 존재했음을 지질학자들이 알고 있다고 합니다.

③ 두 번째 문장이 첫 문장의 내용을 부연 설명하는 내용이므로 첫 문장의 내용이 이 글의 주제입니다.

④ 첫 문장을 요약하고 이 내용을 선택지와 비교해 봅니다.

⑤ the dusty world may have had abundant water at the time it formed와 같은 의미를 지니는 선택지를 골라야 하는데, 선택지에서는 이 표현이 살짝 바뀐다는 것에 유의해야 합니다.

⑥ the dusty world = Mars, may have had abundant water = held water, at the time it formed = once와 같은 패러프레이징을 통해 (d)가 정답임을 알 수 있습니다.

Check Point

독해의 주제 문제는 대부분 첫 한두 문장에서 정답을 찾을 수 있습니다. 하지만 간혹 주제와 연관된 키워드가 쉽게 드러나지 않는 경우도 있는데, 반복해서 읽어서 전체를 포괄하는 키워드를 찾는 감각을 길러야 합니다. 이 훈련을 하면 이와 비슷한 형식을 가진 청해의 Part 4 또는 Part 5 문제에 대한 풀이 능력도 향상됩니다.

지문 구조 분석

주제

① 화성 암석에 대한 화학적 분석 결과가 먼지로 뒤덮인 화성이 생성 당시에는 풍부한 물을 지녔을 수 있음을 시사한다. 이것은 붉은 행성인 화성이 지구처럼 생명체를 발전시키기 위해 꼭 필요한 환경이다.

부연 설명

② 지질학자들은 한때 화성에는 물이 존재했음을 이미 알고 있었다.

증거 제시

③ 최근의 증거는 지구에 생명체가 형성된 것과 같은 시기인 40억년보다 더 이전의 시기에 그곳에 물이 존재했을 수 있음을 암시한다.

④ "이 증거는 화성에 대한 대부분의 사람들의 생각을 완전히 바꿔 놓았습니다."라고 휴스턴 소재의 달 및 행성 연구소에 근무하는 행성학자 알렌 볼드윈이 말한다.

⑤ 그의 말에 따르면, 화성은 한때 행성에서 매우 활발한 활동을 했던 물을 가졌다.

Q: 이 글의 주제는 무엇인가?

정답

(d) 화성에 한때 물이 존재했음을 보여주는 새로운 흔적들

오답 STUDY

(a) 화성 대기의 역사적 변화

　　● atmosphere(대기)라는 키워드는 이 글에 등장하지 않습니다.

(b) 화성 표면의 암석 분포

　　● rock(암석)이라는 키워드가 지문에 있지만, 주제어는 rocks가 아니라 water(물)이므로 오답입니다.

(c) 화성에서 새로운 생명체의 발견

　　● 생명체에 대한 언급은 물의 필요성에 대한 부연 설명(a vital requirement if the red planet was to develop life)에서 나온 것으로 생명체의 발견은 언급되지 않았습니다.

특강 02
주제는 처음과
마지막 문장 공략

이 단어만은 꼭!

chemical 화학의, 화학적인　analysis 분석　Mars 화성　suggest 암시하다, 시사하다　abundant 풍부한　form 형성되다　vital 필수적인　requirement 필수 요건　red planet 붉은 행성 (화성의 별칭)　develop 발전시키다　geologist 지질학자　exist 존재하다　latest 최근의　evidence 증거　hint 암시하다　era 시대　completely 완전히　view 관점, 견해　planetary 행성의　institute 연구소　according to ~에 따르면　once (과거에) 한때는　historical 역사적인　change in ~의 변화　atmosphere 대기　distribution 분포　rock 바위　surface 표면　discovery 발견　lifeform 생명체　sign 흔적, 조짐

반전 연결어가 포함된 두 번째 문장이 주제문인 경우

Idi Amin, **the former Ugandan dictator**, was accused of **torture, ethnic cleansing, and the murder of some 300,000** of his countrymen during his reign from 1971 to 1979. **However,** when the Tanzanian military invaded Uganda, **he sought refuge with the Saudi royal family, who showed no inclination to extradite him.** Although the Saudis did impose a media gag on Amin, **they also paid the former military leader a monthly stipend that allowed him to live out the rest of his days comfortably** with a large entourage in a villa in Jidda. Amin wined and dined on imported luxury foods there until he died of kidney failure in 2003.

Q: Which of the following is the best title of the passage?

(a) Dictator Felt Remorse for His Actions

(b) Dictator Evaded Punishment for His Crimes

(c) Dictator Caused a Rift Within the Saudi Royal Family

(d) Dictator Extradited to his Homeland to Face Trial

이렇게 풀어요!

① 첫 문장에서 주제어 dictator를 확인하고 그가 한 일인 torture(고문), ethnic cleansing(인종 청소), the murder of some 300,000(30만명 살해) 등을 확인합니다.

② 그런데 두 번째 문장이 반전을 나타내는 연결어 However로 시작하므로, 글의 주제문이 두 번째 문장이라는 것을 알 수 있습니다.

③ 두 번째 문장은 탄자니아 군대가 침공한 후, 아민이 사우디 왕가로 망명했고(he sought refuge with the Saudi royal family) 사우디는 그를 본국으로 송환할 생각이 없었다는(showed no inclination to extradite him) 내용입니다.

④ 여기서 특히 no inclination to extradite him을 통해 처벌을 받지 않은 사실을 알 수 있으므로 (b)가 정답입니다. 참고로, 동사 extradite는 범죄를 저지르고 해외로 도주한 사람을 본국으로 송환하여 벌을 받도록 하는 것을 말합니다.

⏱ Check Point

독해는 문제 풀이 시간이 절대적으로 부족합니다. 그러므로 주제 문제처럼 제시문 전체를 읽을 필요가 없는 유형은 첫 문장 또는 두 번째 문장까지만 읽은 뒤, 주제를 결정하고 바로 선택지와 대조하는 결단력이 필요합니다.

 지문 구조 분석

도입부

① 우간다의 이전의 독재자 이디 아민은 1971년부터 1979년까지 통치하는 동안에 저지른 고문, 인종 청소, 그리고 약 30만 명의 자국민을 살해한 것으로 규탄을 받았다.

주제

② 하지만, 탄자니아 군대가 우간다를 침공했을 때, 그는 사우디 왕가로 망명하였고, 사우디 왕가는 그를 본국으로 송환할 의사를 내비친 적이 없었다.

추가 정보

③ 사우디가 실제 아민에게 언론 활동을 금지하는 명령을 내리긴 했지만, 사우디는 또한 이 전직 군부 지도자에게 많은 수행원들을 거느리고 지다의 한 빌라에서 편안하게 여생을 보내도록 매월 급료를 지급했다.

④ 아민은 그곳에서 고급 수입 음식들을 먹고 마시며 살다가 2003년 신부전증으로 사망했다.

Q: 이 글의 가장 적절한 제목은 다음 중 어느 것인가?

정답

(b) 자신이 저지른 범죄에 대해 처벌받지 않은 독재자

오답 STUDY

(a) 자신의 행동에 가책을 느꼈던 독재자

➡ 가책(remorse)을 느꼈음을 보여주는 내용은 없습니다. 오히려 wined and dined(먹고 마시며 살았다)에서 가책을 느끼지 않았음을 유추할 수 있습니다.

(c) 사우디 왕가 내에 불화를 일으켰던 독재자

➡ 사우디 왕가가 아민이 여생을 편히 살도록 급료까지 주었으므로(paid the former military leader ~ allowed him to live out the rest of his days comfortably) 불화도 없었습니다.

(d) 재판을 받기 위해 본국으로 송환된 독재자

➡ 사우디는 아민을 송환할 의사가 없었으므로(showed no inclination to extradite him) 오답입니다.

 이 단어만은 꼭!

former 전직의 dictator 독재자 be accused of ~에 대해 규탄 받다 torture 고문 ethnic cleansing 인종 청소 murder 살해 countryman 자국민 reign 집권, 통치 however 하지만 military 군대 invade 침공하다 seek 추구하다(sought는 과거형) refuge 망명, 피난 royal family 왕가 show no inclination to do ~할 의향을 전혀 보이지 않다 extradite (범인을) 본국으로 송환하다 although 비록 ~이지만 impose (명령을) 내리다 media gag 언론 활동 금지 also 또한 monthly 매월의 stipend 급료 allow A to do: A가 ~하도록 해주다 live out the rest of one's days 남은 여생을 살다 comfortably 편안하게 large 많은 entourage 수행원들 wine and dine 먹고 마시다 imported 수입된 luxury 고급의 die of (병으로) 사망하다 kidney failure 신부전증 remorse 후회, 가책 action 행동 evade 피하다, 모면하다 punishment 처벌 crime 범죄 cause 일으키다 rift 불화 within ~내에 homeland 고국 face 맞이하다, 직면하다 trial 재판

실제 시험 난이도와 비슷한 문제들을 풀며 학습한 내용을 확인해 보세요.

1. In 1919, two German brothers, Adolf and Rudolf Dassler, founded a shoe manufacturing company commonly referred to as Geda. After working together for 30 years, they abruptly closed down the company and ceased all communication. The bitter feud apparently began due to strife between their wives, and Rudolph's suspicion that his brother was behind his conscription into the army, which led to his brief imprisonment. After World War II, both brothers raced to establish new companies. Rudolph founded Puma in 1948, and Adidas was established by Adolf one year later. Despite harboring a lifelong resentment for each other, the brothers turned their respective companies into immensely lucrative and successful ventures.

   Q: What is the passage mainly about?
   (a) Why the Dassler brothers decided to leave Germany
   (b) How businesses prospered during World War II
   (c) Why family-run businesses have more longevity
   (d) How a fierce rivalry led to commercial success

2. A longstanding part of many religious traditions, fasting has recently increased in popularity as a method of losing weight. However, although studies have shown that fasting can be an effective way for some people to lose weight, it depends largely on an individual's lifestyle and personality. For instance, researchers have found that people who fast are more likely to give up on weight-loss efforts than those who follow traditional diet plans, because fasting is harder to maintain over time. Research also indicates that it is common for fasters to hinder weight-loss progress by binging after the fasting period. Similarly, fasting days may give a false sense of security, resulting in people carelessly overindulging on non-fasting days.

   Q: What is the main topic of the passage?
   (a) The benefits of fasting on the human body
   (b) The relationship between religion and fasting
   (c) The limitations of fasting as a weight loss tool
   (d) The differences between popular fasting methods

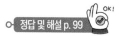
3. Individuals who compulsively collect objects and are unwilling to discard them likely suffer from hoarding disorder. When left unchecked, this psychological condition can cause severe stress or impairment, exacerbate health risks, and negatively impact social relationships. Most psychologists suggest concurrent pharmacological and psychotherapeutic approaches in tackling the condition. With regard to the former approach, some compulsive hoarders have shown signs of improvement after being prescribed antidepressants. For the latter, cognitive-behavioral therapy, including family therapy and decluttering sessions, has proven to be very effective for most patients.

Q: What is the passage mainly about?
(a) Factors that lead to excessive hoarding
(b) Ways to improve your social relationships
(c) Treatment methods for a mental disorder
(d) Increases in the prevalence of depression

4. In 1867, approximately 3,000 Chinese railroad workers hired by the rail companies to install 1,000 kilometers of tracks between California and Utah went on strike to demand equal and fair treatment. The Chinese had to endure severe discrimination while they were paid less than half of the amount received by American workers, and they lived in makeshift tents while white workers were given accommodation in train cars. Seven days after the strike began, the largest labor action in U.S. history ultimately failed when the company cut off their food supply to starve them out.

Q: What does the author mainly talk about?
(a) The history of the US railway union
(b) Harsh working conditions faced by emigrant workers
(c) Chinese contributions to US industry
(d) Dangers of rail travel in the mid-19th century

READING

UNIT 04 · Part 3 · 세부사항 찾기

▸ 세부사항 찾기 유형은 correct라는 단어가 문제에 있으며, 지문의 단편적인 사실을 묻습니다.

▸ 선택지에 숫자, 장소, 이름 등이 나오면, 지문 속에서 바로 해당 부분을 찾는 스캐닝 기술이 필요합니다.

▸ 어려운 단어, 특히 형용사와 부사는 문제 풀이에 거의 영향을 미치지 않으므로 건너뜁니다.

STEP 1 선택지의 키워드를 지문에서 확인하기   정답 및 해설 p. 101

지문 전체에 대한 세부사항을 묻는 경우

선택지에 제시된 키워드를 지문에서 찾아 옳은 내용인지 확인합니다.

Dear Uncle John,

I want to come visit your farm this summer during school vacation. Mom says I am big enough now to go by myself and she'll let me if you say it's OK. She says I can stay for two weeks, but that I have to take my books and study at least one hour a day while I'm at your house. What do you think? Mom says that Aunt Martha has to agree, too. I promise I won't be any trouble. I look forward to hearing from you. I hope you say yes.

Dana

Q: Which of the following is correct according to the letter?

(a) Dana only needs permission from her uncle to visit his farm alone.

(b) Dana's Mom would allow the visit with a few strings attached.

---

① 다나 관련 정보

▸ I want to come visit your farm
  삼촌의 농장 방문을 희망

▸ I won't be any trouble 말썽 피우지 않겠음

▸ I hope you say yes 허락 요청

② 다나 엄마 관련 정보

▸ Mom says I am big enough now to go by myself 다나가 혼자 갈 만큼 컸다고 말함

▸ she'll let me if you say it's OK
  삼촌이 좋다면 허락할 예정

▸ I have to take my books and study
  다나가 책을 가져가서 공부해야 한다고 말함

▸ Mom says that Aunt Martha has to agree, too. 숙모의 허락도 필요하다고 말함

Q: 편지에 따르면, 다음 중 옳은 것은 무엇인가?

[정답] (b) 다나의 엄마는 몇 가지 조건을 달아서 방문을 허락하려고 한다.

오답 STUDY

(a) Dana only needs permission from her uncle to visit his farm alone.
    다나는 삼촌의 농장을 혼자 방문하기 위해 삼촌의 허락만 받으면 된다.

  ◐ 지문 중반부에 책을 가져가서 공부해야 한다는 것과 후반부에 숙모도 허락해야 한다는 엄마의 조건이 두 개 더 제시되므로 오답입니다.

특정 키워드에 대한 세부사항을 묻는 경우

질문에 제시된 키워드를 지문에서 찾아 옳은 내용인지 확인합니다.

Pawnshops have **been around for thousands of years** and are **found in nearly every town**, big or small. Pawnshops **still play an important role in many communities** by providing people with an easy and quick way to borrow small amounts of money. It works like this: You **bring in something as collateral** and the pawnbroker **gives you a loan**, which is called pawning. **When you repay the loan, plus interest, you get your collateral back.** If not, the pawnbroker keeps the collateral and may sell it to someone else.

Q: Which of the following is correct about pawnshops?

(a) They are losing influence in most areas.

(b) You must pay them more than you borrow.

① 전당포의 역할

- ▸ been around for thousands of years
  수천 년 동안 존재
- ▸ found in nearly every town
  거의 모든 도시에 있음
- ▸ still play an important role in many communities 아직도 중요한 역할을 함

② 전당포의 운영 원리

- ▸ bring in something as collateral
  담보를 가져가면
- ▸ gives you a loan 돈을 빌려줌
- ▸ When you repay the loan, plus interest, you get your collateral back. 이자와 함께 빚을 갚을 때 담보물을 되찾을 수 있음

Q: 전당포에 관해 다음 중 옳은 것은 무엇인가?

정답 **(b)** 사람들은 빌린 돈보다 더 많이 갚아야 한다.

오답 STUDY

(a) They are losing influence in most areas. 전당포는 대부분의 지역에서 영향력을 잃고 있다.

> ◑ 두 번째 문장에서 still play an important role in many communities(많은 지역사회에서 아직도 중요한 역할을 하고 있다)라고 하므로 영향력을 잃고 있다는 것은 잘못된 정보입니다. 지문의 표현 in many communities를 in most areas로 바꾸어 활용하는 듯하면서 핵심 내용을 바꾼 전형적인 오답 선택지 유형입니다.

⊘ Check Point

문항당 1분 정도의 속도로 풀어야 하는 독해에서 correct 유형을 풀기 위해 지문을 다 읽는다면 승산이 없습니다. 텝스는 실용문이기 때문에 전공 지식 또는 상식의 영역에서 미리 접해 본 지문들을 종종 만나게 됩니다. 이런 경우에는, 예를 들어, 이 글처럼 '전당포'라는 주제의 글이 나오면, 지문을 읽는 대신 최대한 상식을 동원하여 먼저 선택지를 공략하여 정답을 찾아내는 시간을 줄이는 전략이 필요합니다.

지문 전체에 대한 세부사항을 묻는 경우

Research shows that cell phones cause more than 25 percent of the car accidents in the US. Analysts say that figure has much to do with the fact that **more and more states are declaring that using cell phones while driving is a crime** like drunk driving. For instance, Kentucky, the 22nd state to ban texting while driving, prohibits drivers of all ages from using a cell phone to text. Currently, its law **imposes a $25 fine** on the first offense **and $50** on each subsequent case. However, many people have been arguing that **the fines are not high enough** to stop this dangerous habit. Accordingly, the state legislature is now considering a bill which will **enforce some punitive damages** for drivers who cause accidents while using phones.

Q: Which of the following is correct according to the passage?
(a) Every state in the United States has made texting while driving illegal.
(b) Many people have been arguing that the new bill is unnecessary.
(c) Drivers using cell phones will be punished even harder.
(d) Fines have proven effective for decreasing cell phone use.

 이렇게 풀어요!

① 지문 전체에 대한 correct 질문 유형은 선택지를 먼저 읽고 키워드를 정리한 뒤, 지문에서 이를 대조하는 것이 더 빠른 방법입니다.

② (a) Every state - illegal 모든 주가 불법화
　 (b) new bill - unnecessary 새로운 법안이 불필요
　 (c) punished - harder 더 강한 처벌
　 (d) Fines - effective 벌금이 효과적

③ 키워드로 지문의 핵심을 빠르게 파악해보면, imposes a $25 fine ~ and $50(벌금 부과) ◐ the fines are not high enough(그 벌금으로는 불충분) ◐ enforce some punitive damages(징벌적 손해배상 시행)라는 문제 해결책의 흐름을 알 수 있습니다.

④ 즉, $25와 $50 벌금이 충분하지 않아서 그 결과, 검토 중인 bill은 더 강력한 처벌을 의미한다고 볼 수 있으므로 그런 의미인 will be punished even harder를 포함한 (c)가 정답입니다.

> ⊘ **Check Point**
> 이 지문처럼 사회적 이슈를 나타내는 글은 첫 문장에서 문제를 제시하고, 다음 문장에서 그 해결책을 제시하며, 이후에 그 해결책을 실행하는 사례가 제시되는 것이 일반적인 내용 흐름입니다. 그러므로 이런 글에 대한 correct 질문 유형의 경우, 먼저 선택지 내용을 간략히 정리한 후, 해당 부분이 쓰여 있는 지문의 위치로 바로 이동하여 확인하는 연습을 꾸준히 하는 것이 좋습니다.

지문 구조 분석

주제: 운전 중 휴대전화 사용의 문제
① 연구는 미국에서 발생하는 자동차 사고의 25% 이상이 휴대전화가 원인이라는 것을 보여준다.

해결책: 운전 중 휴대전화 사용 불법화
② 분석가들은 이 수치가 점점 더 많은 주들이 운전 중 휴대전화를 사용하는 것이 음주운전과 같은 범죄라고 선언하고 있다는 사실과 연관성이 크다고 말한다.

사례
③ 예를 들면, 운전 중 문자 발송을 금지한 22번째 주인 켄터키는 모든 연령의 운전자들에게서 문자를 보내기 위해 휴대전화를 사용하는 행위를 금지했다.

④ 현재, 법률은 초범에게 25달러의 벌금을 부과하고, 재범의 경우에는 50달러를 부과하고 있다.

⑤ 하지만, 많은 사람들은 이 25달러의 벌금이 이 위험한 습관을 근절할 만큼 충분히 높지 않다고 주장한다.

⑥ 따라서, 켄터키 주의회는 현재 휴대전화를 사용하는 중에 사고를 일으키는 운전자에 대해 상당한 징벌적 손해배상을 청구하게 될 법안을 검토 중이다.

Q: 이 글에 따르면, 다음 중 옳은 것은 어느 것인가?

정답
(c) 휴대전화를 사용하는 운전자들은 훨씬 더 심한 처벌을 받을 것이다.

오답 STUDY

(a) 미국의 모든 주가 운전 중 문자 보내는 것을 불법 행위로 규정하고 있다.
- more and more states는 아직 전체가 그런 것은 아니라는 뜻이므로 every state는 잘못된 정보입니다.

(b) 많은 사람들이 새로운 법안이 불필요하다고 주장하고 있다.
- 의회가 검토 중(considering a bill)이라고만 나올 뿐 찬반에 대한 의견은 없으므로 unnecessary라는 부정적인 의견이 제시된 (b)도 오답입니다.

(d) 휴대폰 사용을 줄이는 데 벌금이 효과적임이 입증되었다.
- 마지막에서 두 번째 문장의 not high enough는 벌금의 효과가 적다는 의미이므로 옳지 않은 정보입니다.

이 단어만은 꼭!

research 연구 show 보여주다, 밝히다 cell phone 휴대전화 cause 일으키다 more than ~이상의 accident 사고 analyst 분석가 figure 수치 have much to do with ~와 연관성이 높다 fact 사실 more and more 더 많은 state 주 declare 선언하다 while driving 운전 도중에 crime 범죄 like ~와 같은 drunk driving 음주운전 for instance 예를 들면 ban 금지하다 texting 문자 보내기 prohibit A from -ing: A가 ~하지 못하도록 금지하다 of all ages 모든 연령대의 currently 현재 law 법률 impose 부과하다 fine 벌금 offense 위반 subsequent 후속적인 case 사례, 경우 however 하지만 argue 주장하다 not high enough to do: ~할 만큼 충분히 높지 않은 stop 멈추다 dangerous 위험한 habit 습관 accordingly 따라서 legislature 의회 consider 검토하다 bill 법안 enforce 집행하다 some 상당한 punitive 징벌적인 damages 손해배상 illegal 불법의 unnecessary 불필요한 be punished 처벌받다 even 훨씬 harder 더 심하게 prove 입증되다, ~임이 드러나다 effective 효과적인 decrease 줄이다, 감소시키다

특정 키워드에 대한 세부사항을 묻는 경우

Acupuncture **has gradually gained popularity in the US** over the past two decades. That number could rise as people suffering from chronic pain scramble for alternatives to **Biox and Vexra, two blockbuster drugs that have been removed from the market recently because of safety concerns.** Acupuncture started in **China more than 2,000 years ago.** The Chinese believed diseases such as arthritis were caused by **an imbalance in life forces: yin and yang. The imbalance leads to a blockage of qi**, a vital energy source in the body. **Acupuncture is thought to unblock that energy**, which helps ease the pain.

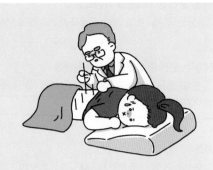

Q: Which of the following is correct about acupuncture?

(a) The Chinese devised it around 2000 BC.

(b) Its popularity has decreased in the US.

(c) It might help cure a disease caused by imbalance between yin and yang.

(d) It has been prohibited in the US due to safety concerns.

이렇게 풀어요!

① 특정 키워드에 대해 세부사항을 묻는 질문은 선택지들의 키워드를 먼저 읽고 내용을 정리한 뒤 지문을 읽는 것이 좋습니다.

② (a) 2000 BC 기원전 2천년
　　(b) popularity has decreased 인기가 감소
　　(c) cure a disease - imbalance - yin and yang 음양 불균형에 의한 질병을 치료
　　(d) prohibited - safety concerns 안전 우려로 금지

③ 관절염의 원인을 설명하는 an imbalance in life forces: yin and yang(음양의 불균형) ◐ leads to a blockage of qi(기를 막음)의 흐름을 연결해 보면 a disease caused by an imbalance of yin and yang이 관절염을 가리키는 것을 알 수 있습니다.

④ 그러므로 unblock that energy를 help cure로 바꾸어 표현한 (c)가 정답입니다.

⑤ 정답을 확인했다면, 남은 선택지를 확인하지 않고 바로 다음 문제로 넘어갑니다.

> **◎ Check Point**
> 선택지 네 개를 모두 확인하기 위해 지문 전체를 읽어야 하는 correct 질문 유형에서는, 주제에 대해 알고 있는 경우, 전공 지식이나 상식 등 배경지식을 최대한 활용하여 지문을 읽는 시간을 최대한 절약할 수 있습니다. 이런 배경 지식으로 정답을 바로 맞힐 수도 있지만, 최소한 오답 선택지를 제거할 수만 있어도 큰 도움이 됩니다.

지문 구조 분석

주제: 침술의 전망

① 침술은 지난 20년간 미국에서 서서히 인기를 얻었다.

② 만성 통증을 가진 사람들이 안전에 대한 우려로 최근 시장에서 퇴출된 두 가지 유명한 약물인 Biox와 Vexra의 대안을 찾으려고 애쓰는 상황에서 그 인기는 증가할 수도 있다.

침술의 역사

③ 침술은 2천여 년 전에 중국에서 시작되었다.

침술의 원리

④ 중국인들은 관절염 같은 질환이 '음과 양'이라는 생명력의 불균형 때문에 발생한다고 믿었다.

⑤ 그러한 불균형이 인체의 필수 에너지원인 '기'를 막는다.

⑥ 침술은 그 막힌 에너지를 뚫어주며, 그것이 고통을 완화하는 데 도움을 준다고 여겨진다.

Q: 침술에 관해 다음 중 옳은 것은 어느 것인가?

정답

(c) 침술은 음양 사이의 불균형으로 인해 발생하는 질병을 고치는 데 도움이 될 수도 있다.

오답 STUDY

(a) 중국인들이 기원전 약 2천년에 침술을 고안했다.

　◎ more than 2,000 years ago의 숫자만 보고 풀면 이 오답에 속을 수 있습니다. ago와 BC는 2천년의 시간 차이가 있습니다.

(b) 미국에서 침술의 인기가 식었다.

　◎ 첫 문장의 gained popularity와 상반됩니다.

(d) 침술은 미국에서 안전 우려로 인해 금지되었다.

　◎ 시장에서 퇴출된 것은 침술이 아니라 Biox와 Vexra라는 두 가지 유명한 약들입니다.

특강 03

Correct 질문
최단 시간 해결법

이 단어만은 꼭!

acupuncture 침술 gradually 점점, 서서히 gain popularity 인기를 얻다 over the past two decades 지난 20년간 rise 증가하다 suffering from ~을 앓는 chronic 만성의 pain 통증 scramble for ~을 얻으려고 서로 다투다 alternative to ~에 대한 대안 blockbuster 크게 인기가 있는 drug 약 be removed from ~에서 제거되다 recently 최근 because of ~때문에 safety 안전 concern 우려, 걱정 more than ~이상 disease 질병 arthritis 관절염 cause 발생시키다 imbalance 불균형 life force 생명력 yin and yang 음양 lead to ~에 이르다 blockage 막힘 qi 기 vital 필수의 energy source 에너지원 be thought to do ~한다고 여겨지다 unblock 막힌 것을 뚫다 ease 완화시키다 devise 고안하다 around 약 ~, ~쯤 BC 기원전 decrease 줄어들다 cure 치료하다 prohibit 금지하다 due to ~ 때문에

실제 시험 난이도와 비슷한 문제들을 풀며 학습한 내용을 확인해 보세요.

1. As trade tensions continue to increase between the United States and China, governments all over the world are bracing themselves for the fallout. So far, stimulus measures and direct subsidies have mitigated any adverse economic effects caused by the trade war between the two countries. However, leading economists anticipate a prolonged escalation of tensions that would result in major disruption to the global economy. For instance, lower economic growth in the US and China could reduce demand for various commodities, negatively impacting commodity exporters in Africa and Latin America.

Q: Which of the following is correct according to the passage?
(a) The US and China will turn to commodity producers in Africa for assistance.
(b) The trade war between the US and China is predicted to wind down.
(c) The stimulus measures taken by the US and China have had no effect.
(d) The US-China trade situation could have a ripple effect around the world.

2. According to Sigmund Freud's personality theory, the human psyche comprises three distinct components: the id, the ego, and the superego. The three components exist merely as psychological concepts, with no corresponding physical structures in the brain. The id is the only component that is present from birth, and it contains a human's most basic and instinctual urges and desires. It remains infantile throughout a person's life, unchanged by time or experience. The ego's primary role is to find realistic and rational ways to satisfy the demands of the id and seek positive outcomes. The superego seeks to control the impulsive id, allowing us to behave in a socially conscious manner and recognize right from wrong.

Q: Which of the following is correct according to the passage?
(a) Each component of the psyche is controlled by a specific part of the brain.
(b) An individual's id undergoes several phases of transformation over time.
(c) The superego enables an individual to act appropriately in society.
(d) The ego is the first component of the psyche to be formed at birth.

3. In 1936, a leftist coalition emerged victorious in the Spanish elections, and General Francisco Franco was subsequently exiled to the Canary Islands. When Franco learned of a coup plot devised by his fellow military commanders, he was initially reluctant to join, but the assassination of a conservative politician eventually persuaded him to participate. He covertly flew from the Canary Islands to Morocco and assumed control of a garrison of Spanish troops stationed there. With the help of Nazi Germany, he was able to ferry them across to Spain by boat. The coup attempt did not achieve all of its desired aims, leaving Franco and his troops in control of just one-third of the country and instigating a civil war that would last for three years.

Q: Which of the following is correct according to the passage?
(a) Franco was the original creator of the coup plot.
(b) Franco's troops were flown to the Spanish mainland.
(c) Franco's efforts to stage a coup were only partially successful.
(d) Franco travelled to Germany prior to the coup attempt.

4. With its impressive granite sculpture featuring the heads of four former US Presidents, Mount Rushmore is one of the most recognizable landmarks in the United States. What most people would never guess, however, is that the monument once had its own baseball team: the Rushmore Drillers. Gutzon and Lincoln Borglum, a father and son who oversaw the sculpting process, were huge fans of the sport, even going so far as specifically hiring laborers who were skilled at baseball. The men would work all day, and practice all evening. The Rushmore Drillers became so proficient that they placed 3rd in the semi-finals of the State Amateur Baseball Tournament, but eventually disbanded when work on Mount Rushmore was complete.

Q: Which of the following is correct according to the passage?
(a) The Rushmore Drillers won several state baseball competitions.
(b) Gutzon and Lincoln Borglum enjoyed careers as professional baseball players.
(c) The Rushmore Drillers broke up at the end of the sculpting process.
(d) Mount Rushmore's completion was delayed on account of the baseball schedule.

UNIT 05 Part 3 추론하기

▹ 추론은 시간이 많이 소모되는 고난도 문제이므로, 중급 이상의 실력이 아니면 Part 4의 쉬운 문제로 건너뛰는 것이 유리합니다.

▹ 특히, 지문 내용이 문학, 예술, 언론 기사 등이라면, 문장이 길고 어휘 난이도가 높아 상당한 독해력이 요구됩니다.

▹ 질문을 먼저 읽고 제시된 문제가 추론 문제라면, 지문의 절반까지 읽어 내용 파악을 한 후 선택지를 읽습니다.

▹ 정답 선택지의 내용이 지문에 직접 언급되지 않는 경우가 대부분이므로, 오답을 지우는 소거법이 유리합니다.

▹ 어려운 단어, 특히 형용사와 부사는 문제 풀이에 거의 영향을 미치지 않으므로 건너뜁니다.

 STEP 1 추론 전략 익히기 　　　　　　　　　　　 정답 및 해설 p. 104

정답 선택지의 내용이 지문에 전혀 언급되지 않는 경우

주어진 내용에서 다른 정보를 끌어내는 것이 추론이므로 정답 선택지가 지문과 무관한 것처럼 보입니다.

Humans are **neither rational nor irrational,** but **somewhere in between.** They **learn from the social world** around them, even if they're sometimes drawn into error as a result. This idea of "social learning" is commonly studied in biology, yet has been largely **neglected in economics.** Wall Street analyst Robert Fisher argues that **the mood swings and risk-taking** of Wall Street traders play important roles in **driving financial markets.**

Q: What can be inferred from the passage?

(a) Robert Fisher thinks people need to take more risks.

(b) Stockbrokers may make reckless decisions.

① 주제: 저자의 주장
　▹ neither rational nor irrational
　　이성도 비이성도 아님
　▹ somewhere in between 중간적 존재

② 주장의 근거
　▹ learn from the social world
　　주변의 사회에서 배움
　▹ neglected in economics
　　경제학은 사회학습론 무시

③ 예시: 추론의 근거
　▹ the mood swings and risk-taking
　　감정의 기복과 모험심
　▹ driving financial markets 금융시장을 움직임

Q: 이 글에서 추론할 수 있는 것은?

정답 (b) 주식 중개인들이 무모한 결정을 내릴 수도 있다.

오답 STUDY

(a) Robert Fisher thinks people need to take more risks.
　　로버트 피셔는 사람들이 모험심을 더 가져야 한다고 생각한다.
　　◑ 피셔는 금융시장 종사자들의 패턴을 분석했지만 모험심을 주장하지는 않았습니다.

글의 주제인 지문 첫 문장에 오답 함정이 있는 경우

첫 문장에서 주제를 먼저 파악하는 습관을 노리고 주제를 살짝 변형하여 오답으로 활용한 함정입니다.

Eating as much as an egg a day doesn't seem to increase your risk of developing heart disease or suffering a stroke, according to a study published in a recent issue of the Journal of the American Medical Association. **However, that doesn't mean you should have endless servings of omelet, quiche and souffle.** For one thing, many people like their **eggs fried in butter or served with bacon, both of which contain lots of saturated fat**, the type of fat that does the most to **clog your arteries**. For another, the study shows that eating a lot of eggs may **have adverse effects on people with diabetes.**

Q: What can be inferred from the passage?

(a) **High intakes of saturated fat may increase the risk of heart disease.**

(b) Eggs have been proved not to be related to the causes of some fatal illnesses.

① 주제: 연구 결과

▸ Eating as much as an egg a day doesn't seem to increase your risk of developing heart disease or suffering a stroke
하루 계란 한 개 정도가 심장병이나 뇌졸중의 발병 위험을 높이지는 않음

② 반론

▸ However, that doesn't mean you should have endless servings of omelet, quiche and souffle.
그렇다고 계란이 포함된 음식을 무한정 먹어도 괜찮은 건 아님

③ 반론의 예시

▸ eggs fried in butter or served with bacon, both of which contain lots of saturated fat
같이 먹는 버터 또는 베이컨 모두 많은 포화지방산을 포함함
▸ clog your arteries 혈관을 막음
▸ have adverse effects on people with diabetes 당뇨병 환자에게 악영향을 줌

Q: 이 글에서 추론할 수 있는 것은?

[정답] (a) 높은 포화지방산 섭취량이 심장병에 걸릴 확률을 증가시킬 수도 있다.

(오답 STUDY)

(b) Eggs have been proved not to be related to the causes of some fatal illnesses.
계란은 몇몇 치명적 질병의 원인들과 연관이 없다는 것이 입증되었다.

  ◐ 연구의 내용은 '하루 한 개 정도의 계란 섭취'입니다. 즉 계란의 섭취 자체가 아닌 섭취량에 대한 연구이기 때문에 계란 자체의 문제는 없다고 한 (b)는 오답입니다. 주제문을 그대로 활용하는 척하면서 핵심 내용을 바꾼 전형적인 오답 선택지입니다.

  ⏱ Check Point
  텝스는 완전히 티가 나는 오답을 거의 사용하지 않아요. 대부분 이 문제처럼 아주 사소한 디테일을 놓치면 정답처럼 보이도록 한 교묘한 오답들이 사용됩니다. 텝스 독해가 힘든 것이 바로 이런 디테일을 찾아내야 하기 때문입니다. 그럴 듯한 선택지 또는 지문에 나온 단어들이 많이 사용된 선택지들은 우선 피하는 것이 좋습니다.

READING

정답 선택지의 내용이 지문에 전혀 언급되지 않는 경우

A study of more than 2,000 adults was conducted in which their **daily intake of alcoholic beverages**, including wine and beer, was surveyed. Along with this, researchers scanned the subjects' bones **to determine whether alcohol intake has any effect on** the mineral density of the spine and hip – an indication of **general bone strength**. The study indicated that **moderate drinkers** had up to **10% greater hip bone mineral density than non-drinkers**. In fact, **silicon** that is **beneficial to bone health** is contained **in beer**, and **red wine contains phytochemicals** which also **may benefit bones**.

Q: What can be inferred from the passage?

(a) All of those surveyed drank moderate amounts of alcohol.

(b) Red wine contains silicon that is beneficial to bone density.

(c) Up to 10% of the subjects showed overall enhanced bone density.

(d) Alcohol has some positive effects on the health of human bones.

이렇게 풀어요!

① 추론이란 제시된 정보에서 전혀 다른 정보를 이끌어내는 과정이기 때문에 지문의 키워드들을 가장 적게 가지는 선택지가 정답일 확률이 높습니다.

② 첫 문장을 기반으로 한 (a)는 daily intake를 moderate amounts로 잘못 나타낸 오답입니다.

③ (b)에서 silicon은 beer에 있는 것이므로 오답입니다.

④ (c)에서 10%라는 수치는 연구 대상자가 아니라 bone mineral density(골밀도)의 정도와 연관되므로 오답입니다.

⑤ 자, 이제 남은 (d)가 무조건 정답이므로 읽을 필요도 없이 다음 문제로 넘어갑니다.

⑥ 참고로, 적당량의 음주를 하는 사람들의 골반 골밀도가 비음주자들보다 10% 정도 높다고 하는 연구 결과에서 술이 뼈 건강에 좋은 영향을 미친다고 추론할 수 있으므로 (d)가 정답입니다.

⚙ Check Point

추론 문제에서는 정답의 내용이 지문에 바로 언급돼 있지 않는 경우가 많아서 정답을 확인하는 데 시간이 많이 걸리고 고민도 됩니다. 따라서, 추론 문제를 풀 때는 확실한 오답들을 먼저 제거하고 남은 것을 확인하여 정답을 선택하는 것이 정답률을 높이는 가장 확실한 방법입니다.

지문 구조 분석

주제

① 2천여 명의 성인을 상대로 실시된, 포도주와 맥주를 포함한 그들의 1일 음주량에 대한 연구가 조사되었다.

추가 정보

② 이와 함께, 연구자들은 음주가 척추 및 골반의 골밀도에 어떤 영향을 미치는 것인지 알아보기 위해 연구 대상자들의 뼈를 스캔했는데, 이는 일반적인 뼈의 강도를 나타내는 지표이다.

③ 이 연구는 적당히 음주하는 사람들의 골반 골밀도 수치가 음주를 하지 않는 사람들보다 최대 10%나 더 높았다는 것을 나타냈다.

결론

④ 사실, 맥주에는 뼈 건강에 이로운 실리콘이 포함돼 있고, 붉은 포도주에도 역시 뼈에 도움이 될 수 있는 피토케미칼이 들어 있다.

Q: 이 글에서 추론할 수 있는 것은?

정답

(d) 술은 사람의 뼈 건강에 다소 긍정적인 영향을 미치고 있다.

오답STUDY

(a) 조사 대상자 전원이 적당한 양의 술을 마셨다.

➡ 조사 결과에서 적당한 음주자들과 비음주자들을 비교하므로 술을 마시지 않는 사람들도 포함되어서 오답입니다.

(b) 붉은 포도주는 뼈 건강에 이로운 실리콘을 함유하고 있다.

➡ 실리콘은 맥주에 들어 있으므로 오답입니다.

(c) 연구 대상자들의 최대 10%가 전반적인 골밀도 향상을 보여주었다.

➡ 10%는 연구 대상자가 아니라 골밀도와 관련된 수치입니다.

특강 04
추론 유형
심화 학습

이 단어만은 꼭!

more than ~이상의 adult 성인 conduct 실시하다 in which 그곳에서 ~하다 daily intake 일일 섭취량 alcoholic beverage 알코올 음료, 술 including ~을 포함하여 survey 조사하다, 검사하다 along with ~와 더불어 researcher 연구자 scan 검사하다 subject 연구 대상자 bone 뼈 determine whether ~인지 결정하다 have an effect on ~에 영향을 미치다 mineral density 골밀도 spine 척추 hip 골반 indication 지표 general 일반적인 strength 강도 indicate 나타내다, 보여주다 moderate 적당한 up to 최대 ~까지 in fact 사실은 silicon 실리콘 beneficial to ~에 이로운 contain 함유하다 phytochemical 피토케미컬(식물에서 자연 생성되는 물질) also 또한 benefit 이롭게 하다 amount 양 overall 전반적인 enhanced 향상된 positive 긍정적인

글의 주제인 지문 첫 문장에 오답 함정이 있는 경우

Thank you to all of the staff at Wellington Industries that have registered for **next week's special seminar. The speaker** is currently the chief financial officer of International Market Solutions, Inc., Ms. Rose Anderson. **She** has had various occupations since first becoming a research associate at Fridley Eco-Protection. **Ms. Anderson** will be speaking about achieving success in international markets through intercultural communications. **She** has helped many companies increase their market share worldwide with the strategies she will share at the seminar. And now, **let me introduce our new members of the board. Please give them a warm welcome.**

Q: Where is this talk most likely being given?

(a) At an education session

(b) At a farewell party

(c) At a company event

(d) At an inaugural ceremony

이렇게 풀어요!

① 질문에 inferred 대신 추측을 나타내는 표현 most likely(아마도)를 이용한 추론 문제입니다.

② 선택지가 간단하므로 네 가지 장소를 먼저 눈에 익혀 두고 지문을 읽되, 선택지가 바로 연상되는 단서가 지문에 있다면 추론이 아니므로 피하는 것이 좋습니다.

③ 첫 문장에서 seminar를 보고 바로 (a)의 '교육 시간'을 고르면 함정에 빠진 것입니다. seminar는 지금이 아니라 next week의 상황이기 때문에 오답입니다.

④ (b)도 새로운 사람, 즉 연사(the speaker)가 소개되는 상황이므로 farewell(송별)과는 거리가 멉니다.

⑤ 온통 다른 사람에 대한 이야기가 주를 이루고 있어서 '취임사'로 보기도 어려우므로 (d)도 정답이 아닙니다.

⑥ 그러므로 남은 (c)가 정답입니다. 마지막 문장에서 새로운 이사회 임원을 소개한다고 말하면서 열렬히 환영해달라고 부탁하는 것에서 이 장소가 회사의 행사가 진행되는 곳이라고 추론할 수 있습니다.

Check Point

추론 문제는 특히 선택지가 간단할수록 선택지를 먼저 읽고 지문을 읽으면서 오답을 제거하는 방법이 효과적입니다. 이때 첫 문장이 주제문이라는 생각을 노린 함정에 빠지기 쉬우므로 주의해야 합니다.

지문 구조 분석

주제

① 웰링턴 인더스트리 직원 여러분, 모든 분들이 다음 주의 특별 세미나에 등록해 주신 것에 감사드립니다.

추가 정보

② 연사는 현재 인터내셔널 마켓 솔루션 사의 최고재무이사로 재직 중이신 로즈 앤더슨 씨입니다.

③ 앤더슨 씨는 처음에 프리들리 에코 프로텍션의 연구원이 된 이후로 다양한 직장을 거쳤습니다.

④ 앤더슨 씨는 문화 간 소통을 통해 국제 시장에서 성공을 거두는 것에 대해 연설하실 것입니다.

⑤ 이분은 세미나에서 공유해주실 전략들을 가지고 많은 기업들이 세계적으로 시장 점유율을 높이도록 도움을 주셨습니다.

결론

⑥ 자 이제, 여러분께 우리 이사회의 새 임원들을 소개해 드리겠습니다. 이분들을 열렬히 환영해주시기 바랍니다.

Q: 이 담화는 아마도 어디에서 행해지겠는가?

정답

(c) 회사의 행사

─────────────────────────────

오답 STUDY

(a) 교육 시간

　❍ 첫 문장의 seminar를 보고 (a)를 선택한다면 오답 함정에 빠진 것입니다. 세미나는 다음 주에 있을 일정입니다.

(b) 송별 파티

　❍ 연설할 사람의 경력을 설명하고 있으므로 송별 상황이 아닙니다.

(d) 취임식

　❍ 다음 주에 있을 세미나의 연사에 대해 언급하고 있으므로 취임식으로 보기 어렵습니다.

staff 직원들 register for ~에 등록하다 special 특별한 seminar 세미나 speaker 연사 currently 현재 chief financial officer 최고 재무이사 various 다양한 occupation 직업 since ~이래로 research associate 연구원 speak 연설하다 achieve 성취하다 success 성공 through ~을 통해서 intercultural 문화 간의 communication 소통 market share 시장 점유율 worldwide 세계적으로 strategy 전략 share 공유하다 let A do: A가 ~하게 하다 introduce 소개하다 the board 이사회 give A a warm welcome: A를 열 렬히 환영하다 most likely 아마도 education 교육 session 시간, 활동 farewell 송별 event 행사 inaugural ceremony 취임식

실제 시험 난이도와 비슷한 문제들을 풀며 학습한 내용을 확인해 보세요.

1. One of the earliest helicopters ever constructed was the Ellehammer helicopter, built by Danish inventor Jacob Ellehammer in 1912. After a series of indoor tests, the experimental flying machine was demonstrated outdoors to various important individuals. A famous photograph claimed to show the aircraft hovering in 1914, but the curious absence of film clips or eyewitness accounts makes it difficult to ascertain whether actual flight occurred. Experiments with the helicopter continued until 1916, but it was prone to tipping over during takeoff, causing costly damage to the aircraft's rotors and frame. In the end, Ellehammer abandoned the design, but continued his research into vertical flight.

Q: What can be inferred about the Ellehammer helicopter?
(a) It was partially financed by the Danish royal family.
(b) It was featured in a historical film clip.
(c) Its design was incorporated into Ellehammer's later inventions.
(d) Its flying capabilities may have been overestimated.

2.

Dear Ms. Bellamy,

Thank you for your inquiry regarding our charitable foundation. As you correctly noted, Urban Aid is committed to helping the homeless and other disadvantaged individuals in the most impoverished areas of Chicago. For almost a decade, our main methods of action have included setting up and operating soup kitchens, distributing warm clothing and footwear, and providing access to medical services. We welcome any and all financial assistance that we receive through government subsidies and private donors. In regard to your question, we typically accept checks or direct transfers, and you can also contribute directly through our Web site.

Q: What can be inferred from the letter?
(a) Urban Aid provides housing for the homeless in Chicago.
(b) Urban Aid was established more than ten years ago.
(c) Ms. Bellamy currently lives in an impoverished part of the city.
(d) Ms. Bellamy intends to make a donation to the charity.

3. Have you ever glanced up at the sun and felt an uncontrollable urge to sneeze? If so, then you are one of the 18-35% of the population who experience photic sneeze reflex. Even though its precise mechanism of action is not well understood, the photic sneeze reflex has been documented throughout history. In 350 BC, the Greek philosopher Aristotle hypothesized that the heat of the sun caused sweating inside the nasal cavity, triggering a sneeze in order to remove the moisture. In the 17th century, the English philosopher Francis Bacon tested this by facing the sun with his eyes open and then closed. He found that sneezing only occurred when his eyes were open and concluded that light rather than heat functioned as the stimulus.

Q: What can be inferred from the passage?
(a) Francis Bacon proved Aristotle's hypothesis.
(b) Photic sneeze reflex has become more common over time.
(c) Francis Bacon experienced photic sneeze reflex.
(d) Aristotle doubted the existence of photic sneeze reflex.

4. With the advent of new technologies in the 21st century, sales of music CDs rapidly plummeted, and many predicted that traditional books would suffer the same fate. Electronic books had started to become popular throughout the 2000s, and when Amazon released its Kindle e-reader in 2007, many people believed that it signaled the end of paper books and traditional publishing companies. From 2008 to 2010, sales of e-books soared by 1,250%, and several bookstore chains filed for bankruptcy. However, by 2013, sales of e-books had plateaued, and today they only account for around 20% of all books sold. While a complete shift to digital reading is inevitable, it might not occur for another 50 or 100 years.

Q: What can be inferred from the passage?
(a) Paper books will always be more popular than e-books.
(b) E-book sales rose exponentially throughout the 2010s.
(c) The popularity of CDs is likely to see a resurgence.
(d) The rapid demise of paper books was exaggerated.

1지문 2문항

▸ Part 4의 지문은 제목이 주제이므로 제목부터 읽고, 아는 주제면 풀고 모르면 건너뜁니다.

▸ 광고 또는 편지[이메일] 지문은 상대적으로 쉬우므로 먼저 풀이합니다.

▸ 질문의 순서가 지문 내용 전개 순서와 일치하므로 질문을 먼저 읽고 지문의 해당 부분을 공략합니다.

▸ 각 질문을 읽고 질문 유형[주제 찾기, 세부사항 찾기, 추론하기]을 파악합니다.

▸ 각 문제의 풀이 과정은 UNIT 03~05에서 배운 Part 3 문제 풀이 요령과 똑같습니다.

 STEP 1 1지문 2문항 전략 익히기 정답 및 해설 p. 106

첫째 질문 단서는 전반부, 둘째 질문 단서는 후반부에 있다

첫째 질문을 먼저 읽고 전반부에서 단서를 찾고, 둘째 질문을 읽고 후반부에서 단서를 찾습니다.

Purchase Mayan Disaster Insurance Today

Why buy disaster insurance?

Typical home insurance does not cover a wide range of commonly occurring natural disasters, including hurricanes, tornadoes, earthquakes, and more. Many environmental scientists say that these events are on the rise, leaving many families at risk of an economic catastrophe if something happens to their house. Disaster insurance provides an incredibly cheap, low-risk safeguard against these occurrences.

Why use Mayan Insurance Company?

Although we do not cover more kinds of disasters than any other disaster insurance company in the country, we do cover blizzards and tidal waves. Furthermore, we let you select which of these events will be covered under your insurance plan. If you are not at risk for a particular natural disaster, you do not have to include it in your plan, unlike with many of our competitors.

For more information about our rates in your area, check out www.mayaninsurance.com.

1. Q: For whom is the information most likely intended?
   (a) Architects
   (b) Homeowners

2. Q: Which of the following is correct about Mayan Insurance Company?
   (a) It boasts that its coverage is the largest in the nation.
   (b) It allows its customers to select each coverage they need.

① 주제: 보험 광고

  ▸ 글의 제목이 주제

  ▸ Purchase Mayan Disaster Insurance Today 오늘 마야 재난보험에 가입하세요

② 이 보험이 필요한 이유: 첫 문제의 단서 위치

  ▸ 질문: 이 정보의 대상은 누구이겠는가? 추론

  ▸ Typical home insurance 일반적인 주택보험

  ▸ many families 많은 가정

  ▸ if something happens to their house 주택에 무슨 일이 생긴다면

  ▸ 키워드에서 정보의 대상을 유추: 가정 주택 소유자

③ 자사의 보험을 들어야 하는 이유: 둘째 문제의 단서 위치

  ▸ 질문: 마야 보험사에 대해 다음 중 옳은 것은? 세부사항

  ▸ 키워드(Mayan Insurance Company = we)가 주어인 문장 확인

  ▸ we let you select which of these events will be covered
    보장 내용에 대한 선택권을 줌

  ▸ you do not have to include it in your plan, unlike with many of our competitors
    많은 경쟁사들과 달리, 불필요한 보장은 포함시키지 않아도 됨

④ 추가 정보

  ▸ 상세 정보를 위한 사이트 안내

질문 1. 이 정보의 대상은 누구이겠는가? 추론

정답   (b) Homeowners 주택 소유자

(오답 STUDY)

(a) Architects 건축가

  ◐ natural disasters(자연재난), hurricanes(허리케인), tornadoes(토네이도), earthquakes(지진) 등의 단어들을 보고
    집을 튼튼하게 지어야 하는 건축가를 떠올릴 수 있겠지만, 건축가는 보험 광고와 관련이 없으므로 오답입니다.

질문 2. 마야 보험사에 대해 다음 중 옳은 것은? 세부사항

정답   (b) It allows its customers to select each coverage they need. 고객들이 필요한 보장을 선택할 수 있도록 한다.

(오답 STUDY)

(a) It boasts that its coverage is the largest in the nation. 자사의 보장 범위가 국내 최대라고 자랑한다.

  ◐ 둘째 단락 첫 문장 we do not cover more kinds of disasters than(~보다 많은 재난 보장을 제공하지는 않는다)만
    봐도 the largest가 사실이 아님을 알 수 있으므로 오답입니다.

첫째 질문 단서는 전반부, 둘째 질문 단서는 후반부에 있다

Pioneer: Katherine Johnson

One of the first African-American women to work as a NASA scientist, Katherine Johnson faced many obstacles in her life. In Katherine's home county, **public schooling was not available to African-Americans** past the eighth grade, **so her family moved in order to continue her education.** In 1937, she graduated from West Virginia State, a historically black college, where she had taken every available mathematics course. She later enrolled in a graduate math program at West Virginia University, where she was one of only three black students.

As a NASA "computer", Johnson's calculations of trajectories, return windows, and orbital mechanics were critical to the success of the first US crewed spaceflights. **Despite the presence of separate white and black workspaces and bathrooms, she stated that her only focus was on ensuring the success of each mission.** As such, **she rose through the ranks steadily, becoming an aerospace technologist and eventually joining the Spacecraft Controls Branch.**

1. Q: Which of the following is correct about Katherine Johnson?

   (a) She struggled to find work after graduating.

   (b) She relocated in order to keep studying.

   (c) She taught mathematics at West Virginia State.

   (d) She was the only black student at her university.

2. Q: What can be inferred about Katherine Johnson from the passage?

   (a) She was strongly opposed to NASA's treatment of black workers.

   (b) Her contributions at NASA were significantly undervalued.

   (c) Her work helped to establish the Spacecraft Controls Branch.

   (d) She refused to let segregation impede her job advancement.

 이렇게 풀어요!

질문 1.

① 첫째 질문은 correct를 보고 세부사항 찾기 유형임을 알 수 있습니다.

② 첫째 질문이므로 첫째 단락에서 단서를 찾아야 하는데, about Katherine Johnson을 보고 특정 키워드에 대한 세부사항을 묻는 문제임을 알 수 있습니다. 이 경우, 선택지의 키워드를 먼저 파악하는 것이 중요합니다.

③ (a) struggled - find work 직장을 찾기 위해 고군분투함
  (b) relocated - studying 공부하기 위해 이주함
  (c) taught mathematics - West Virginia State 웨스트버지니아 주립대학에서 수학을 가르침
  (d) the only black student 대학에서 유일한 흑인 학생

④ 키워드 파악 후, 인물에 대한 지문의 내용을 살펴보면, 고향에서 아프리카계 미국인은 교육을 더 받을 수 없으므로 교육을 계속 이어나가기 위해 고향을 떠났음을 알 수 있습니다. 그러므로 moved in order to continue her education을 relocated in order to keep studying으로 바꾸어 표현한 (b)가 정답입니다.

⑤ 정답을 확인했다면, 남은 내용을 확인하지 않고 바로 둘째 문제를 풀기 위해 다음 질문과 선택지를 읽습니다.

질문 2.

① 둘째 질문은 inferred를 보고 추론 문제 유형임을 알 수 있습니다.

② 둘째 질문이므로 둘째 단락에서 단서를 찾아야 하는데, 추론 문제이기 때문에 선택지의 내용을 지문에서 바로 찾을 수 있다면 오답일 확률이 높습니다.

③ 흑인과 백인의 공간 분리 관행이 미항공우주국에 존재했지만, 이를 반대했다는 내용은 없으므로 (a)는 오답입니다. 참고로, 차별에 반대했다는 내용인 (a)와 차별에 신경쓰지 않았다는 내용인 (d)는 정반대의 내용이므로 (a)가 정답이 아니라면 (d)가 정답일 확률이 높습니다.

④ 마지막 문장에서 꾸준히 진급했다고 하므로 undervalued(저평가된)라고 한 (b)는 오답입니다.

⑤ Spacecraft Controls Branch만 보고 (c)를 골랐다면 함정에 빠진 것입니다. 우주선통제센터를 설립한 것이 아니라, 해당 부서에서 일을 한 것이므로 오답입니다.

⑥ (a), (b), (c)가 모두 오답이므로 남은 (d)가 정답입니다. 둘째 단락 중반에 나오는 '차별이 있었음에도 불구하고 맡은 임무의 성공에 집중했다'는 내용에서 차별로 인해 승진이 방해받도록 하지 않았다는 것을 추론할 수 있습니다.

⑦ 이렇게 추론에서는 오답을 소거하고 남은 것을 정답으로 고르는 것이 문제 풀이 시간을 확보하는 데 더 효과적일 수 있습니다.

🔎 **Check Point**

독해 Part 4에서는 문제를 풀기 전에 먼저 제목과 제시문의 형식을 먼저 보고 어려운 주제의 지문들은 과감히 건너 뛰고 쉬운 지문부터 공략하는 전략이 필요합니다. 그리고 같은 지문에 대해서도 먼저 문제 유형을 파악하여 쉬운 유형의 문제들을 골라서 먼저 풀어야 합니다. 초중급자들의 경우, 난이도가 높은 추론 문제는 과감히 건너뛰는 것이 더 좋은 결과를 얻을 수 있습니다.

지문 전반부: 첫째 문제의 단서

① 미항공우주국 과학자로 근무한 첫 아프리카계 미국인 여성 중 한 명인 캐서린 존슨은 그녀의 삶에서 많은 장애물에 직면했다.

② 캐서린의 고향에서는 8학년이 지난 아프리카계 미국인들에게 공립 교육이 제공될 수 없었기 때문에, 그녀의 가족은 그녀가 교육을 계속 받도록 하기 위해 이사했다.

③ 1937년, 그녀는 전통적으로 흑인 대학인 웨스트버지니아 주립대를 졸업했는데, 그곳에서 모든 수학 과정을 수강했다.

④ 그녀는 이후에 웨스트버지니아 대학교의 대학원 수학 과정에 등록했는데, 당시 그녀는 단 세 명뿐인 흑인 학생들 중의 한 명이었다.

지문 후반부: 둘째 문제의 단서

⑤ 미항공우주국의 소위 "컴퓨터"로서, 궤도, 귀환 지역, 그리고 궤도 역학에 대한 존슨의 계산은 미국 최초 유인우주선의 성공에 있어 매우 중요한 역할을 했다.

⑥ 백인과 흑인의 업무 공간과 화장실이 분리되었음에도 불구하고, 그녀는 자신의 초점은 오직 각각의 임무를 성공시키는 것에 있다고 말했다.

⑦ 그리하여, 그녀는 꾸준히 진급하였고, 항공우주산업 기술 전문가가 되었고, 마침내 우주선통제센터에 합류하였다.

질문 1. 캐서린 존슨에 관해 다음 중 옳은 것은? 세부사항

[정답] (b) She relocated in order to keep studying. 공부를 계속하기 위해 이사했다.

(오답 STUDY)

(a) 졸업 후 직장을 찾기 위해 고군분투했다.

⊙ 졸업 후 직장을 찾는 과정은 지문에 언급되지 않으므로 오답입니다.

(c) 웨스트버지니아 주립대에서 수학을 가르쳤다.

⊙ 첫째 단락 셋째 문장에서 웨스트버지니아 주립대에서 모든 수학 과정을 들었다(she had taken every available mathematics course)고 하며, 그녀가 가르친 것에 대한 언급은 없으므로 오답입니다.

(d) 대학에서 유일한 흑인 학생이었다.

⊙ 첫째 단락 마지막 문장에서 웨스트버지니아 대학교 대학원에서 3명뿐인 흑인 학생들 중 한 명이었다(she was one of only three black students)고 언급하였으므로 오답입니다.

질문 2. 이 글에서 캐서린 존슨에 관해 추론할 수 있는 것은? 추론

정답 **(d)** She refused to let segregation impede her job advancement. 차별이 자신의 승진을 방해하도록 하지 않았다.

오답 STUDY

(a) 흑인 직원들에 대한 나사의 처우에 강력히 반대했다.

　❶ 흑인과 백인의 업무 공간과 화장실이 분리되었지만, 자신은 임무에만 집중한다고 했기 때문에 반대하지는 않았다고 추론할 수 있으므로 오답입니다.

(b) 나사에 대한 그녀의 공헌은 상당히 저평가되었다.

　❶ 미항공우주국에서 "컴퓨터"라고 불리며 최초의 유인우주선 개발을 성공시키는 데 기여했다고 하므로 저평가되었다는 것은 사실이 아닙니다.

(c) 그녀의 일이 우주선통제센터를 설립하는 데 도움을 주었다.

　❶ 승진을 거듭해 결국 우주선통제센터에 합류하게 되었다(eventually joining the Spacecraft Controls Branch)고 하는데, 우주선통제센터가 이미 존재하고 있었으므로 오답입니다.

이 단어만은 꼭!

African-American a. 아프리카계 미국인의 n. 미국 흑인　work as ~로서 근무하다　scientist 과학자　face an obstacle 장애물에 직면하다　county 카운티(주 내의 가장 큰 자치단체)　public schooling 공교육　available 이용 가능한　past ~을 지나　move 이사하다　in order to do ~하기 위해　continue ~을 계속하다, 지속하다　education 교육　graduate 졸업하다　historically 역사적으로　college 칼리지, 단과대학　take a course 과정[수업]을 수강하다　mathematics 수학　later 이후에, 나중에　enroll in ~에 등록하다　graduate 대학원생, 졸업생　only 단지, 오직　calculation 계산, 수치　trajectory 궤도　return 귀환, 복귀　window (우주선이 무사 귀환을 위해 통과해야 할 대기의) 특정 영역　orbital mechanics 궤도 역학　critical to ~에 중요한, 필수적인　success 성공　crew v. 선원을 하다, 승무원으로 탑승하다　spaceflight 우주 비행　despite ~에도 불구하고　presence 존재　separate 분리된　workspace 작업 공간　bathroom 화장실　state that ~라고 말하다, 진술하다　focus 집중(하는 것), 초점　ensure 반드시 ~하다, 확실히 ~하게 하다　mission 임무, 미션　as such 이와 같이, 그리하여　rise through the ranks 진급하다　steadily 꾸준히　aerospace 항공우주산업　technologist 기술 전문가　eventually 마침내, 결국　join ~에 합류하다　spacecraft 우주선　control 통제　branch 부서　struggle to do ~하기 위해 고군분투하다　relocate 이사하다, 이주하다　keep -ing 계속 ~하다　strongly 강력히　oppose to ~에 반대하다　treatment 대우, 처우　contribution 공헌, 기여　significantly 상당히　undervalued 저평가된, 과소평가된　help to do ~하도록 돕다　establish ~을 설립하다　refuse to do ~하기를 거부하다　let A do: A가 ~하도록 하다　segregation 차별　impede 방해하다　job advancement 승진

실제 시험 난이도와 비슷한 문제들을 풀며 학습한 내용을 확인해 보세요.

Questions 1-2

Instructors Required

Pankhurst Culinary School is looking to hire three cooking instructors at its Maidenhead location. Please consider the vacancies detailed below:

• Two part-time instructors for early-morning and late-evening classes. On Mondays, Wednesdays, and Fridays, we offer a class at 7 a.m. and a class at 9 p.m. These six classes will be split equally between the part-time instructors, and we will do our best to alternate between morning and evening classes for each instructor. At least two years of teaching experience is required. A relevant academic qualification is preferred, but not necessary.

• One full-time instructor for various classes held Monday through Friday. The successful candidate will teach between four and six 90-minute classes per day, and be paid a competitive salary based on a 40-hour work week, with all additional hours qualifying for an overtime rate. The successful candidate will be required to work on campus between 9:30 a.m. and 6:30 p.m., with a 1-hour lunch break. During breaks in between classes, the instructor will prepare lesson plans, maintain cleanliness in the classroom, and assist with answering student inquiries on our Web forum. At least three years of relevant experience plus a relevant degree are required.

Part-time applicants must be prepared to begin work by January 15th, while full-time applicants must be able to join our team by March 1st. All applicants must submit two reference letters, one of which must come from a current or recent employer.

Interested individuals should send their résumés to jobs@pankhurst.ca before December 31st.

---

1. Q: How many classes will each part-time instructor teach per week?

    (a) Two   (b) Three

    (c) Four   (d) Six

2. Q: Which of the following is correct about full-time instructor applicants?

    (a) They are not required to have a relevant degree.

    (b) They might be required to work on weekends.

    (c) They should be able to assume the role in mid-January.

    (d) They must be willing to provide some online assistance.

Questions 3-4

The Four Policemen

In 1942, as World War II was underway, US President Franklin D. Roosevelt first mentioned his concept of The Four Policemen to the UK Prime Minister Winston Churchill. What he proposed was the formation of a council comprising the four major Allies of World War II: the United States, the United Kingdom, China, and the Soviet Union. According to Roosevelt, the group would serve as an executive branch of the United Nations, and each member would maintain order within their own geographic sphere of influence in a collaborative effort to ensure world peace after the war had ended.

After convincing Churchill and the leader of the Soviet Union, Joseph Stalin, to support his proposal, Roosevelt turned his attentions to China. Churchill objected to the inclusion of China, fearing the United States was attempting to undermine the United Kingdom's colonial positions in Asia. Roosevelt countered this skepticism by asserting that China would play an instrumental role in ensuring that peace and order were maintained in Japan. He was also adamant that he could rely on China's support should any major disputes over policy arise between the US and the Soviet Union. In the end, Roosevelt's plan came to fruition and was central to the formation of the United Nations in 1945.

3. Q: According to the passage, what does "The Four Policemen" refer to?

    (a) An alliance of political leaders in the United States

    (b) A list of global policies drafted by President Roosevelt

    (c) A group of military commanders during World War II

    (d) An international organization of allied countries

4. Q: Which of the following is correct about President Roosevelt according to the passage?

    (a) He was skeptical that Churchill would accept his proposal.

    (b) He believed China would side with the US in a conflict.

    (c) He invited Japan to become a member of the United Nations.

    (d) He considered the Soviet Union a threat to world peace.

시원스쿨 텝스 Basic

실전
모의고사

TEPS

LISTENING
COMPREHENSION

DIRECTIONS

1. In the Listening Comprehension section, all content will be presented orally rather than in written form.

2. This section contains five parts. For each part, you will receive separate instructions. Listen to the instructions carefully, and choose the best answer from the options for each item.

Part I Questions 1~10

You will now hear ten individual spoken questions or statements, each followed by four spoken responses. Choose the most appropriate response for each item.

Part II Questions 11~20

You will now hear ten short conversation fragments, each followed by four spoken responses. Choose the most appropriate response to complete each conversation.

You will now hear ten complete conversations. For each conversation, you will be asked to answer a question. Before each conversation, you will hear a short description of the situation. After listening to the description and conversation once, you will hear a question and four options. Based on the given information, choose the option that best answers the question.

You will now hear six short talks. After each talk, you will be asked to answer a question. Each talk and its corresponding question will be read twice. Then you will hear four options which will be read only once. Based on the given information, choose the option that best answers the question.

You will now hear two longer talks. After each talk, you will be asked to answer two questions. Each talk and its corresponding questions will be read twice. However, the four options for each question will be read only once. Based on the given information, choose the option that best answers each question.

L

TEPS

VOCABULARY & GRAMMAR

DIRECTIONS

These two sections test your vocabulary and grammar
knowledge. You will have 25 minutes to complete a total of
60 questions: 30 from the Vocabulary section and 30 from the
Grammar section. Be sure to follow the directions given by the
proctor.

Choose the best option that best completes each dialogue.

1. A: You seem distressed, Kevin.
   B: I have a(n) _____ bruise on my knee.

   (a) tired
   (b) upset
   (c) rapid
   (d) painful

2. A: Dana, you're looking slimmer!
   B: Thanks. I _____ half a kilogram in just a week.

   (a) reduced
   (b) lost
   (c) placed
   (d) limited

3. A: I've been looking for a job ever since I graduated!
   B: With your _____, you'll find one eventually.

   (a) durability
   (b) extension
   (c) persistence
   (d) continuity

4. A: Make sure the cool air doesn't escape the room.
   B: Don't worry. The windows are closed really _____.

   (a) tight
   (b) warm
   (c) heavy
   (d) locked

5. A: Did you bring your phone? I need to make a call.
   B: No problem. I can _____ you mine for a moment.

   (a) charge
   (b) lend
   (c) borrow
   (d) recommend

6. A: This soup tastes too salty.
   B: Why don't you _____ it with some water then?

   (a) dilute
   (b) resume
   (c) equip
   (d) slice

7. A: Let's do something together this evening.
   B: I have plans. Steven said he'd _____ me to a movie.

   (a) treat
   (b) view
   (c) arrange
   (d) pay

8. A: What will the new rail lines connect?
   B: Well, tracks will run in every direction, but they'll all _____ at Central Station.

   (a) accumulate
   (b) outline
   (c) converge
   (d) insert

9. A: Is it true that Chris and James _____ one another over a girl they both like?
   B: Right, they haven't spoken to each other for a week.

   (a) hung out with
   (b) put up with
   (c) fell out with
   (d) fed up with

10. A: I thought that play would never end!
    B: I know how you feel. It was _____.

    (a) intermittent
    (b) presumptuous
    (c) proverbial
    (d) interminable

11. Despite studying hard for the driving test, Jason hasn't been able to _____ yet.

    (a) write
    (b) pass
    (c) maximize
    (d) receive

12. Venezuela and Saudi Arabia _____ more oil reserves than any other nation owns.

    (a) attribute
    (b) pay
    (c) forget
    (d) possess

13. The documentary was _____ using a cell phone camera and an application.

    (a) formed
    (b) shot
    (c) acted
    (d) distributed

14. Eagles have such _____ eyesight that they can spot prey on the ground when soaring high in the sky.

    (a) wary
    (b) eager
    (c) keen
    (d) avid

15. Anyone who _____ a fellow student of cheating on an exam should bring their concerns to the principal teacher.

    (a) opposes
    (b) assumes
    (c) esteems
    (d) suspects

16. We were having so much fun at the resort that we decided to _____ our trip by one week.

    (a) enlighten
    (b) fasten
    (c) strengthen
    (d) lengthen

17. Once fruit _____, it is no longer fit for consumption.

    (a) grows
    (b) peels
    (c) wastes
    (d) spoils

18. The new sports car from Arezzo can _____ from zero to sixty miles per hour in 2.4 seconds.

    (a) express
    (b) expedite
    (c) accelerate
    (d) attain

19. The demand for meat-free products is _____ as more and more people try to adopt a healthier lifestyle.

    (a) exploding
    (b) relieving
    (c) charging
    (d) nourishing

20. Despite economists' _____ that the United States would enter a recession this year, its economy has bounced back stronger than ever.

    (a) proportions
    (b) promotions
    (c) projections
    (d) permissions

21. All of the personal information you add to our social media platform is strictly _____ and will not be shared with other companies.

(a) identical
(b) unfounded
(c) withdrawn
(d) confidential

22. Travelers are reminded to take their malaria pills regularly in order to remain _____ to the disease.

(a) acute
(b) prone
(c) immune
(d) toxic

23. As the trial had already run for four consecutive hours, the judge decided to _____ for a short refreshment break.

(a) present
(b) accrue
(c) adjourn
(d) preside

24. People who work in factories and assembly plants are generally more _____ to workplace injuries.

(a) partial
(b) culpable
(c) harsh
(d) susceptible

25. The patient's fever rose sharply, and doctors had difficulty ascertaining what _____ the rise in body temperature.

(a) kept
(b) induced
(c) precluded
(d) dispersed

26. Gold is highly _____, so it can easily be beaten into thin sheets or molded into specific shapes.

(a) consumable
(b) malleable
(c) approachable
(d) valuable

27. Maintaining healthy joints is one of the main benefits doctors _____ when discussing the importance of exercise.

(a) learn
(b) treat
(c) cite
(d) apply

28. The health and safety officer found the restaurant's kitchen to be _____, and recommended a temporary closure.

(a) meticulous
(b) rampant
(c) filthy
(d) spacious

29. Space shuttles require _____ amounts of fuel so that they have enough power to fly beyond our atmosphere.

(a) severe
(b) meager
(c) tenuous
(d) copious

30. Restaurants serving local French food are typically _____ by Chinese tourists, who prefer to seek out food they are familiar with.

(a) diverted
(b) shunned
(c) concerned
(d) discarded

You have finished the Vocabulary questions. Please continue on to the Grammar questions.

Choose the option that best completes each dialogue.

1. A: Annie, did you dye your hair?
   B: No, I got _____ hair extensions because I fancied a change.

   (a) to color
   (b) colored
   (c) coloring
   (d) had colored

2. A: Want to go to this concert with me?
   B: Sure, I'd _____. That's my favorite band.

   (a) love
   (b) love to
   (c) love to it
   (d) love going

3. A: Tim just quit his job at the bank.
   B: So I heard! I'm not sure what made him _____ to do that.

   (a) decide
   (b) decided
   (c) deciding
   (d) to decide

4. A: Is our intern ready to start a full-time position?
   B: Yes. At the end of this week, he _____ here for three months.

   (a) was going to be
   (b) will have been
   (c) had been
   (d) will be

5. A: Has the medicine helped your cat to feel better?
   B: Well, he seems much _____ than he was yesterday.

   (a) friskiest
   (b) friskier
   (c) friskily
   (d) frisky

6. A: How was the street parade on Saturday?
   B: If I'd known it was going to rain, I wouldn't _____.

   (a) be gone
   (b) have gone
   (c) have been gone
   (d) have been going

7. A: Can I take this box on the plane with me?
   B: That's fine, _____ it meets the size and weight requirements.

   (a) provided
   (b) whereas
   (c) even if
   (d) in that

8. A: You'll barely recognize our reception area now.
   B: Yes, I almost forgot. You mentioned it _____ while I was on vacation.

   (a) remodeled
   (b) is remodeled
   (c) had remodeled
   (d) was remodeled

9. A: What happened to all the plants you bought?
   B: I forgot to water them regularly, so they died _____ thirst.

   (a) at
   (b) of
   (c) for
   (d) with

10. A: Have you ever left a restaurant without paying?
    B: Only on one occasion _____ it was an honest mistake.

    (a) what
    (b) when
    (c) for that
    (d) for which

Part II **Questions 11~25**

Choose the option that best completes each sentence.

G

11. Director Alan Silverman is _____ making his latest documentary despite several investors backing out of the project.

(a) yet
(b) still
(c) once
(d) since

12. Greg has trouble _____ well prepared for presentations and often asks his assistant to assist him.

(a) be
(b) to be
(c) being
(d) having been

13. The climbing instructor noticed that he didn't bring _____, so he had to quickly go back to the climbing center to pick up more.

(a) enough using equipment for everyone
(b) equipment enough using for everyone
(c) enough equipment for everyone to use
(d) equipment for everyone to use enough

14. Although the tent was set up according to the instructions, it suddenly _____ during the night.

(a) will be collapsing
(b) was collapsing
(c) collapses
(d) collapsed

15. Even for his fifth award acceptance speech, the actor's voice trembled as though he _____ a speech before.

(a) has never given
(b) had never given
(c) would never give
(d) was never giving

16. The city's transportation department representatives said their subway system of 14 separate lines _____ far more stations than any other city's.

(a) is
(b) are
(c) has
(d) have

17. Even though few people thought Diana Kerr _____ be a good fit for the movie, she ended up getting the lead role.

(a) may
(b) would
(c) must
(d) can

18. Very rarely _____ speak to her sister, as they had a falling out in their early 20s.

(a) Wendy did ever actually
(b) did Wendy ever actually
(c) ever actually did Wendy
(d) Wendy actually did ever

19. Putting _____ on a bruise will not significantly affect the length of time it takes to heal.

(a) pressure
(b) pressures
(c) a pressure
(d) the pressures

20. Professor Richards often discusses events that he heard about on _____ news with his students.

(a) a
(b) the
(c) some
(d) much

21. The World Expo will be held in the city of Rushford, _____ infrastructure is more than sufficient for hosting such a large event.

(a) that
(b) when
(c) which
(d) whose

22. The price of gasoline _____ to its highest ever level, James opted to start cycling to and from work.

(a) rose
(b) risen
(c) was rising
(d) having risen

23. Maria called the supplier to inquire about the bathroom tiles _____ to her home, which she had expected two days ago.

(a) having been delivered
(b) having delivered
(c) being delivered
(d) delivering

24. A recent online article _____ that government officials conspire to conceal facts about military spending is being shared by millions of social media users.

(a) implies
(b) implied
(c) to imply
(d) implying

25. I think the way the talk show host insulted the actress on last night's episode was _____ appropriate behavior.

(a) well below what qualifies as
(b) below what well qualifies as
(c) what qualifies well as below
(d) as below what well qualifies

Read each dialogue or passage carefully and identify the option that contains a grammatical error.

26. (a) A: Are things going well for the launch of your new product?

(b) B: Pretty good, yeah! The marketing team has been preparing for the launch for weeks.

(c) A: I bet they've done a great job. I'm sure the product has been popular.

(d) B: I certainly hope so. I want to sell at least a thousand units on the launch day.

27. (a) A: I'm getting worried about my parents. They always seem to be angry one another.

(b) B: Oh, that sounds depressing. I thought they had a happy marriage.

(c) A: So did I! But these days they seem to argue every day, from morning to evening.

(d) B: Well, maybe you should tell them how you feel about it, and then they might stop.

28. (a) A cliffhanger is a plot device designed to incentivize an audience to continue watching or reading. (b) Cliffhangers are seen in both literature and film and are commonly employed to surprise and engage the audience. (c) A typical approach is to place a character in a precarious situation or present a shocking revelation that must have resolved. (d) If the cliffhanger has the desired effect, the audience will be compelled to find out what happens next.

29. (a) Researchers studying volcanoes can obtain valuable information from photographs of volcanic activity. (b) Some of the most well-known and useful photographs in this field were taken by the French volcanologists Katia and Maurice Krafft. (c) The Kraffts' photographic documentation of volcanic eruptions provide extensive data for scientists and government agencies. (d) In fact, their photos of the Nevado del Ruiz eruption were instrumental in convincing the Philippine government to evacuate the area prior to the Mt. Pinatubo eruption.

30. (a) There is little doubt that The Golden Gate Bridge is one of the world's most recognizable structures. (b) Having spanned the Golden Gate, a strait that connects San Francisco Bay with the Pacific Ocean, the bridge is considered a symbol of both San Francisco and California. (c) In order to accommodate a rising number of tourists, a recreation area was established in 1972 at the San Francisco side of the bridge. (d) The area contains several tourist attractions, restaurants, and gift stores, and receives more than 15 million visitors annually.

You have reached the end of the Vocabulary & Grammar sections. Do NOT move on to the Reading Comprehension section until instructed to do so. You are NOT allowed to turn to any other section of the test.

READING COMPREHENSION

DIRECTIONS

This section tests your ability to comprehend reading passages. You will have 40 minutes to complete 35 questions. Be sure to follow the directions given by the proctor.

• 시원스쿨랩 홈페이지(lab.siwonschool.com)에서 Answer Sheet 를 다운로드 받아 사용하세요.

R

1. Rendang, a flavorful and spicy meat dish, _____. The dish is generally accepted as having been invented by the ethnic Minangkabau people, who originated from West Sumatra, Indonesia. However, controversy first arose when Indonesia, Malaysia, and Singapore all tried to claim Rendang as a culture-specific dish as part of their individual national heritage campaigns. The issue became one of public concern, and to this day, online debates on the dish's birthplace are common. The confusion is partly due to a large proportion of the Minangkabau traveling and settling overseas, particularly in Malaysia.

   (a) varies in taste from province to province
   (b) is becoming increasingly popular worldwide
   (c) has long been the focus of a dispute
   (d) is notable for its numerous health benefits

2. Recent studies have shown that drinking alcohol has some surprisingly positive effects on our health, such as reducing the risk of cardiovascular disease and dementia. However, it goes without saying that drinking too much alcohol will have an adverse effect on an individual, both physiologically and psychologically. While there is no global consensus on the safe limits of alcohol, most medical professionals recommend a limit of two drinks per day. So while alcohol can have some benefits for your health, it is important to

   _____.

   (a) avoid mixing it with medication
   (b) eat a meal prior to drinking it
   (c) consume it in moderation
   (d) drink it only in the evening

3. For as long as I can remember, I dreamed of running my own event planning company for the rich and famous. In my early 20s, I set up a small company, and started contacting wealthy people, even popular celebrities, to offer my services. There was little interest at first, but I didn't give up, and I kept making calls and believing in myself and my abilities. Before long, I had turned my event planning company into a highly profitable business, and now it's the clients who are making calls to me. As my own experience demonstrates,

   _____.

   (a) changing one's career path can be a beneficial decision
   (b) it is not always beneficial to target rich customers
   (c) success requires perseverance and self-belief
   (d) customer service should be prioritized over profits

4. As birth rates in many developed countries continue to decrease, an increasing number of couples are choosing to have only one child. Studies have shown that 'only children' enjoy several benefits, one of which being the absence of an inferiority complex that often forms in children when a second or third child is born into a family. But the lack of a brother or sister, and the accompanying competitiveness and sibling rivalry, severely inhibits a child's capacity to deal with teasing and verbal disapproval. In short, growing up without any siblings, children are more inclined to _____.

(a) be sensitive to criticism
(b) seek the approval of parents
(c) make friends more easily
(d) have difficulty paying attention

5. Here at Photography Online, our strategy for reviewing digital cameras has changed recently because we believe _____. These days, the vast majority of digital cameras incorporate identical technology for image capture and processing. This means that there is barely any discernible difference when it comes to the quality of the photographs a user can capture. As a result, we prefer to focus on aspects such as the in-camera editing tools, overall functionality, and casing design.

(a) digital camera reviews should be more comprehensive
(b) digital cameras are gradually becoming obsolete
(c) all digital cameras provide similar image quality
(d) consumers should try out digital cameras for themselves

R

R

6. The term 'maverick' is used to refer to an individual who is independently minded, often to the point of stubbornness. Though it is a relatively common word in English-speaking countries, few people _____. In the 1800s, it was standard practice for ranchers to brand their cattle in order to show ownership and discourage theft. However, a Texan politician and land baron named Samuel A. Maverick showed little interest in ranching and refused to brand the cattle he owned. These unbranded cattle roamed freely and came to be known as 'mavericks', a term which would later also be applied to people who chose not to follow standard protocol.

(a) truly embody the traits associated with the term
(b) know that it has several different definitions
(c) are aware of the person for which it was coined
(d) pronounce it the way it was originally spoken

7. Korea's strict nationwide ban on smoking in public places _____.
Smoking rates among females are steadily dropping, helped by increased public awareness of health effects and the threat of severe fines for those breaking smoking laws. But more must be done to discourage males, particularly those who enter military service, from smoking. Studies show that more than 80 percent of males in the military smoke, and continue to do so after the end of their service. The government must therefore implement strategies, such as further price hikes, to dissuade young males from smoking.

(a) has resulted in several unexpected negative effects
(b) has proven to be an effective first step in the right direction
(c) had drastically lowered the number of male smokers
(d) has received an unprecedented level of public opposition

8. The president of Aldershot University, James Pettigrew, has faced backlash this week for _____. Speaking at the university's annual open day, he was asked what advice he would give students who feel uncomfortable asking lecturers to explain difficult concepts during or after class. He responded that lecturers have enough on their plates already and it is the responsibility of students to do further reading on complicated subjects. Numerous education experts fired back that such an attitude only encourages laziness and apathy in both lecturers and students alike.

(a) criticizing students who fail to achieve passing grades in core subjects
(b) downplaying the need for lecturers to ensure teaching points are understood
(c) suggesting that lecturers are not properly compensated for their contributions
(d) supporting a proposal to reduce the number of lectures provided per semester

9. Great Outdoors is pleased to announce its annual winter sale! To make room for new incoming stock, we are selling many items at a considerable discount. All camping equipment and supplies will be cheaper than at any other point throughout the year. _____, our Thermotek sleeping bags, which we typically sell for around $200, will now be closer to $150. That means you're getting approximately 25 percent off! You can only take advantage of these amazing savings until January 31st, so don't hesitate to visit our store!

(a) Nonetheless
(b) In contrast
(c) Meanwhile
(d) For example

10. The notion that we should eat five pieces of fruit or vegetable per day is increasingly ignored by today's younger generations. Yet the long-held belief that we must include fruits and vegetables in our diet in order to be healthy is not without merit. _____, recent studies indicate that those who rarely eat fruits or vegetables are significantly shortening their lifespan. Not only are they at higher risk of hypertension and cancer, but they are more likely to be overweight due to a high-calorie diet.

(a) In fact
(b) Even so
(c) Therefore
(d) Regardless

R

11. When you interview for a job, try not to dwell on your qualifications and focus instead on what you can offer the employer. (a) Do not waste time discussing the degrees you obtained or how prestigious your university is. (b) Employers do take note of these details when they read your résumé, but what counts most is your enthusiasm and potential. (c) Therefore, it is crucial that you use the interview time to show how you would be an asset to the company. (d) Being able to discuss one's academic achievements is key to securing a job in many of today's industries.

12. Researchers have identified several physical characteristics that may indicate autism in children. (a) Repetitive movement, such as hand flapping and finger flicking, is one of the most recognizable behaviors. (b) Studies have shown that some children will not exhibit signs of autism until the age of four or five. (c) Other potential indicators include avoiding eye contact, not responding to one's name, and not returning smiles. (d) It is also common for autistic children to become upset when they do not like a particular taste, smell, or sound.

Part III **Questions 13~25**

Read the passage, question and options. Then based on the given information, choose the option that best answers each question.

13.

Notice

A recent spate of accidents and injuries involving our members prompted Silverside Gym to put up warning signs beside our more complex machines and equipment. However, more needs to be done to prevent unfortunate accidents in our gym. Consequently, the gym owner is planning to create instructional videos that will play on screens throughout the gym, and we need your help. To make sure gym members are well-informed about machines, volunteers will give demonstrations on their correct usage. If you are interested, please contact Deborah Kerr in HR.

Silverside Gym Management

Q: What is the main purpose of the announcement?

(a) To warn gym members about potentially dangerous equipment
(b) To request volunteers to participate in videos to promote safety
(c) To advise gym employees on how to correctly set up exercise machines
(d) To inform gym members about new signs that have been put up

14. As global awareness of climate change and other environmental issues rises, property developers are finding new ways to entice conscientious renters and buyers. To appeal to the more environmentally-minded individuals, developers are making use of the large steel crates that are typically used for long-distance shipping. Rather than letting decommissioned shipping containers rust away in scrap yards, they purchase these for next to nothing and convert them into attractive, albeit small, living spaces that are in increasingly high demand.

Q: What is the passage mainly about?

(a) How shipping containers can be modified to make them more durable
(b) The various uses for steel reclaimed from discarded shipping containers
(c) Efforts to create eco-friendly homes by repurposing shipping containers
(d) How decommissioned shipping containers pose a risk to the environment

15.

> Dear Ms. Downey,
>
> Due to the three outstanding payments on your account with *Interiors Magazine*, we regret to inform you that your subscription will be terminated if this situation is not rectified immediately. Thus, effective Monday, April 3, you will no longer receive your monthly issue of our publication, and action will be taken to recover the payments that we have not yet received. Please visit our Web site within the next 48 hours in order to clear your balance.
>
> Sincerely,
> Amy Madison, Customer Services

Q: What is the main purpose of the e-mail to Ms. Downey?

(a) To encourage her to upgrade her current subscription
(b) To recommend that she subscribe to a new magazine
(c) To inform her that her recent payment has been received
(d) To advise her of her imminent subscription cancelation

16. Article 36, a proposal to limit the sharing of copyrighted content on social media, has received an unexpectedly strong backlash from certain countries in the EU. Without a doubt, the measure would provide better protection for Web-based creators and artists. Yet the Polish and German governments, who usually favor any measure related to copyright protection, are pushing back against the proposal. They fear it will fuel censorship and threaten freedom of expression. As a result, the article may not receive its required number of votes in the EU Parliament, despite its backing from several European governments.

Q: What is mainly being reported about Article 36?

(a) Why the Polish government is encouraging support for it
(b) How its implementation would help online creators
(c) How its acceptance is being rejected by unlikely sources
(d) Why the measure is deemed necessary within the European Union

17.

> ## 10th Annual Ice Sculpture Festival
>
> Kendall City Park is delighted to once again host its popular winter event. See the park transform into a Winter Wonderland!
>
> **Open:** Daily except Mondays throughout January
> **Time:** 9 a.m. - 10 p.m. (Sculpture illuminations from 7 p.m. until sunrise)
> **Price:** Weekends $5 for adults and $3 for children (free entry for all on weekdays)
>
> Watch the sculptors at work every Saturday!

Q: Which of the following is correct about the Ice Sculpture Festival?

(a) It is being held at Kendall City Park for the first time.
(b) It will be open every day during the month of January.
(c) Its sculptures will remain lit up through the night.
(d) Its ticket prices are higher on weekdays.

18. Liver failure is the medical term used to describe cases where the liver is unable to perform its proper metabolic functions. It can be categorized as "acute" or "chronic," depending on how quickly the onset of liver disease and its accompanying symptoms occurs. Acute liver failure occurs over a period of days or weeks, while chronic liver failure may develop gradually over a period of several months or even years. Chronic liver failure, which is more common than acute liver failure, usually occurs as a result of cirrhosis, a condition that often develops due to excessive alcohol intake or the presence of hepatitis C.

Q: Which of the following is correct according to the passage?

(a) Acute liver failure is related to the consumption of alcohol.
(b) Chronic liver failure symptoms present themselves within days.
(c) Acute liver failure is less likely to occur than chronic liver failure.
(d) Chronic liver failure increases the chances of developing hepatitis C.

19. The construction of the Eiffel Tower on the Champ de Mars in Paris, France, caused much controversy. The 324-meter-tall structure was originally designed to serve as the impressive entrance to the 1889 World's Fair. However, many artists and intellectuals were in stern opposition to the project, criticizing the design that the engineer Gustave Eiffel had proposed. Others voiced deep concerns that the tower would distract visitors from iconic Parisian buildings like the Arc de Triomphe and Notre Dame. Nevertheless, the Eiffel Tower proved to be an overwhelming success and remains a beloved symbol of Paris to this day.

Q: Which of the following statements about the Eiffel Tower is supported by the passage?

(a) Its construction won favor among most Parisian artists.
(b) People feared it would overshadow other landmarks.
(c) Criticism of its design has strengthened over the years.
(d) Its presence had a negative impact on the World's Fair attendance.

20.

Results of 'Only Children' Study

The findings of a decade-long study on 'only children' were recently published in *The British Journal of Psychology*. The study presented the following conclusions:

- The long-held theory that 'only children' are more likely to be maladjusted due to parental pampering is unsupported, with zero evidence to support such a claim.
- 'Only children' possess a slightly higher level of achievement motivation due to a higher likelihood of reward in recognition of success and punishment in the case of failure.
- Contrary to many typical views, 'only children' were found to be marginally less trusting, less trustworthy, and less likely to take risks than children who grow up with siblings.

Q: Which of the following is correct about 'only children'?

(a) There is evidence that 'only children' are maladjusted due to pampering.
(b) Some 'only children' may be less reliable than those with brothers or sisters.
(c) 'Only children' respond poorly to the use of rewards as a form of motivation.
(d) Stereotypical views of 'only children' are largely supported by the study.

21. Francisco Franco was a soldier who quickly rose through the military ranks until the mid-1930s. Sensing growing instability in the social and economic structure of Spain, Franco joined the emerging right-leaning rebel movement. He eventually staged a coup against the leftist Republican government and took control of Spain at the end of the Spanish Civil War. He then presided over a military dictatorship, and tens of thousands of dissenters were executed or thrown in jail while he was in power. He also outlawed all religions except for Catholicism, as well as prohibiting all citizens from using the Catalan and Basque languages.

Q: Which of the following is correct about Franco?

(a) He encouraged citizens to speak in Basque dialects.
(b) He converted to Catholicism following the Spanish Civil War.
(c) He silenced many of his critics by imprisoning them.
(d) He formed a rebel movement to overthrow the government.

22. When British archaeologist Howard Carter breached the corner of a doorway in the Valley of Kings, he had no idea that he had stumbled upon one of the most significant archaeological sites ever discovered. Watched by his financial backer, Lord Carnarvon, Carter reported seeing many intact gold and ebony treasures. Upon further exploration, he realized that he had inadvertently found the burial tomb of the 18th Dynasty Pharaoh, Tutankhamun. The find was eagerly covered by the world's press, cementing Carter's reputation as an eminent archaeologist, although no formal honor was bestowed upon him by the British government.

Q: Which of the following is correct according to the passage?

(a) Carter devoted much of his life to locating Tutankhamun's tomb.
(b) Tutankhamun's tomb contained several fragmented artifacts.
(c) Carter's archaeological work was funded by Lord Carnarvon.
(d) Carter received little recognition from the international press.

23. When my younger brother was around ten years old, he started to show interest in the way machines and devices are put together. So I came up with the idea of building model airplanes together, believing I could nurture this interest and encourage him to pursue it. We bought model kits and the necessary supplies such as glue and paint. We both found it tricky to begin with, but with each model we made, our building skills improved, and my brother proudly displayed our work. I never expected that building models would require such patience and skill, but it was worth it when my brother and I saw the finished airplanes.

Q: What can be inferred about the writer from the passage?

(a) His brother found no enjoyment in building models in the end.
(b) He had built several model airplanes in his youth.
(c) His brother asked that they build model airplanes together.
(d) He hoped that building models would inspire his brother.

24. Since the rise of the Internet in the 1990s, newspaper readership has steadily declined. This resulted in a large number of publications drastically trimming their content or embracing an e-newspaper format in an effort to capture online readership, to no avail. In fact, a recent study concluded that even readership figures for online newspapers are steadily dropping. As a result, newspaper companies will be forced to aggressively innovate and adapt if they intend to stay afloat. A similar dilemma is faced by the music industry, in that free distribution of online content has caused a total collapse of the business model.

Q: Which statement would the writer most likely agree with?

(a) Newspapers should look to the music industry for solutions.
(b) Newspapers can boost readership by going digital.
(c) Newspapers must significantly change in order to survive.
(d) Newspapers can benefit from streamlining their content.

25.

POLITICAL NEWS

Hinson's Silence

As the election day draws ever closer, Patricia Hinson of the Liberal Democrats is gradually letting her lead in public opinion polls slip. Despite starting her campaign strongly and winning favor with voters through her pro-immigration views and focus on multiculturalism, her refusal to comment on burning issues such as the national minimum wage and unemployment rates is starting to cause unease among voters and the media alike. While her rivals have spoken out regularly on such topics, Hinson has shrewdly shifted attention away from them, and this could come back to haunt her on election day.

Q: Which statement about Patricia Hinson would the writer most likely agree with?

(a) Her political party is losing confidence in her ability as a leader.
(b) She has won the majority of debates with her rivals on multiculturalism.
(c) Her stance on immigration has led to a decrease in voter support.
(d) She is damaging her election chances by avoiding key issues.

Part IV Questions 26-35

Read the passage, questions, and options. Then, based on the given information, choose the option that best answers each question.

Questions 26-27

Seeking Home Carers

Bracken Health Services is seeking home carers for elderly residents in the city of Bracken. We are trying to fill the positions outlined below:

- Three part-time carers for shift work. Successful candidates will work three shifts per week, rotating between 8 a.m. to 4 p.m., 4 p.m. to 12 a.m., and 12 a.m. to 8 a.m. A wage of $15 per hour will be provided, along with a weekly allowance to cover bus or subway fares. Candidates who hold a degree in healthcare will be given preference, although this is not a strict requirement. Candidates must, however, have at least 2 years of experience in a similar role.

- One full-time carer for a permanent live-in position. The position involves 24/7 care for an individual who has severe disabilities. A degree in healthcare and 5 years of experience are essential. A salary of $39,000 per year will be provided in addition to full benefits and a car for personal use.

To apply for one of the above positions, please send your résumé and cover letter to employment@brackenhealth.com.

26. Q: What will the full-time carer receive?

    (a) A travel allowance
    (b) A flexible schedule
    (c) A personal vehicle
    (d) An hourly pay rate

27. Q: Which of the following is correct about applicants for the part-time positions?

    (a) They must have a healthcare qualification.
    (b) They will be provided with temporary accommodation.
    (c) They will sometimes be required to work at night.
    (d) They should have five years of experience.

R

For several decades, magicians have been incorporating variations of levitation into their acts. One such illusion, known as the Balducci Levitation, baffled audiences for many years, as the performer seemed to float several inches off of the stage, right in front of spectators. At first, people presumed that high-strength wires attached to the ceiling were being used to hoist the magician upwards, but several impromptu performances in empty outdoor spaces rendered that explanation inaccurate. It wasn't until the late 1970s that the technique was revealed, when Ed Balducci - not the inventor of the technique - described it in a magazine article. The levitation illusion requires no equipment, relying only on viewing angles and distraction. The performer positions themselves at such an angle that only one full foot is visible to the audience, and the heel of the second foot. They proceed to raise the visible foot by standing on the toes of the second foot, giving the appearance of levitation.

28. Q: What is the passage mainly about?

(a) A visual illusion achieved through clever positioning
(b) A floating effect created using high-strength wires
(c) A vanishing technique used by several magicians
(d) A live performance that made Ed Balducci world-renowned

29. Q: What can be inferred from the passage?

(a) The Balducci Levitation technique has undergone many modifications.
(b) The Balducci Levitation technique requires barely any preparation.
(c) The Balducci Levitation was first performed by Ed Balducci.
(d) The Balducci Levitation can only be performed indoors.

Article: Ralston Avenue Still a Cause for Concern
Comment left by: Lacey Irving I October 14

I was pleased to see that your publication drew attention to the issue of congestion along Ralston Avenue. This situation has been getting increasingly out of hand, and those of us who live on the road are always stuck in traffic, largely due to non-residents parking up and down the narrow road. The local council has at least made some effort to acknowledge the problem, as they have now imposed a regulation that prohibits parking on certain days.

While this has been marginally successful in addressing the issue, the regulation does have shortcomings that the article failed to mention. First, it only applies to parking on weekdays. This does help those of us who commute Monday through Friday, but it does nothing to alleviate the problem on weekends. In addition, by making nearby Gleason Street pedestrianized, the flow of traffic on our street is greater than ever. Unless more is done about these issues, traffic congestion on Ralston Avenue will remain a major problem.

30. Q: Which of the following is correct according to the letter?

(a) Residents are experiencing heavy traffic on Ralston Avenue.
(b) Ralston Avenue has been proposed as the site of a parking lot.
(c) The number of vehicle accidents on Ralston Avenue has increased.
(d) The new regulation is currently only imposed on weekends.

31. Q: What is the main purpose of the letter?

(a) To recommend that the council pedestrianize Ralston Avenue
(b) To complain about the lack of parking spaces throughout the city
(c) To bring attention to the limitations of a new traffic regulation
(d) To criticize the inaccuracies contained in a recent traffic study

The Parson Times X

http://www.theparsontimes.com/local/higher-ticket-prices ▼   — ☐ X

The Parson Times
<SPORTS NEWS>

Ticket Prices at Barrie Stadium Set to Rise
By Jim Lightfoot

Parson City - When the soccer season begins in May, fans will need to pay more if they want to watch Parson United in action. The soccer club announced ticket price rises from $6 to $11, and fans who wish to sit in the sideline sections will notice the biggest increase. The rise in ticket prices will help offset the cost of the recent stadium expansion and modifications, which are sure to please fans overall.

Despite the increase to ticket prices, Parson United fans will still be paying less than fans of several other teams in National League 1. Last season, ticket prices for adults were $23 for the upper level and corner seats, $40 for sideline seating, $35 for the goal line seats, and $125 for VIP seating. Starting from May 1, these prices will go up to $29, $51, $43 and $131, respectively. Fans with children will be pleased to learn that child prices for the stadium's Family Section will remain unchanged, at $17 per child aged 7 to 15 and admission is free for children under 7.

Parson United fans were generally understanding with regards to the price changes. Peter Shell, who normally sits in the Upper Level, said the increase will be worth it due to the improved amenities at the stadium. A few fans who typically sit in the sideline section, however, felt the price hikes were a little harsh, especially when the team has been consistently underperforming in recent seasons.

32. Q: Which of the following will NOT be changed?

(a) The sideline section ticket price
(b) The price of VIP tickets
(c) The goal line section ticket price
(d) The price of tickets for children

33. Q: What can be inferred from the news article?

(a) Barrie Stadium charges lower ticket prices than some other stadiums.
(b) The majority of seating at Barrie Stadium is on the sidelines.
(c) Most Parson United fans are firmly opposed to the ticket price increases.
(d) Parson United's performance has been improving recently.

Bacon's Screaming Mouth

Francis Bacon was a British figurative artist known for his abstract imagery and fixation on unique motifs. While images centered around the crucifixion are perhaps Bacon's most recognizable trademark, a large number of his works from the 1940s and 1950s are immediately identifiable due to their inclusion of a screaming mouth. Bacon considered the screaming mouth a source of inspiration for his work, and the motif is prominently used in one of his first surviving works, *Abstraction from the Human Form*. By the early 1950s, the screaming mouth was such a dominant feature of Bacon's work that puzzled critics speculated that understanding the origins and implications of the scream might unlock one's full understanding of Bacon's art as a whole. It later transpired that the inspiration for the screaming mouths was drawn from several sources, most notably from medical textbooks and the photographic stills of the screaming nurse in the famous Odessa Steps scene from *Battleship Potemkin*, a silent film directed by Sergei Eisenstein in 1925. Bacon watched the film incessantly and kept a still of the scene in his studio referring to it as a catalyst for his creativity.

34. Q: What is the main topic of the passage?

(a) Why art critics disliked much of Bacon's work
(b) How Bacon's work evolved during his career
(c) Why Bacon focused on crucifixion imagery
(d) Bacon's use of a recurring motif in his work

35. Q: What can be inferred about Francis Bacon?

(a) His work only became popular after his death.
(b) He branched out into photography later in his career.
(c) He drew artistic inspiration from a movie scene.
(d) His artistic style was adopted by film makers.

You have reached the end of the Reading Comprehension section. Please remain seated until you are dismissed by the proctor. You are NOT allowed to turn to any other section of the test.

● 실전 모의고사의 정답 및 해설은 시원스쿨랩 홈페이지(lab.siwonschool.com)에서 확인하실 수 있습니다.

시원스쿨
텝스 BASIC
동영상 강의

텝스 **만점 강사**의
왕초보 단기간 목표 달성 전략이
궁금하다면?

텝스 만점
하승연 선생님

· TEPS 정기시험 2회 만점 (2022, 2023)
· 제1회 TEPS 영어교수법 경연대회 대상 수상
· 서울대학교 법학전문대학원 졸업
· 서울대학교 학사 최우등 졸업

**텝스 최신경향 반영
입문 강의**

최신 출제 경향을 완벽 반영한
과외식 텝스 기초 강의

**20일 만에
327+점 달성**

부담 없는 학습 분량으로
초단기 목표 점수 달성

**만점강사의
<밀착 코칭 TIP> 독점 제공**

하승연 선생님이 직접 엄선한
고득점 전용 비법 모두 공개

**청해 보너스 특강으로
점수 UP**

청해가 어려운 학습자들을 위한
보너스 특강(2강) 무료 제공

지금 시원스쿨LAB 사이트(lab.siwonschool.com)에서 유료로 수강하실 수 있습니다

SIWONSCHOOL LAB

시원스쿨 텝스 라인업 *Lineup*

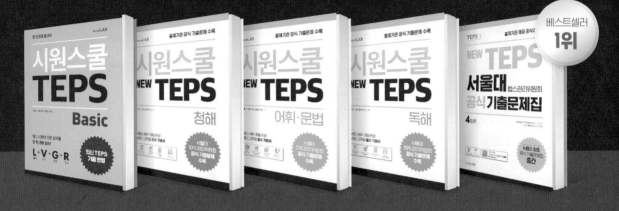

베스트셀러 **1위**

├─── 입문서 ───┤ ├────── 기본서 ──────┤ ├─── 실전서 ───┤

입문

시원스쿨 텝스 Basic

텝스 기본기 완성에 필수적인
모든 것을 단 한 권에 집약
<청해+어휘+문법+독해>의
기초부터 실전까지 학습

기본

시원스쿨 텝스 청해

텝스 청해 30일 완성!
뉴텝스 최신경향 반영
기초부터 실전까지 한 권으로
텝스 청해 완성

기본

시원스쿨 텝스 어휘·문법

텝스 기출 빅데이터로
기출 유형 및 출제 비중 공개
실전 적응 훈련으로
출제 원리 이해

기본

시원스쿨 텝스 독해

어려워진 텝스 독해 출제경향 반영
오직 독해만을 다루는 독해 특화 교재
실전과 유사한 최신 기출
변형 문제 다수 수록

실전

뉴텝스 서울대 공식 기출문제집

출간하자마자 텝스 베스트셀러 1위
서울대 TEPS 관리위원회에서 제공한, 뉴텝스 공식 기출문제집
뉴텝스 공식 기출문제 4회분 + 전 문항 해설 수록
뉴텝스를 준비하는 가장 확실한 방법

• [베스트셀러 1위] 교보 국내도서 > 외국어 > 수험영어 > 텝스 > 베스트셀러(22년 1월 2주)

과목별 스타 강사진 영입, 기대하세요!

시원스쿨LAB 강사 라인업

20년 노하우의 토익/텝스/토스/오픽/지텔프/아이엘츠/토플/SPA/듀오링고
기출 빅데이터 심층 연구로 빠르고 효율적인 목표 점수 달성을 보장합니다.

시험영어 전문 연구 조직

시원스쿨어학연구소

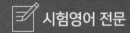 시험영어 전문

 기출 빅데이터

 264,000시간

시험영어 전문	기출 빅데이터	264,000시간
TOEIC/TEPS/OPIc/ TOEIC Speaking/G-TELP/ TOEFL/SPA/Duolingo 공인 영어시험 콘텐츠 개발 경력 20년 이상의 국내외 연구원들이 포진한 전문적인 연구 조직입니다.	본 연구소 연구원들은 매월 각 전문 분야의 시험에 응시해 시험에 나온 모든 문제를 철저하게 해부하고, 시험별 기출문제 빅데이터 분석을 통해 단기 고득점을 위한 학습 솔루션을 개발 중입니다.	각 분야 연구원들의 연구시간 모두 합쳐 264,000시간 이 모든 시간이 쌓여 시원스쿨어학연구소가 탄생했습니다.

히트브랜드 토익·토스·오픽 인강 1위

시원스쿨LAB 교재 라인업

시원스쿨 토익 교재 시리즈

	왕초보 입문	650+ 기본	750+ 중급	850+ 정규	950+ 실전
기본서 보카 실전모의고사	시원스쿨 처음토익 / 시원스쿨 처음토익 기출 VOCA		시원스쿨 처음토익 700+ / 시원스쿨 토익 750+	시원스쿨 처음토익 850+ / 시원스쿨 토익 실전 모의고사	시원스쿨 토익 실전 1500제 LC / RC
전략서	시원스쿨 구문 독해 / 시원스쿨 처음토익 기초영문법 / 시원스쿨 처음토익 PART 7		승무원 토익 700+ / 기출 문법 공식 119 / Part 7 필수 전략서 / 토익 기본서 압축노트 RC+LC	시원스쿨 토익 기출VOCA 학습지	시원스쿨 토익학습지 기본편 / 시원스쿨 토익학습지 실전편

시원스쿨 토익스피킹, 듀오링고, 오픽, SPA 교재 시리즈

10가지 문법으로 시작하는 토익스피킹 기초영문법 · 28시간에 끝내는 토익스피킹 START · 5일 만에 끝내는 토익스피킹 · 15개 템플릿으로 끝내는 토익스피킹 · 시원스쿨 토익스피킹 IM - AL · 시원스쿨 토익스피킹 실전 모의고사 · 시원스쿨 토익스피킹 학습지 · Duolingo English Test 개정판 · Duolingo English Test 실전모의고사 · Duolingo English Test 영문판 · Duolingo English Test 기출 보카

시원스쿨 빅오픽 START · 시원스쿨 빅오픽 IM-IH · 시원스쿨 오픽 IM-AL · 시원스쿨 오픽 실전 모의고사 · 멀티캠퍼스X시원스쿨 오픽 진짜학습지 IM 실전 · 멀티캠퍼스X시원스쿨 오픽 진짜학습 IH 실전 · 멀티캠퍼스X시원스쿨 오픽 진짜학습지 AL 실전 · 시원스쿨 오픽학습지 실전전략편 IH-AL · OPIc All in one PACKAGE IM-AL · 시원스쿨 SPA · 시원스쿨 SPA 실전 모의고사

시원스쿨 아이엘츠 교재 시리즈 · 시원스쿨 토플 교재 시리즈

IELTS Study Pack · 아이엘츠 MASTER · 아이엘츠 기출 VOCA · 시원스쿨 TOEFL Basic · 시원스쿨 TOEFL Intermediate · 시원스쿨 TOEFL Actual Tests · 시원스쿨 TOEFL 기출 VOCA · 시원스쿨 TOEFL Speaking · 시원스쿨 TOEFL Writing · 시원스쿨 TOEFL Listening · 시원스쿨 TOEFL Reading

시원스쿨 지텔프 교재 시리즈 · 시원스쿨 텝스 교재 시리즈

지텔프 기출문제집 공식 기출 7회분 · 지텔프 기출문법 · 지텔프 기출VOCA · 지텔프 기출독해 · 지텔프 기출청취 · 시원스쿨 지텔프 최신 기출 유형 문법 모의고사 · 시원스쿨 지텔프 32-50 · 시원스쿨 지텔프 65+ · 시원스쿨 텝스 Basic · 시원스쿨 텝스 청해 · 시원스쿨 텝스 어휘·문법 · 시원스쿨 텝스 독해 · 뉴텝스 서울대 공식 기출문제집

시원스쿨 TEPS Basic

Basic

정답 및 해설

시원스쿨 LAB

LISTENING 청해

UNIT 01 [Part 1&2] 전화 대화

실전 감 잡기

1. (c)	2. (c)	3. (d)	4. (a)	5. (d)
6. (b)	7. (b)	8. (b)	9. (c)	10. (d)

Part 1

1.

> M: Is Mr. Chang in?
>
> (a) He'll like that.
> (b) Are you free to talk?
> **(c) He's on another line.**
> (d) Let me call you back later, OK?
> ⋯⋯⋯⋯⋯⋯⋯⋯⋯⋯⋯⋯⋯⋯⋯⋯⋯⋯
> 남: 창 씨 계신가요?
>
> (a) 그가 그걸 좋아할 거예요.
> (b) 얘기할 시간 있으세요?
> **(c) 다른 전화 받고 계세요.**
> (d) 제가 나중에 다시 전화 드릴게요, 괜찮죠?

해설　창 씨가 자리에 있는지 묻는 질문에 대해 다른 전화를 받고 있다는 말로 자리에 있음을 확인해주는 (c)가 정답이다.
오답　(a) that이 가리키는 대상을 알 수 없으므로 오답이다.
　　　(b) 창 씨와 관련된 답변이 아니라 상대방에 관해 되묻고 있으므로 오답이다.
　　　(d) 창 씨가 아닌 답변자 자신에 관해 말하고 있으므로 오답이다.
어휘　in (집, 사무실 등에) 있는　free 시간이 나는　on another line 다른 전화를 받고 있는　call A back: A에게 다시 전화하다
정답　(c)

2.

> W: Hi, Ted. I finally got hold of you!
>
> (a) Anytime at the weekend.
> (b) I'm afraid I'll be busy then.
> **(c) Sorry. I had my phone off all day.**
> (d) Look who's talking.

여: 안녕, 테드. 드디어 연락이 됐네.

(a) 주말에 언제든지 괜찮아.
(b) 아마 그때 바쁠 것 같아.
(c) 미안해. 종일 전화기를 꺼놨었어.
(d) 누가 할 소리를 하는 거야.

해설　상대방과 드디어 연락이 되었다는 말에 대해 연락이 되지 않았던 이유를 언급하는 (c)가 정답이다.
오답　(a) 연락이 되지 않은 과거 시점의 질문과 달리 앞으로의 계획을 언급하고 있으므로 오답이다.
　　　(b) then은 앞서 언급된 시점을 가리킬 때 사용하는데, 특정 시점으로 제시된 것이 없으므로 오답이다.
　　　(d) 드디어 연락이 됐다는 말을 들은 답변자의 반응으로 어울리지 않는 오답이다.
어휘　finally 드디어, 마침내　get hold of ~와 연락이 되다　have A off: A를 꺼놓다　Look who's talking 누가 할 소리를 하는 거야, 사돈 남 말하네
정답　(c)

3.

> M: Hello. Is Freddie there?
>
> (a) Yes, I appreciate it.
> (b) No, I won't be available.
> (c) No, my name isn't Freddie.
> **(d) Yes. Shall I put him on the phone?**
> ⋯⋯⋯⋯⋯⋯⋯⋯⋯⋯⋯⋯⋯⋯⋯⋯⋯⋯
> 남: 안녕하세요. 프레디 씨 거기 있나요?
>
> (a) 네, 감사합니다.
> (b) 아뇨, 저는 시간이 없을 거예요.
> (c) 아뇨, 제 이름은 프레디가 아닙니다.
> **(d) 네. 전화 바꿔 드릴까요?**

해설　프레디 씨가 있는지 묻는 질문에 대해 긍정을 뜻하는 Yes와 함께 전화를 바꿔줄지 되묻는 (d)가 정답이다.
오답　(a) 답변자가 감사의 인사를 할 수 있는 입장에 있는 것이 아니므로 오답이다.
　　　(b) 부정을 뜻하는 No 뒤에 프레디 씨가 아닌 답변자 자신의 상황을 언급하고 있으므로 오답이다.
　　　(c) 부정을 뜻하는 No 뒤에 프레디 씨가 아닌 답변자 자신의 상황을 언급하고 있으므로 오답이다.
어휘　appreciate ~에 대해 감사하다　available (사람이) 시간이 나는　put A on the phone: A에게 전화를 바꿔 주다
정답　(d)

4.

W: Andy? Are you there? I'm getting a bad connection on this phone.

(a) Really? I can hear you just fine.
(b) Try a different model then.
(c) Sure, you can call me anytime.
(d) I'll take note of your number.

....

여: 앤디 씨? 제 말 들려요? 전화 연결 상태가 좋지 않네요.

(a) 정말요? 저는 잘 들리는데요.
(b) 그럼 다른 모델을 한번 사용해보세요.
(c) 그럼요, 저에게 언제든지 전화하셔도 됩니다.
(d) 당신 전화번호를 적어 놓을게요.

해설 전화 연결 상태가 좋지 않다고 알리는 말에 대해 답변자 자신은 잘 들린다고 반응하는 (a)가 정답이다.

오답 (b) 전화 연결 상태가 아니라 전화기 모델과 관련된 답변이므로 오답이다.
(c) 전화 연결 상태가 아니라 답변자 자신이 전화를 받을 수 있는 시점과 관련된 답변이므로 오답이다.
(d) 질문의 phone에서 연상 가능한 number를 활용한 오답이다.

어휘 get a bad connection 연결 상태가 좋지 않다 try ~을 한번 사용해보다 then 그럼, 그렇다면 take note of ~을 적어 놓다

정답 **(a)**

5.

M: Hi, Amy. This is Richie calling. Do you have a minute to chat?

(a) That's a long time to wait.
(b) OK, let's take a seat in here.
(c) Yes, I'll read it again now.
(d) Actually, this isn't the best time.

....

남: 안녕, 에이미. 나 리치야. 잠깐 얘기할 시간 있어?

(a) 그건 너무 긴 대기 시간이야.
(b) 좋아, 이곳에 있는 자리에 앉자.
(c) 응, 지금 그걸 다시 읽어볼게.
(d) 사실, 지금은 그렇게 좋은 때가 아니야.

해설 잠깐 얘기할 시간이 있는지 묻는 질문에 대해 지금은 좋은 때가 아니라는 말로 부정의 의미를 나타내는 (d)가 정답이다.

오답 (a) That이 지칭하는 특정 시간이 무엇인지 알 수 없고, 질문이 대기 시간과 관련된 것도 아니므로 오답이다.
(b) 긍정을 뜻하는 OK 뒤에 이어지는 말이 질문과 관련 없는 내용이므로 오답이다.
(c) 긍정을 뜻하는 Yes 뒤에 이어지는 말이 질문과 관련 없는 내용이므로 오답이다.

어휘 have a minute to do ~할 시간이 잠깐 있다 take a seat 자리에 앉다 actually 실은, 사실은

정답 **(d)**

Part 2
6.

W: Is Mr. Jacobs there?
M: Yes. Who shall I say is calling?
W: It's Barry from the warehouse.

(a) Hold this for me, please.
(b) OK, give me a moment.
(c) I'm waiting for a delivery.
(d) I'll just leave you a message.

....

여: 제이콥스 씨 거기 계신가요?
남: 네. 누구시라고 전해 드릴까요?
여: 창고에서 근무하는 배리입니다.

(a) 이것 좀 대신 들어주세요.
(b) 네, 잠시만 기다려주세요.
(c) 저는 배송품을 하나 기다리고 있습니다.
(d) 그냥 당신에게 메시지를 하나 남기겠습니다.

해설 제이콥스 씨와 통화하려는 사람이 자신의 신분을 밝히는 말에 대해 통화를 할 수 있도록 잠시 기다려달라고 말하는 (b)가 정답이다.

오답 (a) 전화 상황인 것에서 연상 가능한 Hold를 활용한 오답이다. '끊지 말고 기다리다'라는 의미를 나타내려면 Hold on이라고 말해야 알맞다.
(c) warehouse에서 연상 가능한 delivery를 활용한 오답이다.
(d) 제이콥스 씨와 통화하려는 여자의 신분을 확인한 것은 통화 연결이 가능하다는 뜻인데, 남자가 여자에게 메시지를 남기겠다는 말은 앞뒤가 맞지 않으므로 오답이다.

어휘 warehouse 창고 hold ~을 들다, 붙잡다 give me a moment 잠시만 기다려주세요 delivery 배송(품) leave A a message: A에게 메시지를 남기다

정답 **(b)**

7.

M: I'd like to know where the mayor will be having lunch in Seattle.
W: Let me check with my supervisor. Sorry, but the location is classified.
M: Oh, really? What do you mean by classified?

(a) I'm sorry, but there's no space available.
(b) It means I can't give out that information.
(c) Where would you prefer to have lunch?

(d) That's what I'm trying to tell you.

남: 시장님께서 시애틀 어디에서 점심 식사를 하실 건지 알고 싶습니다.

여: 제 상관에게 확인해 보겠습니다. 죄송하지만, 그 장소는 기밀 사항입니다.

남: 아, 그래요? 기밀이라는 게 무슨 뜻이죠?

(a) 죄송하지만, 이용 가능한 공간이 없습니다.

(b) 제가 그 정보를 공개할 수 없다는 뜻입니다.

(c) 어디에서 점심 식사하고 싶으세요?

(d) 그게 제가 당신에게 하려는 말이에요.

해설   시장님의 식사 장소를 물어본 남자에게 기밀 사항이라고 말했으므로 기밀 사항의 의미를 묻는 남자에게 그 의미를 풀어서 설명하는 (b)가 정답이다.

오답   (a) 공간 이용 가능 여부를 말하는 답변이므로 질문 내용과 어울리지 않는 오답이다.
    (c) 대화 중에 제시되는 lunch를 반복 활용한 오답이다.
    (d) 상대방의 말에 동의를 나타낼 때 할 수 있는 말이므로 질문 내용과 관련 없는 오답이다.

어휘   mayor 시장 supervisor 상관, 책임자, 부서장 location 위치, 지점 classified 기밀인 available 이용 가능한 give out ~을 공개하다, 누설하다 would prefer to do ~하고 싶다 try to do ~하려 하다

정답   **(b)**

8.

W: Hello, Grayford Engineering. Can I help you?
M: Hi, this is Bob Taylor. I'm calling to talk to Mr. Ferguson.
W: I'm sorry but he's out at the moment. He'll be back in a few hours.

(a) Would you care to leave a message?
(b) Could you tell him that I called?
(c) I don't mind holding the line.
(d) I'll put you right through.

여: 안녕하세요, 그레이포드 엔지니어링입니다. 무엇을 도와드릴까요?

남: 안녕하세요, 저는 밥 테일러라고 합니다. 퍼거슨 씨와 통화하려고 전화했습니다.

여: 죄송하지만 지금 자리에 계시지 않습니다. 몇 시간 후에 돌아오실 겁니다.

(a) 메시지를 남기시겠습니까?
(b) 그에게 제가 전화했다고 말씀해 주시겠어요?
(c) 전 (끊지 않고) 기다려도 상관없어요.
(d) 그를 바로 바꿔드리겠습니다.

해설   퍼거슨 씨를 바꿔 달라는 전화에 그가 자리에 없다고 말하는 것에 대한 적절한 반응을 골라야 하므로 자신이 전화했다고 전해달라는 (b)가 정답이다.

오답   (a) 메시지를 남기겠느냐고 물어보는 것은 통화를 요청한 남자가 아니라 전화를 받은 여자가 할 말로 적절하므로 오답이다.
    (c) 통화하려는 사람이 몇 시간 후에나 돌아올 상황에서 끊지 않고 기다리겠다는 말은 적절하지 않으므로 오답이다.
    (d) 통화를 요청한 사람이 할 수 있는 말이 아니므로 오답이다.

어휘   out 자리에 없는, 나간 at the moment 지금, 현재 Would you care to do? ~하시겠어요? leave a message 메시지를 남기다 don't mind -ing ~해도 상관없다 hold the line (전화상에서) 끊지 않고 기다리다

정답   **(b)**

9.

M: Annie, there's a call for you. It's Ms. Poole from Zap Inc.
W: I can't take it right now. This report is due in thirty minutes.
M: But she said it's about an urgent issue.

(a) Tell her again it's very important.
(b) I'm glad you brought the matter to me.
(c) Well, ask her to call back in 5 minutes then.
(d) Thanks. I could use a little help with it.

남: 애니 씨, 당신에게 온 전화입니다. 잽 주식회사의 풀 씨예요.

여: 지금 받을 수 없어요. 이 보고서가 30분 후에 제출 마감이라서요.

남: 하지만 이분이 긴급한 문제에 관한 것이라고 하셨어요.

(a) 매우 중요하다고 그분께 다시 말씀해 주세요.
(b) 저에게 그 문제를 제기해 주셔서 기쁩니다.
(c) 음, 그럼 5분 후에 다시 전화하라고 말씀해 주세요.
(d) 감사합니다. 그것에 대해 도움을 조금 받을 수 있으면 좋겠어요.

해설   긴급한 문제로 전화를 건 사람을 대상으로 한 적절한 조치로서 5분 후에 다시 전화하도록 전하라는 의미를 담은 (c)가 정답이다.

오답   (a) 대화 중에 제시되는 urgent에서 연상 가능한 important를 활용한 오답이다.
    (b) issue와 유사한 의미를 지닌 matter를 활용해 혼동을 유발하는 오답이다.
    (d) 긴급한 문제로 전화를 건 사람에 대한 조치가 필요한 상황에 답변자 자신이 도움을 받기 위해 요청하는 것은 어울리지 않으므로 오답이다.

어휘   take (전화를) 받다 report 보고(서) due ~가 기한인 in + 시간: ~ 후에 urgent 긴급한 issue 문제, 사안 bring A to B: (문제 등) A를 B에게 제기하다 ask A to do: A에게 ~하도록 요청하다 then 그럼, 그렇다면 could use ~을 얻을 수 있으면 좋겠다 a little 조금, 약간 help with ~에 대한 도움

정답 (c)

10.

> W: Hi, this is Roger Wilson's wife calling.
> M: Hello, Mrs. Wilson. Are you looking for Roger?
> W: Yes, I tried calling his cell, but he isn't picking up.
>
> (a) You should've tried his cell phone.
> (b) OK, I'll call you back a little later then.
> (c) Where do you need to be picked up?
> **(d) Oh, he's interviewing a job applicant now.**

여: 안녕하세요, 저는 로저 윌슨 씨의 아내입니다.
남: 안녕하세요, 윌슨 씨. 로저 씨를 찾고 계신가요?
여: 네, 휴대전화로 전화해 봤는데, 받지 않고 있어서요.

(a) 그분 휴대전화로 전화해 보셨어야 해요.
(b) 좋아요, 그럼 조금 후에 다시 전화 드릴게요.
(c) 어디에서 태워드려야 하나요?
(d) 아, 지금 구직 지원자를 면접보고 계십니다.

해설 로저 씨가 전화를 받지 않는 상황과 관련해 통화할 수 없는 이유를 언급하는 (d)가 정답이다.

오답 (a) 여자의 말에 언급된 cell을 반복해 혼동을 유발하는 오답이다.
(b) 답변자 자신이 상대방에게 연락하는 상황이 아니므로 오답이다.
(c) pick up의 다른 의미(차로 태워주다)를 활용한 오답이다.

어휘 this is A calling: (전화상에서) 저는 A입니다 look for ~을 찾다 try -ing ~해보다 pick up (전화를) 받다, ~을 데리러 가다, 데려 오다 interview ~을 면접보다 applicant 지원자

정답 (d)

UNIT 02 [Part 1&2]
요청·제안 / 길 묻기

실전 감 잡기

| 1. (b) | 2. (a) | 3. (d) | 4. (d) | 5. (b) |
| 6. (d) | 7. (a) | 8. (a) | 9. (a) | 10. (b) |

Part 1

1.

> M: Can you tell me where the closest subway station is?
>
> (a) A bus might be a suitable option.
> **(b) There's one just around this corner.**
> (c) I don't know which subway line that is on.
> (d) You need a travel card to ride the subway.

남: 가장 가까운 지하철역이 어디 있는지 알려주시겠어요?

(a) 버스가 적합한 선택일 수도 있어요.
(b) 이 모퉁이만 돌면 하나 있어요.
(c) 그곳이 어느 지하철 노선에 있는지 모르겠어요.
(d) 지하철을 타려면 교통카드가 있어야 합니다.

해설 가장 가까운 지하철역이 어디 있는지 묻는 질문에 대해 위치 표현으로 답변하는 (b)가 정답이다.

오답 (a) subway와 연관성 있는 bus를 활용해 혼동을 유발하는 답변으로, 지하철역 위치와 관련 없는 오답이다.
(c) subway를 반복 사용해 혼동을 유발하는 답변으로, 지하철 노선을 말하고 있으므로 질문 내용과 관련 없는 오답이다.
(d) subway를 반복 사용해 혼동을 유발하는 답변으로, 지하철 이용 방법을 말하고 있으므로 질문 내용과 관련 없는 오답이다.

어휘 close 가까운 suitable 적합한, 어울리는 option 선택(권) just around this corner 이 모퉁이만 돌면 ride ~을 타다

정답 (b)

2.

> W: Tom, would you mind if I borrowed your car tomorrow?
>
> **(a) Not at all. Be my guest.**
> (b) Just let me finish this work.
> (c) Sorry, I didn't bring my credit card.
> (d) Gas prices are so high these days.

여: 톰, 내일 당신 차를 좀 빌려도 괜찮을까요?

(a) 물론이죠. 얼마든지 괜찮아요.
(b) 이 일만 좀 끝낼게요.
(c) 죄송하지만, 제가 신용카드를 갖고 오지 않았어요.
(d) 연료비가 요즘 너무 높아요.

해설 내일 차를 빌려달라고 부탁하는 질문에 대해 수락을 의미하는 말로 대답하는 (a)가 정답이다.

오답 (b) 내일 차를 빌려달라고 부탁하는 질문 내용과 관련 없는 오답이다.

(c) car와 발음이 유사한 card를 활용한 오답이다.

(d) car와 연관성 있는 Gas prices를 활용해 혼동을 유발하는 답변으로, 차를 빌리는 상황과 관련 없는 오답이다.

어휘 would you mind if ~? ~해도 괜찮을까요? borrow ~을 빌리다 Not at all (mind로 묻는 질문에 대한 긍정의 답변으로) 물론이죠, 그럼요 Be my guest (부탁에 대한 수락의 의미로) 그렇게 하세요, 좋을 대로 하세요 let A do: A에게 ~하게 하다 gas prices 연료비

정답 (a)

3.

M: Would it be possible to remove the stain on this shirt?

(a) I have a shirt like yours.

(b) You get what you pay for.

(c) I think it looks really good on you.

(d) That's no problem. It'll take about 15 minutes.

....

남: 이 셔츠의 얼룩을 제거하는 게 가능할까요?

(a) 저도 당신 것 같은 셔츠가 있어요.

(b) 돈 낸 만큼 그 값을 하는 거죠.

(c) 당신에게 정말 잘 어울리는 것 같아요.

(d) 문제 없습니다. 약 15분쯤 걸릴 거예요.

해설 셔츠의 얼룩을 제거하는 게 가능한지 묻는 질문에 대해 긍정을 뜻하는 That's no problem과 함께 소요 시간을 덧붙여 말하는 (d)가 정답이다.

오답 (a) shirt를 반복해 혼동을 유발하는 답변으로, 셔츠의 얼룩 제거 가능성과 관련 없는 오답이다.

(b) shirt에서 연상 가능한 pay를 활용한 오답이다.

(c) 마찬가지로 shirt에서 연상 가능한 상황을 활용한 오답이다.

어휘 Would it be possible to do? ~하는 게 가능할까요? remove ~을 제거하다, 없애다 stain 얼룩 You get what you pay for 돈 낸 만큼 그 값을 하다, 뿌린 대로 거두다 look good on ~에게 잘 어울리다 take ~의 시간이 걸리다 about 약, 대략

정답 (d)

4.

W: We're going to grab a bite to eat for lunch. Why don't you come along?

(a) What did you think of the food?

(b) Well, there's always next time.

(c) Just let me know whether you can make it or not.

(d) I'd love to, but I brought food from home.

....

여: 저희는 간단히 점심 식사하러 갈 거예요. 함께 가시는 게 어떠세요?

(a) 그 음식에 대해 어떻게 생각하셨어요?

(b) 음, 기회는 항상 있어요.

(c) 참석 여부만 저에게 알려 주세요.

(d) 저도 그러고 싶지만, 집에서 도시락을 싸왔어요.

해설 간단히 점심 식사하러 가는 데 함께 가자고 묻는 질문에 대해 거절의 말과 함께 그 이유를 언급하는 (d)가 정답이다.

오답 (a) 질문의 lunch에서 연상 가능한 food를 활용해 혼동을 유발하는 오답이다.

(b) 함께 점심 식사하러 가자고 묻는 사람이 할 수 있는 말로, 답변자가 할 수 있는 대답으로 적절하지 않으므로 오답이다.

(c) 마찬가지로 함께 점심 식사하러 가자고 묻는 사람이 할 수 있는 말로, 답변자가 할 수 있는 대답으로 적절하지 않으므로 오답이다.

어휘 grab a bite to eat 간단히 먹다 Why don't you ~? ~하는 게 어때요? come along 함께 가다 there's always next time 기회는 항상 있어요 whether A or not: A인지 아닌지 make it 가다, 도착하다 I'd love to (앞서 언급된 일에 대해) 꼭 그러고 싶어요

정답 (d)

5.

M: Would you mind watching my bags while I'm in the bathroom?

(a) I'd appreciate it.

(b) Not at all.

(c) I haven't seen them.

(d) Never mind.

....

남: 제가 화장실에 가 있는 동안 제 가방을 좀 봐주시겠어요?

(a) 그렇게 해주시면 감사하겠습니다.

(b) 물론이죠.

(c) 저는 그것들을 본 적이 없어요.

(d) 신경 쓰지 마세요.

해설 Would you mind로 시작되는 요청 질문에 대해 긍정을 나타내는 (b)가 정답이다.

오답 (a) 질문자인 남자가 할 수 있는 말이므로 오답이다.

(c) 질문의 watch에서 연상 가능한 see를 활용한 오답이다.

(d) 질문의 mind를 반복 활용해 혼동을 유발하는 답변으로, 부탁을 받는 입장에 있는 사람이 할 수 있는 말이 아니므로 오답이다.

어휘 Would you mind -ing? ~해주시겠어요? watch ~을 지켜보다 appreciate ~에 대해 감사하다 Not at all (mind로 묻는 질문에 대한 긍정의 답변으로) 물론이죠, 그럼요 Never mind 신경

쓰지 마세요

정답 (b)

Part 2

6.

M: Excuse me, but where is the nearest ATM?
W: There's one in the convenience store down the street.
M: Is it the nearest one?

(a) You've got more than enough cash.
(b) You can use the crossing over here.
(c) Most ATMs charge you these days.
(d) I'm not sure, but that's the only one I know.

··

남: 실례합니다만, 가장 가까운 ATM이 어디 있나요?
여: 길 저쪽에 편의점이 하나 있어요.
남: 그게 가장 가까운 곳인가요?

(a) 충분하고도 남을 현금을 갖고 계시잖아요.
(b) 바로 이쪽에 있는 건널목을 이용하시면 됩니다.
(c) 대부분의 ATM은 요즘 수수료를 부과해요.
(d) 확실하진 않지만, 그게 제가 아는 유일한 곳이에요.

해설 여자가 말한 곳과 관련해 가장 가까운 곳인지 되묻는 남자에게 그곳이 자신이 아는 유일한 곳이라고 말하는 (d)가 정답이다.

오답 (a) 대화 중에 제시되는 ATM에서 연상 가능한 cash를 활용해 혼동을 유발하는 오답이다.
(b) 이동 방법을 말하고 있으므로 가장 가까운 곳에 대해 확인 받으려는 질문 내용과 관련 없는 오답이다.
(c) ATM을 반복해 혼동을 유발하는 답변으로, 가장 가까운 곳의 위치가 아니라 수수료와 관련된 말이므로 오답이다.

어휘 near 가까운 ATM 현금자동입출금기 convenience store 편의점 down the street 길 저쪽에 more than enough A: 충분하고도 남는 A crossing 건널목 charge ~에게 수수료를 부과하다

정답 (d)

7.

W: Steve, would you mind doing me a favor?
M: Of course not. What do you need?
W: Can I borrow your mountain bike this weekend?

(a) Oh, I'm sorry. I sold it recently.
(b) I normally use it during the week.
(c) I'm glad you enjoyed it.
(d) I prefer street bikes to mountain bikes.

··

여: 스티브, 내 부탁 좀 들어줄 수 있어?
남: 물론이지. 뭐가 필요한데?

여: 이번 주말에 네 산악자전거 좀 빌릴 수 있을까?

(a) 아, 미안해. 최근에 팔았어.
(b) 난 보통 주중에 사용해.
(c) 즐거웠다니 기뻐.
(d) 난 산악자전거보다 도로 자전거를 선호해.

해설 산악자전거를 빌려달라고 부탁하는 질문에 대해 사과의 말과 함께 빌려줄 수 없는 이유로 그것을 팔았다고 말하는 (a)가 정답이다.

오답 (b) 질문의 weekend와 연관성 있는 week를 활용한 오답이다.
(c) 자전거를 빌리는 미래 시점의 질문과 달리 과거의 감정을 언급하고 있으므로 오답이다.
(d) 대화 중에 제시되는 bike를 활용한 답변으로, 답변자 자신이 선호하는 자전거를 말하고 있으므로 내용과 관련 없는 오답이다.

어휘 would you mind -ing? ~해주시겠어요? do A a favor: A의 부탁을 들어주다 Of course not (mind로 묻는 질문에 대한 긍정의 답변으로) 물론이죠, 그럼요 recently 최근에 normally 보통, 일반적으로 during ~ 중에, ~ 동안 prefer A to B: B보다 A를 선호하다, 더 좋아하다

정답 (a)

8.

M: Do you need a hand, ma'am?
W: I'd like to move seats, if possible.
M: Do you want to sit nearer the stage?

(a) That'd be better. The view here is terrible.
(b) The performance will start around 7.
(c) Thanks, I'll take two tickets please.
(d) I'm sitting in seat 32F in the back row.

··

남: 제가 좀 도와드릴까요, 고객님?
여: 가능하다면 좌석을 옮기고 싶습니다.
남: 무대와 더 가까이 앉고 싶으신가요?

(a) 그럼 더 좋을 거예요. 여기는 시야가 너무 좋지 않네요.
(b) 공연이 7시쯤에 시작될 겁니다.
(c) 감사합니다, 입장권 두 장 주세요.
(d) 저는 뒤쪽 줄 좌석 32F에 앉아 있습니다.

해설 좌석을 옮기는 일과 관련해 무대와 더 가까이 앉고 싶은지 묻는 것에 대해 수락을 뜻하는 말과 함께 너 가까이 앉고 싶은 이유를 덧붙이는 (a)가 정답이다.

오답 (b) stage에서 연상 가능한 performance를 활용한 답변으로, 좌석 옮기는 내용과 관련 없는 오답이다.
(c) 입장권 구매 수량을 말하고 있으므로 질문 내용과 관련 없는 오답이다.
(d) 대화 중에 제시되는 sit이 반복 제시되어 있고, sit에서 연상 가능한 seat을 활용한 오답이다.

어휘 need a hand 도움을 필요로 하다 move seats 좌석을 옮기다 if possible 가능하다면 nearer the stage 무대와 더 가까운 곳에 view 시야, 경관, 전망 terrible 너무 좋지 않은, 끔찍한 performance 공연 around ~쯤, ~ 무렵 row 줄, 열

정답 (a)

9.

W: Excuse me, Is the Empire State Building nearby?
M: Not really. It's a few kilometers that way.
W: Oh, the map makes it seem like it's in this area.

(a) I'm sorry, but that's not right.
(b) I'm sorry, but it's closed today.
(c) I'd love to borrow your map. Thanks.
(d) This is a really nice area.

여: 실례합니다. 엠파이어 스테이트 빌딩이 근처에 있나요?
남: 꼭 그렇진 않아요. 저쪽으로 몇 킬로미터 떨어져 있어요.
여: 아, 지도에는 이 구역에 있는 것처럼 보이게 나와서요.

(a) 유감이지만, 그렇지 않아요.
(b) 유감이지만, 오늘은 닫았어요.
(c) 당신 지도를 꼭 빌리고 싶어요. 감사합니다.
(d) 이곳은 정말 멋진 구역이네요.

해설 남자가 말하는 실제 위치와 여자가 말하는 지도상의 위치가 다른 것에 대해 지도상의 위치가 잘못된 것임을 확인해주는 (a)가 정답이다.

오답 (b) 지도상의 위치가 아닌 영업 여부와 관련된 말이므로 대화 상황에 맞지 않는 오답이다.
(c) map을 반복 활용해 혼동을 유발하는 답변으로 지도상의 위치와 관련 없는 오답이다.
(d) 대화 중에 제시되는 area를 반복 활용한 오답이다.

어휘 nearby 근처에 (있는) Not really (앞서 언급된 것에 대해) 꼭 그렇진 않다 make A do: A를 ~하게 만들다 seem like ~한 것 같아 보이다 would love to do 꼭 ~하고 싶다 borrow ~을 빌리다

정답 (a)

10.

M: Penny, can you drop me off at the train station tomorrow at lunchtime?
W: Sure. What time will we need to set off from the office?
M: Would you be ready to leave at 11:30?

(a) I can get that to you before noon.
(b) Perhaps. Let me check my workload.
(c) Sure, my train leaves at 11:30.
(d) I typically go to bed earlier than that.

남: 페니 씨, 내일 점심 시간에 기차역에 저 좀 내려 주실 수 있으세요?
여: 물론이죠. 사무실에서 몇 시에 출발하셔야 하는 거예요?
남: 11시 30분에 출발하도록 준비하실 수 있으세요?

(a) 정오가 되기 전에 가져다 드릴게요.
(b) 아마도요. 제 업무량 좀 확인해볼게요.
(c) 그럼요, 제 기차가 11시 30분에 출발해요.
(d) 저는 보통 그것보다 더 일찍 잠자리에 들어요.

해설 11시 30분에 출발하도록 준비할 수 있는지 묻는 질문에 대해 그렇게 준비할 수 있는 조건으로서 업무량을 확인하는 일을 언급한 (b)가 정답이다.

오답 (a) 11:30라는 시간과 관련 있게 들리는 noon을 활용해 혼동을 유발하는 오답이다.
(c) 11:30라는 시간을 반복해 혼동을 유발하는 답변으로, 답변자 자신의 준비 가능 여부와 관련 없는 오답이다.
(d) 답변자 자신이 잠자리에 드는 시간을 말하는 답변이므로 대화 상황과 관련 없는 오답이다.

어휘 drop A off: A를 내려주다, 갖다 놓다 set off 출발하다(= leave) be ready to do ~할 준비가 되다 get A to B: A를 B에게 갖다 주다, 구해주다 workload 업무량 typically 보통, 일반적으로

정답 (b)

UNIT 03 [Part 1&2] 가족 / 친구

실전 감 잡기

1. (c)	2. (b)	3. (c)	4. (a)	5. (b)
6. (b)	7. (b)	8. (d)	9. (c)	10. (c)

Part 1

1.

M: My parents have been married for 40 years.

(a) When did you both get married?
(b) They must be happy for you.
(c) Wow. May I ask how old they are?
(d) Yeah, I miss the good old days.

남: 저희 부모님께서 결혼하신 지 40년이 되셨어요.

(a) 당신 부부는 언제 결혼했나요?
(b) 두 분께서 당신에 대해 분명 기뻐하실 거예요.
(c) 와우. 두 분 연세가 어떻게 되는지 여쭤봐도 될까요?
(d) 네, 좋았던 시절이 그립네요.

해설 부모님께서는 결혼하신 지 40년이 됐다는 말에 대해 놀라움을 나타내면서 그분들의 연세를 묻는 (c)가 정답이다.

오답 (a) 상대방 부모님이 아닌 상대방의 결혼 시점을 묻고 있으므로 오답이다.
(b) 상대방 부모님의 결혼 기간과 관련 없는 답변이므로 대화의 핵심에서 벗어난 오답이다.
(d) 질문의 40 years에서 연상 가능한 old days를 말한 오답이다.

어휘 be married 결혼한 상태이다 get married 결혼하다 must 분명 ~할 것이다, ~한 것이 틀림없다 miss ~을 그리워하다 good old days 좋았던 시절

정답 (c)

2.

W: Will you be around this weekend?

(a) Sure, I'll see you on Friday.
(b) I might be. I'll check my calendar.
(c) That's just around the corner.
(d) I feel under the weather today.

....

여: 이번 주말에 만날 수 있으세요?

(a) 그럼요, 금요일에 뵐게요.
(b) 그럴 수도 있어요. 제 일정표를 확인해 볼게요.
(c) 그곳은 모퉁이를 바로 돈 곳에 있어요.
(d) 저는 오늘 몸이 좋지 않아요.

해설 Will you be around ~?는 만날 수 있는지 묻는 질문이다. 따라서 주말에 만날 수 있는지 묻는 질문에 대해 만날 일정이 되는지 확인할 방법을 먼저 언급하는 (b)가 정답이다.

오답 (a) 주말이 아닌 금요일에 만나는 것을 말하고 있으므로 질문 내용과 맞지 않는 오답이다.
(c) 질문의 around를 반복해 혼동을 유발하는 오답이다.
(d) 이번 주말을 묻고 있으므로 오늘의 건강 상태를 언급하는 대답은 어울리지 않는 반응으로 오답이다.

어휘 be around 만날 수 있다 just around the corner 모퉁이를 바로 돈 곳에, 바로 코 앞에 닥쳐 있는 under the weather 몸이 좋지 않은

정답 (b)

3.

M: What did you do with my wallet?

(a) How did you know that?
(b) You should have told me earlier.
(c) I thought you put it in the drawer.
(d) You could really use a new wallet.

....

남: 내 지갑을 어떻게 한 거야?

(a) 그걸 어떻게 알았어?
(b) 나한테 더 빨리 말했어야 해.
(c) 난 네가 그걸 서랍에 넣은 줄 알았는데.
(d) 넌 새 지갑을 하나 사야겠다.

해설 지갑의 행방이나 상태 변화 등을 묻는 질문이므로 서랍에 넣은 줄 알았다는 말로 답변자 자신이 알고 있던 위치를 언급하는 (c)가 정답이다.

오답 (a) that은 특정한 일이나 상황을 지칭하는데, 무엇을 가리키는지 알 수 없으므로 오답이다.
(b) 특정 사실 등을 너무 늦게 말했음을 의미할 때 할 수 있는 말인데, 질문의 핵심에 맞지 않는 답변이므로 오답이다.
(d) 질문의 wallet을 반복하여 혼동을 유발하는 오답이다.

어휘 should have p.p. ~했어야 했다 put A in B: A를 B에 넣다 drawer 서랍 You could really use A: 너에게 A가 있다면 좋을 거야, 네가 A한다면 좋을 거야

정답 (c)

4.

W: Bob, would you stop hammering? It's very distracting.

(a) I'll be done in a minute.
(b) But I'm very distracted.
(c) The hammer is in the toolkit.
(d) You are making me look bad.

....

여: 밥, 망치질 좀 멈춰 줄래요? 너무 방해가 되어서요.

(a) 금방 끝날 겁니다.
(b) 하지만 저는 너무 주의가 산만해요.
(c) 망치는 공구상자 안에 있어요.
(d) 저를 나쁜 사람처럼 보이게 만드시네요.

해설 망치질을 멈추도록 요청하는 질문에 대해 금방 끝난다는 말로 더 이상 방해가 되지 않을 것임을 의미하는 (a)가 정답이다.

오답 (b) distracting과 발음이 거의 같은 distracted를 활용해 혼동을 유발하는 답변으로, 답변자 자신의 주의 산만함을 말하고 있으므로 요청에 대한 반응으로 맞지 않는 오답이다.
(c) hammer를 반복해 혼동을 유발하는 답변으로, 망치가 있는 곳을 말하고 있어 질문의 핵심에 맞지 않는 오답이다.
(d) 답변자 자신에 대한 오해와 관련된 말이므로 질문의 핵심에 맞지 않는 오답이다.

어휘 stop -ing ~하는 것을 멈추다 hammer v. 망치질하다, n. 망치 distracting 방해가 되는, 산만하게 만드는 be done 끝내다, 완료되다 in a minute 잠시 후에 distracted (정신이) 산만해진 toolkit 공구상자 make A do: A를 ~하게 만들다 look + 형용사: ~하게 보이다

정답 (a)

5.

M: Mary, what are you up to now?

(a) It's up to you.
(b) Nothing special, Andy.
(c) Why don't we go see a movie then?
(d) Tomorrow works fine for me.

·····

남: 메리, 지금 뭐 하고 있어?

(a) 그건 너에게 달려 있어.
(b) 별 다른 일 없어, 앤디.
(c) 그럼 우리 영화 보러 가는 게 어때?
(d) 난 내일이 괜찮아.

해설 what are you up to now?는 지금 무엇을 하고 있는지 묻는 질문이므로 별 다른 일 없다는 의미를 나타내는 (b)가 정답이다.

오답 (a) 「It's up to + 사람」은 결정권이 있는 사람을 말할 때 사용하는 표현으로, up to를 반복해 혼동을 유발하는 오답이다.
(c) 서로 만날 시간이 있는지를 먼저 확인한 후에 제안할 수 있는 말이므로 질문의 핵심에 맞지 않는 오답이다.
(d) 서로 만날 시간이 있는지를 먼저 확인한 후에 그 시점을 정할 때 할 수 있는 말이므로 질문의 핵심에 맞지 않는 오답이다.

어휘 what are you up to? 뭐 하고 있어? up to ~에게 달려 있는 Why don't we ~? ~하는 게 어때? then 그럼, 그렇다면 work find for (일정 등이) ~에게 좋다

정답 (b)

Part 2

6.

W: Jerry, your teacher told me that you have missed so many classes.

M: I know. I can't deny it.

W: What's the problem with you?

(a) Well, I don't think I have missed any classes.
(b) I really can't understand much of the lecture content.
(c) My teacher told me the class will not be difficult.
(d) Maybe you should enroll in a different course.

·····

여: 제리, 네 선생님께서 네가 수업에 아주 많이 빠졌다고 말씀해 주셨어.

남: 알아요. 부정할 수 없을 것 같네요.

여: 무슨 문제가 있는 거니?

(a) 음, 저는 어떤 수업도 빠지지 않은 것 같은데요.
(b) 정말로 수업 내용 대부분을 이해할 수 없어요.

(c) 선생님께서 그 수업이 어렵지 않을 거라고 하셨어요.
(d) 아마 다른 수업에 등록하셔야 할 것 같아요.

해설 수업에 많이 빠졌다고 언급한 것과 관련해 그 이유를 묻고 있으므로 수업 내용을 이해할 수 없다는 의미를 나타내는 (b)가 정답이다.

오답 (a) missed와 classes를 반복해 혼동을 유발하는 답변으로, 앞서 수업을 많이 빠진 것에 대해 이미 부정할 수 없다고 한 것과 앞뒤가 맞지 않는 답변이므로 오답이다.
(c) class를 반복해 혼동을 유발하는 답변으로, 특정한 한 가지 수업(the class)의 어려움과 관련해 말하는 상황이 아니므로 어울리지 않는 오답이다.
(d) 질문자인 여자가 수업을 듣는 입장이 아니므로 대화 상황에 맞지 않는 오답이다.

어휘 miss ~에 빠지다, ~을 놓치다 deny ~을 부정하다. 부인하다 content 내용(물) enroll in ~에 등록하다

정답 (b)

7.

M: Did I miss that TV show we wanted to watch?

W: Yes, it was on while you were sleeping.

M: How come you didn't wake me?

(a) That TV show isn't on these days.
(b) I forgot, because I got into a movie on another channel.
(c) Watching TV shows is a great way to relax.
(d) It's okay. I'm a very light sleeper.

·····

남: 우리가 보고 싶어했던 그 TV 프로그램을 내가 놓친 거야?

여: 응, 네가 자는 동안 방송됐어.

남: 어째서 날 깨우지 않은 거야?

(a) 그 TV 프로그램은 요즘 방송되지 않고 있어.
(b) 잊어 버렸어, 다른 채널에 나온 영화에 빠져 있었거든.
(c) TV 프로그램 시청은 쉴 수 있는 아주 좋은 방법이야.
(d) 괜찮아. 난 잠귀가 아주 밝은 사람이야.

해설 깨우지 않은 이유를 묻는 남자의 질문에 대해 잊고 있었다는 말고 다른 채널의 영화에 빠져 있었다는 말로 그 이유를 언급하는 (b)가 정답이다.

오답 (a) TV show를 반복해 혼동을 유발하는 답변으로, 특정 프로그램의 방송 여부를 말하고 있어 남자를 깨우지 않은 이유로 맞지 않으므로 오답이다.
(c) TV show를 반복해 혼동을 유발하는 답변으로, TV 프로그램 시청의 장점을 말하고 있어 남자를 깨우지 않은 이유로 맞지 않으므로 오답이다.
(d) wake에서 연상 가능한 sleeper을 활용해 혼동을 유발하는 오답이다.

어휘 miss ~에 빠지다, ~을 놓치다 on 방송 중인 while ~하는 동안 How come 주어 + 동사? 어째서 ~인 거야? wake ~을 깨우다 forget 잊다 get into ~에 빠지게 되다 way to do ~하는 방

법 relax 쉬다, 휴식하다 light sleeper 잠귀가 밝은 사람

정답 (b)

8.

> W: Dad, that's not what we agreed.
> M: I don't think we agreed on anything.
> W: You're lying.
>
> (a) I appreciate your honesty.
> (b) I couldn't agree with you more.
> (c) Thanks for seeing my side of the story.
> **(d) I'm not. I just said, "I'll think about it."**
>
> ··
>
> 여: 아빠, 그건 우리가 동의한 게 아니잖아요.
> 남: 난 우리가 어떤 것에도 동의했다고 생각하지 않는데.
> 여: 그건 거짓말이에요.
>
> (a) 네 정직함에 대해 고맙게 생각해.
> (b) 네 말에 전적으로 동의해.
> (c) 내 입장의 이야기를 고려해줘서 고마워.
> **(d) 그렇지 않아. 난 그저 "생각해볼게"라고 말한 것뿐이야.**

해설 남자가 서로 어떤 것에도 동의했다고 생각하지 않는다고 말한 것과 관련해 거짓말이라고 말하는 여자에게 그 근거를 언급하는 내용에 해당되는 (d)가 정답이다.

오답 (a) 대화 중에 제시되는 lying에서 연상 가능한 honesty를 활용해 혼동을 유발하는 오답이다.
   (b) agree를 반복해 혼동을 유발하는 답변으로, 앞서 남자가 서로 동의하지 않았다고 말한 것과 반대되는 말이므로 앞뒤가 맞지 않는 오답이다.
   (c) 앞서 남자가 서로 어떤 것에도 동의했다고 생각하지 않는다고 말한 것과 관련 없는 말이므로 오답이다.

어휘 agree on ~에 동의하다, 합의하다 lie 거짓말하다 appreciate ~에 대해 감사하다 honesty 정직함 I couldn't agree with you more 네 말에 전적으로 동의해 see one's side of the story ~의 입장의 이야기를 고려하다

정답 (d)

9.

> M: Jane, you look exhausted.
> W: I know. I didn't get much sleep this week because I was studying for exams.
> M: But your health should come first, you know.
>
> (a) It should, but health is very important.
> (b) I forgot to set my alarm and I overslept.
> **(c) You're right, but I really can't afford to fail them.**
> (d) Don't worry. I had a check-up at the dentist yesterday.

··

> 남: 제인, 많이 지쳐 보여.
> 여: 알아. 이번 주에 시험 공부하느라 잠을 많이 자지 못했어.
> 남: 하지만 알다시피 네 건강이 우선이잖아.
>
> (a) 그건 그래야 해, 하지만 건강은 아주 중요해.
> (b) 알람 시계를 맞추는 걸 잊어서 늦잠 잤어.
> **(c) 네 말이 맞아, 하지만 이 시험에 낙제 점수를 받을 여유가 없어.**
> (d) 걱정하지마. 어제 치과에서 검진 받았어.

해설 시험 공부하느라 많이 피곤한 여자에게 건강이 우선이라고 조언하는 것에 대해 동의를 나타내는 말과 함께 피곤해도 시험 공부를 할 수밖에 없는 상황임을 알리는 (c)가 정답이다.

오답 (a) health를 반복해 혼동을 유발하는 답변으로, 여자가 조언을 듣는 상황에서 같은 조언을 남자에게 반복하는 것은 앞뒤가 맞지 않으므로 오답이다.
   (b) 늦잠을 잔 이유를 말하는 답변인데, 앞서 시험 때문에 잠을 제대로 자지 못했다고 말한 것과 앞뒤가 맞지 않으므로 오답이다.
   (d) health에서 연상 가능한 check-up과 dentist를 활용해 혼동을 유발하는 답변으로, 시험 준비 및 건강 유지와 관련된 대화 상황에 맞지 않으므로 오답이다.

어휘 look + 형용사: ~하게 보이다 exhausted 많이 지친, 기진맥진한 get much sleep 잠을 많이 자다 exam 시험 come first ~가 우선이다 forget to do ~하는 것을 잊다 oversleep 늦잠자다 can't afford to do ~할 여유가 없다 fail ~에서 낙제 점수를 받다 check-up (정기) 검진 dentist 치과의사

정답 (c)

10.

> W: How are your studies going?
> M: Well, I'm enjoying everything except my psychology course.
> W: Why? What's wrong with it?
>
> (a) Nobody told me psychology would be so interesting.
> (b) I wish I had graduated with better grades.
> **(c) It just involves boring lectures and not much else.**
> (d) I thought there would be nothing wrong with it.
>
> ··
>
> 여: 공부는 잘 되어가고 있어?
> 남: 음, 심리학 수업을 제외하면 모든 걸 즐겁게 하고 있어.
> 여: 왜? 그 수업에 무슨 문제라도 있어?
>
> (a) 아무도 나에게 심리학이 그렇게 흥미로울 거라고 말해주지 않았어.
> (b) 내가 더 좋은 학점으로 졸업했으면 좋았을 텐데.
> **(c) 그냥 지루한 강의랑 관련된 건데, 별 다른 건 없어.**
> (d) 난 그것에 별 문제가 없을 거라고 생각했어.

해설 남자가 유일하게 즐겁지 않다고 말한 심리학 수업에 무슨 문제가 있는지 묻는 상황이므로 강의가 지루하다는 이유를 언급하는 (c)가 정답이다.

오답 (a) psychology를 반복해 혼동을 유발하는 답변으로, 심리학의 흥미로움을 말하는 것은 앞서 남자가 유일하게 즐겁지 않다고 말한 것과 앞뒤가 맞지 않으므로 오답이다.
(b) studies에서 연상 가능한 graduated과 grades를 활용해 혼동을 유발하는 답변으로, 심리학 수업이 즐겁지 않은 이유로 맞지 않으므로 오답이다.
(d) 대화 중에 제시되는 wrong을 반복 활용한 오답이다.

어휘 How is A going?: A는 어떻게 되어가고 있어? except ~을 제외하고 psychology 심리학 What's wrong with ~? ~에 무슨 문제라도 있어? interesting 흥미로운 I wish I had p.p. ~했다면 좋았을 텐데 graduate 졸업하다 grade 학점, 점수 involve ~와 관련되다, ~을 수반하다 boring 지루한 not much else 별 다른 건 없다

정답 (c)

UNIT 04 Part 1&2
평가 / 칭찬·감사 / 격려

실전 감 잡기

| 1. (b) | 2. (a) | 3. (a) | 4. (d) | 5. (a) |
| 6. (b) | 7. (d) | 8. (b) | 9. (d) | 10. (c) |

Part 1

1.

W: What did you think of the movie?

(a) I know the film director.
(b) **I must say, it was pretty dull.**
(c) The movie is about the future of this planet.
(d) At the theater on Main Street.

....

여: 영화 어땠어?

(a) 나 그 영화감독 알아.
(b) **정말이지, 너무 따분했어.**
(c) 그 영화는 우리 지구의 미래에 관한 거야.
(d) 메인 스트리트에 있는 극장에서 해.

해설 특정 영화에 대한 의견을 묻고 있으므로 너무 따분했다는 말로 감상평을 언급하는 (b)가 정답이다.

오답 (a) movie에서 연상 가능한 film director를 활용해 혼동을 유발하는 답변으로, 영화에 대한 의견을 말하는 답변이 아니므로 오답이다.
(c) 영화에 대한 답변자 자신의 의견이 아니라 영화의 주제를

말하고 있으므로 오답이다.
(d) movie에서 연상 가능한 theater를 활용해 혼동을 유발하는 답변으로, 영화관의 위치를 말하고 있으므로 오답이다.

어휘 What do you think of ~? ~에 대해 어떻게 생각해? director 감독 I must say (강조를 위해 덧붙여) 정말이지 pretty 너무, 아주, 꽤 dull 따분한 planet 지구, 행성

정답 (b)

2.

M: How do you like the Turkish dish?

(a) **Well, it's a bit peculiar actually.**
(b) Sure, I can make some for you.
(c) I think it's made of Turkish ingredients.
(d) You can find one on the Main Course menu.

....

남: 그 터키 요리가 마음에 드시나요?

(a) **저, 실은 조금 이상해요.**
(b) 그럼요, 제가 좀 만들어 드릴 수 있어요.
(c) 그게 터키산 재료로 만들어지는 것 같아요.
(d) 주 코스 요리 메뉴에서 하나 찾아보실 수 있어요.

해설 특정 터키 요리에 대한 의견을 묻고 있으므로 조금 이상하다는 말로 답변자 자신이 느낀 바를 언급하는 (a)가 정답이다.

오답 (b) Yes와 동일한 의미를 나타내는 Sure는 의문사 의문문에 맞지 않으므로 오답이다.
(c) Turkish를 반복해 혼동을 유발하는 답변으로, 요리에 대한 의견을 말하는 답변이 아니므로 오답이다
(d) dish에서 연상 가능한 Main Course menu를 활용해 혼동을 유발하는 답변으로, 요리에 대한 의견을 말하는 답변이 아니므로 오답이다.

어휘 How do you like ~? ~가 마음에 드세요?, ~은 어떠세요? a bit 조금, 약간 peculiar 이상한, 독특한 actually 실은, 사실은 be made of ~로 만들어지다 ingredient (음식) 재료, 성분

정답 (a)

3.

W: What did your wife think of the bouquet of flowers?

(a) **She absolutely adores it.**
(b) I'm sorry, I didn't send you any.
(c) I've planted several in my garden.
(d) She buys flowers once a month.

....

여: 아내 분께서 그 꽃 부케를 어떻게 생각하셨나요?

(a) **대단히 좋아합니다.**
(b) 죄송해요, 제가 아무것도 보내드리지 못했네요.
(c) 제 정원에 여러 가지 심었어요.
(d) 그녀는 한 달에 한 번 꽃을 사요.

해설   특정 꽃 부케에 대한 아내의 의견을 묻고 있으므로 아주 좋아한다는 반응을 언급한 (a)가 정답이다.

오답   (b) 답변자 자신의 아내가 생각하는 바를 말하는 것이 아니므로 질문의 핵심에서 벗어난 오답이다.
       (c) flowers에서 연상 가능한 planted와 garden을 활용해 혼동을 유발하는 답변으로, 답변자 자신의 아내가 생각하는 바를 말하는 것이 아니므로 오답이다.
       (d) flowers를 반복해 혼동을 유발하는 답변으로, 답변자 자신의 아내가 생각하는 바를 말하는 것이 아니므로 오답이다.

어휘   **absolutely** 굉장히, 극도로   **adore** ~을 아주 좋아하다   **plant** ~을 심다   **several** 여러 개(명), 몇 개(명)

정답   **(a)**

4.

M: I'm not sure if I can climb up this ridge. It's so steep.

(a) It's really not that expensive.
(b) I knew you'd be able to do it.
(c) You'd better go up while I wait here then.
(d) You'll be fine. Just move carefully.

남: 내가 이 산등성이를 오를 수 있을지 모르겠어. 너무 가파르네.

(a) 정말 그 정도로 비싸진 않아.
(b) 난 네가 할 수 있을 거라는 걸 알았어.
(c) 그럼 내가 여기서 기다리는 동안 올라가보는 게 좋을 거야.
(d) 괜찮을 거야. 그냥 신중하게 움직이기만 하면 돼.

해설   산등성이를 오를 수 있을지 모르겠는 이유를 말하는 것에 대해 안심시키는 말과 함께 오를 수 있는 방법을 언급하는 (d)가 정답이다.

오답   (a) steep에서 연상 가능한 expensive를 활용한 오답이다.
       (b) 이미 뭔가를 완료한 후에 할 수 있는 말이므로 대화 상황에 맞지 않는 오답이다.
       (c) climb에서 연상 가능한 go up을 활용한 답변으로, 산등성이를 오를 수 있을지 모르겠는 대화 상황에 맞지 않는 오답이다.

어휘   **climb up** ~을 오르다   **ridge** 산등성이   **steep** 가파른   **that** ad. 그 정도로, 그렇게   **be able to do** ~할 수 있다   **had better 동사원형**: ~하는 게 좋다   **then** 그럼, 그렇다면   **carefully** 신중하게, 조심스럽게

정답   **(d)**

5.

W: You did an amazing job with the charity fundraiser last week.

(a) Thanks! I'm glad it was a big success.
(b) I'd like to make a donation to the cause.
(c) Sure, I'd appreciate all the help you can give.

(d) Where are you planning on holding it?

여: 지난주에 있었던 자선 모금 행사에서 놀라울 정도로 잘 해주셨어요.

(a) 고마워요! 큰 성공을 거둬서 기쁩니다.
(b) 그런 대의를 위해 기부하고 싶습니다.
(c) 그럼요, 제공해 주실 수 있는 모든 도움에 대해 감사하게 생각할 겁니다.
(d) 어디에서 개최하실 계획이신가요?

해설   자선 모금 행사에서 아주 잘 해주었다는 칭찬을 들은 것에 대해 감사의 말과 함께 행사의 성공에 대한 기쁨을 언급하는 (a)가 정답이다.

오답   (b) charity fundraiser에서 연상 가능한 donation을 활용해 혼동을 유발하는 오답이다.
       (c) 남자가 도움을 제공받는 입장이 아니므로 대화 상황에 맞지 않는 오답이다.
       (d) 앞으로 개최 계획을 묻는 질문인데, 이미 지난주에 개최된 행사임을 언급했으므로 시제 관계가 맞지 않는 오답이다.

어휘   **do an amazing job with** ~에 대해 놀라울 정도로 잘 하다   **charity** 자선 (활동)   **fundraiser** 모금 행사   **success** 성공   **make a donation to** ~에 기부하다   **cause** 대의 (명분)   **appreciate** ~에 대해 감사하다   **plan on -ing** ~할 계획이다   **hold** ~을 개최하다

정답   **(a)**

Part 2

6.

M: I can't decide what type of flight ticket to buy.
W: What do you mean?
M: Um, business class or first class?

(a) I'm here for a business meeting.
(b) Come on! You can't afford that.
(c) I'd prefer an aisle seat, thanks.
(d) It's a direct flight to Tokyo.

남: 어떤 종류의 항공권을 구입해야 할지 결정하지 못하겠어.
여: 무슨 소리야?
남: 음, 비즈니스석으로 해야 할까, 아니면 일등석으로 해야 할까?

(a) 나는 업무 회의 때문에 이곳에 왔어.
(b) 정신 차례! 그걸 구입할 여유도 없잖아.
(c) 복도 쪽 좌석이 좋겠어, 고마워.
(d) 도쿄로 가는 직항편이야.

해설   비즈니스석과 일등석 중에 고민하는 남자에게 그럴 여유가 없음을 상기시켜주는 (b)가 정답이다.

오답   (a) 여행 목적을 말하고 있어 구입하려는 항공권 종류를 고민하는 대화 상황에 맞지 않는 오답이다.

(c) flight ticket에서 연상 가능한 aisle seat을 활용해 혼동을 유발하는 오답이다.

(d) flight를 반복해 혼동을 유발하는 답변으로, 좌석이 아닌 항공편의 목적지를 말하고 있어 대화 상황에 맞지 않는 오답이다.

어휘 **decide** ~을 결정하다 **flight ticket** 항공권 **can't afford** (시간 또는 금전적으로) ~에 대한 여유가 없다 **would prefer** ~을 좋아하다 **aisle** 복도, 통로 **direct flight** 직항편

정답 **(b)**

7.

W: How is Arnold Anderson's new book?
M: It's a real page-turner.
W: Really? It must have a really interesting plot then.

(a) I'm glad you think so.
(b) Yes, the characters are so boring, too.
(c) He's releasing a new book this summer.
(d) Yes, I can barely put it down.

여: 아놀드 앤더슨의 새 책은 어때?
남: 정말 흥미진진해.
여: 그래? 그럼 줄거리가 정말로 흥미로운 게 틀림없는 것 같네.

(a) 네가 그렇게 생각한다니까 기뻐.
(b) 응, 등장인물들도 너무 지루해.
(c) 그가 올 여름에 새 책을 발표할 거야.
(d) 응, 거의 내려놓질 못할 정도야.

해설 줄거리가 정말로 흥미로운 게 틀림없다고 말한 것과 관련해 동의를 나타내는 Yes와 함께 거의 내려 놓지 못한다는 말을 덧붙인 (d)가 정답이다.

오답 (a) 상대방의 생각에 대한 기쁨을 나타내는 말인데, 앞서 여자가 한 말은 남자의 의견을 바탕으로 한 추측이므로 앞뒤가 맞지 않는 오답이다.

(b) new book과 plot에서 연상 가능한 characters를 활용해 혼동을 유발하는 답변으로, 앞서 흥미진진하다고 말한 것과 반대되는 말이므로 오답이다.

(c) 이미 출간된 새 책의 특징과 관련해 이야기하는 대화 상황에 맞지 않는 오답이다.

어휘 **How is A?:** A는 어때? **page-turner** 흥미진진한 책 **must** ~한 것이 틀림없다 **interesting** 흥미로운 **plot** 줄거리 **then** 그럼, 그렇다면 **boring** 지루한 **release** (작품, 제품 등) ~을 발표하다, 출시하다 **barely** 거의 ~ 않다 **put A down:** A를 내려 놓다

정답 **(d)**

8.

M: Have you ever seen any of Wes Andrew's films?
W: Yes, I love his directing style and I've watched

all his movies.
M: Wow! What did you make of his newest one, then?

(a) I can loan you some of his films, if you'd like.
(b) I think it might be his worst so far, unfortunately.
(c) Well, movies typically interest me more than books.
(d) Yes, he is probably the best actor working today.

남: 웨스 앤드류 영화 중에서 하나라도 본 적이 있어?
여: 응, 난 그의 연출 스타일이 아주 마음에 들어서 그의 영화를 전부 봤어.
남: 와우! 그럼 그의 최신작에 대해선 어떤 생각이 들었어?

(a) 원한다면 그의 작품 몇 개를 빌려줄 수 있어.
(b) 유감스럽게도, 지금까지 그의 작품 중에서 최악일 수도 있을 것 같아.
(c) 음, 난 일반적으로 영화가 책보다 더 흥미로워.
(d) 응, 아마 그가 현재 활동 중인 최고의 배우일 거야.

해설 웨스 앤드류의 최신작에 대한 의견을 묻는 질문에 대해 최악일 수도 있다는 말로 자신의 생각을 밝히는 (b)가 정답이다.

오답 (a) films를 반복해 혼동을 유발하는 답변으로, 웨스 앤드류의 최신작에 대한 답변자의 의견이 아니므로 질문 의도에 맞지 않는 오답이다.

(c) films에서 연상 가능한 movies를 활용해 혼동을 유발하는 답변으로, 웨스 앤드류의 최신작과 관련 없는 오답이다.

(d) Yes는 의문사 의문문에 맞지 않으며, movies에서 연상 가능한 actor를 활용해 혼동을 유발하는 오답이다.

어휘 **directing** 연출, 감독 **What do you make of ~?** ~에 대해서 어떻게 생각해? **then** 그럼, 그렇다면 **loan A B:** A에게 B를 빌려주다 **so far** 지금까지 **unfortunately** 안타깝게도, 아쉽게도 **typically** 일반적으로, 보통 **interest** v. ~의 흥미를 끌다 **work** 활동하다

정답 **(b)**

9.

M: I just returned from Edinburgh. I had never been there before.
W: Oh, really? Is it a nice place to visit?
M: I found all of the old architecture fascinating.

(a) I'd recommend staying in Edinburgh for one week.
(b) Well, I'm sure it wasn't all boring.
(c) I usually stay in the Thistle Hotel whenever I visit.
(d) That's the impression I got from the pictures I've seen.

남: 에든버러에 갔다가 막 돌아왔어. 전에 그곳에 한 번도 가본 적이 없었어.

여: 아, 그래? 방문하기 좋은 곳이야?

남: 오래된 건축 양식이 모두 매력적이라고 생각했어.

(a) 일주일은 에든버러에 머물도록 권해 주고 싶어.

(b) 음, 전부 지루하진 않았던 게 분명해.

(c) 난 보통 방문할 때마다 시슬 호텔에 머물러.

(d) 내가 본 사진들에서 그런 인상을 받았어.

해설　남자가 방문한 에든버러의 오래된 건축 양식이 모두 매력적이라고 말한 것에 대해 사진을 통해 그런 인상을 받았음을 언급한 (d)가 정답이다.

오답　(a) Edinburgh를 반복해 혼동을 유발하는 답변으로, 여행 기간을 권하는 말이므로 그곳의 매력과 관련해 말하는 대화 상황에 맞지 않는 오답이다.

(b) 여행을 다녀온 남자가 할 수 있는 말이므로 대화 상황에 맞지 않는 오답이다.

(c) place to visit에서 연상 가능한 stay와 Thistle Hotel을 활용해 혼동을 유발하는 답변으로, 에든버러의 매력과 관련해 말하는 대화 상황에 맞지 않는 오답이다.

어휘　return from ~에서 돌아오다　find A 형용사: A를 ~하다고 생각하다　architecture 건축 양식, 건축술　fascinating 매력적인　recommend -ing ~하도록 권하다, 추천하다　boring 지루한　usually 보통, 일반적으로　whenever ~할 때마다　impression 인상, 느낌

정답　(d)

10.

W: You look really handsome in that tie today, Brian.

M: Thanks! But don't you think it's too bright?

W: No! It matches your eye color, actually.

(a) Let me try on the other one then.

(b) Thank you, but I never wear ties.

(c) Oh, thanks for noticing.

(d) Well, I think you should wear one.

여: 오늘 그 넥타이를 매니까 정말 멋져 보여, 브라이언.

남: 고마워! 하지만 너무 밝은 것 같지 않아?

여: 아냐! 실은 네 눈동자 색깔과 잘 어울려.

(a) 그럼 나머지 하나를 한 번 착용해볼게.

(b) 고맙긴 하지만, 난 절대 넥타이를 매지 않아.

(c) 아, 알아봐줘서 고마워.

(d) 저, 네가 넥타이를 하나 매야 할 것 같아.

해설　넥타이와 눈동자 색깔이 잘 어울린다고 말한 것에 대해 그것을 알아봐줘서 고맙다는 인사에 해당되는 (c)가 정답이다.

오답　(a) 앞서 이미 잘 어울린다고 했으므로 다른 것을 착용해보겠

다는 말은 대화 상황에 맞지 않는 오답이다.

(b) tie를 반복해 혼동을 유발하는 답변으로, 앞서 이미 넥타이를 착용한 것과 관련된 의견을 말하고 있으므로 앞뒤가 맞지 않는 오답이다.

(d) 앞서 이미 넥타이를 착용한 것과 관련된 의견을 말하고 있으므로 앞뒤가 맞지 않는 오답이다.

어휘　look + 형용사: ~하게 보이다　bright 밝은　match ~와 잘 어울리다　actually 실은, 사실은　try on ~을 한 번 착용해보다　then 그럼, 그렇다면　notice ~을 알아차리다, 인식하다

정답　(c)

UNIT 05　Part 1&2 인간 관계

실전 감 잡기

1. (a)　**2.** (a)　**3.** (b)　**4.** (a)　**5.** (d)

6. (a)　**7.** (c)　**8.** (b)　**9.** (c)　**10.** (d)

Part 1

1.

W: How's it going, Jeffrey?

(a) It couldn't be better!

(b) Let me introduce myself.

(c) I'm not going anywhere this weekend.

(d) Sure, just give me a minute.

여: 어떻게 지내세요, 제프리 씨?

(a) 아주 잘 지냅니다!

(b) 제 소개를 하겠습니다.

(c) 저는 이번 주말에 아무 데도 가지 않아요.

(d) 그럼요, 잠시만 기다려주세요.

해설　어떻게 지내는지 묻는 질문에 대해 아주 잘 지낸다고 답하는 (a)가 정답이다.

오답　(b) 어떻게 지내는지 묻는 질문이므로 답변자가 자신을 소개하겠다고 언급하는 것은 앞뒤가 맞지 않는 오답이다.

(c) going을 반복해 혼동을 유발하는 답변으로, 답변자 자신의 주말 계획을 언급하는 것은 앞뒤가 맞지 않는 오답이다.

(d) Yes와 동일한 의미를 나타내는 Sure는 의문사 의문문에 맞지 않으므로 오답이다.

어휘　couldn't be better 아주 좋다(더 좋을 수 없다)　introduce ~을 소개하다　just give me a minute 잠시만 기다려주세요

정답　(a)

2.

M: Didn't I see you on TV?

(a) I get that a lot, but no.
(b) Right. I was watching TV.
(c) Let's change the channel then.
(d) There's a TV in the living room.

....

남: TV에 나오신 분 아닌가요?

(a) 그런 말을 많이 듣지만, 아닙니다.
(b) 맞아요. TV를 보고 있었어요.
(c) 그럼 채널을 바꾸죠.
(d) 거실에 TV가 한 대 있어요.

해설 TV에 나온 사람이 아닌지 묻는 질문에 대해 그런 말을 많이 듣기는 하지만 아니라고 부정하는 (a)가 정답이다.

오답 (b) TV를 반복해 혼동을 유발하는 답변으로, 긍정을 나타내는 Right 뒤에 이어지는 말이 TV 출연 여부와 관련 없는 오답이다.
     (c) TV에서 연상 가능한 channel을 활용해 혼동을 유발하는 답변으로, TV 출연 여부와 관련 없는 오답이다.
     (d) TV를 반복해 혼동을 유발하는 답변으로, TV 출연 여부와 관련 없는 오답이다.

어휘 I get that a lot 그런 말을 많이 들어요 then 그럼, 그렇다면

정답 **(a)**

3.

W: I'm sorry for the late reply.

(a) Get it done by 5 p.m.
(b) Don't mention it. No big deal.
(c) You can reach me by e-mail.
(d) I appreciate your punctuality.

....

여: 답장이 늦어서 죄송합니다.

(a) 오후 5시까지 완료해주세요.
(b) 별 말씀을요. 괜찮습니다.
(c) 저에게 이메일로 연락하시면 됩니다.
(d) 시간 엄수해 주셔서 감사드립니다.

해설 답장이 늦어서 사과하는 말에 대해 괜찮다는 의미를 나타내는 (b)가 정답이다.

오답 (a) 답장이 늦어서 사과하는 말에 대해 특정한 일의 완료 기한을 언급하는 것은 앞뒤가 맞지 않으므로 오답이다.
     (c) reply에서 연상 가능한 e-mail을 활용해 혼동을 유발하는 답변으로, 연락 방법을 언급하고 있으므로 오답이다.
     (d) 답장이 늦어서 사과하는 말에 대해 시간을 지켜준 것에 대한 감사 인사를 하는 것은 앞뒤가 맞지 않으므로 오답이다.

어휘 reply 답장, 대답 get A done: A를 완료하다, 끝마치다 by (기

한) ~까지, (방법) ~을 통해, ~로 Don't mention it 별 말씀을요, 천만에요 No big deal 괜찮습니다, 별일 아닙니다 reach ~에게 연락하다 appreciate ~에 대해 감사하다 punctuality 시간 엄수

정답 **(b)**

4.

M: I came as soon as I heard. How is Tom doing?

(a) He's just come out of surgery.
(b) He was pleased that you came.
(c) That's news to me. Tell me more.
(d) Okay, let's go there together.

....

남: 얘기 듣자마자 바로 왔어. 톰은 어때?

(a) 수술실에서 막 나왔어.
(b) 네가 와줘서 기뻐했어.
(c) 난 처음 듣는 소리야. 더 얘기해줘.
(d) 그래, 그곳에 함께 가자.

해설 얘기를 듣고 바로 왔다는 말과 함께 톰의 상태를 묻고 있으므로 수술실에서 막 나온 상황임을 알리는 (a)가 정답이다.

오답 (b) 톰의 상태와 관련 없는 말이므로 질문의 핵심에서 벗어난 오답이다.
     (c) heard에서 연상 가능한 news를 활용한 오답이다.
     (d) Yes와 유사한 의미를 나타내는 Okay는 의문사 의문문에 맞지 않으므로 오답이다.

어휘 as soon as ~하자마자, ~하는 대로 How is A doing?: A는 어때? come out of ~에서 나오다 surgery 수술 be pleased that ~해서 기쁘다 That's news to me. 난 처음 들어, 금시초문이야

정답 **(a)**

5.

W: Can you make it to Sam's birthday party on Saturday?

(a) I don't think I'll have a party this year.
(b) We'd better buy a gift for him.
(c) I enjoyed myself on Saturday.
(d) I'd love to, but I have to work.

....

여: 토요일에 샘 생일파티에 갈 수 있겠어?

(a) 내가 올해 파티를 할 수 있을지 모르겠어.
(b) 그에게 줄 선물을 사는 게 좋을 거야.
(c) 나는 토요일에 즐거웠어.
(d) 꼭 그러고 싶지만, 난 일해야 해.

해설 토요일에 샘의 생일파티에 갈 수 있는지 묻는 질문에 대해 갈

수 없음을 이유와 함께 언급하는 (d)가 정답이다.

오답　(a) 답변자 자신이 파티를 여는 것에 대해 묻는 것이 아니므로
　　　 오답이다.
　　　 (b) birthday party에서 연상 가능한 gift를 활용해 혼동을
　　　 유발하는 답변으로, 샘의 생일파티 참석 여부와 관련 없는
　　　 오답이다.
　　　 (c) 미래 계획인 미래 시점의 질문과 달리 과거의 감정을 언급
　　　 하고 있으므로 오답이다.

어휘　make it to ~로 가다, ~에 도착하다　had better 동사원형: ~하
　　　는 게 좋다　enjoy oneself 즐거운 시간을 보내다　would love
　　　to do 꼭 ~하고 싶다

정답　(d)

Part 2

6.

M: Would you like to come back to my place for
　 dinner?
W: I would love to, but I don't want to trouble you.
M: It's no trouble at all. It'll be my pleasure.

(a) All right, if you insist.
(b) The pleasure was all mine.
(c) Let's ask to see a menu.
(d) Thanks for the advice.

....

남: 저희 집에 또 오셔서 함께 저녁 식사 하시겠어요?
여: 꼭 그러고 싶지만, 폐를 끼치고 싶지 않아요.
남: 전혀 폐가 되지 않습니다. 제가 더 즐거울 거예요.

(a) 좋습니다, 정 그러시다면요.
(b) 오히려 제가 더 즐거웠어요.
(c) 메뉴를 확인해볼 수 있게 물어봅시다.
(d) 조언 감사합니다.

해설　다시 함께 식사하자고 권하는 상황에서 그것이 폐가 되지 않는
　　　다는 말에 대해 수락의 의미를 나타내는 (a)가 정답이다.

오답　(b) pleasure를 반복해 혼동을 유발하는 답변으로, 다시 함께
　　　 식사하는 것에 대한 의견이 아니므로 대화 상황에 맞지 않
　　　 는 오답이다.
　　　 (c) dinner와 관련 있게 들리는 menu를 활용해 혼동을 유발
　　　 하는 답변으로, 다시 함께 식사하는 것에 대한 의견이 아니
　　　 므로 대화 상황에 맞지 않는 오답이다.
　　　 (d) 다시 함께 식사하는 것에 대한 의견이 아니므로 대화 상황
　　　 에 맞지 않는 오답이다.

어휘　Would you like to do? ~하시겠어요?　place (특정) 장소
　　　would love to do 꼭 ~하고 싶다　trouble v. ~에게 폐를 끼
　　　치다, ~을 곤란하게 하다　no ~ at all 전혀 ~가 아니다　if you
　　　insist 정 그렇다면　ask to do ~하도록 요청하다

정답　(a)

7.

W: What do you do for a living?
M: I'm a singer.
W: A singer? What's it like being a singer?

(a) You have a really nice voice.
(b) The first act is on stage at 7.
(c) It's hard to make a living as a singer.
(d) I'd recommend a singing class.

....

여: 무슨 일을 하세요?
남: 저는 가수입니다.
여: 가수요? 가수로 지낸다는 건 어떤가요?

(a) 정말로 멋진 목소리를 갖고 계시네요.
(b) 1막이 7시에 공연됩니다.
(c) 가수로 먹고 살기 힘드네요.
(d) 노래 강좌를 권해 드리고 싶어요.

해설　가수로 지내는 게 어떤지 묻는 질문에 대해 어려운 일이라고
　　　답변하는 (c)가 정답이다.

오답　(a) singer에서 연상 가능한 nice voice를 활용해 혼동을 유
　　　 발하는 답변으로, 가수로 지내는 게 어떤지 묻는 것에 대한
　　　 답변이 아니므로 오답이다.
　　　 (b) 마찬가지로 singer에서 연상 가능한 stage를 활용해 혼동
　　　 을 유발하는 오답이다.
　　　 (d) singer의 일부 발음에 해당되는 sing에서 연상 가능한 오
　　　 답이다.

어휘　What do you do for a living? 무슨 일 하세요?, 직업이 뭔가
　　　요?　What's it like ~? ~은 어떤가요?　act (연극 등의) 막　be
　　　on stage 공연되다, 상연되다　make a living 생계를 꾸리다,
　　　생활하다

정답　(c)

8.

M: I've had it with my landlord.
W: She wants to increase the rent again?
M: This is the third time this year. Can you believe it?

(a) It was a close call.
(b) Could be time for another move.
(c) Looking for an apartment is never easy.
(d) Wow! That's really kind of her.

....

남: 난 우리 집주인이 지긋지긋해.
여: 월세를 또 올리고 싶대?
남: 올해만 이번이 세 번째야. 이게 말이 돼?

(a) 간발의 차이였네.
(b) 또 이사 가야 할 수도 있겠네.
(c) 아파트 찾는 일이 절대 쉽지 않아.
(d) 와우! 그분은 정말 친절하네.

해설   집주인이 올해만 벌써 세 번째 월세를 인상한다는 말에 대해
그에 대한 조치로서 또 이사를 가는 일의 가능성을 언급하는
(b)가 정답이다.

오답   (a) 월세를 인상하는 상황과 관련 없는 말이므로 오답이다.
(c) landlord 및 rent에서 연상 가능한 apartment를 활용해
혼동을 유발하는 오답이다.
(d) 월세 인상과 관련해 집주인이 지긋지긋하다고 말하는 것
과 반대되는 말이므로 대화 흐름상 오답이다.

어휘   have had it with A: A가 지긋지긋하다 landlord 집주인
increase ~을 인상하다, 증가시키다 rent 월세, 임대료 close
call 간발의 차이, 위기일발 move 이사, 이전 look for ~을 찾다

정답   (b)

9.

> W: Let's talk over coffee sometime next week.
> M: I'd like that. I'm off next Friday.
> W: OK. Shall we meet at the coffeehouse where
> we last met?
>
> (a) Can we make it Friday instead?
> (b) I wish I could, but I'm so busy.
> **(c) Why not? See you there at 10 a.m.**
> (d) No, it was on Grange Street.
>
> ···
>
> 여: 다음 주 중에 커피 한 잔 하면서 얘기해봐요.
> 남: 좋습니다. 저는 다음 주 금요일에 쉬어요.
> 여: 잘됐네요. 지난번에 만났던 커피 매장에서 만날까요?
>
> (a) 대신 금요일에 만날 수 있나요?
> (b) 그럴 수 있다면 좋겠지만, 제가 너무 바빠요.
> **(c) 왜 안 되겠어요? 오전 10시에 그곳에서 뵙죠.**
> (d) 아뇨, 그곳은 그레인지 스트리트에 있었어요.

해설   지난번에 만났던 커피 매장에서 만나자고 권하는 상황에서 수
락을 나타내는 말과 함께 만날 시간을 제안하는 (c)가 정답이
다.

오답   (a) Friday를 반복해 혼동을 유발하는 답변으로, 이미 금요일
에 만나기로 동의한 상황에서 대안으로 금요일을 제안하는
것은 앞뒤가 맞지 않으므로 오답이다.
(b) 앞서 이미 만나기로 동의한 상황이므로 거절의 의사를 밝
히는 말은 앞뒤가 맞지 않는 오답이다.
(d) 특정 장소의 위치를 다시 알려주는 말이므로 이미 두 사람
이 아는 장소에서 만나기로 묻는 것에 대한 답변으로 맞지
않는 오답이다.

어휘   over (식사, 음료 등) ~을 먹으면서, 마시면서 make it 가다, 도
착하다 instead 대신 Why not? (동의의 의미로) 왜 안 되겠어
요?, 좋습니다

정답   (c)

10.

> M: There they go again! I can't stand that noise
> anymore!
> W: I know. It's so annoying!
> M: I don't know how other tenants can possibly
> put up with it. Aren't there any complaints?
>
> (a) Over my dead body. I won't do it.
> (b) No, I'm not sure what you have to complain
> about.
> (c) I can't believe it. All you think about is yourself.
> **(d) Yes, but it's just like beating your head
> against the wall.**
>
> ···
>
> 남: 저 사람들 또 지나가네요! 더 이상 저 소음을 참을 수가 없어요!
> 여: 맞아요. 너무 짜증 나네요!
> 남: 전 어떻게 다른 세입자들이 저 소릴 참고 있을 수 있는지 모르겠
> 어요. 아무런 불평도 하지 않는 건가요?
>
> (a) 제 눈에 흙이 들어가기 전에는요. 절대 하지 않을 거예요.
> (b) 아뇨, 무엇에 대해 불만을 제기하셔야 하는지 저는 잘 모르겠어
> 요.
> (c) 믿을 수가 없어요. 당신은 무조건 당신 생각만 하시네요.
> **(d) 맞아요, 하지만 헛수고나 마찬가지예요.**

해설   짜증나는 소음과 관련해 세입자들이 불평하지 않는지 묻는 질
문에 대해 불만을 제기하는 것이 소용 없음을 의미하는 (d)가
정답이다.

오답   (a) 답변자 자신이 절대 하지 않겠다는 강한 의사를 나타내는
말이므로 세입자들이 불평하지 않는지 묻는 질문의 핵심에
서 벗어난 오답이다.
(b) complaints와 발음이 비슷한 complain을 활용해 혼동
을 유발하는 답변으로, 앞서 이미 소음에 대해 남자의 말에
동의를 했기 때문에 앞뒤가 맞지 않는 오답이다.
(c) 소음을 내고 있는 당사자가 답변자가 아니므로 오답이다.

어휘   stand ~을 참다, 견디다 noise 소음 not ~ any more 더 이
상 ~ 않다 annoying 짜증나게 하는 tenant 세입자 put up
with ~을 참다 complaint 불평, 불만 Over my dead body
내 눈에 흙이 들어가기 전에는요 complain about ~에 대해 불
만을 제기하다 beat one's head against the wall 헛수고를
하다, 불가능한 일을 시도하다

정답   (d)

UNIT 06 [Part 1&2] 여가 생활

실전 감 잡기

1. (a)　**2.** (b)　**3.** (c)　**4.** (c)　**5.** (c)

6. (b)　**7.** (a)　**8.** (d)　**9.** (c)　**10.** (d)

Part 1

1.

W: Do you have anything to declare?

(a) I don't think I do.
(b) Please fill out a customs form.
(c) Speak with an airline employee.
(d) Where is the baggage claim?

┄┄┄┄┄┄┄┄┄┄┄┄┄┄┄┄┄┄┄┄┄┄┄┄┄┄

여: 신고하실 것이 있으신가요?

(a) 그런 것 같지 않아요.
(b) 이 세관신고서를 작성해 주세요.
(c) 항공사 직원과 얘기해보세요.
(d) 수하물 찾는 곳이 어디 있나요?

해설　신고할 것이 있는지 묻는 질문에 대해 그렇지 않다는 부정의 뜻을 나타내는 (a)가 정답이다.

오답　(b) 세관 직원으로서 질문하는 여자의 입장에서 요청할 수 있는 말에 해당되므로 오답이다.
(c) 항공사 직원과 이야기하도록 권하는 말은 신고할 것이 있는지 묻는 질문의 핵심에서 벗어난 오답이다.
(d) 수하물 찾는 곳을 묻는 질문이므로 신고할 것이 있는지 묻는 질문의 핵심에서 벗어난 오답이다.

어휘　declare (세관에서) ~을 신고하다　fill out ~을 작성하다　customs form 세관신고서　baggage claim 수하물 찾는 곳

정답　(a)

2.

M: What is the purpose of your visit?

(a) I'm going to stay for two weeks.
(b) I'm planning to do some sightseeing.
(c) I normally come here once a year.
(d) I'd recommend visiting Paris.

┄┄┄┄┄┄┄┄┄┄┄┄┄┄┄┄┄┄┄┄┄┄┄┄┄┄

남: 방문 목적이 무엇인가요?

(a) 저는 2주 동안 머물 예정입니다.
(b) 관광을 좀 할 계획입니다.
(c) 저는 보통 일 년에 한 번 이곳에 와요.
(d) 파리를 방문해 보시도록 권해 드리고 싶어요.

해설　방문 목적을 묻는 질문에 대해 관광 계획을 밝히는 (b)가 정답이다.

오답　(a) visit에서 연상 가능한 stay를 활용한 답변으로, 답변자 자신이 머무르는 기간을 묻는 것이 아니므로 오답이다.
(c) visit에서 연상 가능한 come을 활용한 답변으로, 방문 목적이 아닌 방문 빈도를 말하고 있으므로 질문의 핵심에서 벗어난 오답이다.
(d) visit을 반복해 혼동을 유발하는 답변으로, 방문 목적이 아닌 특정 장소를 방문하도록 권하는 말이므로 질문의 핵심에서 벗어난 오답이다.

어휘　purpose 목적　stay v. 머무르다 n. 머무름　plan to do ~할 계획이다　do sightseeing 관광하다　normally 보통　recommend -ing ~하도록 권하다, 추천하다

정답　(b)

3.

W: Here's the bill for your hotel stay.

(a) The total comes to $320.58.
(b) I'll be staying at the Star Hotel.
(c) I'd like to put it on my credit card.
(d) I was here for three nights and four days.

┄┄┄┄┄┄┄┄┄┄┄┄┄┄┄┄┄┄┄┄┄┄┄┄┄┄

여: 여기 호텔 숙박 요금 청구서입니다.

(a) 총 320.58달러입니다.
(b) 저는 스타 호텔에 머무를 예정입니다.
(c) 제 신용카드로 지불하고 싶습니다.
(d) 저는 3박 4일 동안 이곳에 있었어요.

해설　호텔 숙박 요금 청구서를 제시할 때 하는 말이므로 답변자 자신이 원하는 지불 방법을 말하는 (c)가 정답이다.

오답　(a) 호텔 직원으로서 청구서를 제시하는 입장에서 할 수 있는 말이므로 오답이다.
(b) hotel을 반복해 혼동을 유발하는 답변으로, 답변자 자신의 계획을 말하고 있으므로 청구서를 제시받는 입장에 있는 사람이 할 수 있는 말로 맞지 않는 오답이다.
(d) hotel에서 연상 가능한 three nights and four days를 활용해 혼동을 유발하는 답변으로, 숙박 기간을 말하는 것은 청구서를 제시받는 상황에 어울리지 않으므로 오답이다.

어휘　bill 청구서, 고지서　The total comes to 총액이 ~이다　put A on one's credit card A를 ~의 신용카드로 지불하다

정답　(c)

4.

M: Have you had the spaghetti in this restaurant before?

(a) Why don't you give it a try?
(b) I don't know how to cook that.
(c) Well, I've tried every dish here.

(d) No, thanks. I already ate at home.

남: 전에 이 레스토랑에서 스파게티를 드셔 보신 적이 있으세요?

(a) 한 번 드셔 보시는 게 어떠세요?
(b) 그걸 어떻게 요리하는지 몰라요.
(c) 저, 저는 이곳에 있는 모든 요리를 먹어봤어요.
(d) 아뇨, 괜찮습니다. 이미 집에서 먹었어요.

해설   특정 레스토랑에서 전에 스파게티를 먹어봤는지 묻는 질문에 대해 그곳의 모든 요리를 먹어봤다는 말로 긍정의 의미를 나타낸 (c)가 정답이다.

오답   (a) 질문을 하는 남자가 할 수 있는 말로 더 적절하므로 오답이다.
       (b) spaghetti 및 restaurant에서 연상 가능한 cook을 활용해 혼동을 유발하는 답변으로, 답변자 자신의 경험과 관련된 말이 아니므로 질문의 핵심에서 벗어난 오답이다.
       (d) spaghetti 및 restaurant에서 연상 가능한 ate을 활용해 혼동을 유발하는 답변으로, 답변자 자신의 식사 여부와 관련된 말이 아니므로 질문의 핵심에서 벗어난 오답이다.

어휘   **Why don't you ~?** ~하는 게 어때요? **give it a try** 한 번 먹어보다, 한 번 해보다 **how to do** 어떻게 ~하는지, ~하는 법 **try ~** 을 한 번 먹어보다, 한 번 해보다 **dish** 요리

정답   **(c)**

5.

W: Front desk? I'm locked out of my room.

(a) It's on the fourth floor.
(b) Make sure you lock the door when you leave.
(c) What's your room number, ma'am?
(d) You can check in at 2 p.m.

여: 프론트 데스크인가요? 제 방이 잠겨서 들어가지 못하고 있어요.

(a) 4층에 있습니다.
(b) 나가실 때 반드시 문을 잠그시기 바랍니다.
(c) 객실 번호가 어떻게 되나요, 고객님?
(d) 오후 2시에 체크인하실 수 있습니다.

해설   방이 잠겨서 들어가지 못하고 있는 상황에 대해 조치하기 위해 객실 번호를 묻는 (c)가 정답이다.

오답   (a) 특정 객실 위치를 알려주는 말에 해당되므로 방이 잠겨서 들어가지 못하는 상황에 대한 조치와 관련 없는 오답이다.
       (b) lock을 반복해 혼동을 유발하는 답변으로, 방이 잠겨서 들어가지 못하는 상황에 대한 조치와 관련 없는 오답이다.
       (d) Front desk 및 room에서 연상 가능한 check in을 활용해 혼동을 유발하는 오답이다.

어휘   **lock out of** ~의 문이 잠겨 들어가지 못하다 **make sure (that)** 반드시 ~하도록 하다 **leave** 나가다, 떠나다, 출발하다

정답   **(c)**

Part 2

6.

M: What would you like, ma'am?
W: I'd like a steak.
M: How would you like your steak?

(a) It was great, thanks.
(b) Medium-rare, please.
(c) Potatoes and green beans.
(d) I don't eat meat, sorry.

남: 무엇을 드시겠습니까, 고객님?
여: 스테이크로 주세요.
남: 스테이크 굽기는 어떻게 해 드릴까요?

(a) 아주 좋았어요, 감사합니다.
(b) 미디엄 레어로 해주세요.
(c) 감자와 그린 빈이요.
(d) 저는 고기를 먹지 않습니다, 죄송해요.

해설   스테이크 굽기를 묻는 질문에 대해 답변자 자신이 선호하는 굽기를 언급하는 (b)가 정답이다.

오답   (a) 이미 스테이크가 나온 뒤에 여자가 할 수 있는 말로 적당하므로 대화 흐름상 오답이다.
       (c) steak에서 연상 가능한 음식 이름을 언급해 혼동을 유발하는 답변으로, 스테이크 굽기가 아니라 음식 종류를 말하고 있으므로 질문의 핵심에서 벗어난 오답이다.
       (d) steak에서 연상 가능한 meat을 언급해 혼동을 유발하는 답변으로, 스테이크 굽기가 아니라 식사 성향을 말하고 있으므로 질문의 핵심에서 벗어난 오답이다.

어휘   **What would you like?** 무엇을 드시겠어요?, 무엇을 드릴까요? **How would you like ~?** ~은 어떻게 해 드릴까요?

정답   **(b)**

7.

W: Welcome to Seafood Paradise.
M: Hi. We'd like a table for four, please.
W: OK. There's about a half-hour wait. Is that all right?

(a) I guess so. Can we go for a stroll and come back?
(b) No problem. We'll have the king crab platter, please.
(c) Wow, this line is taking forever.
(d) The table by the window would be perfect.

여: 씨푸드 파라다이스에 오신 것을 환영합니다.
남: 안녕하세요. 4인석 자리로 부탁 드립니다.
여: 알겠습니다. 약 30분의 대기 시간이 있습니다. 괜찮으신가요?

(a) 그럴 것 같아요. 잠깐 걸으러 갔다가 다시 와도 되나요?

(b) 괜찮습니다. 저희는 킹 크랩 플래터로 주세요.

(c) 와우, 이 대기 줄은 시간이 너무 오래 걸리네요.

(d) 창가 쪽 테이블이면 아주 좋을 것 같아요.

해설 30분의 대기 시간이 괜찮은지 묻는 질문에 대해 긍정의 의미를 나타내는 말과 함께 그 시간 동안 다른 곳에 있다가 와도 되는지 되묻는 (a)가 정답이다.

오답 (b) 긍정을 나타내는 No problem 뒤에 이어지는 말이 대기 시간과 관련 없는 음식 종류를 주문하는 말이므로 앞뒤가 맞지 않는 오답이다.

(c) 줄을 서서 대기하는 중에 할 수 있는 말이지만, 현재 줄을 선 상황이 아니므로 어울리지 않는 오답이다.

(d) 30분의 대기 여부가 아닌 선호하는 테이블 위치를 밝히는 말이므로 대화 상황에 맞지 않는 오답이다.

어휘 about 약, 대략 go for a stroll 걸으러 가다, 산책하러 가다 take forever 시간이 너무 오래 걸리다 by ~ 옆에

정답 (a)

8.

M: Can I make arrangements to rent a car?

W: Sure. You can get a Prodrive G3 for $100 a day. How's that?

M: Well, it's a bit steep. What else do you have?

(a) A compact car isn't worth it.

(b) We accept payments by credit card.

(c) All of our cars come with full insurance coverage.

(d) We have a compact if you can wait for 2 hours.

남: 자동차 대여 일정을 좀 잡을 수 있을까요?

여: 물론입니다. 하루 100달러에 프로드라이브 G3를 이용하실 수 있습니다. 어떠신가요?

남: 저, 좀 너무 비싼 것 같아요. 다른 건 뭐가 있나요?

(a) 소형차는 그만한 가치가 없습니다.

(b) 저희는 신용카드 결제도 받습니다.

(c) 저희 차량은 모두 종합 보험 서비스가 딸려 있습니다.

(d) 2시간 기다리실 수 있다면 소형차 한 대가 있습니다.

해설 여자가 제안하는 차량이 너무 비싸다는 말과 함께 다른 것이 뭐가 있는지 묻는 질문에 대해 2시간 후에 이용 가능한 소형차가 있다고 말하는 (d)가 정답이다.

오답 (a) car를 반복해 혼동을 유발하는 답변으로, 소형차의 가치와 관련된 말이므로 차량 선택권과 관련해 묻는 질문의 핵심에서 벗어나는 오답이다.

(b) 지불 방식을 말하고 있으므로 역시 차량 선택권과 관련해 묻는 질문의 핵심에서 벗어나는 오답이다.

(c) car를 반복해 혼동을 유발하는 답변으로, 보험 서비스 이용과 관련된 말이므로 오답이다.

어휘 make arrangements 일정을 잡다, 조치하다 rent ~을 대여

하다, 임대하다 a bit 조금, 약간 steep 너무 비싼, 터무니 없는 compact a. 소형의 n. 소형차 worth + 명사: ~에 대한 가치가 있는 accept ~을 받아들이다, 수용하다 payment 결제, 지불 come with ~가 딸려 있다, ~을 포함하다 full insurance coverage 종합 보험 서비스

정답 (d)

9.

W: Alex's Restaurant. May I help you?

M: Yes. I just had lunch there, and I think I left my wallet on the table.

W: Could you describe it a little bit?

(a) Thanks. I hope you find it.

(b) Okay. Please hold while I check.

(c) Sure, it is blue and has a golden M logo on it.

(d) Don't worry. I'm sure it'll turn up eventually.

여: 알렉스 레스토랑입니다. 무엇을 도와 드릴까요?

남: 네. 제가 그곳에서 막 점심 식사를 했는데, 테이블에 제 지갑을 놓고 온 것 같아요.

여: 조금 더 설명해 주시겠어요?

(a) 감사합니다. 찾으시길 바랍니다.

(b) 알겠습니다. 제가 확인하는 동안 끊지 말고 기다려 주세요.

(c) 그럼요, 푸른색에 금색 M자 로고가 있어요.

(d) 걱정하지 마세요. 분명 결국 나타날 겁니다.

해설 남자가 놓고 간 지갑을 조금 더 설명해 달라고 요청하는 질문에 대해 지갑이 지닌 특징을 알리는 (c)가 정답이다.

오답 (a) 놓고 간 지갑의 특징과 관련 없는 말이므로 질문에 핵심에서 벗어난 오답이다.

(b) 레스토랑 직원인 여자의 입장에서 할 수 있는 말이므로 앞뒤가 맞지 않는 오답이다.

(d) 마찬가지로 레스토랑 직원인 여자의 입장에서 할 수 있는 말이므로 앞뒤가 맞지 않는 오답이다.

어휘 leave A on B: A를 B에 놓다 hold (전화상에서) 끊지 않고 기다리다 while ~하는 동안 turn up 나타나다 eventually 결국, 마침내

정답 (c)

10.

M: Are you ready to go explore the city?

W: Whenever you say.

M: Okay. Let's leave our passports in the hotel room safe.

(a) You need to show your passport when checking in.

(b) Are you sure that this neighborhood is safe?

(c) Yes, they can store our luggage for us.
(d) Yes, we wouldn't want to lose them outside.
....

남: 도시를 탐방하러 갈 준비 됐어?
여: 언제든 말만 해.
남: 좋아. 호텔 객실 금고에 우리 여권을 놓고 가자.

(a) 체크인할 때 여권을 보여줘야 해.
(b) 이 지역이 안전한 게 확실해?
(c) 응, 그 사람들이 우리 짐을 보관해 줄 수 있어.
(d) 응, 밖에 나가서 잃어버리면 안될 테니까.

해설   호텔 객실 금고에 여권을 놓고 나가자고 제안하는 말에 대해 긍정을 뜻하는 Yes와 함께 놓고 나가야 하는 이유를 덧붙여 말하는 (d)가 정답이다.

오답   (a) passport를 반복해 혼동을 유발하는 답변으로, 호텔 객실 금고에 여권을 놓고 나가자고 제안하는 것과 관련 없는 오답이다
      (b) safe의 다른 뜻(안전한)을 활용한 오답이다.
      (c) 상대방의 제안에 대한 긍정을 뜻하는 Yes 뒤에 이어지는 말이 여권 보관과 관련 없는 말이므로 오답이다.

어휘   be ready to do ~할 준비가 되다   explore ~을 탐방하다, 탐사하다   whenever 언제든 ~할 때   leave A in B: A를 B에 놓고 가다, 남겨 놓다   safe n. 금고 a. 안전한   neighborhood 지역, 인근   store ~을 보관하다   luggage 짐, 수하물   lose ~을 잃어버리다

정답   **(d)**

UNIT 07   Part 1&2   직장 생활

실전 감 잡기

1. (c)	2. (c)	3. (c)	4. (d)	5. (c)
6. (b)	7. (a)	8. (d)	9. (c)	10. (b)

Part 1

1.

M: I'm so nervous about my job interview tomorrow.

(a) Good luck on your first day at work.
(b) No need to worry, I will.
(c) Just take a deep breath and relax.
(d) No thank you, I've already had one.
....

남: 내일 있을 구직 면접 때문에 너무 떨려.

(a) 출근 첫날이니까 행운을 빌어줄게.

(b) 걱정할 필요 없어, 그렇게 할게.
(c) 그냥 심호흡 한 번 하고 긴장 풀어.
(d) 아냐, 괜찮아, 이미 하나 먹었어.

해설   내일 있을 구직 면접 때문에 너무 떨린다고 말하는 상대방에게 긴장을 풀도록 권하는 말에 해당되는 (c)가 정답이다.

오답   (a) 내일 면접을 보러 가는 것이므로 출근 첫날에 대한 격려의 말을 하는 것은 앞뒤가 맞지 않는 오답이다.
      (b) 내일 있을 구직 면접 때문에 너무 떨린다고 말하는 상대방이 아니라 답변자 자신에 관한 말이므로 어울리지 않는 오답이다.
      (d) 거절의 의미를 나타낼 때 할 수 있는 말이므로 상대방이 내일 있을 구직 면접 때문에 너무 떨린다고 말한 상황에 어울리지 않는 오답이다.

어휘   nervous 떨리는, 긴장한   job interview 구직 면접   Good luck on ~에 대해 행운을 빌어줄게   No need to worry 걱정할 필요 없어   take a deep breath 심호흡하다   relax 긴장을 풀다

정답   **(c)**

2.

W: How long has Mr. Jackson been working here?

(a) Four years ago.
(b) It'll be done in one hour.
(c) Since he left school.
(d) Less than two miles.
....

여: 잭슨 씨가 이곳에서 얼마나 오래 근무해오신 건가요?

(a) 4년 전에요.
(b) 한 시간 후에 완료될 겁니다.
(c) 학교를 졸업하신 이후로요.
(d) 2마일 미만이요.

해설   잭슨 씨가 얼마나 오래 근무해 왔는지 묻는 질문에 대해 현재 완료진행시제와 어울리는 Since와 함께 '~한 이후로'라는 의미로 대략적인 기간을 암시하는 (c)가 정답이다.

오답   (a) 과거의 특정 시점만 말하는 답변이므로 기간의 의미를 나타내지 못하는 오답이다.
      (b) 잭슨 씨의 근무 기간과 관련 없는 미래 시점을 말하고 있으므로 질문의 핵심에서 벗어난 오답이다.
      (d) 잭슨 씨의 근무 기간과 관련 없는 이동 거리를 말하고 있으므로 질문의 핵심에서 벗어난 오답이다.

어휘   be done 완료되다, 끝나다   since ~한 이후로   leave ~에서 떠나다, 나가다, 출발하다   less than ~ 미만의, ~가 채 되지 않는

정답   **(c)**

3.

M: I heard Jack got promoted to manager.

(a) No, I'm not eligible for promotion.

(b) Yeah, I was told he used to be in charge here.

(c) Yeah. We are going to treat him to dinner to celebrate.

(d) I'd say he has as much chance as anyone.

....

남: 잭 씨가 부서장으로 승진되었다는 얘기를 들었어요.

(a) 아뇨, 저는 승진 자격이 없습니다.

(b) 네, 그분이 전에 이곳 책임자였다고 들었어요.

(c) 네. 축하하기 위해 그분에게 저녁 식사를 대접할 거예요.

(d) 그분이 다른 어떤 사람만큼이나 가능성이 있는 것 같아요.

해설　잭 씨가 부서장으로 승진된 사실을 언급하는 말에 대해 확인해 주는 의미로 쓰인 Yeah와 함께 승진을 축하하기 위한 방법을 말하는 (c)가 정답이다.

오답　(a) promoted와 발음이 거의 같은 promotion을 활용해 혼동을 유발하는 답변으로, 잭 씨가 아니라 답변자 자신의 승진 자격을 언급하고 있으므로 핵심에서 벗어난 오답이다.

(b) 과거의 책임자를 언급하는 것은 이제 승진된 잭 씨와 관련 없는 말이므로 핵심에서 벗어난 오답이다.

(d) 승진 가능성을 말하는 것은 이미 잭 씨가 승진된 것과 앞뒤가 맞지 않으므로 어울리지 않는 답변이다.

어휘　get promoted to ~로 승진되다　be eligible for ~에 대한 자격이 있다　promotion 승진　used to do 전에 ~했다　in charge 책임지고 있는, 맡고 있는　treat A to B: A에게 B를 대접하다　celebrate 축하하다, 기념하다　I'd say ~인 것 같다

정답　(c)

4.

W: Pardon me, but who's in charge of this department?

(a) That's right. I'm the supervisor here.

(b) That department moved to the third floor.

(c) You've been doing a great job as our leader.

(d) That would be Ms. Goodwin. May I help you?

....

여: 실례합니다만, 어느 분이 이 부서를 책임지고 계신가요?

(a) 맞습니다. 제가 이곳 책임자입니다.

(b) 그 부서는 3층으로 옮겼어요.

(c) 저희 팀장님으로서 아주 잘 해주시고 계세요.

(d) 굿윈 씨일 겁니다. 제가 도와 드릴까요?

해설　부서 책임자가 누구인지 묻는 질문에 대해 특정 인물의 이름을 언급하면서 도움이 필요한지 덧붙여 묻는 (d)가 정답이다.

오답　(a) 의문사 who로 묻는 질문에 긍정을 나타내는 That's right 으로 대답하는 것은 맞지 않으므로 오답이다.

(b) department를 반복해 혼동을 유발하는 답변으로, 부서 책임자가 아니라 부서 위치를 말하고 있으므로 질문의 핵심에서 벗어난 오답이다.

(c) 부서 책임자가 누구인지 묻는 상대방에게 팀장으로 잘해왔

다고 칭찬하는 말은 앞뒤가 맞지 않으므로 오답이다.

어휘　in charge of ~을 책임지고 있는, 맡고 있는　department 부서　supervisor 책임자, 감독, 부서장　do a great job 아주 잘 하다

정답　(d)

5.

M: Your job interview is coming up soon, isn't it?

(a) I came up with it myself.

(b) Well, good luck then!

(c) It's tomorrow, actually.

(d) I'll drop by later.

....

남: 네 구직 면접이 곧 다가오고 있지, 그렇지 않아?

(a) 내가 직접 그것을 제안했어.

(b) 음, 그럼 행운을 빌어!

(c) 실은 내일이야.

(d) 나중에 잠깐 들를게.

해설　구직 면접이 곧 다가오고 있지 않은지 확인하는 질문에 대해 면접 시점을 알려주는 (c)가 정답이다.

오답　(a) come up과 발음이 유사한 came up을 활용한 오답이다.

(b) 면접을 보는 답변자 자신이 아니라 상대방이 해줄 수 있는 인사말이므로 앞뒤가 맞지 않는 오답이다.

(d) coming에서 연상 가능한 drop by를 활용해 혼동을 유발하는 답변으로, 방문 여부를 말하고 있으므로 구직 면접 일정과 관련 없는 오답이다.

어휘　come up 다가오다　come up with (아이디어 등) ~을 제안하다, 생각해내다　oneself (부사처럼 쓰여) 직접, 스스로　then 그럼, 그렇다면　actually 실은, 사실은　drop by 잠깐 들르다

정답　(c)

Part 2

6.

W: Wow, you have 4 computer monitors in your office.

M: Yeah, they help with multi-tasking.

W: But I don't think it's good for your concentration.

(a) That's a great idea, thanks!

(b) Well, it can be distracting.

(c) That's why I only have one monitor.

(d) I get along well with my co-workers.

....

여: 와우, 사무실에 컴퓨터 모니터가 4대나 있네요.

남: 네, 다중 업무를 하는 데 도움이 됩니다.

여: 하지만 집중력에는 좋을 것 같지 않아요.

(a) 아주 좋은 생각이에요, 감사합니다!

(b) 음, 주의가 산만해질 수 있어요.

(c) 그게 바로 제가 모니터를 한 대만 쓰는 이유입니다.

(d) 저는 제 동료 직원들과 아주 잘 지냅니다.

해설   모니터가 많아서 집중하는 데 좋지 않다고 말하는 것에 대해 주의가 산만해질 수 있다는 말로 동의를 나타내는 (b)가 정답이다.

오답   (a) 상대방의 제안에 대한 동의를 나타낼 때 할 수 있는 말인데, 앞서 여자가 제안한 것이 없으므로 앞뒤가 맞지 않는 오답이다.

      (c) monitor를 반복해 혼동을 유발하는 답변으로, 앞서 이미 모니터를 4대 사용하고 있다고 언급한 것과 앞뒤가 맞지 않는 오답이다.

      (d) office에서 연상 가능한 co-workers를 활용한 오답이다.

어휘   help with ~에 도움이 되다 multi-tasking 다중 업무 concentration 집중(력) distracting 주의를 산만하게 하는 get along well with ~와 잘 지내다 co-worker 동료 직원

정답   (b)

7.

M: My wife is going to be very angry when she finds out I have to work late tonight.

W: Why do you say that?

M: Today is her birthday.

(a) Then it's understandable if she's upset.

(b) Oh, have a happy birthday!

(c) I would work late if I were you.

(d) Thanks for the invitation.

. . . .

남: 제가 오늘 밤 늦게까지 일해야 한다는 사실을 아내가 알게 되면 크게 화를 낼 겁니다.

여: 왜 그런 말씀을 하시는 거죠?

남: 오늘이 아내 생일이거든요.

(a) 그럼 아내분이 화가 나시는 게 이해되네요.

(b) 아, 행복한 생일 보내세요!

(c) 제가 당신이라면 늦게까지 일할 거예요.

(d) 초대해 주셔서 감사합니다.

해설   오늘 늦게까지 일하면 아내가 화를 낼 수 있는 이유로 아내의 생일임을 언급했으므로 화가 나는 게 이해된다는 말로 공감하는 (a)가 정답이다.

오답   (b) birthday를 반복해 혼동을 유발하는 답변으로, 남자의 아내가 생일인데 남자에게 생일 축하 인사를 하고 있으므로 앞뒤가 맞지 않는 오답이다.

      (c) work late를 반복해 혼동을 유발하는 답변으로, 아내의 생일 때문에 늦게까지 일하지 말아야 하는 상황에 어울리지 않는 제안이므로 오답이다.

      (d) birthday에서 연상 가능한 invitation을 활용해 혼동을 유발하는 답변으로, 생일에 초대 받은 상황이 아니므로 오답이다.

어휘   find out (that) ~임을 알게 되다 understandable 이해할 수

있는 upset 화가 난 if I were you 내가 너라면 invitation 초대(장)

정답   (a)

8.

W: Are you going to go out for lunch?

M: Well, I'd rather not today. I'm way behind.

W: What are you going to do, order in?

(a) I'd really appreciate your help.

(b) I'm free to join you for lunch.

(c) But we need to leave now.

(d) Actually, I don't have much of an appetite anyway.

. . . .

여: 나가서 점심 식사 하실 건가요?

남: 저, 오늘은 그러지 않으려고 합니다. 일이 많이 뒤처져 있어서요.

여: 어떻게 하실 생각이세요, 시켜 드실 건가요?

(a) 도와주시면 정말 감사할 겁니다.

(b) 함께 점심 식사할 시간 여유가 있습니다.

(c) 하지만 우리 지금 나가야 하잖아요.

(d) 사실, 게다가 입맛이 별로 없습니다.

해설   나가서 식사하지 않으려는 남자에게 시켜 먹을 것인지 묻는 상황이므로 입맛이 없다는 말로 부정의 뜻을 나타내는 (d)가 정답이다.

오답   (a) 식사 여부 또는 식사 방법이 아니라 도움 제공과 관련된 말이므로 질문의 핵심에서 벗어난 오답이다.

      (b) lunch를 반복해 혼동을 유발하는 답변으로, 앞서 이미 함께 점심 식사하지 않겠다는 뜻을 밝혔으므로 앞뒤가 맞지 않는 오답이다.

      (c) 마찬가지로 나가서 식사하지 않겠다는 앞선 상황과 앞뒤가 맞지 않으므로 오답이다.

어휘   I'd rather not do ~하고 싶지 않다 way behind (진행 등이) 많이 뒤처진 order in 시켜 먹다 appreciate ~에 대해 감사하다 free to do ~할 시간 여유가 있는 join ~와 함께 하다 appetite 식욕 anyway 게다가, 어쨌든, 하여간

정답   (d)

9.

M: Could you help me rearrange my office furniture?

W: Sure. What do you need me to do?

M: Just help me move the desk to the window.

(a) Yes, we need some fresh air in here.

(b) There's a spare desk in the storeroom.

(c) OK. Which end should I take?

(d) I'll help you hang the curtains.

남: 제 사무 가구를 재배치하는 것 좀 도와주시겠어요?
여: 물론이죠. 제가 뭘 해드리면 될까요?
남: 책상을 창문 쪽으로 옮기는 것만 도와주시면 돼요.

(a) 네, 이 안에 신선한 공기가 좀 필요해요.
(b) 물품보관실에 여분의 책상이 하나 있어요.
(c) 좋아요. 제가 어느 쪽을 붙잡으면 되나요?
(d) 제가 커튼을 매다는 일을 도와 드릴게요.

해설 해설 책상을 창문 쪽으로 옮기는 것만 도와달라고 요청하는 것에 대해 긍정을 뜻하는 OK와 함께 책상을 옮기는 방법과 관련해 질문하는 (c)가 정답이다.

오답 (a) 책상을 옮기는 일이 아니라 실내 환기와 관련된 말이므로 대화 상황에 맞지 않는 오답이다.
   (b) desk를 반복해 혼동을 유발하는 답변으로, 책상을 옮기는 일이 아니라 여분의 책상이 있는 곳을 말하고 있으므로 오답이다.
   (d) window에서 연상 가능한 curtains를 활용해 혼동을 유발하는 답변으로, 책상을 옮기는 일이 아니라 커튼을 매다는 일을 언급하고 있으므로 오답이다.

어휘 help A do: A가 ~하는 것을 돕다 rearrange ~을 재배치하다 need A to do: A에게 ~하기를 원하다 spare 여분의 store room 물품보관실, 저장고 end 끝, 가장자리 hang ~을 매달다, 걸다

정답 (c)

10.

M: Hey, Susan. You look worried about something.
W: I don't know how to tell mom that I want to quit my job and go to graduate school.
M: You have to tell her straight.

(a) I'm glad she was understanding about it.
(b) Yeah, I guess there's no easy way out.
(c) Level with me, or you'll regret it later.
(d) Maybe you should drop out of graduate school.

남: 안녕, 수잔. 뭔가 걱정이 있어 보이네.
여: 엄마한테 내가 직장을 그만두고 대학원에 가고 싶다는 말을 어떻게 해야 할지 모르겠어.
남: 솔직하게 말씀드려야 해.

(a) 그 일에 대해 이해해주셔서 기뻐.
(b) 응, 쉽게 빠져나갈 방법이 없는 것 같아.
(c) 나한테 솔직히 털어놔, 그렇지 않으면 나중에 후회할 거야.
(d) 아마 넌 대학원을 중도 포기해야 할 거야.

해설 직장을 그만두고 대학원에 가고 싶다는 말을 엄마에게 하지 못하는 여자에게 솔직하게 말씀드리라고 조언한 상황이므로 동의를 뜻하는 Yeah로 말을 시작하는 (b)가 정답이다.

오답 (a) 아직 여자가 자신의 고민을 말하지 못한 상황이므로 이미

이해해주셨다고 말한 것은 앞뒤가 맞지 않는 오답이다.
(c) 여자가 이미 남자에게 고민을 말한 후의 상황이므로 앞뒤가 맞지 않는 오답이다.
(d) graduate school을 반복해 혼동을 유발하는 답변으로, 여자가 대학원 진학 문제를 어머니에게 알리는 것을 고민하는 상황에서 중도 포기하라는 말은 앞뒤가 맞지 않는 오답이다.

어휘 look + 형용사: ~한 것 같다 worried about ~에 대해 걱정하는 how to do 어떻게 ~할지, ~하는 법 quit ~을 그만두다 graduate school 대학원 tell A straight: A에게 솔직히 말하다 there's no easy way out 쉽게 빠져 나갈 방법이 없다 Level with me 나한테 솔직히 털어놔 regret ~을 후회하다 drop out of ~을 중도에 그만두다

정답 (b)

UNIT 08 Part 1&2 날씨 / 교통

실전 감 잡기

1. (b)   **2.** (c)   **3.** (b)   **4.** (d)   **5.** (a)
6. (a)   **7.** (a)   **8.** (c)   **9.** (d)   **10.** (b)

Part 1

1.

M: I wish it would snow at Christmas.

(a) OK. I'll try my best.
(b) I know. It hasn't snowed for 5 years.
(c) Actually, I'd love to join you.
(d) I'll be spending time with my family.

남: 크리스마스에 눈이 내리면 좋겠어.

(a) 좋아. 내가 최선을 다해볼게.
(b) 그러게. 5년 동안 눈이 내리지 않았잖아.
(c) 사실, 너와 꼭 함께 하고 싶어.
(d) 난 우리 가족과 함께 시간을 보낼 거야.

해설 크리스마스에 눈이 내리기를 바라는 말에 대해 그런 바람을 갖게 된 배경에 해당되는 것으로서 5년 동안 눈이 내리지 않은 사실을 언급하는 (b)가 정답이다.

오답 (a) 눈이 내리는 일은 사람이 최선을 다해 가능한 일이 아니므로 어울리지 않는 오답이다.
   (c) 함께 하고 싶다는 말은 크리스마스에 눈이 내리기를 원하는 바람을 말하는 상황에 어울리지 않는 반응이므로 오답이다.
   (d) Christmas에서 연상 가능한 spending time with my family를 활용해 혼동을 유발하는 답변으로, 답변자 자신의 계획을 말하고 있으므로 대화 상황에 맞지 않는 오답이다.

어휘 I wish 주어 + 과거동사: ~하면 좋겠어 try one's best 최선을 다하다 actually 사실, 실은 join ~와 함께 하다, ~에 합류하다 spend time with ~와 시간을 보내다

정답 (b)

2.

> W: Sorry I'm late. I got stuck in traffic.
>
> (a) You are always so punctual.
> (b) What's her excuse this time?
> **(c) You should've taken the subway.**
> (d) Hurry up. You're going to be late.
> ⋯⋯⋯⋯⋯⋯⋯⋯⋯⋯⋯⋯⋯⋯⋯⋯⋯⋯⋯
> 여: 늦어서 미안해. 교통 체증에 갇혀 있었어.
>
> (a) 넌 항상 아주 시간을 잘 지키네.
> (b) 그녀가 이번엔 뭐라고 변명해?
> **(c) 넌 지하철을 탔어야 해.**
> (d) 서둘러. 그러다 늦겠다.

해설 늦어서 미안하다는 말과 함께 교통 체증에 갇혀 있었다고 변명한 것에 대해 늦지 않게 오는 더 좋은 방법이 있었음을 말하는 (c)가 정답이다.

오답 (a) 늦어서 사과하는 상대방에게 시간을 잘 지킨다고 말하는 것은 앞뒤가 맞지 않으므로 오답이다.
(b) her가 지칭하는 대상을 알 수 없으므로 대화 상황에 맞지 않는 오답이다.
(d) 이미 늦은 것에 대해 사과한 상황이므로 늦지 않도록 서두르라고 조언하는 것은 앞뒤가 맞지 않는 오답이다.

어휘 get stuck in ~에 갇히다, 오도 가도 못하다 punctual 시간을 잘 지키는 excuse 변명 should have p.p. ~했어야 했다

정답 (c)

3.

> M: Wow, it's pouring outside.
>
> (a) Yes, pour me another drink, please.
> **(b) I suppose I won't be gardening today.**
> (c) Then our picnic is back on, I guess.
> (d) Great! It's about time the rain stopped.
> ⋯⋯⋯⋯⋯⋯⋯⋯⋯⋯⋯⋯⋯⋯⋯⋯⋯⋯⋯
> 남: 와우, 밖에 비가 퍼붓네요.
>
> (a) 네, 한 잔 더 따라 주세요.
> **(b) 오늘은 정원 작업을 하지 말아야 할 것 같아요.**
> (c) 그럼 우리 야유회가 다시 진행될 것 같네요.
> (d) 잘됐네요! 비가 멈출 때가 됐죠.

해설 밖에 비가 많이 온다는 말에 대해 그에 따라 하지 말아야 하는 일을 언급하는 (b)가 정답이다.

오답 (a) pour의 다른 뜻(따르다)을 활용한 오답이다.

(c) 비가 많이 오는 상황에서 할 수 있는 일로 전혀 맞지 않는 말이므로 오답이다.
(d) 지금 비가 퍼붓는다고 말한 상황에 어울리지 않는 반응이므로 오답이다.

어휘 pour 비가 퍼붓다, ~에게 …을 따라주다 suppose (that) ~라고 생각하다 garden v. 정원을 꾸미다 on 진행 중인, 계속되는 It's about time 주어 + 과거동사: ~할 때가 됐다

정답 (b)

4.

> W: How come your bus departed late?
>
> (a) It will arrive around 3.
> (b) I'm not sure when.
> (c) There will be plenty of seats.
> **(d) There was an engine problem.**
> ⋯⋯⋯⋯⋯⋯⋯⋯⋯⋯⋯⋯⋯⋯⋯⋯⋯⋯⋯
> 여: 네 버스가 어째서 늦게 출발한 거야?
>
> (a) 3시쯤 도착할 거야.
> (b) 언제인지 확실치 않아.
> (c) 좌석이 많이 있을거야.
> **(d) 엔진 문제가 있었어.**

해설 버스가 왜 늦게 출발했는지 묻는 질문에 대해 그 원인으로 엔진 문제가 있었음을 언급하는 (d)가 정답이다.

오답 (a) depart에서 연상 가능한 arrive를 활용한 답변으로, 버스가 늦게 출발한 이유가 아니므로 오답이다.
(b) 마찬가지로 depart에서 연상 가능한 when을 활용한 답변으로, 버스가 늦게 출발한 이유가 아니므로 오답이다.
(c) 버스가 늦은 이유가 아닌 착석 가능 여부를 말하고 있으므로 오답이다.

어휘 How come 주어 + 동사? 어째서 ~인가? depart 출발하다, 떠나다 arrive 도착하다 around ~쯤, ~ 무렵

정답 (d)

5.

> M: I hope the sun will come out and dry up all this rain.
>
> **(a) Yeah, there are puddles everywhere.**
> (b) Yes, it has been so dry for weeks.
> (c) You can hang it up to dry.
> (d) Make sure you wear a raincoat.
> ⋯⋯⋯⋯⋯⋯⋯⋯⋯⋯⋯⋯⋯⋯⋯⋯⋯⋯⋯
> 남: 해가 나와서 이 빗물을 싹 다 말려주면 좋겠어.
>
> **(a) 맞아, 어딜 가나 물웅덩이들이 있어.**
> (b) 응, 몇 주째 계속 너무 건조해.
> (c) 그걸 걸어서 말리면 돼.
> (d) 꼭 우비를 입도록 해.

해설 해가 나와서 빗물을 말려주기를 바라는 말에 대해 동의를 뜻하는 Yeah와 함께 그러기를 바라는 이유에 해당되는 말을 덧붙인 (a)가 정답이다.

오답 (b) 현재 비가 많이 내린 상황과 반대되는 말이므로 어울리지 않는 오답이다.
　　(c) dry를 반복해 혼동을 유발하는 오답이다.
　　(d) rain에서 연상 가능한 raincoat를 활용해 혼동을 유발하는 오답이다.

어휘 dry up ~을 싹 말리다 puddle 물웅덩이 hang A up: A를 걸어놓다 make sure (that) 꼭 ~하도록 하다

정답 (a)

Part 2

6.

M: License and registration, please.
W: Well, what did I do? I wasn't speeding, sir.
M: There's a school zone back there. You failed to slow down.

(a) But I didn't see a sign.
(b) Where do you go to school?
(c) I'm not going to give you a ticket.
(d) Step out of the car, please.

....

남: 운전면허증과 차량등록증을 보여주십시오.
여: 저, 제가 뭐 했나요? 저는 속도 위반하지 않았어요.
남: 저 뒤쪽에 어린이 보호구역이 있습니다. 감속하지 않으셨습니다.

(a) 하지만 표지판을 못 봤어요.
(b) 어느 학교에 다니시나요?
(c) 딱지를 떼지 않을 겁니다.
(d) 자동차 밖으로 나와 주십시오.

해설 어린이 보호구역에서 감속하지 않았다고 말한 것과 관련해 감속하지 못한 이유로서 표지판을 보지 못했음을 언급하는 (a)가 정답이다.

오답 (b) school을 반복해 혼동을 유발하는 답변으로, 차량을 단속하는 대화 상황에 맞지 않는 오답이다.
　　(c) 여자의 차량을 단속하는 경찰인 남자의 입장에서 할 수 있는 말이므로 앞뒤가 맞지 않는 오답이다.
　　(d) 마찬가지로 여자의 차량을 단속하는 경찰인 남자의 입장에서 할 수 있는 말이므로 앞뒤가 맞지 않는 오답이다.

어휘 license 면허(증) registration 등록(증) speed v. 속도 위반하다 school zone 어린이 보호구역 fail to do ~하지 못하다 slow down 감속하다, 속도를 줄이다 ticket 위반 딱지 step out of ~ 밖으로 나오다, 나가다

정답 (a)

7.

W: Honey, you took a taxi. What happened to your car?
M: It's in the auto shop. A guy backed his truck into my car.
W: A truck? Are you all right?

(a) It was just a fender bender.
(b) I think I'll buy life insurance.
(c) My truck is parked outside.
(d) I'm just glad you weren't injured.

....

여: 여보, 택시를 타고 왔네요. 당신 차에 무슨 일이라도 생겼어요?
남: 지금 자동차 수리소에 있어요. 어떤 남자가 트럭으로 후진해서 차를 들이받았어요.
여: 트럭이라고요? 당신 괜찮은 거예요?

(a) 그냥 가벼운 접촉 사고였어요.
(b) 생명 보험에 가입해야 할 것 같아요.
(c) 내 트럭이 밖에 주차되어 있어요.
(d) 당신이 부상당하지 않아서 기뻐요.

해설 트럭으로 인해 차량 사고가 난 남자에게 괜찮은지 묻는 질문에 대해 가벼운 접촉 사고였다는 말로 괜찮다는 뜻을 나타내는 (a)가 정답이다.

오답 (b) 차량 사고가 난 것과 관련해 괜찮은지 묻는 상황에서 생명 보험 가입은 답변자 자신의 상태와 관련 없는 오답이다.
　　(c) truck을 반복해 혼동을 유발하는 답변으로, 앞서 다른 사람의 트럭으로 인해 남자가 사고를 당했다고 말한 것과 관련 없는 오답이다.
　　(d) 남자가 차량 사고를 당한 상황에서 그 이야기를 들은 여자가 할 수 있는 말이므로 앞뒤가 맞지 않는 오답이다.

어휘 auto shop 자동차 수리소 back ~을 후진하다 fender bender 가벼운 접촉 사고 life insurance 생명 보험 park ~을 주차하다 injure ~에게 부상을 입히다

정답 (a)

8.

M: Do you know how to drive to the Eiffel Tower?
W: Not exactly. I'll need to use the map.
M: Maybe we'd be better to just take a taxi.

(a) No, I arrived here by train.
(b) Take a right turn at this junction.
(c) Yes, then at least we wouldn't get lost.
(d) I'm glad I followed your advice.

....

남: 에펠 탑까지 어떻게 차로 운전해서 가는지 알아?
여: 정확히 알진 못해. 지도를 활용해야 할 거야.
남: 아마 그냥 택시를 타는 게 나을 수도 있어.

(a) 아냐, 난 기차를 타고 이곳에 도착했어.

(b) 이 교차로에서 우회전해주세요.
(c) 응, 그럼 우리가 최소한 길을 잃지는 않을 거야.
(d) 네 조언을 따르게 된 게 기뻐.

해설   에펠 탑까지 택시를 타는 게 나을 수 있다고 제안하는 남자의 말에 대해 동의를 나타내는 Yes와 함께 택시를 타는 것의 장점을 덧붙여 말하는 (c)가 정답이다.

오답   (a) taxi에서 연상 가능한 train을 활용해 혼동을 유발하는 답변으로, 택시를 타는 것을 제안하는 남자의 말에 대한 반응으로 어울리지 않는 오답이다.
      (b) 아직 택시를 타기 전의 상황이므로 오답이다.
      (d) 지금 택시를 타는 것을 제안하는 상황에서 과거 시점에 조언을 따른 일이 기쁘다고 말하는 것은 시제가 맞지 않는 반응이므로 오답이다.

어휘   how to do 어떻게 ~하는지, ~하는 법 would be better to do ~하는 게 나을 것이다 arrive 도착하다 take a right turn 우회전하다 junction 교차로 at least 최소한, 적어도 get lost 길을 잃다 follow ~을 따르다

정답   **(c)**

9.

W: It's so nice outside! I'm going for a walk along the river.
M: Really? I heard there's a rainstorm coming.
W: It doesn't seem likely. There's not a single cloud in the sky.

(a) Yes, it seems pretty overcast today.
(b) In that case, I'll bring my umbrella.
(c) Let's wait for the rain to stop before we go out.
(d) I guess the forecast was wrong then.

....

여: 밖에 날씨가 너무 좋아! 강을 따라 산책하러 갈 생각이야.
남: 정말? 폭풍우가 온다는 얘기를 들었는데.
여: 그럴 것 같지 않아 보여. 하늘에 구름 한 점 없어.

(a) 응, 오늘 구름으로 꽤 뒤덮인 것 같아.
(b) 그렇다면, 우산을 챙겨가야겠네.
(c) 비가 그치기를 기다렸다가 밖으로 나가자.
(d) 그럼 일기예보가 틀렸던 것 같아.

해설   남자는 폭풍우가 온다는 얘기를 들었다고 말하고 있고, 여자는 실제 하늘에 구름 한 점 없다고 알리고 있으므로 이에 대해 일기예보가 틀렸음을 언급하는 (d)가 정답이다.

오답   (a) 앞서 여자가 이미 하늘에 구름 한 점 없다는 말을 했으므로 구름으로 뒤덮였다는 말은 앞뒤가 맞지 않는 오답이다.
      (b) rainstorm에서 연상 가능한 umbrella를 활용해 혼동을 유발하는 답변으로, 구름 한 점 없는 날에 할 수 있는 일로 맞지 않으므로 오답이다.
      (c) 앞서 여자가 이미 하늘에 구름 한 점 없다는 말을 했으므로 비가 그치기를 기다리자는 말은 앞뒤가 맞지 않는 오답이다.

어휘   go for a walk 산책하러 가다 along (길 등) ~을 따라 rainstorm 폭풍우 seem + 형용사: ~한 것 같다 likely 가능성 있는, ~할 것 같은 pretty 꽤, 아주 overcast 구름으로 뒤덮인 in that case 그렇다면, 그런 경우라면 forecast 일기예보 then 그럼, 그렇다면

정답   **(d)**

10.

M: I heard that there was a crash at the airport last night.
W: Yeah, I just listened to a report about it on the radio.
M: Oh really? I hope nobody was hurt.

(a) I just have a few cuts and bruises.
(b) Luckily, everyone survived the accident.
(c) There are a lot of dangerous drivers out there.
(d) Maybe you should visit the hospital to be sure.

....

남: 어젯밤에 공항에서 추락 사고가 있었다는 얘기를 들었어.
여: 응, 나도 방금 라디오에서 그것과 관련된 보도를 들었어.
남: 아, 그래? 아무도 다치지 않았으면 좋겠어.

(a) 난 그저 몇 군데 찰과상과 타박상만 입었어.
(b) 다행히도, 모든 사람이 사고에서 살아남았어.
(c) 밖에 나가면 위험한 운전자들이 많아.
(d) 아마 네가 병원을 방문해서 확실히 해두는 게 좋을 거야.

해설   공항에서 발생된 추락 사고와 관련해 아무도 다치지 않았으면 좋겠다고 말하는 남자에게 인명 피해와 관련된 정보를 제공하는 (b)가 정답이다.

오답   (a) 대화를 나누는 여자가 사고 현장에 있었던 것이 아니므로 대화 상황에 맞지 않는 오답이다.
      (c) crash 및 hurt에서 연상 가능한 dangerous drivers를 활용해 혼동을 유발하는 답변으로, 자동차 운전자와 관련된 대화 상황이 아니므로 어울리지 않는 오답이다.
      (d) 다친 사람에게 할 수 있는 말인데, 상대방인 남자가 다친 상황이 아니므로 어울리지 않는 답변이다.

어휘   crash (비행기) 추락, (자동차) 충돌 hurt 다친 cuts and bruises 찰과상과 타박상 survive ~에서 살아남다, 생존하다 accident 사고

정답   **(b)**

UNIT 09 [Part 3&4] 주제 문제

STEP 1 감 잡기 QUIZ

Part 3

> 여: 그 스웨터 입으니 멋지다.
> 남: 고마워. 온라인으로 30달러밖에 안 해.
> 여: 정말? 어느 웹 사이트 건데?
> 남: OutletMall.com이야. 할인가에 다양한 옷들이 있어.
> 여: 정말 괜찮다! 나 주문하는 것 좀 도와줄래? 학교 갈 때 입을 새 옷들을 사야 해.
> 남: 그럼. 오늘 저녁에 살까?

Part 4

> 어느 순간, 혹은 다른 때, 모든 사람은 여러 사람 앞에서 말해야 하는 일에 직면하게 될 것이다. 연설은 학교 및 직장 생활에서 필수적인 기술인데, 다른 이들에게 어떤 학문적인 주장이나 판매 전략의 장점을 보도록 설득할 때 특히 그러하다. 재능 있는 연설가는 결혼식이나 졸업식 같은 중요한 사회적인 행사에서 기억에 남을 연설을 할 수도 있다.

STEP 2 문제 풀이 요령

Part 3

> 남: 어젯밤에 영화 <Remains Between Us> 봤어?
> 여: 응. 진짜 좋았어. 흥미진진했어.
> 남: 정말? 난 별로였는데. 사실 실망했어. 이야기가 너무 헷갈려서 이해가 안 되더라.
> 여: 음, 난 이야기가 참 만족스러웠는데. 마지막 반전이 좋았어.
> 남: 난 아냐. 이야기가 지루했어. 영화 끝 무렵에는 지쳐버렸어.
>
> Q. 남자와 여자는 주로 무엇에 관해 이야기 하는가?
> (a) 어젯밤 화자들이 한 일
> (b) 영화가 얼마나 지루했는지
> (c) 영화의 등장인물들
> **(d) 두 사람 모두 본 영화**

어휘 **disappointed** 실망한 **confusing** 혼란스럽게 하는, 헷갈리는 **be satisfied with** ~에 만족하다 **exhausted** 지친, 녹초가 된

정답 **(d)**

Part 4

> 개인의 재정 및 사회적 지위와 상관없이, UN 인권위원회는 그 사람의 인간으로서의 양도 불가능한 권리를 보호하는 데 헌신한다. 위원회는 우리의 국제 사회를 정신적으로 고양시키는 것을 목표로 하며, 모든 사람의 가치에 동등한 가치를 둔다. 인권위원회의 노력 덕분에 전 세계 수백만의 사람들이 행복한 삶을 영위할 수 있는 기회와 자유를 부여받아 왔다.
>
> Q. 담화의 주제는 무엇인가?
> (a) 국제 기구의 형성
> (b) UN 회원이 되는 필요 조건
> (c) 현대 사회에서 사람들이 직면하는 장애물
> **(d) UN 인권위원회의 역할**

어휘 **regardless of** ~와 상관없이 **individual** 개인 **financial** 재정의 **societal** 사회의 **status** 지위 **UN Human Rights Commission** UN 인권위원회 **be dedicated to -ing** ~하는 데 헌신하다 **protect** ~을 보호하다 **inalienable** 양도 불가능한 **right** 권리 **human being** 인간 **aim to do** ~하는 것을 목표로 하다 **lift up** ~을 (정신적으로) 고양시키다 **place** ~을 두다 **equal** 동등한 **value** 가치 **worth** 가치 **thanks to** ~ 덕분에 **effort** 노력 **millions of** 수백만의 **opportunity** 기회 **freedom** 자유 **allow A to do** A에게 ~하도록 허용하다 **lead a life** 생활하다 **formation** 형성 (과정) **requirement** 필요 조건 **obstacle** 장애물 **face** ~에 직면하다 **role** 역할

정답 **(d)**

실전 감 잡기

1. (b) **2.** (a) **3.** (d) **4.** (d) **5.** (a)

6. (d) **7.** (c) **8.** (a) **9.** (d) **10.** (d)

Part 3

1.

> Listen to a conversation between two colleagues.
>
> M: I got stuck in a big traffic jam on Route 82 this morning.
> W: You should try taking Route 15 instead.
> M: That's not a bad idea. But, I'm commuting from Eastport.
> W: You're probably better off with Route 82, then.
> M: Do you think if I waited until later, it would let up?
> W: You'd have to wait until at least 9, and then you'd probably be late for work.
> M: Yes, I guess you're right.
>
> Q. What is the main topic of the conversation?

(a) The construction of a new route

(b) The man's commuting problem

(c) A recent road accident

(d) A work assignment in Eastport

· ·

남: 제가 오늘 아침에 82번 도로에서 엄청난 교통 체증에 갇혀 있었어요.

여: 그 대신 15번 도로를 한번 이용해 보세요.

남: 나쁘지 않은 생각이네요. 하지만, 저는 이스트포트에서 통근해요.

여: 그럼, 아마 82번 도로를 이용하시는 게 나을 것 같네요.

남: 제가 더 늦게까지 기다리면 좀 누그러질 거라고 생각하세요?

여: 적어도 9시까지는 기다리셔야 하겠지만, 그렇게 되면 아마 회사에 지각하실 거예요.

남: 네, 맞는 말씀인 것 같아요.

Q. 대화의 주제는 무엇인가?

(a) 새로운 도로 건설

(b) 남자의 통근 문제

(c) 최근의 도로 사고

(d) 이스트포트에 배정된 업무

해설 　대화 초반부에 남자가 아침에 82번 도로에서 엄청난 교통 체증에 갇혀 있었던(I got stuck in a big traffic jam on Route 82 this morning) 사실과 함께 이스트포트에서 통근한다고(I'm commuting from Eastport) 말하고 있다. 따라서 남자의 아침 통근 문제와 관련된 대화임을 알 수 있으므로 (b)가 정답이다.

오답 　(a) 새롭게 건설되는 도로와 관련된 정보로 언급되는 것이 없으므로 오답이다.

(c) 도로 사고와 관련된 정보로 언급되는 것이 없으므로 오답이다.

(d) 특정 업무와 관련된 정보로 언급되는 것이 없으므로 오답이다.

어휘 　**get stuck in** ~에 갇혀 있다, 오도 가도 못하다 **traffic jam** 교통 체증 **try -ing** 한번 ~해보다 **take** (교통편, 도로 등) ~을 이용하다, 타다 **instead** 대신 **commute** 통근하다 **be better off** 더 나아지다, 더 낫다 **then** 그럼, 그렇다면, 그 후에 **let up** 누그러지다, 완화되다 **at least** 적어도, 최소한 **construction** 건설, 공사 **recent** 최근의 **accident** 사고 **assignment** 배정(된 것), 할당(된 것)

정답 　**(b)**

2.

Listen to a conversation between two friends.

W: Shawn, you look disappointed. What's up?

M: I burned the steak again. I guess I'm not cut out for cooking.

W: Don't say that. It just takes time to develop your skills.

M: Actually this is the third time that I've tried to prepare steak.

W: But, it's still too early to give up.

M: Do you really think so?

W: Yes, give it a few more tries, and you'll get better.

Q. What is the woman mainly doing in the conversation?

(a) Offering encouragement to the man

(b) Teaching the man how to cook steak

(c) Criticizing the man's cooking skills

(d) Telling the man about a meal she cooked

· ·

여: 숀, 뭔가 실망한 것 같아 보여. 무슨 일 있어?

남: 스테이크를 또 태웠어. 난 요리에 적성이 없는 것 같아.

여: 그렇게 말하지 마. 실력을 키우는 데는 시간이 필요한 것뿐이야.

남: 사실, 내가 스테이크를 준비하려고 해본 게 이번이 세 번째야.

여: 하지만, 여전히 포기하기에는 너무 일러.

남: 정말 그렇게 생각해?

여: 응, 몇 번 더 시도해보면, 더 나아질 거야.

Q. 여자는 대화에서 주로 무엇을 하고 있는가?

(a) 남자에게 격려를 해주는 일

(b) 남자에게 스테이크 요리법을 가르쳐주는 일

(c) 남자의 요리 실력을 비판하는 일

(d) 남자에게 자신이 요리한 식사에 관해 말하는 일

해설 　대화 중반부에 여자가 남자에게 실력을 키우는 데는 시간이 필요하다는(It just takes time to develop your skills) 말과 여전히 포기하기에는 너무 이르다는(it's still too early to give up) 말을 하는 것으로 볼 때, 남자를 격려하고 있다는 것을 알 수 있으므로 (a)가 정답이다.

오답 　(b) 스테이크 요리법과 관련해 설명하는 내용이 없으므로 오답이다.

(c) 남자의 요리 실력과 관련해 비판적으로 말하는 내용이 없으므로 오답이다.

(d) 여자가 요리한 음식과 관련해 설명하는 내용이 없으므로 오답이다.

어휘 　**disappointed** 실망한 **What's up?** 무슨 일 있어? 무슨 일인데? 잘 지내? **be cut out for** ~에 적합하다, 꼭 알맞다 **take time** 시간이 걸리다 **develop** ~을 발전시키다, 개발하다 **skill** 실력, 기술 **actually** 사실, 실은 **try to do** ~하려 하다 **prepare** ~을 준비하다 **too A to do:** ~하기에는 너무 A한 **give up** 포기하다 **give it a try** 한번 시도해보다 **get better** 더 나아지다 **offer encouragement** 격려해주다 **how to do** ~하는 법 **criticize** ~을 비판하다, 비난하다

정답 　**(a)**

3.

Listen to a conversation between a clerk and a customer.

M: Can I help you with anything, ma'am?

W: Yes, I'm looking for the swimming pool and gym.

M: They're down on the reception level, near the front desk.

W: Great, and how about the business center?

M: That's on the 2nd floor, just opposite the elevators.

W: Thanks. I appreciate your help.

Q. What is the conversation mainly about?

(a) Assisting a guest in finding her room

(b) Reserving a conference room

(c) Comparing the facilities of two hotels

(d) Helping a guest locate some amenities

··

남: 제가 뭔가 도와 드릴까요, 고객님?

여: 네, 제가 수영장과 체육관을 찾고 있어요.

남: 아래쪽 안내 구역이 있는 층에 프런트 데스크와 가까운 곳에 있습니다.

여: 좋아요, 그리고 비즈니스 센터는요?

남: 그곳은 2층에 엘리베이터 바로 맞은편에 있습니다.

여: 고맙습니다. 도와주셔서 감사해요.

Q. 대화는 주로 무엇에 관한 것인가?

(a) 고객이 객실을 찾도록 돕는 일

(b) 회의실을 예약하는 일

(c) 두 호텔의 시설을 비교하는 일

(d) 고객이 일부 편의시설을 찾도록 돕는 일

해설   대화 초반부에 여자가 수영장과 체육관을 찾고 있다고(I'm looking for the swimming pool and gym) 말한 것에 대해 남자가 그 위치를 알려주는(They're down on the reception level, near the front desk) 상황이다. 따라서 여자가 원하는 시설을 찾도록 남자가 돕고 있다는 것을 알 수 있으므로 (d)가 정답이다.

오답   (a) 여자가 자신의 객실이 어디인지 묻고 있지 않으므로 오답이다.
(b) 회의실과 관련된 정보로 제시되는 것이 없으므로 오답이다.
(c) 장단점 등과 같이 비교와 관련된 정보로 제시되는 것이 없으므로 오답이다.

어휘   **help A with B:** B에 대해 A를 돕다 **look for** ~을 찾다 **reception** 안내 구역, 접수 구역 **near** ~ 가까이에 **how about ~?** ~은 어떤가요? **just opposite** ~ 바로 맞은편에 **appreciate** ~에 대해 감사하다 **assist A in -ing:** A가 ~하는 것을 돕다 **reserve** ~을 예약하다 **compare** ~을 비교하다 **facility** 시설(물) **help A do:** A가 ~하는 것을 돕다 **locate** ~의 위치를 찾다 **amenities** 편의시설

정답   (d)

4.

Listen to a conversation between two acquaintances.

M: Are you doing anything special over the Christmas holidays?

W: We're planning to visit my husband's family in Canada.

M: That's nice! Will you stay there for a while?

W: For two weeks, probably. I have some unused vacation days saved up at work.

M: Good for you. What province does his family live in?

W: In Ontario, not far from Toronto. What are your plans for the Christmas period?

M: Well, I have some relatives coming to visit, so I'll show them around town and host Christmas dinner.

Q. What are the man and woman talking about?

(a) Which province the woman grew up in

(b) Where to host a Christmas dinner

(c) When they plan to return to work after their vacations

(d) How they will spend the Christmas holidays

··

남: 크리스마스 연휴 기간 중에 뭔가 특별한 일이라도 하시나요?

여: 캐나다에 계신 남편 가족을 방문할 계획이에요.

남: 아주 좋으시겠어요! 한동안 그곳에 머물러 계시나요?

여: 아마 2주 동안 있을 것 같아요. 회사에서 사용하지 않고 남아 있는 휴가가 좀 있어서요.

남: 잘됐네요. 남편 분의 가족이 어느 주에 살고 있어요?

여: 온타리오 주인데, 토론토에서 멀지 않은 곳이에요. 당신의 크리스마스 계획은 뭔가요?

남: 음, 저를 방문하러 오는 친척들이 좀 있어서, 도시 곳곳을 구경시켜주고 크리스마스 저녁 만찬을 열 거예요.

Q. 남자와 여자는 무엇에 관해 이야기하고 있는가?

(a) 여자가 어느 주에서 자랐는지

(b) 어디에서 크리스마스 저녁 만찬을 열지

(c) 휴가 후에 언제 회사에 복귀할 계획인지

(d) 어떻게 크리스마스 연휴를 보낼 것인지

해설   대화 시작 부분에 남자가 크리스마스 연휴 기간 중에 뭔가 특별한 일을 하는지(Are you doing anything special over the Christmas holidays?) 물은 뒤로 여자의 계획에 관해 얘기하다가 후반부에 여자도 남자에게 크리스마스 계획을(What are your plans for the Christmas period?) 묻는 상황이다. 따라서 서로 연휴를 보내는 방법에 관해 이야기하고 있다는 것을 알 수 있으므로 (d)가 정답이다.

오답 (a) 여자가 어릴 때 살았던 지역과 관련된 정보로 제시되는 것이 없으므로 오답이다.

(b) 크리스마스 저녁 만찬을 여는 장소와 관련된 정보로 제시되는 것이 없으므로 오답이다.

(c) 휴가를 마친 이후에 복귀하는 일과 관련된 정보로 제시되는 것이 없으므로 오답이다.

어휘 plan to do ~할 계획이다 for a while 한동안 unused 사용하지 않은 save up ~을 모으다 province (행정 구역) 주 far from ~에서 멀리 있는 relative n. 친척 show A around B: A에게 B를 구경시켜주다 host ~을 열다, 주최하다 return to ~로 복귀하다 spend ~의 시간을 보내다, 소비하다

정답 (d)

5.

> Listen to a conversation between two friends.
>
> W: You don't read as much as you used to, do you?
> M: I guess not. It's been a few months since I last enjoyed a book.
> W: Actually, I stopped by the public library yesterday, and they have a huge collection these days.
> M: Really? I wonder if it's quick and easy to get a library card.
> W: It is. They said you just need to go in with one piece of ID.
> M: Well, in that case, I think I'll pop down there and get a membership card today.
>
> Q. What is the conversation mainly about?
> **(a) Becoming a library member**
> (b) Opening a new bookstore
> (c) Returning an overdue library book
> (d) Taking an inventory of goods
>
> ---
>
> 여: 너는 전에 그랬던 것만큼 책을 많이 읽고 있지는 않지?
> 남: 아닌 것 같아. 마지막으로 책을 즐겼던 게 몇 달이나 됐네.
> 여: 실은, 어제 공공 도서관에 들렀는데, 요즘 소장 도서 규모가 엄청나더라고.
> 남: 정말? 도서관 카드를 발급 받는 게 빠르고 쉬운지 궁금하네.
> 여: 그렇대. 신분증 하나만 갖고 들어가기만 하면 된다고 하던데.
> 남: 음, 그렇다면, 오늘 그곳에 잠깐 가서 회원증을 발급 받아야겠어.
>
> Q. 대화는 주로 무엇에 관한 것인가?
> **(a) 도서관 회원이 되는 일**
> (b) 신규 서점을 개장하는 일
> (c) 연체된 도서관 책을 반납하는 일
> (d) 물품 재고를 확인하는 일

해설 책을 읽는 방법과 관련해 남자가 중반부에 도서관 카드를 받

는 게 빠르고 쉬운지 궁금하다고(I wonder if it's quick and easy to get a library card) 말한 뒤로 오늘 회원증을 받으러 가겠다고(I'll pop down there and get a membership card today) 언급하는 것으로 볼 때 도서관 회원이 되는 일에 관한 대화임을 알 수 있으므로 (a)가 정답이다.

오답 (b) 신규 서점을 여는 일과 관련된 정보로 제시되는 것이 없으므로 오답이다.

(c) 빌린 책을 반납하는 일과 관련된 정보로 제시되는 것이 없으므로 오답이다.

(d) 재고 확인과 관련된 정보로 제시되는 것이 없으므로 오답이다.

어휘 as A as B: B만큼 A하게 since ~한 이후로 actually 실은, 사실은 stop by ~에 잠깐 들르다 huge 엄청난 collection 소장(품), 수집(품) wonder if ~인지 궁금하다 in that case 그렇다면, 그런 경우라면 pop 잠깐 나타나다, 모습을 보이다 down there 그쪽으로, 저쪽으로 return ~을 반납하다, 반환하다 overdue 연체된, 기한이 지난 take an inventory 재고를 확인하다 goods 물품, 상품

정답 (a)

Part 4

6.

> While attending a seminar recently, I heard a speaker discuss ways you can work out even while you are seated at your office desk. For a start, you can stretch out each leg and hold it straight for 10 seconds, and repeat this five times for each leg. Then, you can perform a 30-second foot tapping exercise to promote blood circulation and stretch your muscles. After that, you can raise your shoulders up to your neck, or twist your back to relieve tension. Finally, you should also try to take frequent walk breaks whenever possible.
>
> Q. What is the main topic of the talk?
> (a) Speaking to audiences at seminars
> (b) The importance of good nutrition
> (c) The health benefits of walking
> **(d) Exercising while sitting at a desk**
>
> ---
>
> 최근 한 세미나에 참석해 있던 중에, 한 연설자가 심지어 사무실 책상 앞에 앉아 있는 중에도 운동할 수 있는 방법을 이야기하는 것을 들었습니다. 가장 먼저, 각각의 다리를 앞으로 쭉 뻗어서 10초 동안 편 상태로 유지하고, 이를 각 다리당 5회씩 반복하시면 됩니다. 그런 다음, 혈액 순환을 촉진하고 근육을 펼 수 있게 30초 동안 발 구르기 운동을 하시면 됩니다. 그 후에는, 긴장을 풀기 위해 양쪽 어깨를 목 방향으로 들어 올리거나 등을 비트실 수도 있습니다. 마지막으로, 가능하실 때마다 잠깐씩 자주 걷는 휴식 시간도 갖도록 해야 합니다.

Q. 담화의 주제는 무엇인가?
(a) 세미나에서 청중에게 연설하기
(b) 충분한 영양 섭취의 중요성
(c) 걷기가 지닌 건강상의 이점
(d) 책상 앞에 앉은 채로 운동하기

해설　담화 시작 부분에 한 연설자가 사무실 책상 앞에 앉아 있는 중에도 운동할 수 있는 방법을 이야기하는 것을 들은(I heard a speaker discuss ways you can work out even while you are seated at your office desk) 사실을 언급하면서 그 운동 방법을 소개하고 있다. 따라서 책상 앞에 앉아서 하는 운동이 담화 주제임을 알 수 있으므로 (d)가 정답이다.

오답　(a) 청중에게 연설하는 방법 등과 관련된 정보로 제시되는 것이 없으므로 오답이다.
(b) 영양 섭취와 관련된 정보로 제시되는 것이 없으므로 오답이다.
(c) 걷기의 중요성이나 장점 등과 관련된 정보로 제시되는 것이 없으므로 오답이다.

어휘　while ~하는 중에, ~하면서 attend ~에 참석하다 hear A do: A가 ~하는 것을 듣다 discuss ~을 이야기하다, 논의하다 be seated 착석하다 stretch out ~을 쭉 뻗다 hold A straight: A를 편 채로 유지하다 repeat ~을 반복하다 perform ~을 하다, 실시하다 foot tapping 발 구르기 exercise n. 운동 v. 운동하다 promote ~을 촉진하다 blood circulation 혈액 순환 raise ~을 들어 올리다 twist ~을 비틀다, 꼬다 relieve tension 긴장을 풀다 take a break 잠깐 쉬다 frequent 잦은, 빈번한 whenever possible 가능할 때마다 audience 청중, 관객 nutrition 영양 benefit 이점, 혜택

정답　(d)

7.

The dispute over abolishing the death penalty has heated up in South Korea. The last execution in the country took place in 1997 and while the country still has the death penalty, it has been categorized as abolitionist in practice. As Seoul is considering taking the next step to abolish its death penalty, the pros and cons are under the spotlight. Proponents of abolition insist that the death penalty is a violation of human rights. Opponents claim that as evil crimes are on the rise, to respect the lives of criminals who didn't respect their victims' lives is only ridiculous and leads to more murders.

Q. What is the main idea of the speech?
(a) South Korea has been accused of violating the human rights of its citizens.
(b) The death penalty should be abolished in South Korea.
(c) The issue of abolishing the death penalty is a hot topic in South Korea.

(d) South Korea has seen a rise in its murder rate since ceasing executions.

사형제 폐지 문제에 대한 논쟁이 대한민국에서 뜨겁게 가열되어 왔습니다. 이 국가에서 마지막으로 있었던 사형은 1997년의 일이었으며, 여전히 사형제가 유지되고 있기는 하지만 실제로는 폐지 국가로 분류되어 왔습니다. 서울시가 사형제를 폐지하기 위한 다음 절차를 밟는 것을 고려하고 있는 가운데, 그 찬반양론이 주목받고 있습니다. 폐지를 지지하는 사람들은 사형제가 인권 침해라고 주장하고 있습니다. 반대론자들은 흉악 범죄가 증가 추세에 있기 때문에 피해자의 목숨을 존중하지 않은 범죄자들의 목숨을 존중하는 것은 그저 말도 안 되는 일이며 더 많은 살인으로 이어지게 될 뿐이라고 주장하고 있습니다.

Q. 연설의 주제는 무엇인가?
(a) 대한민국이 국민들의 인권 침해 문제에 대해 비난받아 왔다.
(b) 사형제는 대한민국에서 폐지되어야 한다.
(c) 사형제 폐지 문제가 대한민국에서 뜨거운 논란거리이다.
(d) 대한민국은 사형제 중단 이후로 살인 발생률의 증가를 겪어 왔다.

해설　담화를 시작하면서 사형제 폐지 문제에 대한 논쟁이 대한민국에서 뜨겁게 가열되어 왔다고(The dispute over abolishing the death penalty has heated up in South Korea) 언급한 뒤로 그 찬반양론과 관련해 이야기하며 담화가 진행되고 있다. 따라서 사형제 폐지가 현재 뜨거운 논란이라는 사실이 주제임을 알 수 있으므로 (c)가 정답이다.

오답　(a) 인권 침해 문제로 대한민국이라는 국가가 비난받은 점과 관련된 정보로 제시되는 것이 없으므로 오답이다.
(b) 사형제를 폐지해야 한다고 주장하는 담화 내용이 아니라 찬반양론을 소개하고 있으므로 오답이다.
(d) 살인 사건이 늘어나는 것은 폐지 반대론자들의 주장으로만 언급될 뿐, 실제 발생된 것인지는 알 수 없으므로 오답이다.

어휘　dispute 논쟁, 논란 abolish ~을 폐지하다 death penalty 사형제 heat up 뜨겁게 가열되다 execution 사형, 처형 take place 발생되다, 일어나다 while ~이기는 하지만, ~인 반면 be categorized as ~로 분류되다 abolitionist 폐지론자 in practice 실제로는 consider -ing ~하는 것을 고려하다 take the next step to do ~하기 위한 다음 절차를 밟다 pros and cons 찬반양론, 장단점 under the spotlight 주목받고 있는 proponent 지지자 insist that ~라고 주장하다(= claim that) violation of human rights 인권 침해 opponent 반대자 evil crime 흉악 범죄 on the rise 증가세에 있는 respect ~을 존중하다 criminal 범죄자 victim 피해자, 희생자 ridiculous 말도 안 되는, 터무니 없는 lead to ~로 이어지다 be accused of ~로 비난받다 hot topic 뜨거운 논란거리 rise in ~의 증가 murder rate 살인 발생률 since ~ 이후로 cease ~을 중단하다

정답　(c)

8.

I'm pleased to introduce our new employee, Arnold Gunton. Mr. Gunton joined our company this week after several months of negotiations. He's in his early 30s and majored in artificial intelligence. While he was rising through the ranks of one of our largest rival companies, we persuaded him to work for our company. He's good at English as well as computers. So he is thought to be suited for computer programming and also for technical cooperation with our branch office in Australia. For now, he will work in our research and development department. If you have any questions, feel free to ask him.

Q. What is the main purpose of the talk?
(a) To introduce a new employee and his role within the company
(b) To persuade staff to work on the company's upcoming project
(c) To encourage employees to develop professional skills
(d) To provide reasons why staff should learn about artificial intelligence

....

저는 우리 회사에 새로 입사하신 아놀드 건튼 씨를 소개해 드리게 되어 기쁩니다. 건튼 씨는 수개월에 걸친 협의 끝에 이번 주에 우리 회사에 입사하셨습니다. 건튼 씨는 30대 초반이시며, 인공 지능을 전공하셨습니다. 우리의 가장 큰 경쟁업체들 중 한 곳에서 승진을 거듭하시던 중에, 우리 회사에서 근무하시도록 설득했습니다. 건튼 씨는 컴퓨터뿐만 아니라 영어에도 능숙하십니다. 따라서 컴퓨터 프로그래밍뿐만 아니라 호주에 있는 우리 지사와의 기술 협력에도 적합하신 분으로 여겨지고 있습니다. 당분간은, 우리 연구개발부에서 근무하실 것입니다. 어떤 질문이든 있으시면, 건튼 씨에게 마음껏 여쭤보시기 바랍니다.

Q. 담화의 목적은 무엇인가?
(a) 새로 입사한 사원 및 회사 내에서의 역할을 소개하는 것
(b) 회사의 차기 프로젝트에 대한 작업을 하도록 직원들을 설득하는 것
(c) 전문적인 능력을 개발하도록 직원들에게 장려하는 것
(d) 직원들이 왜 인공 지능에 관해 배워야 하는지 그 이유를 제공하는 것

해설 담화를 시작하면서 새로 입사한 아놀드 건튼 씨를 소개하 겠다고(I'm pleased to introduce our new employee, Arnold Gunton) 알린 뒤로, 앞으로 이 사람이 할 일과 관련해 주로 설명하고 있으므로 (a)가 정답이다.

오답 (b) 앞으로 있을 프로젝트와 관련된 정보로 제시되는 것이 없으므로 오답이다.
(c) 능력 개발 기회와 관련된 정보로 제시되는 것이 없으므로 오답이다.
(d) 직원들이 인공 지능에 관해 배우는 일과 관련된 정보로 제시되는 것이 없으므로 오답이다.

어휘 **introduce** ~을 소개하다 **join** ~에 입사하다, 합류하다 **several** 여럿의, 몇몇의 **negotiation** 협의, 협상 **major in** ~을 전공하다 **artificial intelligence** 인공 지능 **while** ~하는 동안, ~인 반면 **rise through the ranks** 승진을 거듭하다 **persuade A to do:** ~하도록 A를 설득하다 **be good at** ~에 능숙하다, 잘 하다 **as well as** ~뿐만 아니라 …도 **be thought to do** ~하는 것으로 여겨지다 **be suited for** ~에 적합하다 **technical cooperation** 기술 협력 **branch office** 지사 **research and development department** 연구개발부 **feel free to do** 마음껏 ~하세요 **role** 역할 **upcoming** 다가오는, 곧 있을 **encourage A to do:** A가 ~하도록 장려하다 **develop** ~을 개발하다 **professional** 전문적인 **provide** ~을 제공하다

정답 **(a)**

9.

In somewhat surprising news, the Music Hub music streaming service, which gives subscribers access to more than 30 million songs online, has been seeing a steady drop in popularity. Within its first year of launch, the service attracted almost 20 million subscribers worldwide, and its subscriber count peaked at approximately 100 million two years ago. Since then, it has decreased at an alarming rate, largely due to the service failing to introduce any innovative features in the extremely competitive music streaming industry. Shareholders are reportedly very concerned that the trend seems irreversible, with the latest subscriber number estimated at only 10 million.

Q. What is the main point of the news announcement?
(a) Interest in music streaming platforms is expected to peak this year.
(b) Despite a decline in popularity, Music Hub remains the leading streaming service.
(c) The Music Hub streaming service is known for its innovation in the industry.
(d) The number of Music Hub streaming service subscribers is decreasing.

....

다소 놀라운 소식으로서, 서비스 가입자들에게 온라인상에서 3천만 개가 넘는 곡들에 대한 이용 권한을 제공하는 뮤직 허브 음악 재생 서비스 사가 지속적인 인기 하락을 겪어 오고 있습니다. 영업 시작 첫 해에, 이 서비스 업체는 전 세계적으로 2천만 명의 가입자들을 끌어 모았으며, 가입자 수는 2년 전에 약 1억 명에 이르면서 최고조에 달했습니다. 그 이후로, 그 수는 놀라운 속도로 감소했는데, 이는 대체로 이 서비스 업체가 매우 경쟁적인 음악 재생 서비스 업계에서

어떠한 혁신적인 기능도 도입하지 못한 것에 기인합니다. 최근의 이용자 수가 오직 1천만 명 밖에 되지 않는 것으로 추정되면서 주주들은 이러한 추세가 돌이킬 수 없는 것으로 보이는 것에 대해 매우 우려하고 있는 것으로 전해지고 있습니다.

Q. 뉴스 보도의 요점은 무엇인가?
(a) 음악 재생 플랫폼에 대한 관심이 올해 최고조에 달할 것으로 예상된다.
(b) 인기 하락에도 불구하고, 뮤직 허브는 여전히 음악 재생 서비스 분야의 선두이다.
(c) 뮤직 허브 재생 서비스 사는 업계 내에서 그 혁신성으로 잘 알려져 있다.
(d) 뮤직 허브 재생 서비스 가입자 수가 줄어들고 있다.

해설   담화 초반부에 뮤직 허브 음악 재생 서비스 사가 지속적인 인기 하락을 겪어 오고 있다고(the Music Hub music streaming service, ~ has been seeing a steady drop in popularity) 언급한 뒤로 그 감소 추세 및 원인과 관련해 주로 이야기하고 있으므로 (d)가 정답이다.

오답   (a) 음악 재생 플랫폼에 대한 사람들의 전반적인 관심과 관련된 정보로 제시되는 것이 없으므로 오답이다.
(b) 뮤직 허브가 여전히 음악 재생 서비스 분야의 선두 업체인지 알 수 있는 정보로 제시되는 것이 없으므로 오답이다.
(c) 후반부에 혁신적인 기능을 전혀 도입하지 못한 것이 (failing to introduce any innovative features) 인기 하락의 원인으로 언급되고 있으므로 오답이다.

어휘   somewhat 다소 surprising 놀라운 subscriber (서비스) 가입자, 이용자, 구독자 access to ~에 대한 이용 (권한) more than ~가 넘는 steady 지속적인 drop in ~의 감소 popularity 인기 launch 시작, 출시, 공개 attract ~을 끌어들이다 worldwide 전 세계적으로 peak 최고조에 달하다 approximately 약, 대략 since ~ 이후로 then 그때 decrease 감소하다, 줄어들다 at an alarming rate 놀라운 속도로 largely 대체로 due to ~로 인해, ~ 때문에 fail to do ~하지 못하다 introduce ~을 도입하다, 소개하다 innovative 혁신적인 feature 기능, 특징 extremely 극도로 competitive 경쟁적인 industry 업계 shareholder 주주 reportedly 전하는 바에 의하면 be concerned that ~임을 우려하다 trend 추세, 경향 seem + 형용사: ~한 것으로 보이다, ~한 것 같다 irreversible 돌이킬 수 없는 with A p.p.: A가 ~되어, A가 ~된 채로 latest 최신의 estimate ~을 추정하다 interest in ~에 대한 관심 be expected to do ~할 것으로 예상하다 despite ~에도 불구하고 decline in ~의 하락, 감소 remain 여전히 ~이다, ~인 것으로 남아 있다 leading 선두의, 선도적인 be known for ~로 잘 알려져 있다 innovation 혁신(성)

정답   (d)

10.

These days, more and more young people are using tanning beds, machines that emit strong ultraviolet rays, to achieve the bronze skin

tone popular among social media influencers. Healthcare experts unanimously agree that this beauty fad is far from safe. However, a new wave of advertisements for tanning salons insists that tanning beds are less dangerous than natural sunlight. The thing is, there is no evidence to back up these claims. In fact, scientific studies on the use of tanning beds all find that regular use of artificial tanning devices greatly increases a person's risk of skin cancer.

Q. What is the main idea of the talk?
(a) Tanning beds are less harmful than natural sunlight.
(b) Warnings should accompany any advertisements for tanning bed.
(c) Tanning beds can cause multiple types of cancer.
(d) Advertisements for tanning salons are not being honest.

요즘 점점 더 많은 젊은 사람들이 소셜 미디어 인플루언서들 사이에서 유명한 구릿빛 피부 톤을 가지기 위해, 강한 자외선을 내뿜는 기계인 태닝 침대를 이용하고 있습니다. 건강 관리 전문가들은 이러한 미의 일시적인 유행이 안전과는 거리가 멀다는 것에 만장일치로 동의했습니다. 하지만, 태닝 살롱에 대한 광고의 새로운 물결은 태닝 침대가 자연 일광보다 덜 위험하다고 주장합니다. 문제는, 이러한 주장을 뒷받침할 근거가 없다는 것입니다. 실제로, 태닝 침대의 사용에 관한 과학적 연구들은 모두 인공적인 태닝 기기들의 주기적인 사용이 피부암의 발병 위험을 크게 증가시킨다고 보고 있습니다.

Q. 담화의 주제는 무엇인가?
(a) 태닝 침대가 자연 일광보다 덜 해롭다.
(b) 태닝 침대에 대한 모든 광고에 경고문이 동반되어야 한다.
(c) 태닝 침대는 다양한 종류의 암을 유발한다.
(d) 태닝 살롱에 대한 광고들은 신뢰할 수 없다.

해설   담화 중반에 태닝 살롱에 대한 광고들이 자연 일광보다 인공적인 태닝 침대가 덜 위험하다고 주장하는 것에 대해 뒷받침할 근거가 없다고(The thing is, there is no evidence to back up these claims) 반박하고 있으므로 (d)가 정답이다.

오답   (a) 태닝 침대에 대한 연구들은 주기적인 태닝 침대 사용이 피부암의 위험을 증가시킨다고 보고 있으므로 오답이다.
(b) 태닝 침대 광고에 대한 경고문 동반에 대한 정보로 제시되는 것이 없으므로 오답이다.
(c) 태닝 침대가 다양한 종류의 암을 초래한다는 정보는 제시되는 것이 없으므로 오답이다.

어휘   these days 요즘 tanning bed 태닝 침대, 일광욕용 베드 emit ~을 내뿜다 ultraviolet ray 자외선 bronze 구릿빛의 expert 전문가 unanimously 만장일치로 fad (일시적인) 유행 far from safe 안전과는 거리가 먼 wave 물결, 고조 insist that ~라고 주장하다 natural sunlight 자연 일광 The thing is 문제는, 실은 evidence 근거, 증거 back up ~을 뒷받침하다,

지원하다 claim 주장 in fact 사실, 실제로 regular 주기적인, 규칙적인 artificial 인공의 greatly 크게, 대단히 increase ~을 증가시키다 risk (발병) 위험 skin cancer 피부암 recent 최근의 harmful 해로운 warning 경고(문) accompany ~을 동반하다 cause ~을 유발하다, 일으키다 honest 신뢰할 수 없는, 정직한

정답 (d)

어휘 landlord 집주인 tenant 세입자 rent 집세, 임대료 paycheck 급여 delay ~을 미루다, 늦추다 bill 고지서, 청구서 as soon as ~하자마자 search for ~을 찾다 utility bills (수도, 전기 등의) 공과금 be paid late 늦게 지불 받다 at work 직장에서

정답 (c)

UNIT 10 [Part 3&4] 세부 사항 문제

STEP 1 감 잡기 QUIZ

Part 3

남: 우리 형이 이번 금요일에 나를 보러 와.
여: 잘 됐네. 뉴욕에 있는 집에서 오는 거야?
남: 시카고에서 오는 것 같아. 미국을 여행하고 있는 중이거든.
여: 오, 여행을 즐기시는 것 같네.
남: 응, 늘 어딘가를 다녀.
여: 나는 고향을 떠난 적이 거의 없는데.

Part 4

저는 리 트레버스이며, 일기예보를 전해드립니다. 보시다시피, 오늘 저녁에는 비가 예상됩니다. 창밖으론 보이지 않지만 한겨울 폭풍이 우리 쪽으로 오고 있으며, 오전까지는 여기에 다다르게 될 겁니다. 기온이 현재 섭씨 10도에서 8도 아래로 떨어질 것이며, 7시 경에는 우리 지역에서 비가 눈으로 바뀔 것입니다. 최신 소식이 나오는 대로 알려드리겠습니다.

STEP 2 문제 풀이 요령

Part 3

여: 안녕하세요, 제임스 씨. 전 집주인 하웰이에요.
남: 아, 안녕하세요, 하웰 씨. 무슨 문제라도 있나요?
여: 이달 집세를 내일 오전까지 받았으면 해요.
남: 죄송합니다만, 제 급여가 월말로 미뤄질 것 같아요.
여: 무슨 말씀이신지는 알지만, 저도 지불해야 할 것들이 있어서요.
남: 돈을 받는 즉시 집세를 드리겠습니다.

Q. 대화에 따르면 다음 중 옳은 것은?
(a) 여자는 집을 구하고 있다.
(b) 남자는 공과금을 아직 내지 않았다.
(c) 남자는 급여를 늦게 받을 것이다.
(d) 여자는 집을 팔 계획이다.

Part 4

쿠스코 초콜릿의 훌륭한 맛과 부드러운 질감을 즐겨보세요. 100년이 넘는 세월 동안, 쿠스코는 그 어떤 것과도 다른 독특하고 맛있는 초콜릿 바를 만들기 위해 세계 최고의 카카오빈을 사용해 왔습니다. 안데스 산 골짜기에서 유기농법으로 재배된 저희의 카카오 빈은 그 진한 맛에 풍경의 아름다움을 담고 있습니다. 쿠스코 초콜릿을 한 입 먹을 때마다 이국적인 맛을 즐기게 될 것이라 장담합니다.

Q. 광고에 따르면 다음 중 옳은 것은?
(a) 쿠스코는 새로 출시된 초콜릿 바 브랜드이다.
(b) 쿠스코 초콜릿은 특별한 맛을 자랑한다.
(c) 쿠스코 빈은 매장에서 구매 가능하다.
(d) 쿠스코 사는 수출에 주로 의존한다.

어휘 treat oneself to ~을 즐기다 taste 맛 creamy 부드러운 texture 질감 create ~을 만들어내다 unique 독특한 unlike ~와 다른 grow ~을 기르다, 재배하다 organically 유기농법으로, 유기 재배로 slopes 경사면, 비탈 capture ~을 담아내다 landscape 풍경 bold 대담한, 선명한 exotic 이국적인 flavor 맛, 풍미, 향미 bite 한 입 boast ~을 자랑하다 rely on ~에 의존하다 export 수출

정답 (b)

실전 감 잡기

1. (d)	2. (b)	3. (b)	4. (d)	5. (d)
6. (d)	7. (c)	8. (b)	9. (b)	10. (d)

Part 3

1.

Listen to a conversation at an office.

M: Hello, I'd like to mail this package to LA.
W: Certainly, sir. How would you like it sent?
M: What's the safest way?
W: By registered mail.
M: OK. That sounds perfect.
W: That'll be 10 dollars then.
M: Here you are. And, how long will it take?
W: Around two or three days.

Q. Which is correct according to the conversation?

(a) The man is sending a letter to another country.

(b) The woman offered the man a discount.

(c) The man is waiting for a package from LA.

(d) The man wants his mail delivered as safely as possible.

··

남: 안녕하세요, 이 소포를 LA에 우편으로 부치려고 합니다.

여: 알겠습니다, 고객님. 어떻게 보내고 싶으신가요?

남: 가장 안전한 방법이 뭔가요?

여: 등기 우편으로 보내는 것입니다.

남: 좋습니다. 그게 좋을 것 같네요.

여: 그러시면 10달러 되겠습니다.

남: 여기 있습니다. 그리고, 얼마나 걸리나요?

여: 약 2~3일이요.

Q. 대화에 따르면 다음 중 옳은 것은 무엇인가?

(a) 남자는 다른 나라로 편지를 보내고 있다.

(b) 여자는 남자에게 할인을 제공해주었다.

(c) 남자는 LA에서 오는 소포를 기다리고 있다.

(d) 남자는 가능한 한 안전하게 우편물이 전달되기를 원한다.

해설   대화 초반부에 남자가 소포를 LA에 우편으로 부치려 한다고 (I'd like to mail this package to LA) 언급하면서 가장 안전한 방법을(What's the safest way?) 묻고 있으며, 이후에 여자가 추천하는 방법과 비용에 관해 이야기하고 있다. 따라서 남자는 우편물이 안전하게 보내지기를 원한다는 것을 알 수 있으므로 (d)가 정답이다.

오답   (a) 남자가 보내려는 것은 편지가 아니라 소포(package)이므로 오답이다.

(b) 여자가 할인 서비스와 관련된 정보로 언급하는 것이 없으므로 오답이다.

(c) 남자가 LA로 소포를 보내려는(mail this package to LA) 상황이므로 오답이다.

어휘   would like to do ~하고자 하다, ~하고 싶다 package 소포, 포장물 would like A p.p.: A가 ~되기를 원하다(= want A p.p.) registered mail 등기 우편 then 그럼, 그렇다면 take ~의 시간이 걸리다 around 약, 대략 offer A B: A에게 B를 제공하다 as A as possible: 가능한 한 A하게

정답   (d)

2.

Listen to a conversation on the phone.

W: Hello. How may I help you today?

M: I'd like to book a flight to New York from Seoul.

W: One way or round trip?

M: Round trip, please.

W: We have a special weekday fare of $800.

M: Sounds great. I'll take it.

W: When do you want to leave?

M: December 1. No later than 2 p.m.

Q. Which is correct according to the conversation?

(a) The man works for an airline company.

(b) The man will return to Seoul by airplane.

(c) The woman has visited New York previously.

(d) The woman recommends a weekend flight.

··

여: 안녕하세요. 오늘 무엇을 도와 드릴까요?

남: 서울에서 뉴욕으로 가는 항공편을 예약하고 싶습니다.

여: 편도인가요, 아니면 왕복인가요?

남: 왕복으로 부탁합니다.

여: 800달러의 주중 특가 서비스가 있습니다.

남: 아주 좋은 것 같네요. 그걸로 할게요.

여: 언제 출발하기를 원하세요?

남: 12월 1일이요. 늦어도 오후 2시에는요.

Q. 대화에 따르면 다음 중 옳은 것은 무엇인가?

(a) 남자는 항공사에서 근무한다.

(b) 남자는 항공편으로 서울로 돌아올 것이다.

(c) 여자는 전에 뉴욕을 방문한 적이 있다.

(d) 여자는 주말 항공편을 권하고 있다.

해설   대화 초반부에 남자가 서울에서 뉴욕으로 가는 항공편을 예약하고 싶다고(I'd like to book a flight to New York from Seoul) 언급하면서 왕복 항공권으로 해달라고(Round trip, please) 요청하고 있다. 이는 서울로 돌아올 때도 항공편을 이용한다는 뜻이므로 (b)가 정답이다.

오답   (a) 항공편 예약을 문의하는 남자와 이야기하는 여자가 항공사 직원인 것으로 볼 수 있으므로 오답이다.

(c) 여자가 이전에 뉴욕을 방문했는지의 여부를 알 수 있는 정보로 제시되는 것이 없으므로 오답이다.

(d) 여자가 대화 중반부에 주중 특가 서비스(a special weekday fare)를 언급하고 있으므로 오답이다.

어휘   would like to do ~하고자 하다, ~하고 싶다 book ~을 예약하다 one way 편도 여행 round trip 왕복 여행 fare (교통편의) 요금 leave 출발하다, 떠나다 no later than 늦어도 return to ~로 돌아오다, 돌아가다 previously 이전에 recommend ~을 권하다, 추천하다

정답   (b)

3.

Listen to a conversation at an airport.

W: I'd like to go to the Hamilton Hotel. What's the fastest way to go there?

M: You can go by airport shuttle bus if you'd like. We operate shuttle buses hourly.

W: When is the next one?

M: It will be leaving in 50 minutes. Would you like a ticket?

W: No, thanks. I can't wait for another 50 minutes

around here.

M: Then you'd better take a taxi.

Q. Which is correct according to the conversation?

(a) The woman will take an airport shuttle bus.

(b) The airport shuttle buses run every hour.

(c) The woman is running late for her flight.

(d) It takes 50 minutes to reach the Hamilton Hotel by bus.

. . . .

여: 제가 해밀턴 호텔로 가려고 합니다. 그곳으로 가는 가장 빠른 방법이 뭔가요?

남: 괜찮으시면 공항 셔틀버스로 가실 수 있습니다. 저희는 셔틀버스를 한 시간 단위로 운행합니다.

여: 다음 버스가 언제 있죠?

남: 50분 후에 출발할 예정입니다. 표 한 장 드릴까요?

여: 아뇨, 괜찮아요. 이 근처에서 50분이나 더 기다릴 수 없어요.

남: 그러시면 택시를 이용하시는 게 나을 겁니다.

Q. 대화에 따르면 다음 중 옳은 것은 무엇인가?

(a) 여자는 공항 셔틀버스를 탈 것이다.

(b) 공항 셔틀버스는 한 시간에 한 번씩 운행한다.

(c) 여자는 비행기 시간에 늦고 있다.

(d) 버스로 해밀턴 호텔에 도착하는 데 50분이 걸린다.

해설 대화 초반부에 남자가 공항 셔틀버스 이용을 권하면서 한 시간 단위로 운행한다고(You can go by airport shuttle bus if you'd like. We operate shuttle buses hourly) 알리고 있다. 따라서 이를 언급한 (b)가 정답이다.

오답 (a) 대화 후반부에 여자가 50분 후에 출발하는 다음 셔틀버스를 기다릴 수 없다고(can't wait for another 50 minutes) 말하고 있으므로 오답이다.

(c) 여자가 해밀턴 호텔로 가려 한다고(I'd like to go to the Hamilton Hotel) 알리고 있어 비행기를 타려는 상황이 아님을 알 수 있으므로 오답이다.

(d) 50분이라는 시간은 다음 셔틀버스를 탈 때까지 기다려야 하는 시간으로(It will be leaving in 50 minutes) 언급되고 있으므로 오답이다.

어휘 **would like to do** ~하고자 하다, ~하고 싶다 **way to do** ~하는 방법 **if you'd like** 괜찮다면 **operate** ~을 운영하다, 운행하다(= run) **hourly** 한 시간 단위로 **leave** 출발하다, 떠나다 **in + 시간:** ~ 후에 **another + 시간:** ~의 시간만큼 더 **then** 그럼, 그렇다면 **had better + 동사원형:** ~하는 게 낫다 **take** (교통편) ~을 이용하다, 타다 **be running late for** ~에 늦다 **reach** ~에 도달하다, 이르다

정답 **(b)**

4.

Listen to a conversation between a receptionist and a customer.

M: I would like to rent one of the largest cabins at your resort for three nights. It's for a family of five.

W: No problem. The cabins are all the same size, but do you want one on the beach, or in the jungle?

M: Are they the same price?

W: No. The cabins in the jungle are one hundred and fifty dollars per night, and the ones on the beach are two hundred per night. Those ones offer amazing views of the sunset.

M: I think we'll take one on the beach. Do you accept credit cards?

W: Yes, we do. And we'll take an additional 50 dollar security deposit, which will be refunded when you check out.

Q. What differentiates the rental cost of the cabins?

(a) The method of payment

(b) The number of guests

(c) The size of the cabin

(d) The location of the cabin

. . . .

남: 이 리조트에서 3박으로 머물 수 있는 가장 큰 객실들 중의 하나를 빌리려고 합니다. 5명 가족이 머무를 겁니다.

여: 알겠습니다. 객실들은 모두 동일한 크기인데, 해변에 있는 것을 원하시나요, 아니면 정글에 있는 것이 좋으신가요?

남: 가격이 같은가요?

여: 아뇨. 정글에 있는 객실은 1박에 150달러이며, 해변에 위치한 것들은 1박에 200달러입니다. 이 객실들은 놀라운 노을 경관을 제공합니다.

남: 해변에 있는 것으로 해야 할 것 같네요. 신용카드도 받으시나요?

여: 네, 그렇습니다. 그리고 보증금으로 추가 50달러를 받는데, 체크아웃하실 때 환불해 드립니다.

Q. 무엇이 객실 대여 요금에 대한 차이를 만드는가?

(a) 지불 방식

(b) 고객 인원

(c) 객실 크기

(d) 객실 위치

해설 대화 중반부에 여자가 정글에 있는 객실은 1박에 150달러이며, 해변에 위치한 것들은 1박에 200달러라고(The cabins in the jungle are one hundred and fifty dollars per night, and the ones on the beach are two hundred per night) 알리고 있다. 따라서 객실 위치에 따라 이용 요금이 다르다는 것을 알 수 있으므로 (d)가 정답이다.

(b) 여자의 지각 문제에 대해 남자와 여자가 얘기를 나눴다는 언급만 있으므로 오답이다.

(c) 사고가 있어서 늦을 것이라고 말했을 뿐 병원에 대한 언급은 없으므로 오답이다.

어휘 **be out of one's hands** ~가 어찌할 수가 없다, ~의 소관 밖이다 **emergency** 급한 일, 비상 상황 **accident** 사고 **lie** 거짓말하다 cf. 현재분사는 lying **warning** 경고 **work** 직장

정답 (d)

오답 (a) 대화 후반부에 단순히 신용카드를 받는지를 묻는 질문만 언급되고 있으므로 오답이다.

(b) 고객 인원과 관련해 남자의 가족 인원수만 언급되고 있으므로 오답이다.

(c) 대화 초반부에 여자가 객실 크기가 모두 동일하다고(The cabins are all the same size) 알리고 있으므로 오답이다.

어휘 **would like to do** ~하고자 하다, ~하고 싶다 **rent** ~을 빌리다, 대여하다 **cabin** 객실, 선실, 오두막집 **per night** 1박당 **offer** ~을 제공하다 **amazing** 놀라운 **view** 경관, 전망 **accept** ~을 받아들이다, 수용하다 **additional** 추가의 **security deposit** 보증금 **refund** ~을 환불해주다 **differentiate** ~을 차별화하다, 구분 짓다 **method** 방식, 방법 **payment** 지불(금) **location** 위치, 지점

정답 (d)

5.

Listen to a conversation between a supervisor and an employee.

W: Hi, Mr. Higgins. I'm going to be an hour late today.

M: I thought we talked about this, Emily. And you know, this project is important.

W: I know, but it's out of my hands this time.

M: So, what's the emergency?

W: Well, I just had a small car accident.

M: Oh no! Are you OK?

Q. Which is correct according to the conversation?

(a) The man thinks the woman is lying.

(b) The woman gave the man a warning.

(c) The woman is at the hospital.

(d) The woman will be late for work.

....

여: 히긴스 씨, 오늘 제가 한 시간 늦을 것 같아요.

남: 에밀리, 우리 이 문제에 대해 얘기했던 것 같은데요. 그리고, 알다시피 이 프로젝트는 중요하잖아요.

여: 압니다. 하지만 이번엔 제가 어쩔 수 없는 일이에요.

남: 그럼 급한 일이 뭔가요?

여: 방금 작은 차 사고가 있었어요.

남: 이럴 수가! 괜찮나요?

Q. 대화에 따르면 다음 중 옳은 것은 무엇인가?

(a) 남자는 여자가 거짓말을 하고 있다고 생각한다.

(b) 여자는 남자에게 경고를 했다.

(c) 여자는 병원에 있다.

(d) 여자는 직장에 늦을 것이다.

....

해설 여자가 남자에게 한 시간 늦을 것 같다고(I'm going to be an hour late today) 말하자 남자가 중요한 프로젝트가 있음을 상기시키고 있는 것으로 보아 여자가 직장에 늦을 것임을 알 수 있으므로 (d)가 정답이다.

오답 (a) 여자의 말을 의심하는 말을 하고 있지 않으므로 오답이다.

Part 4

6.

Several factors influence the prevalence of smoking worldwide, and one of the most influential factors is prosperity. If we examine the correlation between income and smoking prevalence, we see that people in richer countries tend to smoke more. Smoking rates are high across many countries, but rates have been known to change quickly in the past. For instance, many of today's high-income countries historically had much higher rates of smoking, and have seen a dramatic reduction in recent years. In 2000, 38% of adults in the UK smoked, which is the same as the percentage of Indonesians who smoke today. Since then, rates in the UK have dropped to 22%. The rise in smoking prevalence followed by a peak and then decline is a trend seen across many countries.

Q. Which is correct according to the talk?

(a) Smoking prevalence among Indonesians is declining.

(b) The number of smokers in the UK is on the rise.

(c) Poverty has been linked to an increase in smoking rates.

(d) Smoking is generally more common in affluent nations.

....

여러 가지 요인들이 세계적인 흡연 확산에 영향을 미치고 있는데, 가장 영향력 있는 요인들 중의 하나가 번영입니다. 소득과 흡연 확산 사이의 상관 관계를 살펴보면, 더 부유한 국가에 사는 사람들이 더 많이 흡연하는 경향이 있다는 것을 알 수 있습니다. 흡연율이 많은 국가들 전반에 걸쳐 높게 나타나고 있지만, 그 비율은 과거에 빠르게 변화되었던 것으로 알려져 있습니다. 예를 들어, 오늘날 소득이 높은 많은 국가들은 역사적으로 훨씬 더 높은 흡연율을 기록했으며, 최근 기간에 급격한 감소를 보여왔습니다. 2000년에, 영국의 성인 38퍼센트가 흡연했는데, 이는 오늘날 흡연하고 있는 인도네시아 사람들의 비율과 동일한 수치입니다. 그 이후로, 영국의 흡연율은 22퍼센트까지 떨어졌습니다. 이렇게 흡연 확산의 증가 이후에는 정점에 이르렀다가 감소하는 것이 많은 국가 전반에 걸쳐 나타내는 경향입니다.

Q. 담화에 따르면 다음 중 옳은 것은 무엇인가?

(a) 인도네시아 사람들 사이에서 흡연 확산이 감소하고 있다.

(b) 영국의 흡연자 숫자가 증가세에 있다.

(c) 빈곤이 흡연율 증가와 연관되어 왔다.

(d) 흡연이 일반적으로 부유한 국가에서 더 흔하다.

해설 담화 초반부에 더 부유한 국가에 사는 사람들이 더 많이 흡연하는 경향이 있다는 점을(people in richer countries tend to smoke more) 언급한 뒤에 그에 대한 실례와 함께 최근에는 그 비율이 많이 감소한 사실을 언급하고 있다. 따라서 흡연이 일반적으로 부유한 국가에서 더 흔하다는 의미로 쓰인 (d)가 정답이다.

오답 (a) 인도네시아 사람들의 흡연 감소와 관련된 정보로 제시되는 것이 없으므로 오답이다.

(b) 영국인들의 흡연율이 과거의 38퍼센트에서 22퍼센트까지 떨어진(38% of adults in the UK smoked, ~ rates in the UK have dropped to 22%) 사실이 언급되고 있으므로 오답이다.

(c) 빈곤과 흡연율 증가 사이의 관계와 관련된 정보로 제시되는 것이 없으므로 오답이다.

어휘 several 여럿의, 몇몇의 factor 요인 influence 영향을 미치다 prevalence 확산, 널리 퍼짐 worldwide 세계적으로 influential 영향력 있는, 영향을 미치는 prosperity 번영, 번성 examine ~을 살펴보다 correlation between A and B: A와 B 사이의 상관 관계 income 소득, 수입 tend to do ~하는 경향이 있다 rate 비율 across ~ 전반에 걸쳐 be known to do ~하는 것으로 알려져 있다 historically 역사적으로 much (비교급 수식) 훨씬 dramatic 급격한 reduction 감소 recent 최근의 since ~ 이후로 then 그때 drop 떨어지다, 하락하다 rise in ~의 증가 A followed by B: A 이후에 B가 뒤따르는 peak 정점 decline 감소, 하락 trend 경향, 추세 on the rise 증가세에 있는 poverty 빈곤, 가난 be linked to ~와 연관되다 increase in ~의 증가 generally 일반적으로 affluent 부유한

정답 (d)

7.

Scientists and conservationists characterize water pollution in three different ways in order to describe the source and effects of pollution. Point-source water pollution is relatively simple to deal with as it stems from a single source and affects a specific area. Common examples would include an oil spill or discharge from a manufacturing plant. Nonpoint-source water pollution originates from multiple sources and it can be more complicated to identify and remedy. Pesticide runoff from farmland is an example. Lastly, trans-boundary water pollution, such as radiation from nuclear waste, is the most difficult to treat and affects extensive areas of the environment.

Q. What type of water pollution is easiest to deal with?

(a) Agricultural runoff

(b) Nuclear waste

(c) Factory discharge

(d) Plastics

과학자들과 환경 보호 활동가들은 오염원과 오염의 영향을 설명하기 위해 세 가지 다른 방법으로 수질 오염을 특징짓습니다. 점오염원 수질 오염은 비교적 간단하게 해결할 수 있는데, 단 하나의 오염원으로부터 생겨나 특정 지역에만 영향을 미치기 때문입니다. 흔한 예시로 원유 유출이나 제조 공장의 배출물이 포함될 수 있습니다. 비점오염원 수질 오염은 다양한 오염원으로부터 비롯되며, 확인하고 바로잡는 일이 더 복잡할 수 있습니다. 농지의 살충제 유출이 하나의 예시입니다. 마지막으로, 핵폐기물에서 나오는 방사선과 같은 탈경계 수질 오염은 해결하기 가장 어려우며, 환경의 광범위한 영역에 영향을 미칩니다.

Q. 어떤 종류의 수질 오염이 대처하기 가장 쉬운가?

(a) 농지 유출액

(b) 핵폐기물

(c) 공장 배출물

(d) 플라스틱

해설 담화 초반부에 점오염원 수질 오염은 비교적 간단하게 해결할 수 있다는 말과 함께 그 예시의 하나로 언급되는 것이 제조 공장의 배출물이므로(Point-source water pollution is relatively simple to deal with ~ discharge from a manufacturing plant) 이를 말한 (c)가 정답이다.

오답 (a) 농지 유출액(Pesticide runoff from farmland)은 비점오염원 수질 오염의 예로 언급되고 있으며, 점오염원 수질 오염보다 해결하기 더 어렵다고 하므로 오답이다.

(b) 핵폐기물은 가장 해결하기 어려운 탈경계 수질 오염의 하나로(trans-boundary water pollution, such as radiation from nuclear waste) 언급되고 있으므로 오답이다.

(d) 플라스틱은 수질 오염의 예로 언급되지 않았으므로 오답이다.

어휘 conservationist 환경 보호 활동가 characterize ~을 특징짓다 pollution 오염 way 방식, 방법 in order to do ~하기 위해 describe ~을 설명하다 source 근원, 원천 effect 영향, 결과 point-source 점오염원 relatively 비교적, 상대적으로 deal with ~을 처리하다 stem from ~에서 생겨나다, 발생되다 affect ~에 영향을 미치다 specific 특정한, 구체적인 common 흔한 include ~을 포함하다 oil spill 원유 유출 discharge 배출(물) manufacturing plant 제조 공장 nonpoint-source 비점오염원 originate from ~에서 비롯되다 multiple 다양한, 다수의 complicated 복잡한 identify ~을 알아보다, 확인하다 remedy v. ~을 바로잡다, 해결하다 pesticide 살충제 runoff 유출(액) trans-boundary 탈경계 radiation 방사선 nuclear waste 핵폐기물 treat ~을 다루다, 처리하다 extensive 광범위한 environment 환경 agricultural 농업의

정답 (c)

8.

In 1938, an army officer named Phibun assumed control of Siam as a dictator and subsequently changed the country's name to Thailand. Phibun was determined to bring his people into the modern world while emphasizing their unique identity. The slogan he adopted, "Thailand for the Thai", was designed to express anti-Chinese sentiment, and he also restricted immigration from China and limited the teaching of Mandarin in schools to just two hours per week. Thailand began using the western calendar, as well as a new flag and anthem, and Phibun encouraged the people to wear western-style clothing.

Q. Which is correct about Phibun according to the lecture?
(a) He was promoted to the role of officer in 1938.
(b) He sought to reduce cultural ties to China.
(c) He prohibited the wearing of western clothing.
(d) He designed the national flag of Thailand.

....

1938년에, 피분이라는 이름의 군 장교가 독재자로서 샴 통치권을 장악했으며, 그 후 국가 이름을 태국으로 변경했습니다. 피분은 자국의 독특한 정체성을 강조하는 한편 국민들을 현대적인 세계로 이끌기로 단단히 결심했습니다. 그가 채택한 슬로건 "태국인들을 위한 태국"은 반 중국 감정을 표현하기 위해 고안되었으며, 그는 또한 중국으로부터의 이주를 제한하고 학교마다 표준 중국어 수업을 겨우 일주일에 두 시간으로 한정했습니다. 태국은 새로운 국기와 국가뿐만 아니라 서양력도 사용하기 시작했으며, 피분은 사람들에게 서양 스타일의 옷을 입도록 장려했습니다.

Q. 강의에 따르면 피분에 관해 다음 중 옳은 것은 무엇인가?
(a) 1938년에 장교 직책으로 진급되었다.
(b) 중국과의 문화적 유대를 줄이고자 했다.
(c) 서양식 의류 착용을 금지했다.
(d) 태국의 국기를 디자인했다.

해설 강의 중반부에 슬로건 "태국인들을 위한 태국"이 반 중국 감정을 표현하기 위한 것이라고 언급하고 있고, 중국으로부터의 이주 및 표준 중국어 수업을 제한한(The slogan he adopted, "Thailand for the Thai", was designed to express anti-Chinese sentiment, and he also restricted immigration from China and limited the teaching of Mandarin ~) 사실을 알리고 있는데, 이는 중국과의 문화적 관련성을 최소화하려는 것이므로 (b)가 정답이다.

오답 (a) 1938년은 피분이 정권을 장악한 시점으로(In 1938, an army officer named Phibun assumed control of Siam ~) 언급되고 있으므로 오답이다.
(c) 담화 맨 마지막에 서양식 의류 착용을 장려한 것으로(~

encouraged the people to wear western-style clothing) 언급되고 있으므로 오답이다.
(d) 담화 맨 마지막에 새로운 국기를 사용했다는 말만 있을 뿐, 직접 디자인했는지는 알 수 없으므로 오답이다.

어휘 officer 장교 assume control of ~의 통치권을 장악하다 dictator 독재자 subsequently 그 후에, 나중에 determined 단단히 결심한 while ~하면서, ~하는 동안, ~인데 반하여 emphasize ~을 강조하다 unique 독특한, 특별한 identity 정체성 adopt ~을 채택하다 be designed to do ~하도록 고안되다 express ~을 표현하다 anti-Chinese sentiment 반 중국 감정 restrict ~을 제한하다 immigration 이주, 이민 limit ~을 한정하다, 제한하다 as well as ~뿐만 아니라 …도 anthem 국가 encourage A to do: A에게 ~하도록 장려하다, 권하다 clothing 옷, 의류 promote ~을 진급시키다, 승진시키다 seek to do ~하고자 하다, ~하기를 시도하다 reduce ~을 줄이다 tie 유대 (관계) prohibit ~을 금지하다 wearing 착용

정답 (b)

9.

Judy Stone believed she had a high tolerance for pain. But several years ago, the pain in her shoulders had her on her knees, crying at times. Any prescription drugs couldn't control it and the shoulder pain kept getting worse. She decided to try acupuncture, the ancient Chinese practice of inserting thin needles into specific spots on the body. She received acupuncture once a week for eight weeks and the treatment not only helped ease the discomfort in her shoulder, but it also vanquished disabling pain in her left hand.

Q. Which is correct according to the talk?
(a) Judy Stone suffered several knee injuries during her career.
(b) Acupuncture proved to be an effective treatment for Judy Stone.
(c) People all over the world are taking more interest in Chinese medical practices.
(d) Acupuncture should be performed for a period of at least eight weeks.

....

주디 스톤은 자신이 통증에 대해 참을성이 많다고 생각했습니다. 하지만 몇 년 전에, 양쪽 어깨의 통증이 그녀를 무릎 꿇게 만들면서, 때때로 울음도 터뜨렸습니다. 그 어떤 처방약도 그 통증을 제어할 수 없었으며, 어깨 통증은 계속 악화되었습니다. 그녀는 신체의 특정 부위에 얇은 침들을 꽂아 넣는 고대 중국 관습인 침술을 시도해 보기로 결정했습니다. 8주 동안 일주일에 한 번씩 침술 치료를 받았는데, 이 치료법은 어깨의 불편함을 완화시키는 데 도움을 주었을 뿐만 아니라, 왼손에 장애를 유발하던 통증도 완전히 극복하게 해주었습니다.

Q. 담화에 따르면 다음 중 옳은 것은 무엇인가?

(a) 주디 스톤은 활동 기간 중에 여러 차례 무릎 부상을 당했다.

(b) 침술이 주디 스톤에게 효과적인 치료법이었던 것으로 입증되었다.

(c) 전 세계의 사람들이 중국의 의술에 점점 더 많은 관심을 보이고 있다.

(d) 침술은 최소 8주의 기간으로 실시되어야 한다.

해설   담화 맨 마지막에 침술 치료를 받으면서 어깨의 불편함의 완화되고 왼손의 통증도 극복할 수 있었다고(She received acupuncture once a week for eight weeks and the treatment not only helped ease the discomfort in her shoulder, but it also vanquished disabling pain in her left hand) 알리고 있는데, 이는 침술이 효과적이었음을 나타내는 것이므로 (b)가 정답이다.

오답   (a) 무릎 부상과 관련된 정보로 제시되는 것이 없으므로 오답이다.

(c) 침술에 대한 전 세계 사람들의 관심과 관련된 정보로 제시되는 것이 없으므로 오답이다.

(d) 8주라는 기간은 주디 스톤이 일주일에 한 번씩 침술 치료를 받은 기간으로 언급되고 있으므로 오답이다.

어휘   tolerance 참을성, 용인, 관용 several 여럿의, 몇몇의 have A on A's knees: A를 무릎 꿇게 하다 at times 때때로 prescription 처방전 control ~을 제어하다, 통제하다 keep -ing 계속 ~하다 get worse 악화되다 decide to do ~하기로 결정하다 try ~을 시도해보다 acupuncture 침술 ancient 고대의 practice 관습, 관행 insert A into B: A를 B 안으로 넣다, 주입하다 specific 특정한, 구체적인 spot 자리, 곳, 장소 receive ~을 받다 treatment 치료(법) not only A but also B: A뿐만 아니라 B도 help do ~하는 데 도움이 되다 ease ~을 완화시키다 discomfort 불편함 vanquish ~을 완전히 극복하다, 완파하다 disabling 장애를 유발하는 suffer (부상, 패배 등) ~을 당하다, 겪다 injury 부상 prove to be A: A인 것으로 입증되다, 드러나다 effective 효과적인 take interest in ~에 관심을 보이다 medical practices 의술 perform ~을 행하다, 실시하다 at least 최소한, 적어도

정답   (b)

10.

At the end of your internship, the decision on whether to offer you a permanent position will be determined by a performance review and knowledge test. Seventy-five percent of the hiring decision will be based on your performance review, which will be conducted throughout the last week of your internship by your direct supervisor. The knowledge test will comprise the remaining twenty-five percent. This will focus on company products, services, and policies and will also be administered during your last week. Please note that any intern who has persistently failed to be punctual is unlikely to be kept on.

Q. Which is correct according to the talk?

(a) The hiring decision is primarily based on the results of a knowledge test.

(b) The company guarantees a permanent position to all interns.

(c) Interns will be assessed during every week of their internship.

(d) Individuals who are often late for work will probably be let go.

여러분의 인턴 과정이 끝날 때, 여러분께 정규직을 제공할 것인지의 여부가 업무 능력 평가 및 지식 테스트를 통해 결정될 것입니다. 고용 결정의 75퍼센트는 여러분의 업무 능력 평가가 바탕이 되는데, 이는 인턴 과정 마지막 주에 걸쳐 여러분의 직속 상관에 의해 실시될 것입니다. 지식 테스트는 나머지 25퍼센트를 차지할 것입니다. 이는 회사 제품과 서비스, 그리고 정책에 초점을 맞출 것이며, 마찬가지로 마지막 주 중에 실시됩니다. 지속적으로 출근 시간을 엄수하지 못했던 어느 인턴 직원이든 계속 고용될 가능성이 없다는 점에 유의하시기 바랍니다.

Q. 담화에 따르면 어느 것이 옳은 내용인가?

(a) 고용 결정은 주로 지식 테스트 결과를 바탕으로 한다.

(b) 회사에서 모든 인턴 직원들에게 정규직을 보장한다.

(c) 인턴 직원들은 인턴 과정 기간에 매주 평가될 것이다.

(d) 자주 지각하는 사람들은 아마 해고될 것이다.

해설   담화 맨 마지막에 지속적으로 출근 시간을 엄수하지 못했던 어느 인턴 직원이든 계속 고용될 가능성이 없다고(Please note that any intern who has persistently failed to be punctual is unlikely to be kept on) 알리고 있으므로 이에 해당되는 조치인 (d)가 정답이다.

오답   (a) 업무 능력 평가 75퍼센트와 지식 테스트 25퍼센트를 바탕으로 고용 여부가 결정된다고 했으므로 오답이다.

(b) 업무 능력 평가와 지식 테스트를 바탕으로 정규직 고용 여부가 결정된다고 했으므로 오답이다.

(c) 담화 중반부에 마지막 주에 평가가 실시된다고 했으므로 오답이다.

어휘   decision 결정 whether to do ~할 것인지의 여부 offer ~을 제공하다, 제안하다 permanent position 정규직 determine ~을 결정하다, 밝혀내다 performance 수행 능력, 성과, 실적 review 평가, 검토 be based on ~을 바탕으로 하다, 기반으로 하다 conduct ~을 실시하다, 수행하다(= administer) throughout ~ 동안에 걸쳐, 내내 direct supervisor 직속 상관 comprise ~을 차지하다 remaining 나머지의, 남은 focus on ~에 초점을 맞추다 policy 정책 note that ~라는 점에 유의하다, 주목하다 persistently 지속적으로, 끈질기게 fail to do ~하지 못하다 punctual 시간을 엄수하는 be unlikely to do ~할 가능성이 없다 keep on ~을 계속 고용하다 primarily 주로 result 결과(물) guarantee ~을 보장하다 assess ~을 평가하다 individual 사람, 개인 let go ~을 해고하다

정답   (d)

UNIT 11 [Part 3&4] 추론 문제

STEP 1 감 잡기 QUIZ

Part 3

여: 좋은 아침이에요, 마이크. 일찍 출근했네요.
남: 전 매일 일찍 시작하려고 해요.
여: 그 말을 들으니 기쁘군요. 당신같은 직원들이 더 많으면 좋겠어요.
남: 칭찬으로 받아들이겠습니다.
여: 그럼요. 정말이에요.
남: 감사합니다.

Part 4

식당들이 장사가 더 잘되면서, 일반 냉장고보다 훨씬 많이 저장할 수 있는 대형 냉장고를 필요로 할 것입니다. 하지만, 그 설치 비용이 성장해 가는 업체한테는 부담이 될 수 있습니다. 맥널티 쿨링 사는 합리적인 가격에 빠르게 그리고 간단히 설치될 수 있는 최신식 대형 냉장고를 제공합니다. 저희 냉장고 장치를 설치하는 것은 작동하기 위한 콘센트 딱 하나만 필요하기 때문에 복잡하고 비용이 많이 드는 전기 작업이 필요 없습니다.

STEP 2 문제 풀이 요령

Part 3

여: 샘, 엄마 외출해야 돼. 피자 살 돈은 테이블 위에 놓았어.
남: 벌써 주문하셨어요, 엄마?
여: 아니, 너희들 모두 먹고 싶을 때 주문하도록 해.
남: 피자와 먹을 탄산음료 주문해도 돼요?
여: 너희들 탄산음료 마시는 것 엄마가 싫어하는 거 알잖아.
남: 하지만, 엄마. 톰과 저는 한 달 내내 그 어떤 탄산음료도 안 마셨어요.
여: 알았어. 한 달에 딱 한 번은 괜찮겠지.

Q. 대화에서 추론할 수 있는 것은 무엇인가?
(a) 샘은 톰과 함께 외식할 계획이다.
(b) 엄마는 종종 아이들이 피자를 주문하도록 한다.
(c) 샘과 엄마는 탄산음료와 함께 피자를 먹을 것이다.
(d) 엄마는 보통 아이들이 탄산음료를 마시지 못하게 한다.

어휘 go out 외출하다 order v. ~을 주문하다 soda 탄산 음료 eat out 외식하다 often 종종, 자주 keep A from -ing A가 ~하지 못하게 하다

정답 (d)

Part 4

오늘 강의에서는, 리차드 퍼버 박사와 그의 유아 수면에 대한 이론에 대해 이야기하겠습니다. 이 주제에 있어 선두적인 전문가인 퍼버 박사는 유아들이 혼자 자야 한다고 주장합니다. 즉, 부모와 떨어져 자는 것으로, 이는 밤새도록 잘 자도록 발달하게 하기 위함입니다. 이제껏 수년간 많은 부모들은 퍼버 박사의 조언에 따라 아기와 함께 잠을 자지 않았습니다. 그러나 최근 연구 결과는 정반대의 내용을 제시하는데, 이러한 분리가 사실상 아이의 발달을 저해할 수 있다는 것입니다.

Q. 강의에서 추론할 수 있는 것은 무엇인가?
(a) 퍼버 박사의 의견은 부모들에게 중대한 영향을 끼쳐왔다.
(b) 아이들이 5세가 되면 부모와 함께 잠을 자서는 안 된다.
(c) 엄마들은 항상 아이들을 주시해야 한다.
(d) 퍼버 박사는 유아 수면에 대한 현재의 이론을 받아들였다.

어휘 discuss ~에 대해 토론하다 theory 이론 infant 유아 leading 앞서가는, 선도하는 expert 전문가 argue 주장하다 that is 즉 away from ~와 떨어져서 progress toward ~로 진행하다, 발달하다 successfully 성공적으로 follow ~을 따르다 advice 조언 recent 최근의 opposite 반대 separation 분리 actually 사실상 hinder ~을 방해하다 development 발달 have an influence on ~에 영향을 끼치다 significant 상당한, 중대한 reach ~에 이르다, 도달하다 at all times 늘, 항상 accept ~을 받아들이다 current 현재의

정답 (a)

실전 감 잡기

1. (d)	**2.** (b)	**3.** (a)	**4.** (b)	**5.** (d)
6. (d)	**7.** (d)	**8.** (a)	**9.** (d)	**10.** (b)

Part 3

1.

Listen to a conversation between two acquaintances.

W: You must be Tomas! I'm Salma.
M: It's nice to meet you! So, what brings you to LA?
W: Well, I'm an actor.
M: Cool! But, that can't be an easy profession.
W: Trust me, it's not.
M: There's just so much competition for every part.

Q. What can be inferred from the conversation?
(a) The man wants to be an actor.
(b) Actors enjoy a luxurious lifestyle.

(c) The woman wants to quit acting.

(d) Many actors are trying to get roles.

··

여: 토마스 씨죠! 저는 살마예요.

남: 만나서 반갑습니다! LA에는 어쩐 일이세요?

여: 전, 배우예요.

남: 멋진데요! 하지만, 쉽지 않은 직업인 것 같아요.

여: 정말이에요, 쉽지 않아요.

남: 모든 배역에 경쟁이 정말 심하잖아요.

Q. 대화에서 유추할 수 있는 것은 무엇인가?

(a) 남자는 배우가 되고 싶어 한다.

(b) 배우들은 호화로운 생활을 즐긴다.

(c) 여자는 연기 생활을 그만두고 싶어 한다.

(d) 많은 연기자들이 배역을 맡고자 한다.

해설   자신의 직업이 배우라고 밝히는 여자에게 남자는 쉽지 않은 직업이라며 배역에 대한 경쟁이 심하다고(There's just so much competition for every part) 말하고 있다. 경쟁이 심하다는 것으로부터 많은 배우들이 배역을 맡고자 한다고 유추할 수 있으므로 (d)가 정답이다.

오답   (a) 남자가 배우가 되고 싶다는 언급을 하지 않았으므로 오답이다.

(b) 배우들이 즐기는 생활 방식은 언급되지 않았으므로 오답이다.

(c) 배우가 쉽지 않은 직업임을 인정하지만 그렇다고 그만두고 싶다고 하지는 않았으므로 오답이다.

어휘   What brings you to ~? ~에 어쩐 일이에요? actor 배우, 연기자 cool 멋진 profession 직업 Trust me. 정말이에요, 내 말을 믿어도 좋아요. competition 경쟁 part (연극의) 역, 배역 luxurious 호화로운 quit -ing ~하기를 그만두다 try to do ~하려고 노력하다 get a role 배역을 맡다

정답   **(d)**

(d) The woman often forgets important occasions.

··

남: 여보, 오늘 저녁은 뭐예요?

여: 뭐라고요? 오늘밤에 집에서 저녁을 먹고 싶다고요?

남: 제가 뭔가 놓친 거라도 있나요?

여: 제 생일을 또 잊었다는 게 믿기지 않네요.

남: 아, 정말 미안해요. 최근에 신경 쓰이는 일이 많았어요.

여: 변명하기에는 너무 늦었어요. 냉장고에 피자 있어요. 저는 밖에 나갈 거예요.

Q. 대화에서 유추할 수 있는 것은 무엇인가?

(a) 여자는 집에서 식사하고 싶어 한다.

(b) 남자는 과거에 아내의 생일을 잊은 적이 있다.

(c) 남자는 밖에 나가서 저녁 식사를 할 것으로 예상하고 있었다.

(d) 여자는 자주 중요한 행사를 잊는다.

해설   대화 중반부에 여자가 자신의 생일을 또 잊었다는 게 믿기지 않는다고(I can't believe you forgot my birthday again) 말하고 있는데, 이는 과거에도 잊은 적이 있음을 나타내는 말이므로 (b)가 정답이다.

오답   (a) 대화 마지막에 여자가 밖에 나갈 거라고(I'm going out) 알리고 있으므로 오답이다.

(c) 대화 시작 부분에 저녁 메뉴를 묻는 질문을 통해(what's for dinner?) 집에서 식사하려 한다는 것을 알 수 있으므로 오답이다.

(d) 여자가 중요한 일을 자주 잊는 것과 관련해 제시되는 정보가 없으므로 오답이다.

어휘   miss ~을 놓치다, 빠뜨리다, 지나치다 forget ~을 잊다 have a lot on one's mind 신경 쓰이는 일이 많다, 생각이 많다 lately 최근에 excuse 변명 freezer 냉장고 would prefer to do ~하고 싶어하다 have a meal 식사하다 in the past 과거에 expect to do ~할 것으로 예상하다 occasion 행사, 경우, 때

정답   **(b)**

2.

Listen to a conversation between a couple.

M: Honey, what's for dinner?

W: What? You want to eat at home tonight?

M: Am I missing something?

W: I can't believe you forgot my birthday again.

M: Oh, I'm so sorry. I've just had a lot on my mind lately.

W: It's too late for excuses. There's a pizza in the freezer. I'm going out.

Q. What can be inferred from the conversation?

(a) The woman would prefer to have a meal at home.

(b) The man has forgotten his wife's birthday in the past.

(c) The man was expecting to go out for dinner.

3.

Listen to a conversation on the phone.

W: Hello. Mr. Douglas's office.

M: May I speak to Mr. Douglas, please?

W: I'm sorry, he's on another line. May I ask who's calling, please?

M: This is Mr. Cooper from JCR Company.

W: OK. Mr. Cooper, may I have him call you back?

M: Yes, please ask him to return my call.

W: Does he have your phone number?

M: Yes, I gave him my business card yesterday.

Q. What can be inferred from the conversation?

(a) Mr. Douglas met Mr. Cooper yesterday.

(b) Mr. Cooper is not available at the moment.

(c) Mr. Cooper has called Mr. Douglas several times today.

(d) Mr. Douglas and Mr. Cooper are supposed to meet tomorrow.

....

여: 안녕하세요. 더글라스 씨의 사무실입니다.

남: 더글라스 씨와 통화할 수 있을까요?

여: 죄송하지만, 지금 다른 전화를 받고 계십니다. 전화하신 분이 누구신지 여쭤봐도 될까요?

남: 저는 JCR 사의 쿠퍼입니다.

여: 알겠습니다. 쿠퍼 씨, 다시 전화 드리라고 말씀 드릴까요?

남: 네, 다시 전화해 달라고 말씀 좀 해주세요.

여: 더글라스 씨가 전화번호를 알고 계신가요?

남: 네, 제가 어제 명함을 드렸어요.

Q. 대화에서 유추할 수 있는 것은 무엇인가?

(a) 더글라스 씨는 어제 쿠퍼 씨를 만났다.

(b) 쿠퍼 씨는 현재 시간이 나지 않는다.

(c) 쿠퍼 씨는 오늘 더글라스 씨에게 여러 번 전화했다.

(d) 더글라스 씨와 쿠퍼 씨는 내일 만날 예정이다.

해설   대화 맨 마지막에 남자가 더글라스 씨를 him으로 지칭해 어제 명함을 주었다고(I gave him my business card yesterday) 알리고 있는데, 이는 어제 두 사람이 만났다는 뜻이므로 (a)가 정답이다.

오답   (b) 현재 시간이 나지 않는 사람은 전화를 건 쿠퍼 씨가 아니라 다른 전화를 받고 있는 더글라스 씨이므로 오답이다.

(c) 쿠퍼 씨가 오늘 더글라스 씨에게 전화한 횟수와 관련된 정보로 제시되는 것이 없으므로 오답이다.

(d) 더글라스 씨와 쿠퍼 씨가 내일 만날 예정인지와 관련된 정보로 제시되는 것이 없으므로 오답이다.

어휘   be on another line 다른 전화를 받고 있다   have A do: A에게 ~하게 하다   call A back: A에게 다시 전화하다   ask A to do: A에게 ~하도록 요청하다   return one's call ~에게 답신 전화하다   available (사람이) 시간이 나는   at the moment 현재   several times 여러 번   be supposed to do ~할 예정이다, ~하기로 되어 있다

정답   **(a)**

4.

Listen to a conversation between a receptionist and a customer.

M: Steelman Print Shop. How may I help you?

W: Hello, I'd like some posters printed for a concert.

M: No problem. Can you send the design by e-mail, ma'am?

W: No, I'm afraid it's drawn by hand, and I don't have access to a scanner.

M: That's okay, ma'am. Just drop it off anytime today.

W: Actually, would tomorrow work for you? I'm

pretty busy this afternoon.

M: Sure, just remember that we'll be closing at 4 in observance of the holiday.

W: All right. Thanks for your help.

Q. What can be inferred from the conversation?

(a) The print shop does not provide a printing service for posters.

(b) The woman will visit the print shop the following day.

(c) The woman will send an e-mail to the print shop tomorrow.

(d) The print shop will be closing earlier than usual today.

....

남: 스틸먼 인쇄소입니다. 무엇을 도와 드릴까요?

여: 안녕하세요, 제가 콘서트 때문에 포스터를 좀 인쇄하려고 합니다.

남: 좋습니다. 이메일로 디자인을 보내 주시겠습니까, 고객님?

여: 아뇨, 죄송하지만 손으로 그린 것인데, 제가 스캐너를 이용할 수 없어요.

남: 괜찮습니다, 고객님. 오늘 아무 때나 갖다 주시면 됩니다.

여: 저, 내일도 괜찮을까요? 제가 오늘 오후에 꽤 바빠서요.

남: 그럼요, 저희가 공휴일을 기념하기 위해 4시에 문을 닫는다는 점만 기억해주세요.

여: 알겠습니다. 도와주셔서 감사합니다.

Q. 대화에서 유추할 수 있는 것은 무엇인가?

(a) 인쇄소에서 포스터 인쇄 서비스를 제공하지 않는다.

(b) 여자가 다음날 인쇄소를 방문할 것이다.

(c) 여자가 내일 인쇄소로 이메일을 보낼 것이다.

(d) 인쇄소가 오늘 평소보다 일찍 문을 닫을 것이다.

해설   대화 중반부에 인쇄용 디자인을 오늘 갖다 달라고 요청하는(Just drop it off anytime today) 남자에게 여자가 내일 가도 괜찮은지(would tomorrow work for you?) 묻자, 남자가 괜찮다고(Sure) 답변하고 있으므로 다음날 인쇄소를 방문한다는 의미로 쓰인 (b)가 정답이다.

오답   (a) 대화 초반부에 포스터 인쇄를 문의하는 여자에게 남자가 긍정적으로 답변하고 있으므로 오답이다.

(c) 내일이라는 시점은 대화 후반부에 여자가 인쇄소를 방문하는 시점으로 언급되고 있으므로 오답이다.

(d) 대화 후반부에 내일 방문하는 것과 관련해 4시에 문을 닫는다고만 알리고 있을 뿐, 오늘 일찍 문을 닫는지는 알 수 없으므로 오답이다.

어휘   would like A p.p.: A가 ~되기를 원하다   I'm afraid (that) 유감이지만 ~이다   draw ~을 그리다   by hand 손으로   have access to ~을 이용할 수 있다   drop A off: A를 갖다 놓다, 내려놓다   work for (날짜 등이) ~에게 좋다, 괜찮다   pretty 꽤, 아주   remember that ~임을 기억하다   in observance of ~을 기념하여, 축하하여   provide ~을 제공하다   following 다음의   than usual 평소보다

정답   **(b)**

5.

Listen to a conversation on the phone.

M: Hi, Cheryl. I'm hoping you can give me some advice.

W: Sure, Ray. What's up?

M: Well, my boss is coming over for dinner next weekend. He's a vegan, and I have no idea what to cook.

W: Ah, I see. I have a lot of recipes that I can recommend. How about I e-mail some to you?

M: That would be great! Or, maybe you could teach me this weekend?

W: Actually, that might be fun. I'll come over this Saturday then.

Q. What can be inferred from the conversation?

(a) The woman will host a dinner next weekend.

(b) The woman will recommend some Web sites to the man.

(c) The man has cooked dinner for his boss before.

(d) The man is probably not a vegan.

- -

남: 안녕하세요, 셰릴 씨. 저에게 조언을 좀 해주실 수 있기를 바랍니다.

여: 물론이죠, 레이 씨. 무슨 일인가요?

남: 저, 저희 상사가 다음 주말에 저녁 식사하러 찾아 오실 겁니다. 엄격한 채식주의자이신데, 뭘 요리해야 할지 모르겠어요.

여: 아, 알겠어요. 추천해 드릴 수 있는 조리법이 많아요. 제가 몇 가지를 이메일로 보내 드리면 어떨까요?

남: 그렇게 해주시면 아주 좋을 것 같아요! 아니면, 이번 주말에 저를 좀 가르쳐주실 수도 있으세요?

여: 사실, 그게 재미있을 것 같네요. 그럼 이번 주 토요일에 그쪽으로 건너 갈게요.

Q. 대화에서 유추할 수 있는 것은 무엇인가?

(a) 여자는 다음 주말에 저녁 만찬을 열 것이다.

(b) 여자는 남자에게 몇몇 웹 사이트를 추천할 것이다.

(c) 남자는 전에 상사를 위해 저녁 식사를 요리한 적이 있다.

(d) 남자는 아마 엄격한 채식주의자가 아닐 것이다.

해설   대화 중반부에 남자가 자신을 찾아 오는 상사가 엄격한 채식주의자인데 뭘 요리해야 할지 모르겠다고(He's a vegan, and I have no idea what to cook) 알리는 부분이 있다. 이는 남자가 엄격한 채식주의자가 아니기 때문에 관련 음식을 잘 알지 못한다는 뜻이므로 (d)가 정답이다.

오답   (a) 여자가 저녁 만찬을 여는 일과 관련된 정보로 제시되는 것이 없으므로 오답이다.

(b) 대화 중반부에 여자가 추천하려는 것으로 언급되는 대상이 조리법이므로(I have a lot of recipes that I can recommend) 오답이다.

(c) 상사가 엄격한 채식주의자인데 뭘 요리해야 할지 모르겠다고 말하는 것은 그 상사를 위해 요리한 적이 없음을 의미하

므로 오답이다.

어휘   give A advice: A에게 조언해주다 What's up? 무슨 일인가요?, 왜 그러시죠? come over 찾아오다, 건너 가다 vegan 엄격한 채식주의자(고기는 물론 우유, 계란도 먹지 않음) have no idea what to do 무엇을 ~해야 할지 모르다 recipe 조리법 recommend ~을 추천하다, 권하다 How about + 주어 + 동사?: ~하면 어떨까요? actually 사실, 실은 come over (집으로) 건너 가다, (집에) 들르다 then 그럼, 그렇다면 host ~을 열다, 주최하다 probably 아마

정답   (d)

Part 4

6.

Welcome to this morning's seminar on child discipline. Strict parents have a tendency to teach their children through punishment. Children in these families are not raised in an environment where they are free to discuss issues with their parents. In fact, any attempt they make to discuss issues may result in punishment. As such, the potential for negotiation is entirely absent. The pros of such a strict upbringing often manifest in academic excellence and a respect for one's elders. On the other hand, such children are less likely to be creative or think critically.

Q. What can be inferred from the talk?

(a) Children from strict households make friends easily.

(b) Strict parents encourage their children to negotiate.

(c) Parents who do not impose strict rules receive more respect.

(d) Children of strict parents tend to get good grades.

- -

오늘 가정 교육에 관한 오전 세미나에 오신 여러분을 환영합니다. 엄격한 부모들은 체벌을 통해 아이들을 가르치려는 경향이 있습니다. 이러한 가정의 아이들은 부모와 자유롭게 문제를 이야기하는 환경 속에서 자라지 못합니다. 실제로, 문제를 논의하려는 어떠한 시도도 체벌이라는 결과로 이어질 수 있습니다. 따라서, 협의에 대한 잠재성이 전적으로 부족합니다. 이렇게 엄격한 양육의 장점은 흔히 학업의 우수성과 어른들에 대한 공경으로 나타납니다. 반면에, 이러한 아이들은 창의적이거나 비판적으로 사고할 가능성이 더 낮습니다.

Q. 담화에서 유추할 수 있는 것은 무엇인가?

(a) 엄격한 가정에서 자란 아이들은 쉽게 친구를 사귄다.

(b) 엄격한 부모들은 아이들에게 협의를 하도록 권한다.

(c) 엄격한 규칙을 부과하지 않는 부모들이 더 많은 공경을 받는다.

(d) 엄격한 부모의 아이들은 좋은 성적을 받는 경향이 있다.

해설 담화 후반부에 엄격한 양육의 장점은 흔히 학업 우수성 및 어른들에 대한 공경으로 나타난다는(The pros of such a strict upbringing often manifest in academic excellence and a respect for one's elders) 말이 있는데, 이를 통해 엄격한 부모의 아이들이 좋은 성적을 받을 것이라고 유추할 수 있으므로 (d)가 정답이다.

오답 (a) 엄격한 가정에서 자란 아이들이 친구를 사귀는 방식과 관련된 정보로 제시되는 것이 없으므로 오답이다.
(b) 담화 초반부에 권위적인 부모가 있는 가정의 아이들은 자유롭게 문제를 이야기하는 환경 속에서 자라지 못한다고(Children in these families are not raised in an environment where they are free to discuss ~) 제시되어 있으므로 오답이다.
(c) 엄격한 규칙을 부과하지 않는 부모들과 관련된 정보로 제시되는 것이 없으므로 오답이다.

어휘 child discipline 가정 교육 strict 엄격한 have a tendency to do ~하는 경향이 있다 punishment (체)벌 raise ~을 기르다, 키우다 environment 환경 be free to do 자유롭게 ~하다 discuss ~을 이야기하다, 논의하다 issue 문제, 사안 in fact 실제로, 사실 make an attempt 시도하다 result in ~의 결과를 낳다, ~을 초래하다 as such 따라서, 그러므로 potential 잠재성 negotiation 협의, 협상 entirely 완전히, 전적으로 absent 없는, 부재한 pros 장점 upbringing 양육 manifest 나타나다, 드러나다 academic 학업의 excellence 우수성 respect 공경, 존경 elder 나이가 많은 사람, 연장자 on the other hand 반면에, 다른 한편으로는 be less likely to do ~할 가능성이 더 낮다 creative 창의적인 critically 비판적으로 household 가정 encourage A to do: A에게 ~하도록 장려하다, 권하다 negotiate 협의하다, 협상하다 impose ~을 부과하다 receive ~을 받다 tend to do ~하는 경향이 있다 grades 성적, 점수

정답 (d)

7.

As you all know, our company's Web site was recently affected by a cyber attack, and we still do not know the full extent of the damage this has caused. We are aware that the private information of some of our customers was stolen by the hackers, and we notified the customers in question immediately. We have already drastically stepped up our online security since the attack, but that hasn't stopped various media outlets from publishing stories and articles that are tarnishing our firm's name. If this is allowed to continue, we are sure to see a decline in customers and profits. So let's come up with some ideas and solutions to stop this from happening.

Q. What will probably follow this talk?
(a) A review of the company's monthly profits
(b) A report on a recent cyber attack that affected the company

(c) A presentation about proposed online security measures
(d) A discussion about improving the company's reputation

여러분 모두 아시다시피, 우리 회사의 웹 사이트가 최근 사이버 공격에 영향을 받았으며, 이로 인해 초래된 피해의 전체 규모를 여전히 파악하지 못하고 있습니다. 일부 우리 고객들의 개인 정보가 해커들에 의해 도난당했다는 것을 알게 되었으며, 문제가 된 고객들께 즉시 통보해 드렸습니다. 우리는 이 공격 이후에 우리 온라인 보안 수준을 대폭 강화했지만, 다양한 언론 매체들이 우리 회사의 이름에 먹칠하는 이야기와 기사들을 내보내는 것을 막지는 못했습니다. 이러한 상황이 계속되도록 허용된다면, 우리는 고객 수와 수익의 감소를 겪게 될 것이 분명합니다. 따라서 이러한 일이 발생되는 것을 막기 위한 아이디어와 해결책을 생각해 봅시다.

Q. 무엇이 이 담화의 뒤를 이을 것 같은가?
(a) 회사의 월간 수익에 대한 검토
(b) 회사에 영향을 미친 최근의 사이버 공격에 관한 보고
(c) 제안된 온라인 보안 조치에 관한 발표
(d) 회사의 명성을 개선하는 것과 관련된 논의

해설 담화 후반부에 사이버 공격으로 인해 다양한 언론 매체들이 회사의 이름에 먹칠하는 이야기와 기사들을 내보내는 것을 막지 못한(that hasn't stopped various media outlets from publishing stories and articles that are tarnishing our firm's name) 사실과 함께 이를 방지하기 위한 아이디어와 해결책을 생각해 볼 것을 (let's come up with some ideas and solutions ~) 제안하고 있다. 이는 회사의 명성을 회복하기 위한 방안을 마련하려는 것이므로 (d)가 정답이다.

오답 (a) 담화 마지막에 화자가 제안하는 일은 월간 수익과 관련된 것이 아니므로 오답이다.
(b) 이미 담화 시작 부분 및 담화 전반에 걸쳐 최근에 있었던 사이버 공격에 관해 설명하고 있으므로 오답이다.
(c) 담화 마지막에 화자가 제안하는 일은 함께 해결책을 생각해 보자는 것이므로 오답이다.

어휘 recently 최근에 affect ~에 영향을 미치다 extent 규모, 정도 damage 피해, 손해 cause ~을 초래하다 be aware that ~임을 알고 있다 notify ~에게 통보하다 in question 문제가 되는 cf. a person in question 당사자 immediately 즉시 drastically 대폭, 급격히 step up ~을 강화하다 since ~ 이후로 various 다양한 media outlet 언론 매체, 매스컴 stop A from -ing: A가 ~하는 것을 막다 article (신문 등의) 기사 tarnish ~을 더럽히다, 변색시키다 firm 회사, 업체 be allowed to do ~하도록 허용되다 continue 지속되다 be sure to do 분명 ~하다 decline in ~의 감소, 하락 profit 수익 come up with (아이디어 등) ~을 찾아내다, 생각해내다 solution 해결책 review 검토, 평가 proposed 제안된 measure 조치 discussion 논의 improve ~을 개선하다, 향상시키다 reputation 명성, 평판

정답 (d)

8.

While an artist makes every effort to incorporate a message or meaning in their visual art, people will interpret this differently based on their own worldview. This can be frustrating for the artist, as they are reluctant to explain the intended message explicitly for fear of diminishing the subtlety and power of their work. However, despite the potential for misinterpretation, artists such as the elusive Banksy use their art to great effect as a means of commenting profoundly on societal and political problems.

Q. Which statement would the speaker most likely agree with?

(a) Art can convey powerful messages.
(b) Artists should fill their work with a clear meaning.
(c) Art is not well suited to political issues.
(d) Artists tend to have a unique worldview.

....

예술가가 자신의 시각 예술에 메시지나 의미를 포함시키기 위해 모든 노력을 다하지만, 사람들은 각자의 세계관을 바탕으로 이를 다르게 해석합니다. 이는 해당 예술가에게는 불만스러울 수 있는데, 작품이 지닌 미묘함과 힘을 약화시킬까 우려해 의도된 메시지를 명쾌하게 설명하기를 꺼리기 때문입니다. 하지만, 오해에 대한 가능성에도 불구하고, 규정하기 힘든 뱅크시 같은 예술가들은 사회적 문제와 정치적 문제들에 관해 깊이 있게 의견을 제시하기 위한 수단으로서 아주 효과적으로 예술을 활용합니다.

Q. 화자는 어느 내용에 대해 동의할 것 같은가?

(a) 예술은 강력한 메시지를 전달할 수 있다.
(b) 예술가들은 명확한 의미로 작품을 가득 채워야 한다.
(c) 예술은 정치적인 문제와 잘 어울리지 않는다.
(d) 예술가들은 독특한 세계관을 지니는 경향이 있다.

해설 담화 마지막에 사회적 문제와 정치적 문제들에 관해 깊이 있게 의견을 제시하기 위한 수단으로서 아주 효과적으로 예술을 활용한다는(~ use their art to great effect as a means of commenting profoundly on societal and political problems) 말이 있는데, 이는 예술이 강력한 메시지를 전달하기 위한 수단으로서의 역할을 한다는 뜻이므로 (a)가 정답이다.

오답 (b) 예술가들은 자신의 작품에 메시지를 포함하려고 노력하지만 그것을 명쾌하게 설명하기는 꺼린다고 했으므로 오답이다.
(c) 담화 마지막에 정치적 문제들에 관해 깊이 있게 의견을 제시하기 위한 수단으로서 아주 효과적으로 예술을 활용한다는 말이 있으므로 오답이다.
(d) 예술가들이 독특한 세계관을 지니는 경향이 있는 것과 관련해 제시되는 정보가 없으므로 오답이다.

어휘 while ~이기는 하지만, ~인 반면 make every effort to do

~하기 위해 모든 노력을 다하다 incorporate ~을 포함하다, 통합하다 interpret ~을 해석하다, 이해하다 differently 다르게 based on ~을 바탕으로, ~에 따라 worldview 세계관 frustrating 불만스러운, 좌절시키는 be reluctant to do ~하기를 꺼리다 explain ~을 설명하다 intended 의도된 explicitly 명쾌하게 for fear of ~을 우려하여, 두려워하여 diminish ~을 약화시키다 subtlety 미묘함 work 작품 despite ~에도 불구하고 potential 가능성, 잠재성 misinterpretation 오해 elusive 규정하기 힘든 to great effect 아주 효과적으로 means 수단 comment 의견을 제시하다 profoundly 깊이 있게, 심오하게 societal 사회의 political 정치적인 convey ~을 전달하다 fill A with B: A를 B로 가득 채우다 be suited to ~와 어울리다, ~에 적합하다 issue 문제, 사안 tend to do ~하는 경향이 있다 unique 독특한, 특별한

정답 (a)

9.

As more and more companies develop drone technologies to assist with the delivery of products, the issue of automation and its effects on human workers has once again received attention. Many people think that, once drone technology has advanced and is considered safe for use, it will lead to thousands of delivery drivers losing their jobs. However, what these people do not appreciate is that companies are currently recruiting countless engineers and computer programmers to work on such technology, and the number of jobs will only increase in the future as the demand for operators and repair technicians grows.

Q. What can be inferred about the use of drone technology for deliveries?

(a) It will make the jobs of delivery drivers easier.
(b) It will be rejected due to its risk to public safety.
(c) It will contribute to mass unemployment in many industries.
(d) It will create more jobs for human workers in the long run.

....

점점 더 많은 회사들이 제품 배송에 도움이 되고자 드론 기술을 개발하면서, 자동화 문제 및 인간 근로자들에 대한 영향이 다시 한번 주목을 받고 있습니다. 많은 사람들은 일단 드론 기술이 발전되어 사용하기 안전한 것으로 여겨지게 되면, 수천 명의 배송 기사들이 일자리를 잃게 되는 문제로 이어지게 될 것으로 추측하고 있습니다. 하지만, 이 사람들이 제대로 인식하지 못하고 있는 것은 회사들마다 현재 이 기술력에 대해 일할 셀 수 없이 많은 엔지니어들과 컴퓨터 프로그래머들을 모집하고 있다는 점이며, 일자리 수는 기계 운전자 및 수리 기사에 대한 수요가 늘어남에 따라 앞으로 오직 증가하기만 할 것입니다.

Q. 물품 배송에 필요한 드론 기술 활용과 관련해 유추할 수 있는 것은 무엇인가?
(a) 배송 기사의 업무를 더 쉽게 만들어줄 것이다.
(b) 공공 안전에 대한 위험성으로 인해 거부될 것이다.
(c) 많은 업계에서 대규모 실업의 원인이 될 것이다.
(d) 장기적으로 인간 근로자들을 위해 더 많은 일자리를 만들어낼 것이다.

해설 담화 마지막에 일자리 수가 기계 운전자 및 수리 기사에 대한 수요가 늘어남에 따라 앞으로 오직 증가하기만 할 것이라고 (~ the number of jobs will only increase in the future as the demand for operators and repair technicians grows) 알리고 있으므로 이러한 일자리 증가와 관련된 긍정적인 측면을 언급한 (d)가 정답이다.

오답 (a) 배송 기사의 업무가 수월해지는 것과 관련해 제시되는 정보가 없으므로 오답이다.
(b) 공공 안전에 대한 위험성과 관련해 제시되는 정보가 없으므로 오답이다.
(c) 담화 후반부에 일자리 증가라는 긍정적인 측면을 강조하고 있으므로 오답이다.

어휘 develop ~을 개발하다 assist with ~에 도움이 되다 issue 문제, 사안 automation 자동화 effect on ~에 대한 영향 receive ~을 받다 attention 주목, 관심 once 일단 ~하면, ~하는 대로 advance 발전되다, 진보하다 be considered (to be) 형용사: ~하다고 여겨지다 lead to A -ing: A가 ~하는 상황으로 이어지다 appreciate ~을 제대로 인식하다, ~의 진가를 알아보다 currently 현재 recruit ~을 모집하다 countless 셀 수 없이 많은 work on ~에 대해 일하다, 작업하다 increase 증가하다 demand for ~에 대한 수요 operator 운전자, 조작자 repair technician 수리 기사 grow 늘어나다, 증가하다 make A + 형용사: A를 ~하게 만들다 reject ~을 거부하다, 거절하다 due to ~로 인해, ~ 때문에 risk 위험(성) public safety 공공 안전 contribute to ~의 원인이 되다 mass 대규모의, 다수의 unemployment 실업 create ~을 만들어내다 in the long run 장기적으로

정답 (d)

10.

The New York Times once asked some American historians to reflect on the lessons of the First and Second World Wars and how they can benefit and educate people today. The historians concluded that there are three major lessons for people in the modern world to learn from. First, the wars taught us about the fragility of the world order. They also teach us that disastrous outcomes can result from seemingly trivial events. Finally, both World Wars show us that the humility that allows great leaders to see events through the eyes of their adversaries might help them to prevent disaster.

Q. What can be inferred from the talk?

(a) Leaders during the World Wars focused too much on political issues.
(b) The world needs humble leaders to prevent another world war.
(c) The world order has become more balanced since the end of World War II.
(d) Historians believe that the World Wars could have been avoided.

뉴욕 타임즈는 한때 일부 미국의 역사가들에게 1차 및 2차 세계 대전의 교훈이 오늘날 사람에게 어떻게 유익하고 교육이 될 수 있는지를 되돌아보도록 요청했었습니다. 이 역사가들은 현대 사회의 사람들이 배울 세 가지 주요 교훈들이 있다는 결론을 내렸습니다. 첫째, 두 번의 세계 대전은 우리에게 세계 질서의 취약함에 대해 가르쳐주었습니다. 또한 처참한 결과들이 겉으로 보기에는 사소해 보이는 사건들로부터 초래될 수 있다는 점도 우리에게 가르쳐줍니다. 마지막으로, 훌륭한 지도자들에게 적대국의 눈을 통해 사건들을 바라보게 해주는 겸손함이 참사를 피하는 데 도움을 줄 수도 있다는 점도 두 번의 세계 대전이 모두 우리에게 가르쳐주는 점입니다.

Q. 담화에서 유추할 수 있는 것은 무엇인가?
(a) 두 차례 세계 대전 당시의 지도자들은 정치적인 문제에 너무 많이 초점을 맞췄다.
(b) 세계는 또 다른 세계 대전을 방지하기 위해 겸손한 지도자들을 필요로 한다.
(c) 세계 질서가 2차 세계 대전 종전 이후로 더욱 균형 잡힌 상태가 되었다.
(d) 역사가들은 두 차례의 세계 대전을 피할 수도 있었다고 생각한다.

해설 담화 후반부에 마지막 교훈으로 훌륭한 지도자들에게 적대국의 눈을 통해 사건들을 바라보게 해주는 겸손함이 참사를 피하는 데 도움을 줄 수도 있다고 (~ the humility that allows great leaders to see events through the eyes of their adversaries might help them to prevent disaster) 언급되고 있다. 즉 1차 및 2차 세계 대전과 같은 참사를 방지하려면 지도자의 겸손함이 중요하다는 점을 말하는 것이므로 이에 해당되는 (b)가 정답이다.

오답 (a) 세계 대전 당시의 지도자들이 정치적인 문제에 초점을 맞춘 것과 관련해 제시되는 정보가 없으므로 오답이다.
(c) 균형 잡힌 세계 질서와 관련해 제시되는 정보가 없으므로 오답이다.
(d) 세계 대전을 피할 수도 있었던 가능성과 관련된 역사가들의 의견으로 제시되는 것이 없으므로 오답이다.

어휘 once (과거의) 한때 ask A to do: A에게 ~하도록 요청하다 historian 역사가 reflect on ~을 되돌아보다, 반성하다 benefit ~에게 유익하다, 이득이 되다 educate ~을 교육하다 conclude that ~라고 결론 내리다 lesson 교훈 fragility 취약함 order 질서 disastrous 처참한 outcome 결과 result from ~로부터 초래되다 seemingly 겉으로 보기에 trivial 사소한, 하찮은 humility 겸손함 allow A to do: A에게 ~할 수 있게 해주다 through ~을 통해 adversary 적대국, 적 prevent ~을 피하다, 막다 disaster 참사 focus on ~에 초

점을 맞추다 humble 겸손한 balanced 균형 잡힌 since ~ 이후로 could have p.p. ~했을 수도 있다 avoid ~을 피하다

정답 (b)

UNIT 12 [Part 5] 1지문 2문항 문제

STEP 1 감 잡기 QUIZ

Part 5

1921년 오하이오주 캠브리지에서 태어난 존 글렌은 지구 궤도를 돈 최초의 미국인이었습니다. 1962년 2월, 그는 <프렌드십 7호>를 타고 지구를 궤도를 3바퀴 돌았는데, 거의 5시간이 걸렸습니다.

그의 역사적인 비행 후 존 F. 케네디 미국 대통령은 글렌이 상징적 인물로서 국가적으로 너무도 소중하여 글렌을 다시 우주로 내보내는 위험을 무릅쓰지는 않을 것이라고 말했습니다.

NASA를 떠난 후, 글렌은 미국 상원의원에 출마했고, 1974년부터 1999년까지 오하이오주 상원의원이 되었습니다. 하지만 글렌은 1998년 우주왕복선 <디스커버리호>를 타고 우주에 다시 나갔고, 최고령 우주인이 되었습니다. 글렌은 2016년 12월에 별세했습니다.

STEP 2 문제 풀이 요령

Part 5

그냥 포기하는 것이 더 현명한 경우가 있을까요? 연구자들은 이 문제, 특히 인내심과 건강 사이의 연관 가능성을 연구해왔습니다. 계속 강하게 밀어붙이는 것이 성공 확률을 높일 거라는 건 사실일지도 모릅니다. 하지만 목표가 지나치게 가망이 없다면 어떨까요?

만 일 년 동안 10대들을 추적한 몇몇 심리학자들에 따르면, 어려운 목표를 고집하지 않은 10대들은 체내 염증의 지표인 CRP 단백질 수준이 현저히 낮았습니다. 염증은 최근 당뇨병과 심장병을 포함한 여러 중증 질환과의 연관성이 제기돼 왔는데, 이는 건강하지만 지나치게 고집스러운 10대들이 인생 후반에 있을 만성 질환의 길로 이미 들어선 것임을 시사해줍니다.

Q1. 화자의 요점은 무엇인가?
(a) 인내심 같은 특성은 감탄할 만하다.
(b) 목표 달성에 실패하면 우울증에 이를 수 있다.
(c) 그만두는 것이 건강에 이로울 수 있다.
(d) 성공은 끈기를 통해서만 가능하다.

Q2. 담화에서 추론할 수 있는 것은 무엇인가?
(a) CRP 단백질 수준이 낮다는 것은 건강이 좋지 않음을 나타낸다.
(b) 매우 끈질긴 청소년들은 특정 질병의 발병 확률이 더 높다.
(c) 불가능한 목표를 가지는 것은 십대들을 더 야심 차게 만들 수 있다.
(d) 염증은 오랫동안 당뇨 및 심장병과 관련 있어 왔다.

정답 1. (c) 2. (b)

실전 감 잡기

1. (a)　　**2.** (c)　　**3.** (c)　　**4.** (d)

Part 5

1-2

In a recent study of leadership titled "History's Figures," the historian Kristine Davis writes that great leaders managed "to avoid the trap of thinking that they were always right." She says of Woodrow Wilson, an idealistic US president, "When he was convinced, as he often was, of the rightness of his cause, he regarded those who disagreed with him as not just wrong but wicked." In the end, [1] Wilson was unable to achieve his life's dream of ratifying the League of Nations treaty, [2] because he couldn't find common ground with his chief adversary, Republican senator Henry C. Lodge.

Q1. Which is correct according to the talk?
(a) Woodrow Wilson failed to realize one of his major goals.
(b) Kristine Davis has highly praised Woodrow Wilson's character.
(c) Woodrow Wilson learned to accept the opinions of others.
(d) Henry C. Lodge supported Woodrow Wilson's cause.

Q2. What can be inferred from the talk?

(a) Arrogant individuals tend to be the most successful leaders.

(b) Several US presidents contributed to the writing of "History's Figures".

(c) Woodrow Wilson disagreed with Henry C. Lodge on crucial matters.

(d) The ratifying of the League of Nations treaty was important to Republicans.

....

"역사 속의 인물들"이라는 이름으로 최근에 있었던 리더십에 관한 한 연구에서, 역사가 크리스틴 데이비스는 훌륭한 지도자들은 "자신들이 항상 옳다고 생각하는 덫을 피하는 일"을 해낼 수 있었다고 말합니다. 그녀는 이상주의적인 미국 대통령 우드로우 윌슨에 대해 "그 대통령이 흔히 그랬듯이, 본인이 생각하는 대의의 정당성에 대해 확신을 갖게 되면, 본인에게 반대하는 사람들을 그저 틀렸다고 여기는 것이 아니라 악질이라고 여겼습니다."라고 말합니다. 결국, 윌슨 대통령은 평생의 꿈이었던 국제 연맹 조약을 비준하는 일을 이룰 수 없었는데, 자신의 주된 반대자였던 공화당 헨리 C. 로지 상원의원과 합의점을 찾을 수 없었기 때문이었습니다.

Q1. 담화에 따르면 다음 중 옳은 것은 무엇인가?

(a) 우드로우 윌슨은 본인의 주요 목표들 중 하나를 실현하지 못했다.

(b) 크리스틴 데이비스는 우드로우 윌슨의 성격을 크게 칭찬했다.

(c) 우드로우 윌슨은 다른 이들의 의견을 수용하는 법을 배웠다.

(d) 헨리 C. 로지는 우드로우 윌슨의 대의를 지지했다.

Q2. 담화에서 유추할 수 있는 것은 무엇인가?

(a) 오만한 사람들이 가장 성공한 지도자가 되는 경향이 있다.

(b) 여러 미국 대통령들이 "역사 속의 인물들"이라는 저서에 기고했다.

(c) 우드로우 윌슨은 중대한 문제들에 대해 헨리 C. 로지와 뜻이 달랐다.

(d) 국제 연맹 조약의 비준은 공화당원들에게 중요했다.

해설1 담화 후반부에 윌슨 대통령이 평생의 꿈이었던 국제 연맹 조약을 비준하는 일을 이룰 수 없었다고(Wilson was unable to achieve his life's dream of ratifying the League of Nations treaty ~) 언급되고 있는데, 이는 스스로 중요하게 생각한 목표를 이루지 못한 것이므로 (a)가 정답이다.

오답1 (b) 우드로우 윌슨에 대한 크리스틴 데이비스의 칭찬으로 언급되는 정보가 없으므로 오답이다.

(c) 담화 중반부에 우드로우 윌슨이 자신의 의견에 반대하는 사람들을 극도로 부정적으로(wicked) 생각했다는 말이 있으므로 오답이다.

(d) 헨리 C. 로지는 우드로우 윌슨의 주요 반대자(adversary)라는 말이 담화 후반부에 제시되고 있으므로 오답이다.

해설2 담화 후반부에 국제 연맹 조약을 비준하는 일을 이룰 수 없었던 것과 관련해 헨리 C. 로지 상원의원과 합의점을 찾을 수 없었기 때문이었다고(~ because he couldn't find common ground with his chief adversary, Republican senator Henry C. Lodge) 언급되어 있는데, 이는 두 사람이 서로 뜻

이 달랐다는 말이므로 (c)가 정답이다.

오답2 (a) 오만한 사람들이 가장 성공한 지도자가 되는 경향과 관련된 정보로 제시되는 것이 없으므로 오답이다.

(b) 여러 미국 대통령들이 "역사 속의 인물들"이라는 저서에 기고한 사실과 관련된 정보로 제시되는 것이 없으므로 오답이다.

(d) 국제 연맹 조약의 비준은 공화당원들에게 어떤 의미였는지를 나타내는 정보로 제시되는 것이 없으므로 오답이다.

어휘 recent 최근의 figure 인물 historian 역사가 A writes that: A는 (글에서) ~라고 말하다 manage to do ~하는 것을 해내다 avoid ~을 피하다 trap 덫, 함정 idealistic 이상주의적인 be convinced of ~에 대해 확신하다 rightness 정당성, 올바름 cause 대의 (명분) regard A as B: A를 B인 것으로 여기다 those who ~하는 사람들 disagree with ~와 뜻이 다르다, ~에 동의하지 않다 wicked 악질의, 사악한, 못된 be unable to do ~할 수 없다 achieve ~을 이루다, 달성하다 ratify ~을 비준하다 treaty 조약 find common ground 합의점을 찾다 chief 주된 adversary 반대자, 적 Republican a. 공화당의 n. 공화당원 senator 상원의원 fail to do ~하지 못하다 realize ~을 실현하다 highly 크게, 대단히 praise ~을 칭찬하다 learn to do ~하는 법을 배우다 accept ~을 수용하다 opinion 의견 support ~을 지지하다 arrogant 오만한 individual n. 사람, 개인 tend to do ~하는 경향이 있다 contribute to ~에 기고하다 important 중요한

정답 1. (a) 2. (c)

3-4

If you are very young and lucky enough to live until 2150, you will see the result of a $1 billion bet between Jerry Olsen, a public health professor, and Steve Stupak, a biologist. In 2000, the two friends began their discussion on an issue that has long interested scientists: What is the limit of the human life span? Given that ③ advances in medicine and nutrition dramatically lengthened average life expectancy over the 20th century, where is the ultimate horizon? Will the longevity record - currently held by Jeanne Calment of France, who was 122 years old when she died in 1997 - keep getting broken? Stupak had made a prediction at an academic conference: In the year 2150, there will be a 150-year-old human being. Olsen disagreed. They each put $300 into an investment fund, and signed a contract specifying that the heirs of the winner will cash it out in 2150. It is estimated that the payoff would be up to $1 billion given good market returns. But ④ I believe we should ponder first whether living to be 150 years old is actually a good thing or not.

Q3. Which of the following is correct according to the talk?

(a) Olsen and Stupak have made a valuable contribution to increasing human life span.

(b) The current human longevity record is unlikely to be broken.

(c) **Breakthroughs in medicine and nutrition have increased life expectancy.**

(d) Stupak predicted that Jeanne Calment could live to be more than 120 years old.

Q4. What can be inferred from the talk?

(a) The speaker believes that high life expectancy runs in families.

(b) The speaker thinks that Stupak will win his bet with Olsen.

(c) The speaker hopes to be the recipient of the money invested by Olsen and Stupak.

(d) **The speaker suspects that increases in life expectancy may be undesirable.**

....

만일 여러분이 아주 젊고 운이 좋아서 2150년까지 충분히 살 수 있다면, 공중 위생학 교수인 제리 올슨과 생물학자 스티브 스투팩 사이에 있었던 10억 달러짜리 내기의 결과를 아실 수 있을 것입니다. 2000년에, 친구 사이인 두 사람은 오랫동안 과학자들의 관심을 끌어 온 주제인 '인간 수명의 한계는 어디까지인가?'에 관한 논의를 시작했습니다. 의학 및 영양학의 발전으로 인해 20세기 전반에 걸쳐 평균 기대 수명이 급격히 늘어났다는 점을 고려하면, 그 최종 한계는 어디까지일까요? 1997년에 사망했을 당시에 122세였던 프랑스의 잔 칼망이 현재 보유하고 있는 장수 기록이 계속 경신될까요? 스투팩은 한 학술회 행사에서 2150년에는 150살이 된 인간이 존재할 것이라는 예측을 했습니다. 올슨은 반대했고요. 두 사람은 각자 300달러를 투자 기금으로 걸었고, 이기는 사람의 상속인이 2150년에 이 돈을 현금으로 가져간다는 내용을 명시한 약정서에 서명했습니다. 시장 수익율이 좋다고 고려할 때 지급액이 최대 10억 달러에 이를 수 있는 것으로 추정되고 있습니다. 하지만 저는 150살까지 사는 것이 실제로 좋은 일인지 아닌지를 먼저 곰곰이 생각해봐야 한다고 생각합니다.

Q3. 담화에 따르면 다음 중 옳은 것은 무엇인가?

(a) 올슨과 스투팩이 인간 수명을 늘리는 일에 값진 기여를 했다.

(b) 현재의 인간 장수 기록은 깨질 가능성이 없다.

(c) **의학 및 영양학의 획기적인 발전이 기대 수명을 늘려주었다.**

(d) 스투팩은 잔 칼망이 120살 넘게 살 수 있을 것이라고 예측했다.

Q4. 담화에서 유추할 수 있는 것은 무엇인가?

(a) 화자는 높은 기대 수명이 집안 내력이라고 생각한다.

(b) 화자는 스투팩이 올슨과의 내기에서 이길 것이라고 생각한다.

(c) 화자는 올슨과 스투팩이 투자한 돈의 수령인이 되기를 바라고 있다.

(d) **화자는 기대 수명의 증가가 바람직하지 않을 수도 있지 않을까 생각한다.**

해설3 담화 중반부에 의학 및 영양학의 발전으로 인해 20세기 전반에 걸쳐 평균 기대 수명이 급격히 늘어났다는(advances

in medicine and nutrition dramatically lengthened average life expectancy over the 20th century) 사실이 언급되고 있으므로 이에 해당되는 (c)가 정답이다.

오답3 (a) 올슨과 스투팩이 인간 수명을 늘리는 일을 위해 기여한 것과 관련해 제시되는 정보가 없으므로 오답이다.

(b) 스투팩이 2150년에는 150세 인간이 있을 것이라고 전망하고, 올슨이 이에 반대했다는 내용이 있을 뿐 인간의 장수 기록이 깨질 가능성이 없다는 내용은 제시되지 않았으므로 오답이다.

(d) 잔 칼망의 수명에 대해 스투팩이 예측한 일과 관련해 제시되는 정보가 없으므로 오답이다.

해설4 담화 맨 마지막에 화자는 150살까지 사는 것이 실제로 좋은 일인지 아닌지를 먼저 곰곰이 생각해봐야 한다는(I believe we should ponder first whether living to be 150 years old is actually a good thing or not) 의견을 밝히고 있는데, 이는 의학 및 영양학의 발전으로 기대 수명이 증가하면서 150살까지 오래 사는 것이 어떤 의미가 있을지에 대한 의문을 던지는 말이다. 즉 기대 수명의 증가로 인한 장수가 좋지만은 않을 수 있다는 의구심을 나타내는 것이므로 이에 해당되는 의미로 쓰인 (d)가 정답이다.

오답4 (a) 높은 기대 수명과 집안 내력 사이의 관계와 관련해 제시되는 정보가 없으므로 오답이다.

(b) 스투팩이 올슨과의 내기에서 이기는 것과 관련해 제시되는 화자의 의견은 없으므로 오답이다.

(c) 올슨과 스투팩이 투자한 돈을 화자 자신이 받는 것과 관련해 제시되는 정보가 없으므로 오답이다.

어휘 enough to do ~하기에 충분히 result 결과 bet 내기 public health 공중 위생(학) biologist 생물학자 discussion 논의 issue 주제, 문제, 사안 interest v. ~의 관심을 끌다 limit 한계 life span 수명 given (that) ~을 고려하면 advance 발전, 진보 nutrition 영양(학) dramatically 급격히 lengthen ~을 늘리다 life expectancy 기대 수명 ultimate 최종의, 궁극적인 horizon 한계, 범위 longevity 장수 currently 현재 hold ~을 보유하다 keep -ing 계속 ~하다 get + 형용사: ~한 상태가 되다 broken 경신된, 깨진 make a prediction 예측하다 disagree 반대하다, 동의하지 않다 put A into B: A를 B에 넣다, 두다 investment fund 투자 기금 sign ~에 서명하다 contract 약정(서), 계약(서) specify that ~라고 명시하다 heir 상속인 cash A out: A를 현금으로 찾아가다 It is estimated that ~라고 추정되다 payoff 지급(액) up to 최대 ~의 market returns 시장 수익(율) ponder ~을 곰곰이 생각하다, 숙고하다 whether A or not: A인지 아닌지 actually 실제로, 실은 make a contribution to ~에 기여하다 valuable 소중한, 가치 있는 increase ~을 늘리다, 증가시키다 be unlikely to do ~할 가능성이 없다 breakthrough 획기적인 발전, 돌파구 predict that ~라고 예측하다 run in families 집안 내력이다 recipient 수령인 invest ~을 투자하다 suspect that ~하지 않을까 생각하다 undesirable 바람직하지 않은, 원하지 않는

정답 3. (c) 4. (d)

VOCABULARY 어휘

UNIT 01 TEPS 빈출 일상 어휘

실전 감 잡기

1. (b) **2.** (d) **3.** (c) **4.** (c) **5.** (b)

6. (c) **7.** (d) **8.** (c) **9.** (a) **10.** (a)

11. (d) **12.** (c) **13.** (a) **14.** (c) **15.** (b)

Part 1

1.

> A: 내 임대 계약이 다음 주에 만료돼.
> B: 혹시 거주할 다른 곳은 찾아 놓은 거야?

해설 '만료되다, 무효가 되다'를 뜻하는 동사구 run out의 주어로 쓰일 명사는 기간의 의미를 내포하는 것이어야 하므로 '임대 계약'을 뜻하는 (b) lease가 정답이다. (d) rent의 경우, 단순히 임대 행위 또는 그 요금만을 의미하므로 오답이다.

어휘 run out (계약 등이) 만료되다, 무효가 되다 another 또 다른 하나의 yet (긍정 의문문에서) 혹시, 이제 lease 임대 계약(서) rent 임대(료), 대여(료), 집세

정답 (b)

2.

> A: 앤드류 봤어? 아주 좋아 보이던데.
> B: 응. 그는 왕성한 식욕에도 불구하고, 어떻게든 날씬한 몸을 유지하더라.

해설 빈칸은 '~에도 불구하고'를 뜻하는 전치사 Despite의 목적어가 와야 하므로 날씬한 몸매를 유지하기 어렵게 만드는 요인으로 여겨지는 명사가 쓰여야 한다. 또한 his의 수식을 받아 사람이 지니고 있는 특성 등과 관련된 뜻을 나타낼 명사가 필요하므로 big과 함께 '왕성한 식욕'이라는 의미를 구성하는 (d) appetite이 정답이다.

어휘 look + 형용사: ~하게 보이다 despite ~에도 불구하고 manage to do 어떻게든 ~하다, ~해내다 stay + 형용사: ~한 상태로 유지하다 thin 날씬한, 얇은, 가느다란 taste 입맛, 취향 portion 부분, 몫, 1인분 appetite 식욕

정답 (d)

3.

> A: 실례합니다만, 저희가 이곳에서 회의를 할 예정입니다.
> B: 아, 죄송해요! 이 방이 잡혀있었는지 알지 못했어요.

해설 앞서 다른 사람들이 회의실을 사용한다고 언급했으므로 빈칸이 속한 문장은 그러한 사실을 알지 못했다는 의미를 지녀야 한다. 따라서 '(사람에 의해) 점유된, 사용 중인'을 뜻하는 (c) occupied가 정답이다.

어휘 apologize 사과하다 realize that ~임을 알게 되다, 알아차리다 lock ~을 잠그다 gather 모이다, ~을 모으다 occupied (사람에 의해) 점유된, 사용 중인 assure ~에게 장담하다, 보장하다

정답 (c)

4.

> A: 미술 경연대회에서 우승한 것에 대한 상을 받았어?
> B: 응, 인디고 레스토랑에서 무료 식사할 수 있는 상품권을 받았어.

해설 경연대회 우승에 대한 보상으로 받을 수 있는 것을 나타낼 명사로서 식당에서 무료로 식사하는 데 사용 가능한 것을 의미해야 하므로 '상품권, 쿠폰' 등을 뜻하는 (c) voucher가 정답이다.

어휘 receive ~을 받다 prize 상품, 경품 free 무료의 contract 계약(서) voucher 상품권, 쿠폰 review 검토, 평가, 후기

정답 (c)

5.

> A: 건물 관리자의 태도에 정말로 실망했어.
> B: 내가 너라면, 정식으로 불만을 제기할 거야.

해설 '불만, 불평'을 뜻하는 명사 complaint와 어울리는 행위를 나타낼 동사로서 '불만을 제기하다'라는 의미를 구성할 때 사용하는 (b) file이 정답이다.

어휘 be disappointed with ~에 실망하다 attitude 태도 file a complaint 불만을 제기하다 official 정식의, 공식적인 enable (A to do): (A에게 ~할 수 있게) 해주다 mention ~을 언급하다, 말하다

정답 (b)

Part 2

6.

> 여행 전과 여행 중에 말라리아 및 다른 열대성 질병에 대해 면역성이 있는 상태를 유지할 수 있도록 이 알약을 드시기 바랍니다.

해설 빈칸에 쓰일 형용사는 알약을 먹음으로써 특정 질병에 대해 유지 가능한 상태를 나타내야 하므로 '면역성이 있는'을 뜻하는 (c) immune이 정답이다.

어휘 pill 알약 during ~ 중에, ~ 동안 in order to do ~하기 위해 stay + 형용사: ~한 상태를 유지하다 tropical 열대의, 열대 지방의 disease 질병 symptomatic 증상을 보이는 prone ~하기 쉬운, ~하는 경향이 있는 immune 면역성이 있는 healthy 건강한, 건강에 좋은

정답 (c)

7.

그 부동산에 대해 등록된 서류들은 그곳이 톰슨 씨 가족이 소유했던 곳임을 증명했다.

해설 빈칸에 쓰일 명사는 서류로 소유 여부를 증명할 수 있는 것으로서 일가족이 소유할 수 있는 것을 나타내야 하므로 '부동산, 건물' 등을 뜻하는 (d) property가 정답이다.

어휘 register ~을 등록하다 prove (that) ~임을 증명하다, 입증하다 own ~을 소유하다 rent 임대(료), 대여(료), 집세 renovation 개조, 보수 foundation 토대, 기초, 설립, 재단 property 부동산, 건물

정답 (d)

8.

지원자들은 반드시 각자의 이력서 및 추천서 2부를 제출해야 한다.

해설 지원자가 이력서와 함께 제출해야 하는 문서를 나타낼 명사가 빈칸에 쓰여야 알맞으므로 '추천서'를 뜻하는 (c) references가 정답이다.

어휘 applicant 지원자, 신청자 submit ~을 제출하다 résumé 이력서 recent 최신의, 최근의 colleague 동료 (직원) position 직책, 입장, 위치, 자세 reference 추천서, 추천인 promotion 승진, 촉진, 홍보

정답 (c)

9.

니콜라스의 올해 대학 등록금 8,000달러는 장학금으로 지불될 것이다.

해설 대학교에서 장학금으로 대신할 수 있는 비용을 나타낼 명사가 빈칸에 쓰여야 알맞으므로 '등록금'을 의미하는 (a) tuition이 정답이다.

어휘 pay for ~에 대한 비용을 지불하다 scholarship 장학금 tuition 등록금, 수업(료) check 수표, 계산서, 확인 profit 수익, 이익

정답 (a)

10.

33세의 나이에, 풀 씨는 런던 왕립예술학교의 유리 제조 학위 과정에 등록했다.

해설 빈칸 뒤에 위치한 전치사 in과 어울려 쓰이는 자동사로서 특정 학위 과정에 대해 할 수 있는 일을 나타낼 동사가 필요하므로 in과 함께 '~에 등록하다'라는 의미를 구성할 때 사용하는 (a) enrolled가 정답이다.

어휘 enroll in ~에 등록하다 glass-making 유리 제조 degree 학위 finalize ~을 최종 확정하다 attain ~을 이루다, 획득하다 graduate 졸업하다

정답 (a)

11.

좋은 요리사는 가장 기본적이면서 흔한 재료들로 맛있는 식사를 요리해낼 수 있다.

해설 빈칸에 쓰일 명사는 전치사 from의 목적어로서 맛있는 식사를 만드는 데 필요한 것을 나타내야 알맞으므로 '(음식) 재료, 성분'을 뜻하는 (d) ingredients가 정답이다.

어휘 cook up ~을 요리하다 common 흔한 eatery 식당, 음식점 cutlery (나이프, 포크 등의) 식기 beverage 음료 ingredient (음식) 재료, 성분

정답 (d)

12.

저희 KP 프린팅은 여러분께서 선호하시는 서체 및 디자인으로 명함을 맞춤 제작해 드릴 수 있습니다.

해설 빈칸 뒤에 이어지는 내용을 보면 고객이 원하는 서체 및 디자인이 명함에 들어간다는 말이 쓰여 있는데, 이는 고객의 요구에 맞게 만들어준다는 뜻이므로 '~을 맞춤 제작하다, 주문 제작하다'를 뜻하는 (c) customize가 정답이다.

어휘 preferred 선호하는 font 서체 continue ~을 지속하다, 계속하다 pretend ~인 척하다 customize ~을 맞춤 제작하다, 주문 제작하다 encourage ~에게 장려하다, ~을 권장하다

정답 (c)

13.

졸업장은 대부분의 학생들이 받기 위해 애쓰는 것이지만, 일부는 졸업도 하기 전에 중퇴한다.

해설 대부분의 학생들이 받기 위해 애쓰는 것을 나타낼 명사가 빈칸에 쓰여야 하므로 '졸업장, 수료증'을 의미하는 (a) diploma가 정답이다.

어휘 strive to do ~하려 애쓰다 attain ~을 획득하다, 이루다 drop out 중퇴하다, 중도에 포기하다 graduate 졸업하다 diploma 졸업장, 수료증 curriculum 교육 과정

정답 (a)

14.

> 우리 인턴 직원들은 월급에 대해 면접 중에 제안받은 액수보다 더 적다고 주장하면서 불만을 제기했다.

해설 전치사 about의 목적어로서 불만의 원인에 해당되는 명사가 필요한데, 빈칸 뒤에 이어지는 내용을 보면 면접 중에 제안받은 액수보다 더 적다는 주장이 쓰여 있으므로 인턴 직원들의 급여가 불만의 원인임을 알 수 있다. 따라서 '급여, 임금'을 뜻하는 (c) wages가 정답이다.

어휘 complain about ~에 대해 불만을 제기하다 monthly 월간의, 달마다의 claim that ~라고 주장하다 amount 액수, 양 offer ~을 제안하다, 제공하다 during ~ 중에, ~ 동안 duty 직무, 임무 wage 급여, 임금 location 위치, 장소, 지점

정답 (c)

15.

> 많은 십대들이 기름진 음식의 높은 소비 및 운동 부족으로 비만 상태가 되고 있다.

해설 빈칸에 쓰일 형용사는 기름진 음식의 높은 소비 및 운동 부족으로 인한 신체의 변화를 나타내야 하므로 '비만인'을 뜻하는 (b) obese가 정답이다.

어휘 become + 형용사: ~한 상태가 되다 due to ~로 인해, ~ 때문에 consumption 소비, 소모 fatty 기름진, 지방이 많은 lack 부족, 결핍 exercise 운동 nimble 민첩한, 영리한 obese 비만인 chronic (질환 등이) 만성적인 severe 심각한, 극심한

정답 (b)

UNIT 02 TEPS 빈출 시사 어휘

실전 감 잡기

1. (c)	**2.** (b)	**3.** (a)	**4.** (d)	**5.** (a)
6. (d)	**7.** (c)	**8.** (c)	**9.** (d)	**10.** (a)
11. (c)	**12.** (d)	**13.** (a)	**14.** (b)	**15.** (c)

Part 1

1.

> A: 그 판사의 판결에 대해 어떻게 생각해?
> B: 완전히 공정했다고 생각해.

해설 빈칸에 쓰일 명사는 소유격 judge's의 수식을 받으므로 판사가 하는 일을 나타내야 한다. 따라서 '판결, 평결'을 의미하는 (c) verdict가 정답이다.

어휘 judge 판사 perfectly 완전히 just a. 공정한 cause 원인, 이유, 대의 (명분) alibi 알리바이, 변명, 구실 verdict 판결, 평결 effect 효과, 영향

정답 (c)

2.

> A: 난 사형제가 폐지되어야 한다고 생각해.
> B: 음, 난 그렇게 생각하지 않아. 어떤 사람들은 사형 당할 만하다고 생각해.

해설 B가 반대 의견(I don't think so)과 함께 어떤 사람들은 사형 당할 만하다는 말로 사형제에 찬성하는 입장을 밝히고 있다. 따라서 A는 B의 생각과 반대되는 '사형제 폐지'를 주장했음을 알 수 있으므로 '~을 폐지하다'를 뜻하는 abolish의 과거분사 (b) abolished가 정답이다.

어휘 death penalty 사형(제) think so (앞서 언급된 말에 대해) 그렇게 생각하다 deserve ~을 받을 만하다 punish ~을 처벌하다 abolish ~을 폐지하다 incarcerate ~을 감금하다 sentence ~을 선고하다, ~형에 처하다

정답 (b)

3.

> A: 네가 사는 곳에 큰 나무가 도로 위로 떨어졌다고 들었어.
> B: 맞아. TV에서 봤는데, 직접 목격하진 않았어.

해설 TV에서 본 것과 반대되는 것으로 어떤 사건에 대해 사람이 직접 할 수 있는 행위와 관련된 동사가 필요하므로 '목격하다'를 뜻하는 (a) witness가 정답이다.

어휘 fall onto ~위로 떨어지다 in person 직접, 몸소 witness 목격하다

정답 (a)

4.

> A: 마이크는 자신이 지역 전체를 책임지고 있다고 생각하고 있어.
> B: 알아. 마치 시장 출마라도 하는 것처럼 행동하고 있어.

해설 빈칸이 속한 like절은 자신이 지역 전체를 책임지고 있다고 생각하는 사람이 할 수 있을 법한 행동과 관련되어야 하므로 '마치 시장 출마라도 하는 것처럼'과 같은 의미가 되어야 자연스럽다. 따라서 '출마하다, 입후보하다'를 뜻하는 동사 run의 현재분사 (d) running이 정답이다.

어휘 in charge of ~을 책임지고 있는, 맡고 있는 entire 전체의, 모든 neighborhood 지역, 인근, 이웃 act like 마치 ~처럼 행동하다 mayor 시장 run 출마하다, 입후보하다

정답 (d)

5.

> A: 경찰은 왜 감금 중이던 용의자를 풀어준 거야?
> B: 그가 그 범죄에 대해 무죄라는 증거를 찾아냈거든.

해설   빈칸 앞뒤 부분의 명사들로 볼 때 경찰이 용의자에 대해 한 일을 나타낼 동사가 필요하다는 것을 알 수 있다. 이와 관련해, B가 무죄라는 증거를 찾아냈다고 말하고 있으므로 그에 따른 행위로서 '~을 풀어주다, 석방하다'를 뜻하는 (a) release가 정답이다.

어휘   suspect 용의자 custody 감금, 구류 evidence 증거 innocent of ~에 대해 무죄인, 결백한 crime 범죄 release ~을 풀어주다, 석방하다 arrest ~을 체포하다 execute ~을 실행하다, 처형하다 violate ~을 위반하다

정답   (a)

Part 2

6.

> 야당은 그 스캔들이 철저히 조사되도록 요구했다.

해설   스캔들에 대해 철저하게 하도록 요구할 수 있는 행위와 관련된 동사가 필요하므로 '~을 조사하다'를 뜻하는 investigate의 과거분사 (d) investigated가 정답이다.

어휘   opposition party 야당 demand that ~하도록 요구하다 scandal 스캔들, 추문 thoroughly 철저히 extend ~을 연장하다, 확장하다 alleviate ~을 완화하다 eliminate ~을 제거하다, 없애다 investigate ~을 조사하다

정답   (d)

7.

> 주차 관리원인 가레스 에드워즈는 재판 중에 공공 기물 파손 의혹에 대해 불리한 증언을 해야 했다.

해설   전치사 against와 어울려 쓰이는 자동사로서 재판 중에 할 수 있는 행위와 관련된 동사가 빈칸에 쓰여야 하므로 '증언하다'를 뜻하는 (c) testify가 정답이다.

어휘   car park attendant 주차 관리원 be required to do ~해야 하다 testify against ~에 대해 불리한 증언을 하다 alleged 의혹이 있는, 주장된 vandal 공공 기물 파손(죄) trial 재판 criticize ~을 비난하다, 비판하다 justify ~을 정당화하다 magnify ~을 과장하다, 확대하다

정답   (c)

8.

> 소비자 지출의 상당한 감소는 연말에 수많은 소매점에 여분의 재고가 발생되는 상황을 초래했다.

해설   소비자 지출과 재고품 사이의 관계와 관련된 명사가 빈칸에 쓰여야 하는데, 소비자 지출이 감소하면 제품 판매가 줄어들면서 재고품이 늘어나게 되므로 '여분, 잉여, 과잉' 등을 뜻하는 (c) surplus가 정답이다.

어휘   significant 상당한 decrease in ~의 감소 consumer spending 소비자 지출 result in A -ing: A가 ~하는 결과를 초래하다 numerous 수많은, 다수의 retail store 소매점 stock 재고(품) benefit 혜택, 이득, 장점 adversity 역경, 고난 surplus 여분, 잉여, 과잉 production 생산, 제작

정답   (c)

9.

> 많은 미국인들이 전국의 여러 대도시 거리에서 경찰의 무자비함에 반대하는 시위를 벌였다.

해설   전치사 against와 어울리는 자동사로서, 사람들이 여러 도시의 길거리에서 벌일 수 있는 행위와 관련된 동사가 필요하므로 '시위하다'를 뜻하는 (d) demonstrated가 정답이다.

어휘   demonstrate against ~에 대한 반대 시위를 하다 brutality 무자비함, 잔혹함 support ~을 지원하다, 지지하다 backfire 역효과를 내다 conflict 충돌하다, 상충되다

정답   (d)

10.

> 일부 언론사들은 정치인들과 유명 인사들의 말의 의미를 바꾸기 위해서 그들의 말을 조작한다.

해설   미디어 업체에서 정치인 및 유명 인사들의 말과 관련해 그 의미를 변경하기 위해 하는 행위와 관련된 동사가 빈칸에 쓰여야 하므로 '(교묘하게) ~을 조작하다'를 뜻하는 (a) manipulate가 정답이다.

어휘   politician 정치인 celebrity 유명 인사 in order to do ~하기 위해 meaning 의미 manipulate (교묘하게) ~을 조작하다 aggravate ~을 악화시키다 circumvent ~을 피하다, 면하다 revert (원래의 상태, 방식 등으로) 되돌아가다

정답   (a)

11.

> 쿠데타가 효과적이지 못할 것이라는 초기의 우려에도 불구하고, 독재자를 자리에서 끌어내렸다.

해설   빈칸 뒤에 위치한 「사람 + from 지위」의 구조와 어울려 쓰이는 동사로서 쿠데타에 따른 결과로 '~을 …에서 끌어내리다, 쫓아내다'라는 의미를 나타낼 때 사용하는 (c) toppled가 정답이다.

어휘   despite ~에도 불구하고 initial 초기의, 처음의 concern 우려, 걱정 coup 쿠데타 ineffective 효과적이지 못한 topple A from B: A를 B에서 끌어내리다, 쫓아내다 dictator 독재자 position 자리, 위치, 입장 accuse 고발하다, 혐의를 제기하다 expire 만료되다, 만기가 되다

정답 (c)

12.

많은 사람들이 아마 1963년에 케네디 대통령을 암살하기 위한 음모가 있었을 것이라고 생각하고 있다.

해설 케네디 대통령을 암살하기 위해 존재했을 것으로 여겨지는 행위나 계획 등과 관련된 의미를 지니는 명사가 쓰여야 자연스러우므로 '음모'를 뜻하는 (d) conspiracy가 정답이다.

어휘 probably 아마 merger 합병 policy 정책, 방침 generosity 너그러움, 관용 conspiracy 음모

정답 (d)

13.

행정부는 아시아 남부 지역의 금융 위기에 따른 영향을 완화시키기 위해 다양한 선택권을 고려했다.

해설 '금융의, 재정의' 등을 뜻하는 형용사 financial과 어울리는 행정부에서 완화하려는 부정적인 일을 나타내는 명사가 필요하므로 '금융 위기'라는 의미를 구성할 때 사용하는 (a) crisis가 정답이다.

어휘 administration 행정(부) contemplate ~을 고려하다, 숙고하다 various 다양한 alleviate ~을 완화하다 effect 영향, 효과 financial crisis 금융 위기 tantrum 짜증, 발끈 화내기 outbreak 발생, 발발 symptom 증상, 징후

정답 (a)

14.

처음 담보 대출을 신청하는 사람들은 J.T. 미첨이 쓴 <첫 주택 구매자를 위한 가이드>를 읽어봐야 한다.

해설 <첫 주택 구매자를 위한 가이드>를 읽어봐야 하는 사람이 신청하는 것을 나타낼 명사가 빈칸에 쓰여야 하므로 주택 구매에 필요한 것으로서 '담보 대출'을 의미하는 (b) mortgage가 정답이다.

어휘 individual n. 사람, 개인 apply for ~을 신청하다, ~에 지원하다 warranty 품질 보증(서) mortgage 담보 대출 allowance 용돈, 수당, 허용량 stipulation 조항, 약정, 규정

정답 (b)

15.

그는 군사 반란 중에 자리에서 축출될 때까지 국가의 총리직을 29년 동안 유지했다.

해설 29년 동안 총리직을 유지했던 사람이 군사 반란 중에 그 자리와 관련해 당할 수 있는 일을 나타내야 하므로 '~을 축출하다'를 뜻하는 동사 oust의 과거분사 (c) ousted가 정답이다.

어휘 remain as ~의 자리를 유지하다, ~로서 계속 남아 있다 prime minister 총리, 수상 until ~할 때까지 position 자리, 직책, 위치 during ~ 중에, ~ 동안 uprising 반란, 폭동 halt ~을 멈추다, 중단시키다 decline 감소하다, 줄어들다, ~을 거절하다 oust A from B: A를 B에서 축출하다, 쫓아내다 cease ~을 중단시키다

정답 (c)

UNIT 03 TEPS 빈출 학술 어휘

실전 감 잡기

1. (c)	2. (c)	3. (d)	4. (c)	5. (a)
6. (b)	7. (a)	8. (c)	9. (a)	10. (c)
11. (c)	12. (c)	13. (a)	14. (c)	15. (a)

Part 1

1.

A: 스티븐슨 박사님께서 내 논문 제안서에 대해 너무 비판적이셨어.
B: 맞아. 그분은 항상 모든 것에 대해 흠을 잡으시는 분이야.

해설 B의 말에 언급된 '모든 것에 대해 흠을 잡는' 성격과 관련된 형용사가 빈칸에 쓰여야 하므로 '비판적인'을 뜻하는 (c) critical이 정답이다.

어휘 thesis 논문 proposal 제안(서) fault 흠, 결함 intelligent 지적인, 지능적인 extrovert 외향적인 critical 비판적인 natural 자연적인, 자연스러운, 당연한

정답 (c)

2.

A: 이 나라에선 대규모 지진이 흔치 않아서 다행이야.
B: 동의해. 그런 재해를 생각하는 것만으로도 소름이 돋아.

해설 앞서 언급된 특정 대상을 가리킬 때 사용하는 such의 수식을 받아야 하는데, 소름을 돋게 하는 원인을 나타내야 하므로 A의 말에 언급된 '대규모 지진(major earthquakes)'을 대신할 명사가 쓰여야 알맞다. 따라서 '재해, 재난'을 뜻하는 (c) disasters가 정답이다.

어휘 fortunate 운이 좋은, 다행인 major earthquake 대규모 지진 common 흔한 agree 동의하다 goosebumps 소름, 닭살 extinction 멸종 disaster 재해, 재난 malfunction 오작동, 기능 불량

정답 (c)

3.

> A: 문학 작품 판매량이 곤두박질치고 있다는 얘기를 들었어.
> B: 안타까워, 난 우리가 책을 읽으면서 느긋하게 시간을 보낼 수 있다고 생각하거든.

해설　B의 말에 책을 읽으면서 느긋하게 시간을 보낼 수 있다는 말이 쓰여 있으므로 판매량이 곤두박질치고 있는 대상이 책과 관련되어 있다는 것을 알 수 있다. 따라서 '문학 (작품)'을 의미하는 (d) literature가 정답이다.

어휘　sales 판매(량), 매출 plummet 곤두박질치다, 급락하다 That's a shame 안타깝다, 아쉽다 relax 느긋하게 쉬다, 긴장을 풀다 by (방법) ~해서, ~함으로써 labor 노동(력), 인력 literature 문학 (작품)

정답　(d)

4.

> A: 사막 지역을 통과해서 여행해본 적 있어?
> B: 아니, 그리고 그러고 싶지도 않아. 틀림없이 모래가 눈에 들어갈 테니까.

해설　B의 말에서 모래가 눈에 들어갈 것이라고 언급한 상황이 발생될 수 있는 지역을 나타낼 명사가 빈칸에 쓰여야 알맞으므로 '사막'을 뜻하는 (c) desert가 정답이다.

어휘　travel 여행하다, 이동하다 through ~을 통과해, 지나 region 지역 I'd rather not (앞서 언급된 말에 대해) 그러고 싶지 않아 I bet ~라고 확신하다 marine 해양의 polar 극지방의 desert 사막 forest 숲, 삼림

정답　(c)

5.

> A: 넌 여전히 외계 생명체의 존재가 믿기 어려운 일이라고 생각해?
> B: 응, 난 우리가 앞으로도 외계인에 대한 증거를 찾을 거라고 생각하지 않아.

해설　A의 질문에 Yes라고 긍정의 답변을 한 B가 외계인에 대한 증거를 찾지 못할 거라는 생각을 말한 것과 관련된 형용사가 빈칸에 쓰여야 알맞으므로 '믿기 어려운'을 뜻하는 (a) implausible이 정답이다.

어휘　existence 존재 extraterrestrial life 외계 생명체 doubt (that) ~라고 생각하지 않다, ~라는 점에 의구심을 갖다 evidence 증거 alien 외계인 implausible 믿기 어려운, 타당해 보이지 않는 cf. plausible (그럴듯한, 타당한 것 같은) perceptible 인지할 수 있는 astronomical 천문학의, 천문학적인 ironical 반어적인, 역설적인

정답　(a)

Part 2

6.

> 전적으로 신뢰할 수 있는 쓰나미 예측 방법이 존재하지 않기는 하지만, 파도가 해안을 강타하기 약 20분 전에 해안 경비대에서 경보를 발령할 수는 있다.

해설　빈칸에 쓰일 명사는 '파도가 해안을 강타하는' 상황을 발생시킬 수 있는 재해를 나타내야 하므로 거대한 파도가 밀려오는 현상인 '쓰나미'를 의미하는 (b) tsunamis가 정답이다.

어휘　while ~이기는 하지만, ~인 반면 completely 전적으로, 완전히 reliable 신뢰할 수 있는 way to do ~하는 방법 predict ~을 예측하다 coast guard service 해안 경비대 issue a warning 경보를 발령하다 approximately 약, 대략 wave 파도 shore 해안, 연안 eruption 분화, 분출 tsunami 쓰나미 stream 개울, 시내

정답　(b)

7.

> 매년 6백만 명이 넘는 사람들이 램브란트와 다 빈치, 그리고 보티첼리와 같은 미술가들의 걸작을 관람하기 위해 런던 국립 미술관을 방문한다.

해설　미술관에 방문하면 볼 수 있는 것으로서 미술가들이 그린 것을 지칭할 명사가 쓰여야 하므로 '걸작, 명작' 등을 의미하는 (a) masterpieces가 정답이다.

어휘　more than ~가 넘는 such as ~와 같은 masterpiece 걸작, 명작 performance 공연, 연주(회) lecture 강연 investment 투자(금)

정답　(a)

8.

> 불타는 건물에서 나오는 연기는 매우 유독할 수 있으므로, 소방관들은 반드시 적절한 호흡 장비를 착용해야 한다.

해설　불타는 건물에서 나오는 연기의 성질과 관련된 형용사가 빈칸에 쓰여야 하므로 '유독성의'라는 의미로 쓰이는 (c) toxic이 정답이다.

어휘　fume 연기, 매연 highly 매우, 대단히 appropriate 적절한 breathing 호흡, 숨쉬기 equipment 장비 fragrant 향기로운 toxic 유독성의 gaseous 기체의, 가스의

정답　(c)

9.

> 지진학자들은 백두산이 사화산이 아니라 휴화산이라고 생각하며, 앞으로 언젠가 분출될 것으로 예상한다.

해설　'화산'을 뜻하는 volcano를 수식해 화산의 상태를 나타낼 형

용사로서 extinct(활동을 멈춘)와 반대되는 의미로 '휴면기의'라는 뜻으로 쓰이는 (a) dormant가 정답이다.

어휘 seismologist 지진학자 extinct 활동을 멈춘, 멸종된 expect A to do: A가 ~할 것으로 예상하다 erupt 분출되다 at some point 언젠가, 어느 순간엔가 dormant 휴면기의 blatant 노골적인, 뻔한 vicious 악질의, 지독한, 잔인한 ardent 열렬한, 열정적인

정답 (a)

10.

손꼽히는 고고학자 마이클 쉰이 이끈 탐사 중에 화석화된 공룡 유해가 지난주에 말레이시아에서 발굴되었다.

해설 화석화된 공룡 유해와 관련해 탐사 중에 발생 가능한 일을 나타내야 하므로 '~을 발굴하다'를 뜻하는 동사 unearth의 과거분사 (c) unearthed가 정답이다.

어휘 fossilized 화석화된 dinosaur 공룡 remains 유해, 유적, 나머지 expedition 탐사, 탐험 led by ~가 이끄는, 진행하는 leading 손꼽히는, 선도적인 archaeologist 고고학자 renew ~을 갱신하다 cover ~을 덮다, 포함하다, 충당하다, (주제 등을) 다루다 unearth ~을 발굴하다 inhabit 살다, 서식하다

정답 (c)

11.

과학자들은 팬더의 낮아 보이는 지능 수준이 부실한 식사 및 비교적 작은 뇌에 기인한다고 생각한다.

해설 한 동물이 지닐 수 있는 것으로서 높고 낮은 수준으로 표현 가능한 대상을 가리킬 명사가 빈칸에 쓰여야 하므로 '지능'을 의미하는 (c) intelligence가 정답이다.

어휘 attribute A to B: A가 B에 기인한다고 생각하다, A의 원인이 B라고 생각하다 seemingly 겉보기에, 보아하니 poor 좋지 못한, 형편 없는 diet 식사, 식습관 relatively 비교적, 상대적으로 environment 환경 experience 경험, 경력 intelligence 지능 application 신청(서), 지원(서), 적용, 응용

정답 (c)

12.

과학계에 종사하는 아주 많은 사람들이 소행성 충돌로 인해 공룡이 멸종되었다고 생각하지만, 다른 이들은 이러한 가설에 결점이 있다고 생각한다.

해설 빈칸 앞에 위치한 this는 앞서 언급된 것을 지칭할 때 사용하는데, 접속사 but 앞에 위치한 주절에 과학계에서 공룡의 멸종과 관련해 믿고 있는 점이 쓰여 있다. 따라서 이렇게 입증되지 않은 믿음을 대신 가리킬 명사가 필요하므로 '가설'을 의미하는 (c) hypothesis가 정답이다.

어휘 a large number of 아주 많은 (수의) individual 사람, 개인

community ~계, 분야 dinosaur 공룡 wipe out ~을 멸종시키다 asteroid 소행성 impact 충돌 find A 형용사: A를 ~하다고 생각하다 flawed 결점이 있는 presentation 발표, 제출, 제시, 제공 regulation 규정, 규제 hypothesis 가설 criteria 기준, 표준

정답 (c)

13.

유기체들은 바다 밑바닥에서 생존하기 위해 여러 가지 주목할 만한 방법으로 진화해야야 했다.

해설 '~하기 위해'를 의미하는 in order to와 결합하는 동사원형은 목적을 나타내므로 유기체들이 바다 깊은 곳에서 여러 가지 방법으로 진화한 목적을 나타낼 동사가 빈칸에 필요하다. 이는 결국 생존을 위한 것이므로 '존재하다'를 뜻하는 (a) exist가 정답이다.

어휘 organism 유기체 evolve 진화하다, 발전하다 several 여럿의, 몇몇의 remarkable 주목할 만한, 놀랄 만한 way 방법, 방식 in order to do ~하기 위해 bottom 밑바닥, 맨 아래 exist 존재하다, (어려운 환경에서) 살아남다, 살아가다 contact ~와 접촉하다, ~에게 연락하다 establish ~을 설립하다, 확립하다 concede ~을 인정하다, 용인하다

정답 (a)

14.

찰스 다윈은 생존에 성공한 동물 종이, 일부 동물들이 주변 환경과 조화를 이루는 방법을 터득한 것과 같은 방식으로 살아남기 위해 적응했다고 주장했다.

해설 빈칸에 쓰일 명사는 that절의 동사 adapted 앞에 위치하는 주어로서 생존하기 위해 적응하는 행위의 주체가 될 수 있는 것이어야 하므로 '(동물의) 종'을 뜻하는 (c) species가 정답이다.

어휘 argue that ~라고 주장하다 successful 성공한 adapt 적응하다 in order to do ~하기 위해 survive 살아남다, 생존하다 such as ~와 같이 the way in which 주어 + 동사: ~가 …하는 방식 learn how to do ~하는 방법을 터득하다, 배우다 blend in with ~와 조화를 이루다 surroundings 주변 환경 factor 요인 habitat 서식지 species (동물) 종 variable 변수

정답 (c)

15.

일부 경찰관들이 흑인 및 히스패닉 계 시민들을 상대로 편견을 보이고 있다는 사실을 나타내는 증거가 늘어나고 있다.

해설 전치사 against와 어울려 쓰이는 것으로서 일부 경찰관들이 특정 인종의 시민들에게 보일 수 있는 태도와 관련된 의미를 지니는 명사가 빈칸에 쓰여야 하므로 '~에 대한 편견'이라는 의미를 구성할 때 사용하는 (a) prejudice가 정답이다.

어휘   mounting 늘어나는, 증가하는 evidence 증거 indicate
      that ~임을 나타내다, 가리키다 against ~을 상대로
      prejudice 편견 response 반응, 대응, 응답 discernment
      안목, 분별(력) liability 법적 책임, 책무

정답 (a)

UNIT 04
여러 의미를 가진 TEPS 빈출 어휘

실전 감 잡기

1. (a)	2. (b)	3. (a)	4. (c)	5. (c)
6. (c)	7. (d)	8. (d)	9. (a)	10. (d)
11. (c)	12. (a)	13. (a)	14. (c)	15. (b)

Part 1

1.

> A: 넌 여름휴가 동안에 뭐 할 거야?
> B: 음, 난 한 레스토랑의 일자리에 지원했어. 돈을 좀 벌어야 하거든.

해설 전치사 for와 어울려 쓰이는 자동사로서 레스토랑의 일자리 공
      석에 대해 할 수 있는 행위와 관련된 동사가 필요하므로 '지원
      하다, 신청하다'를 뜻하는 (a) applied가 정답이다.

어휘   over ~ 동안(에 걸쳐) apply for ~에 지원하다, ~을 신청하다
      vacancy 빈 자리, 공석 make money 돈을 벌다 hesitate
      주저하다, 망설이다 propose ~을 제안하다 reserve ~을 예약
      하다, 따로 남겨 두다

정답 (a)

2.

> A: 광고에 나온 할인가로 자동차를 한 대 대여하려고 합니다.
> B: 그 요금 이용 자격을 얻으시려면, 저희 회원 프로그램에 가입하
> 셔야 합니다.

해설 A의 말에 언급된 할인가(discounted price)를 대신 나타
      낼 명사가 빈칸에 쓰여야 하므로 이렇게 특정 요율에 따라 일
      정하게 정해지는 요금을 의미하는 (b) rate이 정답이다. (d)
      charge의 경우, 특정 상품이나 서비스를 이용한 것에 대해 제
      공자 측에서 청구 또는 부과하는 요금을 의미한다.

어휘   would like to do ~하고 싶다 rent ~을 대여하다, 임대하다
      at the discounted price 할인된 가격으로 ad 광고
      (= advertisement) qualify for ~에 대한 자격이 있다 join
      ~에 가입하다, 합류하다 refund 환불(금) rate 요금 total 총
      액, 총계 charge 청구액, 부과 요금

정답 (b)

3.

> A: 안녕하세요. 저는 조앤 스미스입니다. 제 은행 잔고를 확인하려
> 고 전화 드렸습니다.
> B: 알겠습니다. 하지만 우선, 귀하의 신원을 확인해야 합니다.

해설 빈칸 앞에 위치한 명사 bank와 복합명사를 구성할 수 있는 또
      다른 명사로서 은행 업무와 관련해 확인 가능한 대상을 나타내
      야 하므로 '잔고, 잔액'을 뜻하는 (a) balance가 정답이다.

어휘   verify ~을 확인하다, 입증하다 identity 신원, 신분 balance
      잔고, 잔액 term 용어, 기간, 조항 relation 관계, 관련

정답 (a)

4.

> A: 피터 씨에게 제 승진을 비밀로 하도록 상기시켜주셨기를 바라
> 요.
> B: 물론이죠. 그가 언급하지 않겠다고 약속했어요.

해설 승진을 비밀로 유지하는 일과 관련된 의미를 나타내야 하므로
      '그것을 언급하지 않겠다고 약속했다'와 같은 뜻이 되어야 자
      연스럽다. 따라서 동사 give와 함께 '~에게 약속하다'라는 의
      미를 나타낼 때 사용하는 (c) word가 정답이다.

어휘   remind A to do: A에게 ~하도록 상기시키다 keep A a
      secret: A를 비밀로 하다 promotion 승진, 홍보, 촉진 give A
      one's word: A에게 약속하다 mention ~을 언급하다, 말하다
      reliability 신뢰할 수 있음

정답 (c)

5.

> A: 난 그 영화 속 주인공이 쉽게 공감할 수 있는 사람이었다고 생각
> 해.
> B: 맞아, 독특한 머리 모양과 의상 때문에 기억에 남는 인물이 됐어.

해설 영화 주인공(protagonist)의 특징을 말하는 내용이므로 빈칸
      에 쓰일 명사는 그 주인공을 가리킬 다른 명사여야 한다. 따라
      서 '등장인물'을 뜻하는 (c) character가 정답이다.

어휘   protagonist 주인공 find A 형용사: A를 ~하다고 생각하다
      relate to ~에 공감하다, ~와 관련 짓다 distinctive 독특한
      clothing 옷, 의류 make A B: A를 B로 만들다 memorable
      기억에 남을 만한 narrative 이야기, 묘사 director 감독, 연출
      자 character 등장인물

정답 (c)

Part 2

6.

> 젊은 작가인 에릭 그리핀은 자신의 신간 도서를 홍보하기 위해 TV
> 출연을 하고 싶어한다.

해설   빈칸에 쓰여 to부정사를 구성할 동사는 작가가 자신의 책과 관련해 TV에 출연하는 목적에 해당되어야 하므로 '~을 홍보하다'를 의미하는 (C) promote이 정답이다.

어휘   make an appearance 출연하다, 모습을 보이다 emerge 모습을 드러내다, 나타나다 disturb ~을 방해하다 promote ~을 홍보하다, 촉진시키다 pose (위협, 문제 등) ~을 제기하다, 포즈를 취하다

정답   (c)

7.

오전 뉴스 보도에 따르면, 많은 불법 외국인 체류자들이 국경에서 체포되었다.

해설   be동사 were와 수동태를 구성해 불법 이주 외국인들이 국경에서 당할 수 있는 일을 나타낼 과거분사가 빈칸에 쓰여야 하므로 '~을 체포하다'를 뜻하는 apprehend의 과거분사 (d) apprehended가 정답이다.

어휘   according to ~에 따르면 a number of 많은 (수의) illegal 불법의 alien 외국인 (체류자) border 국경 outlaw ~을 불법화하다, 금지하다 attain ~을 이루다, 획득하다 suspend ~을 유보하다, 일시 정지시키다 apprehend ~을 체포하다

정답   (d)

8.

사람들이 체중을 감량하는 데 도움을 주는 새로운 수술 절차에 대한 수요가 증가하고 있지만, 해당 절차는 많은 위험 요소를 지니고 있다.

해설   증가 상태를 나타내는 형용사 growing의 수식을 받음과 동시에 전치사 for와 어울려 쓰일 수 있는 명사가 필요하므로 '~에 대해 증가하는 수요'라는 의미를 구성할 때 사용하는 (d) demand가 정답이다. 나머지 명사들도 growing의 수식을 받을 수는 있지만, 전치사 for와 어울리지는 않는다.

어휘   growing 증가하는, 늘어나는 surgical procedure 수술 절차 help A do: A가 ~하는 데 도움을 주다 lose weight 체중을 감량하다 carry (특징 등) ~을 지니고 있다, 갖고 있다 risk 위험 (요소) scale 규모, 범위, 등급, 비율 demand 수요, 요구, 부담

정답   (d)

9.

<글로벌 스포츠 매거진>에 관심 있는 분은 누구든 구독 체험 서비스를 신청해 완전히 무료로 세 권을 받아볼 수 있습니다.

해설   잡지 구독 체험 서비스를 신청해 무료로 받을 수 있는 것을 나타낼 명사가 빈칸에 쓰여야 하므로 '(출판물 등의) 권, 호' 등을 의미하는 (a) issues가 정답이다.

어휘   interested in ~에 관심이 있는 sign up for ~을 신청하다, ~에 등록하다 trial 체험, 시험 subscription 구독, 서비스 가입

receive ~을 받다 absolutely 완전히, 전적으로 free ad. 무료로 issue (출판물 등의) 권, 호 affair 일, 문제, 사건 matter 문제, 사안 episode (방송의) 1회분

정답   (a)

10.

다음 주 금요일에, 셔먼 씨는 회사 재직 30주년을 기념하는 연회에서 상을 받을 것이다.

해설   빈칸 이하 부분은 분사구로서 명사 banquet을 수식하는 역할을 하며, 30년간 근무한 셔먼 씨를 기리는 연회를 개최하는 목적과 관련된 의미를 나타내야 한다. 따라서 '~을 기념하다'라는 뜻으로 쓰이는 동사 mark의 현재분사 (d) marking이 정답이다.

어휘   honor ~에게 상을 주다, 영예를 주다, ~을 기리다 banquet 연회 service 재직, 근무, 봉사, 도움 affirm ~을 단언하다 label ~을 라벨로 표기하다, ~에 라벨을 붙이다 mark ~을 표시하다, 기념하다

정답   (d)

11.

매장이 월간 목표에 도달하기 위해서는 모든 사람이 반드시 일정 수준의 판매량을 달성해야 한다.

해설   빈칸에 쓰여 명사 number를 수식할 형용사는 월간 목표에 도달하기 위해 반드시 달성해야 하는 판매량과 관련된 의미를 나타낸다. 목표 달성을 위해서는 일정 수량을 판매해야 하므로 '일정한, 특정한'을 뜻하는 (c) certain이 정답이다.

어휘   complete ~을 완료하다, 완수하다 sales 판매(량), 매출 in order for A to do: A가 ~하기 위해 reach ~에 도달하다, 이르다 monthly 월간의, 달마다의 smart 영리한 vague 모호한 certain 일정한, 특정한

정답   (c)

12.

우리 지역 사회를 위해 그 공원을 깨끗하게 유지할 수 있도록, 누구든 쓰레기를 버리다 발각되는 사람에게 벌금이 부과될 것이다.

해설   쓰레기를 버리다 발각되는 사람에게 취해질 조치와 관련된 의미를 나타내야 하므로 '~에게 벌금을 부과하다'를 뜻하는 동사 fine의 과거분사 (a) fined가 정답이다.

어휘   keep A 형용사: A를 ~한 상태로 유지하다 community 지역 사회, 공동체 caught -ing ~하다가 발각되는 litter 쓰레기를 버리다 fine ~에게 벌금을 부과하다 fix ~을 바로잡다, 고치다 pick ~을 고르다, 선택하다, 뽑다 discard ~을 버리다, 폐기하다

정답   (a)

13.

> 1950년에 영국이 미국에 진 것은 세계 축구사에서 가장 의외의 결과들 중 하나였다.

해설 스포츠 경기의 예상치 못한 승패와 관련된 의미를 지니는 명사가 빈칸에 쓰여야 알맞으므로 '의외의 결과, 예상 밖의 승리' 등을 뜻하는 (a) upsets가 정답이다.

어휘 lose to ~에게 지다, 패배하다 upset 의외의 결과, 예상 밖의 승리 honor 영예, 영광 prediction 예측 opponent 상대, 반대자

정답 (a)

14.

> 많은 서커스들이 동물 학대를 포함해 비인간적인 환경 및 관행에 따른 결과로 더 이상 운영되도록 허용되지 않는다.

해설 서커스가 허용되지 않는 이유로서 동물과 관련된 부정적인 행위를 나타내는 명사가 빈칸에 쓰여야 알맞으므로 '학대, 남용, 오용' 등을 뜻하는 (c) abuse가 정답이다.

어휘 no longer 더 이상 ~ 않다 be permitted to do ~하도록 허용되다 as a result of ~에 따른 결과로 inhumane 비인간적인 condition 환경, 상황, 조건 practice 관행, 관례 including ~을 포함해 applause 박수 갈채 offense 공격, 위반, 반칙, 모욕 abuse 학대, 남용, 오용 characteristic 특징

정답 (c)

15.

> 실제 의료적인 특성을 지니고 있지는 않지만, 플라시보 효과는 흔히 환자의 다양한 증상을 완화시켜줄 수 있다.

해설 환자의 다양한 증상을 완화시켜줄 수 있는 플라시보 효과가 실제 의료적으로 지니고 있지 않은 것을 나타낼 명사가 빈칸에 필요하므로 '특성, 속성'을 의미하는 (b) properties가 정답이다.

어휘 while ~이기는 하지만, ~인 반면 medical 의료의 placebo 플라시보 효과(가짜 약이지만 그 복용에 따른 심리 효과로 인해 실제로 상태가 좋아지는 것) alleviate ~을 완화시키다 symptom 증상 location 위치, 지점 property 특성, 속성 performance 성과, 실적, 공연, 능력 experiment 실험

정답 (b)

UNIT 05
함께 외우면 좋은 TEPS 빈출 어휘

실전 감 잡기

1. (c) **2.** (a) **3.** (b) **4.** (c) **5.** (b)

6. (c) **7.** (a) **8.** (c) **9.** (b) **10.** (b)

11. (c) **12.** (d) **13.** (d) **14.** (a) **15.** (d)

Part 1

1.

> A: 텔포드 지사에서 근무하고 계신 게 맞죠?
> B: 3년 동안 그랬지만, 최근에 렌프루 지사로 전근했어요.

해설 텔포드 지사에서 3년 동안 근무하고 최근에 다른 지사로 옮긴 것을 나타낼 동사가 빈칸에 쓰여야 알맞으므로 '전근하다'를 뜻하는 (c) transferred가 정답이다.

어휘 branch 지사, 지점 recently 최근에 employ ~을 고용하다 approach ~에게 접근하다, (상태 등이) ~에 가까워지다 transfer 전근하다, 이전하다 convey ~을 전달하다

정답 (c)

2.

> A: 마리아가 자신이 다니는 교회에 나오라고 날 조르는 걸 그만했으면 좋겠어.
> B: 맞아. 걔는 자신의 종교에 대해 지나치게 열성적일 때가 있어.

해설 다른 사람에게 교회에 나오라고 조르는 것에서 알 수 있는 종교를 향한 마음가짐을 나타낼 형용사가 빈칸에 쓰여야 알맞으므로 '열성적인'을 의미하는 (a) zealous가 정답이다.

어휘 pester ~을 조르다 overly 지나치게 religion 종교 zealous 열성적인 withdrawn 내성적인 accomplished 기량이 뛰어난, 재주가 많은 impressive 인상적인

정답 (a)

3.

> A: 야구 경기장에 가려면 얼마를 지불해야 할까요?
> B: 지하철 승차 요금은 2달러이고, 버스도 거의 동일한 요금이 들어요.

해설 빈칸에는 지하철과 버스와 같은 대중 교통 수단에 지불하는 요금을 나타낼 명사가 빈칸에 필요하므로 (b) fare가 정답이다.

어휘 reach ~에 도달하다, 이르다 cost ~의 비용이 들다 about ad. 거의, 약, 대략 fare (교통편) 요금 worth 가치, 값어치 change 거스름돈, 잔돈

정답 (b)

4.

> A: 우리가 어떻게 직원들의 사기를 증진할 수 있을까요?
> B: 약간의 금전적인 보상책이 직원들을 더 기쁘게 만들어줄 거라고 생각해요.

해설 금전적인 보상책을 통해 직원들과 관련해 증진할 수 있는 것을 나타낼 명사가 빈칸에 쓰여야 하므로 '사기, 의욕'을 의미하는 (c) morale이 정답이다.

어휘 boost ~을 증진하다, 촉진하다 financial 금전적인, 재정적인 incentive 보상책, 장려책 make A do: A를 ~하게 만들다 knowledge 지식 moral 도덕(률), 윤리 morale 사기, 의욕 security 보안

정답 (c)

5.

> A: 제 직무 안내서를 참고해야 하는데, 제가 그걸 잃어버렸어요.
> B: 걱정하지 마세요. 제 것을 빌려 드릴게요.

해설 빈칸 뒤에 「사람 + 사물」로 이어지는 두 개의 명사가 쓰여 있으므로 두 개의 목적어를 취할 수 있는 동사로서 '~에게 …을 빌려주다'라는 의미를 나타내는 (b) lend가 정답이다. (d) borrow는 하나의 목적어를 취하며, borrow의 주어가 사물을 빌리는 것을 표현해야 하므로 문장 구조 및 의미에 맞지 않는다.

어휘 refer to ~을 참고하다 employee handbook 직무 안내서 lend A B: A에게 B를 빌려주다 share ~을 공유하다, 함께 이용하다 borrow ~을 빌리다

정답 (b)

Part 2

6.

> 그 탑승객은 기내 식사 중에 음식물이 목에 걸렸지만, 승무원이 그를 구했다.

해설 기내 식사 중에 음식물이 목에 걸릴 수 있는 사람을 나타낼 명사가 빈칸에 필요하므로 '탑승객'을 의미하는 (c) passenger가 정답이다.

어휘 choke on ~가 목에 걸리다, ~로 질식하다 lump 덩어리 during ~ 중에, ~ 동안 in-flight 기내의 meal 식사 flight attendant 승무원 spectator 구경꾼 passerby 행인 passenger 탑승객 presenter 발표자

정답 (c)

7.

> 신장이 120센티미터 미만인 아이들은 드림랜드 롤러 코스터를 탈 때 반드시 성인이 동반되어야 한다.

해설 키가 특정 기준 미만인 아이들이 롤러 코스터를 탈 때 성인과 함께 할 수 있는 일을 나타내야 하므로 '~을 동반하다, ~와 동행하다'를 뜻하는 accompany의 과거분사 (a) accompanied가 정답이다.

어휘 those (수식어구와 함께) ~하는 사람들 height 신장, 키 ride ~을 타다 accompany ~을 동반하다, ~와 동행하다 consider ~을 고려하다 complement ~을 보완하다 accommodate ~을 수용하다

정답 (a)

8.

> 온라인 뉴스에 대한 수요가 증가함에 따라, 신문사들은 수익성을 유지하기 위해 빠르게 적응해야 했다.

해설 온라인 뉴스에 대한 수요 증가에 따라 신문사들이 수익성을 유지하기 위해 취한 조치와 관련된 일을 나타낼 동사가 필요하므로 '적응하다'를 뜻하는 (c) adapt가 정답이다.

어휘 demand 수요, 요구 grow 증가하다, 늘어나다 rapidly 빠르게 in order to do ~하기 위해 remain + 형용사: ~한 상태를 유지하다, 계속 ~한 상태이다 profitable 수익성이 있는 renovate ~을 개조하다, 보수하다 issue ~을 발급하다, 지급하다, 발표하다 adapt 적응하다 subscribe (유료 회원으로) ~을 구독하다, ~ 서비스에 가입하다

정답 (c)

9.

> 나이가 거의 80세에 달했음에도 불구하고, 달튼 씨는 여전히 매우 적극적이고 활기차다.

해설 80세인 달튼 씨의 성향과 관련된 형용사로서 빈칸 앞에 and로 연결된 active와 관련 있는 의미를 지닌 것이 필요하므로 '활기찬, 건강한'을 뜻하는 (b) vigorous가 정답이다. 참고로, 나머지 형용사들은 모두 사람이 아닌 사물에 대해 사용한다.

어휘 despite ~에도 불구하고 active 적극적인, 활동적인 strenuous 힘이 많이 드는, 격렬한 vigorous 활기찬, 건강한 nutritious 영양가가 높은 erroneous 잘못된

정답 (b)

10.

> 회사는 민감한 고객 정보가 제대로 다뤄질 수 있도록 하기 위해 개인 정보 보호 정책을 개정할 계획이다.

해설 빈칸에 쓰일 형용사는 고객 정보를 의미하는 복합명사 client information을 수식해 제대로 다뤄져야만 하는 정보의 특성

을 나타내야 하므로 '민감한'을 의미하는 (b) sensitive가 정답이다. 나머지 선택지들은 고객 정보의 특성을 나타내는 형용사로 맞지 않다.

어휘 　revise ~을 변경하다, 수정하다　privacy policy 개인 정보 보호 정책　in order to do ~하기 위해　make sure that 반드시 ~하도록 하다　sensible 합리적인, 분별 있는　sensitive 민감한, 예민한　affordable (가격이) 저렴한, 알맞은　competitive 경쟁하는, 경쟁력 있는

정답 　(b)

11.

> 흡연과 음주는 신체의 산소 처리 능력을 방해한다.

해설 　전치사 with와 어울리는 자동사로서 흡연 및 음주가 신체의 산소 처리 능력에 미치는 영향과 관련된 의미를 나타낼 동사가 필요하므로 '방해하다'를 뜻하는 (c) interfere가 정답이다.

어휘 　interfere with ~을 방해하다　ability to do ~하는 능력　process ~을 처리하다　oxygen 산소　develop ~을 개발하다, 발전시키다　promote ~을 승진시키다, 홍보하다, 촉진하다　enhance ~을 강화하다, 향상시키다

정답 　(c)

12.

> 경제 이론 및 경제사는 경제 정책의 기획 및 시행에 있어 서로를 잘 보완해준다.

해설 　'서로'를 뜻하는 each other를 목적어로 취할 수 있는 타동사이면서 의미가 어울리는 동사가 필요하므로 '~을 보완하다'를 뜻하는 (d) complement가 정답이다. (a) parallel과 (c) suffocate은 의미가 어울리지 않는 타동사이며, (b) coexist는 목적어를 취할 수 없는 자동사이다.

어휘 　economic 경제의　theory 이론　each other 서로　planning 기획　implementation 시행, 이행　policy 정책, 방침　parallel ~와 평행을 이루다, ~에 필적하다　coexist 공존하다　suffocate ~을 질식시키다　complement ~을 보완하다

정답 　(d)

13.

> 플라스틱 폐기물이 환경에 초래하는 피해를 보고 난 후, 김 씨는 재활용 가능한 빨대 및 쇼핑백에 대한 관점을 바꿨다.

해설 　환경에 부정적인 영향을 미치는 것을 본 후에 재활용 가능한 빨대 및 쇼핑백에 대해 바꿀 수 있는 것을 나타낼 명사가 필요하므로 '관점, 시각'을 의미하는 (d) perspective가 정답이다. change one's perspective on(~에 대한 관점을 바꾸다)을 덩어리째 암기해 두는 것이 좋다.

어휘 　damage 피해, 손상　cause ~을 초래하다, 야기하다　environment 환경　reusable 재활용 가능한　straw 빨대　utilization 활용, 이용　ambition 야망, 포부　imagination

상상(력)　perspective 관점, 시각

정답 　(d)

14.

> 그 작가는 자신의 소설을 영화화하는 것에 관심이 없었기 때문에, 모든 각색 제안을 거절했다.

해설 　소설을 영화화하는 것에 관심이 없다는 사실에 따른 결과로서 각색 제안에 대해 할 수 있는 행위와 관련된 동사가 필요하므로 '~을 거절하다'를 뜻하는 (a) rejected가 정답이다. (c) eject는 주로 '사람을 내쫓다'는 의미로 쓰이므로 적절하지 않다.

어휘 　author 작가　interest in ~에 대한 관심　turn A into B: A를 B로 변모시키다, 탈바꿈시키다　adaptation 각색　proposal 제안(서)　reject ~을 거절하다, 거부하다　displace ~을 대체하다, 옮겨 놓다　eject ~을 쫓아내다　fail 실패하다, 하지 못하다

정답 　(a)

15.

> 소나기가 곧 닥칠 듯한 상태가 되자 직원들은 가능한 한 빨리 테니스장 바닥을 덮기 위해 서둘렀다.

해설 　가능한 한 빨리 테니스장 바닥을 덮기 위해 서두른 이유로서 소나기가 내리는 상황에 해당되는 형용사가 빈칸에 쓰여야 하므로 '곧 닥칠 듯한, 임박한'을 뜻하는 (d) imminent가 정답이다.

어휘 　rush 서두르다, 급히 하다　surface 바닥, 표면　as quickly as possible 가능한 한 빨리　rain shower 소나기　occasional 가끔 일어나는　fleeting 순식간의, 잠깐 동안의　adjacent 인접한, 가까운　imminent 곧 닥칠 듯한, 임박한

정답 　(d)

UNIT 06
TEPS 빈출 관용어·숙어 / 콜로케이션

실전 감 잡기

1. (d)	2. (c)	3. (b)	4. (c)	5. (b)
6. (a)	7. (d)	8. (b)	9. (b)	10. (c)
11. (b)	12. (a)	13. (b)	14. (b)	15. (c)

Part 1

1.

> A: 난 오늘 몸이 좀 좋지 않아.
> B: 곧 나아지길 바랄게.

해설 　곧 나아지길 바란다는 말은 몸 상태가 좋지 않은 사람에게 할 수 있는 것이므로 '몸이 좋지 않은'을 뜻하는 (d) under the weather가 정답이다.

어휘 　a little 조금, 약간 feel better (기분, 몸 상태 등이) 더 나아지다 out of the blue 난데 없이, 갑자기 up in the air 아직 미정인 down the drain 수포로 돌아가, 허비된 under the weather 몸이 좋지 않은

정답 　(d)

2.

> A: 네가 야구 경기를 보러 갈 거라고 말한 줄 알았는데.
> B: 비 때문에 취소됐어.

해설 　비가 야구 경기 개최에 미친 영향과 관련된 의미를 나타내야 하므로 '~을 취소하다'를 뜻하는 call off의 과거분사형 (c) called off가 정답이다.

어휘 　pay off 성과를 올리다, 결실을 맺다, ~을 청산하다 take off 이룩하다, ~을 벗다, ~을 중단하다 call off ~을 취소하다, 철회하다 bring off ~을 해내다

정답 　(c)

3.

> A: 그레이산으로 가는 등산이 왜 연기된 거야?
> B: 이번 주말에 악천후가 좀 예상되고 있어.

해설 　등산 여행이 연기된 이유로서 명사 weather를 수식해 부정적인 날씨를 의미할 수 있는 형용사가 빈칸에 쓰여야 하므로 weather와 함께 '악천후'라는 의미를 구성할 때 사용하는 (b) inclement가 정답이다.

어휘 　postpone ~을 연기하다, 미루다 expect ~을 예상하다, 기대하다 inclement weather 악천후 residual 남은, 잔여의 faulty 결함이 있는, 흠이 있는 temporal 시간의, 일시적인, 세속적인

정답 　(b)

4.

> A: 조지 씨와 시장님 사이의 친분 관계가 고소가 취하된 일과 관련이 있는 게 분명해요.
> B: 네, 그가 곤경에서 벗어나기 위해 인맥을 동원한 게 틀림없어요.

해설 　친분 관계로 인해 고소가 취하된 것 같다고 한 말과 어울리는 문제 해결 방식에 해당되는 표현이 빈칸에 쓰여야 알맞으

므로 '인맥을 동원하다'라는 의미로 쓰이는 (c) pulled a few strings가 정답이다.

어휘 　mayor 시장 have something to do with ~와 관련이 있다 drop charges 고소를 취하하다 get out of trouble 곤경에서 벗어나다 take a rain check 다음으로 미루다, 다음 기회를 갖다 make ends meet 겨우 먹고 살 만큼 벌다, 수지 타산을 맞추다 pull a few strings 인맥을 동원하다 tie up loose ends 결말을 짓다, 끝맺음 하다

정답 　(c)

5.

> A: 대표이사님께서 그 연간 수치에 관해 뭐라고 하시던가요?
> B: 저, 핵심은 우리가 매출을 증대해야 한다는 것이에요.

해설 　대표이사가 연간 수치에 관해 한 말과 관련해 매출을 증대해야 한다고 언급하는 것으로 간단히 대답하고 있는데, 이는 대표이사가 한 말을 간략히 요약한 것으로 볼 수 있다. 즉, 핵심만 전달하는 답변에 해당되므로 '핵심, 요점'을 뜻하는 (b) bottom line이 정답이다.

어휘 　annual 연간의, 연례적인 figure 수치, 숫자 boost ~을 증대하다, 촉진하다 sales 매출, 판매(량) cloud nine 절정의 행복감, 황홀경 bottom line 핵심, 요점 bad apple 악영향을 미치는 것, 암적인 존재 piece of cake 식은 죽 먹기

정답 　(b)

6.

> A: 토요일에 우리와 함께 야구 경기하는 건 어때?
> B: 미안하지만, 선약이 있어.

해설 　빈칸에 쓰일 명사는 이미 예정된 일정으로서 상대방의 제안을 거절하는 이유에 해당되어야 하므로 바로 앞에 위치한 형용사 prior와 함께 '선약'이라는 의미를 구성할 때 사용하는 (a) commitment가 정답이다.

어휘 　Why don't you ~? ~하는 게 어때? join A for B: A와 함께 B를 하다 prior commitment 선약 experience 경험, 경력 dedication 전념, 헌신 scenario 시나리오

정답 　(a)

7.

> A: 저는 우리 TV 프로그램의 주제곡이 충분히 쉽게 인식 가능한 것 같지 않아요.
> B: 동의해요. 아마 더 잘 기억에 남는 멜로디를 생각해내야 할 거예요.

해설 　빈칸 뒤에 위치한 a catchier melody는 '더 잘 기억에 남는 멜로디'라는 의미로서 잘 인식되지 않는 주제곡에 대한 조치에 해당된다. 따라서 빈칸이 속한 문장은 그와 같은 멜로디를 만들어 내야 한다는 의미가 되어야 알맞으므로 '(아이디어 등) ~을 생각해내다' 등을 의미하는 (d) come up with가 정답이다.

theme song 주제곡 recognizable 인식하기 쉬운, 알아보기 쉬운 enough (형용사 뒤에서) 충분히 catchy 기억에 남는 get in touch with ~와 연락하다 live up to ~에 부응하다, ~에 따라 행동하다 make up for ~을 만회하다, 벌충하다 come up with (아이디어 등) ~을 생각해내다, 찾아내다

정답 (d)

8.

> A: 일요일에 있을 직원 야유회에 함께 하실 건가요?
> B: 실은, 가야 하는지 말아야 하는지에 대해 여전히 고민 중이에요.

해설 직원 야유회에 함께 가는지 묻고 있으므로 행사 참석 여부와 관련된 답변이 되어야 한다. 따라서 참석 여부와 관련해 '고민 중인, 결정하지 못한'을 의미하는 (b) on the fence가 정답이다.

어휘 join ~와 함께 하다, ~에 합류하다 actually 실은, 사실은 whether to do or not ~해야 하는지 아닌지 out of line 일치하지 않는, 도를 넘어선 on the fence 고민 중인, 결정하지 못한 over the top 과장된, 지나친 in the same boat 같은 처지에 있는

정답 (b)

9.

> A: 네가 짓고 있던 울타리가 조금이라도 어젯밤에 있었던 토네이도를 견뎌냈어?
> B: 아니, 전부 엉망이 되어 버려서, 처음부터 다시 시작해야 해.

해설 자신이 짓고 있던 울타리가 전부 엉망이 되어 버린 것에 따라 해야 하는 일을 나타낼 표현이 빈칸이 쓰여야 하므로 '처음부터 다시 시작하다'를 뜻하는 (b) start from scratch가 정답이다.

어휘 survive through ~을 견뎌내다, ~에서 살아남다 ruin ~을 엉망으로 만들다, 망치다 walk a fine line 위험한 일을 하다, 아슬아슬한 곡예를 하다 start from scratch 처음부터 다시 시작하다 tighten one's belt 돈을 아껴 쓰다, 절약하다 keep one's fingers crossed 행운을 빌다

정답 (b)

10.

> A: 에이미 씨, 토드 씨가 정말로 재미있다고 생각해요?
> B: 전혀 그렇지 않아요. 제 상사라서 그냥 그분의 농담을 참고 듣는 거예요.

해설 전혀 재미있지 않은 사람이 상사이기 때문에 그 사람의 농담을 들어줘야 하는 상황에서 할 수 있는 행위와 관련된 표현이 빈칸에 쓰여야 알맞으므로 '~을 참다, 참고 견디다'라는 의미로 쓰이는 (c) put up with가 정답이다.

어휘 find A 형용사: A를 ~하다고 생각하다 Not at all (앞서 언급된 말에 대해) 전혀 그렇지 않다 check up on ~을 확인하다 talk

it over ~하면서 얘기하다 put up with ~을 참다, 참고 견디다 look up to ~을 우러러보다, 존경하다

정답 (c)

Part 2

11.

> 안전을 위해, 운전 중에는 항상 기민함을 유지해야 합니다.

해설 안전을 위해 기민함을 유지해야 하는 상황에 해당되는 표현이 빈칸에 쓰여야 알맞으므로 '운전 중에'라는 의미로 쓰이는 (b) behind the wheel이 정답이다.

어휘 one's own ~ 자신만의 keep A 형용사: A를 ~한 상태로 유지하다 alert 기민한 out of the blue 갑자기, 난데 없이 behind the wheel 운전 중에 on the horizon 곧 일어날 듯한 outside the box 고정 관념을 버리고

정답 (b)

12.

> NASA는 우주를 탐사하는 것을 목표로 하는 많은 프로젝트에 여전히 적극적으로 참여하고 있다.

해설 많은 프로젝트에 대해 적극적으로 할 수 있는 일을 나타낼 표현이 쓰여야 자연스러우므로 '~에 참여하다, 관여하다' 등의 의미를 구성할 때 사용하는 (a) engaged in이 정답이다.

어휘 NASA 미국 항공 우주국 actively 적극적으로 aim to do ~하는 것을 목표로 하다 explore ~을 탐사하다, 탐험하다 space 우주 be engaged in ~에 참여하다, 관여하다, 종사하다 consist of ~로 구성되다 be composed of ~로 구성되어 있다 take care of ~을 처리하다, 다루다, ~에 신경 쓰다

정답 (a)

13.

> 피고가 범죄 당일 밤에 대한 자신의 행방을 증명하지 못하는 것이 그가 처음에 내세운 알리바이에 대해 의구심을 제기하게 만들었다.

해설 '의구심, 의심, 의혹' 등을 나타내는 명사 doubt과 어울리는 동사가 필요하므로 '의구심을 제기하다'라는 의미를 구성할 때 사용하는 (b) cast가 정답이다. 참고로 동사 cast의 동사 변화는 cast-cast-cast로서 (b)는 과거시제로 쓰인 것이다.

어휘 defendant 피고 inability to do ~하지 못함, ~할 수 없음 prove ~을 증명하다, 입증하다 whereabouts 행방, 소재 cast doubt on ~에 대해 의구심을 제기하다 initial 처음의 alibi 알리바이, 변명, 구실 mark ~에 표시하다, (표시를 위해) ~을 붙이다, ~을 기념하다, ~을 특징짓다 treat ~을 다루다, 처리하다

정답 (b)

14.

시장은 처음에 축제를 연기할 의향이 없었지만, 안전 전문가들이 그렇게 하는 것이 모든 사람에게 득이 된다고 설득했다.

해설 빈칸 앞뒤에 각각 위치한 be동사 was 및 to부정사와 어울려 쓰이는 형용사로서 이 둘과 함께 '~할 의향이 없다, ~하기를 꺼리다'라는 의미를 구성할 때 사용하는 (b) unwilling이 정답이다.

어휘 mayor 시장 initially 처음에 be unwilling to do ~할 의향이 없다, ~하기를 꺼리다 postpone ~을 연기하다, 미루다 expert 전문가 persuade A (that): ~라고 A를 설득하다 in one's best interests ~에게 득이 되는 impatient 참을성 없는, 조급한 ambivalent 양면적인, 상반되는 감정이 공존하는 disregard ~을 무시하다

정답 (b)

15.

마젤란 전자제품회사는 전 세계적으로 성공을 거둔 자사의 휴대전화 제품군 덕분에 작년에 기록적인 매출액을 보고했다.

해설 빈칸에 쓰일 형용사는 '매출(액), 판매(량)' 등을 의미하는 sales를 수식해 전 세계적인 성공에 따른 매출액 증가 수준을 나타내야 하므로 '기록적인'을 뜻하는 (c) record가 정답이다.

어휘 sales 매출(액), 판매(량) thanks to ~ 덕분에, ~ 때문에 globally 세계적으로 successful 성공한 range 제품군, 종류, 범위 pricy 값비싼 poor 형편 없는 record a. 기록적인 durable 내구성이 좋은

정답 (c)

UNIT 07 TEPS 초급 필수 어휘

실전 감 잡기

1. (c)	2. (d)	3. (c)	4. (d)	5. (a)
6. (a)	7. (c)	8. (b)	9. (b)	10. (a)
11. (b)	12. (d)	13. (c)	14. (a)	15. (a)

Part 1

1.

A: 몇 가지 물품만 구입해서 빠른 계산대로 갑시다.
B: 좋은 생각이에요. 그렇게 하면 긴 줄을 피할 수 있을 거예요.

해설 빈칸이 속한 문장은 빠른 계산대로 가는 것의 장점을 나타내야 하므로 '긴 줄을 피하다'라는 의미를 구성할 수 있는 (c) avoid가 정답이다.

어휘 express a. 빠른, 신속한, 급행의 checkout 계산대 that way 그렇게 하면, 그런 방법으로 deny ~을 부인하다, 부정하다 oppose ~에 반대하다 avoid ~을 피하다 revert (원래의 방법, 상태 등으로) 되돌아가다

정답 (c)

2.

A: 보니까 다리를 절뚝거리고 있네, 벤. 괜찮아?
B: 아니, 발목을 접질려서 고통스러워.

해설 빈칸 뒤에 위치한 ankle sprain(발목 접질림)을 수식해 신체적인 부상의 정도나 그에 따른 영향 등과 관련된 의미를 나타낼 형용사가 필요하므로 '고통스러운'을 뜻하는 (d) painful이 정답이다.

어휘 notice that ~임을 알아차리다, 알게 되다 limp 다리를 절뚝거리다 ankle 발목 sprain (손목, 발목 등을) 삠, 접질림 toxic 유독성의 hurtful 마음을 상하게 하는, 해를 끼치는 vulnerable 취약한 painful 고통스러운

정답 (d)

3.

A: 우리 침실 문틀이 얼마나 높죠?
B: 잘 모르겠어요. 확인해볼 수 있게 측정해 봅시다.

해설 침실 문틀의 높이를 확인하기 위해 할 수 있는 행위와 관련된 동사가 빈칸에 쓰여야 알맞으므로 '~을 측정하다, 재다'를 의미하는 (c) measure가 정답이다.

어휘 doorframe 문틀 outline ~을 간략히 설명하다, ~의 개요를 말하다 elongate ~을 길게 늘이다 measure ~을 측정하다, 재다 restore ~을 회복시키다, 복구하다, 복원하다

정답 (c)

4.

A: 이브는 자신의 장신구가 그렇게 빨리 판매될 거라고 생각하지 못했대.
B: 분명 그렇게 높은 수요를 예상하지 못했을 거야.

해설 물품이 빠르게 판매될 거라고 생각하지 못했다는 말과 같은 의미를 나타내야 하므로 빈칸이 속한 문장은 그와 같은 높은 수요를 예상하지 못했다는 뜻이 되어야 알맞다. 따라서 '~을 예상하다, 기대하다'를 뜻하는 (d) anticipate이 정답이다.

어휘 have no idea (that) ~임을 생각하지 못하다 jewelry 장신구 sell 판매되다 quickly 빨리, 신속히 clearly 분명히, 명확하게 demand 수요, 요구 appropriate v. (돈 등) ~을 책정하다, (무단으로) ~을 도용하다, 전용하다 achieve ~을 달성하다, 이루다 allocate ~을 할당하다 anticipate ~을 예상하다, 기대하다

정답 (d)

5.

> A: 제가 오후 1시에 3층 회의실을 이용할 수 있나요?
> B: 잠시만요. 그곳이 그때 이용 가능한지 알아볼 수 있게 확인 좀 해 볼게요.

해설 빈칸이 속한 if절은 회의실 이용 여부와 관련해 확인하려는 것을 나타내야 하므로 빈칸에 쓰일 형용사로 '이용 가능한'을 의미하는 (a) available이 정답이다.

어휘 Hold on 잠시만요 see if ~인지 알아보다 then 그때 available 이용 가능한 complimentary 무료의, 칭찬하는 accommodate ~을 수용하다, ~에게 공간을 제공하다 expired 만료된, 기한이 지난

정답 (a)

Part 2

6.

> 대통령은 남극 대륙이 핵 실험장으로 이용될 수 있다는 점에 대해 심각한 우려를 표명했다.

해설 남극 대륙이 핵 실험장으로 이용될 수 있다는 부정적인 상황에 대해 표현할 수 있는 감정이나 생각 등을 나타내는 명사가 빈칸에 쓰여야 알맞으므로 '우려, 걱정'을 뜻하는 (a) concern이 정답이다.

어휘 express (감정, 생각 등) ~을 표현하다, 나타내다 major 심각한, 중대한, 주된 Antarctica 남극 대륙 nuclear 핵의 testing ground 실험장 concern 우려, 걱정 conflict 갈등, 충돌, 상충 consideration 고려, 숙고 contemplation 사색, 명상

정답 (a)

7.

> 암스테르담 주민들은 자전거로 직장에 통근하기 위해 그 도시의 광범위한 자전거 전용 도로망을 이용한다.

해설 도시의 광범위한 자전거 전용 도로망을 이용해 회사까지 이동하는 행위를 나타낼 동사가 빈칸에 쓰여야 알맞으므로 '통근하다'를 뜻하는 (c) commute이 정답이다. (a) approach(~에 접근하다)는 타동사로서 뒤에 전치사 없이 바로 목적어를 취해야 한다.

어휘 resident 주민 take advantage of ~을 이용하다 extensive 광범위한, 폭넓은 cycle path network 자전거 전용 도로망 approach 접근하다, 가까워지다 locate ~의 위치를 찾다 commute 통근하다 transport ~을 운송하다, 수송하다

정답 (c)

8.

> 다른 무엇보다도, 위생 검사관의 주요 업무는 반드시 모든 위생 안전 기준이 충족되도록 하는 것이다.

해설 명사 duty를 수식해 위생 검사관의 업무가 지닌 특성을 나타낼 형용사가 쓰여야 하는데, 그 뒤에 이어지는 내용은 위생 검사관이 주로 하는 일을 설명하고 있다. 따라서 '주요한, 주된'을 뜻하는 (b) principal이 정답이다.

어휘 above all else 다른 무엇보다도 health inspector 위생 검사관 duty 업무, 직무 ensure that 반드시 ~하도록 하다, ~임을 보장하다 hygiene 위생 standard 기준, 표준 meet (조건 등) ~을 충족하다 former 이전의, 전직 ~의 principal 주요한, 주된 tenuous 미약한, 빈약한, 보잘 것 없는 superior 우월한, 우수한

정답 (b)

9.

> 원유 유출이 수영하기에 위험한 환경을 만들었기 때문에, 바이어스 해변은 당분간 폐쇄된 상태로 유지될 것이다.

해설 원유 유출로 인해 해변이 폐쇄되는 결과로 이어진 상황의 심각성을 나타낼 형용사가 빈칸에 쓰여야 알맞으므로 '위험한'을 의미하는 (b) hazardous가 정답이다.

어휘 oil spill 원유 유출 create ~을 만들다 conditions 환경, 상황, 상태 remain + 형용사: ~한 상태로 유지되다, 계속 ~한 상태로 남아 있다 for the foreseeable future 당분간 shabby 다 낡은, 허름한 hazardous 위험한 abandoned 버려진, 유기된 diverse 다양한

정답 (b)

10.

> 외국어 앱은 사용자들이 여러 특정 측면에 집중할 수 있게 해줌으로써 학습을 용이하게 할 수 있다.

해설 빈칸에 쓰일 동사는 외국어 앱이 학습에 미치는 영향과 관련된 의미를 나타내야 하므로 '~을 용이하게 하다, 촉진하다'라는 뜻으로 쓰이는 (a) facilitate이 정답이다.

어휘 by (방법) ~함으로써, ~해서 allow A to do: A에게 ~할 수 있게 해주다 focus on ~에 집중하다, 초점을 맞추다 specific 특정한, 구체적인 aspect 측면, 양상 facilitate ~을 용이하게 하다, 촉진하다 distribute ~을 배부하다, 유통시키다 recommend ~을 추천하다, 권장하다 alleviate ~을 완화하다

정답 (a)

11.

> 요즘, 많은 치과의사들이 양치질을 한 뒤에 물로 헹구는 일반적인 습관을 하지 말도록 권하고 있다.

해설 '일반적인, 흔한'을 뜻하는 형용사 common과 어울리는 명사로서 사람들이 양치하는 과정에서 일반적으로 하는 일을 가리키는 것이 빈칸에 쓰여야 알맞으므로 '습관' 등을 의미하는 (b) practice가 정답이다.

어휘   dentist 치과의사 advise against ~하지 말도록 권하다, ~을 반대하다 common 일반적인, 흔한 rinsing (물로) 헹구기 brush one's teeth 양치질을 하다 disposition 기질, 성격 practice 습관, 관습, 관행, 실천, 연습 outcome 결과 belief 믿음, 신념

정답   (b)

12.

> 잘못된 정보의 확산을 피하기 위해, 저희 웹 사이트는 오직 신뢰할 수 있는 소식통에서 나온 기사들만 싣습니다.

해설   잘못된 정보의 확산을 피하기 위한 조치로서 정보의 신뢰성과 관련된 의미를 나타내야 하므로 빈칸 뒤에 위치한 명사 sources와 어울려 '신뢰할 수 있는 소식통'이라는 말을 구성할 때 사용하는 형용사 (d) reliable이 정답이다.

어휘   avoid ~을 피하다 spread 확산, 퍼짐 misinformation 잘못된 정보 feature v. ~을 포함하다, 특징으로 하다 article (신문 등의) 기사 source 소식통, 출처, 근원, 원천 flexible 신축성 있는 amendable 수정할 수 있는 subtle 미묘한, 미세한, 섬세한 reliable 신뢰할 수 있는

정답   (d)

13.

> 병원 남쪽 주차장에 대한 주차 허가증은 오직 오후 8시까지만 유효합니다.

해설   빈칸 뒤에 상태 지속과 관련된 시점이 제시되어 있으므로 주차 허가증을 사용할 수 있는 시간임을 알 수 있다. 이는 주차 허가증이 유효한 상태가 지속되는 시간으로 볼 수 있으므로 '유효한'을 의미하는 형용사 (c) valid가 정답이다.

어휘   permit 허가증 lot 주차장 until (지속) ~까지 qualified 자격 있는, 적격인 correct 정확한, 옳은, 맞는 valid 유효한 dated 오래된, 구식의, 날짜가 적힌

정답   (c)

14.

> 적정 수준의 건강 상태를 달성하는 한 가지 효과적인 방법은 하루에 최소 10,000보를 걷는 것이다.

해설   빈칸 뒤에 '적정한 수준'을 의미하는 명사구가 쓰여 있고 그 수준에 도달하기 위한 방법으로 10,000보 걷기를 소개하는 내용이므로 특정 수준에 도달하는 일을 나타낼 동사로 '~을 달성하다, 이루다'라는 의미로 쓰이는 (a) achieve가 정답이다.

어휘   effective 효과적인 way to do ~하는 방법 reasonable 적정한, 합리적인, 타당한 fitness 건강, 신체 단련 at least 최소한, 적어도 achieve ~을 달성하다, 이루다 resume ~을 재개하다 succeed 성공하다, ~을 물려 받다, ~의 뒤를 잇다 compete 경쟁하다, 겨루다

정답   (a)

15.

> 식물은 우리에게 아주 다양한 과일과 채소를 제공해주므로, 우리 먹이 사슬에 있어 필수적인 연결 고리이다.

해설   우리에게 아주 다양한 과일과 채소를 제공해주는 식물의 중요성을 나타낼 형용사가 빈칸에 쓰여야 알맞으므로 '필수적인'을 뜻하는 (a) vital이 정답이다.

어휘   provide A with B: A에게 B를 제공하다 a wide variety of 아주 다양한 link 연결 (고리), 연결 수단, 관련, 관계 food chain 먹이 사슬 vital 필수적인 urgent 긴급한 tentative 잠정적인 abrupt 갑작스러운, 돌연한

정답   (a)

UNIT 08   TEPS 중급 필수 어휘

실전 감 잡기

1. (c)	**2.** (d)	**3.** (a)	**4.** (d)	**5.** (c)
6. (c)	**7.** (b)	**8.** (b)	**9.** (c)	**10.** (b)
11. (a)	**12.** (b)	**13.** (d)	**14.** (c)	**15.** (a)

Part 1

1.

> A: 우리 호텔을 찾아내는 방법을 알고 있지 않나요?
> B: 어느 정도 알 것 같긴 하지만, 정확한 위치를 짚어내지는 못하겠어요.

해설   '정확한 위치'를 뜻하는 exact location을 목적어로 취해 호텔 위치를 찾는 행위와 관련된 의미를 나타낼 동사가 빈칸에 쓰여야 하므로 '~을 정확히 짚어내다'를 뜻하는 (c) pinpoint가 정답이다.

어휘   how to do ~하는 법 kind of 어느 정도는, 약간, 일종의 exact 정확한 location 위치, 지점 acknowledge ~을 인정하다, ~을 받았음을 알리다 extract ~을 추출하다, 얻다 pinpoint (위치 등) ~을 정확히 짚어내다, (이유 등) ~을 정확히 지적하다 scrutinize ~을 면밀히 조사하다

정답   (c)

2.

> A: 전 제 발표 내용을 꼭 개선해야 해요.
> B: 설명하려는 요점을 보강할 시각자료를 더 많이 활용해 보세요.

해설   빈칸 이하 부분은 더 많은 시각자료를 활용하라고 말하는 목적을 나타내야 하는데, 앞서 언급된 발표 내용을 개선하는 일에 해당되어야 하므로 '~을 보강하다, 강화하다'를 뜻하는 (d) reinforce가 정답이다.

어휘 **improve** ~을 개선하다, 향상시키다 **presentation** 발표 (내용) **graphics** 시각자료 **point** 요점, 주장, 중요 사항 **presume** ~라고 추정하다, 여기다 **steady** v. ~을 확고하게 하다, 안정시키다 **appease** (사람 등) ~을 달래다, (감정 등) ~을 가라앉히다, (욕구 등) ~을 충족하다 **reinforce** ~을 보강하다, 강화하다

정답 (d)

3.

> A: 아마 가격을 내리면 더 많은 고객을 끌어들이게 될 거예요.
> B: 가능성 있는 아이디어인 것 같아요. 한번 시험해봅시다.

해설 상대방이 말한 방법을 한번 시험해보자고 제안하고 있는데, 이는 활용 가능성이 있는 아이디어라는 뜻이므로 '실행 가능한'을 의미하는 (a) viable이 정답이다.

어휘 **lower** v. ~을 내리다, 낮추다 **attract** ~을 끌어들이다 **seem like** ~인 것 같다 **test A out**: A를 시험해보다 **viable** 실행 가능한 **tranquil** 고요한, 평온한 **limited** 제한된, 한정된 **primitive** 원시적인, 초기 단계의

정답 (a)

4.

> A: 이 수프가 약간 걸쭉하고 짜요.
> B: 흠... 그럼 물을 좀 더 넣어서 묽게 해 드릴게요.

해설 걸쭉하고 맛이 짠 수프에 대한 조치로서 물을 넣어 할 수 있는 일을 나타낼 동사가 빈칸에 쓰여야 하므로 '~을 묽게 하다, 희석하다'를 뜻하는 (d) dilute이 정답이다.

어휘 **a little** 약간, 조금 **thick** 걸쭉한 **salty** 짠 맛이 나는 **then** 그럼, 그렇다면 **defer** ~을 미루다, 연기하다 **decline** 감소하다, 줄어들다, ~을 거절하다 **distract** ~의 집중을 방해하다, ~을 산만하게 만들다 **dilute** ~을 묽게 하다, 희석하다

정답 (d)

5.

> A: 어째서 피오나는 좀처럼 우리와 함께 점심 식사를 하지 않는 거죠?
> B: 그분은 다른 사람들과 어울리는 데 별 관심이 없어요.

해설 빈칸과 with others는 앞서 언급된 '함께 점심 식사하는 일'을 다른 말로 표현하는 부분에 해당되므로 '다른 사람들과 어울리는 일'이라는 의미를 구성하는 (c) socializing이 정답이다.

어휘 **How come 주어 + 동사?**: 어째서 ~가 …하는 거죠? **rarely** 좀처럼 ~않다 **join** ~와 함께 하다, ~에 합류하다 **be keen on** ~에 관심이 많다, ~을 아주 좋아하다 **collect** ~을 수집하다, 수거하다 **assert** ~라고 주장하다 **socialize** 어울리다, 사교 활동을 하다 **traverse** ~을 가로지르다, 건너다

정답 (c)

Part 2

6.

> 바이러스 확산을 방지하기 위해 레스토랑마다 적용되는 새로운 가이드라인이 정부에 의해 이번 주에 도입되었다.

해설 바이러스 확산 방지를 위한 정부의 조치로서 새로운 가이드라인과 관련된 행위를 나타내는 의미가 되어야 자연스러우므로 '(의무, 세금 등) ~을 도입하다, 부과하다'를 뜻하는 동사 impose의 과거분사인 (c) imposed가 정답이다.

어휘 **prevent** ~을 방지하다, 예방하다 **spread** 확산, 퍼짐 **reserve** ~을 예약하다, 따로 남겨두다 **outline** ~을 간략히 설명하다, ~의 개요를 말하다 **impose** (의무, 세금 등) ~을 도입하다, 부과하다 **portray** ~을 묘사하다, 그리다

정답 (c)

7.

> 스나이더 씨는 다른 회사들과의 사업 계약서에 대한 여러 수정 사항들을 날조한 것에 대해 체포되었다.

해설 빈칸 이하 부분은 체포된 이유로서 계약서 내용의 수정 사항과 관련된 부정적인 행위를 나타내야 하므로 '~을 날조하다, 위조하다'를 뜻하는 동사 forge의 동명사인 (b) forging이 정답이다.

어휘 **arrest** ~을 체포하다 **several** 여럿의, 몇몇의 **amendment** 수정, 개정 **agreement** 계약(서), 합의(서) **alert** (위험 등을) ~에게 알리다, 경보를 발하다 **forge** ~을 날조하다, 위조하다 **glance** 흘끗 보다 **assault** ~을 폭행하다, 괴롭히다

정답 (b)

8.

> 10년 전에 설립된 이후로, 어번 코즈메틱스 사는 직원 만족을 최우선 사항으로 여겨왔다.

해설 빈칸에 쓰일 명사는 「consider A to be B」 구조에서 동사 consider의 목적어와 동격에 해당되는 명사여야 한다. 따라서 빈칸 앞에 쓰인 top과 어울리면서 직원 만족(employee satisfaction)과 동격을 이룰 수 있는 명사로서 '우선 사항'을 뜻하는 (b) priority가 정답이다.

어휘 **since** ~한 이후로 **found** ~을 설립하다, 세우다 **consider A to be B**: A를 B로 여기다 **range** 범위, 종류, 제품군 **priority** 우선 사항 **experience** 경험, 경력 **importance** 중요(성)

정답 (b)

9.

> 웨스턴 씨의 말에 따르면, 회사에 남도록 헨더슨 씨를 설득하려 한 것은 소용이 없었는데, 이는 그가 이미 사직서를 제출했기 때문이었다.

해설　접속사 as가 이끄는 절에 이미 사직서를 제출한 상태였다는 말이 쓰여 있으므로 회사에 남도록 설득하는 것이 불필요한 일이었다는 의미가 되어야 자연스럽다. 따라서 이러한 뜻을 지닌 형용사로서 '소용 없는, 헛된'을 뜻하는 (c) futile이 정답이다.

어휘　according to ~에 따르면 try to do ~하려 하다 persuade A to do: ~하도록 A를 설득하다 submit ~을 제출하다 resignation letter 사직서 mutual 상호 간의, 서로의 willful 고의적인, 고집스런 futile 소용 없는, 헛된 capable 할 수 있는, 능력 있는

정답　(c)

10.

시인들은 우리의 감정을 자극하고 반응을 유발시키기 위해 직유나 은유 같은 문학적인 장치들을 활용한다.

해설　빈칸 이하 부분은 and로 연결된 stimulate our feelings와 마찬가지로 시인들이 직유나 은유 같은 문학적인 장치들을 활용하는 목적을 나타내므로 명사 responses와 함께 '반응을 유발하다'라는 의미를 구성하는 (b) trigger가 정답이다.

어휘　poet 시인 literary 문학적인 device 장치, 기구 simile 직유 metaphor 은유, 비유 stimulate ~을 자극하다 response 반응, 응답, 대응 forge ~을 날조하다, 위조하다 trigger ~을 유발시키다, 촉발시키다 outnumber ~보다 수적으로 우세하다, ~보다 숫자가 더 많다 undermine ~을 약화시키다

정답　(b)

11.

꽃꽂이를 통해 메시지를 전달하는 방법인 '꽃들의 언어'는 영국 빅토리아 여왕 통치 기간 중에 인기가 절정에 이르렀다.

해설　빈칸은 전치사 during의 목적어 자리인데, during은 기간의 의미를 내포하는 명사를 목적어로 취하므로 '통치 기간'을 뜻하는 (a) reign이 정답이다.

어휘　floriography 꽃들의 언어, 꽃말 method 방법 communicate (생각 등) ~을 전달하다, 의사소통하다 through ~을 통해 flower arrangement 꽃꽂이 reach ~에 이르다, 도달하다 height 절정, 최고조, 높이, 키 popularity 인기 reign 통치 기간 province (행정 구역) 주 management 관리, 경영(진)

정답　(a)

12.

메이플포드 주민들은 주택 개발 제안에 반대하는 만 명이 넘는 사람들이 서명한 탄원서를 제출했다.

해설　빈칸은 동사 submitted의 목적어로서 주민들이 주택 개발 제안에 반대하기 위해 제출한 것을 나타내야 하므로 '탄원(서), 진정(서)' 등을 뜻하는 (b) petition이 정답이다.

어휘　resident 주민 submit ~을 제출하다 more than ~가 넘는 signature 서명 in opposition to ~에 반대하여 development 개발, 발전 proposal 제안(서) approval 승인 petition 탄원(서), 진정(서) motive 동기, 이유 illustration 삽화, 도해, 실례

정답　(b)

13.

저희가 수집하는 모든 웹 사이트 이용자 데이터는 완전히 기밀로 유지되며, 다른 어떤 제3자에게도 공유되지 않습니다.

해설　빈칸 뒤에 이어지는 내용을 보면, 어떤 제3자에게도 공유되지 않는다는 말이 쓰여 있는데, 이는 정보가 기밀로 유지된다는 뜻이므로 '기밀인, 비밀의'를 의미하는 (d) confidential이 정답이다.

어휘　gather ~을 수집하다, 모으다 completely 완전히, 전적으로 share ~을 공유하다 third party 제3자 amicable 우호적인, 원만한 elusive 규정하기 힘든, 찾기 힘든 identifiable 인식 가능한, 알아볼 수 있는 confidential 기밀인, 비밀의

정답　(d)

14.

업무상 출장을 자주 가는 사람들에게 내구성이 뛰어난 휴대용 가방은 필수 품목이다.

해설　명사구 carry-on bag을 수식해 출장을 자주 가는 사람들에게 필요한 가방의 특성을 나타낼 형용사가 빈칸에 쓰여야 하므로 '내구성이 뛰어난'을 의미하는 (c) durable이 정답이다.

어휘　carry-on 휴대용의 necessary 필수적인 travel 출장 가다, 여행 가다 frequently 자주, 빈번히 rigorous 엄격한, 철저한 comparable 비교할 만한, 비슷한 durable 내구성이 뛰어난 vigorous 활발한, 격렬한

정답　(c)

15.

반드시 제한 시간을 초과하지 않도록 하기 위해 시상식에 앞서 수상 소감을 철저히 연습해주시기 바랍니다.

해설　빈칸이 속한 that절은 제한 시간과 관련해 하지 말아야 하는 일을 나타낸다. 따라서 '제한 시간을 초과하다'라는 의미가 되어야 자연스러우므로 '~을 초과하다, 넘어서다'를 뜻하는 (a) exceed가 정답이다.

어휘　practice ~을 연습하다 acceptance speech 수상 소감 thoroughly 철저히 prior to ~에 앞서, ~ 전에 awards ceremony 시상식 ensure that 반드시 ~하도록 하다, ~임을 보장하다 time limit 제한 시간 exceed ~을 초과하다, 넘어서다 exit ~에서 나가다, 퇴장하다 elevate ~을 들어올리다, 높이다, 승진시키다 eject ~을 쫓아내다, 내쫓다

정답　(a)

GRAMMAR 문법

UNIT 01 수 일치

실전 감 잡기

1. (a) **2.** (b) **3.** (a) **4.** (a) **5.** (c) **6.** (b)

Part 1

1.

> A: 내 생각에 이거 좋은 거래 조건인 것 같아. 이 에어컨이 30퍼센트나 할인되어 있어. 이걸로 구입하자.
> B: 400달러는 여전히 너무 비싸.

해설   빈칸 앞에 위치한 주어 Four hundred dollars는 복수형이지만 하나의 가격을 나타내는 것이므로 단수 취급합니다. 따라서 단수 동사로 수 일치해야 하는데, 앞선 문장의 'This air conditioner is ~'에 쓰인 is와 같이 현재의 상태를 나타내는 현재시제 동사가 필요하므로 (a) is가 정답입니다.

오답   (b) was: 단수 동사이지만 과거시제이므로 현재의 가격 수준을 나타내기에 어울리지 않으므로 오답입니다.
(c) are: 복수 동사이므로 수 일치되지 않는 오답입니다.
(d) were: 복수 동사이므로 수 일치되지 않는 오답입니다.

어휘   **deal** 거래 (조건), 거래 상품 **off** 할인된 **still** 여전히

정답   **(a)**

2.

> A: 왜 그 라이브 음악 바에 가고 싶은 거야?
> B: 내 친척들 중 한 명이 요즘 거기서 공연하고 있어.

해설   빈칸 앞에 위치한 One of my relatives에서 주어는 단수 대명사 One이므로 단수 동사가 빈칸에 쓰여야 합니다. 또한 빈칸 뒤에 위치한 현재 시점 표현 nowadays와 어울리는 현재시제 동사가 필요하므로 단수 주어와 수 일치되는 현재시제 동사 형태인 (b) performs가 정답입니다.

오답   (a) perform: 단수 대명사 One과 수 일치되지 않는 복수 동사의 형태이므로 오답입니다.
(c) was performing: 단수 동사이지만 nowadays와 어울리지 않는 과거시제입니다.
(d) were performing: 복수 동사이며 nowadays와 어울리지 않는 과거시제입니다.

어휘   **relative** n. 친척 **nowadays** 요즘 **perform** 공연하다, 연주하다

정답   **(b)**

Part 2

3.

> 필라테스는 근육 긴장도와 유연성을 높이는 데 좋습니다.

해설   빈칸 앞에 위치한 주어 Pilates는 운동의 한 종류에 해당되는 명칭으로서 단수 취급하므로 단수 동사로 수 일치합니다. 또한 이 문장은 필라테스가 지닌 특징을 나타내야 하므로 고유의 특징이나 주기적인 반복, 불변하는 일 등을 나타낼 때 사용하는 현재시제 동사가 쓰여야 합니다. 따라서 단수 현재시제 동사인 (a) is가 정답입니다.

오답   (b) are: 복수 동사이므로 단수 주어 Pilates와 수 일치되지 않습니다.
(c) was: 단수 동사이지만 과거시제이므로 문장의 의미에 맞지 않습니다.
(d) were: 복수 동사이며 과거시제이므로 오답입니다.

어휘   **increase** ~을 높이다, 증가시키다 **muscle tone** 근육 긴장도 **flexibility** 유연성, 탄력성

정답   **(a)**

4.

> 새로운 정책은 우리 직원들 중 거의 5분의 1이 매년 급여 인상을 받도록 보장하고 있다.

해설   「분수(a fifth, 5분의 1) + of + 명사」가 주어로 쓰일 때는 of 뒤에 온 명사에 따라 동사를 수 일치합니다. of 전치사구에 복수 명사구 our employees가 쓰여 있으므로, 이와 수 일치하는 복수 동사가 필요합니다. 또한 every year와 같이 주기적인 반복을 나타내는 표현은 현재시제와 어울리므로 현재시제 복수 동사인 (a) get이 정답입니다.

오답   (b) gets: 단수 주어와 수 일치되는 단수 동사의 형태이므로 오답입니다.
(c) got: 과거시제이므로 주기적인 반복을 나타내는 every year와 어울리지 않습니다.
(d) was getting: 과거시제이므로 주기적인 반복을 나타내는 every year와 어울리지 않습니다.

어휘   **policy** 정책, 방침 **ensure that** ~임을 보장하다, 반드시 ~하도록 하다 **a fifth** 5분의 1 **pay raise** 급여 인상

정답   **(a)**

Part 3

5.

> (a) A: 안녕, 줄리! 수업 등록 완료했어?
> (b) B: 응! 정규 과목의 하나로 수학을 수강할 거야.
> (c) A: 아, 나는 수학이 시간제 과정으로만 제공된다고 생각했어.
> (d) B: 아냐, 학교측에서 최근에 그걸 변경했어.

해설 (c) 문장의 주어이자 과목명인 mathematics는 단수 취급하므로 단수 동사로 수 일치해야 합니다. 따라서 바로 뒤에 위치한 복수 동사 are가 단수 동사 is로 바뀌어야 알맞으므로 (c)가 정답입니다.

어휘 be done with ~을 완료하다, 끝마치다 registration 등록 mathematics 수학 offer ~을 제공하다 recently 최근에

정답 (c) are → is

6.

(a) 나무 몸통의 횡단면을 보면, 많은 나이테가 보인다. (b) 그 나이테의 수는 성장 주기와 관련된 정보를 주면서 나무의 나이를 나타낸다. (c) 밝은 나이테는 성장기의 시작 시점에 형성되며, 더 어두운 나이테는 성장기가 끝날 때 만들어진다. (d) 이 나이테의 너비는 나무의 일생에서 각각의 해에 얼마나 많은 성장이 일어났는지를 나타낸다.

해설 (b) 문장에서 주어 The number는 단수 명사이므로 단수 동사로 수 일치해야 합니다. 따라서 그 뒤에 위치한 복수 동사 are가 단수 동사 is로 바뀌어야 알맞으므로 (b)가 정답입니다.

어휘 cross-section 횡단면 trunk 몸통 growth ring 나이테 the number of ~의 수 be indicative of ~을 나타내다 reveal ~을 알려주다, 드러내다 growth cycle 성장 주기 form ~을 형성하다 growth season 성장기 width 너비, 폭 indicate ~을 나타내다 occur 일어나다, 발생되다 during ~동안 lifespan 수명

정답 (b) are → is

UNIT 02 시제

실전 감 잡기

1. (c)   **2.** (d)   **3.** (b)   **4.** (a)   **5.** (c)   **6.** (b)

Part 1

1.

A: 매니 씨에게 그 세미나에 관해서 물어보셨어요?
B: 아직이요, 하지만 내일 만나면, 물어볼게요.

해설 빈칸 뒤에 위치한 주절에 미래시제 동사 will ask와 if절에 미래시제와 함께 쓰이는 시간 표현 tomorrow가 있으므로 미래에 일어날 일을 나타낼 동사가 빈칸에 들어가야 한다는 것을 알 수 있습니다. 그런데, 조건을 나타내는 if절의 동사는 현재시제로 미래를 나타내므로 현재시제 동사인 (c) meet이 정답입니다.

오답 (a) will meet: 미래시제이므로 주절에 미래시제 동사 will ask가 쓰여 있을 때 조건을 나타내는 if절의 동사 시제로 맞지 않습니다.

(b) met: 과거시제이므로 주절에 미래시제 동사 will ask가 쓰여 있을 때 조건을 나타내는 if절의 동사 시제로 맞지 않습니다.

(d) have met: 현재완료시제이므로 주절에 미래시제 동사 will ask가 쓰여 있을 때 조건을 나타내는 if절의 동사 시제로 맞지 않습니다.

어휘 ask A about B: A에게 B에 관해 묻다 Not yet (앞서 언급된 것에 대해) 아직 아니다

정답 (c)

2.

A: 아마 이 교재들을 보는 걸 좀 쉬어야 할 것 같아.
B: 아주 좋은 생각이야. 지난 6시간 동안 아무 것도 먹지도 않고 계속 공부했잖아.

해설 빈칸 바로 뒤에 위치한 전치사구 for the past 6 hours는 과거에서 현재까지 이어지는 기간을 나타냅니다. 이렇게 과거에서 현재까지 이어지는 기간을 나타내는 전치사구는 현재완료시제와 어울리므로 (d) have studied가 정답입니다.

오답 (a) are studying: 현재진행시제이므로 과거에서 현재까지 이어지는 기간을 나타내는 for 전치사구와 어울리지 않습니다.

(b) will study: 미래시제이므로 과거에서 현재까지 이어지는 기간을 나타내는 for 전치사구와 어울리지 않습니다.

(c) had studied: 과거완료시제는 과거의 특정 시점의 일보다 더 이전 시점에 발생한 일을 나타내므로 오답입니다.

어휘 take a break from ~하는 것을 잠깐 쉬다 past 지난 without -ing ~하지 않고

정답 (d)

Part 2

3.

제니는 아시아로 여행을 떠나기 전에, 많은 여행 도서들을 읽었다.

해설 「Before절 + 주절」의 구조에서 주절은 Before절보다 더 이전 시점의 일을 나타내야 합니다. Before절에 과거시제 동사 traveled가 쓰여 있으므로 주절은 그보다 더 이전의 과거를 나타내야 하는데, 과거 특정 시점의 일보다 더 이전 시점에 발생한 일은 과거완료시제로 표현하므로 (b) had read가 정답입니다.

오답 (a) has read: Before절의 동사가 과거시제일 때 주절의 동사로 맞지 않는 현재완료시제이므로 오답입니다.

(c) is reading: Before절의 동사가 과거시제일 때 주절의 동사로 맞지 않는 현재진행시제이므로 오답입니다.

(d) will have read: Before절의 동사가 과거시제일 때 주절의 동사로 맞지 않는 미래완료시제이므로 오답입니다.

어휘 travel to ~로 여행을 떠나다

정답 (b)

4.

> 건강보험이 없는 사람들의 수가 작년에 20퍼센트만큼 증가했다.

해설 문장 마지막에 위치한 과거 시점 표현 last year와 의미가 어울리는 과거시제 동사가 빈칸에 쓰여야 알맞으므로 (a) increased가 정답입니다.

오답 (b) is increasing: 과거 시점 표현 last year와 어울리지 않는 현재진행시제이므로 오답입니다.

(c) has increased: 현재완료시제는 과거의 특정 시점이 아니라, 과거에서 현재까지 이어지는 기간과 어울리는 시제이므로 오답입니다.

(d) will increase: 과거 시점 표현 last year와 어울리지 않는 미래시제이므로 오답입니다.

어휘 the number of ~의 수 without ~가 없는 health insurance 건강보험 by ~만큼 increase 증가하다, 늘어나다

정답 (a)

Part 3

5.

> (a) A: 곧 비가 내릴 것 같아?
> (b) B: 아니, 하지만 아마 점심 시간 후엔 내릴 것 같아. 왜?
> (c) A: 오늘 오후에 신디랑 서핑하러 갈 예정이거든.
> (d) B: 아마 그 대신 실내 활동을 선택해야 할 거야.

해설 첫 번째 문장에 쓰인 미래시제 동사 will rain을 통해 미래 시점의 날씨에 관해 묻고 있다는 것을 알 수 있으므로 (c) 문장에 쓰인 this afternoon은 미래 시점임을 알 수 있습니다. 따라서 이 문장에 쓰인 과거시제 동사 was going이 am going 또는 will go로 바뀌어야 앞뒤 문장들과의 의미 흐름이 자연스러워지므로 (c)가 정답입니다.

어휘 go surfing 서핑하러 가다 probably 아마도 choose ~을 선택하다 indoor 실내의 instead 그 대신

정답 (c) was going → am going/will go

6.

> (a) 2007년에, 주식 시장이 은행들의 과도한 모험의 결과로 붕괴했다. (b) 경제 전문가들은 그 붕괴 사태가 세계적인 불황의 신호탄이 될 수 있다고 예측했다. (c) 그 후 2년에 걸쳐 발생한 일은 1930년대의 대공황 이후로 가장 극심한 불황으로 여겨졌다. (d) 결국, 각국 정부는 재정적 안정을 회복하기 위해 엄청난 긴급 구제 및 경기 부양 대책을 제공해야 했다.

해설 (a) 문장과 (c) 문장이 모두 과거시제 동사(crashed, occurred, was considered)로 쓰여 과거 시점의 일을 말하고 있으므로 (b) 문장에서 경제 전문가들이 예측하는 행위를 한 시점도 과거여야 문맥의 흐름이 자연스러워집니다. 따라서 이 문장의 주절의 현재시제 동사 predict가 과거시제 동사 predicted로 바뀌어야 알맞으므로 (b)가 정답입니다.

어휘 stock market 주식 시장 crash v. 붕괴하다 n. 붕괴 as a result of ~에 따른 결과로 excessive 과도한 risk-taking 모험 economist 경제 전문가 predict that ~라고 예상하다 signal v. ~의 조짐이 되다, ~을 신호로 알리다 recession 불황, 불경기 occur 발생하다 be considered A: A로 여겨지다 severe 극심한 since ~이후로 the Great Depression 대공황 in the end 결국 provide ~을 제공하다 massive 엄청난, 막대한 bailout 긴급 구제 stimulus package 경기 부양 대책 in order to do ~하기 위해 restore ~을 회복하다, 복구하다 financial 재정의, 금융의 stability 안정

정답 (b) predict → predicted

UNIT 03 태

실전 감 잡기

1. (b)   **2.** (d)   **3.** (d)   **4.** (c)   **5.** (b)   **6.** (c)

Part 1

1.

> A: 에릭이랑 에이미 화해하는 거 안 도와줄 거야?
> B: 난 다른 커플의 개인적인 문제에 관여하고 싶지 않아.

해설 동사 want의 목적어 역할을 할 to부정사구가 구성되어야 하므로 to 뒤에 위치한 빈칸은 동사원형이 필요한 자리입니다. 또한 빈칸 바로 뒤에 목적어 없이 전치사구(in another couple's personal matters)만 있으므로 수동태 동사원형의 형태인 (b) be involved가 정답입니다. 이 외에도, 동사 involve는 수동태로 쓰여야 전치사 in과 결합할 수 있습니다. be involved in을 수동태 관용표현의 하나로 기억해두면 빠르게 문제를 푸는 데 도움이 됩니다.

오답 (a) involve: 동사원형이지만 능동태이므로 정답이 되기 위해서는 뒤에 목적어가 와야 하며, 바로 뒤에 위치한 전치사 in과 결합할 수 없으므로 오답입니다.

(c) be involving: 동사원형이지만 능동태이므로 정답이 되기 위해서는 뒤에 목적어가 와야 하며, 바로 뒤에 위치한 전치사 in과 결합할 수 없으므로 오답입니다.

(d) will be involved: to부정사구를 구성할 수 있는 동사 형태가 아니므로 오답입니다.

어휘 help A do: A가 ~하는 것을 돕다 reconcile 화해하다 personal 개인적인 matter 문제, 일 be involved in ~에 관여하다

정답 (b)

2.

> A: 회사에서 당신에게 생일 선물로 무엇을 줄까요?
> B: 매년 그랬던 것처럼 제게 케이크와 보너스가 제공될 것 같아요.

해설 동사 give는 뒤에 받는 사람과 전달되는 사물을 나타내는 두 개의 목적어가 함께 쓰여야 하는 동사입니다. 그런데 빈칸 뒤에 전달되는 사물을 나타내는 명사구 a birthday cake and bonus만 위치해 있으므로 give가 수동태로 쓰여야 한다는 것을 알 수 있습니다. 그리고 질문에 쓰인 동사 is getting은 가까운 미래에 일어날 일을 묻기 위해 미래 시점 표현으로 쓰인 것이므로 답변에 쓰일 동사도 미래시제가 되어야 어울립니다. 따라서 미래시제 수동태인 (d) will be given이 정답입니다.

오답 (a) give: 능동태이므로 뒤에 하나의 목적어만 쓰여 있는 구조에 맞지 않는 오답입니다.
　　 (b) will give: 능동태이므로 뒤에 하나의 목적어만 쓰여 있는 구조에 맞지 않는 오답입니다.
　　 (c) am given: 수동태이지만 질문의 동사 시제와 어울리지 않는 현재시제이므로 오답입니다.

어휘 get A B: A에게 B를 주다 assume (that) ~라고 생각하다, 추정하다 like every other year 매년 그랬던 것처럼

정답 (d)

Part 2

3.

> 오직 마케팅 분야에서 15년의 경력을 지닌 사람들만 자격이 있는 것으로 여겨진다.

해설 선택지에 제시된 consider는 「consider + 목적어 + 목적격보어」의 구조로 쓰일 수 있는 동사입니다. 그런데 빈칸 바로 뒤에 목적어 없이 형용사 qualified만 쓰여 있으므로 consider의 목적어가 주어 자리로 이동하고 consider가 수동태로 바뀌면서 목적격보어였던 형용사 qualified만 남은 구조가 되어야 한다는 것을 알 수 있습니다. 따라서 수동태 동사가 빈칸에 필요한데, 복수 주어 people과 수 일치되어야 하므로 복수 수동태 동사의 형태인 (d) are considered가 정답입니다.

오답 (a) is considering: 능동태이므로 뒤에 「목적어 + 목적격보어」 구조가 이어져야 합니다.
　　 (b) is considered: 수동태이지만 복수 주어 people과 수 일치되지 않는 단수 동사이므로 오답입니다.
　　 (c) are considering: 복수 주어 people과 수 일치되지만 능동태이므로 오답입니다.

어휘 qualified 자격 있는, 적격인 be considered + 형용사: ~한 것으로 여겨지다

정답 (d)

4.

> 비만의 몇몇 원인들이 확인되었는데, 그것들 중 대부분은 단순히 건강하게 먹는 것으로 피할 수 있다.

해설 선택지에 쓰인 동사 identify(identified는 과거분사)는 목적어를 필요로 하는 타동사인데, 빈칸 뒤에 목적어 없이 접속사 but이 이어져 있으므로 identify가 수동태로 쓰여야 합니다. 선택지에서 수동태는 (c) have been identified와 (d) has been identified인데, 복수 주어 Several causes와 수 일치

되는 복수 동사의 형태인 (c) have been identified가 정답입니다.

오답 (a) have identified: 목적어를 취해야 하는 능동태이므로 오답입니다.
　　 (b) has identified: 목적어를 취해야 하는 능동태이므로 오답입니다.
　　 (d) has been identified: 수동태이지만 복수 주어 Several causes와 수 일치되지 않는 단수 동사이므로 오답입니다.

어휘 several 몇몇의 cause 원인 obesity 비만 avoid ~을 피하다 simply 단순히, 그저 by (방법) ~하는 것으로, ~해서 healthily 건강하게 identify 확인하다

정답 (c)

Part 3

5.

> (a) A: 안녕, 제이미, 어젯밤에 너랑 연락이 안되더. 네 도움이 필요했는데.
> (b) B: 내가 전화기를 떨어뜨려서 그게 지금 수리점에 있어. 무슨 일 있었어?
> (c) A: 응, 내 와이파이가 어젯밤에 계속 연결이 끊겼는데, 결국 내가 그걸 고쳤어.
> (d) B: 아, 잘됐네. 다음 번에 나와 연락이 닿지 않을 경우에는, 그냥 일반 전화로 전화해.

해설 (b) 문장에서 의문문에 쓰인 동사 happen은 목적어를 필요로 하지 않는 1형식 자동사입니다. 따라서 수동태로 쓰일 수 없으므로 Was something happened?가 Did something happen?이나 Has something happened?으로 바뀌어야 알맞습니다. 따라서 (b)가 정답입니다.

어휘 get hold of ~와 연락이 되다 drop ~을 떨어뜨리다 repair 수리 happen 일어나다, 발생하다 keep -ing 계속 ~하다 disconnect 연결이 끊기다 finally 결국 fix ~을 고치다, 바로잡다 reach ~와 연락이 닿다 landline 일반 전화

정답 (b) Was something happened?
　　 → Did something happen?
　　 → Has something happened?

6.

> (a) 도도새는 날지 못하는 새였으며, 17세기 중반에 멸종되었다.
> (b) 이 종은 모리셔스섬의 나무가 우거진 해안 지역에서 번성했다.
> (c) 오랜 기록에 따르면, 도도새는 몇몇 독특한 특징들을 지니고 있었다. (d) 그들은 흔히 짧고 뚱뚱한 몸과 구부러진 부리를 지닌 것으로 묘사되었다.

해설 (c) 문장에서 수동태 동사 were possessed를 구성하는 동사 possess는 타동사이지만 상태를 나타내어 수동태가 불가능한 동사입니다. 따라서 수동태 동사 were possessed가 능동태 동사인 possessed로 바뀌어야 알맞으므로 (c)가 정답입니다.

어휘 flightless 날지 못하는 become + 형용사: ~한 상태가 되다

extinct 멸종된 during ~동안 species (동물) 종 thrive 번성하다, 번영하다 wooded 나무가 우거진 coastal area 해안 지역 according to ~에 따르면 record 기록 possess ~을 소유하다 several 몇몇의, 여럿의 unique 독특한, 특별한 characteristic 특징 be described as ~로 묘사되다, 설명되다 crooked 구부러진 beak (새의) 부리

정답 (c) were possessed → possessed

UNIT 04 조동사

실전 감 잡기

1. (c) **2.** (b) **3.** (b) **4.** (c) **5.** (b) **6.** (c)

Part 1

1.

> A: 이곳이 왜 이렇게 추운 거죠? 히터가 작동을 멈췄나요?
> B: 그런 것 같지 않아요. 누군가 껐을 수도 있어요.

해설 빈칸이 속한 문장에 있는 it은 상대방의 두 번째 질문에 있는 the heater를 가리킵니다. 따라서 과거시제로 묻는 이 질문에 대한 답변이 되어야 하므로 '~했을 수도 있다'와 같은 의미로 과거 일에 대한 막연한 긍정의 추측을 나타내는 (c) might have turned가 정답입니다.

오답 (a) might turn: 현재의 일에 대한 막연한 추측을 나타내는 의미이므로 오답입니다.
(b) should turn: 앞으로 해야 하는 일을 나타내는 의미를 지니므로 오답입니다.
(d) should have turned: 과거의 일에 대한 의미를 지니고 있기는 하지만 하지 않은 일에 대한 후회를 나타내므로 오답입니다.

어휘 work 작동되다, 가동되다 turn A off: A를 끄다 might have p.p. ~했을 수도 있다 should have p.p.: ~했어야 했다

정답 (c)

2.

> A: 네 남동생에게 네 전화 받지 말라고 말했어?
> B: 물론이지, 하지만 내 말을 들으려 하지 않았어.

해설 남동생에게 전화를 받지 말라고 말한 상황과 상반된 연결 관계를 나타내는 but으로 문장이 이어지므로 '내 말을 들으려 하지 않았어'와 같이 고집의 의미가 포함된 답변이 되어야 자연스럽습니다. 그러므로, 의지 또는 고집을 나타낼 때 사용하는 조동사 (b) would가 정답입니다.

오답 (a) could: 능력 등을 나타낼 때 사용하는 조동사이므로 오답입니다.
(c) should: 의무나 충고 등을 나타낼 때 사용하는 조동사로

서 '내 말을 듣지 말아야 한다'라는 의미를 구성하게 되는데, 앞선 질문에서 이미 시켰다고 말한 것과 앞뒤가 맞지 않으므로 오답입니다.
(d) must: 의무 등을 나타낼 때 사용하는 조동사이므로 오답입니다.

어휘 tell A (not) to do: A에게 ~하라고(하지 말라고) 말하다 pick up one's phone ~의 전화를 받다

정답 (b)

Part 2

3.

> 카터는 음식에 중독된 것이 틀림없는데, 그가 할 수 있는 한 많이 먹기 때문이다.

해설 빈칸 앞에 위치한 as much as와 함께 원급 비교의 의미로서 '할 수 있는 한 많이'와 같이 능력을 나타내는 조동사가 와야 알맞으므로 (b) can이 정답입니다.

오답 (a) will: 미래나 의지 등을 나타낼 때 사용하는 조동사이므로 오답입니다.
(c) may: 가능성 등을 나타낼 때 사용하는 조동사이므로 오답입니다.
(d) would: 과거의 습관 등을 나타낼 때 사용하는 조동사이므로 오답입니다.

어휘 must ~인 것이 틀림없다 be addicted to ~에 중독되다 as much as A can: A가 할 수 있는 만큼 많이

정답 (b)

4.

> 주방 직원들은 반드시 항상 안전 규정을 준수해야 한다.

해설 주방 직원들이 '항상 안전 규정을 준수하는 일'은 반드시 해야 하는 일로 볼 수 있습니다. 따라서 '반드시 ~해야 하다'라는 의미로 의무를 나타낼 때 사용하는 조동사 (c) must가 정답입니다.

오답 (a) can: 능력 등을 나타낼 때 사용하는 조동사이므로 오답입니다.
(b) might: 가능성 등을 나타낼 때 사용하는 조동사이므로 오답입니다
(d) could: 능력 등을 나타낼 때 사용하는 조동사이므로 오답입니다.

어휘 adhere to ~을 준수하다, 고수하다 regulation 규정, 규제 at all times 항상

정답 (c)

Part 3

5.

> (a) A: 모금 행사는 어땠나요?
> (b) B: 지루했어요. 주최자가 매력적인 활동들을 좀 넣었어야 했어요.
> (c) A: 아, 아쉽네요. 사람들은 많았나요?
> (d) B: 네, 하지만 그들은 행사가 너무 지루하다고 느껴서 실망했어요.

해설 (b) 문장에서 must have included는 '~을 포함한 것이 틀림없어'와 같은 의미를 나타내므로 주최자가 매력적인 활동들을 포함했다는 말이 됩니다. 이는 바로 앞 문장에서 지루했다고(It was boring) 말한 것과 어울리지 않으므로 '매력적인 활동들을 넣었어야 했다'와 같은 의미가 되어야 자연스럽습니다. 따라서 '~을 포함했어야 했다'라는 뜻이 될 수 있도록 should have included로 바뀌어야 알맞으므로 (b)가 정답입니다.

어휘 fundraising event 모금 행사 boring 지루한 organizer 주최자, 조직자 must have p.p. ~했음에 틀림없다 include ~을 포함시키다 engaging 매력적인 that's a shame 아쉽네요, 안타깝네요 disappointed 실망한 dull 지루한

정답 (b) must have included
    → should have included

6.

> (a) 대부분의 사람들은 바이러스 전염을 줄이는 방법들을 잘 알고 있다. (b) 보건 전문가들은 대중에게 주기적으로 손을 씻도록 권하고 있다. (c) 그들은 또한 사람들이 공공 장소에서 마스크를 착용해야 한다는 말도 했다. (d) 마지막으로, 사람들은 서로 최소 2미터의 거리를 유지하도록 권고된다.

해설 (c) 문장의 that절은 '사람들이 공공 장소에서 마스크를 착용해야 한다'와 같이 의무의 의미를 나타내야 합니다. 따라서 조동사 might가 should 또는 must로 바뀌어야 알맞으므로 (c)가 정답입니다.

어휘 be aware of ~을 잘 알고 있다 method 방법 reduce ~을 줄이다 transmission 전염 professional n. 전문가 advise A to do: A에게 ~하도록 권하다, 조언하다 the public 대중 regularly 주기적으로 individual n. 사람, 개인 covering 가리개, 덮개 public space 공공 장소 lastly 마지막으로 be advised to do ~하도록 권고되다 maintain ~을 유지하다 distance 거리 at least 최소한, 적어도 between one another 서로의 사이에

정답 (c) might → should/must

UNIT 05 to부정사와 동명사

실전 감 잡기

1. (a) **2.** (d) **3.** (c) **4.** (b) **5.** (b) **6.** (d)

Part 1

1.

> A: 저 대신 이 발표 자료 좀 몇 부 복사해 주시겠어요?
> B: 당신을 위해서 기꺼이 해 드릴게요.

해설 빈칸 앞에 위치한 would be happy는 to부정사와 결합해 '기꺼이 ~할 것이다'라는 의미를 나타내므로 (a) to do가 정답입니다.

오답 (b) doing: 현재분사나 동명사는 would be happy와 결합할 수 없는 형태이므로 오답입니다.
    (c) do: 동사원형은 would be happy와 결합할 수 없는 형태이므로 오답입니다.
    (d) does: 3인칭 단수 동사는 would be happy와 결합할 수 없는 형태이므로 오답입니다.

어휘 make a copy of ~을 복사하다 a few 몇 개의, 몇몇의 material 자료, 재료 would be happy to do 기꺼이 ~할 것이다

정답 (a)

2.

> A: 수도꼭지에 물 새는 곳 수리하셨나요?
> B: 아뇨, 제 생각엔 수리해봐야 소용없을 것 같아요. 그걸 교체해야 해요.

해설 빈칸 앞에 위치한 there's no point는 동명사와 결합해 '~해봐야 소용없다, ~하는 것이 의미가 없다'라는 의미를 나타내므로 (d) repairing이 정답입니다.

오답 (a) repair: 동사원형은 there's no point와 결합할 수 없는 형태이므로 오답입니다.
    (b) repaired: 과거분사나 과거시제 동사는 there's no point와 결합할 수 없는 형태이므로 오답입니다.
    (c) to repair: to부정사는 there's no point와 결합할 수 없는 형태이므로 오답입니다.

어휘 fix ~을 고치다, 바로잡다 leak (물, 가스 등이) 새는 틈 faucet 수도꼭지 there's no point -ing ~해봐야 소용 없다, ~하는 것이 의미가 없다 replace ~을 교체하다 repair ~을 수리하다

정답 (d)

Part 2

3.

> 존은 대수학 과정에서 자신이 잘 하지 못하는 것에 대해 걱정했다.

해설   우선, 전치사 about의 목적어가 되어야 하므로 동사 do가 동명사 형태로 쓰여야 합니다. 또한 동명사의 행위 주체인 동명사의 의미상 주어는 동명사 바로 앞에 전치사 없이 소유격대명사나 목적격대명사를 추가하는 방식으로 나타내므로 이에 해당되는 구조인 (c) his not doing이 정답입니다.

오답   (a) his to do: 전치사 about의 목적어로 쓰일 수 없는 형태이므로 오답입니다.
      (b) of him to do: 전치사 about과 of가 나란히 위치하게 되므로 맞지 않는 구조이며 「of + 목적격대명사」는 to부정사의 의미상 주어로 쓰이므로 오답입니다.
      (d) for him not doing: 전치사 about과 for가 나란히 위치하게 되므로 맞지 않는 구조이며 「for + 목적격대명사」는 to부정사의 의미상 주어로 쓰이므로 오답입니다.

어휘   be concerned about ~에 대해 걱정하다, 우려하다   algebra 대수학

정답   (c)

4.

> 스트레스를 완화할 수 있는 한 가지 좋은 방법은 카페인 섭취를 줄이는 것인데, 이것이 불안감을 낮추는 데 도움이 되기 때문이다.

해설   빈칸 앞에 위치한 명사 way는 to부정사의 수식을 받는 명사이며 to부정사와 결합해 '~하는 방법'이라는 의미를 나타내므로 (b) to relieve가 정답입니다.

오답   (a) relieve: 동사원형은 명사 way와 결합할 수 있는 형태가 아니므로 오답입니다.
      (c) relieved: 과거분사나 과거시제 동사는 명사 way와 결합할 수 있는 형태가 아니므로 오답입니다.
      (d) relieving: 현재분사나 동명사는 명사 way와 결합할 수 있는 형태가 아니므로 오답입니다.

어휘   way to do ~하는 방법   reduce ~을 줄이다, 감소시키다   intake 섭취   help do ~하는 데 도움이 되다   decrease ~을 낮추다, 감소시키다   anxiety 불안감   relieve ~을 완화하다, 경감하다

정답   (b)

Part 3

5.

> (a) A: 네 기말 과제는 언제 마감이야?
> (b) B: 처음에는 내일이 마감이었는데, 교수님께서 마음을 바꾸셔서 다음주 금요일까지 하라고 말씀해 주셨어.
> (c) A: 그럼, 내일 나랑 쇼핑하러 갈 시간 있어?
> (d) B: 응! 시간이 있을 거야.

해설   (b) 문장에 쓰인 동사 told(tell의 과거형)는 「tell + 목적어 + to do」의 구조로 '~에게 …하라고 말하다'라는 의미를 나타냅니다. 따라서 told의 목적어인 us 뒤에 위치한 doing이 to do로 바뀌어야 알맞으므로 (b)가 정답입니다.

어휘   final paper 기말 과제   due + 시점: ~가 마감인   at first 처음에는   by (기한) ~까지   available (사람이) 시간이 있는, (사물이) 이용 가능한

정답   (b) doing → to do

6.

> (a) 인터넷 중독은 사람들의 사회 생활 및 직장 생활에 부정적인 영향을 미칠 수 있다. (b) 연구에 따르면, 많은 사람들이 온라인상에서 하루에 5~8시간을 소비하는 것으로 나타나 있다. (c) 이는 그들이 친구 및 동료와 갖는 관계에 영향을 미치며, 그들의 건강에도 해롭다. (d) 이런 사람들은 인터넷 이용을 그만둬야 하며, 그 대신 야외 활동에 집중해야 한다.

해설   (d) 문장에서 동사 quit은 동명사를 목적어로 취하므로 to browse가 browsing으로 바뀌어야 알맞습니다. 따라서 (d)가 정답입니다.

어휘   addiction 중독   have an effect on ~에 영향을 미치다   negative 부정적인   social 사회의   between A and B: A와 B 사이에   impact ~에 영향을 미치다   relationship 관계   coworker 동료   detrimental to ~에 해로운   quit -ing ~하는 것을 그만두다   browse ~을 둘러보다   instead 대신   focus on ~에 집중하다, 초점을 맞추다   outdoor 야외

정답   (d) to browse → browsing

UNIT 06 분사와 분사구문

실전 감 잡기

1. (d)   **2.** (d)   **3.** (c)   **4.** (a)   **5.** (b)   **6.** (c)

Part 1

1.

> A: 새 멕시코 레스토랑의 음식은 어땠나요?
> B: 아주 실망스러운 식사였어요. 제가 요청한 대로 고수 잎을 빼주지 않았어요.

해설   우선, 부사 very와 명사 meal 사이에 빈칸이 있으므로 명사를 수식할 수 있는 과거분사 (c) disappointed와 현재분사 (d) disappointing 중에서 하나를 골라야 합니다. '식사'를 의미하는 meal은 실망감이라는 감정을 유발하는 주체에 해당되므로 감정 유발 주체에 대해 사용하는 현재분사 (d) disappointing이 정답입니다.

오답   (a) disappoint: 동사의 형태이므로 부사와 명사 사이에서 명사를 수식하는 역할을 할 수 없는 오답입니다.

(b) disappoints: 동사의 형태이므로 부사와 명사 사이에서 명사를 수식하는 역할을 할 수 없는 오답입니다.

(c) disappointed: 명사를 수식할 수 있는 과거분사이지만, 감정을 느끼는 대상인 사람이나 동물을 수식해야 하므로 오답입니다.

어휘   take out ~을 빼다, 꺼내다 cilantro 고수의 잎 as ~하는 대로 request ~을 요청하다 disappoint ~을 실망시키다 disappointed (사람이) 실망한 disappointing 실망시키는

정답   (d)

2.

> A: 마드리드에 있는 카사 호텔에 우리 객실을 예약하셨나요?
> B: 네. 전에 그 호텔에 머무른 적이 있어서, 그곳이 우리에게 완벽할 것이라고 알고 있어요.

해설   주절에 현재시제 동사 know가 쓰여 있어 현재 알고 있는 상태를 나타낸다는 것을 알 수 있습니다. 이는 과거에 해당 호텔에 머무른 경험을 통해 알게 되는 것이므로 빈칸과 at that hotel before는 과거의 일을 말하는 분사구문이 되어야 알맞습니다. 따라서 주절의 동사 시제보다 이전 시점의 일을 나타낼 때 사용하는 완료 분사구문 (d) Having stayed가 정답입니다.

오답   (a) To stay: 목적(~하기 위해)을 나타내는 to부정사이므로 문장의 의미에 어울리지 않습니다.

(b) Stayed: 과거시제 동사나 과거분사로, 주절의 동사 시제와 같은 시점의 일을 나타내는 분사의 형태이므로 오답입니다.

(c) Staying: 현재분사로, 주절의 동사 시제보다 이전 시점의 일을 나타내는 분사의 형태가 아니므로 오답입니다.

어휘   book A B: A에게 B를 예약해주다

정답   (d)

Part 2

3.

> 쿠퍼 씨에 의해 제안된 프로젝트 제안서가 마침내 그의 상사로부터 승인을 받았다.

해설   빈칸 뒤에 이미 이 문장의 동사 got이 있으므로 또 다른 동사 suggest는 분사 형태로 쓰여야 합니다. suggest는 목적어를 필요로 하는 타동사이므로 분사로 쓰일 경우에도 그 성격이 유지되는데, 빈칸 뒤에 목적어 없이 전치사 by만 있으므로 suggest가 과거분사의 형태가 되어야 알맞습니다. 따라서 과거분사인 (c) suggested가 정답입니다.

오답   (a) suggest: 동사의 형태이므로 이미 동사가 존재하는 이 문장에서 쓰일 수 없는 오답입니다.

(b) suggests: 동사의 형태이므로 이미 동사가 존재하는 이 문장에서 쓰일 수 없는 오답입니다.

(d) suggesting: 타동사의 현재분사는 목적어를 필요로 하는데, 빈칸 뒤에 목적어가 없으므로 오답입니다.

어휘   proposal 제안(서) finally 마침내, 결국 approval 승인 suggest ~을 제안하다, 권하다

정답   (c)

4.

> 환하게 미소를 지으면서, 그 남자배우는 시상자로부터 상을 받았다.

해설   문장에 이미 동사 accepted가 있으므로 또 다른 동사 smile은 분사의 형태로 쓰여 부사 brightly와 함께 분사구문을 이뤄야 합니다. 그런데 smile은 목적어를 필요로 하지 않는 자동사이므로 현재분사의 형태로만 쓰일 수 있습니다. 또한 '미소 지으면서 상을 받았다'와 같이 동시 상황을 나타내야 하므로 단순 분사구문을 구성하는 현재분사인 (a) Smiling이 정답입니다.

오답   (b) Smiled: 자동사는 과거분사 형태로 분사구문에 쓰일 수 없으므로 오답입니다.

(c) To smile: 목적(~하기 위해)을 나타내는 to부정사인데, 문장의 의미에 맞지 않으므로 오답입니다.

(d) Having smiled: 주절의 동사 시제보다 이전 시점의 일을 나타낼 때 사용하는 완료시제의 분사 형태이므로 문장의 의미에 맞지 않는 오답입니다.

어휘   brightly 환하게, 밝게 accept ~을 받아들이다, 수용하다 award 상 presenter 시상자, 제공자, 발표자

정답   (a)

Part 3

5.

> (a) A: 실례합니다. 안내방송이 무엇에 관한 것이었나요?
> (b) B: PK 항공사에서 미주리로 떠나는 승객들을 위해 막 안내방송을 했어요.
> (c) A: 좀 더 자세히 말씀해 주시겠어요?
> (d) B: 승객들이 10번 탑승구가 아니라 20번 탑승구로 가야 한다고 말했어요.

해설   (b) 문장에서 명사 passengers를 수식하는 departed가 과거분사의 형태인데, 동사 depart는 목적어를 필요로 하지 않는 자동사이므로 현재분사의 형태로만 명사를 수식할 수 있습니다. 따라서 departed가 departing으로 바뀌어야 알맞으므로 (b)가 정답입니다.

어휘   announcement 안내방송, 공지 depart 떠나다, 출발하다 passenger 승객 specific 구체적인

정답   (b) departed → departing

6.

> (a) 베두인족 사람들은 그들의 유목 생활 방식뿐만 아니라 그들의 독특한 요리로도 유명하다. (b) 많은 베두인족 요리는 땅속에 흙으로 만든 오븐에서 고기를 조리하는 과정이 들어간다. (c) 소금, 레몬, 그리고 마늘로 양념을 한 고기는 깊게 판 구멍이에 넣은 뜨거운

석탄 위에서 조리된다. (d) 이것은 일반적으로 2시간 동안 구워진 다음, 다양한 채소들과 함께 내어진다.

해설   (c) 문장에서 분사구문을 이끄는 Seasoning이 현재분사의 형태인데, 동사 season은 목적어를 필요로 하는 타동사이므로 바로 뒤에 전치사 with가 쓰인 이 문장에서는 과거분사로 쓰여야 합니다. 따라서 Seasoning이 Seasoned가 되어야 알맞으므로 (c)가 정답입니다. 참고로, 자/타동사 구분이 어려울 경우에 의미 관계를 따져 풀 수도 있는데, 주어인 고기(the meat)가 사람에 의해 소금 등으로 '양념되는' 것이므로 수동의 의미를 나타내는 과거분사 Seasoned가 필요하다는 것을 알 수 있습니다.

어휘   be notable for ~로 유명하다 not only A but (also) B: A뿐만 아니라 B도 nomadic 유목의 unique 독특한, 특별한 cuisine 요리 dish 요리, 음식 involve ~을 포함하다, 수반하다 underground 땅속의, 지하의 earth 흙 season ~에 양념을 하다 cook 조리되다 over ~위에 coal 석탄 deep 깊은 pit 구덩이 typically 일반적으로 barbecue ~을 굽다, 바비큐하다 serve (음식 등) ~을 내오다, 제공하다 various 다양한

정답   (c) Seasoning → Seasoned

UNIT 07 전치사와 접속사

실전 감 잡기

1. (c)   **2.** (c)   **3.** (d)   **4.** (a)   **5.** (c)   **6.** (d)

Part 1

1.

A: 일요일 대신 토요일에 같이 놀 수 있어?
B: 응, 난 그게 더 좋아.

해설   요일을 나타내는 Saturday를 목적어 취할 수 있는 전치사가 필요하므로 (c) on이 정답입니다.
오답   (a) at: 시간을 나타낼 때 사용하는 전치사이므로 오답입니다.
(b) in: 월이나 연도를 나타낼 때 사용하는 전치사이므로 오답입니다.
(d) over: 시간이 아닌 기간을 나타낼 때 사용하는 전치사이므로 오답입니다.
어휘   hang out 함께 시간을 보내다, 어울려 지내다 instead of ~대신 work out for A: (일정 등이) A에게 좋다, 잘 맞다
정답   (c)

2.

A: 왜 저 책들을 버리는 거죠?
B: 그 책들은 절판된 것들이고, 우리는 새 책들을 놓을 공간이 더 필요해요.

해설   우선, 빈칸 앞뒤로 주어와 동사가 각각 포함된 절이 하나씩 쓰여 있으므로 빈칸은 이 두 절을 연결할 접속사가 필요한 자리입니다. 또한 이 두 절은 질문에서 언급된 책(those books)을 버리는 두 가지 이유를 차례로 말한 것이므로 '그리고'의 의미로 추가를 나타낼 때 사용하는 접속사 (c) and가 정답입니다.
오답   (a) or: 접속사이지만 '또는'이라는 의미로 한 개가 선택되어야 하는 두개의 단어, 구, 또는 절을 연결할 때 사용하므로 오답입니다.
(b) yet: 접속사이지만 '하지만'이라는 의미로 대조를 나타낼 때 사용하므로 오답입니다.
(d) also: 부사이기 때문에 주어와 동사가 각각 포함된 두 개의 절을 연결할 수 없으므로 오답입니다.
어휘   throw away ~을 버리다 out of print 절판된 space 공간
정답   (c)

Part 2

3.

에베레스트산 정상에서는 숨쉬기가 어려운데, 그 꼭대기에는 공기가 희박하기 때문이다.

해설   우선, 빈칸 앞뒤로 주어와 동사가 각각 포함된 절이 하나씩 쓰여 있으므로 빈칸은 이 두 절을 연결할 수 있는 접속사가 필요한 자리입니다. 또한 빈칸 뒤에 위치한 절이 에베레스트산 정상에서 숨쉬는 것이 어려운 이유에 해당되므로 '~때문에'라는 의미로 이유를 나타내는 접속사 (d) because가 정답입니다.
오답   (a) though: 접속사이지만 '비록 ~이지만'이라는 의미로 양보를 나타낼 때 사용하므로 오답입니다.
(b) if: 접속사이지만 '~한다면'의 의미로 조건을 나타낼 때 사용하므로 오답입니다.
(c) due to: 전치사이기 때문에 주어와 동사가 각각 포함된 두 개의 절을 연결할 수 없으므로 오답입니다.
어휘   breathe 숨쉬다 summit 정상, 산꼭대기(= peak) atmosphere 공기, 대기 thin (산소가) 희박한, 옅은, 묽은, 마른 though 비록 ~이지만 due to ~로 인해, ~때문에
정답   (d)

4.

과학의 혜택과 발전에도 불구하고, 그것은 삶에서의 몇 가지 더 복잡하고 도덕적인 문제들에 대해 답을 주지 못한다.

해설   빈칸 뒤에 위치한 명사구 its benefits and advances를 목적어로 취할 전치사가 빈칸에 필요하며, '혜택과 발전' 그리고 '문제들에 답을 해주지 못한다'라는 사실은 서로 상반된 의미 관

계이므로 '~에도 불구하고'를 뜻하는 양보 전치사 (a) For all
이 정답입니다.

오답 (b) Because of: 전치사이지만, '~때문에'라는 의미로 이유를
나타낼 때 사용하므로 오답입니다.
(c) Provided that: 접속사이므로 명사구를 목적어로 취할 수
없으며, '~라면'이라는 의미로 조건을 나타낼 때 사용하므
로 오답입니다.
(d) Even though: 접속사이므로 명사구를 목적어로 취할 수
없으므로 오답입니다.

어휘 benefit 혜택, 이점 advance 발전, 진보 complicated 복잡
한 moral 도덕적인, 도덕의 for all ~에도 불구하고 because
of ~때문에 provided (that) ~라면 even though 비록 ~이
지만

정답 (a)

Part 3

5.

(a) A: 릴리안, 잠깐 시간 돼?
(b) B: 응, 무슨 일이야?
(c) A: 이번 주 일요일에 내 아들 좀 봐줄 시간이 있을지 궁금했거
든.
(d) B: 안될 것 같아. 부모님께서 주말 내내 방문하실 거거든.

해설 (c) 문장에서 동사 was wondering의 목적어 역할을 하는 명
사절을 이끄는 접속사로 that이 쓰여 있는데, wonder(궁금해
하다)와 의미가 어울릴 수 있는 아직 확인되지 않은 일을 나타
낼 때 쓰는 접속사 if 또는 whether가 쓰여야 알맞으므로 (c)
가 정답입니다.

어휘 have a minute 잠깐 시간이 나다 What's up? 무슨 일이야?,
무슨 일 있어? wonder if[whether] ~인지 궁금하다 babysit
~의 아이를 봐주다 I'm afraid not (앞서 언급된 일에 대해) 안될
것 같아

정답 (c) that → if/whether

6.

(a) 사람들 앞에서 말하기는 많은 전문 분야에서 필수적인 중요한
기술입니다. (b) 여러분의 목소리를 활용하는 것뿐만 아니라, 자신
의 메시지를 전달하는 데 도움이 되도록 신체도 활용해야 합니다.
(c) 예를 들어, 손동작과 얼굴 표정은 청자들과 관계를 형성하는 데
매우 효과적입니다. (d) 또한 청중에게 연설하는 동안 사람들과 지
속적으로 눈을 마주치는 것도 중요합니다.

해설 (d) 문장에 사용된 전치사 during 뒤에는 명사(구)가 쓰여
야 하는데, during 뒤에 주어와 동사(address)가 포함된 절
이 있으므로 올바르지 않은 문장 구조입니다. 따라서 전치사
during이 접속사 when 또는 while로 바뀌어야 알맞으므로
(d)가 정답입니다.

어휘 public speaking 사람들 앞에서 말하기, 공개 연설
important 중요한 skill 기술, 능력 necessary 필수적인, 필요

한 professional 전문적인 field 분야 in addition to ~뿐만
아니라, ~외에도 voice 목소리 help do ~하는 데 도움을 주다
convey ~을 전달하다 hand gesture 손동작 facial
expression 얼굴 표정 effective 효과적인 rapport 관계
make regular eye contact 지속적으로 눈을 마주치다
individual n. 사람, 개인 during ~동안 address ~에게 연설
하다 audience 청중, 관객, 시청자

정답 (d) during → when/while

UNIT 08 관계사

실전 감 잡기

1. (d) **2.** (b) **3.** (a) **4.** (b) **5.** (b) **6.** (b)

Part 1

1.

A: 네 면접이 왜 잘 되지 않았다고 생각하는 거야?
B: 면접관이 회사의 제품에 대한 내 지식과 관련해 질문을 하셨는
데, 내가 대답하지 못했어.

해설 우선, 콤마 뒤에 위치할 수 있는 관계사는 which입니다. 그리
고 which가 이끄는 절은 불완전한 구조여야 하는데, 빈칸 뒤
에 쓰인 I had no reply는 완전한 구조(reply는 자동사)입니
다. 따라서 reply와 함께 쓰이는 전치사 to가 관계사 which
앞으로 이동해서 「전치사 + 관계대명사(to which)」가 뒤에
완전한 절을 이끄는 문장 구조가 되어야 알맞으므로 (d) to
which가 정답입니다. 참고로, 여기서 which는 앞 문장 전체
를 가리킵니다.

오답 (a) that: that은 콤마 뒤에 위치할 수 없는 관계사이므로 오
답입니다.
(b) which: 빈칸 뒤에 쓰인 I had no reply는 완전한 구조
(reply는 자동사)인데, which가 이끄는 관계사절은 주어
나 목적어 등이 빠진 불완전한 구조여야 하므로 오답입니
다.
(c) to that: that은 콤마 뒤에 위치할 수 없는 관계사이며
that이 관계대명사로 쓰이면 전치사와 함께 쓸 수 없으므
로 오답입니다.

어휘 go well 잘 되다 ask about ~에 관해 질문하다 knowledge
지식 reply 대답, 응답

정답 (d)

2.

A: 골이 인정되지 않았던 그 선수 알아?
B: 응, 최근에 계약을 맺고 뉴욕 스타즈에서 이적했어.

해설 선택지가 모두 사람에 대해 사용하는 관계대명사들이므로 빈

칸 다음의 구조를 확인해야 합니다. 빈칸 뒤에 관사가 없는 명사 goal과 수동태 동사 was disallowed로 구성된 완전한 절이 있기 때문에 빈칸에는 소유격 관계대명사가 들어가야 하므로 (b) whose가 정답입니다.

오답 (a) who: 주격 관계대명사는 바로 뒤에 동사가 이어져야 하므로 오답입니다.

(c) of whom: 전치사와 목적격 관계대명사가 결합된 형태인데, all, many, most, some 등의 수량 대명사와 결합해 선행사로 제시된 명사의 전체나 일부 등을 나타낼 때 사용하는 형태이므로 오답입니다.

(d) of whose: 전치사와 소유격 관계대명사가 결합된 형태인데, 전치사 뒤에는 목적격 관계대명사가 쓰여야 하기 때문에 맞지 않는 형태이므로 오답입니다.

어휘 disallow ~을 인정하지 않다 recently 최근에 be signed from ~에서 이적하는 계약을 맺다

정답 (b)

Part 2

3.

> 대부분의 사람들이 노숙자들을 대하는 방식을 바꿀 필요가 있다.

해설 선택지가 모두 관계사인데, 빈칸 바로 앞에는 선행사 없이 to부정사(to change)만 위치한 구조입니다. 따라서 선행사를 필요로 하지 않는 관계사를 찾아야 하며, 빈칸 뒤에 위치한 most people treat the homeless가 완전한 구조이므로 선행사를 필요로 하지 않으면서 완전한 절을 이끌 수 있는 (a) how가 정답입니다.

오답 (b) that: 선행사를 필요로 하는 관계대명사이므로 오답입니다.

(c) what: 선행사를 필요로 하지 않는 관계대명사이지만 뒤에 주어나 목적어 등이 빠진 불완전한 절을 이끄므로 오답입니다.

(d) which: 선행사를 필요로 하며 뒤에 주어나 목적어 등이 빠진 불완전한 절을 이끄는 관계대명사이므로 오답입니다.

어휘 necessary 필요한, 필수적인 treat ~을 대하다, 다루다 the homeless 노숙자들

정답 (a)

4.

> 로맨틱 코미디 영화는 제인이 더 즐겨보는 것이다.

해설 선택지가 모두 관계사인데, 빈칸 바로 앞에는 선행사 없이 be 동사 are만 위치해 있습니다. 따라서 선행사를 필요로 하지 않는 관계사가 쓰여야 한다는 것을 알 수 있으므로 (b) what이 정답입니다.

오답 (a) that: 선행사를 필요로 하는 관계대명사이므로 오답입니다.

(c) which: 선행사를 필요로 하는 관계대명사이므로 오답입니다.

(d) where: 선행사를 필요로 하는 관계부사이므로 오답입니다.

어휘 prefer to do ~하는 것을 선호하다

정답 (b)

Part 3

5.

> (a) A: 어떤 종류의 디저트를 가장 좋아해?
> (b) B: 음… 단 것을 좋아하는 나 같은 사람들에겐 그건 어려운 질문이야.
> (c) A: 그냥 없으면 안 되는 것 하나만 골라봐.
> (d) B: 아! 그럼, 그건 치즈케이크일 거야.

해설 (b) 문장에서 목적격 관계대명사 whom 바로 뒤에 동사 have가 쓰여 있는데, 목적격 관계대명사 whom 뒤에는 주어와 동사가 이어져야 하므로 맞지 않는 문장 구조입니다. 따라서, 동사 앞에 위치할 수 있는 주격 관계대명사인 who로 바뀌어야 알맞으므로 (b)가 정답입니다.

어휘 the most 가장 have a sweet tooth 단 것을 좋아하다 pick ~을 고르다, 선택하다 go without ~없이 지내다, ~없이 견디다 then 그럼, 그렇다면

정답 (b) whom → who

6.

> (a) 활동 기간 중에, 마리 퀴리는 다수의 저명한 과학자들과 함께 일했다. (b) 이 사람들 중에 한 명이 남편인 피에르였는데, 바로 그녀가 노벨 물리학상을 공동 수상한 사람이었다. (c) 과학이 남성 지배적인 분야였기 때문에, 그녀의 이름은 처음에 후보자 지명 과정에서 누락되었다. (d) 피에르는 그녀의 이름이 추가되어야 한다고 주장했고, 이로 인해 그녀는 노벨상을 수상한 첫 번째 여성이 되었다.

해설 (b) 문장에서 사람 명사 her husband Pierre 뒤로 콤마가 있고 그 뒤에는 with that과 함께 주어와 동사가 포함된 절이 이어지는 구조입니다. 따라서 전치사 with 이하 부분이 선행사인 사람 명사 her husband Pierre를 수식하는 관계사절이어야 하는데, that은 전치사와 결합할 수 없는 관계대명사이므로 목적격 관계대명사 whom으로 바뀌어야 알맞습니다. 따라서 (b)가 정답입니다.

어휘 during ~중에 career 활동 기간, 경력, 진로 renowned 저명한 share ~을 공유하다 physics 물리학 male-dominated 남성 지배적인 field 분야 initially 처음에 omit ~을 누락시키다, 삭제하다 nomination 후보자 지명 insist that ~라고 주장하다 add ~을 추가하다 win a prize 상을 받다

정답 (b) with that → with whom

UNIT 09 동격

실전 감 잡기

1. (d)　**2.** (d)　**3.** (a)　**4.** (d)　**5.** (b)　**6.** (c)

Part 1

1.

> A: 우리 집을 디자인해 주셨던 분인 로버트 존슨 씨를 기억하세요?
> B: 그분을 어떻게 잊을 수 있겠어요? 아주 능력 있는 분이셨잖아요.

해설　선택지에 제시된 명사 guy가 빈칸 뒤에 온 관계대명사절 수식어구(who designed our house)와 함께 빈칸 바로 앞에 위치한 사람 Robert Johnson을 부연 설명하는 동격 표현이 빈칸에 들어가야 합니다. guy의 관사 여부를 파악하려면 뒤의 수식 구조를 파악해야 합니다. 뒤에 Robert Johnson을 보충 설명하는 관계대명사절 수식어구가 명사의 범위를 한정시키는 역할을 하므로 정관사 the가 포함된 (d) the guy가 정답입니다.

오답　(a) guy: 가산명사인데 앞에 관사가 없으며, 빈칸 바로 앞에 위치한 특정 대상 Robert Johnson을 지칭해 동격을 이루는 형태가 아니므로 오답입니다.
　　　(b) guys: 복수 명사로, 빈칸 바로 앞에 위치한 특정 대상 Robert Johnson 한 명을 지칭해 동격을 이루는 형태가 아니므로 오답입니다.
　　　(c) a guy: 단수 가산명사 앞에 관사가 왔지만, 빈칸 바로 앞에 위치한 특정 대상 Robert Johnson을 지칭해 동격을 이루는 형태가 아니므로 오답입니다.

어휘　remember ~을 기억하다　forget ~을 잊다　talented 능력 있는, 재능 있는

정답　(d)

2.

> A: 너 저 노트북 컴퓨터 살 거야?
> B: 아니, 너무 비싸서 올해는 구입할 생각을 포기했어.

해설　명사 idea와 결합되어 '~하는 생각'이라는 의미로 idea를 부연 설명하는 동격 표현은 전치사 of를 통해 나타내며, 전치사의 목적어로 동명사가 쓰여야 하므로 of와 동명사 buying으로 구성된 (d) of buying이 정답입니다.

오답　(a) to buy: to부정사는 idea와 결합되는 동격 표현의 형태가 아니므로 오답입니다.
　　　(b) to buying: 「전치사 to + 동명사」는 idea와 결합되는 동격 표현의 형태가 아니므로 오답입니다.
　　　(c) of buy: 전치사 of 뒤에 동명사가 쓰여야 하므로 오답입니다.

어휘　expensive 비싼　give up on ~을 포기하다

정답　(d)

Part 2

3.

> 에린은 인맥을 쌓을 수 있는 기회를 이용하기 위해 오리엔테이션 행사에 일찍 갔다.

해설　전달하는 내용을 가지는 명사 chance 뒤로 빈칸이 있고, 그 뒤에 주어와 동사가 포함된 절이 이어지는 구조이므로 chance 뒤에서 전달 내용을 나타내며 이를 부연 설명하는 동격절이 되어야 알맞으므로 동격절을 이끄는 접속사 (a) that이 정답입니다.

오답　(b) whether: 명사절 접속사로 쓰일 수 있지만, 동격절을 이끌 수 없으므로 오답입니다.
　　　(c) what: 명사절 접속사로 쓰일 수 있지만, 앞에 선행사를 가질 수 없으며 동격절을 이끌 수 없으므로 오답입니다.
　　　(d) when: 명사절 접속사로 쓰일 수 있지만, 동격절을 이끌 수 없으므로 오답입니다.

어휘　take advantage of ~을 이용하다　be able to do ~할 수 있다　network 다른 인맥을 쌓다, 인적 교류를 하다　whether ~인지 (아닌지)

정답　(a)

4.

> 우리가 처음 만났던 대학교인 데이비스대학교가 금년에 올해의 대학 상을 수상했다.

해설　주어 Davis University와 동사 won 사이에 콤마와 함께 빈칸이 삽입되어 있으므로 Davis University를 부연 설명하는 동격 표현이 빈칸에 필요합니다. 또한 앞에 이미 언급된 Davis University를 지칭하기 위해 특정한 것을 가리킬 때 사용하는 정관사 the가 들어가야 알맞으므로 정관사 the가 포함된 the university로 시작되는 선택지를 찾아야 합니다. 그리고 만난 장소인 Davis University를 설명하는 관계대명사절이 되어야 하므로 장소를 나타내는 전치사가 포함되어 있어야 합니다. 따라서 (d) the university that we first met at이 정답입니다.

오답　(a) a university that we first met: 부정관사 a는 불특정 대상을 지칭하므로 뒤에 대상을 특정한 것으로 한정해 주는 관계대명사절의 수식을 받지 않기 때문에 오답입니다.
　　　(b) a university that we first met at: 부정관사 a는 특정 대상을 지칭하는 것이 아니므로 주어 Davis University를 가리킬 수 없는 오답입니다.
　　　(c) the university that we first met: 장소 명사인 Davis University를 설명하는 관계대명사절에서 장소 전치사가 포함되어 있지 않으므로 오답입니다.

어휘　win an award 수상하다, 상을 받다

정답　(d)

Part 3

5.

> (a) A: 루카스, 네 스페인어 실력이 많이 향상된 것 같아!
> (b) B: 고마워! 난 단지 내가 스페인어 능력 시험인 SPT를 통과할
> 수 있길 바랄 뿐이야.
> (c) A: 나도 내 사업 때문에 스페인어를 배워야 해. 조언해줄 말 있
> 어?
> (d) B: 언어 교환 앱을 사용해봐. 그게 내가 계속해오고 있는 거야.

해설 (b) 문장의 콤마(,) 뒤에 쓰인 test는 가산명사이며 앞에 나온
  SPT와 동격을 이루는 구에 들어갈 단어입니다. 앞에 언급된
  시험인 SPT를 부연 설명하므로, 특정한 것을 가리킬 때 사용
  하는 정관사 the가 들어가야 알맞으므로 (b)가 정답입니다.

어휘 improve 향상되다 pass 통과하다 proficiency 숙련, 능숙
  advice 조언 language exchange 언어 교환 (모임)

정답 (b) test of Spanish proficiency
   → the test of Spanish proficiency

6.

> (a) 2009년에, 버니 매도프는 150년의 징역형을 선고받았다. (b)
> 그는 자신의 자산 관리 회사가 세계에서 가장 큰 다단계 금융 사기
> 라고 자백했다. (c) 매도프는 많은 투자자들을 설득해 그들이 자신
> 에게 돈을 넘겨주도록 했는데, 매도프는 그 돈을 호화로운 생활을
> 하는 데 썼다. (d) 그는 17년 동안에 걸쳐 35,000명이 넘는 사람들
> 에게서 돈을 사취한 끝에 결국 붙잡혔다.

해설 (c) 문장에서 콤마를 기준으로 앞뒤에 주어와 동사가 각각 포
  함된 절이 하나씩 쓰여 있지만, 이 절들을 연결할 수 있는 접속
  사가 없는 상태입니다. 그런데 콤마 다음 부분을 읽어보면, 이
  부분이 their money를 부연 설명하는 역할을 하는 동격 구조
  가 되어야 문장 전체의 구조 및 의미가 자연스러워진다는 것을
  알 수 있습니다. 따라서 동격 구조를 이룰 수 있도록 it is가 삭
  제되고 명사 money가 콤마 바로 뒤에 쓰여야 알맞으므로 (c)
  가 정답입니다.

어휘 be sentenced to ~을 선고받다 in prison 수감 중인
  confess that ~라고 자백하다, 고백하다 asset 자산
  management 관리, 운영, 경영 firm 회사, 업체 Ponzi
  scheme 다단계 금융 사기 convince A to do: A를 설득해
  ~하게 만들다 investor 투자자 hand over ~을 넘겨주다
  lavish 호화로운, 아끼지 않는 defraud (돈 등을) ~에게서 사취
  하다 more than ~가 넘는 finally 마침내 be caught 붙잡히
  다

정답 (c) it is money → money

UNIT 10 후치 수식

실전 감 잡기

1. (b) **2.** (b) **3.** (d) **4.** (c) **5.** (b) **6.** (d)

Part 1

1.

> A: 뭘 보고 있는 거야?
> B: 저기 저쪽에서 말다툼하는 커플 좀 봐.

해설 빈칸이 속한 문장에 이미 명령문을 이끄는 동사 Look이 쓰여
  있으므로 또 다른 동사 argue는 전치사구 over there와 함께
  명사구 that couple을 뒤에서 수식하는 분사의 형태가 되어
  야 합니다. 그리고 argue가 자동사이므로 현재분사의 형태가
  되어야 하며, 화자들이 말하는 현재 시점에 말다툼하는 커플
  을 보라는 의미가 되어야 하므로 단순 시제로 구성된 현재분사
  (b) arguing이 정답입니다.

오답 (a) argued: 자동사의 과거분사는 명사구를 뒤에서 수식하는
    역할을 할 수 없으므로 오답입니다.
  (c) have argued: 동사의 형태이므로 이미 문장에 동사가 쓰
    여 있는 구조에서 쓰일 수 없는 오답입니다.
  (d) having argued: 이전 시점의 일을 의미하므로 문장의 의
    미에 맞지 않는 오답입니다.

어휘 look at ~을 보다 over there 저기 저쪽에 argue 말다툼하다,
  언쟁하다

정답 (b)

2.

> A: 아까 나한테 무슨 말이 하고 싶었던 거야?
> B: 아, 내가 소셜 미디어에 광고된 헤븐 리조트의 행사를 봤어.

해설 빈칸이 속한 문장에 이미 동사 saw가 쓰여 있으므로 또 다른
  동사 advertise는 명사구 an event at Heaven Resort를 뒤
  에서 수식하는 분사의 형태가 되어야 합니다. advertise가 타
  동사이므로 분사로 쓰일 경우에도 그 성격이 유지되는데, 빈칸
  뒤에 목적어 없이 전치사 on이 있으므로 과거분사 형태로 쓰
  여야 한다는 것을 알 수 있습니다. 따라서 (b) advertised가
  정답입니다.

오답 (a) advertises: 동사의 형태이므로 이미 문장에 동사가 쓰여
    있는 구조에서 쓰일 수 없는 오답입니다.
  (c) advertising: 타동사의 현재분사는 목적어를 필요로 하므
    로 빈칸 뒤에 전치사가 쓰여 있는 구조에 맞지 않는 오답입
    니다.
  (d) has advertised: 동사의 형태이므로 이미 문장에 동사가
    쓰여 있는 구조에서 쓰일 수 없는 오답입니다.

어휘 tell A B: A에게 B를 말하다 earlier 아까, 일전에 advertise
  ~을 광고하다

정답 (b)

Part 2

3.

> 월병은 매일 먹는 전통 음식이 아니라, 오직 특정 축제 기간 중에만 즐기는 특별 요리이다.

해설 빈칸이 속한 주절은 주어와 동사 is, 그리고 보어 역할을 하는 명사구(a traditional food)로 이어지는 완전한 구조로 되어 있습니다. 따라서 빈칸이 a traditional food를 뒤에서 수식하는 수식어의 역할을 해야 하는데, 음식은 사람에 의해 먹히는 대상이므로 수동태이면서 명사를 뒤에서 수식할 수 있는 to부정사구 (d) to be eaten every day가 정답입니다.

오답 (a) eating every day: 「명사 + 현재분사」의 구조일 때 명사가 행위의 주체여야 하는데, 음식(food)이 먹는 행위를 할 수 없으므로 의미 관계가 맞지 않는 오답입니다.
(b) was eaten every day: 빈칸이 속한 주절에 이미 동사 is가 있기 때문에 또 다른 동사 was eaten이 쓰일 수 없으므로 오답입니다.
(c) which eaten every day: 관계대명사 which 뒤에 be동사나 조동사 have없이 과거분사 eaten만 쓰일 수 없으므로 오답입니다.

어휘 mooncake 월병 traditional 전통적인 dish 요리, 음식 during ~중에, ~동안 certain 특정한

정답 (d)

4.

> 그 매장에 있던 모든 목재 책상 제품이 수도관이 터졌을 때 망가져 버렸다.

해설 주어 The store's entire stock과 of 전치사구 뒤에 위치할 동사를 찾아야 하는데, 단수 명사 stock이 주어이므로 단수 동사가 필요합니다. 또한 when절의 주어 the pipe가 단수 명사인데도 동사 burst가 수 일치되지 않은 형태인 것은 과거시제라는 뜻이므로 주절의 동사도 과거시제가 되어야 합니다. 따라서 과거시제 단수 동사의 형태인 (c) was가 정답입니다.

오답 (a) is: 단수 동사의 형태지만, 현재시제이므로 when절의 동사와 시제 관계가 맞지 않는 오답입니다.
(b) are: 복수 동사이므로 단수 명사의 형태인 주어 stock과 수 일치되지 않으며, 시제 관계도 맞지 않는 오답입니다.
(d) were: 복수 동사이므로 단수 명사의 형태인 주어 stock과 수 일치되지 않는 오답입니다.

어휘 entire 모든, 전체의 stock 재고(품) ruin ~을 엉망으로 만들다, 망치다 burst 터지다, 파열되다

정답 (c)

Part 3

5.

> (a) A: 저기, 마케팅 보조로 일할 사람을 찾으셨나요?
> (b) B: 아뇨. 쓸만한 사람을 찾기 위해 온라인 공고를 게시했는데, 쉽지 않네요.
> (c) A: 당신 친구들에게 물어보는 건 어때요? 그들이 누군가 알고 있을 수도 있잖아요.
> (d) B: 아주 좋은 생각인 것 같아요. 고마워요!

해설 (b) 문장에서 전치사 for의 목적어로 쓰인 대명사 someone은 형용사가 뒤에서 수식하는 구조로 쓰이므로 someone qualified의 순서가 되어야 알맞습니다. 따라서 (b)가 정답입니다.

어휘 assistant 보조, 조수 position 직책, 일자리 post ~을 게시하다 advertisement 공고, 광고 look for ~을 찾다 qualified 자격 있는, 적격인 Why don't you ~? ~하는 게 어때요? sound like ~인 것 같다, ~처럼 들리다

정답 (b) qualified someone → someone qualified

6.

> (a) 정유 회사들은 위험한 환경에서 근무할 의향이 있는 신규직원들을 정기적으로 고용한다. (b) 이 신규직원들은 일반적으로 근해에 위치한 시추선에서 작업하는 인부로 고용된다. (c) 그들의 직무는 일반적인 설비 관리 작업과 굴착 작업에 대한 보조를 포함한다. (d) 관련된 위험 요소에도 불구하고, 많은 사람들이 자신들의 가족을 부양하기에 충분히 넉넉한 급여 때문에 이러한 일자리에 지원한다.

해설 (d) 문장에 있는 부사 enough는 to부정사와 결합하면 형용사를 뒤에서 수식하는 구조로 쓰이므로 generous enough to의 어순으로 쓰여야 알맞습니다. 그러므로 (d)가 정답입니다.

어휘 regularly 정기적으로 employ ~을 고용하다(= hire) new recruit 신입사원 willing to do 기꺼이 ~하는 condition 환경, 조건 typically 일반적으로, 전형적으로 laborer 인부, 노동자 oil rig 시추선 stationed + 장소 전치사구: ~에 자리잡고 있는, ~에 배치된 far out at sea 근해에 duty 직무 involve ~을 포함하다 general 일반적인 maintenance 시설 관리 assistance 보조, 도움, 지원 drilling 굴착, 시추 despite ~에도 불구하고 danger 위험 apply for ~에 지원하다 due to ~때문에 salary 급여 형용사 + enough + to부정사: ~하기에 충분히 …한

정답 (d) enough generous to → generous enough to

UNIT 11 -ing의 문법적 성격

실전 감 잡기

1. (c) **2.** (d) **3.** (b) **4.** (c) **5.** (c) **6.** (b)

Part 1

1.

> A: 올리버가 어떻게 결국 출판 분야에 들어오게 되었는지 알아?
> B: 음, 학위 논문을 쓴 그의 경험이 책을 출판하는 것에 대한 관심으로 이어졌어.

해설 전치사 of 다음에 빈칸이 있는 것으로 보아 전치사의 목적어 역할을 할 수 있는 단어가 필요하므로 선택지에서 이 역할을 할 수 있는 동명사 (c) writing이 정답입니다.

오답 (a) writes: 3인칭 단수 동사는 전치사 of의 목적어 역할을 할 수 없으므로 오답입니다.
(b) written: 과거분사는 전치사 of의 목적어 역할을 할 수 없으므로 오답입니다.
(d) to write: to부정사는 전치사 of의 목적어 역할을 할 수 없으므로 오답입니다.

어휘 end up 결국 ~하게 되다 publishing 출판 field 분야 experience 경험 thesis 학위 논문 lead to ~로 이어지다 interest 관심 publish 출판하다

정답 (c)

2.

> A: 이번 주 토요일에 무슨 계획 있어?
> B: 내 자전거를 수리받으려고 생각하고 있었어.

해설 선택지에 쓰인 동사 get은 「get + A + p.p.」의 구조로 'A가 ~되게 하다'라는 의미를 나타내며, 빈칸 앞에 위치한 동사 contemplate은 동명사를 목적어로 취하므로 (d) getting my bike repaired가 정답입니다.

오답 (a) to get repaired my bike: 동사 contemplate은 to부정사를 목적어로 취하지 않기 때문에 맞지 않는 구조이므로 오답입니다.
(b) on getting my bike repaired: 동사 contemplate은 목적어를 취하는 타동사이므로 전치사 on이 바로 뒤에 위치할 수 없으므로 오답입니다.
(c) my bike getting it repaired: 동명사는 바로 앞에 행위의 주체(동명사의 의미상 주어)를 나타내는 명사를 사용할 수 있는데, 그러려면 my bike가 소유격 형태가 되어야 하므로 오답입니다.

어휘 contemplate -ing ~하는 것을 생각하다 get + A + p.p.: A가 ~되게 하다 repair ~을 수리하다

정답 (d)

Part 2

3.

> 글로벌 로지스틱스 사는 운영 경비에 많이 지출하지 않음으로써 전반적인 수익을 증가시키고 있다.

해설 빈칸이 전치사 by의 목적어 역할을 해야 하므로 동명사가 필요하며, 동명사가 부정의 의미를 나타낼 때는 바로 앞에 not을 추가해서 나타내므로 (b) not spending이 정답입니다.

오답 (a) spending not: 동명사에 대해 부정의 의미를 나타내는 not의 위치가 잘못된 오답입니다.
(c) not to spend: 전치사 by의 목적어 역할을 할 수 없는 to부정사로 구성되어 있으므로 오답입니다.
(d) to not spend: 전치사 by의 목적어 역할을 할 수 없는 to부정사로 구성되어 있으므로 오답입니다.

어휘 increase ~을 증가시키다, 늘리다 overall 전반적인 profit 수익 by (방법) ~함으로써, ~해서 operating expenditure 운영 경비 spend A on B: B에 A를 소비하다

정답 (b)

4.

> 루비는 경험 부족을 감안하면, 고객의 불만 사항을 아주 잘 처리했다.

해설 문장 내에 동사 did가 이미 쓰여 있으므로 빈칸은 동사 자리가 아니며, 뒤에 명사구(her lack of experience)를 이끌 수 있는 전치사 또는 to부정사가 필요합니다. '경험 부족을 감안하면 고객 불만을 잘 처리했다' 또는 '경험 부족에도 불구하고 고객 불만을 잘 처리했다'와 같은 의미가 되어야 자연스럽습니다. 따라서 '~을 감안하면, ~을 고려하면'을 뜻하는 전치사 (c) considering이 정답입니다.

오답 (a) considers: 동사의 형태이기 때문에 이미 동사가 존재하는 이 문장에 쓰일 수 없으므로 오답입니다.
(b) considered: 동사의 과거형 또는 과거분사형인데, 문장에 이미 동사가 있으므로 동사로 쓰일 수 없으며, 과거분사일 경우에도 빈칸 뒤에 위치한 명사구를 목적어로 취할 수 없으므로 오답입니다.
(d) to consider: 목적(~하기 위해)을 나타내는 to부정사구를 구성하므로 문장의 의미에 맞지 않는 오답입니다.

어휘 do a great job in -ing ~을 아주 잘 하다 handle ~을 처리하다, 다루다 complaint 불만 lack 부족, 결핍 experience 경험 consider ~을 고려하다 considering ~을 감안하면, 고려하면

정답 (c)

Part 3

5.

> (a) A: 레이 씨가 보낸 이메일 보셨어요?
> (b) B: 아뇨, 아직 그걸 확인할 시간이 없었어요. 무엇에 관한 것이 었나요?
> (c) A: 증가하는 우리 신제품의 인기 때문에 그가 우리에게 마케팅 전략들을 향상시키라고 제안했어요.
> (d) B: 아, 알겠어요. 오늘 오후 회의 시간에 논의해 봅시다.

해설 (c) 문장에 있는 risen은 뒤의 명사 popularity를 수식하는 역할을 해야 하는데, rise는 자동사이기 때문에 현재분사 형태로 명사를 수식해야 합니다. 그러므로, 과거분사 risen이 현재분사 rising으로 바뀌어야 되기 때문에 (c)가 정답입니다.

어휘 check ~을 확인하다 yet 아직 due to ~때문에 rise 증가하다 popularity 인기 product 제품 suggest 제안하다 enhance ~을 향상시키다, 증가시키다 strategy 전략 discuss ~을 논의하다

정답 (c) risen → rising

6.

> (a) 베수비어스산의 분출물이 폼페이 마을을 온 지역을 뒤덮은 잿더미 아래로 묻히게 만들었다. (b) 이 화산 분출이 있기 전에, 폼페이의 거리들은 상품을 판매하는 상인들로 가득 차 있었다. (c) 대부분의 주민들은 열과 유독 가스로 인해 사망했다. (d) 오늘날, 폼페이는 폐허이자 치명적인 자연의 힘을 상기시키는 존재이다.

해설 (b) 문장에서 전치사 with의 목적어로 쓰인 merchants 뒤로 분사 sold와 명사 목적어 goods가 쓰여 있으므로, 과거분사 sold가 현재분사 selling으로 바뀌어야 알맞습니다. 그러므로, (b)가 정답입니다. 명사를 후치 수식하는 타동사의 분사의 경우, 분사 뒤의 목적어 유무를 꼭 확인해야 합니다.

어휘 eruption (화산) 분출(물) bury ~을 묻다 a blanket of (눈 등이) 온 지역을 뒤덮은 ash 잿더미, 재 prior to ~전에, ~에 앞서 be filled with ~로 가득 차 있다 merchant 상인 goods 상품 resident 주민 due to ~로 인해 heat 열 toxic 유독한 ruin n. 폐허, 몰락 reminder 상기시키는 것 deadly 치명적인

정답 (b) sold → selling

UNIT 12 가정법

실전 감 잡기

1. (d) **2.** (c) **3.** (c) **4.** (c) **5.** (d) **6.** (d)

Part 1

1.

> A: 내가 이 아파트를 찾지 못했다면, 아마 로스앤젤레스로 이사했을 거야.
> B: 음, 네가 시애틀에 머물렀다니 기뻐.

해설 if절의 동사가 가정법 과거완료를 구성하는 had p.p.일 때 주절의 동사는 「would[could, might, should] + have p.p.」의 형태가 되어야 하는데 빈칸 앞에 이미 would의 생략형('d)이 쓰여 있으므로 나머지 요소인 (d) have moved가 정답입니다.

오답 (a) move: if절의 동사가 가정법 과거를 구성하는 과거 동사일 때, 조동사와 함께 주절의 동사로 사용하는 형태이므로 오답입니다.
(b) moved: if절의 동사가 가정법 과거완료를 구성하는 had p.p.일 때 주절의 동사로 사용하는 형태가 아니므로 오답입니다.
(c) had moved: if절의 동사가 가정법 과거완료를 구성하는 had p.p.일 때 주절의 동사로 사용하는 형태가 아니므로 오답입니다.

어휘 stay 머무르다 move 이사하다

정답 (d)

2.

> A: 다음 주에 쓸 식료품을 구입했나요?
> B: 아뇨, 정원을 청소하느라 바빴어요. 하지만 그렇게 했다면 좋았을 텐데요.

해설 I wish 구문에서 그 뒤에 이어지는 내용이 현재 사실에 반대되는 소망이라면 과거시제 동사를, 과거 사실에 반대되는 소망이라면 과거완료시제 동사를 사용합니다. 앞 문장들에 있는 과거시제 조동사 Did와 be동사 was를 통해 과거의 일에 대해 이야기하고 있다는 것을 알 수 있으므로 빈칸이 속한 문장은 과거 사실에 반대되는 소망을 나타내야 알맞습니다. 따라서 과거완료시제 동사가 빈칸에 필요하므로 (c) had done이 정답입니다.

오답 (a) did: I wish와 함께 현재 사실에 반대되는 소망을 나타낼 때 사용하는 단순 과거시제 동사이므로 오답입니다.
(b) were done: I wish와 함께 현재 사실에 반대되는 소망을 나타낼 때 사용하는 수동 형태의 과거시제 동사이므로 오답입니다.
(d) was doing: I wish와 함께 현재 사실에 반대되는 소망을 나타낼 때 사용하는 be동사의 과거형은 were이므로 올바르

지 못한 형태이며 시제도 맞지 않는 오답입니다.

어휘　grocery 식료품　be busy -ing ~하느라 바쁘다　though (문장 끝이나 중간에서) 하지만

정답　(c)

Part 2

3.

로렌은 자신이 부모님 말씀을 들었다면 지금 예금 계좌에 많은 돈이 있을 거라고 생각했다.

해설　if절의 동사가 가정법 과거완료를 구성하는 had p.p.이지만, 빈칸이 속한 주절에 현재 시점을 나타내는 시간 부사 now가 있으므로 주절의 동사는 현재 사실에 대한 가정을 나타내야 합니다. 따라서 주절의 동사로 「would[could, might] + 동사원형」의 형태가 쓰여 혼합 가정법 문장이 되어야 알맞으므로 (c) would have가 정답입니다. if절의 동사가 가정법 과거완료를 구성하는 had p.p.일 때, 주절에 현재 시점과 관련된 힌트가 있는지 꼭 확인해봐야 합니다.

오답　(a) will have: 미래시제 동사로, 현재 사실에 대한 가정을 나타낼 때 사용하는 동사 형태가 아니므로 오답입니다.
　　　(b) had had: 과거완료시제 동사로, 현재 사실에 대한 가정을 나타낼 때 사용하는 동사 형태가 아니므로 오답입니다.
　　　(c) would have had: 과거 사실에 대한 가정을 나타내는 가정법 과거완료 문장의 주절에 사용하는 동사 형태이므로 이 문장에 맞지 않는 오답입니다.

어휘　listen to ~의 말을 듣다　savings account 예금 계좌

정답　(c)

4.

내가 시간을 거슬러 올라가게 된다면, 내가 어렸을 때 어떤 모습이었는지 볼 수 있을 텐데.

해설　if절의 동사가 불가능한 일을 나타내는 「were to + 동사원형」일 때, 주절의 동사는 「would[could, might] + 동사원형」의 형태여야 하므로 (c) could see가 정답입니다.

오답　(a) will see: 미래시제로, if절의 동사가 가정법 미래를 구성하는 「were to + 동사원형」일 때 주절의 동사로 쓰이는 형태가 아니므로 오답입니다.
　　　(b) have seen: 현재완료시제로, if절의 동사가 가정법 미래를 구성하는 「were to + 동사원형」일 때 주절의 동사로 쓰이는 형태가 아니므로 오답입니다.
　　　(d) could have seen: if절의 동사가 가정법 과거완료를 구성하는 had p.p.일 때, 주절의 동사로 쓰이는 형태이므로 오답입니다.

어휘　go back in time 시간을 거슬러 올라가다　what A is like: A가 어떤 모습인지

정답　(c)

Part 3

5.

(a) A: 너 그녀에 대해서 어떻게 생각해?
(b) B: 난 그녀의 노래가 정말로 마음에 들고 그걸 보통 출근하는 길에 들어!
(c) A: 나도 그녀의 열혈 팬이지만, 한동안 그녀가 TV에 나오는 걸 보지 못했어.
(d) B: 그치? 이제 그녀가 신곡을 발표할 때가 되었어.

해설　(d) 문장에서 '이제는 ~할 때다, 이제는 ~해야 할 시간이다'를 의미하는 It's high time 뒤의 that절에는 과거시제 동사 형태나 「(should) + 동사원형」의 동사 형태가 쓰여야 하므로 will unveil이 unveiled나 (should) unveil로 바뀌어야 알맞습니다. 따라서 (d)가 정답입니다.

어휘　usually 보통, 일반적으로　on the way to ~로 가는 길에, ~로 오는 길에　biggest fan 열혈 팬　for a while 한동안　It's high time + 주어 + 과거시제[(should) + 동사원형]: 이제는 ~할 때다, 이제는 ~해야 할 시간이다　unveil ~을 발표하다, 공개하다

정답　(d) will unveil → unveiled/(should) unveil

6.

(a) 민권법은 린든 존슨 대통령에 의해 1964년 7월 2일에 서명되었다. (b) 이 법령은 인종, 성별, 종교, 그리고 국적을 바탕으로 하는 차별을 금지했다. (c) 이는 미국 내에서 인종 차별의 시대를 종식시켰다. (d) 이 민권법이 아니었다면, 인종 차별은 수년 또는 아마 수십 년 동안 지속되었을 것이다.

해설　(d) 문장에서 if절의 동사가 가정법 과거완료를 구성하는 had p.p.의 형태이므로 주절의 동사는 「would + have p.p.」가 되어야 알맞습니다. 따라서 would continue가 would have continued로 바뀌어야 하므로 (d)가 정답입니다.

어휘　sign ~에 서명하다　act 법령, 법률　prohibit ~을 금지하다　discrimination 차별　based on ~을 바탕으로 하는, ~에 근거를 둔　race 인종　gender 성(별)　religion 종교　nationality 국적　bring an end to ~을 끝나게 하다　era 시대　racial segregation 인종 차별　within ~내에　continue 지속되다　possibly 아마　decade 10년

정답　(d) would continue → would have continued

UNIT 13 도치

실전 감 잡기

1. (a) **2.** (d) **3.** (d) **4.** (d) **5.** (c) **6.** (c)

Part 1

1.

> A: 네가 주문한 파스타 어때?
> B: 맛이 이상해. 다시는 이걸 원하진 않을 거야.

해설 　강한 부정을 나타내는 특정 전치사구 In no way가 강조를 위해 문장 맨 앞에 쓰여 있으므로 그 뒤에 위치하는 주어와 동사가 도치되는 구조가 되어야 알맞습니다. 그리고 일반동사일 경우에는 동사를 이동하는 대신 조동사 do를 주어 앞에 추가해 「do + 주어 + 동사」의 구조가 되어야 하므로 (a) do I want this가 정답입니다.

오답 　(b) I do want this: 전치사구가 문장 맨 앞으로 이동했지만 주어와 조동사 do가 위치를 바꾸지 않은 구조이므로 오답입니다.
　(c) do this I want: 도치가 발생하기는 하지만, 목적어인 this는 want 다음에 위치해야 하는데 이 어순으로 쓰이지 않았으므로 오답입니다.
　(d) this I do want: 전치사구가 문두에 왔을 때, 그 뒤에 위치하는 주어와 동사의 도치 구조가 아니므로 오답입니다.

어휘 　order ~을 주문하다 weird 이상한 flavor 맛 in no way 결코 ~않다, 조금도 ~않다

정답 　(a)

2.

> A: 난 마추피추 고대 유적지가 우리 여행에서 가장 좋았던 부분이라고 생각해.
> B: 나도 동의해. 난 그렇게 웅장한 곳을 한 번도 본 적이 없어.

해설 　경험을 나타내는 현재완료시제 동사가 쓰인 문장으로서, 부정을 나타내는 Never가 문장 맨 앞으로 이동하면 주어와 조동사 have가 위치를 바꾼 도치가 발생하므로 (d) Never have I seen이 정답입니다.

오답 　(a) Have I never seen: 부정어 never가 문두로 이동해야 도치 구조를 이룰 수 있으므로 오답입니다.
　(b) I have seen never: 일반적인 어순일 때 never가 have와 과거분사 seen 사이에 위치해야 하므로 오답입니다.
　(c) Never I have seen: Never가 문장 맨 앞으로 이동했지만 주어와 조동사 have가 위치를 바꾸지 않은 구조이므로 오답입니다.

어휘 　ancient 고대의 ruin 유적(지) such 그렇게, 이렇게 grand 웅장한, 장대한

정답 　(d)

Part 2

3.

> 각국 정부들이 신속한 조치를 취했더라면, 세계적으로 백만 명의 목숨을 이 치명적인 바이러스로부터 구할 수 있었을 것이다.

해설 　문장 중간의 콤마를 기준으로 앞뒤에 각각 절이 하나씩 위치한 구조인데, 문장에 접속사가 없는 것과 주절의 동사 could have been saved를 통해 가정법 과거완료 문장이라는 것을 알 수 있습니다. 따라서 if가 생략된 후에 주어와 동사가 위치를 바꾼 가정법 과거완료 동사 형태를 고르면 되므로 「Had + 주어 + p.p.」의 어순으로 된 (d) Had governments taken이 정답입니다.

오답 　(a) Taken governments had: if가 생략된 후에 조동사 had가 문장 맨 앞으로 이동하여 도치가 이뤄져야 하는데 p.p 형태인 taken이 문장 맨 앞에 있으므로 오답입니다.
　(b) Governments had taken: 주어와 동사가 일반적인 어순으로 쓰이려면 접속사 if가 필요하므로 오답입니다.
　(c) Had taken governments: 조동사 had와 주어가 도치될 때 had만 주어 앞에 위치하고 p.p.는 주어 뒤에 남아야 하는데, p.p.까지 주어 앞으로 이동했으므로 오답입니다.

어휘 　take action 행동을[조치를] 취하다 swiftly 신속하게 million 백만 around the world 세계적으로 save lives from A: A로부터 인명을 구하다 deadly 치명적인 virus 바이러스 government 정부

정답 　(d)

4.

> 베스가 나에게 전화를 한 후에야 비로소 나는 그녀에 대한 걱정을 멈췄다.

해설 　부정어구인 Not until이 문두로 이동하여 뒤에 도치 구조를 이루는 문장이 구성되어야 알맞으므로 「Not until + 주어 + 동사」 뒤로 주절의 일반동사를 대신하는 조동사 did가 추가되고 이것과 주어 I가 위치를 바꾼 (d) Not until Beth called me did I가 정답입니다.

오답 　(a) Beth did not until called me: 조동사 did와 not 뒤로 동사원형이 쓰여야 하며 until 뒤로 주어와 동사가 쓰여야 하기 때문에 맞지 않는 구조입니다.
　(b) Not until called me did Beth: Not until 뒤에는 주어와 동사가 순서대로 쓰이고 그 뒤에 주절의 주어와 동사가 도치되는 문장 구조가 와야 하는데 이 문장 구조가 아니므로 오답입니다.
　(c) Beth called me not until did I: 문두에 왔을 때 도치를 유발하는 Not until이 문두에 와 있지 않은 상태에서 도치가 발생한 구조이므로 오답입니다.

어휘 　stop -ing ~하는 것을 멈추다 worry about ~에 대해 걱정하다 Not until + 주어+ 동사 + 동사 + 주어: ~한 후에야 비로소 …하다

정답 　(d)

Part 3

5.

> (a) A: 저기, 무슨 일 있어요?
> (b) B: 당신은 아이들하고 얼마나 자주 얘기해요?
> (c) A: 제 딸들과 저는 서로 아주 드물게 전화해요. 왜 물으시는 거죠?
> (d) B: 저, 제 아이들이 요즘 너무 바빠서, 당신은 아이들과 사이가 어떤지 궁금했어요.

해설 (c) 문장에서 강조를 위해 부사구 Only rarely가 문장 맨 앞에 쓰여 있으므로 그 뒤에 오는 주어와 동사는 위치를 바꾼 도치 구조가 되어야 알맞습니다. 따라서 my daughters and I call 에서 주어와 동사의 순서가 달라져야 하는데, 일반동사일 경우에는 조동사 do를 주어 앞에 추가해 「do + 주어 + 동사」의 구조가 되어야 하므로 do my daughters and I call로 바뀌어야 합니다. 따라서 (c)가 정답입니다.

어휘 **only rarely** 아주 드물게 **each other** 서로 **too** 너무 ~한 **wonder** ~을 궁금해하다

정답 **(c) my daughters and I call → do my daughters and I call**

6.

> (a) 역대 가장 영향력 있는 음악 그룹 중 하나는 비틀즈이다. (b) 잉글랜드의 리버풀에서 결성된 이 그룹은 순식간에 세계적인 찬사를 받았고 유명 인사의 지위를 얻었다. (c) 비틀즈는 너무 인기가 많아서 어디를 가든 팬들이 떼지어 몰려들었다. (d) 이들은 6억장이 넘는 앨범을 판매하면서 역사상 가장 많은 앨범을 판매한 밴드로 남아 있다.

해설 (c) 문장에서 강조를 위해 부사 So와 형용사 popular가 문장 맨 앞에 쓰여 있으므로 그 뒤에 오는 주어와 동사는 위치를 바꾼 도치 구조가 되어야 알맞습니다. 따라서 The Beatles were가 were The Beatles로 바뀌어야 하므로 (c)가 정답입니다.

어휘 **influential** 영향력 있는 **of all time** 역대 **form** ~을 구성하다, 형성하다 **rapidly** 순식간에 **gain** ~을 받다, 얻다 **worldwide** 세계적인 **acclaim** 찬사, 극찬 **celebrity** 유명 인사 **status** 지위 **so + A + that + B**: 너무 A해서 B하게 되다 **swarm** ~에 떼지어 몰리다 **wherever** 어디서 ~하든 **remain** ~로 남아 있다, 유지되다 **in history** 역사상 **with + A + p.p.**: A가 ~되면서 [~된 채로] **more than** ~가 넘는

정답 **(c) The Beatles were → were The Beatles**

UNIT 14 대용 및 생략

실전 감 잡기

1. (c) **2.** (d) **3.** (d) **4.** (d) **5.** (b) **6.** (a)

Part 1

1.

> A: 파올라 씨가 벌써 시내에 위치한 새 지점으로 전근했는지 아시나요?
> B: 확실하게 말씀 드릴 수는 없지만, 그렇게 했을 수도 있어요.

해설 접속사 but 뒤로 빈칸이 있으므로 「주어 + 동사」의 어순이 되어야 하며, 상대방의 질문에 쓰인 일반동사로 구성된 현재완료시제 동사구 has transferred to the new branch downtown을 대신해야 하므로 동일한 현재완료시제에 가능성을 나타내는 조동사 may가 추가된 구조인 (c) she may have done so가 정답입니다.

오답 (a) she may do so: 상대방의 질문에 쓰인 현재완료시제 동사 has transferred와 시제가 일치하지 않으므로 오답입니다.
(b) so she may do: 주어 she 앞에 so가 쓰이면 접속사의 역할을 하게 되는데, 빈칸 바로 앞에 이미 접속사 but이 쓰여 있기 때문에 맞지 않는 구조이므로 오답입니다.
(d) so she may have done: 주어 she 앞에 so가 쓰이면 접속사의 역할을 하게 되는데, 빈칸 바로 앞에 이미 접속사 but이 쓰여 있기 때문에 맞지 않는 구조이므로 오답입니다.

어휘 **whether** ~인지 (아닌지) **transfer to** ~로 전근하다, 옮기다 **branch** 지점, 지사 **downtown** ad. 시내에 **for sure** 확실히 **may have p.p.** ~했을 수도 있다 **so** (앞서 언급된 행위를 대신해) 그렇게

정답 **(c)**

2.

> A: 자기, 나 아직 동료들에게 우리 결혼식을 알릴 시간이 없었어.
> B: 나도 그랬어. 모두가 지금 진행되고 있는 공사 프로젝트로 바쁜 상태야.

해설 neither와 동사를 활용해 '나도 그랬다'와 같이 부정문에 대해 동의하는 경우에 일반동사는 조동사 do로 받기 때문에 「Neither + 조동사 do + 주어」의 어순이 되어야 하므로 (d) Neither did I가 정답입니다.

오답 (a) I did neither: neither를 활용해 부정문에 대해 동의하는 답변의 어순이 아니므로 오답입니다.
(b) I neither did: neither를 활용해 부정문에 대해 동의하는 답변의 어순이 아니므로 오답입니다.
(c) Did neither I: 도치가 발생했기는 하지만, neither를 활용해 부정문에 대해 동의하는 답변은 「Neither + 동사 + 주어」의 어순이 되어야 하는데 이 어순이 아니므로 오답입니다.

어휘 announce ~을 알리다, 발표하다 colleague 동료 be busy with ~로 바쁘다 current 지금의, 현재의 construction 공사, 건설 neither ~도 아니다

정답 (d)

어휘 flip-flop 슬리퍼 at work 직장에서 even though ~임에도 불구하고, ~이기는 하지만 tell A (not) to do: A에게 ~하라고 (하지 말라고) 말하다

정답 (d)

Part 2

3.

> 경험이 풍부한 많은 전기 기사들은 대부분의 대학 졸업생들이 받는 것보다 더 높은 급여를 받는다.

해설 than 뒤에는 비교 대상이 제시되어야 하는데, 빈칸 뒤로 of most university graduates가 쓰여 있으므로, 대학 졸업생들의 급여(salaries)가 경험이 풍부한 전기 기사들의 급여의 비교 대상이 되어야 한다는 것을 알 수 있습니다. 따라서 salaries를 대신할 복수 명사가 빈칸에 쓰여야 하는데, 뒤에서 수식어구의 수식을 받을 수 있는 대명사가 필요하므로 이 역할이 가능한 (d) those가 정답입니다.

오답 (a) that: 복수 명사 salaries를 대신할 수 없는 단수 대명사이므로 오답입니다.
(b) them: 복수 명사 salaries를 대신할 수 있는 복수 대명사이지만, 수식어구의 수식을 받을 수 없으므로 오답입니다.
(c) theirs: '그들의 것'을 의미하는 소유대명사이므로 복수 명사 salaries를 대신할 수 없으며, 수식어구의 수식을 받을 수 없으므로 오답입니다

어휘 experienced 경험이 풍부한 electrician 전기 기사 receive ~을 받다 salary 급여 graduate n. 졸업생

정답 (d)

4.

> 니키는 상사가 그러지 말라고 말했음에도 불구하고 때때로 회사에서 슬리퍼를 신는다.

해설 동사 tell(told는 과거형)은 「tell + A + (not) + to do」의 구조로 쓰여 'A에게 ~하라고(하지 말라고) 말하다'라는 의미를 나타냅니다. 이때 일반동사로 구성된 동사(구)를 to부정사의 형태로 대신 받는 경우에는 to만 남기고 모두 생략할 수 있으므로 이 구조에 해당되는 (d) told her not to가 정답입니다.

오답 (a) told not: 과거시제 동사와 부정어 not으로 구성된 표현으로, 「tell + A + (not) + to do」 표현의 알맞은 생략 구조가 아니므로 오답입니다.
(b) told to not: 과거시제 동사, to부정사, 그리고 부정어 not으로 구성된 표현으로, to부정사 부정의 어순인 「not + to부정사」의 어순으로 쓰이지 않았으며, 「tell + A + (not) + to do」 표현의 알맞은 생략 구조가 아니므로 오답입니다.
(c) told her not: 과거시제 동사, 목적어, 그리고 부정어 not으로 구성된 표현인데, 일반동사로 구성된 동사(구)를 to부정사의 형태로 대신 받는 경우에는 to로 이 내용을 대신하므로 to가 반드시 있어야 합니다. 그런데 to가 없으므로 오답입니다.

Part 3

5.

> (a) A: 다음 달에 난민들을 위한 모금 자선 바자회를 열 예정인가요?
> (b) B: 당연히 그럴 겁니다. 저는 벌써 판매할 중고 물품들을 많이 모아 두었어요.
> (c) A: 아주 잘됐네요! 제가 어떻게 도와 드릴 수 있을까요?
> (d) B: 더 이상 입지 않는 오래된 의류를 기부해 주세요. 고마워요!

해설 (b) 문장에서 Of course I do는 상대방의 질문에 대한 대답으로 쓰인 것이며, 여기서 do는 상대방의 말에 현재시제 일반동사가 쓰였을 때 그것을 대신하기 위해 사용합니다. 그런데, 앞 문장의 질문이 미래시제를 나타내는 조동사구 are going to로 구성되어 있으므로 미래시제로 받아야 합니다. 따라서 do가 will로 바뀌어야 알맞으므로 (b)가 정답입니다.

어휘 charity bazaar 자선 바자회 raise money 모금하다, 돈을 모으다 refugee 난민 gather ~을 모으다 used 중고의 donate ~을 기부하다 clothing 의류 not + 동사 + anymore: 더 이상 ~하지 않다

정답 (b) do → will

6.

> (a) 과학자들은 무엇 때문에 벌들이 다른 꽃들을 두고 특정한 꽃을 선택하는지에 대해 자주 숙고해왔다. (b) 한 새로운 연구에 따르면, 그 대답은 사람들이 생각했을 수도 있는 것보다 더 간단한 것이었다. (c) 연구가들은 벌들이 어느 종류의 꽃들이 다른 벌들에게 인기 있는지 관찰한다는 것을 알게 되었다. (d) 그런 다음 그들은 그 종류의 꽃들에 꿀이 풍부한 것이 틀림없다는 결론을 내리는 단순한 논리를 활용한다.

해설 (a) 문장에서 전치사 over 뒤에 쓰인 other는 일반적으로 the other, others, the others의 형태로 쓰입니다. 그런데 바로 앞에 위치한 a particular flower와 대비되는 다른 불특정한 꽃들을 나타낼 복수 대명사가 필요하기 때문에 others로 바뀌어야 알맞으므로 (a)가 정답입니다.

어휘 ponder ~을 숙고하다, 곰곰이 생각하다 what makes A do: 무엇 때문에 A가 ~하는지 bee 벌 choose ~을 선택하다 particular 특정한 over (비교) ~에 비해 indicate that ~임을 나타내다, 가리키다 might have p.p. ~했을 수도 있다 researcher 연구가 observe ~을 관찰하다 type 종류 be popular with ~에게 인기가 있다 then 그런 다음, 그 후에 simple 단순한 logic 논리 conclude that ~라고 결론 내리다 be rich in A: A가 풍부하다 nectar 꿀

정답 (a) other → others

READING 독해

UNIT 01 [Part 1] 빈칸 채우기

STEP 1 키워드로 지문 파악하기

빈칸이 지문 전반부에 있는 경우

> 숀 굿월의 최신 영화가 **컴퓨터 그래픽과 애니메이션 기술의 정점**으로 극찬을 받고 있다. 바야흐로 때는 2070년. 주인공인 잭 킴은 여성 인조인간을 만든다. 잭 킴은 자신의 다리를 잃었던 사건을 막으려고 이 인조인간을 과거로 보낸다. 하지만, 과거의 젊은 잭은 이 인조인간과 사랑에 빠진다. 어린 관객들에게 부적합한 몇 가지 폭력적 장면에도 불구하고, 대부분의 공상 과학 영화 팬들은 이 영화의 첨단 기술이 주는 전율과 혁신적인 특수 효과들을 만끽할 것이다.

어휘 **latest** 최신의 **be touted as** ~로 극찬을 받다 **main character** 주인공 **create** 만들다 **female** 여성의 **android** 인조인간 **send A back to the past:** A를 과거로 돌려보내다 **prevent** 막다, 방지하다 **incident** 사건 **cause A to do:** A가 ~하도록 하다 **lose** 잃다 **leg** 다리 **however** 하지만, 그러나 **younger** 어린, 젊은 **fall in love with** ~와 사랑에 빠지다 **despite** ~에도 불구하고 **several** 몇몇의 **violent** 폭력적인 **scene** 장면 **unsuitable for** ~에게 부적절한 **viewer** 관객 **most** 대부분의 **science fiction** 공상 과학 **fan** 팬, 애호가 **enjoy** 즐기다 **high-tech** 최첨단의 **thrill** 감동, 오싹함 **revolutionary** 혁신적인 **special effect** 특수 효과

빈칸이 지문 후반부에 있는 경우

> 여러분은 아마도 엄마가 비만이면 아이도 비만일 가능성이 있다고 믿을지도 모른다. 시카고대학의 연구원들에 따르면, 이 현상은 건강식을 지불할 경제적 여유가 없는 저소득 가정에서 더 일반적이라고 한다. 하지만, 그 원인이 유전적 요인과 연관된 것인지, 아니면 엄마의 식습관과 연관이 있는지는 아직 분명하지 않다. 어느 쪽이든 간에, 그런 아이들은 **체중 관련 문제를 극복해야 한다**.

어휘 **believe** 믿다 **if** 만약 ~라면 **overweight** 과체중인, 비만인 **be likely to do** ~할 가능성이 있다 **according to** ~에 따르면 **researcher** 연구원 **phenomenon** 현상 **more** 더욱 더 **common** 일반적인 **poorer family** 저소득 가정 **afford** ~을 지불할 경제적 여유가 있다 **healthy diet** 건강식 **however** 하지만, 그러나 **clear** 분명한, 명백한 **whether** ~인지 **cause** 원인 **be related to** ~와 연관되다 **genetic** 유전적인 **factor** 요인 **eating habit** 식습관 **either way** 어느 쪽이든 **need to**

do ~할 필요가 있다 **overcome** 극복하다 **weight-related** 체중과 연관된 **issue** 문제 **benefit from** ~로부터 이득을 보다 **balanced** 균형 잡힌 **diet** 식사

연결어 넣기

> 우리는 상식이 우세하기를 바라지만, 많은 사람들이 상식이라고 여기는 것이 사실에 비추어 잘못된 경우가 종종 있다. **예를 들면**, 흰색이 햇빛을 반사하기 때문에 여름에 흰옷을 입는 것이 상식이라고 믿어지고 있지만, 흰색은 또한 체열을 우리 몸으로 반사해 돌려보내기도 한다.

어휘 **hope** 바라다 **common sense** 상식 **prevail** 우세하다, 지배적이다 **many** 많은 사람들 **regard A as B:** A를 B로 여기다 **often** 종종 **just** 그저 ~인 **factually** 사실에 비추어 **wrong** 잘못된 **it is believed to be A to do** ~하는 것이 A라고 믿어지다 **wear** 입다 **white** 흰색 옷 **because** 왜냐하면 **reflect** 반사하다 **ray** 빛 **also** 또한 **body heat** 체열 **for example** 예를 들면 **on the other hand** 반면에

실전 감 잡기

1. (a) **2.** (d) **3.** (d) **4.** (c) **5.** (c)
6. (b) **7.** (c) **8.** (b)

1.

> 최근의 한 연구에 참여한 미국 내 최고의 교육 기관 840곳에 소속된 약 1,200명의 교수 중 약 50퍼센트가 **교수법에 있어 명확한 진보 또는 좌파 성향을 나타냈다**. 그리고 이 설문조사를 만든 사람들은 이 비율이 더 증가할 것으로 예상하고 있다. "많은 학교들이 개인의 정치적인 신념을 밀어붙이고 학생들의 어떠한 대립적인 시각도 인정하기를 거부하는 교육자들을 채용한 것에 대해 비난을 받아왔습니다."라고 이 설문조사를 실시한 연구원들 중 한 명이 말했다. "걱정스러운 점은 대부분의 학교에서 한 쪽 측면만 나타내는 것처럼 보인다는 사실입니다." 실제로, 이 설문조사에 참여한 나머지 교수들 중에서, 단 7퍼센트만 학습에 있어 보수적이거나 우파 정치적 성향을 나타냈다.

(a) 교수법에 있어 명확한 진보 또는 좌파 성향을 나타냈다
(b) 자신들이 강의실 내에서 점점 더 안전하지 않음을 느낀다고 말했다
(c) 지방 정부의 지원 부족에 대한 불만을 표현했다
(d) 졸업률이 전국적으로 계속 하락할 것 같다고 언급했다

해설 빈칸에 쓰일 설문조사 내용과 관련해 지문 중반부에 실제 사례를 제시하고 있고, 후반부에 가서 한 가지 우려사항을 언급하면서 그에 대한 조사 결과로 '설문조사에 참여한 나머지 교수들 중에서 단 7퍼센트만 학습에 있어 보수적이거나 우파 정치적 성향을 나타냈다(only 7 percent expressed conservative or right wing political leanings)'는 말이 있

습니다. 따라서 빈칸에는 이와 반대되는 성향을 나타내는 내용이 나와야 하므로 '진보 또는 좌파 성향을 나타냈다'는 의미를 지닌 (a)가 정답입니다.

오답 (b) stated that they feel increasingly unsafe in the classroom
자신들이 강의실 내에서 점점 더 안전하지 않음을 느낀다고 말했다
→ 빈칸 뒤에 이어지는 문장에 쓰인 come under fire(비난을 받다)를 폭력적인 상황으로 착각하여 선택할 수 있는 오답입니다.

어휘 about 약, 대략(= around) academic institute 교육 기관 take part in ~에 참여하다(= participate in) recent 최근의 survey 설문조사 expect A to do: A가 ~할 것으로 예상하다 increase 오르다, 증가하다 further 더욱 더 come under fire 비난을 받다 hire ~을 고용하다 political 정치적인 belief 신념, 믿음 refuse to do ~하기를 거부하다 acknowledge ~을 인정하다 opposing 대립적인 view 시각, 관점 carry out ~을 실시하다 alarming 걱정스러운 seem to do ~하는 것처럼 보이다, ~하는 것 같다 represent ~을 나타내다, 대표하다 remaining 나머지의, 남은 express ~을 나타내다, 표현하다 conservative 보수적인 right wing 우파, 우익(↔ left wing) liberal 진보적인 bias 성향(= leaning), 편견 increasingly 점점 더 dissatisfaction with ~에 대한 불만 lack 부족 local 지역의 note that ~라고 언급하다 graduation rate 졸업률 be likely to do ~할 것 같다 continue -ing 계속 ~하다 fall 하락하다, 떨어지다 nationwide ad. 전국적으로

정답 (a)

2.

> 로바즈 씨께,
>
> 귀하께서 제출하신 미술품이 올해의 '디지털 엠파이어 E-스포츠 토너먼트' 마스코트로 선정되었다는 사실을 알려 드리게 되어 기쁩니다. 이 대회는 10월 5일에 로스앤젤레스에서 개최될 것입니다. 본 미술품 경연 대회의 참가 조항에 언급되어 있는 바와 같이, 저희가 귀하께서 디자인하신 마스코트를 약간 변경하고자 할 수도 있습니다. 하지만, 귀하의 원작이 지닌 예술 컨셉을 가능한 한 많이 유지하기 위해, 6월 14일에 이곳 LA에서 저희 그래픽 디자인팀 및 마케팅팀과 함께 이 과정에 협력해 주셨으면 합니다. 모든 여행 및 숙박 비용은 저희가 부담하겠습니다. 어떤 질문이든 있으시면, 저에게 알려 주십시오. 저희는 그 **디자인을 마무리 짓기 위해 귀하와 함께 일하기**를 고대합니다.
>
> 안녕히 계세요.
> 제이 바스키즈
>
> (a) 귀하께서 제출하신 미술품을 받기
> (b) 다가오는 토너먼트에서 귀하를 지원하기
> (c) 귀하께 저희 최신 제품군을 보여 드리기
> **(d) 디자인을 마무리 짓기 위해 귀하와 함께 일하기**

해설 빈칸은 편지를 보내는 사람 측에서 기대하는 점을 나타내야 하며, 앞서 상대방이 디자인한 마스코트를 변경할 수도 있

다(we may wish to slightly modify the mascot you designed) 말과 함께 그래픽 디자인팀 및 마케팅팀과 함께 하는 그 과정에 협력해 주셨으면 한다(we would like to invite you to collaborate on this process) 알리고 있습니다. 따라서 빈칸에 이러한 협력 작업에 대해 언급한 내용이 들어가야 알맞으므로 (d)가 정답입니다.

오답 (a) receiving your artwork submission
귀하께서 제출하신 미술품을 받기
(b) supporting you at the upcoming tournament
다가오는 토너먼트에서 귀하를 지원하기
→ 지문에 제시된 단어들을 포함하고 있지만 주제를 부연 설명하는 편지의 맺음말로 적절하지 않은 오답입니다.

어휘 inform + A + that: A에게 ~라고 알리다 artwork 미술품 submission 제출(하는 것) select ~을 선정하다 hold ~을 개최하다 As noted in ~에 언급된 바와 같이 terms and conditions (계약서 등의) 조항, 약관 slightly 약간, 조금 modify ~을 변경하다, 수정하다 however 하지만 in order to do ~하기 위해 preserve ~을 보존하다 original 원본의, 독창적인 as much as possible 가능한 한 많이 would like to do ~하고 싶다 invite A to do: A에게 ~하도록 요청하다 collaborate 협력하다 process 과정 cover (비용 등을) 부담하다, 충당하다 accommodation 숙박 시설 expense 지출 비용, 경비 let A know: A에게 알리다 look forward to -ing ~하기를 고대하다 receive ~을 받다 support ~을 지원하다, 후원하다 upcoming 다가오는 range (제품) 군, 범위, 종류 finalize ~을 마무리 짓다

정답 (d)

3.

> 전통적으로 노동자 계층이 거주하는 지역에 대한 주택 고급화는 **득보다 실이 더 클 지도 모른다.** 더 많은 돈이 인근으로 유입됨에 따라, 그 지역은 경제 성장을 경험하게 되고, 생활의 많은 일상적인 측면들이 보다 나은 쪽으로 변화하게 된다. 건물과 공원이 개선되고, 범죄율이 감소하며, 상업의 유입과 건축 공사의 증가로 인해 더 많은 취업 기회가 생겨난다. 하지만 사람들이 인지하지 못하는 것은, 그곳에서 오랫동안 거주해온 주민들이 치르는 희생이다. 연구에 따르면, 이 저소득층 주민들은 사회적으로 그리고 경제적으로 소외되어 있으며, 그 점이 미국 전역의 많은 고급화된 주택 지역에서 점점 더 인종과 계층 간의 긴장을 유발하고 있다.
>
> (a) 장기적으로 인종 간 화합을 촉진하는 데 중요하다
> (b) 몇몇 필요 조건의 이행을 바탕으로 한다
> (c) 취업률을 개선하는 데 도움이 안된다
> **(d) 득보다 실이 더 클 지도 모른다**

해설 지문 첫 문장의 주제는 마지막 부분의 결론과 통합니다. 즉 결론은 주제를 부연 설명하는 기능을 하므로, 지문 중반 이후에 등장하는 fail(실패하다), toll(희생) 등의 단어들을 통해 주택 고급화의 부정적인 영향이 제시됨을 알 수 있으며, 마지막 문장의 racial and class tensions(인종과 계층 간의 긴장)를 통해 결론적으로 부정적 영향을 더 강조하고 있음을 알 수 있습니다. 따라서 빈칸이 속한 문장은 노동자 계층이 거주하는 지역에 대한 고급 주택화의 장점보다 단점을 말하는 내용이 되

어야 알맞으므로 이에 해당되는 (d)가 정답입니다.

오답　(c) does little to improve employment rates 취업률을
　　　개선하는 데 도움이 안된다
　　　→ 빈칸이 속한 문장의 바로 뒤 문장에 있는 the area
　　　　experiences economic growth와 연관된 것으로 생각
　　　　해 선택할 수 있는 오답입니다.

어휘　gentrification 고급화　flow into ~로 유입되다, 흘러 들어가다
　　　traditionally 전통적으로　working-class 노동 계층의
　　　neighborhood 인근, 지역　economic growth 경제 성장
　　　aspect 측면　for the better 보다 나은 쪽으로　renovate ~을
　　　개조하다, 보수하다　crime rate 범죄율　decrease 감소하다,
　　　줄어들다　opportunity 기회　due to ~로 인해　influx 유입
　　　commercial business 상업　rise in ~의 증가　fail to do
　　　~하지 못하다　appreciate ~을 인지하다　though (문장 중간
　　　이나 끝에서) 하지만　toll 희생, 대가　original 원래의　long-
　　　time 장기간의　resident 주민　lower-income 소득이 더 낮은
　　　socially 사회적으로　economically 경제적으로　marginalize
　　　~을 소외시키다　increasingly 점점 더　lead to ~로 이어지
　　　다　racial 인종의　class 계층　tension 긴장　gentrified 고
　　　급화된　crucial 중요한　promote ~을 촉진하다　be based
　　　on ~을 바탕으로 하다　fulfillment 이행, 수행　several 몇몇의
　　　requirement 필요 조건　do little to do ~하는 데 도움이 안된
　　　다　employment rate 취업률　do more harm than good
　　　득보다 실이 더 크다

정답　(d)

4.

지금까지는, 동식물 서식지 상실을 막기 위한 노력이 도시화와 농업
과 관련된 목적 또는 자원 수확을 위한 동식물 서식지 개간 작업 같
이 인간에 의한 직접적인 원인들에 대체로 집중되어 왔다. 몇몇 손
꼽히는 과학자들의 말에 따르면, 인간과 관련된 이 원인들이 여전
히 중요하기는 하지만, 생태계 영양 고갈, 기후 변화, 그리고 외래
유입종의 부정적인 영향과 같이 인간 활동과 직접적으로 관련되지
않은 동식물 서식지 상실의 원인들을 처리할 방법들을 찾는 것도 필
수적이다. 우리가 전 세계적인 규모로 동식물 서식지 파괴 문제를
성공적으로 다루고 처리하기를 희망한다면, 우리는 반드시 **동등하
게 피해를 입히는 간접적인 요소들을 포함하도록 우리의 초점을
확대해야 한다.**

(a) 화석 연료에 대해 실행 가능한 환경 친화적인 대안을 찾아야 한다
(b) 도시화의 속도를 상당히 둔화시킬 수 있는 방법을 알아내야 한다
**(c) 동등하게 피해를 입히는 간접적인 요소들을 포함하도록 우리
　의 초점을 확대해야 한다**
(d) 새로운 환경에 성공적으로 적응할 수 있도록 동물 종을 도와야
　한다

해설　지문 중반부에 인간에 의한 직접적인 원인들이 아닌 것으로
　　　생태계 영양 고갈, 기후 변화, 그리고 외래 유입종의 부정적
　　　인 영향을 언급하면서 인간 활동과 직접적으로 관련되지 않은
　　　동식물 서식지 상실의 원인들을 처리할 방법들을 찾는 것도
　　　필수적이라고(it is also necessary to find ways to tackle
　　　causes of habitat loss that are not directly related to
　　　human activity, such as ecosystem nutrient depletion,

climate change, and the adverse effects of invasive
species) 알리고 있습니다. 따라서 빈칸이 속한 마지막 문장
은 인간 활동과 직접적으로 관련되지 않은 원인들에 대한 대처
를 강조하는 말이 되어야 하므로 간접적인 요소를 포함하는 방
법을 언급한 (c)가 정답입니다.

오답　(a) seek viable environmentally-friendly alternatives
　　　　to fossil fuels
　　　　화석 연료에 대해 실행 가능한 환경 친화적인 대안을 찾아
　　　　야 한다
　　　→ 빈칸이 속한 문장의 바로 앞 문장에 언급된 ecosystem
　　　　nutrient depletion, climate change 등과 연관된 것으
　　　　로 생각해 선택할 수 있는 오답입니다.

어휘　up until now 지금까지는　effort to do ~하기 위한 노력
　　　combat ~을 막다, 방지하다　habitat 동식물 서식지　loss 상실
　　　largely 대체로　concentrate on ~에 집중하다　direct 직접적
　　　인　human 인간　related 연관된　cause 원인　urbanization
　　　도시화　clearing 개간　agricultural 농업의　purpose 목적
　　　resource 자원　harvesting 수확, 거둬들임　according to
　　　~에 따르면　several 몇몇의　leading 손꼽히는, 선도적인
　　　human-related 인간과 관련된　remain + 형용사: 여전히 ~한
　　　상태이다　important 중요한　way to do ~하는 방법　tackle
　　　(문제 등을) 처리하다, 다루다(= address)　related to ~와 관련
　　　된　ecosystem 생태계　nutrient 영양분　depletion 고갈
　　　adverse 부정적인　effect 영향　invasive species 외래 유입종
　　　issue 문제, 사안　destruction 파괴　on a global scale
　　　세계적인 규모로　seek ~을 찾다　viable 실행 가능한
　　　environmentally 환경적으로　friendly 친근한　alternative
　　　대안　fossil fuel 화석 연료　figure out ~을 알아내다　how to
　　　do ~하는 법　significantly 상당히　slow down ~을 둔화시키
　　　다　rate 속도, 비율　broaden ~을 확대하다, 넓히다　include
　　　~을 포함하다　equally 동등하게　damaging 피해를 입히는
　　　indirect 간접적인　factor 요소　adapt to ~에 적응하다

정답　(c)

5.

인간의 심리에 진정한 이타심이 존재하는가를 둘러싸고 많은 논쟁
이 있다. 이타심은 넓은 의미에서 다른 사람들의 안녕과 행복에 대
한 이기심 없는 존중으로 정의될 수 있다. 다시 말해서, 이타적인 행
동은 이러한 행동을 하는 사람들에게 인지할 수 있는 보상이 없더라
도, 전적으로 사심이 없으며 오직 그것을 받는 사람에게만 유익하도
록 행해지는 행동이다. 하지만, 심리적 이기주의 이론에 따르면, 어
떠한 도움 또는 공유에 대한 행동도 진정으로 이타적인 것으로 여겨
질 수 없는데, 그 행동을 하는 사람이 개인적인 만족감의 형태로 내
적 보상을 받기 때문이다. 안타깝게도, 인간의 심리가 지닌 복잡성
으로 인해, 이는 임상 환경에서 옳고 그름을 입증하는 것이 불가능
하다. 따라서, 진정한 이타심은 **풀릴 것 같지 않은 수수께끼로 남아
있다.**

(a) 인류 전체의 안녕을 증진시킨다
(b) 내적 보상이 존재하는 경우에만 발생한다
(c) 풀릴 것 같지 않은 수수께끼로 남아 있다
(d) 각 사람의 내면에서 휴면 상태일 때 존재한다

해설   지문 전체적으로 인간의 이타심과 관련해 설명하다가 빈칸이 속한 문장 바로 앞에서 안타깝게도 인간의 심리가 지닌 복잡성으로 인해 임상 환경에서 옳고 그름을 입증하는 것이 불가능하다는(Unfortunately, due to the complexities of human psychology, this is impossible to prove or disprove in a clinical setting) 말을 하고 있습니다. 따라서 빈칸이 속한 문장은 진정한 이타심이 지닌 모호성과 관련된 내용이 되어야 알맞으므로 (c)가 정답입니다.

오답   (b) occurs only in the presence of intrinsic rewards 내적 보상이 존재하는 경우에만 발생된다
→ 빈칸이 속한 문장의 바로 앞앞 문장에 언급된 단어가 그대로 반복되어 있지만 내용 흐름에 맞지 않는 오답입니다.

어휘   debate 논쟁, 논란 centered around ~을 둘러싸고 whether ~인지 (아닌지) altruism 이타심 exist 존재하다 psychology 심리(학), 심리 작용 broadly 넓게 be defined as ~로 정의되다 unselfish 이기심 없는 regard for ~에 대한 존중 welfare 안녕, 복지 in other words 다시 말해서 altruistic 이타적인 entirely 전적으로 selfless 사심 없는, 이타적인 benefit ~에게 유익하다 recipient 받는 사람 perceivable 인지할 수 있는 reward 보상 individual 사람, 개인 perform 행하다 act 행동 according to ~에 따르면 theory 이론 psychological egoism 심리적 이기주의 be considered + 형용사: ~한 것으로 여겨지다 receive ~을 받다 intrinsic 내적인, 본질적인 in the form of ~의 형태로 gratification 만족감 unfortunately 안타깝게도, 유감스럽게도 due to ~로 인해 complexity 복잡함 impossible 불가능한 prove ~을 입증하다 disprove ~가 틀렸음을 입증하다 clinical setting 임상 환경 as such 따라서, 그러므로 enhance ~을 증진하다, 강화하다 entire 전체의 human race 인류 occur 발생하다 presence 존재(감) remain ~로 남아 있다, 여전히 ~이다 enigma 수수께끼 be unlikely to do ~할 것 같다 solve ~을 풀다, 해결하다 exist 존재하다 dormant state 휴면 상태 individual 사람, 개인

정답   (c)

6.

> 페리 씨께,
>
> 저희는 최근에 **귀하께서 대여하셨던 물품이 손상된 채로 반납되었다**는 사실에 주목하게 되었습니다. 저희 데이터베이스에 따르면, 귀하께서는 4월 27일에 DVD 한 장과 두 권의 책을 대여하셨다가 시간을 어기지 않고 4월 30일에 반납하셨습니다. 저희는 모든 도서관 회원들께서 다음 번에 대여하시는 분께서 즐기실 수 있는 완벽한 상태로 유지될 수 있도록 저희 물품을 아주 세심히 다뤄 주시기를 바라고 있습니다. 하지만, 면밀히 점검한 결과, 귀하께서 최근에 반납하신 DVD는 심각하게 흠집이 나 있고 시청할 수 없는 상태인 것으로 보입니다. 도서관 정책에 따라, 이 경우에 대해 어떤 조치도 취해지지는 않을 것입니다. 때때로 사고가 발생한다는 점을 저희도 알고 있기 때문입니다. 우리 지역사회를 위해 저희가 광범위한 소장품을 계속 유지할 수 있도록 앞으로 조심해 주시기 바랍니다. 저희는 도서관 회원이신 귀하를 소중하게 여기고 있으며, 곧 다시 뵐 수 있기를 바랍니다.

> 안녕히 계세요.
>
> 도널드 레니간 드림

(a) 귀하께서 아직 기한이 지난 물품을 반납하지 않으셨다
(b) 귀하께서 대여하셨던 물품이 손상된 채로 반납되었다
(c) 귀하의 도서관 회원 기간이 곧 만료될 예정이다
(d) 예약하신 DVD 한 장이 받아가실 준비가 되어 있다

해설   편지를 보낸 목적과 관련해 핵심이 되는 내용은 지문 중반부에서 상대방이 최근에 반납한 DVD가 심각하게 흠집이 나 있고 시청할 수 없는 상태인 것 같다고(it appears that the DVD you recently brought back is badly scratched and unwatchable) 알리는 부분입니다. 따라서 빈칸이 속한 첫 문장에서 편지를 보내는 사람이 주목하게 된 것이 이 물품 손상을 나타내야 알맞으므로 (b)가 정답입니다.

오답   (a) you have yet to return an overdue item 귀하께서 아직 기한이 지난 물품을 반납하지 않으셨다는
→ 빈칸 바로 뒤 문장에 제시된 you borrowed one DVD and two books on April 27th와 연관된 것으로 생각해 선택할 수 있는 오답입니다.

어휘   It has come to one's attention that ~라는 점에 …가 주목하게 되었다, ~라는 점이 …의 관심을 끌었다 recently 최근에 according to ~에 따르면 borrow ~을 빌리다 return ~을 반납하다, 반환하다 expect A to do: (기대하는 것으로서) A가 ~하기를 바라다 take care with ~을 세심히 다루다, ~에 주의를 기울이다 so that (목적) ~할 수 있도록 remain ~인 상태로 유지되다 close 면밀한 inspection 점검, 조사 it appears that ~한 것으로 보이다 scratched 흠집이 생긴 unwatchable 시청할 수 없는 as per ~에 따라 policy 정책 take action 조치를 취하다 occasion 경우, 때, 기회 accident 사고 occasionally 때때로 happen 발생하다 take care 조심하다 continue to do 계속 ~하다 maintain ~을 유지하다 extensive 광범위한, 폭넓은 collection 소장(품), 가져가기, 수거 value ~을 소중히 여기다 have yet to do 아직 ~하지 않았다 overdue 기한이 지난 damaged 손상된 expire 만료되다 reserve ~을 예약하다 be ready for ~할 준비가 되다 collection 수거

정답   (b)

7.

> 2020년 6월에, 일본의 푸가쿠는 약 2년 동안 써밋이 유지해온 타이틀인 세계에서 가장 강력한 슈퍼컴퓨터로 미국에서 만들어진 서밋을 뛰어넘었다. 연 2회 발표되는 세계 슈퍼컴퓨터 순위 톱 500에서, 푸가쿠가 415.5 페타플롭스라는 결과를 이뤄냈는데, 이는 서밋보다 거의 세 배나 더 빠른 것이다. 하지만 진보한 기술과 일본이라는 국가 사이에 존재하는 흔한 연관성에도 불구하고, 이는 일본이 지난 20년간 톱 500 순위에서 최고의 자리를 차지한 두 번째 경우일 뿐이다. **실제로,** 미국과 중국에서 만든 시스템들이 여러 해 동안 그 순위를 지배해 왔으며, 함께 현재 톱 500 순위에서 340개의 시스템을 차지하고 있는데, 이는 일본이 만든 겨우 30개 밖에 되지 않는 시스템과 비교되는 수치이다.

(a) 마찬가지로
(b) 그러므로
(c) 실제로
(d) 하지만

해설 알맞은 연결어를 넣는 문제이므로 빈칸 앞뒤 문장들을 읽고 흐름을 파악해야 합니다. 빈칸 앞에는 진보한 기술을 지닌 일본이 지난 20년간 세계 슈퍼컴퓨터 순위 톱 500에서 최고의 자리를 차지한 두 번째 경우일 뿐이라는 말이 있고, 빈칸 뒤에는 미국과 중국에서 만든 시스템들이 여러 해 동안 그 순위를 독차지해 왔고 이 두 국가의 시스템들이 함께 현재 톱 500 순위에서 340개의 시스템을 차지하고 있다는 말이 쓰여 있습니다. 즉 기술력이 좋은 일본이 슈퍼컴퓨터 분야에서 크게 존재감을 드러내지 못하는 것에 대한 부연 설명을 하기 위해 실제 사례를 언급하는 흐름이므로, '실제로, 사실' 등의 의미로 앞에 나온 내용에 대한 부연 설명을 할 때 사용하는 (c) In fact가 정답입니다.

어휘 surpass ~을 넘어서다, 초과하다 hold ~을 유지하다, 보유하다 around 약, 대략 biannual 연 2회의 ranking 순위 achieve ~을 이루다, 달성하다 result 결과 petaflops 페타플롭스(1초당 1,000조번의 수학 연산 처리) despite ~에도 불구하고 common 흔한 association 연관성 between A and B: A와 B 사이에 advanced 진보한, 발전된 technology 기술 decade 10년 dominate ~을 지배하다 several 여럿의, 몇몇의 jointly 함께, 공동으로 account for ~을 차지하다 current 현재의 compared with ~와 비교해, ~에 비해

정답 (c)

8.

신학기 개학이 다가오는 가운데, 많은 사람들이 조류 독감 증세를 호소하고 있으며 그 수가 급격히 증가하고 있다. **따라서**, 교육부는 최근 이 유행병이 수그러드는 것을 기다리기 위해 모든 학교와 대학교를 폐쇄하는 명령을 발표했다. 이렇게 함으로써 그들은 전국에서 학생들이 학교로 몰려들기 전에 모든 학생들에게 접종하기에 충분한 백신을 확보할 시간을 가지게 될 것이다. 이것이 학생들에게 특히 스트레스를 받는 시기가 되겠지만, 그들은 혼잡한 장소를 방문하지 않도록 하며, 실외에서는 항상 마스크를 착용함으로써, 동급생들 사이에 전염성 질병이 더 확산되지 않도록 해야 한다.

(a) 예를 들면
(b) 따라서
(c) 하지만
(d) 덧붙여 말하면

해설 알맞은 연결어를 넣는 문제이므로 빈칸 앞뒤 문장들을 읽고 흐름을 파악해야 합니다. 빈칸 앞에는 조류 독감 증세를 호소하는 사람들이 급격히 늘고 있는 내용이고, 빈칸 뒤에는 교육부가 학교들의 폐쇄 명령을 내렸다는 내용입니다. 학교를 폐쇄한 것은 독감 환자들이 늘어난 결과로 이루어진 일이므로 결과를 나타내는 연결어를 골라야 합니다. 그러므로 '따라서, 그러므로, 그 결과로'라는 의미로 쓰이는 (b) Consequently가 정답입니다.

어휘 rapidly 급격히, 빠르게 growing 증가하는 a number of 많은 bird-flu 조류 독감 symptom 증세 toward ~로 다가가면서 semester 학기 recently 최근 issue 발표하다 order 명령 shut down 폐쇄하다 in order to do ~하기 위해 wait for A to do: A가 ~하기를 기다리다 epidemic 전염병 die down 수그러들다 earn time to do ~할 시간을 벌다 obtain 입수하다 enough 충분한 vaccine 백신 swarm into ~로 몰려들어가다 around the nation 전국에서 even though ~이긴 하지만 particularly 특히 stressful 스트레스성의 period 기간 refrain from -ing ~하는 것을 삼가다 crowded 혼잡한 place 장소 always 항상 wear 착용하다 outside 실외에서 avoid ~을 피하다 further 더 이상의, 추가의 spread 확산 contagious 전염성이 있는 disease 질병 among ~사이에 peer 동료, 동년배, 동급생 for instance 예를 들면 consequently 그 결과로, 따라서 however 하지만 in addition 덧붙여

정답 (b)

UNIT 02 [Part 2] 문맥 파악

STEP 1 주제를 나타내는 키워드로 내용 흐름 파악하기

주제어를 지니고 있지만 전체 흐름에서 벗어나는 경우

스터디 그룹의 목적은 학생들에게 강좌에서 하나 또는 몇 가지 특정한 영역에 대해 집중하여 학습할 기회를 주는 것이다. (a) 스터디 그룹은 학생 주도형이므로 유익하다. (b) 모든 참가자들이 서로에게 질문을 하고 학습 자료를 논의하도록 권장된다. (c) 학생들은 그런 식으로 다양한 학습 기술들을 익히고 자신들의 기술을 연마할 수 있다. (d) 스터디 그룹은 완전히 자율적이므로, 참가 학생들의 성적에 어떤 영향도 주지 않는다.

어휘 purpose 목적 give A an opportunity to do: A에게 ~할 기회를 주다 work intensely 집중하여 학습하다 in a few 몇 가지의 particular 특정한 area 영역 course 강의 because ~때문에 student-directed 학생에 의해 주도되는 participant 참가자 be encouraged to do ~하도록 권장되다 ask questions 질문하다 each other 서로 discuss ~에 대해 논의하다 material 자료 that way 그런 식으로 be likely to do 아마도 ~할 수 있다 learn 배우다 different 다른 skill 기술 sharpen 연마하다 their own 자신의 것 have no effect on ~에 영향을 미치지 않다 grade 성적 involved 참여한, 관여된 completely 완전히, 전적으로 voluntary 자발적인

주제와 무관한 정보를 담고 있는 경우

> 현재, 많은 경제학자들이 주세를 인상할 타당한 이유들이 꽤 있다고 주장하고 있다. (a) 그 이유들 중 하나는 정부가 알코올 중독 재활 서비스들을 개선할 더 많은 세입을 제공할 것이기 때문이다. (b) 하지만, 가장 설득적인 주장은 증가하는 교통사고 사망률과 연관되어 있다. (c) 몇몇 교수들은 자동차 회사들이 거두고 있는 막대한 수익에 대해 비판적이다. (d) 연방교통안전위원회의 사망률 자료에 따르면, 차에 놓고 다니는 술이 유력한 용의자인 듯하며, 따라서 주세를 인상하는 것은 사람들이 차에 술을 가지고 타지 않도록 해줄 것이다.

어휘 currently 현재 economist 경제학자 argue 주장하다 some 꽤, 상당한 reason 이유 raise 인상하다 taxes on ~에 대한 세금 alcoholic beverage 알콜 음료, 술 provide 제공하다 more 더 많은 revenue 세입, 재원 government 정부 improve 개선하다 addiction 중독 rehabilitation 재활 the most 가장 ~한 persuasive 설득적인 argument 주장 have to do with ~와 연관되다 higher 더 높은, 증가하는 fatality rate 사망률 traffic accident 교통사고 several 몇몇 critical of ~에 비판적인 large 커다란 make profits 수익을 거두다 auto company 자동차 회사 according to ~에 따르면 National Traffic Safety Board 연방교통안전위원회 prime 가장 유력한, 주요한 suspect 용의자 seem to be ~인 것 같다 booze 술 vehicle 차 so 따라서 discourage A from -ing: A가 ~하지 못하게 하다

실전 감 잡기

1. (d)   **2.** (c)   **3.** (b)   **4.** (a)

1.

> 네덜란드에서는 인구의 3분의 1이 넘는 사람들이 자신들이 가장 자주 이용하는 이동 수단으로 자전거를 언급한다. (a) 암스테르담이 특히 자전거 친화적인데, 도시 내에서 모든 통근 활동의 거의 40퍼센트가 자전거로 이뤄지고 있다. (b) 2014년에 최고의 자전거 도시상을 수상한 즈월라처럼 더 작은 도시에서는, 지역 주민의 거의 절반이 종종 자전거로 이동한다. (c) 이렇게 자전거로 이동하는 빈도가 높은 것은 자전거 전용 도로와 교차로 보호 구역과 같은 폭넓은 자전거 관련 기반 시설 덕분에 가능하게 되었다. (d) 네덜란드 내에서 자전거 이용자와 관련된 교통사고 발생 건수가 지난 10년 동안에 걸쳐 점진적인 증가세를 보여왔다.

해설 주제를 나타내는 첫 문장에 네덜란드 인구의 3분의 1이 넘는 사람들이 이동 수단으로 자전거를 자주 이용한다는 내용이 제시되어 있으며, 이와 관련해 (a)에서 (c)까지 이어지는 문장들은 네덜란드 사람들의 자전거 이용과 직접적으로 관련된 내용을 언급하고 있습니다. 하지만 (d)는 자전거 이용자와 관련된 교통사고의 증가세에 초점을 맞춘 문장이므로 흐름상 다른 문장들과 어울리지 않습니다. 따라서 (d)가 정답입니다.

어휘 more than ~가 넘는 one-third 3분의 1 population 인구 list A as B: A를 B라고 언급하다 cycling 자전거 타기 frequent 잦은, 빈번한 mode of transport 이동 수단 particularly 특히 bicycle-friendly 자전거 친화적인 nearly 거의 commute 통근 winner 수상자 award 상 local 지역의, 현지의 resident 주민 frequently 자주, 빈번히 travel 이동하다 frequency 빈도 be made possible 가능하게 되다 due to ~로 인해 extensive 폭넓은, 광범위한 infrastructure 사회 기반 시설 protected 보호 받는 intersection 교차로 accident 사고 involving ~와 관련된, ~을 포함하는 gradual 점진적인 increase 증가 over ~에 걸쳐 past 지난 decade 10년

정답 (d)

2.

> 기상학자들이 로스코 군에서 기상 이변이 지속될 것으로 예보하고 있습니다. (a) 월요일부터 열대성 폭풍이 전례 없는 강우량을 유발하면서 이 지역을 강타할 것입니다. (b) 시속 140킬로미터가 넘는 강풍도 예측되고 있으므로, 지역 주민들께서는 폭풍이 지나갈 때까지 실내에 머무르실 것을 강력히 권고합니다. (c) 해안 지역들은 일반적으로 내륙 지역들에 비해 열대성 폭풍에 더 취약합니다. (d) 화요일은 강우량 및 바람의 세기가 줄어들겠지만, 주민들께서는 위험을 무릅쓰고 외부로 나가실 때 여전히 조심하셔야 합니다.

해설 주제를 나타내는 첫 문장에 로스코 군에서 기상 이변이 지속될 것을 예보하고 있습니다. 그리고 (a), (b), 그리고 (d)는 기상 이변으로 인해 예상되는 기상 상태 및 이에 따른 권고 사항을 전달하고 있습니다. 하지만 (c)는 단순히 해안 지역들이 내륙 지역보다 폭풍에 더 취약하다는 일반적인 정보를 전달하고 있으므로 다른 문장들과 어울리지 않습니다. 따라서 (c)가 정답입니다.

어휘 meteorologist 기상학자 forecast ~을 예보하다 extreme weather 기상 이변 tropical storm (허리케인, 태풍, 사이클론 등) 열대성 폭풍우 bring ~을 초래하다 unprecedented 전례 없는 amount of rainfall 강우량 more than ~가 넘는 predict ~을 예측하다 local 지역의, 현지의 resident 주민 be urged to do ~하도록 강력히 권고되다, ~하도록 촉구되다 stay indoors 실내에 머무르다 pass 지나가다 coastal region 해안 지역 typically 일반적으로, 보통 vulnerable to ~에 취약한 compared with ~에 비해 inland area 내륙 지역 see (때를 나타내는 주어와 함께) ~가 발생하다 decrease in ~의 감소 strength 세기, 강도 still 여전히 take care 조심하다 venture 위험을 무릅쓰고 ~하다 outside 외부로

정답 (c)

3.

> 기술 분야 기업가인 빌 게이츠는 요즘 자신의 사업과 관련된 노력만큼이나 자선 활동에 대해서도 많이 알려져 있다. (a) 2000년에 빌과 그의 아내 멜린다는 세계적인 규모로 보건 의료 서비스를 강화하고 빈곤을 줄이는 것을 목표로 하는 재단을 설립했다. (b) 빌

은 세계에서 가장 큰 소프트웨어 개발 기업인 마이크로소프트를 공동 창업한 이후 유명해졌다. (c) 게다가, 이 재단은 미국 전역에서 교육 기회 및 정보 기술에 대한 접근성을 확대하기 위해 애쓰고 있다. (d) 현재, 빌 게이츠와 멜린다 게이츠는 이 재단에 약 3,500만 달러를 기부했으며, 그들은 세계에서 두 번째로 많은 기부를 한 자선 사업가가 되었다.

해설   첫 문장에 나타난 주제는 빌 게이츠의 자선 활동입니다. 이와 관련해, (a), (c), 그리고 (d)는 빌 게이츠의 재단 설립 및 목표, 그리고 그 재단에 해왔던 기부를 언급하고 있어 첫 문장에 있는 주제와 관련성이 있습니다. 하지만 빌 게이츠가 마이크로소프트 사를 설립하면서 유명해진 사실을 언급하는 (b)는 자선 활동과 관련 없는 내용이므로 (b)가 정답입니다.

어휘   entrepreneur 사업가, 기업가 be known for ~로 알려지다 as much A as B: B만큼이나 많은 A philanthropy 자선 활동 endeavor 노력 set up ~을 설립하다, 마련하다 foundation 재단 enhance ~을 증진하다, 강화하다 healthcare 보건 의료 (서비스) reduce ~을 줄이다, 감소시키다 poverty 빈곤, 가난 on a global scale 세계적 규모로 rise to prominence 유명세를 얻다 cofound ~을 공동 창업하다 developer 개발 업체 additionally 게다가, 추가로 seek to do ~하려 애쓰다 expand ~을 확대하다, 확장하다 access to ~에 대한 접근(성), 이용 opportunity 기회 information technology 정보 기술 as of now 현재 donate ~을 기부하다 around 약, 대략 make A B: A를 B로 만들다 generous 넉넉한, 너그러운 philanthropist 자선 사업가

정답   (b)

4.

대부분의 사람들은 미국 스포츠의류 디자인 업체 나이키의 친숙한 '스우시' 로고를 빨리 알아볼 수 있지만, 그것이 무엇을 나타내는지 아는 사람은 거의 없다. (a) 최근의 수치에 따르면, 나이키는 연간 매출액이 370억 달러를 초과하면서 스포츠 브랜드 시장을 지배하고 있다. (b) '스우시' 로고는 나이키의 창립자 중 한명인 필 나이트의 요청으로, 그래픽 디자인 학생인 캐롤린 데이빗슨에 의해 디자인되었다. (c) 나이트는 계약 조건으로 로고가 디자인적으로 극도로 단순하면서도 역동성과 성취감을 전달할 것을 요구했다. (d) 그 결과로 탄생한 디자인은 육상 트랙의 절반 모양을 나타내고, 또한 그리스 승리의 여신인 나이키가 지닌 날개를 상징한다.

해설   첫 문장에서 나이키의 로고가 나타내는 의미를 아는 사람이 많지 않을 것이라고 말한 내용과 관련해, (b), (c), 그리고 (d)는 주제를 나타내는 키워드인 나이키 로고와 관련해 로고의 탄생 과정 및 상징성을 간략히 설명하고 있으므로 주제와 잘 어울립니다. 하지만 나이키의 시장 현황에 대한 정보를 전달하고 있는 (a)는 주제문인 첫 문장과 관련성이 없으므로, (a)가 정답입니다.

어휘   quickly 빨리 recognize ~을 알아보다, 인식하다 familiar 친숙한, 익숙한 be aware of ~을 알고 있다 represent ~을 나타내다 according to ~에 따르면 recent 최근의 figure 수치, 숫자 dominate ~을 지배하다 annual 연간의, 해마다의 turnover 매출액 in excess of ~을 초과하는, 뛰어넘는

---

at the request of ~의 요청으로 founder 창립자, 설립자 stipulate that 계약 조건으로 ~라고 명시하다 simplistic 극도로 단순한 convey ~을 전달하다 motion 움직임 accomplishment 성취, 달성 resulting 결과로 생겨난 depict ~을 묘사하다 symbolize ~을 상징하다 wing 날개 Greek 그리스의 goddess 여신 victory 승리

정답   (a)

UNIT 03 [Part 3] 주제 찾기

STEP 1 키워드로 주제 파악하기

첫 문장이 주제문인 경우

연구에 따르면, 하루 한두 잔의 술이 심장마비를 예방하는 것과 마찬가지로 적당한 음주가 또한 뇌졸중을 막아준다. 이 연구는 또한, 이 현상이 맥주든, 포도주든, 증류주이든 술의 종류 그리고 섞어 마시는 조합과 상관이 없이 사실임을 밝혀냈다. 적당한 음주의 심장 보호 효과는 정설로 굳어져 있지만, 술과 뇌졸중의 관계에 대해서는 연구 결과가 상충하고 있었다. 이번 새로운 연구는 그에 대한 의문을 해소하는 데 도움이 될 것이다.

Q: 이 글의 주제는 무엇인가?
(a) 소량의 알코올이 뇌졸중 위험을 낮춘다.
(b) 알코올 섭취는 운동과 균형을 이루어야 한다.

어휘   research 연구 show ~라는 결과를 보여주다 similar to ~와 유사하게 the way ~하는 방법 a drink or two a day 하루 한두 잔의 음주 prevent 예방하다 heart attack 심장마비 moderate 적당한 alcohol consumption 알코올 섭취, 음주 ward off 방지하다 stroke 뇌졸중 also 또한 find that ~라는 것을 밝히다 that is the case 그것이 사실이다 regardless of ~와 상관없이 type 유형 combination 조합 beer 맥주 wine 포도주 liquor 증류주 protective effect 보호 효과 drinking 음주 against ~하지 않도록 heart attack 심장마비 be well established (이론이) 잘 입증되다, 정평이 있다 conflict 충돌하다 help + 동사원형 ~하는 데 도움이 되다 settle (문제)해결하다, 해소하다 question 문제 amount 양 reduce 줄이다 risk 위험 be balanced with ~와 균형을 이루다 exercise 운동

반전 연결어가 포함된 두 번째 문장이 주제문인 경우

햇빛에 장기적으로 또는 과도하게 노출되는 것이 피부 노화 그리고 피부암 발달과 연계된다. 하지만, 우리에게 생리학적으로 그리고 정신적으로 도움을 주면서, 적당한 햇빛은 인간에게 많은 이점들을 제공할 수 있다. 햇빛에 있는 자외선은 비타민 D3의 중요한 공급원인데, 이 비타민 D3는 뼈를 강화하는 데 중요한 요소이며, 어쩌면 일부 종양들의 성장을 억제할 수 있다. 자외선은 또한 우울증 및 고도

의 불안과 연관된 감정 질환인 계절성 정서 장애의 위험을 줄인다.

Q: 이 글의 주제는 무엇인가?

(a) 과도한 햇빛 노출은 우리 피부에 해를 끼칠 수 있다.

(b) 햇빛은 우리 몸과 마음에 중요한 도움이 될 수 있다.

어휘   long-term 장기적인 excessive 과도한 exposure to ~에 대한 노출 sunlight 햇빛 be linked to ~에 연계되다 skin aging 피부 노화 development 발달 skin cancer 피부암 however 하지만 moderate 적당한 sunshine 햇빛 bestow 주다 numerous 많은 benefit 이점 human 인간 physiologically 생리학적으로 psychologically 정신적으로 ultraviolet radiation 자외선 principal 주요한 source 공급원 strengthening 강화 bone 뼈 potentially 어쩌면, 아마도 inhibit 억제하다 growth 성장, 발달 cancer 암, 종양 reduce 줄이다 risk 위험 seasonal affective disorder 계절성 정서 장애 mood disorder 감정 질환 associated with ~와 연관된 depressive symptom 우울증 heightened 고조된 anxiety 불안 amount 양 cause 유발하다 harm 해 body 신체 mind 정신

실전 감 잡기

1. (d)   **2.** (c)   **3.** (c)   **4.** (b)

1.

1919년에, 독일의 두 형제 아돌프 다즐러와 루돌프 다즐러는 흔히 '게다'라고 일컬어졌던 신발 제조회사를 설립했다. 30년 동안 함께 일한 후에, 이들은 불쑥 회사 문을 닫고 모든 연락을 끊었다. 극심한 불화는 두 사람의 아내들 사이에 발생된 갈등을 비롯해, 짧은 감옥살이로 이어졌던 자신의 군대 징집 이면에 동생이 존재했다는 루돌프의 의심으로 인해 시작된 것으로 보였다. 2차세계대전이 끝난 후, 두 형제는 경쟁하듯 새로운 회사를 설립했다. 루돌프는 1948년에 푸마를 창업했고, 1년 후에 아돌프에 의해 아디다스가 설립되었다. 서로에 대해 평생 원망을 품고 있었음에도 불구하고, 두 형제는 각각의 회사를 엄청난 수익을 내는 성공적인 기업으로 탈바꿈시켰다.

Q: 이 글은 주로 무엇에 관한 것인가?

(a) 다즐러 형제가 왜 독일을 떠나기로 결정했는지

(b) 기업들이 어떻게 2차세계대전 중에 번영했는지

(c) 가족 경영 기업들이 왜 더 오래 장수하는지

(d) 치열한 경쟁 관계가 어떻게 상업적인 성공으로 이어지는지

해설   지문 첫 문장에서 전혀 주제를 찾아볼 수 없는 경우가 종종 있는데, 이때는 마지막의 결론에서 주제를 찾아야 합니다. 서로 극심한 불화를 겪은 형제가 각자 경쟁적으로 새 회사를 설립하고 엄청난 수익을 내는 성공적인 기업으로 만들었다고 (both brothers raced to establish new companies. ~ the brothers turned their respective companies into immensely lucrative and successful ventures) 언급한 내용이 주제에 해당됩니다. 이는 경쟁 관계가 상업적인 성공으로 이어진 사례에 해당되므로 (d)가 정답입니다.

오답   (b) How businesses prospered during World War II 2차세계대전 중에 기업들이 어떻게 번영했는지
→ 아돌프 다즐러와 루돌프 다즐러 형제가 세운 회사들은 2차세계대전이 끝난 후에 설립되었다고 하며 전쟁 중의 기업 상황에 대해서는 알 수 없으므로 오답입니다.

어휘   found ~을 설립하다, 창업하다(= establish) manufacturing 제조 commonly 흔히 referred to as ~라고 일컬어지는 abruptly 불쑥, 갑자기 close down ~을 닫다, 폐쇄하다 cease ~을 중단하다 communication 연락, 의사 소통 bitter feud 극심한 불화 apparently 보아하니, 듣자하니 due to ~로 인해 strife 갈등 suspicion 의심, 의혹 behind ~의 이면에 conscription 징집, 징병 lead to ~로 이어지다 imprisonment 투옥, 감금 race to do 경쟁하듯 ~하다 despite ~에도 불구하고 harbor 품다 lifelong 평생의 resentment 원망, 분개 turn A into B: A를 B로 탈바꿈시키다, 변모시키다 immensely 엄청나게 lucrative 수익성이 좋은 successful 성공적인 venture 기업, 사업 decide to do ~하기로 결정하다 prosper 번영하다 family-run 가족 경영의 longevity 장수 fierce 치열한, 격렬한 rivalry 경쟁 (관계) commercial 상업적인 success 성공

정답   (d)

2.

오랫동안 여러 종교적 전통들의 일부분이었던 단식이 최근 체중 감량의 한 방법으로서 인기가 높아지고 있다. 하지만, 연구에 따르면, 단식이 비록 일부의 사람들에게 체중 감량을 위한 효과적인 방법일 수 있는 것으로 나타나긴 했지만, 이는 한 개인의 생활 방식 및 성격에 따라 크게 좌우된다. 예를 들어, 단식하는 사람들은 일반적인 식단을 따르는 사람들보다 체중 감량을 위한 노력을 포기할 가능성이 더 높다는 사실을 연구가들이 밝혀냈는데, 단식이 시간이 지날수록 유지하기 더 어렵기 때문이다. 또한 연구에 따르면, 단식하는 사람들이 단식이 끝난 후에 폭식을 함으로써 체중 감량 과정에 방해를 받는 경우가 흔하다. 마찬가지로, 단식 기간은 잘못된 안도감을 줄 수 있으며, 이로 인해 사람들이 단식하지 않는 날에 부주의하게 음식에 탐닉하는 결과가 초래된다.

Q: 이 글의 주제는 무엇인가?

(a) 인체에 단식이 미치는 이점들

(b) 종교와 단식 사이의 관계

(c) 체중 감량 수단으로서 단식이 지니는 한계

(d) 인기 있는 단식 방법들 사이의 차이점

해설   단식이 체중 감량 방법으로 인기를 얻고 있다는 내용의 첫 문장 뒤에 반전을 나타내는 연결어 However로 시작하고 있습니다. 따라서 이 글의 주제는 첫 문장과 반대의 내용이 될 가망이 높습니다. 실제 둘째 문장에서 단식이 체중 감량에 효과적일 수도 있지만, 이는 한 개인의 생활 방식 및 성격에 따라 크게 좌우된다(it depends largely on an individual's lifestyle and personality)며 이의를 제기하고 있습니다. 그 뒤에 주장을 입증하는 사례를 이끄는 연결어 For instance가 이어지므로 둘째 문장이 전체의 주어라고 할 수 있습니다. 개인 차이에 따라 효과가 다르다는 것은 단식이 지닌 한계에 해당하므로 (c)가 정답입니다.

오답 (a) The benefits of fasting on the human body 인체에 단식이 미치는 이점들
→ 지문 초반부에 제시되는 has recently increased in popularity나 can be an effective way 같은 정보만 보고 성급하게 (a)를 고를 수도 있는데, 이것은 however에 의해 부정되는 오답입니다.

어휘 longstanding 오랫동안의 religious 종교적인 tradition 전통 fasting 단식, 금식 recently 최근에 increase in popularity 인기가 높아지다 method 방법 lose weight 체중을 감량하다 effective 효과적인 way for A to do: A가 ~하는 방법 depend on ~에 따라 좌우되다, ~에 달려 있다 largely 크게, 대체로 individual 사람, 개인 personality 성격 be likely to do ~할 가능성이 있다 give up on ~을 포기하다 effort 노력 those who ~하는 사람들 follow ~을 따르다, 지키다 traditional 일반적인, 전통적인 maintain ~을 유지하다 over time 시간이 지날수록 indicate that ~임을 나타내다 hinder ~을 방해하다 progress 진행 과정, 진척 binge 폭식하다 similarly 마찬가지로, 유사하게 a false sense of security 잘못된 안도감 result in A -ing: A가 ~하는 결과를 초래하다 overindulge 탐닉하다 benefit 이점, 혜택 relationship between A and B: A와 B 사이의 관계 religion 종교 limitation 한계 tool 수단, 도구 difference 차이점

정답 (c)

3.

강박적으로 물건을 수집하면서 버릴 의향이 없는 사람들은 저장 장애로 고통 받을 가능성이 있다. 그냥 내버려둘 경우, 이 심리적 상태는 심각한 스트레스 또는 장애를 초래하고 건강상의 위험을 악화시킬 수 있으며, 사회적 관계에 부정적으로 영향을 미칠 수 있다. 대부분의 심리학자들은 이 상태를 해결하는 데 있어 약물과 심리 치료를 병행하는 접근 방식을 권하고 있다. 전자의 접근 방식과 관련해, 일부 강박적인 수집광들은 우울증 치료제를 처방 받은 후에 개선의 징후를 보인 바 있다. 후자의 경우, 가족 요법 및 잡동사니 처리 시간을 포함한 인지 행동적인 요법이 대부분의 환자들에게 있어 매우 효과적인 것으로 드러났다.

Q: 이 글은 주로 무엇에 관한 것인가?
(a) 과도한 수집 행위로 이어지는 요소들
(b) 사회적 관계를 개선하는 방법들
(c) 한 정신 장애에 대한 치료 방법들
(d) 우울증 확산의 증가

해설 초반부에 저장 장애를 간단히 설명한 뒤로, 그 해결 방법으로 약물과 심리 치료를 병행하는 접근 방식을 언급하면서(Most psychologists suggest concurrent pharmacological and psychotherapeutic approaches in tackling the condition) 두 가지 접근 방식을 각각 소개하는 것으로 지문 내용이 구성되어 있습니다. 따라서 저장 장애라는 정신 장애에 대한 치료 방법이 지문의 주제임을 알 수 있으므로 (c)가 정답입니다.

오답 (a) Factors that lead to excessive hoarding 과도한 수집 행위로 이어지는 요소들

→ 첫 문장에 언급되는 hoarding이 그대로 제시되어 있지만, 이 지문은 원인이 아닌 치료 방법을 설명하고 있으므로 지문의 주제와 관련 없는 오답입니다.

어휘 individual 사람 compulsively 강박적으로 collect ~을 수집하다, 모으다 object 물건, 물체 be unwilling to do ~할 의향이 없다 discard ~을 버리다 likely 가능성 있는 suffer from ~로 고통 받다 hoarding disorder 저장 장애 when left unchecked 그냥 내버려두면, 방치해둘 경우 psychological 심리적인, 정신적인 condition 상태, 질환 cause ~을 초래하다, 야기하다 severe 심각한 impairment 장애 exacerbate ~을 악화시키다 negatively 부정적으로 impact ~에 영향을 미치다 social relationship 사회적 관계 psychologists 심리학자 suggest ~을 권하다, 제안하다 concurrent 공존하는 pharmacological 약물의, 약학의 psychotherapeutic 심리요법의 approach 접근 방식 tackle (문제 등) ~을 해결하다, 다루다 with regard to ~와 관련해 the former (앞서 언급된 두 가지 중) 전자(의) compulsive 강박적인 hoarder 수집광 sign 징후, 조짐 improvement 개선, 향상 prescribe ~을 처방하다 antidepressant 우울증 치료제 the latter (앞서 언급된 두 가지 중) 후자(의) cognitive-behavioural 인지 행동적인 therapy 요법, 치료 including ~을 포함해 declutter 잡동사니를 처리하다 session (특정 활동을 하는) 시간 prove to be A: A한 것으로 드러나다 effective 효과적인 patient 환자 factor 요소 lead to ~로 이어지다 excessive 과도한 way to do ~하는 법 improve ~을 개선하다, 향상시키다 treatment 치료 mental disorder 정신 장애 increase in ~의 증가 prevalence 확산, 유행 depression 우울증

정답 (c)

4.

1867년, 캘리포니아에서 유타까지 1000킬로미터의 철로를 부설하기 위해 철도 회사들에게 고용된 약 3000천 명의 중국인 철도 노동자들이 동등하고 공정한 처우를 요구하며 파업을 벌였다. 이 중국인들은 혹독한 차별을 견뎌야 했는데, 그들이 받는 임금은 미국인 노동자들이 받는 것의 절반도 안되었으며, 미국인 근로자들이 열차 차량을 숙소로 제공받은 반면, 중국인들은 임시 천막에서 생활해야 했다. 파업이 시작된 지 7일 후, 당시 미국 역사상 최대 규모의 노동쟁의 행위는 사측이 파업 노동자들을 굶주리게 만들기 위해 식량 공급을 끊으면서 결국 실패하고 말았다.

Q: 글쓴이는 주로 무엇에 관해 이야기하고 있는가?
(a) 미국 철도 노조의 역사
(b) 이주 노동자들이 직면했던 극심한 노동 조건
(c) 미국 산업에 대한 중국의 기여
(d) 19세기 중반의 철도 여행이 지닌 위험들

해설 대륙 횡단 철도 건설에 고용된 중국인 노동자들이 파업을 한 이야기를 전하면서 그 목적이 동등하고 공정한 처우를 요구하기 위함(to demand equal and fair treatment)이었다고 설명합니다. 그 요구의 근거로 혹독한 차별(severe discrimination)이 언급되고 임금과 숙소에 대한 두 가지 구체적 차별 사례가 제시되고 있습니다. 이것은 미국으로 이주한

중국 노동자들이 겪은 극심한 노동 환경을 말해주는 사례로 제시되고 있으므로 (b)가 정답입니다.

오답 (a) The history of the US railway union. 미국 철도 노조의 역사
→ 첫 문장의 went on strike(파업을 벌였다)를 보고 무조건 노조와 연관이 있다고 생각하기 쉬운데 키워드를 그대로 오답에 활용하는 경우가 많으므로 키워드를 파악할 때는 지문을 정확히 읽어야 합니다.

어휘 approximately 약, 대략 railroad 철도 worker 노동자 hire 고용하다 rail 철도 install ~을 설치하다 go on strike 파업에 들어가다 demand ~을 요구하다 equal 동등한 fair 공정한 treatment 처우, 대우 endure ~을 견디다 severe 혹독한 discrimination 차별 while ~인 반면 amount 액수 receive ~을 받다 makeshift 임시변통의 accommodation 숙소 labor 노동 action 행위 ultimately 결국 cut off ~을 끊다 supply 공급 starve A out: A를 굶주리게 하다 railway union 철도 노조 harsh 가혹한 condition 조건, 환경 faced by A: A가 직면한 emigrant worker 이주 노동자 contribution to ~에 대한 기여, 공헌 industry 산업 danger 위험

정답 (b)

UNIT 04 [Part 3] 세부사항 찾기

STEP 1 선택지의 키워드를 지문에서 확인하기

지문 전체에 대한 세부사항을 묻는 경우

안녕하세요, 삼촌.
저는 이번 여름에 학교가 방학하는 동안 삼촌의 농장을 방문하고 싶어요. 엄마는 제가 이제는 혼자 가도 될 만큼 컸다고 말씀하시면서, 삼촌만 좋다고 하시면 그렇게 하도록 허락하실 거예요. 엄마는 제가 2주 동안 머물러도 좋다고 말씀하시는데, 삼촌 댁에 머무는 동안 제가 책들을 가지고 가서 하루에 적어도 한 시간은 공부를 해야 한대요. 삼촌은 어떻게 생각하세요? 엄마는 또한 마사 숙모도 동의해야 한다고 하셨어요. 전혀 말썽을 피우지 않겠다고 약속드릴게요. 삼촌의 대답을 눈 빠지게 기다리고 있어요. 삼촌이 허락하시기를 바래요.

나나 드림

Q: 이 편지에 따르면 다음 중 옳은 것은?
(a) 다나는 삼촌의 농장을 혼자 방문하기 위해 삼촌의 허락만 받으면 된다
(b) 다나의 엄마는 몇 가지 조건을 달아서 방문을 허락하려고 한다.

어휘 come visit ~를 방문하다 farm 농장 during ~동안 vacation 방학 big enough now to do 이제 ~할 만큼 큰 by myself 혼자 let me (go) 가도록 허락하다 stay 머무르다

take 가져가다 at least 최소한, 적어도 while ~하는 동안 be at one's house ~의 집에 있다 aunt 숙모 agree 동의하다 promise 약속하다 trouble 문제, 골칫거리 look forward to -ing ~하기를 고대하다 hear from ~에게서 소식을 듣다 only 단지 ~만 need 필요하다 permission 허락 alone 혼자 allow 허용하다 visit 방문 with a few strings attached 몇 가지 조건을 달아서

특정 키워드에 대한 세부사항을 묻는 경우

전당포는 수천 년 동안 존재해 왔으며, 크든 작든 거의 모든 도시에서 발견된다. 전당포는 여전히 많은 지역사회에서 사람들에게 적은 액수의 돈을 빌릴 수 있는 쉽고 빠른 방법을 제공함으로써 중요한 역할을 하고 있다. 전당포의 운영 원리는 이렇다. 당신이 뭔가를 담보로 가져가면, 전당포 주인은 돈을 빌려주는데, 이것을 저당이라고 한다. 이자와 함께 원금을 갚으면, 담보물을 되찾게 된다. 만약 그렇게 하지 않으면, 전당포 주인은 담보물을 자신이 가지거나 다른 사람에게 팔아버릴 수 있다.

Q: 다음 중 전당포에 대해 옳은 것은?
(a) 전당포는 대부분의 지역에서 영향력을 잃고 있다.
(b) 사람들은 빌린 돈보다 더 많이 갚아야 한다.

어휘 pawnshop 전당포 be around 존재하다 for thousands of years 수천 년 동안 find 발견하다 nearly 거의 town 시,읍 big or small 크든 작든 still 여전히 play an important role 중요한 역할을 하다 community 지역사회 provide A with B: A에게 B를 제공하다 easy 쉬운 quick 빠른 way 방법 borrow 빌리다 amount 양, 금액 it works like this: 돌아가는 원리는 이렇다 bring in 가져오다 collateral 담보물 pawnbroker 전당포 주인 loan 빚, 대부 be called A: A라고 불리다 pawning 저당 repay 갚다, 상환하다 plus ~외에, ~와 함께 interest 이자 get A back: A를 되찾다 if not 그렇게 하지 않는다면 keep 가지다 sell 팔다 lose 잃다 influence 영향력 area 지역 more than ~이상

실전 감 잡기

1. (d) **2.** (c) **3.** (c) **4.** (c)

1.

미국과 중국 사이의 무역 긴장이 지속적으로 고조됨에 따라, 세계 각국의 정부가 그 악영향에 대비하고 있다. 지금까지는 경기부양 조치들과 직접적인 보조금이 양국 사이의 무역 전쟁으로 인해 초래되는 모든 부정적인 경제적 파급을 완화해왔다. 하지만, 저명한 경제 전문가들은 세계 경제에 대규모 붕괴 사태를 야기할 수 있을 장기적인 긴장 고조 사태가 발생할 것으로 예측하고 있다. 예를 들어, 미국과 중국에서 경제 저성장이 아프리카와 남미 지역의 생필품 수출업체들에게 부정적으로 영향을 미치면서 다양한 생필품에 대한 수요를 감소시킬 수 있다.

Q: 이 글에 따르면, 다음 중 옳은 것은?
(a) 미국과 중국이 도움을 받기 위해 아프리카의 생필품 생산업체들로 눈을 돌릴 것이다.
(b) 미국과 중국 사이의 무역 전쟁이 잦아들 것으로 예측되고 있다.
(c) 미국과 중국이 취한 경기부양 조치들은 아무런 효과가 없다.
(d) 미국과 중국 사이의 무역 사태가 전 세계에 파급 효과를 미칠 수 있다.

해설   지문 첫 문장에서 미국과 중국 사이의 무역 마찰(trade tensions ~ between the United States and China)로 세계 각국의 정부들이 그 충격에 대비하고 있다(governments all over the world are bracing themselves for the fallout)는 것이 글의 주제입니다. 그 다음에 세계 경제에 대규모 붕괴 사태(major disruption to the global economy)가 언급되었으므로 세계적인 파급 효과(a ripple effect around the world)를 언급하고 있는 (d)가 정답입니다.

오답   (b) The trade war between the US and China is predicted to wind down. 미국과 중국 사이의 무역 마찰이 잦아들 것으로 예측되고 있다.
→ 주어가 지문의 주제와 연관이 있기는 하지만, 동사의 내용이 다릅니다. wind down과 의미가 같은 동사는 reduce로 생필품 수요가 감소한다는 내용에 사용되었으므로 오답입니다.

어휘   trade tension 무역 긴장   continue to do 지속적으로 ~하다   increase 고조되다, 증가되다   brace oneself for ~에 대비하다   fallout 악영향, 부정적인 결과   so far 지금까지   stimulus measure 경기부양 조치   direct 직접적인   subsidy 보조금   mitigate ~을 완화하다   adverse 부정적인   effect 영향, 효과   cause ~을 초래하다, 야기하다   leading 손꼽히는, 선도적인   anticipate ~을 예상하다   prolonged 장기적인   escalation 고조, 증가   disruption 붕괴, 분열   growth 성장   reduce ~을 감소시키다   demand for ~에 대한 수요   various 다양한   commodity 생필품   negatively 부정적으로   impact ~에 영향을 미치다   exporter 수출업체   turn to ~로 눈을 돌리다   assistance 도움, 지원   be predicted to do ~할 것으로 예측되다   wind down 잦아들다, 잠잠해지다   situation 사태, 상황   ripple effect 파급 효과

정답   **(d)**

2.

지그문트 프로이트의 성격 이론에 따르면, 인간의 정신 세계는 세 가지 뚜렷하게 구별되는 요소들로 구성되어 있는데, 그것은 바로 이드, 자아, 그리고 초자아이다. 이 세 가지 요소는 그저 정신적인 개념으로만 존재할 뿐, 뇌 속에 그에 해당하는 신체 구조는 존재하지 않는다. 이드는 태어날 때부터 존재하는 유일한 요소이며, 인간의 가장 기초적이고 본능적인 충동과 욕구를 포함하고 있다. 이는 한 사람의 일생 전반에 걸쳐 초기 상태 그대로 유지되며, 시간 또는 경험에 의해 변화되지 않는다. 자아의 주요 역할은 이드의 요구를 충족할 수 있는 현실적이고 이성적인 방법들을 찾고 긍정적인 결과를 추구하는 것이다. 초자아는 우리가 사회적으로 의식 있는 방식으로 행동하고 옳고 그름을 구분할 수 있게 해주면서 충동적인 이드를 통제하려고 한다.

Q: 이 글에 따르면, 다음 중 옳은 것은?
(a) 정신 세계의 각 요소는 뇌의 특정 부분에 의해 통제된다.
(b) 한 사람의 이드는 시간이 지남에 따라 여러 단계의 변화를 거친다.
(c) 초자아는 사람이 사회에서 적절하게 행동할 수 있게 해준다.
(d) 자아는 태어날 때 정신 세계의 첫 번째 요소로서 형성된다.

해설   첫 문장에서 인간의 세 가지 정신 요소가 제시되었으며 그 다음 문장에서 세 요소의 신체적 구조가 존재하지 않는다고 하므로 뇌의 특정 부위에 의해 통제된다고 하는 (a)는 오답입니다. 이드는 일생 동안 그대로 유지된다고 하므로 단계적으로 변화한다는 의미인 (b)도 오답입니다. 초자아는 사회적으로 의식 있는 방식으로 행동하도록 해준다고 하므로 이와 관련된 (c)가 정답입니다. 이렇게 정답을 맞혔다면 바로 다음 문제로 넘어가야 합니다.

오답   (a) Each component of the psyche is controlled by a specific part of the brain. 정신 세계의 각 요소는 뇌의 특정 부분에 의해 통제된다.
→ 정신 세계의 각 요소에 해당하는 신체 구조가 뇌에 존재하지 않는다(with no corresponding physical structures in the brain)는 내용과 반대되는 오답입니다.

어휘   according to ~에 따르면   personality 성격   theory 이론   psyche 정신 세계, 마음   comprise ~로 구성되어 있다   distinct 뚜렷하게 구별되는   component 요소   id 이드(인간 정신의 무의식적이고 본능적인 부분)   ego 자아   superego 초자아   exist 존재하다   merely 그저, 단지   psychological 정신의, 심리의   concept 개념   corresponding 해당하는, 상응하는   physical 신체적인, 물리적인   structure 구조(물)   present 존재하는   contain ~을 포함하다   basic 기초적인   instinctual 본능적인   urge 충동   desire 욕구   remain + 형용사: ~한 상태로 남아 있다, 유지되다   infantile 초기의, 유아기의   throughout ~의 전체에 걸쳐   experience 경험   primary 주요한   role 역할   realistic 현실적인   rational 이성적인, 합리적인   way to do ~하는 방법   satisfy ~을 충족하다, 만족시키다   demand 요구   seek ~을 추구하다, 시도하다   positive 긍정적인   outcome 결과   control ~을 통제하다, 제어하다   impulsive 충동적인   allow A to do: A가 ~할 수 있게 해주다 (= enable A to do)   behave 행동하다   socially 사회적으로   conscious 의식 있는, 자각하는   manner 방식, 태도   recognize right from wrong 옳고 그름을 인식하다   specific 특정한, 구체적인   undergo ~을 거치다, 겪다   phase 단계   transformation 변화, 변형   appropriately 적절하게   form ~을 형성하다

정답   **(c)**

3.

1936년 스페인 선거에서 좌파 연합이 승리를 거뒀고, 그 결과 프란시스코 프랑코 장군은 카나리아 제도로 추방되었다. 동료 군 지휘관들이 꾸민 쿠데타 음모를 알게 되었을 때, 프랑코 장군은 처음에는 가담하기를 주저했지만, 한 보수 정치인의 암살로 인해 결국 참여를 결심하게 되었다. 그는 비행기를 타고 은밀하게 카나리아 제도에서 모로코로 갔으며, 그곳에 주둔하고 있던 스페인 병력의 지휘권을 장

악했다. 그는 나치 독일의 도움을 받아, 이 병력을 배에 실어 스페인까지 수송할 수 있었다. 이 쿠데타 시도는 원했던 목표를 모두 달성하지 못했으며, 프랑코 장군과 그의 군대에게 국토의 3분의 1에 대해서만 통제권을 주었고, 3년 동안 지속된 내전을 촉발하게 되었다.

Q: 이 글에 따르면, 다음 중 옳은 것은?
(a) 프랑코는 쿠데타 음모의 최초 기획자였다.
(b) 프랑코의 군대는 비행기를 타고 스페인 본토로 날아갔다.
(c) 쿠데타를 일으키려던 프랑코의 노력은 일부만 성공했다.
(d) 프랑코는 쿠데타 시도에 앞서 독일로 갔다.

해설　지문 전체에 대해 옳은 선택지를 고르는 유형에서는 각 선택지의 키워드를 지문에서 찾아 내용을 확인하면 됩니다. (a)의 a coup plot이 나오는 둘째 문장의 a coup plot devised by his fellow military commanders를 보고 (a)가 오답임을 알 수 있으며, 넷째 문장에서 Franco's troops에 대해서는 ferry them across to Spain by boat(배로 스페인으로 수송하다)라고 표현하므로 (b)도 오답입니다. 그 다음 문장에서 efforts to stage a coup와 같은 의미인 The coup attempt를 찾아보면, did not achieve all of its desired aims(원했던 목표를 모두 달성하지 못했다)라고 하므로 쿠데타 노력의 일부만 성공했다는 (c)가 정답임을 알 수 있습니다.

오답　(d) Franco travelled to Germany prior to the coup attempt. 프랑코는 쿠데타 시도에 앞서 독일로 갔다
　→ 병력을 스페인으로 데려올 때 나치 독일의 도움을 받았다는 부분을 정확히 읽지 않을 경우 고를 수 있는 오답입니다.

어휘　leftist 좌파 coalition 연합(군) emerge victorious 승리를 거두다 election 선거 subsequently 그 후에, 나중에 exile ~을 추방하다 learn of ~을 알게 되다 coup plot 쿠데타 음모 devise ~을 계획하다, 고안하다 fellow 동료의 commander 지휘관 initially 처음에 be reluctant to do ~하기를 주저하다, 망설이다 join 가담하다 assassination 암살 conservative 보수적인 politician 정치인 eventually 결국, 마침내 persuade A to do: A가 ~하게 만들다 participate 참여하다 covertly 은밀하게 fly (비행기를 타고) 날아가다(fly-flew-flown) assume control of ~의 지휘권을 장악하다 garrison 주둔군 troop 병력, 부대 station v. ~을 배치하다 be able to do ~할 수 있다 ferry ~을 수송하다 attempt 시도 achieve ~을 달성하다, 이루다 desired 원하는 aim 목표 leave A in control of B: A에게 B를 통제하게 하다 one-third 3분의 1 instigate ~을 촉발시키다, 부추기다 civil war 내전 last v. 지속되다 original 원래의, 애초의 creator 만드는 사람, 창안자 mainland 본토 effort to do ~하려는 노력 stage a coup 쿠데타를 일으키다 partially 일부분, 부분적으로 successful 성공한 travel 이동하다 prior to ~에 앞서, ~전에

정답　(c)

4.

미국 전직 대통령 네 명의 얼굴을 주인공으로 하는 장엄한 화강암 조각상이 있는 러시모어산은 미국에서 가장 쉽게 눈에 띄는 명소들 중의 하나이다. 하지만, 사람들이 절대 생각지도 못할 사실은, 한때 이 기념물이 자체 야구팀인 '러시모어 드릴즈 팀'을 거느리고 있었

다는 것이다. 이 조각상의 제작 과정을 총괄했던 거츤 보글럼과 링컨 보글럼 부자는 엄청난 스포츠광이었으며, 심지어 야구를 잘하는 인부들을 특별히 고용하기까지 했다. 이들은 하루 종일 일하다가 저녁 내내 연습을 하곤 했다. 러시모어 드릴즈 팀은 아주 능력이 뛰어나 주 아마추어 야구 대회의 준결승에 올라 3위를 차지하기도 했지만, 러시모어산 조각 작업이 완료되자 결국 해체했다.

Q: 이 글에 따르면, 다음 중 옳은 것은?
(a) 러시모어 드릴즈 팀은 주 야구 대회에서 여러 번 우승했다.
(b) 거츤 보글럼과 링컨 보글럼은 프로 야구선수로 활동했다.
(c) 러시모어 드릴즈 팀은 조각상 제작 과정이 끝나자 해산했다.
(d) 러시모어산의 조각 완성이 야구 일정으로 인해 미뤄졌다.

해설　선택지의 각 키워드들을 지문에서 찾아 해당 부분을 확인하면 됩니다. 러시모어 드릴즈 팀에 대해서는 일을 끝내고 저녁에 연습했고, 아마추어 대회에서 3위에 올랐으며, 조각이 완성될 때 해체했다는 세 가지 내용이 나옵니다. 이 중에 조각이 완성되고 팀이 해산했다는 내용과 일치하는 (c)가 정답입니다.

오답　(b) Gutzon and Lincoln Borglum enjoyed careers as professional baseball players.
　　거츤 보글럼과 링컨 보글럼은 프로 야구선수로 활동했다.
　→ 두 사람이 스포츠광이었고, 야구 팀을 만들기도 했지만, 그들이 활동한 무대는 아마추어 대회(the State Amateur Baseball Tournament)였습니다. 지문에서 그럴 듯한 내용을 가져와 일부만 살짝 바꾼 전형적인 텝스 오답 함정입니다.

어휘　with ~로 인해 impressive 웅장한, 인상적인 granite 화강암 sculpture 조각상 feature ~을 주인공으로 하다 former 전직의, ~였던 recognizable 쉽게 알아볼 수 있는 landmark 명소 guess 생각해내다, 추측하다 however 하지만 monument 기념물 once (과거의) 한때 oversee ~을 총괄하다, 감독하다 sculpting process 조각상 제작 과정 huge 엄청난 go so far as -ing ~하기까지 하다 specifically 특별히, 특히 hire ~을 고용하다 laborer 인부 be skilled at ~을 잘하다 practice 연습하다 so A that B: 너무 A해서 B하게 되다 proficient 능숙한 place 3rd 3위에 오르다 semi-final 준결승 eventually 결국, 마침내 disband 해체하다 complete a. 완료된, 완성된 several 여럿의, 몇몇의 competition 경기, 대회 completion 완료, 완성 delay ~을 미루다, 지연시키다 on account of ~ 때문에

정답　(c)

UNIT 05 [Part 3] 추론하기

STEP 1 추론 전략 익히기

정답 선택지의 내용이 지문에 전혀 언급되지 않는 경우

인간은 이성적인 것도 아니고 비이성적인 것도 아닌, 그 중간적인 존재이다. 인간은 가끔 결과적으로 오류에 빠지더라도 주변의 사회로부터 배운다. 이러한 "사회 학습" 이론은 생물학에서는 늘 연구되지만, 경제학에서는 대체로 무시되어 왔다. 월스트리트 분석가인 로버트 피셔의 주장에 따르면, 월스트리트 주식 중개인들의 감정 기복과 모험심이 금융시장을 움직이는 데에 중요한 역할을 하고 있다.

Q: 이 글에서 추론할 수 있는 것은?
(a) 로버트 피셔는 사람들이 모험심을 더 가져야 한다고 생각한다.
(b) 주식 중개인들이 무모한 결정을 내릴 수도 있다.

어휘   neither A nor B: A도 B도 아닌   rational 이성적인   irrational 비이성적인   somewhere in between 그 사이의 어디쯤   learn from ~으로부터 배우다   social world 사회라는 세계   around ~주변의   even if ~일지라도   sometimes 가끔   be drawn into ~로 이끌리다   error 오류   as a result 그 결과   social learning 사회 학습 이론   commonly 늘, 일반적으로   study 연구하다   biology 생물학   yet 하지만   largely 대체로   be neglected 무시당하다, 외면되다   economics 경제학   Wall Street 월스트리트(미국 금융가)   analyst 분석가, 전문가   argue 주장하다   mood swing 감정 기복, 변덕   risk-taking 모험을 하는   trader 주식 중개인   play important roles in ~에서 중요한 역할을 하다   drive 움직이다, 추진하다   financial market 금융시장   take a risk 모험을 하다   stockbroker 주식 중개인   make a decision 결정을 내리다   reckless 무분별한

글의 주제인 지문 첫 문장에 오답 함정이 있는 경우

미국의학학회지의 가장 최근 호에 실린 연구에 따르면, 하루에 계란 한 개를 먹는 정도로 심장병이 생기거나 뇌졸중을 앓을 위험이 증가하는 것은 아니다. 하지만, 그렇다고 해서, 오믈렛이나 키시, 또는 수플레를 한 없이 먹어도 좋다는 뜻은 아니다. 일례로, 많은 사람들이 계란을 먹을 때, 버터에 튀기거나 베이컨과 함께 먹는 것을 즐기는데, 둘 모두 많은 양의 포화지방산을 함유하고 있으며, 이 포화지방산은 우리의 동맥을 막는 가장 큰 요인이다. 또 다른 예로, 이 연구는 다량의 계란을 섭취하는 것이 당뇨를 앓는 사람들에게 악영향을 미칠 수도 있음을 보여준다.

Q: 이 글에서 무엇을 추론할 수 있는가?
(a) 높은 포화지방산 섭취량이 심장병에 걸릴 확률을 증가시킬 수도 있다.
(b) 계란은 몇몇 치명적 질병들의 원인과 관련이 없는 것으로 입증되었다.

어휘   as much as an egg a day 하루 계란 한 개 정도의 양   seem to do ~하는 것 같다   risk 위험   develop 발생시키다   heart disease 심장병   suffer 앓다   stroke 뇌졸중   according to ~에 따르면   publish 출판하다   recent 최근의   issue (간행물의) 호   the Journal of the American Medical Association 미국의학학회지   however 하지만   that doesn't mean 그렇다고 ~인 것은 아니다   endless 한 없는   servings 섭취   omelet 오믈렛   quiche 키시   souffle 수플레   For one thing 한 예로   fried in butter 버터에 튀긴   served with ~와 함께 먹는   bacon 베이컨   contain 함유하다   lots of 많은   saturated fat 포화지방산   fat 지방   do the most to do ~하는 데 가장 큰 영향을 미치다   clog 막다   artery 동맥   for another 또 다른 예로   show 나타내다, 보여주다   have adverse effects on ~에 악영향을 미치다   diabetes 당뇨병   intake 섭취   prove not to be ~하지 않음을 입증하다   related to ~와 연관된   cause 원인   fatal 치명적인   illness 질병

실전 감 잡기

1. (d)   **2.** (d)   **3.** (c)   **4.** (d)

1.

역사상 가장 초기에 제작된 헬리콥터들 중 하나가 1912년에 덴마크 발명가 제이콥 엘르해머가 만든 엘르해머 헬리콥터였다. 일련의 실내 테스트를 거친 후, 실험용 비행 기계가 여러 주요 인사들을 대상으로 실외에서 시범을 보였다. 1914년 그 비행체가 공중에 떠 있는 장면을 찍었다고 주장하는 유명한 사진이 있었지만, 이상할 정도로 동영상이나 목격담이 존재하지 않아 실제 비행이 있었는지를 확인하기가 어렵다. 이 헬리콥터에 대한 실험은 1916년까지 계속되었지만, 이륙 과정에서 뒤집어지는 경향이 있어서, 이 비행체의 회전 날개와 뼈대에 고비용의 손상을 초래했다. 결국, 엘르해머는 그 디자인을 포기했지만, 수직 비행에 대한 연구는 지속했다.

Q: 엘르해머 헬리콥터에 관해 추론할 수 있는 것은?
(a) 덴마크 왕실에 의해 자금 일부를 지원받았다.
(b) 한 역사적인 동영상에 특별히 등장했다.
(c) 디자인이 엘르해머의 후기 발명품에서 구현되었다.
(d) 비행 능력이 과대평가되었을 수도 있었다.

해설   지문 초반에 주요 인사들 앞에서 시연을 했다는 것에서 성능에 대한 기대가 상당히 컸다고 추측할 수 있습니다. 그리고 후반부에서 이륙 과정에서 뒤집어지는 경향이 있어서 회전 날개와 골격에 많은 비용이 드는 손상을 초래했다고 말하는 것에서 비행 능력에 문제가 있었음을 알 수 있습니다. 즉 성능이 과대평가되었을 가능성을 보여주므로 (d)가 정답입니다.

오답   (c) Its design was incorporated into Ellehammer's later inventions.
디자인이 엘르해머의 후기 발명품에서 구현되었다
→ 지문 마지막에서 수직 비행에 대한 연구를 지속했다고 말한 것을 통해 연상 가능한 내용이지만, 바로 앞에서 디자인을 포기했다고 분명히 밝히고 있으므로 오답입니다.

어휘 earliest 가장 초기의 ever 이제껏 construct ~을 제작하다 inventor 발명가 a series of 일련의 indoor 실내의 experimental 실험의 demonstrate 시연하다 flying machine 비행체 outdoors 실외에서 various 다양한 individual n. 사람 claim to do ~라고 주장하다 aircraft 비행기 hovering 공중에 떠 있는 curious 이상한 absence 부재, 없음 film clip 동영상 eyewitness account 목격담 make it 형용사 to do: ~하는 것을 (형용사)처럼 만들다 ascertain ~을 확인하다 whether ~인지 (아닌지) actual 실제의 flight 비행 occur 일어나다, 발생하다 experiment 실험 continue 계속하다 be prone to do ~하는 경향이 있다 tip over 뒤집어지다 takeoff 이륙 cause ~을 야기하다 costly 비용이 많이 드는 damage 손상, 피해 rotor 회전 날개 frame 골격 abandon ~을 포기하다 research into ~에 대한 연구 vertical 수직의 partially 부분적으로 finance 자금을 제공하다 feature ~을 주인공으로 하다 historical 역사적인 incorporate A into B: A를 B에 구현하다 later 나중의, 후기의 invention 발명(품) capability 능력 may have p.p. ~했을 수도 있다 overestimate ~을 과대평가하다

정답 (d)

2.

벨라미 씨께,

저희 자선 재단에 관한 귀하의 문의에 감사드립니다. 정확히 언급해주신 바와 같이, 어번 에이드는 시카고에서 가장 빈곤한 지역들의 노숙자들과 기타 혜택받지 못하시는 분들을 돕는 데 전념하고 있습니다. 거의 10년 동안, 저희가 해온 주요 활동은 무료 급식소 설치 및 운영, 따뜻한 의류 및 신발 보급, 그리고 의료 서비스 이용 기회 제공을 포함하고 있습니다. 저희는 정부 보조금과 개인 기부자들을 통해 받는 어떠한 재정적 지원도 환영합니다. 귀하의 질문과 관련해 말씀드리면, 저희는 일반적으로 수표 또는 직접 송금을 받고있으며, 저희 웹사이트를 통해 직접 기부하실 수도 있습니다. 그밖에 어떠한 질문이든 있으시면 주저하지 마시고 저에게 다시 연락 주시기 바랍니다.

Q: 이 편지에서 추론할 수 있는 것은?
(a) 어번 에이드는 시카고 지역의 노숙자들에게 거처를 제공하고 있다.
(b) 어번 에이드는 10년도 더 이전에 설립되었다.
(c) 벨라미 씨는 현재 도시의 빈민가에 거주하고 있다.
(d) 벨라미 씨는 이 자선 단체에 기부할 의향이 있다.

해설 지문 중반부에 In regard to your question(귀하의 질문과 관련해)라는 표현 뒤에 세 가지 지불 방법이 나옵니다. 여기서 수신자가 돈을 내는 방법을 질문했다는 것을 알 수 있습니다. 즉, 벨라미 씨가 기부할 의사가 있다는 것을 알려주므로 (d)가 정답입니다.

오답 (c) Ms. Bellamy currently lives in an impoverished part of the city.
벨라미 씨는 현재 도시의 빈곤 지역에 살고 있다.
→ 둘째 문장에서 individuals in the most impoverished areas of Chicago(시카고에서 가장 빈곤한 지역들)은 자

선단체가 도울 대상이며, 벨라미 씨는 도움을 주려는 사람인데, 이를 혼동할 때 고를 수 있는 오답입니다.

어휘 inquiry 문의 regarding ~에 관한 charitable 자선의 foundation 재단 correctly 정확히 note 언급하다 be committed to -ing ~하는 데 헌신하다 the homeless 노숙자들 disadvantaged 혜택 받지 못한, 가난한 individual 사람 impoverished 빈곤한 almost 거의 decade 10년 main 주요한 method 방법 action 행동 include ~을 포함하다 set up ~을 설치하다 operate ~을 운영하다 soup kitchen 무료 급식소 distribute ~을 나눠주다 clothing 의류 footwear 신발류 provide 제공하다 access to ~에 대한 접근, 이용 financial 재정의, 재무의 assistance 지원, 도움 receive ~을 받다 subsidy 보조금 donor 기부자 in regard to ~와 관련해 typically 일반적으로, 보통 accept ~을 받아들이다 check n. 수표 transfer 송금 contribute 기부하다 directly 직접적으로 hesitate to do ~하는 것을 망설이다 contact ~에게 연락하다 housing 주택 (공급) establish ~을 설립하다 more than ~가 넘는 ago 전에 currently 현재 intend to do ~할 의향이 있다 make a donation to ~에게 기부하다 charity 자선 (단체)

정답 (d)

3.

태양을 한 번 힐끗 올려보고 나서 주체할 수 없을 정도로 재채기 충동을 느끼신 적이 있으신가요? 그러시다면, 여러분은 광반사 재채기를 겪고 있는 18~35퍼센트 중 한 명입니다. 그 정확한 작용 방식은 잘 알려져 있지 않지만, 광반사 재채기는 역사 전반에 걸쳐 기록되어 왔습니다. 기원전 350년에, 그리스의 철학자 아리스토텔레스는 태양의 열이 비강 내부에 발한 작용을 야기하고, 그 수분을 제거하기 위해 재채기가 촉발된다는 가설을 세웠습니다. 17세기에는, 영국의 철학자 프랜시스 베이컨이 자신의 눈을 뜬 채로 태양을 직접 쳐다봤다가 눈을 감는 방식으로 테스트했습니다. 그는 눈을 뜨고 있을 때만 재채기가 발생된다는 것을 알게 되었으며, 열보다 빛이 자극제 기능을 한다는 결론을 내렸습니다.

Q: 지문에서 추론할 수 있는 것은?
(a) 프랜시스 베이컨이 아리스토텔레스의 가설을 증명했다.
(b) 광반사 재채기는 시간이 지날수록 더 흔해졌다.
(c) 프랜시스 베이컨은 광반사 재채기를 경험했다.
(d) 아리스토텔레스는 광반사 재채기의 존재에 의구심을 가졌다.

해설 지문 후반부에 영국의 철학자 프랜시스 베이컨이 자신의 눈을 뜬 채로 태양을 직접 쳐다봤다가 눈을 감는 방식으로 테스트를 했고, 눈을 뜨고 있을 때만 재채기가 발생된다는 것을 알게 되었다고 합니다. 여기서 베이컨이 광반사 재채기를 겪었다는 것을 알 수 있으므로 (c)가 정답입니다.

오답 (a) Francis Bacon proved Aristotle's hypothesis.
프랜시스 베이컨이 아리스토텔레스의 가설을 증명했다.
→ 지문 중반부에 아리스토텔레스의 가설이 언급되고 베이컨이 직접 테스트를 해보았다는 내용에서 (a)가 정답인 듯 보입니다. 하지만, 아리스토텔레스는 열이 원인이라고 했고, 베이컨은 빛이 원인이라고 했으므로 아리스토텔레스의 가설을 입증했다는 것은 오류이므로 오답입니다.

<table>
<tr><td>어휘</td><td>glance at ~을 힐끗 보다 uncontrollable 주체할 수 없는 urge to do ~하고 싶은 충동 sneeze 재채기하다 population 사람들 photic sneeze reflex 광반사 재채기(갑자기 밝은 빛에 노출되면 재치기가 나오는 증후군) precise 정확한 mechanism of action 작용 방식 document v. ~을 기록하다 philosopher 철학자 hypothesize that ~라는 가설을 세우다 cause ~을 초래하다, 야기하다 sweating 땀 흘림 nasal cavity 비강 trigger 촉발하다 in order to do ~하기 위해 remove ~을 제거하다 moisture 수분, 습기 face v. ~을 마주보다 occur 발생되다 conclude that ~라는 결론을 내리다 rather than ~라기 보다, ~가 아니라 function as ~로서 기능하다 stimulus 자극(제) prove ~을 증명하다 hypothesis 가설 common 흔한 over time 시간이 지날수록 doubt ~에 대해 의구심을 갖다, ~을 의심하다 existence 존재</td></tr>
</table>

정답 **(c)**

4.

> 21세기의 신기술 출현과 함께, 음악 CD의 판매량은 빠르게 곤두박질쳤으며, 많은 사람들은 전통적인 책도 같은 운명을 겪게 될 것이라고 예측했다. 전자책이 2000년대 전반에 걸쳐 인기를 얻기 시작했고, 아마존이 2007년에 킨들 전자책 단말기를 출시했을 때, 많은 사람들은 그것이 종이책과 전통적인 출판업체들의 끝을 알리는 신호라고 생각했다. 2008년부터 2010년까지, 전자책의 판매량은 1,250퍼센트 치솟았으며, 여러 서점 체인들이 파산을 선고했다. 하지만 2013년경에, 전자책 판매량이 정체 상태가 되었고, 현재는 전체 도서 판매량의 약 20퍼센트만 차지하고 있다. 전자 방식의 독서로 넘어가는 완전한 전환이 불가피하기는 하지만, 이는 앞으로 50년 또는 100년이나 더 지나야 발생할 수도 있다.
>
> Q: 이 글에서 추론할 수 있는 것은?
> (a) 종이책이 언제나 전자책보다 더 인기 있을 것이다.
> (b) 2010년대 전반에 걸쳐 전자책 판매량이 기하급수적으로 늘었다.
> (c) CD의 인기가 부활할 가능성이 있다.
> **(d) 종이책의 빠른 종말은 과장된 것이었다.**

해설 첫 문장에서 전통적인 책이 음악 CD처럼 될 것이라고 예측한 내용이 제시되었고, 마지막 문장에서는 50년 또는 100년은 더 지나야 그것이 가능할 것이라고 말합니다. 여기에서 종이책의 종말이 과장된 것이라고 추론할 수 있으므로 (d)가 정답입니다.

오답 (b) E-book sales rose exponentially throughout the 2010s.
2010년대 전반에 걸쳐 전자책 판매량이 기하급수적으로 증가했다.
→ 지문 중반부에 제시된 sales of e-books soared by 1,250%를 다른 말로 바꿔 표현하기는 했지만, 해당 기간에 오류가 있는 오답입니다.

어휘 advent 출현 technology 기술 sales 매출 rapidly 빠르게 plummet 곤두박질치다 predict that ~라고 예측하다 traditional 전통적인 suffer ~을 겪다 fate 운명 popular 인기 있는 throughout ~전체에 걸쳐 release ~을 출시하다, 공

개하다 signal v. ~을 알리다 publishing company 출판업체 soar 치솟다 by (차이) ~만큼 file for bankruptcy 파산을 선고하다 plateau v. 정체되다 account for (비중을) 차지하다, 설명하다 around 약, 대략 sold 팔린(sell의 과거/과거분사) while ~한 반면에 complete 완전한 shift to ~로의 전환 inevitable 불가피한 occur 발생하다 exponentially 기하급수적으로 popularity 인기 be likely to do ~할 가능성이 있다 see ~을 목격하다 resurgence 부활 demise 종말 exaggerated 과장된

정답 **(d)**

UNIT 06 Part 4 1지문 2문항

STEP 1 1지문 2문항 전략 익히기

첫째 질문 단서는 전반부, 둘째 질문 단서는 후반부에 있다

> **오늘 마야 재난보험에 가입하세요**
>
> **왜 재난보험에 가입하는가?**
> 일반적인 주택보험은 허리케인, 토네이도, 지진을 포함해 흔히 발생하는 자연재난 피해를 폭넓게 보장하지 않습니다. 많은 환경 분야 과학자들의 말에 따르면, 이 같은 재난의 발생 빈도가 증가하는 추세이며, 만약 가정 주택에 그런 일이 발생한다면, 많은 가정이 경제적 파국에 처할 것입니다. 재난보험은 이러한 재난에 대비해 정말로 저렴하고 위험 부담이 적은 안전장치를 제공합니다.
>
> **왜 마야 보험사를 이용하는가?**
> 비록 저희가 국내의 다른 어떤 재난보험사보다 많은 종류의 재난 피해를 보장하는 것은 아니지만, 저희는 폭설 그리고 해일 등과 같은 피해까지 보장합니다. 또한, 저희는 여러분이 가입하시는 보험상품에 이러한 자연재해 중 어느 것을 포함할 것인지 선택하시도록 합니다. 만약 여러분이 특정 재난에 대한 위험에 처해 있지 않다면, 많은 저희 경쟁사들의 경우와 달리, 여러분은 그 부분을 보험상품에 포함하실 필요가 없습니다.
>
> 여러분 지역의 저희 보험료 체계에 상세히 알고 싶으시다면, www.mayaninsurance.com에서 확인하시기 바랍니다.
>
> Q1. 이 정보의 대상은 누구일 것인가?
> (a) 건축가
> **(b) 주택 소유자**
>
> Q2. 다음 중 마야 보험사에 대해 옳은 것은?
> (a) 자사의 보장 범위가 국내 최대라고 자랑한다.
> **(b) 고객들이 필요한 보장을 선택할 수 있도록 한다.**

어휘 purchase 구매하다 disaster 재난 insurance 보험 typical 일반적인, 전형적인 cover 보장하다, 보호하다 a wide range of 아주 다양한 commonly 흔히 occurring 발생하는 natural disaster 자연재난 including ~을 포함하여

hurricane 허리케인, 열대성 폭풍 **tornado** 토네이도, 회오리바람 **earthquake** 지진 **environmental** 환경의 **scientist** 과학자 **event** 사건 **on the rise** 증가 추세인 **leave A B:** A를 B에 처하게 하다 **at risk of** ~의 위험에 처한 **catastrophe** 파국 **happen to** ~에게 발생하다 **provide** 제공하다 **incredibly** 정말로, 놀라우리만치 **cheap** 저렴한 **low-risk** 위험 부담이 낮은 **safeguard against** ~에 대비한 안전장치 **occurrence** 발생 **although** 비록 ~이지만 **kind** 종류 **blizzard** 눈보라, 폭설 **tidal wave** 해일 **furthermore** 또한, 게다가 **let A do:** A가 ~하도록 해주다 **select** 선택하다 **under one's insurance plan** 가입 보험상품에 따라 **at risk for** ~의 위험에 처한 **particular** 특정한 **not have to do** ~할 필요가 없다 **include** 포함하다 **unlike with** ~의 경우와 달리 **competitor** 경쟁사 **for more information about** ~에 대해 자세히 알려면 **rates** 가격, 요금 **check out** ~을 확인하다 **be intended for** ~를 대상으로 하다 **architect** 건축가 **homeowner** 주택 소유자 **boast** 자랑하다 **coverage** 보장, 보장 범위 **largest** 가장 큰 **in the nation** 국내에서, 전국적으로 **allow A to do:** A가 ~하도록 허용하다 **customer** 고객 **select** 선택하다 **each** 각각의 **coverage** 보장 내용, 보상 범위

실전 감 잡기

1. (b) **2.** (d) **3.** (d) **4.** (b)

1-2

> **강사 구함**
>
> 저희 팬커스트 요리학교가 메이든헤드 분원에서 근무하실 세 분의 요리 강사를 채용하고자 합니다. 아래에 상세히 설명된 자리를 고려해 보시기 바랍니다.
>
> · 이른 아침 그리고 늦은 밤 강좌를 진행할 ①시간제 강사 2명. 저희는 매주 월요일, 수요일, 그리고 금요일 오전 7시와 오후 9시에 한 차례씩 강좌를 제공합니다. 이 여섯 번의 강좌는 채용되는 시간제 강사들 사이에서 균등하게 나뉠 것이며, 각 강사가 오전과 저녁 강좌 사이에서 번갈아 수업하도록 최선을 다할 것입니다. 최소 2년의 강의 경력이 필수입니다. 관련 학위를 지닌 분을 선호하지만, 필수는 아닙니다.
>
> · 월요일에서 금요일까지 다양한 강좌를 진행할 정규직 강사 1명. 합격자는 하루에 90분 길이의 강좌를 4~6회 가르치게 되며, 주 40시간 근무를 기준으로 타사에 뒤지지 않는 급여를 지급받을 뿐만 아니라, 모든 추가 근무에 대해서는 초과근무 수당이 주어질 수 있습니다. 합격자는 오전 9시 30분에서 오후 6시 30분 사이에 저희 캠퍼스에서 근무하며, 1시간의 점심 시간이 제공됩니다. 강좌 사이의 휴식 시간에, 강사는 수업 계획을 짜고, 강의실을 청소하며, ②저희 웹사이트 게시판의 학생 질문에 답변하는 데 도움을 주어야 합니다. 관련 분야 학위와 함께 최소 3년의 관련 경력이 필요합니다.
>
> 정규직 강사 지원자들이 3월 1일까지 팀에 합류해야 하는 반면에, 시간제 강사 지원자들은 1월 15일까지 근무를 시작할 준비가 되어

> 야 합니다. 모든 지원자들은 추천서 두 통을 제출해야 하며, 그 중 하나는 현재의 고용주 또는 최근의 고용주로부터 받은 것이어야 합니다.
>
> 관심이 있는 분들은 12월 31일 전까지 jobs@pankhurst.ca로 이력서를 보내주셔야 합니다.

어휘 **instructor** 강사 **required** 필요한 **culinary** 요리의 **look to do** ~하기를 바라다 **hire** ~를 채용하다 **location** 매장, 업소 **consider** ~을 고려하다 **vacancy** 공석, 자리 **detail** 상세히 설명하다 **below** 아래에 **offer** ~을 제공하다 **spilt** ~을 나누다 **equally** 균등하게 **between** ~ 사이에서 **do one's best** 최선을 다하다 **alternate** 번갈아 하다 **at least** 최소한, 적어도 **experience** 경력 **kitchen** 주방 **relevant** 관련된 **qualification** 자격요건 **preferred** 선호되는, 우대받는 **necessary** 필수의, 필요한 **various** 다양한 **successful** 성공한 **candidate** 지원자 **competitive** 뒤지지 않는, 경쟁력 있는 **based on** ~을 기준으로 **additional** 추가의 **qualify for** ~에 대한 자격을 주다 **overtime rate** 초과근무 수당 **be required to do** ~해야 하다 **break** 휴식시간 **prepare** ~을 준비하다 **lesson plan** 수업 계획 **maintain** ~을 유지하다 **cleanliness** 청결 **assist with** ~을 돕다 **inquiry** 문의 **plus** ~외에 **degree** 학위 **applicant** 지원자 **be prepared to do** ~할 준비가 되다 **while** ~하는 반면에 **be able to do** ~할 수 있다 **join** ~에 합류하다 **submit** ~을 제출하다 **reference letter** 추천서 **come from** ~에서 나오다 **current** 현재의 **recent** 최근의 **employer** 고용주 **interested** 관심이 있는 **individual** n. 사람 **résumé** 이력서

1. 각 시간제 강사는 일주일에 몇 번의 강좌를 가르칠 것인가?
(a) 2번
(b) 3번
(c) 4번
(d) 6번

해설 part-time 강사가 언급되는 두 번째 단락에 시간제 강사를 두 명 고용한다는 말과 함께 여섯 번의 강좌가 균등하게 나뉠 것 (These six classes will be split equally)이라고 나와 있습니다. 이는 두 명의 강사가 각각 세 번의 강좌를 맡는다는 뜻이므로 (b)가 정답입니다.

오답 (a) Two. 2시간.
→ 강사 모집이 part-time과 full-time 두 가지 유형이라는 사실을 소홀히 한 오답입니다. 지문 첫 문장에서 hire three cooking insructors를 보고 These six classes까지 읽자마자 6을 3으로 나누어 2시간을 구한 뒤 (a)를 정답으로 선택하였지만, part-time 강사 모집 인원은 두 명입니다.

어휘 **each** 각각의 **per week** 주마다

정답 **(b)**

2. 정규직 강사 지원자와 관련해 다음 중 옳은 것은?
(a) 관련 분야의 학위를 필요로 하지 않는다.
(b) 주말에 근무해야 할 수도 있다.
(c) 1월 중순에 일을 맡을 수 있어야 한다.

(d) 온라인으로 도움을 제공할 의향이 있어야 한다.

해설 정규직 강사가 해야 하는 일이 언급되는 세 번째 단락에, 웹사이트 게시판의 학생 문의 사항에 답변하는 데 도움을 주어야 한다는(~ assist with answering student inquiries on our Web forum) 말이 쓰여 있습니다. 이는 온라인상에서 도움을 제공해야 한다는 뜻이므로 (d)가 정답입니다.

오답 (a) They are not required to have a relevant degree.
관련 분야의 학위를 필요로 하지 않는다.
→ 정규직 강사의 자격 요건이 제시되는 두 번째 단락 마지막에서 relevant experience만 보고 그 뒤의 plus a relevant degree를 놓칠 경우에 고를 수 있는 오답입니다.

어휘 work on weekends 주말에 일하다 assume ~을 맡다 role 역할 be willing to do ~할 의향이 있다 provide ~을 제공하다 assistance 도움, 지원

정답 (d)

3-4

4대국 경찰론

2차세계대전이 한창이던 1942년에, 미국 대통령 프랭클린 D. 루즈벨트는 영국 총리 윈스턴 처칠에게 자신의 "4대국 경찰론"이라는 개념을 처음 언급했다. 그가 제안했던 것은 ③ 2차세계대전의 4대 주요 동맹국, 즉 미국과 영국, 중국, 그리고 소련으로 구성된 협의회의 창설이었다. 루즈벨트에 따르면, 이 조직체가 국제연합의 집행부 역할을 맡고, 종전 후 각 회원국이 세계 평화를 보장하기 위한 공동의 노력으로 각자의 영향력을 미치는 지역 내의 질서를 유지하자는 것이었다.

자신의 제안을 지지하도록 처칠과 소련 지도자 이오시프 스탈린을 설득한 후, 루즈벨트는 중국으로 관심을 돌렸다. 미국이 아시아 지역에서 영국의 식민지 지배권을 약화시키려고 시도하는 것을 우려한 처칠은 중국이 포함되는 것을 반대했다. 루즈벨트는, 일본에서 평화와 질서가 유지되도록 하는 데 중국이 중요한 역할을 할 것이라고 주장함으로써, 그러한 회의적인 시각을 반박했다. ④ 그는 또한 미국과 소련 사이에 정책을 두고 중대한 분쟁이라도 발생하면 중국의 지지에 의존할 수 있다는 점에서 확고한 입장이었다. 결국, 루즈벨트의 계획은 결실을 맺었으며, 그는 1945년 국제연합 창설의 구심점이 되었다.

어휘 underway 진행 중인 mention ~을 언급하다 concept 개념 prime minister 총리 propose ~을 제안하다 formation 창설 council 협의회 comprise ~로 구성되다 ally 연합국, 동맹국 according to ~에 따르면 serve as ~의 역할을 하다 executive branch 집행부, 행정부 maintain ~을 유지하다 order 질서 geographic 지리적인 sphere 구역 influence 영향 collaborative 공동의 effort to do ~하려는 노력 ensure ~을 보장하다 end 끝나다 convince A to do: ~하도록 A를 설득하다 support ~을 지지하다 proposal 제안 turn one's attentions to ~로 관심을 돌리다 object to ~에 반대하다 inclusion 포함 fear that ~라고 우려하다 attempt to do ~하려고 시도하다 undermine ~을 약화시키다 colonial 식민지의 position 지위, 위치 counter ~을 반

박하다 skepticism 회의론 assert that ~라고 주장하다 play an instrumental role in ~에서 중요한 역할을 하다 ensure 보장하다 be adamant that ~라는 점에서 확고하다 rely on ~에 의존하다 dispute 분쟁, 논쟁 over ~에 대해 policy 정책 arise 발생하다 in the end 결국 come to fruition 결실을 맺다 be central to ~에서 중심이 되다

3. 이 글에 따르면, "4대국 경찰론"은 무엇을 가리키는가?
(a) 미국 내 정치 지도자들의 동맹
(b) 루즈벨트 대통령이 기초한 세계 정책 목록
(c) 2차세계대전 중에 활약한 군 지도자들
(d) 동맹국들로 구성된 국제 기구

해설 "4대국 경찰론"의 개념이 소개되는 첫 단락에, 2차세계대전의 주요 4대 동맹국인 미국, 영국, 중국, 그리고 소련으로 구성된 협의회(a council comprising the four major Allies of World War II: the United States, the United Kingdom, China, and the Soviet Union)라고 언급되는데, 이는 동맹국가들로 구성되는 국제 기구를 의미하므로 (d)가 정답입니다.

오답 (b) A list of global policies drafted by President Roosevelt 루즈벨트 대통령이 기초한 세계 정책 목록
→ 첫 단락에 루즈벨트 대통령이 처음 개념을 제안했다는 내용을 보고 루즈벨트라는 이름에 속아서 고를 수 있는 오답입니다. "4대국 경찰론"은 정책 이름이 아니라 조직을 창설하기 위한 개념입니다.

어휘 alliance 연합 political 정치적인 a list of ~의 명단 global 세계의 draft 기초하다 military 군대의 commander 총사령관 international 국제적인 organization 조직, 단체 allied 연합한

정답 (d)

4. 이 글에 따르면, 루즈벨트 대통령과 관련해 다음 중 옳은 것은?
(a) 처칠이 자신의 제안을 수용할 것인지에 대해 회의적이었다.
(b) 갈등이 생길 때 중국이 미국 편에 설 것이라고 생각했다.
(c) 일본에게 국제연합에 가입하도록 요청했다.
(d) 소련을 세계 평화에 대한 위협으로 여겼다.

해설 루즈벨트 대통령의 예측이 언급되는 두 번째 단락에, 미국과 소련 사이에 정책을 두고 중대 분쟁이라도 발생한다면 중국의 지지에 의존할 수 있다(he could rely on China's support should any major disputes over policy arise between the US and the Soviet Union) 말이 있다. 이는 중국이 미국을 편들 수 있다는 의미로 볼 수 있으므로 (b)가 정답입니다.

오답 (a) He was skeptical that Churchill would accept his proposal. 처칠이 자신의 제안을 수용할 것인지에 대해 회의적이었다.
→ 처칠이라는 이름이 등장하는 부분들에서 skeptical과 관련된 단어를 찾아보면, 두 번째 단락에 skepticism이 나오며 이것은 처칠의 생각을 나타내는 표현입니다. 또한, 그 앞에 After convincing Churchill ~ to support his proposal(자신의 제안을 지지하도록 처칠을 설득한 후)라는 언급이 나오므로 루즈벨트가 처칠에 대해 회의적이었다는 것은 오류입니다.

어휘 skeptical 회의적인 accept ~을 수락하다 side with ~의 편을 들다 conflict 갈등, 충돌 invite A to do: A에게 ~하도록 요청하다 consider A B: A를 B로 여기다 threat to ~에 대한 위협

정답 (b)

시원스쿨 텝스 Basic 실전 모의고사 정답

LISTENING COMPREHENSION

1. (a)	2. (b)	3. (c)	4. (c)	5. (b)	6. (b)	7. (c)	8. (b)	9. (c)	10. (b)
11. (c)	12. (b)	13. (b)	14. (d)	15. (b)	16. (b)	17. (a)	18. (c)	19. (c)	20. (d)
21. (d)	22. (d)	23. (c)	24. (d)	25. (c)	26. (c)	27. (c)	28. (c)	29. (c)	30. (d)
31. (a)	32. (d)	33. (d)	34. (d)	35. (b)	36. (d)	37. (d)	38. (c)	39. (d)	40. (d)

VOCABULARY

1. (d)	2. (b)	3. (c)	4. (a)	5. (b)	6. (a)	7. (a)	8. (c)	9. (c)	10. (d)
11. (b)	12. (d)	13. (b)	14. (c)	15. (d)	16. (d)	17. (d)	18. (c)	19. (a)	20. (c)
21. (d)	22. (c)	23. (c)	24. (d)	25. (b)	26. (b)	27. (c)	28. (c)	29. (d)	30. (b)

GRAMMAR

1. (b)	2. (b)	3. (a)	4. (b)	5. (b)	6. (b)	7. (a)	8. (d)	9. (b)	10. (b)
11. (b)	12. (c)	13. (c)	14. (d)	15. (b)	16. (c)	17. (b)	18. (b)	19. (a)	20. (b)
21. (d)	22. (d)	23. (c)	24. (d)	25. (a)	26. (c)	27. (a)	28. (c)	29. (c)	30. (b)

READING COMPREHENSION

1. (c)	2. (c)	3. (c)	4. (a)	5. (c)	6. (c)	7. (b)	8. (b)	9. (d)	10. (a)
11. (d)	12. (b)	13. (b)	14. (c)	15. (d)	16. (c)	17. (c)	18. (c)	19. (b)	20. (b)
21. (c)	22. (c)	23. (c)	24. (c)	25. (d)	26. (c)	27. (c)	28. (a)	29. (b)	30. (a)
31. (c)	32. (d)	33. (a)	34. (d)	35. (c)